现代世界体系

现代世界体系
The Modern World-System I

16世纪的资本主义农业和欧洲世界经济的起源
Capitalist Agriculture and the Origins
of the European World-Economy in the Sixteenth Century

第一卷

〔美〕伊曼纽尔·沃勒斯坦 / 著
Immanuel Wallerstein

郭 方 刘新成 张文刚 / 译
郭 方 / 校

社会科学文献出版社
SOCIAL SCIENCES ACADEMIC PRESS (CHINA)

Immanuel Wallerstein

The Modern World-System I

Capitalist Agriculture and the Origins of the European World-Economy in the Sixteenth Century

With A New Prologue

This edition is an authorized translation from the original English language edition by 2011 © Immanuel Wallerstein published by University of California Press.

All rights reserved.

本书根据加州大学出版社 2011 年版译出

伊曼纽尔·沃勒斯坦（Immanuel Wallerstein, 1930~ ），美国著名社会学家，"世界体系"理论的思想领袖和主要代表人物。

1930年生于纽约。1954年和1959年在哥伦比亚大学先后获得社会学硕士、博士学位。1958~1971年，在哥伦比亚大学社会系任教。1971~1976年任加拿大麦吉尔大学社会学教授。从1976年起，任纽约宾厄姆顿大学社会学教授和"费尔南·布罗代尔经济、历史体系和文明研究中心"主任。1977年起主编《评论》（Review）期刊。1993~1995年任古本根重建社会科学委员会主席。1994~1998年任国际社会学学会主席。2000年起任耶鲁大学高级研究员。

沃勒斯坦著述颇丰，影响最大的著作是耗费30多年心血的《现代世界体系》（The Modern World-System）。《现代世界体系》英文版第一卷出版于1974年，2011年加州大学出版社出版4卷本。其他著作有：《历史资本主义》（Historical Capitalism, 1983）；《世界经济的政治学》（The Politics of World Economy, 1984）；《所知世界的终结：二十一世纪的社会科学》（The End of The World As We Know It: Social Science For The Twenty-First Century, 1999）；《知识的不确定性》（The Uncertainties of Knowledge, 2004）等。近期的有《世界体系分析导论》（World-System Analysis: An Introduction, 2004）；《欧洲的普适价值：权力的话语》（European Universalism: The Rhetoric of Power, 2006）。

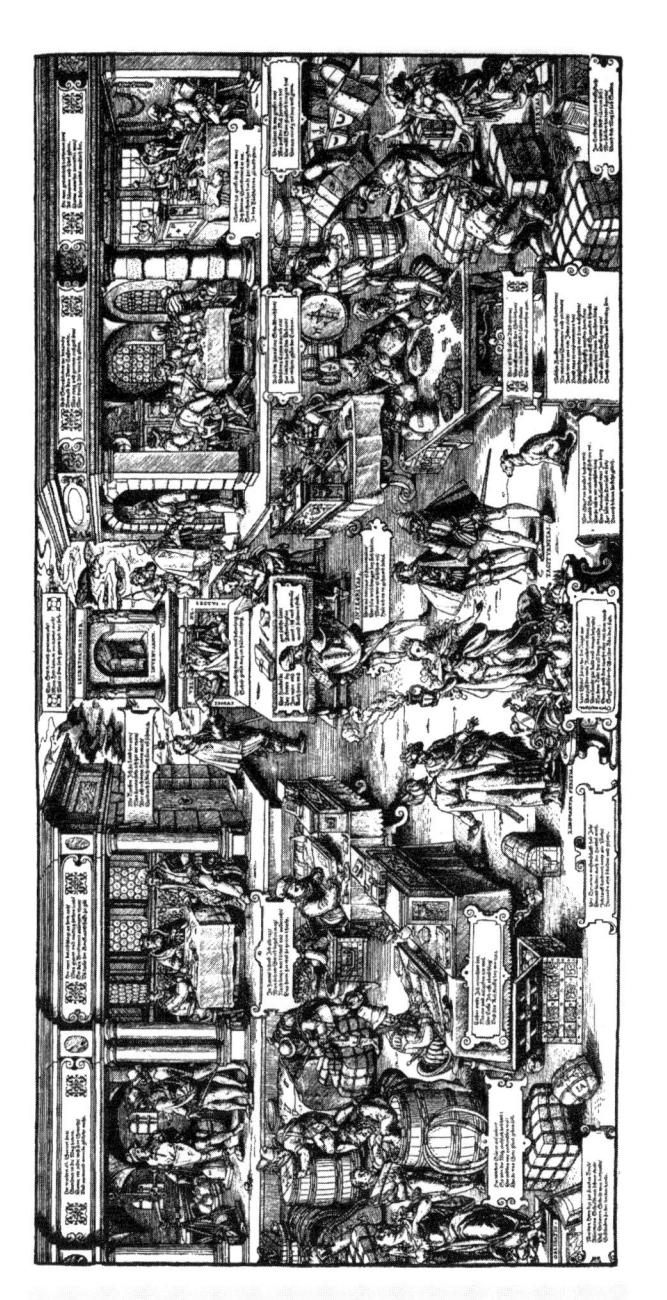

卷首插图　"贸易的寓言"

Jobst Amman (1539–1591).

"贸易的寓言",阿曼(Jobst Amman)(1539~1591),他生活在纽伦堡(Nuremberg)。他是"小师傅"(Little Master)之一。在底部细节图中描绘了纽伦堡一个商人的大厅,它仍然是跨欧洲贸易的一个繁荣的中心。

2011 年英文版第一卷序言[*]

《现代世界体系》是 1974 年出版的，实际是在 1971~1972 年写作的。在为它寻找出版商时，我费了一些周折。这本书是有关 16 世纪的历史，它研究的是一个当时还几乎不为人知的论题：一种世界-经济（world-economy），我拼写时有意加了一个连字符。该书的篇幅冗长，而且附有大量有实质内容的脚注。当它出版后，一位不太友好的评论者抱怨，脚注爬满了页面。最终，学术出版社（Academic Press）和它那时的学术顾问查尔斯·蒂利（Charles Tilly）决定冒险一试，将它列入他们新出版的社会科学系列丛书。

它出版时受欢迎的程度令所有人，尤其是令出版商和作者感到意外。它受到《纽约时报》的"周日图书评论"专栏（在头版）和《纽约图书评论》的好评。1975 年，它获得美国社会学协会颁发的最优秀学术出版物奖，当时这个奖项被称为"索罗金奖"（the Sorokin Award）。获得这个奖非常出乎意料，我甚至都未能出席颁奖大会。该书很快被翻译成多种其他文字。就一本学术专著而言，它的销售也非常之好。从任何标准来衡量，它都是成功的。

不过，它也很快就被证明是一本引发很大争议的书。尽管它获得很好的赞誉，但却同时也是被激烈指责的对象，这些指责来自许多不同的阵营。在最初出版的 37 年之后写作序言，我认为值得对这些批判做出回应。这些批判从何而来？到今天，它们还能在多大程度上保持其有效性？我自己现在又是如何看待这些批判的有效性？这些批判又是如何影响我以后几卷书的写作？

开始回应之前，我须说明一下这些批判背后的一个未曾言明的特定背景。从专业上说，我是一位社会学家。对许多人而言，这本书似乎是一部

---

[*] 2011 年英文版序言等由吴英翻译。吴英，中国社会科学院世界历史研究所副研究员。

经济史方面的著作。至少在20世纪70年代早期，社会学家并不被认为会对写作16世纪的历史或对经济史学家研究的问题感兴趣。另一方面，历史学家也对来自大学其他学科的入侵者持保留态度，尤其是当他们几乎完全依赖所谓的二手资料来写作的时候，就像我这样。进一步而言，本书研究的中心问题是全球的空间关系，这被假定为地理学家的研究范畴。最后，在本书的早期爱好者当中有一个我意想不到的群体：一些考古学家。因此，我似乎是在反对那时对各种学术研究做出分类的学科划分，而未落入在知识结构中通常被明确规定的框架。

首先应该介绍一下在写作本书时我自己的一些想法。在本书的导言中，我解释了我是如何写作它的。当时我有一个糟糕的想法，即通过研究在16世纪"新兴的"国家是如何"发展"的，也许能更好地理解20世纪"新兴国家"的发展轨迹。这之所以是一个糟糕的想法，是因为它假设所有国家都将遵从相似的演进路线，有时被称为"发展"。不过，这种糟糕的想法也有意外收获。它使我能够解读16世纪的西欧，将我的注意力转向一些我未曾预料到的史实。

那时，在我的思想中主要是要反驳韦伯学派的社会学——不仅反驳韦伯本身，而且反驳1945年之后美国（在某种程度上是世界）社会学对他提出的许多范畴的应用。韦伯论新教伦理的著作在1945年以后的时期被广泛解释为，某些类型的价值观的存在是实现现代化或（经济）发展的一个必需的先决条件。那时，通常的学术研究程序是一个国家接一个国家地考察这种价值观是否存在或将要存在。结果，就是构建了一种进步过程的编年时间顺序。哪个国家是最先进步的？哪个国家是接着实现进步的？哪个国家是现在将要实现进步的？作为一个衍生问题，一个国家为了实现进步现在必须做什么？

我试图从几个方面对这种解释方法提出质疑。首先，我坚持认为，这种进程不能逐国地做出考察，而只能在一个较大的范畴内去考察。这个范畴，我称之为一种世界体系（"世界"一词并不是"全球"一词的同义语）——这里我用的是"一个世界"，而不是"这个世界"，正如费尔南·布罗代尔（Fernand Braudel）所表述的那样。

其次，我提出，所涉及的价值观是伴随正在发生的经济转型而发生的，而不是在它之前发生的。我提出，只有通过将各个国家置于它们彼此的关系中来考察，才能理解为什么一些国家在生产效率和财富积累方面成为领先者。

最后，我反对1945年之后韦伯学派所强调的主要对立关系，即现代同传统的对立关系。相反，我赞同像萨米尔·阿明（Samir Amin）和安德烈·贡德·弗兰克（Andre Gunder Frank）等所谓依附论者（dependistas）不断发展的观点。他们认为，"传统"和"现代"一样都是近代的产物，两者是一前一后出现的。因此，我们能够用弗兰克著名的说法谈论"低度发展的发展"。[①]

我预想会受到1945年之后的韦伯学派的指责。但他们只是不接受我所论证的观点，一般还是会大体有礼貌地听取我的论证，尽管他们似乎认为我是在重提马克思主义的观点（他们相信后者已经被严肃的学者所抛弃或应该加以抛弃）。我认为，他们是对下述事实感到惊诧，即我是真的在埋头钻研16世纪的历史，而他们中许多人只是简单地依赖对韦伯命题的简单化总结（有时是曲解）来对20世纪的材料做出解释。进一步而言，正如特伦斯·霍普金斯（Terence Hopkins）和我在此后不久合写的一篇文章中所提到的，这种所谓的由现代化理论专家所做的比较分析，大多是将有关一个非西方国家的当代数据同假设的（而不是通过经验研究获得的）有关美国（也或许是某个西欧国家）的数据进行比较。[②]

尽管如此，但是最重要的攻击来自其他方面。有三种主要类型的批判。我也将这些批判视为主要的批判。这些批判，反对世界体系分析作为一种分析方法的理由在于它同他们的分析方法不一致，而他们认为他们的方法明显更胜一筹。还存在一些我认为次要的批判。这些批判，是由那些至少在某种程度上承认世界体系分析合法性的人提出的。他们反驳我所做的详细历史描述的根据是说我对某些重要经验资料的叙述或解释是错误的，或者说我忽视了某些重要的资料。还有第三种类型的批判，它们只是在20世纪90年代才提出。他们试图通过去掉连字符和复数来修正世界体系分析（world-systems），即坚持认为，在过去5000年一直只存在一种"世界体系"（world system）。让我们依次地考察这每一种类型和亚类型的批判。

主要的批判

如果说1945年之后的韦伯学派认为我是马克思主义者的话，那么

"正统"马克思主义者则认为我根本不是马克思主义者,而是恰恰相反,是"新斯密主义者(neo-Smithian)"。[3]就这里所言的正统的马克思主义,我指的是某个马克思主义政党所信奉的马克思主义,即由德国社会民主党所信奉的马克思主义、由苏联共产党所信奉的马克思主义,乃至由大多数托洛茨基派政党所信奉的马克思主义。

尽管在他们的政治发展战略上和他们对20世纪各国所发生的政治事件的解释上,这些政党之间存在着根本性差别,但他们确实拥有某些共同的基本前提。第一个是有关资本主义制度下阶级斗争的性质,他们将它界定为本质上是在新兴的城市无产阶级和资本主义生产商(主要是工业企业家)之间展开的。第二个是有关经济基础相对政治和文化上层建筑而言具有首要性。第三个是有关在因果解释中内部因素(即一个国家内部产生的那些因素)相对外部因素(即在一个国家外部产生的那些因素)而言具有首要性。第四个是有关进步的必然性,即沿着一种由不同的所谓生产方式组成的序列做必然性的演进。

正统马克思主义者的指责是,世界体系分析以这种或那种方式违背了所有这些前提。但这种指责,事实上在某种程度上证明了我们分析的合理性。在提及《现代世界体系》第一卷时,这些批判者论证,我提出的是他们称之为"循环主义"的论证,而我应该根据在生产领域发生的现象来解释问题。那就是说,当我在讨论中心区和边缘区的关系时,我忽视用英格兰内部的阶级斗争来解释资本主义的发展,而赞成将之归因于某种被视为外部的因素,像美洲和西北欧之间贸易流动的特性。

当然,直接的问题是对于什么而言的内部性或外部性?对正统马克思主义者而言,内部性一直被界定为一个国家政治边界内部的因素。"经济"是国家结构的一个组成部分。阶级也是国家的组成部分。正是国家能够被称为资本主义的或非资本主义的。这场争论是具有本质意义的。在争论过程中,我提出了一种有关资本主义的替代性观点。在我看来,资本主义具有世界体系的特征,是一种我称之为"世界经济"的特定类型的世界体系。国家结构是在这种世界体系中存在的。

来自这个阵营对我提出批判的人非常顽固地坚持他们的观点。不过,在这些年中,他们在数量上变得越来越少。这与其说是同我著作的影响有关,不如说是由现代世界体系中不断变化的情势造成的。至迟到20世纪60年代,持有这种观点的政治运动受到构成1968年世界革命的各种力量的深刻挑战。由于一些强大运动的兴起，他们被迫转入防御地位，这些运动在分析社会现实时坚持强调性别、民族、种族和性的重要性。由于在20世纪80年代，新自由主义在政治上做出的反击和一个被称为全球化的概念被人们普遍接受，他们同样被迫处于防御地位。作为结果，在今天仍然信奉正统马克思主义在20世纪60年代所持传统分析方法的人，相对已经很少。

还有来自被我视为正统马克思主义分析方法最后一道防线的思想立场的批判。这些批判者来自被称为"多种生产方式互相联系"的思想流派，在20世纪70年代曾非常有影响。[④] 在我看来，这个学派所做的是承认下述论点，即人们不可能仅仅在一个单一国家的限度内来分析社会现实。他们看到了在世界体系中正在发生的情况，尽管他们避免使用那种说法。从本质上看，他们所做的修正是提出，尽管一个国家也许是资本主义的，而另一个国家仍然是封建制的，但它们却以特定的和重要的方式彼此联系在一起。他们指出，两种生产方式是彼此"相互联系"的，因此每种生产方式都以某种方式受到另一种生产方式的影响。

我认为，这种折中方法既不令人信服，也没有给人们理解社会现实的能力增添任何重要的东西。但不管怎样，在流行了十年左右之后，这个学派已经销声匿迹。我想不出在今天还有谁在继续利用这种框架进行分析。

另一个对世界体系分析持非常敌视态度——几乎完全敌视——的学派是由传统的、研究普遍性规律的经济学家和社会学家组成。对他们而言，当他们确实愿意关注它时，往好里说是新闻写作，往坏里说是意识形态论述。总之，他们轻蔑地否定了世界体系分析。他们甚至不屑对它做出讨论，除了当他们被邀请担任科研基金项目申请的匿名评委的时候。

他们蓄意的忽略掩盖了一种忧虑。这个学派将世界体系分析视为是危险的，正像他们将正统马克思主义视为是危险的一样，尽管那是出于非常不同的理由。他们确实意识到他们所面临的岌岌可危的情势。斯蒂芬·门内尔（Stephen Mennell）最近正确地指出，我的书

> 实际上是从历史方面反驳大卫·李嘉图（David Ricardo）揭示的、永恒存在的"比较优势规律"的一次重大努力。它表明，最初在各种社会和经济之间相互依赖关系中的不平等程度是多么的小，但随着时间的变化，不平等程度被不断加剧，以致产生在今天被委婉地称为

"北方"和"南方"之间的巨大差别。[5]

由于李嘉图所揭示的规律实际已经成为主流宏观经济学主要的和决定性的前提，所以我的论点受到这个阵营如此负面地对待，并不令人感到奇怪。

不过，由于世界体系分析在知识圈中获得的影响力，这个研究普遍性规律阵营中的一些人确实开始提出一些分析，意在从经验上反驳由我们提出的、被他们视为异端的假说。这些批判者特别渴望揭示，世界体系分析并未能解释在当代世界为什么一些国家比其他国家更为"发达"，也未能解释为什么一些所谓的欠发达国家比其他欠发达国家更能改善其境遇。像正统马克思主义者一样，来自这个阵营的反对同样顽固，而且影响也许会更为持久。

还有第三种主要的批判。它来自我视为新欣策主义（neo-Hintzian）的学派。奥托·欣策（Otto Hintze）是一位德国的政治史学家，他被认为在其著述中证明了政治领域相对于经济领域而言具有自主性。我遭到了两种主要的批判。[6]他们都特别援引欣策的观点作为论据。他们都指出，我错误地将政治和经济两个分析领域合并为一个单一的领域，实际赋予了经济领域以首要性。

当然，事实上我坚持认为政治和经济两个变量是存在于一个单一领域中的。我拒绝接受下述论点，即政治领域具有自主性，或它是由在某种程度上不同于——甚至对立于——那些支配经济领域的法则支配的。我在书中坚持一种整体主义的分析方法，认为政治制度和其他制度一样仅仅是现代世界体系中的一种制度。尽管我试图在随后的几卷，尤其是第二卷，详细地说明这种将两个领域分割开来的错误，但这种批判已经表明它继续存在下去的能量。在今天仍有许多人将世界体系分析视为太过于"强调经济因素的作用"，在他们的意识中，这样说通常就是指它太过于"倾向马克思主义"。

总之，新欣策主义者对奥托·欣策的忠诚并不比新韦伯主义者对马克斯·韦伯、正统马克思主义者对卡尔·马克思，或斯密主义者对亚当·斯密的忠诚程度更高。就奥托·欣策而言，在《资本主义时代的经济和政治》一文（发表于1929年）中，他对他的观点做了这样的总结：

> 总而言之，战争年代和随后的十年并没有提供证据证明资本主义

经济发展的自主性，证明它可以完全脱离国家和政治。相反，它们证明，国家事务和资本主义事务是密不可分地联系在一起的，它们仅仅是同一历史发展过程的两个方面或部分。[7]

当然，这正是我在努力表述的观点。

最后有来自"文化"阵营的批判，它在20世纪70年代开始流行。在分析文化阵营的兴起时，需要记住两件事。第一是传统自由主义对现代性的理论分析将现代生活分解为三个领域：经济、政治和社会文化。这反映在研究现代世界的三门独立社会科学学科的形成上：关注于市场的经济学；关注于国家的政治学；关注于所有其他方面（有时被称为市民社会）的社会学。

这种自由主义意识形态上的偏好必然导致就这三个领域之间的因果首要性问题展开争论。正统马克思主义者和研究普遍性规律的主流经济学家都将因果首要性赋予经济领域。新欣策主义者含蓄地将它赋予政治领域。可以预期，也会有人将因果首要性赋予文化领域。

需要记住的第二件事是1968年世界革命对理论争论的影响。对许多人而言，1968年所发生的是赋予经济因素以首要性阵营的最终失败（由此在思想上被否定）。在对马克思主义和马克思主义运动对1945年以后世界的适用性所做的强有力批判中，丹尼尔·贝尔（Daniel Bell）较早提到"意识形态的终结"。[8] 1968年以后，一个新的学派开始着手从一种不同的角度批驳马克思主义。这个学派要求做概念上的"解构"，宣称"宏大叙事"（grands récits）或"总体叙事"的终结（和无益性）。[9] 他们大体是在说主张经济因素具有决定作用的阵营，尤其是正统马克思主义阵营忽略了话语在社会现实演进中的中心作用。

此时还有另外一种对正统马克思主义学派的批判。他们非常正确地指责后者忽略那些同性别、民族、种族和性相关的因素，而赋予阶级斗争和"革命"以首要性，其中革命的历史主体是"无产阶级"。

我由于没有加入这个阵营而受到指责。[10] 当这个学派谴责宏大叙事时，他们往往把世界体系分析纳入到与正统马克思主义和韦伯学派的现代化理论同样的范畴之中，尽管事实上世界体系分析已经对正统马克思主义和现代化理论的宏大叙事做出过几乎相同的批判。我们拒绝倒洗澡水时连婴儿一起泼掉。

这种文化主义批判的命运是同整个"文化研究"运动的命运联系在一起的。这个阵营在逻辑一致性上存在着致命缺陷。一部分人主要关注于坚持文化的首要性地位，确实也是在维护知识分子特有的利益。但另一部分人却对"被遗忘的群体"感兴趣，即那些在以前的宏大叙事中被忽略的群体。随着后一部分人开始认识到，他们实际上也对宏大叙事感兴趣，只不过是一种不同于1968年之前时期所运用的宏大叙事，这个联盟走向解体。这个群体开始关注一种新的由三个问题共同组成的对象：性别、种族和阶级；或阶级、性别和种族；或种族、性别和阶级。一旦这种新的三合一研究在大学中被普遍推广，一些主要对"被遗忘的群体"感兴趣的人就会停止对世界体系分析的指责，并开始寻求能够同后者达成一致的方法，或对它做出修正以使它能够更多地考虑到他们优先关注的对象。⑪

自1974年以来的这个时期，这些主要的批判都已经提出。到20世纪90年代，这些批判提出者中的许多人已经销声匿迹，尽管还有一些人仍在重复着相同的批判。但这些主要的批判已经众所周知，已经变成有关世界体系分析讨论的背景知识，越来越多地被视为仅仅是当代世界社会科学中的一种竞争性范式。而目前正是那些次要的批判引起越来越多的关注。

次要的批判

次要的批判以三个不同的问题为中心：现代世界体系的空间边界、现代世界体系的时间边界，以及需要考察的制度变量。《现代世界体系》第一卷非常清楚地揭示了它试图确立的空间和时间边界，但相关的制度变量究竟包括哪些也许没有交代清楚。

让我们首先从空间边界开始谈起。本书的论点在于，存在着实际的边界，据此能够区分出在资本主义世界经济的内部和外部。我主张，在这些边界的内部，人们能够划分出中心区、边缘区和半边缘区。不过，第六章专门考察了在这些边界之外的地区，我称之为外部竞争场。我试图确定人们怎样才能在世界经济的边缘地区和外部竞争场之间做出区分。

基本的论点在于，人们能够区分出大宗物品的贸易和贵重物品的贸易，是前者而不是后者基于不平等的交换。稍后，我试图进一步详细地论证这种区分。⑫ 运用这种区分，我提出了特定的边界划分。在16世纪，波兰和匈牙利都是现代世界体系的组成部分。而俄国和奥斯曼帝国不在该范围之内。巴西在现代世界体系之内，而印度次大陆在体系之外。

对这些经验论断有两种质疑。一种是提出，在大宗物品贸易和贵重物品贸易之间的区分要比我认为的更为模糊，因此这种区分不可能被用于确立体系的边界。另一种质疑非常不同于第一种。它提出，一些被断言在体系之外的地区事实上在从事同资本主义世界经济的某些地区的大宗物品贸易，因此以我的区分标准为基础，它们应该被视为在体系的边界"之内"。

对我称之为主要批判的攻击，我是据理力争、寸步不让。目前，我仍然拒绝承认这些对世界体系分析批判的合法性。但对有关空间边界的批判，我从一开始就指出，我愿意仔细听取经验论证，当它们变得足够强有力时，我愿意对经验论点做出修正。汉斯·海因里希·诺尔特（Hans-Heinrich Nolte）长期以来一直论证，在16世纪，俄国像波兰一样都是现代世界体系的组成部分。[13]弗雷德里克·莱恩（Frederic Lane）论证奥斯曼帝国也是如此，但他似乎没有给出详细的论证。[14]不过，在更晚的时候，法鲁克·塔巴克（Faruk Tabak）提出了一种非常强有力的论证来说明，在16世纪，人们为什么应该将整个东部地中海地区（基本上都是奥斯曼帝国的组成部分）视为现代世界体系不可或缺的组成部分。[15]

就大宗物品贸易和贵重物品贸易之间的区分，批判者做出各种尝试来反对这种区分的有效性。[16]我从一开始就知道，这是一种很难做出的区分。尽管强有力的批判促使我更细致地推敲我的观点，但我仍然认为我的基本观点是合理的。但无论如何，正如我稍后指出的，[17]即使我必须承认就到底什么构成"纳入"资本主义世界经济是一个更为复杂的问题，但在体系发挥作用的范围之外存在某些地区的观念仍然是一种至关重要的思想，尽管这些地区同体系存在着某种贸易关系。它为理解现代世界体系开始时在范围上并不是全球性的，后来（在19世纪中期）如何变成全球性的奠定了基础。我认为，就空间边界做出理论和经验上的探讨仍然有很大的空间。

时间边界问题甚至更难解决。许多稍后做出次要批判的学者试图将现代世界体系开始的时间向前推到13世纪。[18]珍妮特·阿布·卢格霍德（Janet Abu-Lughod）就提出了这样的观点。[19]她试图在同欧亚大陆许多不同地区建立的贸易联系的背景下考察13世纪的欧洲，以对如何解释欧洲在16世纪的"兴起"提供一种稍稍不同的解释。

这种有关时间边界的争论大部分都聚焦到有关欧洲封建制度性质的争

论上。我从根本上在两种封建制度之间做出了区分。我认为，"第一种"封建制度（中世纪欧洲的）是我们通常所意指的封建制度一词，"第二种"封建制度是16世纪的，我并不认为它是指带有强制性的生产商品作物劳动的正确名称。我自己后来承认，第一卷中最薄弱的一章是第一章"序幕在中世纪拉开"。在一本专门研究中国和资本主义的书中，我撰写了相当于对那一章做出修正的一章。[20]

在我看来，这里的基本问题在于，并没有哪种宏观的理论框架能够对欧洲封建制度的性质提供令人满意的解释，这种制度通常被认为在1000~1500年间达到其鼎盛时期。一些分析家将它视为某种类型的原始资本主义制度，由此将现代世界体系开始的日期前推，以将这段时期包括在它的时间框架之内。其他学者则将它视为同资本主义相对立的制度，由此将资本主义开始的日期后推到被更广泛公认的现代世界开始的日期，即1800年前后。[21]

我自己的观点认为，中世纪欧洲的封建制度最好被界定为一个四分五裂的世界帝国，它由罗马天主教会非常勉强地结合在一起。当然，正如我在本卷书中所表明的，我确实相信，在其内部存在着一些试图将它转变为一种资本主义世界经济的力量，但未能获得成功。我视为是失败的尝试，其他一些人却视为是资本主义最初的发展。

我认为关键是要明白，创建一种资本主义世界经济是一件非常困难的事情。我在稍后的一篇文章中试图解释使这种世界经济成为可能的一些特殊条件。[22]在《现代世界体系》第二卷中，我试图解释这种脆弱的开端是如何在17世纪得到巩固的。我并不将17世纪视为一场"危机"，它导致向"封建制度"的某种回归，而是将它视为加强了资本主义世界经济的结构。我相信，正是这种巩固最终使体系的进一步扩张成为可能，无论是从强度看，还是从广度看，均是如此。

因此，尽管在面对这些次要的批判时我最终做出了某种程度的让步，但我仍然坚信我对现代世界体系开始时期所做的空间和时间边界的界定基本上是正确的。

也许正是资本主义世界经济的制度变量在第一卷中未能得到充分的阐明，我把几乎所有精力都花在确定在何种意义上说在经济领域正在发生的现象在性质上是资本主义的。尽管工业还只是整个生产机构中一个小的组成部分，但我坚持认为人们不应过于集中关注农业。确实，雇佣劳动仍然只占劳动力获取报酬方式中一个相对小的部分,但我试图揭示资本主义并不仅仅包括雇佣劳动。尽管如经典作家所界定的那样,资产阶级似乎还是一个相对小的集团;但我坚持认为,我们应该看到,贵族正在将自身转化为资产阶级。这就是我尝试对作为一种生产方式的资本主义的分析所做的全部修正所在。自1974年以来,我已就所有这些论题进行了广泛论述,就目前而言,我在《世界体系分析:导论》[23]中对我的观点给出了简明的总结。

在1974年以后的时期,我被质疑忽略了经济以外的所有领域:政治领域、文化领域、军事领域和环境领域。所有这些批判者都坚持认为,我的分析框架太过强调"经济因素的决定作用"。就我忽略对政治领域和文化领域研究的批判,我已经讨论过我的观点。这里只提示,我试图在第二卷中更清楚地阐明我对政治领域的理解,在第四卷,以及在《地缘政治和地缘文化》[24]中阐明我对文化领域的理解。

迈克尔·曼(Michael Man)和威廉·麦克尼尔(William McNeill)都指责我忽略了军事领域,尤其是忽略了军事技术的重要性。[25]我认为这种指责是非常不正确的。在本卷和随后几卷的各处,我谈到了军事技术和它的作用。但一般而言,我认为克劳塞维茨(Clausewitz)在他著名的论断"战争是政治以另一种方式的延续"所表述的观点是正确的。如果事实如此,那么人们就应该谨防在分析中赋予军事领域以太多的自主性。[26]

最后,我被批判忽略了环境领域。[27]最初我想说,我确实没有打算做这方面的研究。但我被贾森·摩尔(Jason Moore)所做的并未直言的辩解所拯救,他通过仔细研读第一卷,揭示了我已经将环境因素和它们在建构资本主义世界经济中的重要性纳入到我的分析,而且指明它们对我的分析发挥着中心作用。[28]事实上,我对已经做过这方面的研究也感到惊讶。

对我在第一卷忽略了各种制度变量的指责,最好的回答就是指出,一个人不可能同时做所有方面的研究。我认为,通过阅读我的主要著作,一个理性的人将会看到我忠实于我的认识论前提的程度,即只有一种真正的整体主义分析才能够告诉我们任何有关现实世界是如何运转的重要知识。

对世界体系的修正派观点

从20世纪90年代开始出现一个重要的学派,他们以不同的方式论证,中国在现代世界中的作用被严重忽视了，这导致一种对世界的非常扭曲的认识。一些学者强调中华世界从15世纪到今天的持续存在。[29]还有一些学者指出，在中国和西欧之间所做的经济比较错得太过离谱。[30]

不过，安德烈·贡德·弗兰克则更进一步。他早期参与了世界体系分析的理论建构。他本人写的著作论证了现代世界体系起源于16世纪。[31]不过，到20世纪90年代，他的观点发生了重大转变。在他自己写作和他同巴里·吉尔斯（Barry Gills）合写的著述中[32]提出了如下假设，即世界体系（唯一的世界体系）起源于大约5000年前。他坚持认为，能够运用世界体系分析的许多基本工具来对这种世界体系做出分析，诸如在整个世界体系中同时存在的各种长波。

他不仅希望坚持这种单一的世界体系已经存在了5000年。同时他还希望坚持，中国一直是（或几乎一直是）这种单一世界体系的中心。他认为，欧洲"兴起"的时间只限于19世纪和20世纪的部分时间，并将它视为是这种以中国为中心体系的暂时中断。他指出，我们中的那些论证现代世界体系起源于欧洲——不管是在16世纪还是更早——的人是犯了欧洲中心论的错误。这一指责的对象不仅包括费尔南·布罗代尔和我，而且包括马克思和韦伯。

他的主要著作《白银资本：重视全球化中的东方》获得了广泛的阅读和讨论。他在世界体系分析阵营中的三位同事——萨米尔·阿明、乔万尼·阿里吉（Giovanni Arrighi）和我——都在《评论》（Review）杂志的一期特刊中写了长篇文章来批评该书。[33]我自己提出的批评以三个问题为中心。第一，我认为，弗兰克的论点基本上与新古典经济学的论点相同。不像世界体系分析的其他著作，它才真正配得上"循环主义"的称号。

第二，我认为，他对西欧和中国在16到18世纪关系的经验分析主要是基于贵金属的流量，但正是运用弗兰克提供的数据能够证明他的分析是不正确的。进一步而言，我试图表明，弗兰克较早期的经验分析——我认为是基本正确的——证伪了他在新近研究中提出的论点。[34]

不过，第三也是最重要的，他的分析模式将资本主义从整个历史图景中排除了出去。我已经论证，16世纪标志着一种资本主义世界经济的形成。弗兰克或任何其他人都绝不可能论证资本主义可以前推5000年。它取消了这个词的所有意义。弗兰克实际上也承认这一点，他指出，他不再认为资本主义是一个有用的学术概念。

就这种世界历史的中国中心观而言，最后一个问题在于，弗兰克在整个分析中赋予印度一种模糊的作用，它似乎有时被包括在以亚洲为中心的世界，有时又被排除在以中国为中心的世界。通过将他对印度近代史的分析置于新兴的资本主义世界经济的背景下，阿米亚·巴格奇（Amiya Bagchi）最近写的一本书揭示了这种模糊性。㉟

这种对世界体系分析的根本修正是否将在学术研究中继续发挥重要作用，目前尚不清楚。也许它将取决于现代世界体系本身在未来几十年的演变。

结论

就我而言，写作《现代世界体系》第一卷是一次伟大学术探险的开始。从那时起，它在许多方面就成为我学术生涯的中心所在。我目前已经完成了第四卷。正如我在那一卷的序言中所指出的，至少还有两卷待完成，甚至也许还有第七卷。我不知道我是否还能完成所有这些卷的写作工作。下述事实也许可以作为补救，即我已经写作了许多论文，它们包含了将在第五和第六卷书中所使用的材料。因此，我发表的有关 1873~1968 年和 1945~20?? 年的研究成果都能够查阅到。但写作论文和建构一种系统的叙述是两回事。我希望能够完成后一种工作。

无论如何，我确信——我怎么可能不呢？——在克服 19 世纪社会科学狭隘的范式上，世界体系分析是一种不可或缺的组成部分。正如我在一份详细的学术计划中所指出的那样，它既不是一种理论，也不是一种新的范式（即使其他人认为它两者都是），而是"呼吁对一种范式展开争论"。㊱在提出这种呼吁上，第一卷仍然是原创性的和发挥了关键作用的。

注释：

① Andre Gunder Frank, "The Development of Underdevelopment", *Monthly Review*, XVIII, 4, Sept. 1966, 17-31.

② Terence Hopkins and Immanuel Wallerstein, "Patterns of Development of the Modern WorldSystem", *Review*, 1, 2, Fall 1977, 111-146. (Reprinted in T. K.. Hopkins, Immanuel Wallerstein, and associates, World-Systems Analysis: Theory and Methodology [Beverly Hills, California: Sage, 1982, 41-82].)

③ Robert Brenner, "The Origins of Capitalist Development: A Critique of Neo-Smithian Marxism", *New Left Review*, No. 104, July-Aug. 1977, 25-93. Maurice Zeitlin, *The*

Civil War in Chile, Or, The Bourgeois Revolutions That Never Were (Princeton, New Jersey: Princeton Univ. Press, 1988).

④ Harold Wolpe, *Articulation of Modes of Production* (London: Routledge & Kegan Paul, 1980). See also Barry Hindess and Paul Hirst, Pre-Capitalist Modes of Production (London: Routledge & Kegan Paul, 1977).

⑤ Stephen Mennell, "Sociology", in W. H. McNeil et al., eds., *Berkshire Encyclopedia of World History* (Great Barringtong, Massachusetts: Berkshire Publishing Group, 2005), IV, 1746.

⑥ Theda Skocpol, "Wallerstein's World Capitalist System: A Theoretical and Historical Critique", *American Journal of Sociology*, LXXXII, 5, Mar. 1977, 1075 – 1090. (Reprinted in Theda Skocpol, *Social Revolutions in the Modern World* [New York: Cambridge Univ. Press, 1994, 55 – 71].) Aristide R. Zolberg, "Origins of the Modern World System: A Missing Link", *World Politics*, XXXIII, 2, Jan. 1981, 253–281. (Reprinted in Aristide Zolberg, *How Many Exceptionalisms: Explorations in Comparative Macroanalysis* [Philadelphia: Temple Univ. Press, 2009, 132–157].)

⑦ Otto Hintze, *The Historical Essays of Otto Hintze*, edited with an introduction by Felix Gilbert (New York: Oxford Univ. Press, 1975), 452.

⑧ Daniel Bell, *The End of Ideology*, 2nd edition (Cambridge, Massachusetts: Harvard Univ. Press, 2000; first published in 1960).

⑨ Daniel Bell, *The End of Ideology*, 2nd edition (Cambridge, Massachusetts: Harvard Univ. Press, 2000; first published in 1960).

⑩ Daniel Bell, *The End of Ideology*, 2nd edition (Cambridge, Massachusetts: Harvard Univ. Press, 2000; first published in 1960).

⑪ Ramon Grosfoguel, special ed., special issue of *Review: Utopian Thingking*, XXV, 2, 2002. Walter D. Mignolo, *Local Histories/Global Designs: Coloniality, Subaltern Knowledges, and Border Thinking* (Princeton, New Jersey: Princeton Univ. Press, 2000); *The Darker Side of the Renaissance: Literacy, Territoriality, &Colonization*, 2nd edition, with a new afterword (Ann Arbor: Univ. of Michigan Press, 2006)。See also Etienne Balibar and Immanuel Wallerstein, *Race, Nation, Class: Ambiguous Identities* (London: Verso, 1991).

⑫ Immanuel Wallerstein, *The Modern World-System*, II: *Mercantilism and the Consolidation of the European World-Economy, 1600–1750* (New York: Academic Press, 1980); *The Modern World-System*, III: *The Second Era of Great Expansion of the Capitalist World-Economy, 1730s–1840s* (San Diego: Academic Press, 1989).

⑬ Hans-Heinrich Nolte, "The Position of Eastern Europe in the International System in Early Modern Times", *Review*, VI, 1, Summer 1982, 25–84.

⑭ Frederic C. Lane, "Chapter 8, Economic Growth in Wallerstein's Social Systems, A review Article", *Profits from Power: Readings in Protection Rent and Violence-Controlling Enterprises* (Albany: State Univ. of New York Press, 1979), 91-107.

⑮ Faruk Tabak, *The Waning of the Mediterranean, 1550 – 1870: A Geohistorical Approach* (Baltimore: Johns Hopkins Univ. Press, 2008).

⑯ Jane Schneider, "Was There a Pre-Capitalist World-System?", *Peasant Studies*, VI, 1977, 20-29. (Reprinted in Christopher Chase-Dunn and Thomas Hall, eds., *Core/Periphery Relations in Precapitalist Worlds* [Boulder, Colorado: Westview Press, 1991, 45-66].) Thomas D. Hall, "Incorporation in the World-System: Toward a Critique", *American Sociological Review*, LI, 3, June 1986, 390 – 402; *Social Change in the Southwest, 1350 – 1880* (Lawrence: Univ. of Kansas Press, 1989). Christopher Chase-Dunn, *Global Formation: Structures of the World-Economy*, 2nd revised edition (Lanham, Maryland: Rowman and Littlefield, 1998).

⑰ Terence Hopkins, Immanuel Wallerstein, Resat Kasaba, William G. Martin, and Peter D. Phillips, special eds., special issue of *Review: Incorporation into the World-Economy: How the World-System Expands*, X, Nos. 5/6 (supplement), Summer/Fall 1987.

⑱ Fernand Braudel, *Out of Italy: 1450 – 1650* (Paris: Flammarion, 1991); *The Perspective of the World*, Vol. III of *Capitalism & Civilization*, 15th to 18th Century (Berkeley: Univ. of California Press, 1992). Giovanni Arrighi, *The Long Twentieth Century: Money, Power, and the Origins of Our Times*, 2nd revised edition (New York: Verso, 2010; first published 1994). Eric Mielants, *The Origins of Capitalism and the "Rise of the West"* (Philadephia: Temple Univ. Press, 2008). See also Oliver Cox, *Foundations of Capitalism* (New York: Philosophical Library, 1959).

⑲ Janet Abu-Lughod, *Before European Hegemony: The World System A. D. 1250-1350* (New York: Oxford Univ. Press, 1989)

⑳ Immanuel Wallerstein, "The West, Capitalism, and the Modern World-System" in T. Brook and G. Blue, eds., *China and Historical Capitalism: Genealogies of Sino-logical Knowledge* (New York: Cambridge Univ. Press, 2002, 10-56).

㉑ Perry Andersons, *Lineages of the Absolutist State* (New York: Verso, 1974). Alex Dupuy and Paul Fitzgerald, "Review Essays: A Contribution to the Critique of the World-Systems Perspective", *Critique Sociology*, VII, No. 113, 1977, 113 – 124. Steve J. Stern, "Feudalism, Capitalism, and the World-System in the Perspective of Latin American and the Caribbean", *American Historical Review*, XCIII, 4, Oct. 1988, 829- 872. Immanuel Wallerstein, "AHR Forum: Comments on Stern's Critical Tests", *American Historical Review*, XCIII, 4, Oct. 1988, 873-885. Steve J. Stern,

㉑ "Reply: 'Ever More Solitary' ", *American Historical Review*, XCIII, 4, Oct. 1988b, 886-897.

㉒ Immanuel Wallerstein, "The West, Capitalism, and the Modern World-System".

㉓ Immanuel Wallerstein, *World-Systems Analysis: An Introduction* (Durham, North Carolina: Duke Univ. Press, 2006).

㉔ Immanuel Wallerstein, *Geopolitics and Geoculture* (Cambridge: Cambridge Univ. Press, 1991).

㉕ Michael Mann, *States, War and Capitalism* (New York: B. Blackwell, 1988). William H. McNeill, *The Pursuit of Power: Technology, Armed Force, and Society Since A. D. 1000* (Chicago: Univ. of Chicago Press, 1982).

㉖ See also Giovanni Arrighi, "Capitalism and the Modern World-System: Rethinking the Non-Debates of the 1970s", *Review*, XXI, 1, 1998, 113-129.

㉗ Sing Chew, "For Nature: Deep Greening World-Systems Analysis for the 21st Century", Journal of World-Systems Research, III, 3, 1997, 381-402. (Available at http://jwsr.ucr.edu/archive/vol3/v3n3a2.php.)

㉘ Jason W. Moore, " 'The Modern World-System' as Environmental History? Ecology and the Rise of Capitalism", *Theory & Society*, XXXII, 3, June 2003, 307-377.

㉙ Takeshi Hamashita, "The Tribute Trade System and Modern Asia", *Memoirs of the Toyo Bunko*, No. 46, 1988, 7-25. Giovanni Arrighi, Takeshi Hamashita, and Mark Selden, *The Resurgence of East Asia: 500, 150 and 50 Year Perspectives* (London: Routledge, 2003). Giovanni Arrighi, *Adam Smith in Beijing* (New York: Verso, 2007).

㉚ Kenneth Pomeranz, *The Great Divergence: China, Europe, and the Making of the Modern World Economy* (Princeton, New Jersey: Princeton Univ. Press, 2000).

㉛ Andre Gunder Frank, *Capitalism and Underdevelopment in Latin America* (New York: Monthly Review Press, 1967); *Mexico Agriculture, 1521-1630; Transformation of the Mode of Production* (New York: Cambridge Univ. Press, 2008; first published 1979); *World Accumulation, 1492-1789* (New York: Monthly Review Press, 2009; first published 1978).

㉜ Andre Gunder, "A Theoretical Introduction to Five Thousand Years of World System History", *Review*, XIII, 2, Spring 1990, 155-250. Andre Gunder Frank, and Barry Gills, eds., *The World System: 500 Years or 5000?* (Lanham, Maryland: Routledge, 1996).

㉝ *Review*, "ReOrientalism?" XXII, 3, 1999.

㉞ Andre Gunder Frank, "Multilateral Merchandise Trade Imbalances and Uneven Economic Development", *Journal of European Economic History*, V, 2, Fall 1976,

407-438.

㉟ Amiya Kumar Bagchi, *Perilous Passage: Mankind and the Global Ascendancy of Capital* (Lanham, Maryland: Rowman & Littlefield, 2005).

㊱ Immanuel Wallerstein, "The Itinerary of World-System Analysis; or How to Resist Becoming a Theory", in J. Berger and M. Zelditch, Jr., *New Directions in Contemporary Sociological Theory* (Lanham, Maryland: Rowman and Littlefield, 2002), 358-376.

正是领主收入的危机终结了中世纪并开启了现代的时代之门。

——布洛赫
（MARC BLOCH）

实际工资等级（在欧洲）的崩溃构成了 16 世纪相对应价格的革命性上涨。这种运作是以工作更加辛劳、艰苦、贫穷和大多数人的沮丧为其全部代价的。当代人普遍的感觉是情况越来越糟了。

——布罗代尔
（FERNAND BRAUDEL）
与斯普纳
（FRANK SPOONER）

美洲金银产地的发现，土著居民的被剿灭、被奴役和被埋葬于矿井，对东印度开始进行的征服和掠夺，非洲变成商业性地猎获黑人的场所：这一切标志着资本主义生产时代的曙光。这些田园诗式的过程是原始积累的主要因素。跟踵而来的是欧洲各国以地球为战场而进行的商业战争。

——马克思
（KARL MARX）

目 录

插图目录 ………………………………………………………… 2
谢辞 …………………………………………………………… 3

导言　论社会演变研究 …………………………………………… 3
第一章　中世纪的先驱 …………………………………………… 13
第二章　欧洲的新型劳动分工：约 1450~1640 年 ……………… 73
第三章　绝对君主制与国家主义 ………………………………… 151
第四章　从塞维利亚到阿姆斯特丹：帝国的失败 ……………… 191
第五章　强大的中心国家：阶级形成与国际商业 ……………… 267
第六章　欧洲的世界经济：边缘地区与外部竞争场 …………… 359
第七章　理论的重述 ……………………………………………… 421

参考文献 …………………………………………………………… 433
索引 ………………………………………………………………… 461

插图目录

导言 "查理五世洗劫罗马" ………………………………… 1

第一章 "猎狐" …………………………………………… 11

第二章 "黑人在金属矿被开采枯竭之后,必须去作制糖工作" ……… 71

第三章 "大公爵加强了里窝那(Livorno)港口的防卫设施" ………………………………………… 149

第四章 "对无辜者的大屠杀" …………………………… 189

第五章 "两个乞丐在争斗" ……………………………… 265

第六章 "(荷兰)舰队驶离莫桑比克(Mozambique),在果阿(Coa)附近俘获一艘(葡萄牙人的)大型帆船。" ……………………………………………… 357

第七章 "里奇蒙的宫殿" ………………………………… 419

插图由斯培克特(Sally Spector)协助挑选和注解。

谢　　辞

要列举出在计划和写作一本书时所得到的想法和协助的直接来源——从著者、同事和学生那里——总是困难的，特别是在这样一本试图综合他人的经验性工作的书中更是如此。很大的危险是忽略。

就这卷书而言，两位写了多卷著作的作者最直接地激励了我决定最终所走的道路，他们是布罗代尔（Fernand Brandel）和马洛维斯特（Marian Malowist）。

每当我写完一份草稿，布罗代尔就仔细地阅读它，并在我需要恢复信心时给我鼓励。蒂利（Charles Tilly）也仔细地阅读了它，并借由提出中肯的问题，促使我解释清楚我的论证。在有关国家权力和"绝对主义"（absolutism）的一般作用方面特别是如此，还有它特有的对产物垄断现象的相反观点。我感谢多德（Douglas Dowd），他使我了解了莱恩（Frederic Lane），因为莱恩是非常值得了解的。

至于霍普金斯（Terence Hopkins），我从我们二十年来在知识上的讨论和共同工作中获益良多。这种获益是无法用语言来概括的。

这本书是我在行为科学高级研究中心（Center for Advanced Study in the Behavioral Scienees）逗留的一年中写作的。无数的作者，为它唱过赞歌。除了绝佳的环境外，无条件的图书馆和秘书方面的协助，有各种学者可供随时请教，中心提供的这一切可使学者们为所欲为，不管是好是坏。但愿所有的人都如此明智。最后的定稿是在麦吉尔大学（McGill University）研究生学习和研究系的社会学奖金委员会的帮助下完成的。

导言插图 "查理五世洗劫罗马"

约 1535 年出版书中插图。London British Museum.

"查理五世（Charles V）洗劫罗马（Rome）。"一本论述"帝国的行动和预测……"的书，约在 1535 年左右出版于斯特拉斯堡（Strassbourg）其中的木刻插图。这幅木刻纪念了这个使教皇（Holy Father）在政治上依附于神圣罗马皇帝，并使查理成为意大利无可竞争的霸王的事件。

导言　论社会演变研究

变化是永恒的。无一事物恒变。这两个老生常谈都是"真理"。结构是生长在较长时期内固有的人类关系上的珊瑚礁，但结构本身也有发生、发展和衰亡的过程。

如果我们不是把社会演变研究作为全部社会科学的同义词的话，那么它的含义应限于对最持久的现象的演变过程所进行的研究，当然"持久"的定义在不同的历史时期和地点也有变化。

世界社会科学的主要结论之一就是，在人类历史上有若干大分界线。其中一个虽然只有少数社会科学家从事研究，但毕竟受到普遍的承认，它就是所谓的新石器革命或农业革命，另一个大分界线是现代世界的建立。

后者既是19世纪也是当今大多数社会科学理论的中心问题，毫无疑问，人们曾就"现代"的特性（以及随之而来的时间界线的划分标准）争论不休。非但如此，对这一变化过程的动力问题也有很大的争议。但是人们似乎已经达成这样一种共识，即在过去几百年间，世界曾发生一些重大的结构变化，这些变化使今天的世界与昨天有本质上的不同。甚至那些反对突变进化论的人，也不否认这种结构上的差异。

如欲描述这种"差异"及其原因应以什么为单位？从一定意义上来说，当今许多重大理论分歧概源于这一争论。这是当代社会科学的大难题。因此，若要写一部旨在分析现代世界变化过程的著作，首先应交代作者概念探索的思想脉络。

起初，我的兴趣在于探索我所生活的那个社会的政治斗争的社会基础。我以为，通过理解这一斗争的形式，作为一个理性的人，我可以为塑造那个社会作出贡献。结果我卷入了两大争论。一个是"历史在多大程度上是阶级斗争史？"换言之，阶级是社会和政治舞台上唯一重要的行动单位吗？或如韦伯（Weber Max）所云，阶级不仅只是存在，而且其相互作用足以说明政治进程的三位一体——阶级、阶层群体和政党——中的一员？虽然在这个问题上我有自己的偏见，但像在我之前的其他人一样，我也认为，很难说清这些词的定义及其相互关系。我越来越认为，这是一个观念的而不是经验的问题。至少在我的头脑中，我觉得要解决这场争端，必须把诸问题放在更大的思想背景中来考察。

第二个争论不休的问题与第一个密切相关，即在一个社会中，在多大程度上可能存在或实际存在价值观念的一致性？假设这种一致性存在，它的展现或消失又实际在多大程度上成为支配人们行动的主要决定因素？我们说这一争论与第一个争论密切相关，这是因为，只有当人们否认市民社会斗争的原发性时，这个问题才会产生。

当然，价值观念是一种看不见摸不着的东西，而且我对不厌其烦地进行有关价值的理论探讨感到不安，这种探讨似乎经常既缺乏坚实的经验基础又有伤公众感情。但人或群体显然要以意识形态来为他们的行动辩护，而且，这一点似乎也很明显：只有当群体具有自我意识，即拥有共同语言和共同世界观（Weltam-schauung）的时候，他们才变得更加团结，并因此更有政治作为。

我曾把进行经验考察的地区从我自己的社会转移到非洲，我寄予的希望是，通过揭示那些后来被我在那里发现的东西所证实的各种理论，或者通过到遥远的地区去考察一下本来会忽略的问题，使自己的感觉敏锐起来。我寄望于前者，但实际收获却是后者。

我第一次去非洲是在殖民年代，因此我目睹了"殖民化"过程和随后发生的主权国家独立的浪潮。作为一名白人，我也承受着人们对长期居住在非洲的欧洲人的殖民意识的强烈谴责。但作为一个民族运动的同情者，我也暗自分享年轻的非洲运动战士的激愤而乐观的情绪。不久我就发现，这两个群体不仅在政治问题上有分歧，而且已经到了具有截然不同的观念框架的地步。

总之，在深刻的对立中，被压迫者对时局的看法比较尖锐，因为为了暴露统治者的虚伪，公正地看待社会恰恰符合他们的利益。他们不大存有意识形态的偏见。非洲的情况正是如此。民族主义者认为，他们生活在"殖民局势"中，在这里，他们的社会行动和与他们生活在一起但身为行政官员、传教士、教师、商人的欧洲人的社会行动，都由一个法律与社会实体的种种强制性规范所决定。他们进而认为，政治机器是建立在种姓制度基础上的，在这种制度下，地位以及随之而来的利益均取决于种族。

非洲民族主义者决定改变他们生活于其间的这种政治结构。关于这一点，我在别处已经述及，这里毋庸赘言。这里需要指出的只是，我借此了解到，作为抽象体的社会在很大程度上限于作为经验现实的政治法律制度中。有些人以"部落"之类的组织为单位，在分析其运作时完全忽略这样一个事实：在殖民形势下，"部落"的统治机构谈不上什么"最高权力"，它们受制于一个更大的实体的法律（和习惯），这个实体就是殖民地，"部落"的统治机构只是这个实体的不可分割的一部分。由于这些人忽略了这一事实，他们的观点显然是错误的。由此我得到一个更加广义的结论：目前对社会组织所进行的研究总的来说都有缺陷，因为人们普遍忽略了这些组织及其成员活动于其间的法律和政治框架。

我曾试图揭示殖民形势的基本属性，并描述我视为属于其"自然的历史"的事物。但很快我就发现，我必须抓住世界体系固有特征中的某些要素。于是，我把自己的分析限定在19和20世纪欧洲海外殖民地的殖民制度运作方式。掌握了这一固有特征，我以为便可以就下列问题做出大体得当的描述：殖民当局的强制对社会生活的影响；反抗殖民当局的行为动机和形式；殖民政权维持统治并力图使其合法化的手段；能在这种框架内活动的诸种势力的矛盾性；导致人们结为向殖民统治挑战的组织的原因；反殖民运动发展并最终取得政治胜利的结构因素。在做这一切时，分析的单位都是执政当局法定的殖民区域。

我对这些在独立后成为"新国家"的地区所发生的事情同样怀有兴趣。既然对殖民地的研究似乎以既存政治秩序的崩溃原因为中心，那么对独立后时代的研究似乎以相反的问题为中心，即合法的权威是如何建立的？民族统一体成员意识又是如何在公民中传播的？

但对上述后面那两个问题的研究遇到了困难。首先，研究独立后的亚非国家的政治似乎是一个追踪报刊标题的过程，因此必然缺乏历史的深度。再者，还有拉丁美洲这个棘手的问题。那里的情况在很多方面似乎与亚非洲相类似，越来越多的人已开始把这三块大陆视为"第三世界"。但是拉丁美洲国家取得政治独立已有150年之久。它们的文化与欧洲传统比与亚非文化联系更密切。这项研究工作堪称举步维艰。

为了找到一个适当的分析单位，我转向那些"处于形式上已经独立但又无法称为民族整体时期的国家"。按照这种界定，迄今一切时期或几乎一切时期的全部或几乎全部拉丁美洲国家都包含在内。但是它显然也包括其他一些地区。例如，它包括美国，至少内战前的美国。它肯定包括东欧，至少 20 世纪以前的东欧，甚至可能包括当今的东欧。它甚至还包括西欧和南欧，至少包括它们的早期。

按照这一逻辑，我不得不把注意力转向现代早期的欧洲。这使我首先遇到了这个过程的起点问题。这一过程因没有更好的定义，我暂时称之为现代化过程。非但如此，除了考虑这个过程的起点之外，我还要考虑它的终点，否则我就得把 20 世纪的英国和德国作为同样社会过程的例证也包括进去，而这样做显然难于把握，因此终点必须加以考虑。

于是，我必须涉及发展脉络和颇为含糊的发展阶段论问题，而这些问题反过来又提出两个新的问题：划分阶段的标准和跨阶段单位的可比较性。

曾经有过多少个阶段？可能存在多少个阶段？工业化是转折点还是某种转折点的结果？就此意义而言，类似法国和俄国那样的革命，其"革命"一词的经验含义是什么？这些阶段是单向发展的，还是某个单位会发生"倒退"？我曾经在这些概念的泥淖中跋涉。

况且，走出这个泥淖是非常困难的，因为没有合理的评估手段。怎么能说 17 世纪的法国在某种意义上相当于 20 世纪的印度呢？外行人会认为这样的说法简直荒诞不经。他们真的错了吗？当然，我们可以重复教科书中的老生常谈，即强调科学抽象的价值，但在比较中遇到的实际困难毕竟是一重又一重。

运用这种"荒诞"的思想——对两个如此不同的单位进行比较——的方式之一是，允许有不同意见，同时再加上另一个变量，即特定时代的世界背景，亦即埃伯哈德（Wolfram Eberhard）所说的"世界时间"。这就是说，虽然 17 世纪法国的某些结构特征与 20 世纪的印度相同，但从世界背景的角度来看，它们又是迥异的。这样一来，概念就变得清晰了，但与此同时，评估也变得更加复杂。

最后还有一个问题。如果某些社会经历了"诸阶段"，亦即经历了"自然的历史"，那么世界体系本身又如何？它没有"阶段"或至少"自然的历史"吗？如果它有的话，我们岂非在研究演变内部的演变？倘若如此，这种理论不是正在周转圆内变得头重脚轻吗？它不需要大大简化吗？

我认为的确如此，正是基于这种认识，我彻底抛弃了以主权国家和那个含糊概念——民族社会——为分析单位的思想。我认为,这二者都不是社会体系,而人们只能在社会体系内谈社会变化,在这种结构中,唯一的社会体系是世界体系。

当然,这使问题大大简化了。我只用一类单位,而不是用诸多单位中的单位。因此我可以把主权国家的变化作为世界体系演变和交互作用的结果来解释。但这同时也使问题变得非常复杂。在现代,我可能只有一个这种单位的实例。假如我是对的,假如正确的分析单位是世界体系,假如主权国家应被视为这唯一的社会体系中的一种组织结构,与其他组织结构并存,那么我除了写一部世界体系史,还能做什么呢?

我无意于写这样一部历史,我也没有完成这个任务应具备的感性知识(就其性质而言,没有人可能具备这样的知识)。但可能存在关于这个独一无二的体系的规律吗?严格说来当然不可能存在。论述因果关系或或然性,应以一系列类似的现象或事例为基础,即使要把将来可能发生或极可能发生的事情包括在这一系列现象或事例中,最好也不要把将来可能发生的一系列事情强加在过去或现在已发生的事例网络里,而应把它们纳入一个单一的从古至今的事例系列。

历史上只有过一个"现代世界"。也许将来某一天会在其他星球上发现类似的现象,或在这个星球上发现新的现代世界体系,但目前在这个星球上,现实很清楚,只有一个。这使我感到它与天文学的相似之处,后者旨在解释支配宇宙的规律,虽然(就我们所知)只有一个宇宙。

天文学家是怎么做的?我认为,他们的论证逻辑涉及两个不同的方面。他们先通过研究较小的物质实体总结出一些规律,即物理规律,然后运用这些规律,并论证这些规律适用于(也许除了个别例外)整个体系中的类似事物。第二,他们采用后证法。如果整个体系将在某个时间具有某种状态,它一般在其他时间已有过这种状态。

这两种方法都有些不可靠。正因为如此,在研究整个体系功能的宇宙学领域内,某些知名的天文学家持截然不同的假说。在解释现代世界体系问题上,情形也是这样,而且这种状态可能要持续一个时期。其实,研究世界体系运转的学生比研究宇宙运转的学生遇到的困难要少一些,因为他们掌握更多的经验证据。

在任何情况下,我都牢记洛赫尔(T. J. G. Locher)的名言:"人们切不可把整体与全体混为一谈,整体固然大于各部分的集合,但它肯定也小于各部分的集合。"①

我特别注意在某种抽象意义上来描述世界体系，即从世界体系结构的演变方面来描述它。当我提及某些特别事件时，只是因为它们作为某种机制的典型影响了这个体系，或标志着某种重要的机构或制度的变革中的转折点。

这种做法当遇到存在大量感性材料，而它们又至少在一定程度上互相矛盾的时候可做适当调整。所幸的是，目前在研究许多现代史问题时似乎都是这样处理的。

现代社会科学的一个重大突破就是努力把研究结果加以量化。根据大量的历史研究不厌其烦地加以叙述，这本身并不等于量化。那么量化统计的根据何在？人们怎么才能够依据有关这样一个体系运转的材料得出可靠的结论？20 世纪社会科学的最大悲剧就在于面对这一困难，占相当大比例的社会科学家退下阵来。他们似乎认为，历史数据模糊武断，因此靠不住。他们对此束手无策，因而避而不用。而回避使用数据的最佳办法是在阐述问题时运用数据却又不表示出来。

这样，对数据进行量化分析的可行性就决定着研究课题的选择，这种选择导致人们形成某种固定的观念，而人们又是按照这种观念去解释和处理数据的。这显然与科学的程序背道而驰。应根据形成概念的需要决定研究手段，而不是反其道而行，至少在大多数情况下是如此。量化的程度仅仅应该反映在一定时间、凭借一定手段、就一定问题所能达到的最大精确性。量化程度越大越好，因为它有助于说明为了形成概念所必然遇到的问题。目前在分析世界体系方面，我们所能达到的量化程度仍是有限的，但我们将尽力而为，争取有所前进。

最后还有一个客观和杜撰的问题。我不认为存在非杜撰的社会科学，但这并不意味着不可能达到客观性。这首先是一个明确我们的词汇定义的问题。19 世纪，在批判充斥于以前历史著作中的不实之词的过程中，人们告诉我们，最高的理想是原原本本地写历史。但社会现实是转瞬即逝的。此时的存在，彼时就会消失。历史只能按今天认为的那样去讲述，而不能按其本来面目来讲述，因为重构过去是今人今天的社会行动，因此反映今天的社会体系。

"真实"随着社会的变化而变化。在一个特定时间内，一切都不具有连续性，一切都是当代的，包括过去的事情。今天的我们毫无例外地都是我们的生活背景的产物，都是我们的教育、我们的个性和社会角色以及我们活动于其间的结构压力的产物。这并不是说没有选择的余地。事实完全相反。社会体系及其所有下属机构，包括现代世界的主权国家，都是无数社会群体活动的场所，这些群体互相交往、勾结，更多的是互相斗争。由于我们都属于多个群体，所以我们常常不得不选择应该首先效忠的对象。学者和科学家也不能逃脱这种选择，而且这种选择并不仅仅体现在他们在社会体系中所扮演的非学术性的、纯政治性的角色上。

毫无疑问，做一个学者或科学家就意味在社会体系中充当一个特殊的角色，这个角色完全不同于各个群体的辩护士。我并不想贬低宣传的作用，它是必要的、应该的，只是学者或科学家不应该那样做。后者的作用是在他所设计的框架内，识别出他所研究的现象的现状，然后根据这种研究找出普遍原则，最后再具体运用这一原则。就这个意义而言，一切研究领域都是与现实"相关的"。为了正确理解今天的社会动力，必须进行高度的理论概括，这种理论概括只能建立在对最广泛的、跨时空的历史现象进行研究的基础之上。

当我说现象的"现状"时，我并不是说，比如一个考古学家，明明认为他所发现的物品属于某一个群体，但为了增进某个政府的政治权力，偏要说它属于另一个群体。我是说，考古专业从一开始就是社会现实的职能，社会对这一科学分支的投资、它的研究方向、概括方式、它概述和交流成果的形式，都离不开社会。相反的看法只能是自我欺骗。在这里，客观就是诚实。

客观性是整个社会体系的职能。只要这个体系是有倾向性的，一些研究活动就会集中在个别群体的范围内，其结论就会向这些群体"倾斜"。客观性的要求决定着社会在这种研究活动中的投资分配，这样一来，研究工作就能以均衡的方式由分属于世界体系中各个主要群体的人来从事。根据这一定义，今天我们没有客观的社会科学。但另一方面，这并不是一个在近期内无法实现的目标。

我们前面已经说过，世界体系研究非常不准确，因为不可能找到参照系。它非常不准确的另一个原因是，论述世界体系将产生社会影响，这种影响对活跃在政治舞台上的所有主要角色来讲都是显而易见的。如此一来，这个领域内的学者和科学家所承受的社会压力就格外沉重，这种压力以对他们的活动加以相对严格控制的形式表现出来。这也是学者们由于方法论的困境不愿意从事这方面研究的原因之一。

但唯因如此,这种研究才变得非常重要。一个人理智地参与其体系演变的能力取决于他对整体的感受力。我们越是感觉到这一任务的艰巨,就越需要及时动手。当然,这样做不符合所有群体的利益,但我们应履行我们的义务,它源于我们对美好社会的向往。正因为我们期待着一个更加平等和自由的世界,所以必须了解它实现的条件。为此需要先剖析过去世界体系的性质和演变过程,进而指出其今后的发展趋势。这种知识就是力量。在我设计的框架中,它是对代表世界大多数受压迫人民利益的群体来说最有用的一种力量。

正是基于这些考虑,我开始努力对影响世界体系的决定性因素进行分析。虽然本书只是一个序篇,但为了完成上述任务也需要几卷的篇幅。

我把本书分为四个主要部分,至少在起始阶段我是这样计划的。每一部分将与现代世界体系的一个主要时期相对应。第一卷描述世界体系的起源和早期状况,当时还只是欧洲的世界体系,其大体年代是 1450~1640 年。第二卷描述这一体系的巩固,年代大约是 1640~1815 年。第三卷描述世界经济受到现代工业技术变革的影响如何转化为全球企业。这一扩展是如此突然和巨大,以至世界体系实际上不得不重建。这个时期大约是 1815~1917 年。第四卷描述从 1917 年至今的资本主义世界经济是怎样得到巩固的,这一巩固又怎样引起了个别紧张的"革命形势"。

当代许多社会科学在乔装为社会心理学之前,都变成了研究群体和机构的学问,但本书并不研究群体,而是研究社会体系。一旦以社会体系为研究对象,以前的社会科学学科划分法便变得毫无意义。人类学、经济学、政治学、心理学和历史学等学科的划分,都是基于对国家及其与社会秩序的职能部门和地方部门的关系的一种含混概念,若以机构为研究中心,这种划分还有一定意义,若以社会体系为研究中心,它则变得没有意义。我并不主张对社会体系进行多学科的研究,而是主张建立一个特殊的学科。我希望本书的实质内容将有助于读者理解我这番话的含义和严肃性。

注释:

① *Die Überwindung des europaozentrischen Geschichtsbildes* (1954), 15, cited by G. Barraclough in H. P. R. Finberg, ed., *Approaches to History: A Symposium* (Univ. of Toronto Press, 1962), 94.

第一章插图 "猎狐"

Master of the Housebook. Wolfegg (Schloss), Germany. (1475-1490)

"猎狐"，选自"中世纪家用手册"（Das Mittelalterliche Hausbuch），一位无名的德意志艺术家的墨水画，他活动于1475~1490年，以家庭手册大师而闻名。

第一章　中世纪的先驱

从 15 世纪末至 16 世纪初，一个我们可称其为欧洲世界体系的格局宣告形成。这不是一个帝国，尽管它占有大帝国一样的空间并具有某些帝国特征。它是一个崭新的事物，是一种这个世界不会出现过的社会体系并具备现代世界体系的特征。它与帝国、城市国家或民族国家不同，它是一个经济统一体，而不是政治统一体。事实上，在其范围内（这里很难说在其边界内），它包含一些帝国、城市国家和形成中的"民族国家"。说它是一个"世界"体系，并非因为它包括整个世界，而是因为它大于任何法律意义上的政治单位。它是"世界经济"，因为该体系内各部分间的基本联系是经济性的，尽管这种联系在一定程度上因文化联系和我们最终将看到的政治格局——或联邦结构——而得到加强。

相反的，帝国是一个政治单位。例如，艾森斯塔德（Shmuel Eisentadt）是这样为帝国下定义的：

> "帝国"这个词通常用来指这样一种政治体系，它地域广阔，权力相对高度集中，以皇帝个人或中央政治机构为代表的中央自成一个政治实体。而且，帝国存在的基础虽然通常是传统的合法性，但他们往往鼓吹一种更广泛的、潜含统一性的政治和文化导向，这个导向一般在帝国的各个部分所追求的方向之外。[①]

这种意义上的帝国在长达 5000 年之久的时间内是世界舞台的永恒特征。在任何历史时期，世界各地都持续存在过这样的帝国。帝国的集权政治既是它的力量所在，也是它的弱点所在。它的威力表现在它能借武力（以贡赋和税收的形式）和商业垄断保证使边缘地区的经济收入流向中央。它的弱点表现在这种政治结构所必需的官僚们往往借机中饱私囊，尤其是当剥削压迫引起反抗从而增加军费开支的时候。②政治帝国是初级的经济统治手段。现代世界发明了一种新的技术，它能够通过减少过于臃肿的政治上层建筑的"消耗"，来增加从低层到高层，从边缘到中央，从多数人到少数人手中的剩余物资流入量，这可以说是现代世界的一大社会成就。

我前面说过，世界经济是现代世界的发明创造，其实也并非完全如此。历史上曾存在过世界经济，但它们总是变化为帝国的形式，如中国、波斯和罗马。现代世界经济若非现代资本主义手段和现代科学技术——我们知道，这两者是有某种联系的——使其可能在不建立统一的政治结构的情形下成长、壮大起来，它也会沿着那个方向发展，而且在某些地区似乎曾出现过这样的迹象。③

资本主义的贡献是提供了一个更加有利可图的占有剩余物资的手段（至少最终更加有利可图）。帝国是一种征收贡赋的机构，按照莱恩（Frederic Lane）发人深省的说法，帝国"意味着税收，税收的目的是保护纳税人，但税收的数量超过防卫所需。"④而在资本主义世界经济中，政治力量用于保证垄断权（或尽可能地达到这一目的）。国家不再是一个直接经营的中央经济单位，而是在他人的经济活动中充当保障某些经商条件的工具。在这里，市场的作用（不是完全自由地发挥作用，但毕竟在起作用）刺激生产力的增长，并导致现代经济发展的一切伴生物的出现。世界经济就是指这些过程发生的舞台。

世界经济的规模似乎是有限的。弗雷德（Ferdinand Fried）认为：

> 若把所有的因素考虑在内，可以得出这样的结论，古罗马的"世界"经济空间限于最好的交通工具行驶40~60天的范围。……在我们今天（1939年），现代世界经济的空间也限于利用一般商业交易管道通行40~60天的范围。⑤

布罗代尔（Fernand Braudel）补充说，16世纪的地中海世界也大抵如此。⑥

我们这里所关心的正是16世纪时这个60天范围的欧洲世界经济的起源和运转。⑦但首先必须切记，欧洲并不是当时唯一的世界经济，还有其他世界经济，⑧但是只有欧洲踏上了使它得以超过其他世界的资本主义发展路程。这何以发生？如何发生？让我们先看一下在公元1450年以前的三个世

第一章 中世纪的先驱

纪里世界上发生了什么事情。在12世纪,东半球有一系列帝国和小世界,其中许多彼此相邻。那时的地中海是一个商业中心,拜占庭、意大利城市国家,以及一定程度上还有北非的部分地区在这里相聚。从印度洋到红海地区形成了另一个这样的中心;中国地区是第三个;从蒙古到俄国的中亚大陆是第四个;波罗的海地区正在成为第五个,但西北欧从经济的角度来看是相当偏远的地区,那里的社会形式或组织属于现在我们所说的封建性质。

我们必须搞清楚,什么不属于封建性质。封建主义不等于自给自足的"自然经济"。西欧封建制是在一个帝国解体的基础上建立起来的,但这个解体实际上,甚或从法律上讲,并不彻底。[9]罗马帝国的神话更为这个地区提供了某种文化上,甚至法律上的凝聚力。基督教适为一组社会行动发生于其间的参数。封建欧洲是一个"文明",而不是世界体系。

认为在封建主义存在的地区存在两种经济——城市的市场经济和农村庄园的生存经济——的看法是没有道理的。在20世纪,当涉及所谓不发达世界时,有人持此说并冠以"二元经济论"。但是,正如索纳(Daniel Thorner)所云:

> 如果我们认为农民经济绝对地以其生存为导向,而"资本家"这个词就意味着以市场为导向,我们肯定会把自己迷惑住。我们更应该从一开始就认为,农民经济多少个世纪以来一直就有两种导向。[10]

"多少个世纪以来"?究竟多少个?巴特(B. H. Slicher van Bath)在其有关欧洲农业史的大作中,把转折点定在公元1150年前后。但他并不认为在此之前西欧实行的是"生存农业",他只是说,在公元500~1150年间西欧奉行他所谓的"直接农业消费"制,也就是说,一种半自给自足的制度,在这种制度下,大多数人自己生产粮食,但与此同时,他们也用以物易物交换的形式向非农业人口提供粮食。他认为,在1150年以后,西欧进入了"间接农业消费"阶段,这是一个我们今天仍在其间的阶段。[11]

因此,当我们说到西欧的封建主义的时候,我们应该把它想象为一系列的经济小区,那里的人口和生产力在缓慢增长,那里的司法机构确保大量剩余物资进入拥有贵族身份并操纵法律机器的地主手中。由于剩余物资多为实物,所以除非把它们卖掉,否则无利可图。城市发展了起来,它哺育了工匠,他们购买剩余物资或用他们的产品与之相交换。商人阶层有两种来源。一种是有时可以获得独立身份的地主代理人,和向领主缴纳地租后仍有剩余到市场出售的中等农民;[12]另一种是远方商人的驻地代办(驻地一般在北部意大利的城市国家,后来则在汉萨同盟的诸城市里),这些人利用交通不便和地区间的巨大差价而积累资本,特别是当某些地区遭受自然灾害的时候。[13]当然,随着城市的发展,它们为农民提供了可以避难和就业的场所,这些使庄园中人和人之间联系的某些条件开始变化。[14]

封建主义作为一种制度不应被视为商业的对立物。相反的,在一定程度上,封建主义和商业发展可以并行不悖。卡恩(Claude Cahen)认为,如果说有些学者只在西欧以外的地区看到了这一现象的话,[15]那他们可能是出于某种盲目观念,而对西欧封建社会中的同类现象视而不见,"既然我们注意到,在发展的一定阶段,封建主义和商业可以齐头并进,我们就应该根据这一点,重新考察西方本身的历史"。[16]

但对有别于地方贸易的远途贸易来说,封建制度的维持能力是有限的,这是因为远途贸易是奢侈品贸易,而不是大宗商品贸易。它是一种利用差价的贸易,一种取决于殷实人家政治嗜好和经济能力的贸易。只有在现代世界经济结构内生产取得发展的基础上,远途贸易才能部分地转化为大宗贸易,而大宗贸易反过来又促进生产的发展。正如拉铁摩尔(Owen Lattimore)所云,到了那时才有了我们今天所说的商业:

> (至少)晚至马可·波罗(Marco Polo)时代,出门冒险的商人的生意还取决于权贵的脸色,……远途冒险者主要关心的不是商品的大宗出售,而是商品的稀奇和奢华,……商人们寻找乐善好施者,……如果他命运不济,他会遭到掠夺或课税,以至破产。但如果他是幸运儿,他与其说卖出了一个好价钱,不如说得到了一笔慷慨的施舍,……丝绸及许多其他物品的这种贸易形式更像是纳贡而不是贸易。[17]

因此,商业活动的水平是有限的。主要的商业活动限于在狭小经济区域内经营食品和手工业制品。但无论如何,这种商业活动在缓慢增长,各个经济中心随之发展,新边区得到开发,新城市得以建立,人口也在增加。十字军为殖民掠夺提供了某种便利。但随后在14世纪的某个时期,这种发展停顿下来，耕地缩减，人口下降，在封建欧洲及其以外地区似乎出现了一场"危机"，其标志是战争、瘟疫和经济凋敝。这场"危机"是从哪里开始的？其结果如何？

第一个问题是，这是一种什么意义上的危机？在这方面存在着一些不同意见，分歧并不在于对这一过程的描述，而在于解释其原因时的侧重点。佩罗伊（Edouard Perroy）认为这个问题主要是发展过程的最佳点和人口饱和的问题，"在农业和手工业技术还十分原始的条件下，人口密度过大"。[18]由于缺乏更好的犁具和肥料，人们无力改变局势，于是出现食品匮乏，而这又导致疾病横行。但货币的提供量是稳定的，于是价格缓慢增长，使缴租人受到伤害。随后，缓慢恶化的局势在1335~1345年间由于百年战争的爆发而急剧恶化。这场战争使西欧的国家体系转向战时经济，这造成一个重大后果，即增加了对赋税的需要量。赋税使已经十分沉重的封建义务更甚一层，生产者简直无力承担，结果造成流通危机，这场危机又导致间接税和实物税的恢复。这样就开始了一个恶性循环过程：国税负担导致消费减少，消费减少引起生产和货币流通量的下降，于是造成流通困难，这种困境迫使王室靠借贷维持并最终耗尽有限的王库，由此出现信用危机，于是囤积贵金属，从而破坏了国际贸易结构。价格迅速膨胀，生存愈加艰难，人口随之下降。土地所有者失去租地农民，工匠失去主顾，耕地转为牧场，因为后者需要较少的人力，但依然存在羊毛主顾的问题。工资上涨，这特别加重了中小土地所有者的负担，他们转向国家，寻求遏制工资上涨的办法。"庄园生产的解体在1350年以后日趋严重，这是停滞中持续衰退的证明。"[19]

从表面上看，停滞是一个不可思议的后果，人们可能认为应该出现这样一种场景：人口减少导致高工资，在地租相对平稳的情况下，高工资会造成买方构成的变化，剩余物资便会有一部分从领主手中转移到农民那里，这将使囤积部分减少；而且，在以农业为主的经济中，人口减少应该造成供需两方面的同时减少；但是由于典型的生产者通常会以放弃不太肥沃的耕地的方式来减少生产，因此劳动生产率应该呈上升趋势，其结果是价格下跌；上述两种发展过程应该是促进而不是削弱商业。但不管怎么说，商业事实上"停滞了"。

这种看法的错误在于，它以需求的稳定为前提，诺斯（Douglass C. North）和托马斯（William L., Jr. Thomas）提醒我们注意，鉴于当时的技术水平和国际贸易额，经营费用相当昂贵，贸易额的任何降低（由于人口数量下降）都会引起费用的提高，这将导致商业的进一步萎缩。他们将这一过程描述如下：

> （以前的）商人认为，在远方城市派驻一个代理人，负责收集有关价格和商业机会的情报，借此减少经营费用，这种做法有利可图。但由于贸易额下降，这样做就不再有利。信息来源一枯竭，贸易额就进一步下降。因此，经济史学家甚至在这个农民和工人的实际工资肯定相对增加，因而人民的平均收入也随着提高的世界里，也看到了经济萧条（对他们来说，这意味着经济活动总量的减少）的景象，就不足为奇了。[20]

23　希尔顿（R. H. Hilton）同意佩罗伊对这些事件的看法，[21]但他不同意后者把这一危机与发达资本主义体系周期性危机相提并论的分析方式，因为那样将夸大商品货币经济的困境对封建制度的影响。事实上，在封建制度下，现金流动因素在人际关系中的作用比起在资本主义社会要小得多。[22]而且，他认为佩罗伊没有讨论自己所描述的这些事件的另一个后果，对希尔顿而言，这一后果是关键，那就是：极为严重的社会对立、"内乱的气候"，和以"反抗这种社会制度"的形式出现的农民起义。[23]因此对希尔顿来说，这不是一时性的危机，不是往复循环中的一个点，而是千余年发展的最终结局，是一种制度的决定性危机。"像在中世纪一样，在罗马帝国的最后几个世纪，由于社会和政治上层建筑的支出与社会生产资料的增长不同步，整个社会陷于瘫痪状态。"[24]希尔顿同意佩罗伊的看法，认为这种困境的直接原因在于技术有限和肥料短缺。在这里，不能靠扩大畜牛的数量来增加肥料供给，因为气候限制了冬季养牛场的数量。"但是我们应该强调指出，这时缺乏对提高生产力来说至关重要的大规模的农业再投入"，[25]这是因为受到封建社会结构固有分配制度的制约。

24　与佩罗伊的一时性危机观点相比，希尔顿对封建主义全面危机的强调，使我们更能看清这些发展所带来的社会变化。因为在一种制度中，如果已经越过了生产的最佳点，并且经济压力正在导致贵族与农民之间的全面阶级战争，以及贵族内部的倾轧，那么唯一能把西欧从死亡和停滞中解脱出来的办法，就是发展经济，利益分享，而在当时的技术条件下，只有扩大土地面积和劳动人口资源才能做到这一点。事实上，这正是15、16世纪所发生的事情。

13到15世纪，农民暴动在西欧非常普遍，这一点似乎是无疑的。就英国来说，希尔顿认为农民暴动的直接原因是，"在13世纪，大多数世俗的或教会的大地主都扩大其领地的生产，以便到市场上出售农产品，……（结果）劳役增加，甚至加倍。"[26]科斯明斯基（Eugen A. Kosminsky）也把这个时期视为"对英国农民剥削最严重的时期……。"[27]在欧洲大陆出现了一系列农民起义：13至14世纪之交，先后在意大利北部和沿海的佛兰德（Flanders）；1340年在丹麦，1351年在马略尔卡（Majorca）；1358年在法国的加斯科尼（Jacquerie）；在德国，远在1525年大规模农民战争之前也出现了零星的起义。12至13世纪在弗里西亚（Frisia）；13世纪在瑞士，都曾经建立农民共和国。斯利克认为："农民起义与经济衰退相伴随。"[28]多布（Maurice Dobb）指出，当这种衰退到来时，受到沉重打击的并不是从来就食不果腹的最低的劳动者，而是"地位较高的温饱农民，这些人正在开发和改良新的土地，因此往往充当暴动的先锋。"[29]

经济的突然衰落不只是造成农民的不满。与它相伴的是因为战争、饥馑和瘟疫引起的人口骤减，导致边区移民日减，有时甚至整个村庄消失。我们不应把村落荒芜只看作衰退的表征，因为至少还存在另两个造成荒芜的主要原因。其中之一是持久存在的原因，即战争无论什么时候降临，那个地区的人们都会背井离乡寻找安全的落脚点。[30]第二个原因不是"偶然性"的，而是结构性的，那就是农业社会结构的变化，即"圈地"（enclosures）或"占地"（engrossing of land）。在中世纪晚期，这个过程显然也在继续。[31]以我们目前掌握的知识，要说明上述三个原因之间的关系确实有些困难。

关于停止开荒和移民减少，有两点似乎是很清楚的。如赫雷纳（Karl Helleiner）所云："这是一个对占有地规模的选择过程。在中世纪后期的土地抛荒中，小块地所占比例似乎高于大农场。"[32]这也是一个选择地区的过程。无主荒地（Wüstungen）似乎不仅广泛存在于德国和中欧，[33]也存在于英国，[34]但在法国却远非如此严重。[35]显然这与由于历史和土壤原因，法国比欧洲其他地区移民密度大、荒地开垦早有一定关系。

在这个对农产品的需求减少的时期，城市工资和工业品价格不断提高，这是人口减少引起的劳动力缺乏造成的。在地租下降（就价格普遍上涨而地租固定而言）的同时，这种情况又导致农业劳动成本的增加。于是出现布洛赫所说的"贵族阶级的暂时贫困化"。[36]像在一切困难时期一样，[37]这时的土地所有者不但收益减少而且管理费用增加，这使他们开始考虑放弃直接管理。经济压力导致对农民剥削的加重，于是农民无心生产并最终大量逃亡。[38]贵族恢复收入的一种方式是另辟蹊径。追随王公，以图获利，这在通常情况下，对最富有的阶层来说，是一种有效的方式。[39]但它不足以抵消经济衰退的影响，因此也不能阻止领地的衰落。[40]而且，由于它使贵族离开了住地，因此可能恰好削弱了人们对经营管理的兴趣。

那么大地产到哪里去了呢？它们被变卖或出租给一个愿意并且能够经营它们的重要群体，即殷实的农民，当时他们正处于可以讨价还价的有利地位。[41]

但我们必须记住，农业生产的社会组织并非在各地都是相同的。西欧的领地最大，这在一定程度上是因为比较密集的人口需要较大的生产单位。在东欧，经济衰退同样导致边地荒芜，但是这里土地抛荒、人口流失的情况比较复杂，因为它既受到人口迁移也受到圈地的影响。[42]再往东，在我们后面将讨论的勃兰登堡（Brandenburg）和波兰，人口密度更小，这里的领主从整体来看，占有土地少于农民，因此"随着人口骤减，土地荒芜，他们把所有的荒地拼入了他们的地产"。[43]这将在16世纪使他们获得怎样的利益？这将多么深刻地改变东欧的社会结构？这对于西欧的发展将是多么重要？所有这一切都是这些14、15世纪的局内人无法意识到的。但在西欧的内地农业区，面积过大的领地让位于较小的占有地。这样，在同一个时期，西欧农田上的中等农民地位上升，西欧开始圈围不太适宜农耕的土地（这将是畜牧业发展的基础），而东欧的财富向大地产集中（这终将导致这里成为农产品出口区）。

对资本主义世界经济的发展来说，这种经济的"衰退"或"停滞"究竟是好事还是坏事？这取决于人们视野的广度。波斯坦（Michael Postan）认为15世纪比14世纪有所退步，[44]当然这一倒退后来受到遏制。科斯明斯基则认为这是对封建主义的清算，因此是资本主义经济发展中的一个必要步骤。[45]事实是同样的，理论分析却不同。

在这一讨论中，我们到目前为止还很少涉及政治方面的发展，尤其是中央集权国家官僚政治的缓慢兴起。在西方封建主义盛期，国家极为虚弱，地主、庄园主则势力强大。后来，贵族为了他们自己的利益不管怎样利用国家机器，最终还是帝王的软弱使他们获得了更多的便利。他们不仅本人享有更多不受控制、不纳赋税的自由，而且他们可以较随意地支配农民和向农民收税。在这种拥有法律制度的中央权力与民众之间缺乏有效联系的社会里，暴力的作用格外显著，因为正如布洛赫所云："由于习惯的作用，滥施权力的行为总是可以演变成先例，而先例又总是对的。"[46]

因此，如果庄园主没有陷入终于发现非但难以抵抗中央权力而且需要利用强制性法令的困境，他们是绝不会欢迎加强中央机构的。而14、15世纪的经济困难和领主收入的减少恰恰使他们陷入这样一种困境。

与这种经济困难同时发生的还有战争技术的变化，长弓变成火枪火炮，骑兵战变为以步兵战为主，这种战争需要更多训练和纪律。这一切意味着战争的费用增加了，所需要人数也增多了，常备军优于临时拼凑的队伍这一点也变得更加清晰了。面对这种新的要求，封建领主个人和城市国家在财力和人力上都无能为力，尤其是在人口减少的时期。[47]的确，这时这些地方性的国家也面临着维持秩序的艰巨任务，频繁的农民暴动表明了这一点。[48]

但在15世纪，西欧一些内部秩序的伟大恢复者权力日增，他们是法国的路易十一，英国的亨利七世，西班牙阿拉冈（Aragon）的菲迪南（Ferdinand）和卡斯提尔（Castile）的伊莎贝拉（Isabella）。他们在执行恢复秩序这一任务的过程中所运用的主要手段，也如他们的不太成功的先辈一样，是财政手段，即经过艰苦的努力建立强大的官僚系统（政治的和军事的），它足以胜任征税的任务，因此可以为一个更加强大的科层结构提供财政保证。这个过程早在12和13世纪就已经开始了。随着侵略——这曾使王公们精疲力竭、无暇他顾——的停止、人口的增长、商业的复苏和更多货币的流通，税收的基础得以奠定，这样便能够付给官员和士兵工资。[49]不仅英国、法国和西班牙的情形如此，德意志各诸侯国也是这样。

税收肯定是一个关键问题。开始这个良性循环并非易事。[50]在中世纪后期，有效税收系统面临的最大障碍似乎是普遍存在的守旧性。赋税额事实上只能依据纯粹的产品数量，而纯粹的产品数量很低，正如货币量和货币流通量都很小一样。核实赋税额是非常困难的，因为既缺乏人力又没有高水平的数据保存手段。因此统治者不断寻求开辟赋税以外的新财源，这是并不奇怪的。他们的手段包括：没收财产、借款、卖官鬻爵、制造劣币。但这些手段只能暂时解决财政困难，从长远来看，会对国王的政治经济实力产生副作用。[51]但过分强调困难的一面是错误的，令人难忘的是辉煌的成就。许多妥协方式可以被视为走成功之路的重要步骤。包税制（tax-farming）[52]和高官厚禄制（the venality of office）[53]就可以被看作是这样两种有效的妥协方式。而且，增加资金流入国王的数量，不仅因加强了国家的力量而伤害贵族的利益，而且也减少了贵族自己的收入来源。特别是在14、15世纪经济比较窘迫的年代，特别是对那些与新的科层组织缺少联系的人。正如杜比（Duby）所云："农民从土地上获得的大部分收入仍落入领主之手，但不断增加的赋税已经极大地增加了国家代理人所瓜分的份额。"[54]

随着国家的日益强大，操纵铸币权变得更加有利可图。当战争造成的国家财政危机在14、15世纪因纳税乡村的低利率而变得更加严重的时候，国家不得不寻找其他收入来源。而由于人口减少意味着王公们主动赐予那些重返荒地的人们以免税特权，国家就更需要开辟新财源。这样，控制铸币权就带来了许多便利。热尼科（Leopold Génicot）指出，对这时的币质不断下降的现象可以有三种解释。一个是减轻国家债务（尽管构成皇室领地大宗收入的固定收入也因之减少）；另一个是，在一个商业增长超过银币储量，社会动荡又促使人们囤积贵金属的时代，缺乏支付手段；第三个解释是，人们故意实行降低兑换率的政策，以便遏制通货收缩，打击囤币者，促进出口并借此复苏商业。不管取哪一种解释，币值下降都造成"严重的通货膨胀"，并"以这种方式减少了固定收入的实际价值"。[55]固定收入的主要接受者是贵族阶级，因此相对于国家而言，他们就受到削弱。

国家？什么是国家（state）呢？在这时，国家就是君王（the prince）！有声望和尊严并渐渐与其子民相脱离的君王。[56]而且，恰在这时，官僚体系作为一个具有特殊性格和利益的独特社会组织开始出现，它是君王的主要盟友，[57]但我们将看到，它是一个感情始终矛盾的盟友。国王们为了获得有助于他们制定税法的手段，还建立了各种代议机构，这些机构主要由贵族组成，国王试图利用这种机构来反对贵族，而贵族也试图利用这种机构来反对国王。[58]

西欧的这种国家不是起源于16世纪，而是起源于13世纪。雷诺瓦德（Yves Renouard）曾探讨过当今法国、英国和西班牙的边界是如何在1212～1214年的一系列战争中初步确定的。[59]正是在这些边界线而非其他边界线〔比如包括普罗旺斯（Provence）和加泰隆尼亚（Catalonia）在内的地中海西方国家，或安茹王朝作为英国的一部分包括法国西部在内的大西洋国家]的基础上，后来形成了民族感情。先有边界，后有民族情绪，这在现代早期的欧洲和在20世纪的非洲一样，确属实情。正是在这个时期，不仅边界划定，而且更重要的是，将有边界这一点已经确凿无疑。这就是佩罗伊所说的西欧政治结构的"根本变化"。[60]按照他的观点，我们可以把欧洲变革的时间确定在12世纪中叶至14世纪初，简言之，也就是在中世纪商业和农业的繁荣期。

为什么叫民族国家而不叫帝国？这里我们必须咬文嚼字。也许我们应该认为，13、14世纪的法国是民族国家，15、16世纪的法国是帝国，17世纪的法国又成为民族国家。布罗代尔（Fernand Braudel）就是这样认为的，[61]为什么如此翻来覆去？布罗代尔说："15、16世纪随着经济的发展，出现了一个持久的契机，它对庞大的国家有利，而对'厚重的国家（thick states）'不利。……事实上，对于庞大的政治结构来说，历史总是时而对它们有利，时而对它们不利。"[62]哈通（Fritz Hartung）和穆斯纳（R. Mousnier）虽然认为若建立君主专制政体，需把其规模降至最低点（是否也应升至最高点？），但他们也知道，这种政体在小国并不成功。"毫无疑问，后者不能构成一个足以维持君主专制政体的庞大的军事、经济单位。"[63]这些不过是对一个非常值得探讨的理论问题做出了一点提示。基尔南（V. G. Kiernan）下面一段廓清概念的话，也许对我们最有帮助：

> 没有一个王朝曾宣布要建立民族国家，历代君主都想无限地扩张……而王朝越强大，结果就越可能是一个松散（manqué）的帝国。它必须大到能够延续，并可以以邻邦为练兵场的地步，但又必须小得能服从一个中央的支配和自觉是一个整体。在封闭的欧洲西端，受到竞争和地理条件的限制，领土的过分扩张是不可能的。[64]

当然，除非他们把帝国扩展到海外去。这些松散帝国的特点在于，从中将产生不同的意识形态。民族国家是一个地域单位，其统治者谋求（有时谋求，时常谋求，但并非总是谋求）使它成为一个民族社会。其原因我们将在后面讨论。如果我们记住，自16世纪以来，西欧的民族国家谋求在帝国的中心地带建立相对同一的民族社会，把帝国的冒险事业只作为建立民族社会的一种补充手段——也许是不可或缺的补充手段——那么事情就变得更加复杂。

我们上面已经把14、15世纪西方封建主义的危机作为16世纪以后欧洲扩张和经济变革的背景或序幕加以讨论。到目前为止，这种讨论和解释仅限于社会结构方面（生产组织、国家机构、各种社会群体的关系）。但是很多人感到，14世纪的"危机"和16世纪的"扩张"在相当大的程度上是物质环境因素引起的，比如气候、流行病、土质。这些观点不容忽视，这些因素应当给予考虑。在探讨社会发生变化的原因时，应给与这些因素适当的重视。

气候因素以乌特斯罗姆（Gustaf Utterström）最为看重，其观点概述如下：

> 感谢工业主义，在一定程度上还要感谢技术进步，今天的人比前几个世纪的人较少受到自然界的惩罚。但我们是否经常注意到另一个因素，即我们生活在一个气候——尤其是北欧的气候——极端温和的时代？在过去的1000年中……除了个例之外，人类事务的繁荣期总体说来多发生在严寒之间的温暖期。正是在这个温暖期，经济生活和人口数量取得最大进展。[65]

为强调其观点，乌特斯罗姆提请我们注意，气候变化可以对早期的欧洲变革产生重大影响。他说："中世纪的原始农业肯定比高技术的现代农业更依赖良好的气候。"[66]

作为例证，乌特斯罗姆指出，14世纪至15世纪初的严冬，1460年至16世纪中叶的暖冬，17世纪下半叶的严冬，恰与经济的衰退、发展、衰退相对应。[67]

> 把人口压力视为决定性因素并不能为这种经济发展提供令人满意的解释。人口如此增长的事实恰恰提出了一个迄今无人提出的问题：人口为什么增长？……在整个欧洲，人口都飞速增长。在北欧和中欧，这种现象发生在气候非常温和的时期。这并不是巧合，其间肯定有某种必然联系。[68]

此外，乌特斯罗姆还把流行病视为一种可变的介入因素。他用酷暑来解释黑死病，因为酷热的夏天造成黑鼠的大量繁殖，黑鼠的增加又导致鼠虱的蔓延，而鼠虱是黑死病病毒的两种载体之一。[69]

杜比（Georges Duby）承认，必须认真对待这种假说。诚然，人们用气候变化圆满解释了14世纪若干放弃农耕的现象［冰岛的谷物，斯堪的纳维亚人在格陵兰的殖民，苏台德（Sudetenland）的放宽森林限制，英国葡萄栽培的终止，德国葡萄栽培的减少］，但是并非没有其他圆满的解释。特别重要的是，杜比提醒我们："农业衰退和人口减少一样，始于14世纪以前。"[70]这就是说，在所谓的气候变化之前。杜比认为气候因素和随之发生的流行病是一场雪上加霜的灾难，它在14世纪"给已经十分脆弱的人口结构以致命的打击"。[71]在解释这种起伏现象方面一度盛行的气候变化决定论同样也受到赫莱恩（Hellein）、[72]巴特[73]和拉杜里（Emmanuel Le Roy Ladurie）[74]的怀疑。

显然，既然存在气候变化，它势必对社会系统的运转产生影响。但同样明显的是，它对不同的系统产生的影响是不同的。尽管现在仍有争议，但上面所说的严寒可能确实波及整个北半球，然而亚洲和北非的社会发展却与欧洲迥异。所以，我们最好还是转向下列持久性因素：一是在封建社会组织系统中，人们经济负担过重，另一个是，在整个生产力水平十分低下的情况下，少数人过度消费。庞兹（Norman Pounds）提醒我们注意"中世纪农民即使在堪称正常的年景下其生活也是多么没有保障……"[75]巴特为证明这种长期营养不良说，特别指出，唯有蛋白质生产区对这种瘟疫的抵抗力最强。[76]

如果说无论如何首先是持续的剥削压榨和我们前面说过的由此导致的暴力反抗引起了经济衰落，然后气候因素又导致食物短缺和瘟疫，那么就很容易发现，社会因素和物质因素能够怎样地汇合在一起造成某种"失衡"。这种危机反过来又会因瘟疫蔓延为流行病而加剧。[77]而且，虽然因为陆地面积不变，人越少就意味着食物越充足，但人口数量减少也意味着转向牧场，因而减少热量的生产。这样，人口衰减就也变为"流行病"。[78]肖努（Pierre Chaunu）补充说："地租减少，利润降低，贵族负担加重，这些势必造成土地投资削减，导致局势进一步恶化。"[79]多布认为，由此产生的地租折算现象非但不像人们通常认为的那样减轻农民的负担，反而会使其负担加重，因而加剧危机。[80]这样，即使把物质环境的可变因素考虑进去，也不能推翻我们前面的分析。相反，这只能使我们的分析更加全面，因为它提出了一个新的因素，有助于解释一种在未来的世界历史中将不断出现的历史局面；同时也因为它进一步证明，持续的稳定和缓慢的变化可以造成一种足以改变社会结构的局面。社会结构是相对稳定时期的起缓冲作用的中间体。

上述分析可归纳如下：在中世纪晚期的欧洲，既没有世界帝国，也没有世界经济，只有基督教"文明"。欧洲大部分地区都是封建的，也就是说，由相对自给自足的小经济单位组成。这种经济单位以这样一种剥削方式为基础：人数很少的贵族阶级相对直接地占有在庄园内部生产出来的少量剩余农产品。在欧洲内部，至少有两个较小的世界经济，其中中等规模的一个以意大利北部城市国家为中心，更小的一个以佛兰德和北德意志的城市国家为中心，但欧洲大部分地区没有直接卷入这两个网络。

在约1150至1300年间，欧洲在封建生产模式内取得一定发展，这种发展同时表现在地理、商业和人口三个方面。在约1300至1450年间，欧洲又回复到发展以前的老样子，这仍然表现在地理、商业和人口三种水平上。

这种倒退引起了"危机"，它不仅表现于经济领域，也反映在政治方面（贵族的内部倾轧和农民暴动是两种主要体现）。它还体现在文化领域。中世纪的基督教大一统文化开始受到各种形式的广泛攻击，这种攻击后来被称为"现代"西方思想的开端。

对于这场危机主要有三种解释。一种解释认为，它本质上是经济循环发展的结果。在一定的技术条件下，发展的最佳点既已过去，衰退便随之而来。第二种解释认为，它基本上是长期发展的结果。在按照封建模式攫取剩余产品达一千年之久以后，达到了衰落的转折点。由于结构上缺乏技术进步的动力，生产力水平停滞不前（甚至可能因地力消耗有所下降）。而与此同时，由于统治阶级的消费数量和水平不断上升，剩余产品生产者的负担不断加重。榨取已达到了极限。第三种解释是强调气候因素。欧洲气候条件的变化在降低土地生产力的同时又助长了流行病的蔓延。

第一、三种解释无法解释这样一个事实：同样的周期性变化和气候变化也在其他时期发生在其他地区，但并未造成以建立资本主义世界经济的形式来解决这些问题的结果。以长期发展趋势来解释这场危机似乎是正确的，但是无法找到准确的统计数字来说明它是对这种社会变形的圆满解释。我相信，如果认为"封建主义"危机是长期发展、循环危机期和气候恶化的共同产物，那将是最令人满意的。

恰是这种共同作用的压力使这场巨大的社会变革成为可能。即将在欧洲产生并保存至今的是一种新型的剩余产品占有方式，即资本主义世界经济。它的基础不是以贡赋（像在世界帝国发生的那样）或封建地租（像在欧洲封建制度下发生的那样）的形式直接占有农业剩余，而是在更加发达的生产力的基础上（首先是农业，然后是工业），在国家机构的"人为"（即非市场性）帮助下，通过世界市场来占有剩余产品。国家机构从未彻底控制世界市场。

本书认为，有三件事是建立这种资本主义世界经济的基础，其一是该世界地理范围的扩大，其二是在世界经济的不同地区针对不同的生产发展多种控制劳动力的手段，其三是在将成为资本主义世界中心国家的地区建立相对强大的国家机构。

第二和第三个方面在很大程度上仰赖第一个方面的成功。这样，欧洲的地理扩张在理论上就成为解决"封建危机"的关键条件，没有这个条件，欧洲就完全可能陷于相对持久的无政府状态并进一步衰退。那么欧洲是怎样抓住这个拯救自己的机会的呢？答案是：不是欧洲而是葡萄牙抓住了机会，至少应该说，是葡萄牙带了头。

现在让我们来看一下当时葡萄牙的社会局势，看一下它为什么能在"危机"当中破门而出，从事海外冒险。为理解这一现象，我们必须记住，正像我们前面说过的，欧洲的地理扩张早已开始了。刘易斯（Archibald Lewis）说："从11世纪到13世纪中，西欧几乎是按古代的模式来开辟新疆域的。"[81]他指的是西班牙从摩尔人（Moors）手中逐渐恢复失地，基督教欧洲在巴利阿里群岛（Balaeric Islands）、撒丁尼亚（Sardinia）和科西嘉（Corsica）恢复了元气，诺曼人征服南意大利和西西里（Sicily）。他还提到十字军首先把塞浦路斯（Cyprus）、巴勒斯坦（Palestine）和叙利亚（Syria），然后把克里特（Crete）和爱琴海诸岛（Aegean Islands）并入欧洲版图。在西北部，英国人向威尔士（Wales）、苏格兰和爱尔兰扩张。在东欧，德国人和斯堪的纳维亚人向波罗的海人和斯拉夫人的土地渗透，征服当地居民并令他们改宗基督教。"然而最重要的新疆域是内部的森林、沼泽、丛林、荒野和泥淖地。正是在这些不毛之地，欧洲的农民们在1000至1250年间定居下来，开荒种田。"[82]随后，像我们已经看到的，这种扩张和兴旺景象因"危机"和衰退的到来而告结束。在政治方面，这意味着摩尔人在格拉那达（Granada）重整旗鼓，十字军被从利凡特（Levant）驱逐，拜占庭人（Byzantium）在1261年光复君士坦丁堡（Constantinople），蒙古人征服俄罗斯平原。在欧洲内部则出现土地荒芜、人口流失的现象。

因此，这次伟大的冒险——大西洋扩张就是欧洲的第二次而不是第一次冲击，这一次之所以成功是因为势头更猛烈，技术基础更雄厚，心情更急切。然而为什么葡萄牙率先发起冲击？在1250年，甚至在1350年，还没有人意识到葡萄牙是这种角色的候选人。从20世纪回过头去看，这也出乎我们的意料之外，因为在现代甚或整个历史时期，我们从不把小国葡萄牙放在眼里。

我们将尝试从动机和可能性两个方面去回答这个问题。这种动机是在整个欧洲范围内都存在的，尽管某种动机在葡萄牙反应得最强烈。探险家寻找的是什么？贵金属和香料，小学生的教科书都会这样告诉我们。这一点确实明白无误。

在中世纪，从金和银的角度来看，基督教欧洲和阿拉伯世界是一种相依为命的关系。用沃森（Andrew Watson）的话来说，"在货币方面，……这两个地区应被视为一体。"[63]前者出产白银，后者出产黄金。作为长期价格失衡——其原因很复杂，我们无需在这里探讨——的结果，白银东流，最后大量积蓄在阿拉伯世界。白银出口不再能换来黄金进口。所以在1252年，佛罗伦萨（Florence）和热那亚（Genoa）铸造新的金币。动力就在那里。使这种动机转化为现实的一种现象是在13世纪穿越撒哈拉（Sahara）的黄金贸易的发展。[64]沃森因此认为，在1250至1500年间，不能说西欧缺少黄金，因为这是供给日增的年代。但是尽管失衡状况有所好转，可是欧洲的贵金属还要经过拜占庭和阿拉伯流向印度和中国。沃斯顿颇为不解地谈到了"印度和中国从世界其他地区吸收贵金属的强大力量"。[65]这样，欧洲对贵金属的需求量就仍然是很高的。在1350至1450年间，塞尔维亚（Serbia）和波斯尼亚（Bosnia）的银矿开始发展，[66]在土耳其人于15世纪把这两个地区与欧洲的联系切断以前，它们一直是重要的贵金属产地。1460年初，银矿开采也突然在中欧兴起，这是因为技术的进步允许人们开发以前属于边区的矿山。据佩罗伊估计，从1460至1530年，中欧白银产量增长五倍。[67]但是供给无论如何不能满足需求，因此取道海路寻找黄金（这样就可以避开北非的中间商，直接得到苏丹的黄金）无疑是葡萄牙早期航海家出海的一个目的。[68]所以，当美洲的发现为欧洲提供了一个比苏丹更丰富的黄金源泉，特别是提供了一个比中欧远为丰富的白银源泉的时候，经济后果将是巨大的。[89]

欧洲人寻找贵金属固然是为了铸造在欧洲流通的货币，但更是为了把它们输出到东方。他们为什么要这样？这又是连小学生都知道的问题：为了香料和珠宝。谁需要这些东西？富人，用它们来炫耀其消费水平的富人。香料被制成春药，仿佛贵族没有香料便不能做爱。在这个时代，欧亚关系可以概括为交换挥霍的关系。贵金属流到东方用于装饰庙宇、宫殿和亚洲贵族的服装，而香料和珠宝流向西方。文化背景（也许不过是物质贫乏）决定了这种互补倾向。皮朗（Henri Pirenne）和后来的斯威奇（Paul Sweezy）认为，这种奢侈追求值得称道，因为它有利于欧洲商业的扩张。[90]但我怀疑，交换挥霍的意识不管在欧洲上层阶级的思想中有多么强烈，它只能孕育诸如大西洋世界扩张之类的宏伟事业，却很难导致建立一种欧洲世界经济。

归根究底，生活必需品比奢侈品更能引起人们的经济冲动。为 14、15 世纪的西欧所必需的是食品（含有更多热量，营养价值配置更合理的食品）和燃料。向地中海和大西洋岛屿的扩张，向西非、北非以及大洋彼岸的挺进，也和向东欧、俄罗斯草原以及中亚的扩张一样，带来了食品和燃料。它扩大了欧洲的消费品基地，因为它造成了一种政治经济体系，在这个体系中，西欧以不平等的条件享用这些原料基地。这看起来很不相称。但这并不是唯一的途径。早在 13 世纪已经始于佛兰德，至 16 世纪又传入英国的技术革新也增加了农业的产出。[91]但是这种技术革新最容易发生在诸如中世纪佛兰德之类的人口稠密、工业发展的地区，而恰恰在这些地区人们改变土地经营方式，用它们来生产商品粮、养牛和发展园艺业，结果这些地区"需要大量进口玉米（小麦）。只有这种复杂的工农业连锁系统才能最充分地发挥其优势。"[92]因此，这一农业革新过程非但不妨碍扩张，而且反使扩张变得更加必要。

小麦是 15、16 世纪新型生产和新型贸易的中心。按照布罗代尔（Fernand Braudel）的正确说法。欧洲最初在北部森林和地中海平原找到了自己"内部的美洲"。[93]但内部的美洲是不够的。于是开始向边陲扩张，首先来到了岛屿。戈丁诺（Vitorino Magalhaes-Godinho）提出了一种现在仍有影响的假说：农业是葡萄牙向大西洋岛屿殖民的主要动机。塞洛（Joël Serrào）支持这一假说，他说，这些岛屿发展迅速，就"谷物、粮、染料和酒四部曲来说，……整体的倾向是单一生产，四种产品轮流受到偏爱。"[94]这种新种植的小麦在 14 世纪初开始运往欧陆各地,最初是从波罗的海地区运到低地国家,⁹⁵ 15 世纪远达葡萄牙,⁹⁶ 在 14、15 世纪又从地中海运到英国和低地国家。⁹⁷

食品的等级可以按其每一千大卡热量的成本来排列。贝内特（Bennett）发现,在所有时间和地点,如此排列出来的顺序都是完全相同的。面粉制品和淀粉质块根列在其 8 个等级的最下面,就是说,属于最基本、最廉价的生活必需品。⁹⁸ 但好的饮食并不能只吃谷。欧洲饮食最重要的一项补充品是糖,糖既可产生热量又可用于替代肉类。而且还可以用于酿酒[特别是朗姆酒（Rum）]。后来,它还被用于制作巧克力,这种技术是西班牙人从阿兹特克人（Aztecs）那里学来的,到 17 世纪,至少在西班牙,巧克力饮料已经非常受欢迎。⁹⁹

糖还是推动海岛殖民的一个主要动力,而且受它生产形式的影响,奴隶制也如影相随。这首先发生在 12 世纪的地中海东部地区,然后逐渐西移。¹⁰⁰ 随着向大西洋的扩张,奴隶制当然也会在那里继续存在下去。的确,里奇（Rich）认为葡萄牙的非洲奴隶出现于 1000 年左右,那时穆罕默德侵袭队在经商时需要使用奴隶。¹⁰¹ 糖是一种非常有利可图和短缺的产品,它取代了小麦,但也耗尽了地力,¹⁰² 以致造成需要开辟新地种植糖类作物（且不说种植糖类作物也耗尽了人力）。

在贝内特的分类表中,鱼和肉的地位较高。但人仍需要它们的蛋白质。戈丁诺（Godinho）认为早期葡萄牙人从事冒险活动的主要动机之一是扩大捕鱼区。¹⁰³ 肉食显然没有粮食重要,而且在 1400 至 1750 年间,它的重要性明显持续下降¹⁰⁴：这证明了我们下面将会论及的一点,即欧洲工人为欧洲的经济发展付出了一定代价。¹⁰⁵ 无论如何,食肉的欲望是促进香料贸易的主要动力之一,这里所说的香料不是富人用于制作春药的亚洲香料,而是在西非极乐园（Arnomum melegueta）里种植的谷类植物,它们被用作胡椒的代用品,也被用来制作一种叫做姜汁健身酒的含香料葡萄酒。¹⁰⁶ 只有这种香料"才使麦片稀粥变得可以下咽。"¹⁰⁷

如果说是食品需求导致了欧洲的地理扩张,那么食品所带来的利益是始料未及的。整个世界的生态发生了变化,而且受突然出现的欧洲世界经济的社会组织的影响,这种变化以首先有利于欧洲的形式出现。¹⁰⁸ 除食品之外,另一项重要的生活必需品是木材,用作燃料和造船（和建房）建材的木材。中世纪的林业技术肯定是非常低下的,那个时期的经济发展使西欧、意大利、西班牙像地中海岛屿一样逐渐沙化。橡树变得极为稀有。[109]在16世纪，波罗的海地区已经开始大量向荷兰、英国和伊比利亚半岛（Iberian peninsula）出口木材。

这有一种生活必需品应该提及，即服装。当然这时存在着奢侈品贸易，存在着对丝绸的需求，这种需求在古代与对珠宝和香料的需求联系在一起。但是欧洲工业发展中的第一个主要工业部门——成长中的纺织业绝不只是奢侈品交易，况且纺织业加工还需要一些物质材料；给棉纺品或毛纺品上色的染料和在浆洗丝绸制品时使用的树脂。[110]

人们寻找金银是为了过上奢华的生活，为了欧洲的消费，更为了与亚洲通商。但对欧洲的经济扩张来说，金银也是必需品。为什么会这样？货币是一种支付手段，它可以用任何材料来制作，只要人们承认它。今天我们使用的支付手段几乎都不是用金银制作的。更重要的是，欧洲人在中世纪晚期已经开始这样做，因为他们发明了一种"计账货币"（money of account），有时也被误称为"假想货币"。

但是，从金属币转为符号货币还要经过几个世纪的时间[111]——即使今天也没有完全做到这一点。因此可以说欧洲一直受着货币下降趋势的困扰，以至布洛赫说这个问题"贯穿着货币史的始终。"[112]但那时候从没有人认真地提出取消金银货币。

没有人提出这一点的原因是多种多样的。参与政府机要的人认为，改变这种货币制度会损害他们的个人利益。[113]我们不应忘记，在中世纪后期，矿山仍是为个人利益服务的商品。[114]但比个人利益更重要的原因是整体的恐惧心理，这种心理又是现实经济体系脆弱的反映。计账货币可能从未盛行起来，确实，无论多么富有的人都无法单独或共同控制它。既然它曾经夭折过，谁能担保整个这种货币经济不会再次夭折？但贵金属是一种安全保证。只要货币的这两个用途——价值标准和支付手段——没有过分分离，货币就总是作为商品而支付的。[115]因此，货币必须使用贵金属制作。而且，没有贵金属，欧洲就会缺乏发展资本主义的整体信心，因为资本主义利润的基础是投资在先，而实现价值在后。这对于这个由于其他原因形成的非帝国世界经济体系而言，是更为（a fortiori）确实的。这种整体心理现象是这个时期社会结构的属性之一，既然如此，我们就必须把贵金属视为繁荣世界经济的基本条件。

探险的动机不仅可以在欧洲渴望获得的产品中寻找，也可以在欧洲各种群体的职业需要中发现。正如利弗莫尔（Livermore）提醒我们所注意的，恰是这个时期和稍晚一点的伊比利亚（Iberia）编年史作家首先指出，"在北非进行收复失地运动的思想，始于人们感到需要为那些在边境从事掠夺活动已达25年之久的人找到一些有意义的事去做。"[116]

我们必须回到14、15世纪领主收入减少这个关键问题上来。波斯坦把英国贵族的反应行为称为"匪帮主义"（gangsterism），即用非法暴力手段恢复旧日的收入标准。同样的现象也发生在瑞典、丹麦和德国。这种暴力手段的表现之一必然是扩张。[117]因为总的说来，只要封建贵族的土地收入减少，他们定会积极地去寻找新的可以带来收入的土地，借此使其实际收入恢复到符合其社会地位的水平。如果我们问，为什么只有葡萄牙从事海外扩张，而其他欧洲国家没有这样做，那么答案很简单：因为其他国家的贵族比较幸运，他们的扩张可以比较轻松，可以离家乡较近，可以用马匹而不用舰只。但葡萄牙限于地理条件别无选择。

毫无疑问，按照传统观点，海外扩张是与商人及君主的利益连在一起的，前者寄望于在扩张后的贸易中赢利，后者谋求保证王室的荣耀和收入来源。但是伊比利亚人探险的原动力很可能首先来自贵族，特别是来自那些臭名远扬的"贵族子弟"。他们不是嫡长子，所以缺少土地。而且，只是在商业网开始发挥作用以后，比较谨慎的商人（他们不像社会地位濒于降级的贵族那样富有事业心）才变得热心起来。[118]

扩张的原因是人口过剩吗？这是令人困惑的问题之一。布罗代尔告诉我们，在地中海西部地区肯定存在人口过剩，他一再指出，许多国家先驱逐犹太人，后来又驱逐摩里斯科人（Moriscos）就是人口过剩的证明。[119]但里奇又断然地对我们说："把15、16世纪的扩张归因于人口过剩纯属无稽之谈。……人口的增加可能（仅只是可能）只是把人们推向战争或城市。"[120]这种说法也许是对的，但是那些奔赴城市（或战场）的人吃什么、穿什么、住什么呢？欧洲为它的人口——甚至是不断增加的人口——准备好了一个生存空间。不错，那是导致扩张的社会问题的一个组成部分。因为在封建主义危机中，生存空间是农民反对贵族的力量得以加强的一个因素，因此也是造成领主收入下降的一个因素。于是欧洲社会便以各种方式做出反应。其中之一就是承认（至少是隐约地承认）自己人口过剩。因此需要扩大土地面积。[120]但事实上，贵族（和资产阶级）所需要的，以及他们将会得到的，都是更加驯服的劳动力。人口的多少不成为问题，影响上下层之间相互关系的是社会关系。

最后，海外扩张能用"十字军精神"，即宣传福音的必要性来解释吗？这也是一个令人迷惑的问题。确实，在伊比利亚半岛，基督教采取一种特别的军事形式，在那里，民族斗争长期以来披着宗教的外衣。确实，这是一个基督徒在东南欧（及至维也纳的大门口）被土耳其穆斯林打得溃不成军的时代。大西洋的扩张完全有可能是对这些事件的一种心理反应，正如肖努所云，是一种"补偿现象，一种以攻为守的行为。"[122]确实，葡萄牙人和西班牙人所做出的许多决定，以及他们的某些多管闲事的行为，可以用基督教感情来解释。但我们似乎更应该把这种宗教热情视为一种理性化的感情，受各种因素的影响它显然已变得比较内在，因而强烈、持久而易引起经济上的畸变。而且，热情过后就是玩世不恭的事例在历史上简直屡见不鲜。因此用信仰体系作为主要因素来说明这样一场大规模社会行动的起源和长期发展就不大妥当。

我们上述有关动机问题的全部论述都没有直接回答这个问题：葡萄牙人为了什么？我们讲到的是欧洲的物质需要，贵族收入的总危机。当然从中我们可以引申出葡萄牙人通过大西洋扩张解决这一问题的特别有利条件，但这样做说服力仍显不够。所以我们必须从动机问题转向能力问题。为什么在所有欧洲国家中，葡萄牙人能一马当先？这在所有的地图上都能找到一个明显的答案。葡萄牙位于大西洋上，紧邻非洲。就在大西洋岛屿殖民和沿非洲西海岸探险而言，它显然最近便。而且，从大洋流向来看，特别是在当时的技术条件下，以从葡萄牙港口（以及西班牙西南部的那些港口）出海最为容易。[123]

此外，葡萄牙人已经具备了远途贸易的丰富经验。在这方面，葡萄牙人无法与威尼斯和热那亚人相比，但晚近的研究表明，他们的经历堪与北欧的市民相比，因此是不容易忽视的。[124]

第三个因素是资金是否充足。威尼斯人的劲敌热那亚人早就决定投资于伊比利亚的商业，并鼓励那里的商人从事海外扩张。[125]到15世纪末，热那亚似乎更偏爱西班牙人，而不是葡萄牙人，但那在很大程度上是因为后者那时已经能够脱离热那亚人的资助和保护，独吞利润。弗林登（Verlinden）说意大利是"中世纪唯一真正的殖民国家"。[126]在热那亚人和比萨人（Pisans）首先出现在加泰隆尼亚（Catalonia）的12世纪[127]和他们最初到达葡萄牙的13世纪，[128]意大利人都曾做出一定努力，把伊比利亚人拉进当时的国际贸易。但是既然到达了那里,意大利人就一定会在伊比利亚殖民中充当主要角色,因为他们来得这样早,以致"能够征服伊比利亚半岛上的要塞"。[129]按照劳(Virginia Rau)的说法,在1317年,"里斯本城区和港口是热那亚商业的一大中心……"[130]可以肯定,在14世纪末和15世纪初,葡萄牙商人已经开始抱怨"(意大利人)不正当地插手本国的批发贸易",他们说:"这威胁到本国商人在这项贸易中的统治地位。"[131]解决方法很简单,并在一定程度上是古典式的,即意大利人通过联姻关系融合进来,并成为葡萄牙或马德拉(Madeira)的土地贵族。

在这种商品经济中,这有一个因素促使葡萄牙人比英、法等国的人民更具冒险性。说起来有一点讽刺意味,葡萄牙与那个日后将成为欧洲世界经济的地区关系甚小,相反地它与穆斯林控制的地中海地区倒联系密切。这样,相对来说,葡萄牙的经济就更加商品化,它的人民就更加市民化。[132]

然而,造成葡萄牙人如此具有进攻性的还不只是地理环境和商业力量。国家机器的强大也是一个因素。在这方面,葡萄牙与其他西欧国家在整个15世纪都十分不同,后者只懂得内战,而前者懂得和平。[133]国家的稳定十分重要。这不仅因为它为实业的发展创造了一个良好的环境,不仅因为它鼓励贵族把他们的精力释放到国内战争或欧洲内部战争以外的地方去,而且因为从很多方面来讲稳定本身就是一个重要的实业;[134]国家一稳定,它就会把力量投入到有利可图的商业冒险事业中去。就葡萄牙而言,正如我们已经看到的,它的地理历史背景决定它必然把向大西洋扩张作为最明智的商业冒险选择。

为什么葡萄牙率先进行扩张?因为在欧洲国家中只有它最具备决心和可能性。欧洲需要更大的土地面积来维持其经济的发展,补偿领主在危机中所失去的收入,并缓和封建主义危机所孕育的激烈的阶级斗争。欧洲需要很多东西:金银、市场、蛋白质、储存蛋白质的手段、食品、木材、纺织业原料。而且它还需要更加驯服的劳动力。

但是我们不能把"欧洲"概念化。没有一个中央机构在为那一系列目标而奋斗。真正的决定来自只考虑直接利益的诸群体。在葡萄牙,"发现业"似乎对很多群体都有利:国家、贵族、商业资产阶级(本地的和外来的),甚至城镇中的半无产阶级。

对这个国家——弹丸小国——来说,利益是明显的。扩张是增加收入、提高威望的最佳途径。而且葡萄牙可以说是当时欧洲唯一不受内战困扰的国家，它比西班牙、法国和英国都至少早一个世纪就实现了政治的基本稳定。

正是这种稳定鼓舞了贵族。葡萄牙贵族也同欧洲其他国家的贵族一样，经济十分窘困，但是他们没有遭受耗费资财的、无尽无休的战乱之苦（即使他们得胜，战争也会耗费他们钱财）。他们也不能指望通过内部殖民来恢复往日的经济地位，因为葡萄牙缺少土地。因此，他们赞同海外扩张。他们把长子以外的子弟送出去，充当远征中必需的领头人。

资产阶级的利益一度并不与贵族利益相矛盾。葡萄牙的资产阶级由于生活在欧洲最商业化的地区（因为涉足地中海伊斯兰世界的贸易），由于长期经受远途贸易的磨炼，已经为发展现代资本主义做好了准备，所以他们也寻求突破葡萄牙狭小市场的桎梏。如果他们缺少资本，他们可以很方便地从热那亚人那里得到，后者为了对付自己的对手威尼斯人，随时准备资助葡萄牙人。本地资产阶级与外来资产阶级之间的潜在矛盾因为热那亚人自愿接受葡萄牙文化而渐趋弥合。

最后，探险及以后的商业形势也为那些在领主危机中因不堪日甚一日的剥削而逃往城镇的半无产阶级提供了就业机会。外部的扩张再次使潜在的内乱危险降到了最低点。

如果说光具备决心和可能性还不够的话，那么葡萄牙还有幸占据从事这番事业的最佳地理位置，这不仅由于它朝南伸向大西洋，而且因为它地处有利于航行的洋流的汇合点。所以回过头去看，葡萄牙人铤而走险并不奇怪。

在我们开始这本书的主要内容以前，我们还必须正视最后一个问题。到目前为止，我们探讨的问题是：什么力量把欧洲推向了建立资本主义世界经济的边缘？因为我们要重点说明资本主义是怎样地只适合生长在世界经济框架内，而不适合生长在世界帝国框架里，所以我们必须简单地探讨一下为什么应该是这样。这里最好是拿欧洲和中国做一个比较。在13至16世纪，这两个地区的人口总数几乎是相等的。[133] 正像肖努（Pieere Chaunu）一针见血地指出的：

> 哥伦布（Christopher Columbus）和达·伽马（Vascoda Gama）都不是中国人……这一点颇为发人深省，因为据我们从历史文献中的了解，在15世纪末，远东作为一个堪与地中海地区相比拟的整体在任何

方面都不逊于欧亚大陆的西端,至少表面看起来是如此。[136]

在任何方面都不逊色吗?这需要对双方技术的发展做一次历史的比较,在这方面,学者们见仁见智。怀特(Lynn White, Jr.)认为,欧洲之所以能够在16世纪进行扩张是因为早从9世纪起欧洲在农业技术方面就超过了世界其他地区。他说:

> 从6世纪上半叶至9世纪末。北欧创造和引进了一系列新技术。并在此基础上建立起全新的农业生产体系。就农民劳动而言,这一体系是迄今为止世界上最先进的。(怀特指的是重犁、三圃制、敞地牧牛、现代鞍具、马蹄铁)……随着该体系中各种技术的精进和普及,人们生产出更多的食粮,人口随之增长。……各个北方农民所具备的新的生产能力使他们中大多数人都能够离开土地,前往城市,从事工商业。[137]

怀特还认为,在8世纪和11世纪,北欧在军事技术和工业生产方面也先后取得领先地位。如果问为什么会是这样的话,怀特把原因归之于蛮族入侵所带来的剧烈动荡。面对这一动荡,按照汤因比(Toynbee)的理论,西方给予积极的应战。[138]

但其他学者不同意对事实的这种估计。以军事技术为例,奇波拉(Carlo Cipolla)认为:

> 直到15世纪初,中国的枪支如果说不比西方的好,至少可能也同样优良。但在15世纪,欧洲取得了引人注目的技术进步……欧洲的大炮比亚洲制造的任何种类的火炮都有大得多的杀伤力。在16世纪的书本中,对欧洲军械的惊叹之辞随处可见。[139]

正在撰写有关中国科技史的划时代巨著的李约瑟(Joseph Needham)也持相同观点,他认为只是在1450年以后欧洲才取得对中国的工业和技术优势。[140]欧洲为什么能突飞猛进?李约瑟认为,原因不在于一时一事,而在于"有机的整体",在于"一系列变化"。

事实上，在中国社会自身的发展中，从未发生过像西方文艺复兴或"科学革命"那样的巨变。我常常喜欢把中国的发展勾勒成一条缓缓升起的曲线，从2世纪到15世纪，它的水平比欧洲高出许多。但是在这以后，随着发生伽利略革命（Galilean revolution），随着人们发现一系列科学发现的基本技术，西方开始了一场科学复兴，随后，欧洲的科技曲线几乎像指数曲线一样陡然上升，超过了各亚洲社会的水准……这种剧烈的动荡现在开始趋于缓和。[111]

一些学者认为，舵的发明在15世纪的欧洲起了关键作用。[112]但李约瑟指出，在公元1世纪前后，中国就已经有了舵，这种新发明大概是在12世纪从中国传到欧洲的。[113]

如果说李约瑟有关中国技术完备、中国技术水平在西方腾飞之前一直高于西方的描述是正确的话，那么更令人吃惊的是中国和葡萄牙的海外扩张始于同一个时期，只是仅仅28年之后，中国又退缩回大陆，不再进行任何新的尝试。但是他们不乏成功。1405至1433年太监郑和率领的七次航行取得巨大成功。在七次航行中，他横跨印度洋，从爪哇（Java）经锡兰（Ceylon）到达东非，为中国宫廷带回珍贵的异域贡品，中国宫廷对此表示深深的感谢。郑和1434年死后，航行便停止了。更有甚者，当1479年另一个太监汪直为发动对安南（Annam）地区的军事远征，想参阅郑和有关该地区的档案记录的时候，他被告知不得动用这些档案。郑和的记录被封存了起来，仿佛唯恐人们记住这个人物。[114]

这些远征的动机和中止的原因都不甚清楚。儒家官吏可能一直反对这种行动。[115]问题是他们为什么要反对？另一方面，皇帝似乎支持这一事业，那么是不是还有发动远征的可能？张天策（T'ien-Tsê Chang）在下列事件中发现了更多的证据：15世纪初，始于8世纪的国家机构市舶司的职能发生了变化，它不再负责征收关税（关税转归各省征收），而是专司贡品转运，这项业务在郑和时代肯定是非常重要的。张认为，这样做势必造成在某些地区放松关卡限制，那么中央为什么撒手不管了呢？张天策解释说："皇帝难道不是有意这样做，以便鼓励对中国来说显然非常重要的对外贸易吗？"[116]

既是如此"显然"，却又不继续加以鼓励，这是为什么？威利茨（William Willetts）认为，这与中国人的世界观有些关系。据说正因为他们总以老大自居，认为自身就代表整个世界，所以他们缺乏某种殖民使命感。[147]此外，威利茨认为这种探险活动突然中止还有两个直接原因："儒家官吏对太监的病态的嫉恨"[148]和"海外事业所带来的国库空虚"[149]。后一个理由似乎难以成立，因为国库支出可以用殖民事业带来的收入补足。至少对当时欧洲的国库来讲，情况是如此。

还有一些解释认为，某种政治考虑转移了中国当局最初对印度洋探险活动的兴趣。例如赫德森（Hudson）认为，1421 年由于蒙古游牧蛮族的威胁日趋严重，中国的首都从南京北迁到北京。这个事件可能转移了帝国的注意力。[150]博克塞（Boxer）则认为东部倭寇的威胁已使中国政府焦头烂额，因为日本的海盗不断偷袭中国沿海地区。[151]梅林克-罗洛夫茨（Meilink Roelofsz）把中国撤出印度洋归因于穆斯林商人在这块水域的推进。[152]

即使上述说法都能成立，它们似乎仍不足以说明问题。为什么在中国内部没有一种动力使这些外部困难只成为小小的阻力，而不构成不可克服的障碍？果真如某些作者所云，中国就是不想扩张吗[153]？肖努认为，中国缺乏具有"扩张共识的群体"。[154]这给了我们一点启示。如果我们记得，葡萄牙的一个显著特征就是各个社会群体都对海外探险和扩张抱有兴趣，那么肖努的话就更加具有启发性。因此我们有必要来看一下中国和欧洲在哪些方面不同。

首先是农学方面的重大区别。我们说过，欧洲重肉食消费，而且随着 14 世纪"危机"的发生，这一倾向更加严重。在 16 至 19 世纪，人民大众的肉食消费水平下降，但这并不意味着牧牛场减少而粮田增多。16 世纪以后，由于欧洲人口猛增，上层阶级的绝对数量也持续增加，因此用于畜牧业的土地面积可能没有变化。这与下层人民肉食消费水平相对下降并不矛盾，他们可以靠从边缘地区进口获得粮食，也可以利用更先进的生产技术更有效地垦殖西欧的土地。

与此相反，这时的中国正在东南部发展稻米生产，寻求建立更巩固的农业基地。欧洲对牛的重视导致欧洲人在生产中更广泛地使用畜力。每亩稻田可生产出更多的热量，但稻米生产需要更大量的人力。

肖努（Chaunu）指出，这样，欧洲人对畜力的使用就意味着"在 15 世纪，欧洲人拥有了一种原动力，它比当时中国人拥有的原动力要高出大约四倍。在地理大发现时代的世界上，牲畜是第二受到钟爱的东西。"[155]

但对我们的问题来说，比这种技术进步更重要的是人与土地之间这种不同关系所具有的含义。正像肖努所说的：

> 欧洲人消耗空间。即使在15世纪初的人口最低点，欧洲仍缺少空间……但如果说欧洲缺少空间，则中国缺少人力……
>
> 西方的"起飞"（take-off）与中国稻米生产的起飞似乎发生在同一个时期（11至13世纪），但前者显然更具革命意义，因为它使繁荣的地中海地区让位于世界征服。
>
> 总而言之，15世纪中国的失败并不是因为缺少能力，而是因为缺少动力。主要动力仍是对空间的需要，尽管这种需要常常存在于潜意识中。[129]

这样我们对中国为什么不想进行海外扩张的问题就可以有一个比较满意的解释了。事实上，中国也一直在扩张，但只是在内部扩张，即在其境内推广稻米生产。由于欧洲的畜牧业需要更大的空间，所以欧洲"内部的美洲"在15世纪已经不复存在。无论人还是社会都不会毫无目的地去从事艰苦的工作，而探险和殖民都是艰苦的工作。

最后需要考虑的一个问题是，由于某种原因，15世纪的中国有一个显著特征，即斯普伦克尔（Van der Sprenkel）所说的"反殖民倾向"，亦即人口从稻米生产区迁移出来。[130]这样诚然可以缓解"人口压力"——这是一个与社会定义密不可分的词——但也会削弱中国的工业潜力，同时又使中国无法以成为一个殖民帝国来作为补偿。因此，这次"起飞"就夭折了。

中国和欧洲还有第二个显著不同。中国像当时的土耳其伊斯兰世界一样，是一个大帝国。欧洲则不是。它是一个新生的世界经济体系，由小帝国、民族国家和城市国家组成。从很多方面来讲，这种区别都是不容忽视的。

让我们首先看一下韦伯（Weber）有关帝国解体形式的理论。他认为，一个帝国的解体可以采取两种形式：西欧式的封建化和中国式的俸禄化（prebendalization），[131]而新兴的中央集权国家更有可能产生于封建制而不是俸禄制。他的观点如下：

> 西方领主和东方印度贵族一样，是在世袭国家中央权力解体的基

础上发展起来的，如西方加洛林帝国（Carolingian Empire）的解体，或印度哈里发政权（Caliphs）、土邦君主政权（Maharadja）和莫卧儿皇帝政权（Great Moguls）的解体。但在加洛林帝国，新的阶层在农村自然经济的基础之上发展起来（自然经济在这里意味着低于东方的经济发展水平）。通过在战时亲兵制基础上产生的誓忠封臣制，领主阶层与国王联合并充当自由人与国王之间的调停人。封建关系也出现在印度，但它不是贵族和领主阶层形成的关键。

在印度像在整个东方一样，领地产生于在更加官僚化的国家所实行的包税制（因为据说与中世纪早期欠发达的西方相比，东方的中央政权仍然强大得足以课税，东方的经济足够发达，货币的流通量足以保证用于纳税的余量）和伴随军事和征税功劳而来的禄田制。因此，东方的领地在本质上仍是"俸禄"，而没有变成"采邑"。这里的世袭国家没有封建化，但却俸禄化。西方堪与之相比的事物不是中世纪的采邑，而是在17世纪罗马教廷或法国穿袍贵族（Noblesse de Robe）统治时期盛行的卖官鬻爵现象。……而且，为了说明东西方发展的这种不同，还必须考虑纯军事因素。在欧洲，从技术上讲，骑兵是封建制度下最强大的力量，而在印度，骑兵数量虽然不少，但其作用逊于步兵；后者在从亚历山大（Alexander）到莫卧儿皇帝（Moguls）的军队中一直占主导地位。[59]

韦伯的理论可归纳如下：技术因素（骑兵的重要性）加强了中间的武士阶层在帝国解体过程中对抗中央的力量。这样，新兴的社会形式就是封建制而不是俸禄制国家。在俸禄制国家里，中央权力要比在封建制国家里强大。而且，封建制经济没有俸禄制经济发达（但这里孰因孰果？韦伯没有交代清楚），简而言之，从地主的角度来看，封建化比较好，因为它使他们拥有更多权力（和更多收入？）。但是从最终结果来看，俸禄制下的土地支配者阶层比封建制下的土地占有者阶层更能抑制真正的集权君主制的发展，因为在封建制度下，国王可以使自己登上唯一的封建关系阶梯的至高点（卡佩王朝的君主为实现这一目的奋斗了几个世纪），从而利用封建价值体系建立一种忠于他本人的制度，而且这种制度一经建立起来，就能把个人因素掩盖起来，变成一种忠实于国家的制度，国王本人则是国家的化身。俸禄制比封建制更加真正具有契约性质，它不受这种神秘纽带的驱使（顺带说一句，既然如此，我们就可以把18世纪法国的俸禄制视为一种倒退，而把法国大革命视为一次企图抑制这种倒退的行动）。

利文森（Joseph Levenson）在他的书中探讨了中国没有向海外扩张的原因，其结论与韦伯大同小异：

> 抽象地从理论上看，作为社会学中"理想类型"的封建主义显然是与资本主义对立的，但从历史发展过程来看，前者推动了后者的发展。在中国，正因为缺乏封建限制，资本主义（以及资本主义世界扩张）才在发展的道路上遇到比欧洲更大的障碍。中国是一个非封建性的官僚制社会，是一个历史悠久的自成一统的社会，从理论上讲，它比封建社会更容易接受新兴的资本主义形式，但唯因如此，它只是融合了资本主义的表面形式，却销蚀了资本主义的革命潜力。既然如此，当我们看到在未来最小的资本主义国家葡萄牙，与中国截然相反的社会进程解放而不是扼杀了扩张力，我们还应该感到奇怪吗？在葡萄牙以及整个西欧，这都是一个从封建主义中游离出原始资本主义的过程，是一个封建主义逐渐腐朽的过程。这个过程显然不同于非封建的中国官僚制社会持续发展的过程，中国社会抑制了封建主义，也抑制了资本主义。[20]

在这里，我们看到了一个后面我们将不断遇到的理论：一个体系如果迅速接受了一种新的形式，那并不意味着将出现持久的变化，反而意味着变化的中止，而一开始采取抵制态度，则往往意味着日后的彻底改变。

封建化造成帝国结构的解体，而俸禄化却维系这一结构。在一种体制下，权力和收入在相对自治的地主中间分配，这些地主扎根于某一个地区，与固定的农民联系在一起。而在另一种体制下，权力和收入在整个帝国的各阶层中间分配，这些阶层被有意识地切断同地方的联系，其成员来自各个地区，因此完全依附于中央。加强一个帝国的中央权力是一项巨大的工程，它只是在20世纪中国共产党的统治下才刚刚起步。而只要中央政权像在明、清两代那样保持统一，在局部地区建立集权单位就是不可能的。但我们知道，在封建体系内建立集权单位虽然困难却是可能的。韦伯相当明确地道出个中原因：

东方世袭主义（patrimonialism）及其食禄制所造成的后果是，在典型的情况下，唯有军事征服或宗教革命才能动摇食禄者势力的坚实结构，才能建立新的权力分配体系，才能然后建立新的经济环境。任何内部的改革都会由于前面所说的障碍而夭折。现代欧洲像前面已经指出的，是历史上的一个重大例外，因为这里首先缺乏一个统一帝国所应具备的安定。我们可以回忆一下，在战国时代，恰恰是阻碍这个世界帝国实现政治理性化的国家食禄阶层曾最积极地鼓吹理性化。但是后来这种动力消失了。正如市场竞争促使私人企业理性化一样，政权竞争促使国家经济和经济政策理性化，在西方和战国时期的中国都是如此。在私人经济中，行会组织化（cartellization）将侵蚀资本主义的灵魂：理性的精打细算；在国家中，权力的垄断将削弱对行政、财政和经济政策的理性管理。……西方除了具备上述特点之外，在那里还存在强大的独立势力。为了砸碎传统的镣铐，诸候便与这些独立势力联合起来，在极为特殊的条件下，这些势力还能利用他们自己的军事力量挣脱世袭统治权的枷锁。[61]

在考察世界经济体系和帝国中中央或一个体系的至高点与边缘地区的关系时，还有一个因素需要加以考虑。帝国的责任是统治和保卫广阔的疆域和众多的人口。帝国的全部注意力、精力和可以投入资本主义发展的利润都投向了这里。例如日本倭寇问题及其对中国扩张的影响。总的说来，倭寇对中国构成的威胁还不如土耳其人对欧洲构成的威胁严重。但是当土耳其人从东面进攻时，欧洲没有皇帝号召葡萄牙人进行远征，葡萄牙人也没有从海外探险中掉转头来保卫维也纳，因为葡萄牙没有义务这样做，也没有一种机制驱使它这样做，这样做也不符合任何欧洲社会群体的利益。

扩张对欧洲皇帝也不会像对葡萄牙国王那样带来直接的利益。我们已经讨论过中国皇帝和中国官僚怎样把郑和的远征看成一件耗费资财的事情，而增加国家财政收入恰恰是欧洲扩张的动机之一。帝国与世界经济中的国家不同，它不能被看作一个企业，因为帝国自我标榜为大一统。它不能靠损害别人的经济来发展自己的经济，因为它是唯一的经济（这肯定是中国人的认识，也可能是他们的信念）。经济一体化自然可以增加皇帝在经济分配中所占的份额，但是这意味着国家不追求企业利润，而只希望增加贡品。但是一旦中央政权衰落，贡赋形式本身就会带来经济上的自我毁灭，因为在这种形势下，"纳贡"可能是一种不利于帝国的伪装起来的贸易形式。[162]

军事技术也与帝国结构有一定关系。奇波拉曾提出这样一个问题：中国人为什么没有采用他们在葡萄牙人那里见到的先进的军事技术？他的解释是："朝廷对内贼的恐惧不弱于外敌，对国内起义的担忧不亚于外国入侵，因此他们极力限制武器知识的传播和能工巧匠的增生。"[163]欧洲有许多主权国家，因此没有可能限制武器的扩散。在中国这显然是可能的。所以极权体制阻碍了技术进步，尽管从根本上讲，技术进步是维系极权的关键。这里我们再次看到了帝国结构的束缚性，这一次是束缚了技术的发展。

现在剩下的是最后一个疑问，那就是中国这时出现了王阳明学派鼓吹的个人主义意识形态。狄百瑞（William T. De Bary）认为它与西方的人文主义原则相类似：属于"亚革命意识"，只是"没有充分地发展起来"。[164]作为一种意识形态，个人主义不是新兴资产阶级力量的标志，并且是他们用以反对传统势力的武器吗？

按照穆斯纳（Roland Mousnier）的说法，事情似乎恰恰相反。他分析了明代中国的社会冲突，并得出结论：个人主义是观点如此"现代"的官僚集团——清朝儒教官吏用以反对宦官的武器，后者既是"实业性"的又是"封建的"，代表明代中国的"民族"进取力量。[165]穆斯纳的观点如下：

> 在中国明代，在中产阶级出身，受过教育的阶层中，大部分人为了升迁而自愿去势。他们因为受过教育而能够发挥巨大的作用，这个帝国事实上是由宦官统治的。
>
> 他们一旦谋得高就，就开始提携自己的亲属，借由封官赐田拉帮结派，最终成为帝国的实权派。所以宦官所起的重大作用似乎与资产阶级的兴起有关。另一方面，王族和显贵为了捍卫自己的利益也开始培植自己的势力，他们也拉拢了一批中产阶级出身并受过良好教育的人士，并把他们安插在政府各部门。……（后面这些人）常常成为王阳明的门徒，他们运用他的训诫攻击当权的宦官。宦官是传统与权威的捍卫者朱熹的门生（这时进入权威机构的主要是宦官）。由于王族、显贵和宦官作为土地的支配者都有雄厚的实力，所以他们之间的争斗格外残酷。明代皇帝曾试图建立朋党封建制来加强自己的地位……这

种状态的牺牲者是农民。而国家付出的代价也无可限量。[109]

当然，欧洲国家也付出了代价，但欧洲的代价有助于新兴的资产阶级，有助于——像我们将看到的——最终靠变成资产阶级而自救的贵族。与此同时，欧洲的资产阶级也正在变成贵族。在中国明代，曾促使西方资产阶级最终夺权的意识形态恰恰不利于资产阶级。中国的资产阶级（可能是由于过早地掌握了部分权力？）扮演了捍卫传统和权威的角色。当然这里还有许多有待说明的问题，但是事实至少告诉我们，不能过分简单地把个人主义意识形态与资本主义兴起连在一起，那种盲目夸大新意识形态作用的议论也是大可怀疑的。

有关中国问题的结论可归纳如下。15世纪的欧洲与中国在人口、面积、技术水平（既包括农业也包括航海业）等基本方面似乎没有明显的不同。即使存在某些不同，它们也不足以说明这两个地区在未来的几个世纪中走过的明显不同的发展道路。而且，二者价值体系的区别似乎也被过分夸大了，即使在这方面存在一定区别，它们也一样不是造成不同结果的原因，因为正如我们试图说明的，同样的观念体系可以为不同的利益集团服务，可以与方向截然相反的结构突变相结合。持价值观念优先论的学者，在极力批驳唯物论的同时，比经典马克思主义更加教条地看待意识形态与社会结构的对应关系（尽管他们把因果顺序颠倒了过来），因此自己也犯了错误。

中国与欧洲的根本不同再次反映了长期趋势与比较直接的经济循环的结合。长期趋势可以追溯到古代的罗马帝国和中华帝国以及他们不同的解体方式和瓦解程度。罗马结构渐渐成为一种淡淡的记忆，它在中世纪主要是通过一个共同的教会来体现的。而中国却保留了帝国的政治结构，尽管它受到了削弱。这是封建体系与建立在俸禄官僚制基础上的世界帝国的区别。由于这种区别，中国可以在经济的很多方面领先于欧洲，在一千多年的时间里，中国农民受剥削的程度也很可能轻于欧洲农民。

除此之外，我们还必须考虑到晚些时候发生的两种不同的农学发展趋向。欧洲倾向于养牛和植麦，中国则倾向于种植稻米，后者需要较小的空间但较多的人力，而前者需较少的人力但较大的空间，两种体制以不同的形式经受着长期的煎熬。欧洲比中国更需要地理扩张。在中国，即使某些群体发现扩张有利可图，他们也无法大显身手，因为在帝国结构内，重要决定都来自中央,而帝国中央首先关心的是暂时维持其世界体系的政治稳定。

因此,如果说就已经具备广泛的国家官僚机构、发达的货币经济以及可能存在的先进技术而言,中国表面上似乎处于发展资本主义的有利地位的话,那么从实质上看它处在非常不利的地位。它背负着一个沉重的帝国政治结构负担,受到自身价值体系"理性化"的拖累,这种价值体系使它无法利用(如果它想利用的话)启动变革的杠杆,而欧洲君主在神秘的欧洲封建忠诚观念中找到了这样的杠杆。

现在我们准备继续阐述我们的观点了。在1550年代,世界上只有欧洲具备了建立资本主义世界经济体系的条件。这种体系的基础是两个关键的体制,一个是"世界"范围的劳动分工,另一个是某些地区的官僚制国家机构。我们将不断地在世界范围内考察这两个方面。然后我们将依次考察三个世界经济带,我们把它们称为半边缘带、中心带和边缘带。我们按这种顺序安排主要是因为这也是历史的先后顺序。这一点读者会在我们的阐述中看得很清楚。然后我们才可以比较抽象地概括我们的全部论点。我们把抽象概括放在最后而不是篇首主要是出于下列考虑:第一,我们相信,在经验材料基础上复原的事实真相将更有说服力;第二,我们坚信,只要我们具备基本的洞察现实的能力,我们的理论的最后形成就应该在面对经验现实之后。

注释:

① S. N. Eisenstadt, "Empires," *International Encyclopedia of the Social Sciences*, (New York: Macmillan and Free Press, 1968), V, 41。

② 有关造成帝国衰落的这种内在矛盾的讨论,请见 S. N. Eisenstadt, "The Causes of Disintegration and Fall of Empires: Sociological and Historical Analyses," *Diogenes*, No. 34, Summer 1961, 82–107。

③ 认识到这一点,是政治智慧的表现。这种智慧的第一个迹象是13世纪的威尼斯拒绝背上拜占庭帝国这个政治包袱。阿伯雷特(Mario Abrate)指出:"第四次十字军东征后建立了东拉丁帝国,这种政治体制把延续下去的全部希望都寄托在继续与西方保持联系上面。但海上强国威尼斯虽资助了这次十字军东侵并为其提供了海军装备,但它无意背上帝国政府这样一个政治包袱〔丹多罗(Doge Enrico Dandolo)的确拒绝了出让给他的帝位〕,而只想——这几乎是出于本能——保证在这个新拉丁帝国统治的区域内垄断海上交通和市场。""Creta, colonia veneziana nei secoli XIII-XV," *Economia e storia*, IV, 3, lugl. sett.

1957，251。

④ Frederic C. Lane, "The Economic Meaning of War & Protection" in *Venice and History* (Baltimore: Johns Hopkins Press, 1966), 389.

⑤ Ferdinand Fried, *Le tournant de l'économie mondiale* (1942), 引自 Fernand Braudel, *La Méditerranée et le monde méditerranéen á l'époque de Philippe* Ⅱ, 2e édition revue et augmentée (Paris: Lib. Armand Colin, 1966), Ⅰ, 339。

⑥ 见 Braudel, La Méditerranée, Ⅰ, 339-340. 至于15世纪的欧洲，马丁利（Garrett Mattingly）认为需要使用更小的单位。他说："在15世纪初，西方社会还缺乏组成民族性稳定国家的条件，它只能把意大利城市组成稳定的国家。由于国家小，所以距离的问题可以克服，这样一来，交通与交往的问题，以及与此相关的税收和维持中央政权的问题便都迎刃而解了。" *Renaissance Diplomacy* (London: Jonathan Cape, 1955), 59。

⑦ 不过马丁利又说"当16世纪的人说到'世界'时……事实上，他通常指的是欧洲。就地理上的世界而言，文艺复兴时期的经济是区域性的，它当然很原始，但毕竟是区域性的。" Michel Mollat, "Ya-t-il une économie de la Renaissance?", in *Actes du Colloque sur la Renaissance* (Paris: Lib. Philosophique J. Virn, 1958), 40。

⑧ "在形成真正的世界经济之前（迄至20世纪仍未形成），人口聚集地往往在交通中心……每一个这样的世界都伴随着高密度的人口中心，它的四周是沙漠、海洋或处女地。欧洲和中国在这方面表现得最明显。" Pierre Chaunu, *L'expansion européenee du XIIIe au XVe siècle*, Collection Nouvelle Clio, No. 26 (Paris: Presses Universitaires de France, 1969), 255。

⑨ 布洛赫（Marc Bloch）曾迎头痛击这种非常糊涂的观念。他说："事实很清楚，交易活动确定了相当于货币的物品或实物的价格，在没有更确切的证据以前，我们无法断定付方是否以货币支付……正如封建主义的政治体制尽管以国家的严重衰落为特征，但仍声称继承了传统并的确保留了昔日强国的某些残余一样，封建经济甚至在交换变得很稀少的时候，也没有失去经济的货币属性，其原则承继于以前的文明。""Economie-nature ou économie-argent: un pseudo-dilemme," *Annales d'histoire sociale*, Ⅰ, 1939, 13-14. 布洛赫进一步指出："欧洲封建主义因而应被视为旧社会突然土崩瓦解的结果，若不是日耳曼人的猛烈入侵，它事实上是难以想象的。日耳曼人用武力把原本处于截然不同发展阶段的社会结合在一起，结果使二者的发展都突然中断……。" *Feudal Society* (Chicago, Illinois: Univ. of Chicago Press, 1961), 443。

关于"货币经济"问题另见波斯坦（M. M. Postan）的著作。他说："根据英国的历史乃至中世纪和盎格鲁撒克逊的历史来看，把货币经济的兴起理解为货币的出现，从历史角度说来似乎没有意义，因为在有文字的历史开始出现的时候，货币就在使用。所以货币经济的兴起不能用于解释后来的任何现象。"
"The Rise of a Money Economy，"*Economic History Review*，XIV，2，1994，127。

⑩ Daniel Thorner，"L'économie paysan：concept pour l'histoire économique，" *Annales E. S. C.*，*XIX*，3，mai-juin 1964，422.

⑪ B. H. Slicher van Bath，The Agrarian History of Western Europe，*A. D.* 500 - 1850（New York：St. Martin's，1963），24. 作者指出，在 1850 年前后，间接农业生产开始了第二个阶段，在这个阶段，大多数人口不再从事农业生产。

⑫ 比歇尔（Karl Bücher）提醒我们注意把"商人"这个词运用于中世纪所引起的混乱。他说："近来有些研究德国城市起源的文章忽视了下列观点，即行商（*Kaufmann*）这个词的意义很广泛。按照他们的想象，中世纪末期在德意志帝国内存在着无数的城市，从科隆（Cologne）和奥格斯堡（Augsburg）到麦德巴赫（Medebach）和拉道夫泽尔（Radolfzell），到处都聚居着现代意义上的商人，即专门经商的阶层，人们一般还把他们称为批发商人。但所有经济史都证明，这种观念是错误的。这些人经营什么？他们如何买进货物？此外，所用的词汇本身也与这种结论相矛盾。专业商人在社会上的主要特征是他们往往属于卖方，而不是买方。但中世纪时行商这个词源于购买（*Kaufen*）。在奥托（Otto）三世时代有关 990 年至 1000 年多特蒙德市（Dortmund）的国家档案中的购买守则（*emptores Trotmanniae*），它的城市法据说与科隆和美因茨（Mainz）的城市法一样，对其他城市有样板作用。如果 1075 年的赖兴瑙（Reichenau）修道院院长可以大笔一挥，就把阿伦斯巴赫（Allensbach）的农民及其后代变为商人，那么这种商人与我们头脑中的专业商人是无论如何无法吻合的。商人专指市场上的出售者，不管他的商品是自己生产的还是主要靠购买得来的，这一事实是很明显的。尚未印刷出版的 1420 年法兰克福市（Frankfurt）议会征收所谓开市权（*Marktrecht*）的人头税的告示就是一个例证（见 Book No. 3 of the Municipal Archives，Fol. 80）。在告示的开头，我们看到这项人头税由'每一个在街头叫卖的商人缴纳，不管其商品是什么'，而后面又详细列举了这项人头税所涉及的种类繁多的'商人'和'商品'，其中包括：旧布商、面饼作坊主、食品摊贩、制绳匠、榛果商、推车叫卖鸡蛋和干酪的小贩、背筐叫卖家禽的摊贩、出售干酪等商品的异乡人、鞋匠、钱商、烤面包摊商、推车叫卖面包、鹅肉、干草、饲料、白菜的外乡人、在街上出售亚麻、大麻或纱制品的各种摊贩。我们发现城市小贩、工匠和农民一起混杂在这里。无数的档案材料明确地告诉我们，买主与卖主都被称为商人（*Kaufleute*）。事实上，当我们讲到商人的时候，我们可以援引许多材料说明，它指的主要是买主。" *Industrial Evolution*（New York：Holt，1901），117-118，fn. 23。

⑬ 有"远途"贸易和纯地区性贸易，但不存在"中程"（intermediate）贸易。奇波拉（Carlo Cipolla）对此的解释是："广泛性与局限性的奇妙结合支配着舞台。

从中国得到珍贵的丝绸或从远东得到贵重的皮毡在经济上是划算的,但从几英里之外得到较低廉的商品却不划算。由于技术上的原因,交通不可能发达,所以运费相对昂贵。特别是当不可能进行水路运输的时候,长途贩运的商品即使并非全部是贵重物品,但也主要是贵重物品。至于生活必需品,任何地方都不得不尽可能地自给自足。地区间的劳动分工必然主要由贵重物品和其他本地无法生产或不能轻易替代的物品决定。因此商业的基础只能是贵族的奢侈品消费。" *Money*, *Prices*, *and Civilization in the Mediterranean World*: *Fifth to Seventeenth Century* (New York: Gordian Press, 1967), 57.

⑭ 斯威奇(Paul Sweezy)说:"在整个西欧,城市的兴起是非常普遍的现象,这不仅为逃离庄园的农奴提供了避风港,也改变了留在庄园中的农奴的地位。……正如低工资地区的工资必须提高一样,庄园主对可以迁居城市的农奴也必须做出让步。""The Transition from Feudalism to Capitalism", *Science and Society*, XIV, 2, Spring 1950, 145。请注意在斯威奇和多布(Maurice Dobb)之间的长期争论中,他们在很多方面存有歧见,但在这一点上,多布指出:"顺便说一句,我完全同意斯威奇的这一重要观点,即重要的并不是逃往城市本身,而是它构成的威胁(也许还伴随着一场不小的运动)足以使领主做出让步,从而严重削弱封建主义。""Reply by Maurice Dobb," *Science and Society*, XIV, 2, Spr. 1950, 160。

⑮ "毋庸置疑,与封建主义极为类似的制度曾出现于拜占庭和伊斯兰世界的各个朝代,当时商业没有萎缩,而是在发展。同样的情形还出现在俄罗斯和波兰世界,那里的特点是,组织国际贸易货源的商人大多是外国人(汉萨同盟的商人Hanseatic merchants),而本地的土地所有者负责生产和集合商品,利润由双方分享。这种情况有利于领主阶层的兴起,因为他们借此可以获得支配农民的手段。" Claude Cahen, "Apropos de la discussion sur la féodalité," *La Pensée*, No. 68, juil. - août 1956. 95-96。

⑯ Cahen, *ibid*. p. 96. 希伯特(A. B. Hibbert)同样认为:"现实和理论都说明,在中世纪早期,商业绝不是封建社会的溶化剂,相反地,它是那个社会的自然产物,封建统治者还特别支持它的发展……封建主义不能脱离商业而存在,……这有两个原因……第一,封建主不得不为大量的家庭和公共机构提供生活必需品;第二,他们谋求从工商业中获取利润,其方式或者是亲自经营工商业,或者是通过对产品或生产者和销售者征收赋税来揩工商业的油。" The Origins of the Medieval Town Patriciate," *Past and Present*, No. 3, Feb., 1953, 17。

希伯特进而论证了城市统治阶层的两个来源:

"两个过程影响了贵族阶级的形成,一个是城内旧有统治阶级的转化,另一个是商业和手工业暴发户的入围,后者常常是移民及其后代(p.23)。"

"(这种解释)将有助于说明发财致富的小商贩和搬运工如何获得商业资

本。最后它还可以使我们得出这样的推断，新技术和新市场可能首先被新人所利用，他们为了发展而投靠原来有地位的富人，以致造成资本的使用方式渐渐翻新（p. 26）。"

⑰ Owen Lattimore, "The Frontier in History", in *Relazioni del X Congresso de Scienze Storiche*, I: *Metodologia-Problemi generali-Scienze ausiliare della storia*（Firenze, G. C. Sansoni, 1955）, 124-125。

⑱ Edouard Perroy. "A l'origine d'une économie contractée: les crises du XIVe siècle," *Annales E. S. C.*, IV, 2, avr-juin 1949, 168. 佩罗伊关于人口饱和的结论可能是正确的，英国的档案材料可资证明，据该材料记载，在中世纪，一个农业劳动日事实上意味着"从日出到中午"。见 Slicher van Bath, *Agrarian History*, p. 183. 实际上，博瑟卢普（Ester Boserup）是从这一事实中得出如下结论：现代农业发展的一个重要方面是"农业工时的逐渐延长"。*The Conditions of Economic Growth*（Chicago, Illinois: Aldine, 1965）, 53。

⑲ Perroy, *ibid.*, p. 182。

⑳ Douglass C. North & Robert Paul Thomas, "An Economic Theory of the Growth of the Western World," *Economic History Review*, 2nd ser., XXIII, 1, Apr. 1970, 12-13, 斯利舍（Slicher）指出了类似的导致"停滞"的压力。他说："尽管农耕面积缩小，生产要素减少——这肯定意味着谷物总量的严重下降——但谷物的价格并未像其他商品那样增长，它甚至呈现略微下降的趋势——这说明消费比生产倒退更多。""Les problèmes fondamentaux de la societé préindustrielle en Europe occidentale," *Afdeling Agrarische Geschiedenis Bijdragen*, No. 12, 1965, 40。

"停滞"的严重程度也是一个问题。科斯明斯基（Eugen A. Kosminsky）怀疑，这种说法只适用于英国以外的地区，并且在一定程度上也不适用于法国。见 "Peut-on considérer le XIVe et le XVe siècles comme l'époque de la décadence de l'économie européenne?" *Studi in onore di Armando Sapori*（Milano: Istituto Edit. Cisalpino, 1957）, I, 562-563。

㉑ 波斯坦（Postan）的看法也与佩罗伊相近。见 M. M. Postan, "Some Economic Evidence of Declining Population in the Later Middle Ages," *Economic History Review*, 2nd ser., 11, 3, 1950, 221-246。

㉒ 布洛赫（Bloch）同意希尔顿的论点，他也警告我们，不要因高估现金流动的作用而夸大贵族收入减少的程度。确实，地租在一定程度上是固定的，银币贬值理应对租地农有利，只要租地农是以银币缴租。但是这里的前提未免过多了一点。布洛赫提醒我们，这时"金属货币严重短缺（以至在英国，一些农民因为无法获得缴租所需的银币，主动要求以实物支付）。" *Seigneurie française et manoir anglais*（Paris: Lib. Armand Colin, 1960）, 110。布洛赫说，这样的结果

就是"限价较低,因为价格显然对收取固定地租的人有利"。

㉓ R. H. Hilton, "Yeut-il une crise générale de la féodalité?" *Annales E. S. C.*, VI, 1. janv.-mars 1951, 25。

㉔ *Ibid.*, p. 27。

㉕ *Ibid.*, p. 28。

㉖ R. H. Hilton, "Peasant Movements in England Before 1381", in E. M. CarusWilson, ed., *Essays in Economic History* (New York: St. Martin's, 1966), II, 79. 希尔顿指出,地租增加,对贫苦农民来说,可能意味着他们不得不用冬季储备来充抵,但对富裕农民而言,结果是不同的。"最令他们恼火的是它有碍于积累,而不是饥饿的威胁(p.86)。"而且,旨在通过冻结工资来降低开销的立法对大地主比对富裕农民还更有利,"既然没有劳动人手,大农场就会变得毫无意义,所以土地承租人就愿意以高价获得非如此便无法得到的劳动力。他的这种作法实际上也为领主提高了劳动力的价格。但领主不受经济法则的制约,因为他们掌握政治权力,这使他们具备了变通的可能。他们仍然保留着农奴,他们能够通过《劳工条例》(Justices of Labourers)和《治安条例》(Justices of Peace)等法令,来控制现有的工资劳动力的分配(p.88)。"

㉗ Eugen A. Kosmimsky, "The Evolution of Feudal Rent in England from the XIth to the XVth Centuries," *Past & Present*, No. 7., April 1955, 32。他接着说:"封建剥削的加强开始榨干农民的血汗,同时破坏封建社会的生产力,因为这摧毁了劳动力再生产的条件……这种长期的压倒一切的斗争……在1381年起义中得到了最充分的表现……"

㉘ Slicher van Bath, A. A. G. B., No. 12, p. 190. 他是这样来描述这一过程的:"当农民发现农产品价格低廉,而工业中不仅产品昂贵而工资亦高的时候,就感到不满起来,而政府或地主认为农民仍可忍受的某些附加税常使后者久蓄于衷的怒火一下子燃烧起来。"

㉙ Maurice, Dobb, *Papers on Capitalism, Development and Planning* (New York: International Publ. 1967), 11。

㉚ 例如可参见 Jean-Marie Pesez 和 Emmanuel Le Roy 有关14~15世纪法国的讨论。"Le cas français: vue d'ensemble," *Villages désertés et histoire économique*, XIe-XVIIIe siècles (Paris: S. E. V. P. E. N., 1965), 155. 他们还指出,有时附近的城市出于战略考虑也要求农民去寻找安全的避所(见 p.156)。见 Carlo Cipolla, *Clocks and Culture*, 1300-1700 (New York: Walker & Co., 1967a), 115。

㉛ 见 Georges Duby, "Démographie et villages désertés", *et histoire économique*, XIe-XVIIIe siècles (Paris: S. E. V. P. E. N., 1965), 18-23。

㉜ Kar Helleiner, "The Population of Europe from the Black Death to the Eve of the Vita Revolution", in *Cambridge Economic History of Europe*, IV, E. E. Rich and

㉜ C. H. Wilson, eds., *The Economy of Expanding Europe in the 16th and 17th Centuries* (London and New York: Cambridge Univ. Press, 1967), 15. 见 Duby, *Villages désertés*, 14, 16; Pesez & Le Roy Ladurie, *Villages désertés*, 181–183。

㉝ 见 Wilhelm Abel, *Die Wüstungen des Ausgehenden Mittelaters*, 2nd ed. (Stuttgart: Verlag, 1955), 5–12。

㉞ 见 Maurice W. Beresford, *The Lost Villages of England* (London: Lutterworth Press, 1954). 他认为人口减少（既包括整个村庄的荒芜，也包括村庄内部人口的减少）最严重的时期在 1440 至 1520 年间（见 p. 166）。他认为圈地是造成这一缓慢发展的现象的最主要原因："人口减少发生在那些随着耕地的减少已经存在大量牧场的村庄；……圈地和人口减少只是一个缓慢发展过程的终点……（p. 210）。"

㉟ 佩塞茨（Pesez）和拉杜里（Le Roy Ladurie）认为，在东朗格多克（Languedoc），从 1328 年至今，约 5%~7% 的村庄变为荒地。如他们所说："这些数字并非毫无意义，因为这些数字与艾贝尔（Abel）在德国统计的数字（40%）以及贝雷斯福德先生（Mr. Beresford）统计的数字相去甚远。" *Villages désertés*, p. 129. 这些统计数字的出入似乎更能说明农业重构问题，而不是人口下降问题。我们知道，在农业重构方面，存在着极大的差异，比如，法国建立的大领地就比英国或德国少得多。当然，在 14 和 15 世纪也可能存在人口下降率的不同，但因这方面的根据主要是从村庄荒芜等现象中推导出来的，所以我们没有把握。因此，我们不能以此为据，否则我们会陷入循环推理。

㊱ Marc Bloch, *Les caractéres originaux de l'histoire rurale français* (Paris: Lib. Armand Colin, 1964), I, 122.

㊲ Henri Lefebvre, "Une discussion historique: du féodalisme au capitalisme: observations," *La Pensée*, No. 65, janv.-févr. 1956, 22.

㊳ "这种加重压迫的后果，不只是榨干了为城堡下金蛋的鹅，而且引起濒临绝境的农奴非法逃离庄园的运动。……逃亡问题如此严重，对劳动力的渴求如此强烈，以至于尽管有契约和相互的许诺，人们还是竞相从邻近的领地上诱拐农奴。这种竞争造成一定的让步，竞争的存在也限制了封建剥削的进一步加深。" Maurice Dobb, *Studies in the Development of Capitalism* (London: Routledge & Kegan Paul, 1946), 46–47。

㊴ "事实上，固定收入的减少，直接管理的削弱，修缮费的必要支出，所有这一切（在 14 和 15 世纪）极大地影响了所有领主的财政地位。各处的领主似乎都手头拮据，并积极地在外面寻找获利的机会。正是由于这个原因，他们经常走出家园，一闯天下。他们或投靠极需盟友的有权势的王公，或踏上政治交易和姻缘联盟的危险之途，总之，诸如此类的各种增加收入的方式使几乎所有的大贵族都安渡难关。" Georges Duby, *Rural Economy and Country Life in the Medieval*

West（Columbia：Univ. of South Carolina Press, 1968），330。

㊵ "农村的工资由于城市手工业的竞争和纺织工人队伍在欧洲很多农村地区的渗透，而维持相当高的水平，相比之下，粮价显著下降，这就决定了所有农村特大地产的命运。的确，至少在法国和英国，在1380年以后似乎发生了领地消失和直接管理的庄园农业急剧衰落的现象。" Duby, ibid., 311。

杜比（Duby）较早的一种说法更为慎重。他说："结果似乎可能是这样，从14世纪下半叶至15世纪，即使大地产的规模没有缩小，甚至有时还相反出现扩大的倾向，但至少它们变得松散了。" "Le grand domaine de la fin du moyen âge en France," *Première Conférence Internationale d'Histoire Economique*, Stockholm, August 1960：*Contributions*（Paris：Mouton, 1960），338。

㊶ "货币地租的最终确立是在不利于收租人的形势下发生的。在很大程度上它是强加在收租人头上的，因为正是人口流动的发展迫使领主变得比较随和。" Kosminsky, *Past & Present*, No. 7, p. 33。

㊷ 见 Duby："我们切勿以为14、15世纪在所有地区（重点号是笔者加的）发生的土地抛荒和人口重新在受到严格农业限制的固定村落里组合的现象都是经济不景气、农业衰落和人口骤减的迹象。相反，这种土地形式的变化只反映了农产品经济发展中的一个危机阶段，这场危机持续了一至两个世纪，但就其发展和性质而言，它与13世纪法国亚富辖地发生的情形十分相似。于是，在日耳曼尼亚的西北部，领主把价值日增的林地圈围起来。他们在林地四周围以栏栅，将农民的猪群赶走并从此禁止周期性烧柴取暖。实行圈地的领主拥有权力，这使那些居住在林地、靠森林、畜牧和相关农业为生的家庭另寻出路。他们不得不改变生活方式，结果林业居民（Waldbauer）就变成了在固定的土地上从事纯农业生产的居民（Ackermann）。" *Rural Economy*, p. 309。

㊸ Ibid., p. 315。

㊹ "英国资本主义萌生的旺季是在百年战争的初期，当时皇室财政告急，新的税收制度开始尝试，人们投机羊毛业，意大利的财政亦趋紧张，新兴的纺织业在孕育，所有这一切导致一批新人的出现，其中包括军费支付者、投机商、羊毛业垄断者。但这批人既是新兴的也是短命的。他们的好运来得轻易，失去得也轻易。财政混乱和尝试征收巨额国税的时期随着战争第一阶段的结束而告终结……

英国商人阶层以所有商人都会采取的方式对商业的停滞作出反应。他们制定限制条例，阻止外人经商，谋求由圈内人分享现有的商业机会……常常被人们视为典型中世纪条例的那些条文，事实上出于15世纪，它们标志着早期那些较自由、更具有投机性的商业条件已经不复存在。" M. M. Postan, "The Fifteenth Century," *Economic History Review*, Ⅸ, 2, May 1939, 165-166。

㊺ "我们认为，并非人口减少，而是对庄园经济的清算和封建地租的折算与减轻，

才造成了农民地位的改善和简单商品生产的发展,而后者为资本主义关系开辟了道路。人口的缓慢减少……只能加速或延缓……这种发展过程。"Eugen A. Kosminsky, *Studi in onore di Armando Sapori*, I, p. 567。

㊻ Marc Bloch:"The Rise of Dependent Cultivation and Seigniorial Institutions" in M. M. Postan, ed., Cambridge Economic History of Europe, I: *The Agrarian Life of the Middla Ages* (London and New York: Cambridge Univ., Press, 1966), 269.

㊼ "城市国家的对立面——充满希望富有人力的地方性国家,似乎更有承担现代战争费用的能力。它维持着雇佣军队,获得了建造大炮用的昂贵的材料,它会立即允许自己支付巨款进行大规模的海战。地方性国家的兴起在很长时期内曾一直是一个不可逆转的现象。"Braudel, *La Méditerranée*, II, p. 8。

当然,我们绝不能擅自推测奥曼爵士(Sir Charles Oman)把战争艺术的历史性转折确定在 1494 年。见 *A History of the Art of War in the Sixteenth Century* (London: Methuen, 1937), 30. "奥曼认为,两个关键的'倾向'(请注意这个词)是火药武器日益增长的重要性和(在一定程度上作为上述倾向的结果)陆战阵地的运用。后者使骑兵冲锋越来越不实用(p.33)。"的确,有的作者走得更远,他们认为,即使就 16 世纪而言,军事新技术的社会影响现在也被人们夸大了。例见 H. M. Colvin, "Castles and Government in Tudor England," *English Historical Review*, LXXXIII, 1968, 226. 但不管怎么说,如果我们记住我们说的是一种趋势或倾向,我们就可以有把握地说,在 14 世纪已经开始出现一种持续加深的影响。

㊽ "在整个西欧和中欧,中世纪的最后两个世纪都是一个农村萧条、人口减少的时期……前期的庞大政治结构……似乎一时无法履行其维持治安的使命,而这个使命正是它存在的理由。"Bloch, *Caractéres originaux*, I, pp. 117-118。

㊾ "这样,从这时起,国家开始获得维持其最高权威的那一基本要素——财政源泉,其富有程度是任何个人或社团所无法比拟的。"Bloch, *Feudal Society*, p. 422。

㊿ 洛克伍德(David Lockwood)曾把这里涉及的理论问题分离出来,他说:"官僚体制与税收是相辅相成的关系。官僚体制的效能取决于其税收系统的效能,而其税收系统的效能又取决于官僚机构的效能。这样,无论由于什么原因,只要官僚体制负担增加或征税能力削弱,结果都会造成分散权力的恶性循环。人们的确可以认为,世袭官僚体制的'赋税危机'本质上相当于资本主义的'生产危机'。……紧张局势往往是那些'封建化'埋下的祸根转变为现实造成的,即官员'滥用政治和经济权力的倾向;大土地所有者为获得免税特权和篡夺财权、政权而进行斗争;以及农民寻求保护躲避中央官僚机构的税收而必然具有的经济政治依附性'。这些'离心'倾向既可以被看作造成不能维持有效的税收制度和中央统治的原因,也可以被看作它们的结果。""Social Integration and

System Integration"，见于 George K. Zollschan and Walter Hirsch, eds., *Explorations in Social Change*（Boston, Massachusetts: Houghton, 1964), 254。

阿丹特（Gabriel Ardant）对这一矛盾的分析更强调国家财政政策的选择所起的作用，他认为是这种选择导致了结构的变化，而不是相反，虽然事实上很难把二者分开。他说："政府可以采取没收财产的手段，这种手段对那些不能解决财政困难的政府来说特别具有吸引力，但这种手段带来的财富终究是有限的，并常常被浪费掉，不管我们这里说的是靠征服或侵吞教产所带来的财富，还是靠有计划地迫害某些社会集团所带来的财富。除了没收手段之外，还有两种解决方式可供当权者选择：

第一种是封建的解决方式，它往往以存在庄园经济和官员以权谋私为前提，这种解决方式在绝大多数情况下往往造成国家事实上的肢解。

与这种方式相对立的，我们可以说是借款和涨价的手段，这是一种财政应急措施，我们将看到，它也取决于经济结构。

在这里，我们显然是极大程度地把国家借以改变该社会之社会组织的政策抽象化了。" *Théorie sociologique de l'impôt*（Paris: S. E. P. E. N., 1956), I, 541 and ff。

(51) 例如阿丹特（Ardant）曾指出："为了取得在不利的财政形势下看来必要的贷款，国家可能必须做出保证。这种保证是广义的，它意味着国家主权受到限制，因为某种特别的收入来源可能要转归外国贷款人控制，财政以至行政的某种监督权也会由贷款人或支持他们的国家来行使，当然还会有其他表现形式（Idib., I. pp. 549-550.）。"

(52) 韦伯（Max Weber）在对比西欧与印度时说："在现代初期的西方国家也曾出现包税制和承包人显然握有财权的募兵承包制，但在诸多强大王国统治下的印度，那些中央机构却未像西方王公那样，把军权和财权逐渐收回到自己的手中。" *The Religion of India*（New York: Free Press, 1958), 69。

(53) "高官厚禄制虽然绝非善举，但有（强化国家政权）的政治作用。这是行政中的'雇佣军'制度，虽然它也受到同样严厉的指责……但它毕竟与日益强大的王权休戚与共，因此不再仅仅依赖封建贵族的军事力量。" F. Chabod, "Y-a-t-il un état de la Renaissance?" in *Actes du Colloque sur la Renaissance*（Paris: Lib. Philosophique J. Vrin, 1958), 66。

(54) Duby, *Rural Economy*, p. 331.

(55) Léopold Génicot, "Crisis: From the Middle Ages to Modern Times," in *Cambridge Economic History of Europe*, I: The Agrarian Life of the Middle Ages, 2nd ed.（London and New York: Cambridge Univ., Press 1966), 699.

(56) "理论家和活动家（例如黎塞留 Lichelieu）都认为声望很重要，但与此同时，他们更重视'尊严'，正是各种'尊严'逐步造成王公与其子民的区别，把王公送上无人敢与之攀比的地位。”Chabod, *Actes*, p.72。

(57)“如果说王公的权力在增长，那么另一种权力也在日益扩大，这就是科层组织‘小头目’的权力。随之出现了一种把他们联系在一起的集体精神，尽管在他们——既包括高级头目也包括一般成员——中间存在着个人冲突……

这个‘第四等级’是同期发展的王权的政治盟友（因此行政集权与政治专制同时发展），所以他们日益增长的权力事实上是我们应予重视的重要因素（Ibid., pp.68-69, 72）。”

(58) 米勒（Edward Miller）曾简单讨论当今远为繁复的利益交织在中世纪欧洲各国是如何初露端倪的。见“Government and Economic policies and Public Finance, 900-1500,” *Fontana Economic History of Europe*, I, 8, 1970, 34-40。

(59) 见 Yves Renouard, “1212 ~ 1216: Comment les traits durables de l'Europe occidentale moderne se sont définis au début du XIIIe siécle” *Annales de l'Université de Paris*, XXVIII, 1, janv-mars.1958, 5-21。

(60)“一个由无数小自治体——贵族领地组成，与拉丁基督教世界大体相合的大联合体让位于几个并列的、拥有广大领土的，并各具自己特点的大国，这些国家标志着现代欧洲国家的萌芽。”Edouard Perroy et al., Le Moyen Age, Vol. III of *Histoire Générale des Civilisations* (Paris: Universitaires de France, 1955), 369~370。

(61)“事实上，车轮已经转了一周。16世纪初的形势对大国（西班牙、奥斯曼帝国 Ottomen Empire）有利。经济学家会说，这种大国是最佳的政治单位。但随着这个世纪的发展，由于某种我们无法恰当解释的原因，这些庞然大物渐渐时运不济。这种危机是过渡性的还是结构性的？这些大国是虚弱了？还是腐朽了？不管怎么说，在17世纪，似乎只有中等国家生机勃勃。比如亨利四世统治时期突放光彩的法国；伊丽莎白时代好战而辉煌的小英格兰；以阿姆斯特丹（Amsterdam）为中心组建起来的荷兰；1555年至三十年战争前夕，受到祥和气氛影响的德国——在那以后，德国的整个身心陷入战争的泥潭。地中海地区的这种中等国家有摩洛哥和阿尔及尔摄政权。前者再次赋有黄金，后者以一个城市变为一个地方性国家。极尽奢华、美丽与智慧的威尼斯和菲迪南大公（Grand - Duke Ferdinand）统治下的托斯坎尼（Tuscany）亦属此类……

换言之，在1595~ 1621年的经济萧条期，帝国比中等国家损失惨重。”Braudel, *La Méditer - ranée*, II, p.47。

(62) Ibid., II, p.10.

(63) Fr. Hartung & R. Mousnier, “Quelques problémes concernant la monarchie absolue,” in *Relazioni del X Congresso Internazionale di Scienze Storiche*, *IV*: *Storia moderna* (Firenze: G.B. Sansoni, 1955), 47.

(64) V.G. Kieman, “State and Nations in Western Europe,” *Past & Present*, No.31,

July 1965, 35~36.

㉕ Gustaf Utterström, "Climatic Fluctuations and Population Problems in Early Modern History," *Scandinavian Economic History Review*, III, 1, 1955, 47.

㉖ *Ibid.*, p. 5.

㉗ *Ibid.*, p. 24.

㉘ *Ibid.*, p. 39.

㉙ 见 *Ibid.*, pp. 14~15. 但是赫雷纳（Karl Helleiner）援引罗登瓦尔特（Ernst Rodenwaldt）的著作说，尽管现在人体上的虱子不像鼠蚤那样在传播淋巴腺鼠疫方面起重要作用，但在中世纪它可能是比鼠蚤更厉害的传播媒体。这样乌特斯罗姆的假说就要大打折扣。见 Helleiner, *Cambridge Economic History of Europe*, IV, p. 7。

㉚ Duby, *Rural Economy*, p. 307.

㉛ *Ibid.*, p. 308.

㉜ Helleiner, *Cambridge Economic History of Europe*, IV, p. 26.

㉝ "1200年以后，西欧经济生活的周期性起伏似乎不可能是气候变化的结果。" Seicher van Bath, A. A. G. B., No. 12, p. 8。

㉞ 在指出乌斯特罗姆的某些论据不属于气候造成之后，他又指出其在运用气象统计时犯的方法上的错误。他以为，乌斯特罗姆没有拿出足够长期的统计数字以支持他的结论。"让我们想象一下，一个历史学家或经济学家，他要说明价格的长期持续增长，却只依据他想加以解释的曲线中的某些'周转'点，而忽略，甚至也许根本不晓得该曲线的全貌。"

Emmanuel Le Roy Ladurie, *Histoire du climat depuis l'an mil* (Paris: Plammarion, 1967), 17。

㉟ Norman J. G. Pounds, "Overpopulation in France and the Low Countries in the Later Middle Ages," *Journal of Social History*, III, 3, Spring 1970, 245。庞德尔谈到了"长期营养不良的状况"。布罗代尔持有相同观点："（在原始农业经济中）收成的周期、品种和欠缺决定着全部物质生活，它们能严重侵蚀伤害树木的白质木层或人类的肌体。"

Civilization matérielle et capitalisme (Paris: Lib. Armand Colin, 1967), 32~33。

㊱ "荷兰沿海地区的居民主要靠畜牧业和渔业为生，因此比务农的人食用更多畜产品和肉食，也许正是由于这个原因，他们在14世纪不像其他欧洲人那样严重感染流行病。" Slicher van Bath, A. A. G. B., No. 12, pp. 89~90。

㊲ "这场瘟疫自（1347~1351年间）传入欧洲以后，一直延续了350年。它成为一种流行病，不仅对当时人口死亡率的波动，而且对人口死亡率的长期平均值，均产生深刻影响。" Helleiner, *Cambridge Economic History of Europe*, IV, p. 5。

㊆ 赫雷纳（Karl Helleiner）鼓吹这样一种看法："（黑死病引起人口减少之后），下层阶级经济地位的改善恰恰不利于人口的迅速恢复。这是一种推论，但某些事实可以证明这一论点。下层阶级经济地位的改善将导致生活水准的提高，这意味着人们消费的食品从谷物部分地转为肉类。消费倾向的这一变化反映于肉产品和粮食相对价格的变化，而后者又势必加剧人口流动、土地抛荒的过程……其表现之一就是在欧洲部分地区，人们放弃农业，经营畜牧业。然而，在一定的农业技术水平下，生产含一千卡热量的肉食所需要的土地比生产含一千卡热量的蔬菜要多出五、六倍以上。因此，每当人口减少，减轻了人口对土地压力的时候，都会因消费和生产的这种变化而使压力再次加重。这种假设有助于解释另一个令人困惑的事件，即中世纪晚期的饥馑与死亡惨剧并不逊于前几个世纪，虽然这时平均每人得自沃土的收获量显然比以前要高得多（*Ibid.*, pp. 68~69）。"

㊅ "14、15 世纪的人口减少加剧，而不是缓解了空间短缺问题，所以它没有减轻始于 13 世纪的压力。相反，由于地租下降，利润减少和领主负担的加重，它会造成压力加剧，因为投向土地的资本将因转投他处而在一定程度上缩减。" Chaunu, *L'expansion européenne*, p. 349。

㊀ "但是还有大量事例说明，地租折算（commution）非但没有减轻而且反倒加重封建负担。它只是直接摊派额外劳役的另一种表现方式。在主要是领主提倡采用这种方式的年代，它的这一性质表现得最明显。由于劳动力相对充足，所以可以以这种形式满足增加封建收入的愿望……。村庄的人口对耕地构成压力，这种压力使村民更加难以维持生计，于是雇佣劳动力贬值并相对充足，可能正是这一切诱使某些人采用折算制。" Dobb, Studies, pp. 63~64。

㊁ Archibald R. Lewis, "The Closing of the European Frontier," *Speculum*, XXXIII, 4, Oct. 1958, 475.

㊂ *Ibid.*, p. 476.

㊃ Andrew M. Waston, "Back to Gold - and Silver," *Economic History Review*, 2nd ser., XX, 1, 1967, 1.

㊄ "我们忘记了，在古代和中世纪，被今人视为很可怜的矿山，那时被看作是一流的。从 8 世纪到美洲的发现，西苏丹是西方世界的主要提供黄金基地。最初是加纳（Ghana）以西苏丹的名义把商品推销到地中海，从而提高占有这一财源的国王的声望。" R. A. Mauny, "The Question of Ghana," *Africa*, XXIV, 3, July 1954, 209。

马洛维斯特（Marian Malowist）认为，正是北非对黄金的需要（为了把它卖给欧洲人），而不是西苏丹对他们用黄金换来的盐的需要，成为这次扩张的主要动因。见 "Quelques observations sur le commerce de l'or dans le Soudan occidental au moyen âge" *Annales E. S. C.*, XXV, 6, nov-déc. 1970, 1630~1636。

⑧ Waston, *Economic History Review*, XX, p.34. 参见洛佩兹（Lopez）和米斯基敏（Miskimin）合写的著名文章。在那些文章中，他们令人信服地指出，在1350~1500年间，贵金属不断地从西北欧沿着意大利——利凡特——印度的走向输出。

（英国）非农业人口的奢侈消费和在装修教堂方面的过分投资……相对增加了对技工的需求，使黑死病后已经出现的技工短缺现象愈加严重。结果，技工的工资大幅度增长，人们也开始转向北欧以外的地区去获得某些本地没有的奢侈品。这种情况并不完全是因为人们追求外国货，实在也是经济形势使然。而且，既然有限的劳动力已用于生产国内的奢侈品，出口商品的生产就会因劳动力短缺而受到排斥，于是北方经济潜在的出口利润随之减少……。

"钱到哪里去了？……的确，北欧供给的贵金属大部分落入了罗马教廷，但除了货币直接易手外，商业渠道通过奢侈品消费似乎更容易导致同样的后果……欧陆南北交通（始于汉萨同盟城市）的终点是米兰、热那亚和威尼斯……南北欧之间似乎存在一种活跃的单向贸易，其结果是北方的贵金属源源南流。

我们在14世纪至15世纪初的法国也发现人们越来越普遍地享用南方的奢侈品……。法国和英国控诉意大利榨干了他们的贵金属，殊不知意大利的贵金属也被利凡特榨干……尽管从西北欧输入黄金，尽管中欧的矿山也有一定的产出，尽管塞内加尔（Senegal）提供了更多的贵金属，但大量的事实表明，黄金收支最多达到持平，而在大部分时间是入不敷出。既然人们的黄金欲永无止境，所以14、15世纪意大利与利凡特的贸易肯定造成更多的黄金从意大利流失。……意大利奢侈品贸易的相对优势使它更加依赖利凡特，从而增加了贵金属向那个方向的流失量……。

到14世纪末，埃及的经济彻底衰退……各种经济指标全面下降……埃及的经济危机伴随着其货币体系的崩溃。金币、银币日益减少，铜币成为国内流通和各种交易的主要币型。

在造成14世纪晚期至15世纪埃及硬币短缺的无数因素中，首要因素是它在国际贸易中的长期逆差。到13世纪，努比亚（Nubia）的金矿几被采空，以至采得黄金还不够开采费用。与西苏丹的活跃而有利可图的贸易使埃及在14世纪下半叶以前一直保持充足的黄金供应，但在那以后，这一贸易萎缩，非洲的黄金流向欧洲……在埃及这个黄金源泉渐趋枯竭的同时，并没有出现外国商品和奢侈品的消费相应锐减的迹象，国家用于进口的支出也没有随之减少……

在15世纪，欧洲是埃及唯一维持贸易顺差的地区……15世纪初，埃及的财政完全依赖与欧洲的香料贸易……但在这种贸易的利润中，只有一部分留在这个国家。香料贸易是转手贸易。此外，由于埃及本身也要消费香料和其他从远东进口的商品，所以它也促进了（黄金向印度的）流动……

第一章　中世纪的先驱

因此可以说，为了得到奢侈品，在从北欧启程南下的黄金中，至少大部分经过漫长的旅行，穿过意大利和埃及，最后落脚在储量已经吓人的黄金大国——印度。" "England to Egypt, 1350 – 1500; Long- term Trends and Long-distance Trade," in M. A. Cook, ed., *Studies in the Economic History of the Middle East from the Rise of Islam to the Present Day* (London and New York: Oxford Univ. Press, 1970), 101~105, 109, 110, 114, 117, 123, 126~128。

⑧⑥ 见 Desanka Kovacevic, "Dans la Serbie et la Bosnie médiévales: les mines d'or et d'argent," *Annales E. S. C.*, XV, 2, mars-avr. 1960, 248~258。

⑧⑦ "从1460年起，以中欧为中心，采矿业突然兴起。在这个地区，技术日益科学化。由于钻井、排水、通风等技术的改进，萨克森（Saxony）、波希米亚（Bohemia）和匈牙利的矿井已经深达600英尺。水力的使用越来越普及，这使风箱增加了强度，钻头增加了力度，于是矿床从山脚移到了谷地。第一代10英尺高鼓风炉的出现把旧式矿床的生产能力提高了3倍。在1460至1530年，中欧矿山开采量可能增加了5倍。" Perroy, *Le Moyen Age*, III, pp. 559~562。

⑧⑧ 见 V. M. Godinho, "Créatiom et dynamisme economique du monde. atlantique (1420-1670)," *Annales E. S.C*, V, 1, janv-mars 1950, 33; Pierre Chaunu, *Séuille et lÁtlantique* (1504-1650), VIII (1) (Paris: S. E. V. P. E. N., 1959), 57。

⑧⑨ "对地中海地区来说，把非洲这个黄金源泉解脱出来的美洲，还扮演着一个更重要的角色，即替代了德国的银矿。" Braudel, *La Méditerranee I*, p. 433。

⑨⑩ "商业发展到哪里，哪里就会随之出现对新的消费品的追求。像通常会发生的一样，贵族希望极尽奢侈，或至少过上与他们的地位相称的舒适生活。" Heri Pirenne, *Economic and Social History of Medieval Europe* (London: Routledge & Kegan, 1936), 81。

"如果我们考虑到战争夺去的主要是上层阶级的生命（因为只有他们可以携带武器），我们就完全可以怀疑，这个寄生阶级的总人数是否真的相对增长……另一方面，我们没有理由怀疑封建统治阶级日益严重的穷奢极欲……但是造种日益严重的穷奢极欲是一种能够用封建制的性质加以解释的趋势呢，还是反映了某些发生在封建制之外的东西呢？11世纪以后，商业的迅速发展使他们可以获得数量和品种都日益增多的商品。" Paul Sweezy, *Science and Society*, XIV, pp. 139~140。

但是多布认为："从土地所有者强制剥削剩余劳动转变为雇佣自由劳动力，其前提必须是存在廉价的待雇劳动力（即存在无产阶级或半无产阶级成分）。我相信这一点在决定旧社会关系的存亡方面是比靠近市场远为重要的因素。" *Science and Society*, XIV, p. 161。

希尔顿站在多布一边，他说："经济的进步与抗租斗争及封建主义的政治稳定是连在一起的，这种进步的标志是社会生产扣除必要消费部分所余总量的增加。正是这一点，而不是所谓国际丝绸、香料贸易的复苏，才是商品生产发展的基础。" "The Transition from Feudalism to Capitalism," *Science and Society*, XVII, 4, Fall 1953, 347。

⑨ 见 B. H. Slichervan Bath, "The Rise of Intensive Husbandry in the Low Countries," in J. S. Bromley & E. H. Kossman, eds., *Britain and the Netherlands*（London：Chatto, 1960），130~153。

⑫ *Ibid*., p. 137。

⑬ "这些改良运动是为了满足15、16世纪人口持续增长的城市的需要。因急需向这些城市提供粮食，所以他们必须在周围地区发展农业生产，或者是开垦生地，或者是使用水利灌溉。" Braudel, *La Méditerranée*, I, p. 62。

⑭ Joel Serrās, "Le bléds îles atlantiques：Madère et Asores aux VXe et XVIe siècles," *Annales E. S. C.*, IX, 3, juil-sep. 1954, 338。

⑮ 见 J. A. van Houtte, "L'approvisionnement des villes dans les Pays-Bas（Moyen Age et Temps Modernes），" *Third International Conference or Economic History*, Munich 1965（Paris：Mouton, 1968），73-77。

⑯ "在15世纪，葡萄牙对汉萨同盟的商人和布列塔尼人（Bretons）越来越开放，因为他们给这个国家带来小麦和木材，那时对这两种进口商品已经不可或缺。" Marian Malowist, "Les aspects sociaux de la première phase de l'expansion coloniale," *African Bulletin*, 1, 1964, 12。

⑰ 见 Ruggiero Romano, "A propos du commerce de blé dans la Méditerranée des XIVe et XVe siècles," in *Eventail de l'histoire vivante：hommage à Lucien Febvre*（Paris：Lib. Armand CoLin, 1953），149-161。

⑱ 贝内特（Bennett）所列的8个等级是（1）面粉制品和淀粉质块根，包括羊角香蕉；（2）植物脂肪和植物油；（3）干豆（蚕豆、豌豆和小扁豆）；（4）食糖；（5）奶和奶制品，可能还包括鱼；（6）猪肉；（7）牛肉、羊肉、山羊肉、水牛肉、禽肉和蛋类；（8）蔬菜和水果。见 M. K. Bennett, *The World's Food*（New York：Harper, 1954），127-128。"这张总分类表为什么应该存在？毫无疑问是因为它反映了这几种食品的生产成本与热卡含量之比（p. 128）。"

⑲ 见 G. B. Masefield, "Crops and Livestock," *Cambridge Economic History of Eruope*, IV：E. E. Rich and C. H WiLson, eds., The Economy of Expanding Eruope in the 16th and 17th Centuries（London and New York：Cambridge Univ. Press, 1967），295。

⑳ 勒特雷尔（Anthony Luttrell）在描述1500年以前的情形时说："自12世纪起，拉丁人利用穆斯林和叙利亚、塞浦路斯（Cyprus）以及其他利凡特国家的其他奴隶来生产食糖，到1404年，当热那亚的达拉·帕多瓦（Giovanni Della Padua）从国王领取到准予在阿尔加维（Algarve）建立种植园的时候，热那亚

第一章　中世纪的先驱

人显然已经把食糖生产从西西里（Sicily）转移到葡萄牙南部。在很大程度上正是热那亚人把这种想法、资本、粉碎和冲洗技术提供给亚速尔群岛（Azores）和马德拉群岛（Madeiras）的居民，也正是热那亚人把食糖从这些岛屿出口到远及佛兰德和君士坦丁堡那样的地方。他们还帮助提供了必要的劳动力，例如，诺里（Antonio de Noli）在15世纪60年代把几内亚人（Guineans）带到了佛得角群岛（Cape Verde Islands）。"Slavery and Slaving in the Portuguese Atlantic (to about 1500)," in *Centre of African Studies*, University of Edinburgh, The Transatlantic Slave Trade from West Africa (mimeo, 1965), 76。

⑩ 见 E. E. Rich, "Colonial Settlement and its Labour Problems," in *Cambridge Economic History of Europe*, IV: E. E. Rich and C. H Wilson, eds., *The Economy of ExpandingEurope in the 16th and 17th Centuries* (London and New York: Cambridge Univ. Press, 1967), 308。

⑩ 比如塞洛（Serrão）曾这样地说到马德拉群岛："在大约1475年的时候，小麦的周期性生产结束了……食糖扼杀了小麦。"*Annales E. S. C.*, IX, p. 340. 塞洛指出，在这种情况下，亚速尔群岛成为葡萄牙的小麦产地，主要用于弥补马德拉的不足。这种转作形式"存在于16世纪、17世纪，甚至18世纪。"Ibid., p. 341。

⑩ 见 Godinho, *Annales E. S. C.*, V, p. 33。

⑩ "人们现在普遍忽略了这样一点：在1750年的时候，人们的食品诚然以面包而不是肉类为主，但这是生活水平下降以后的情况，并不适用于中世纪。"Fernand Braudel and Frank C. Spooner, "Prices in Europe from 1450~1750," in *Cambridge Economic History of Europe*, IV: E. E. Rich and C. H. Wilson, eds., *The Economy of Expanding Europe in the 16th and 17th Centuries* (London and New York: Cambridge Univ. Press, 1967), 414。

⑩ "在1400~1750年间，欧洲是面包消费大户，一半以上的人口食素，……恰是这种'低级'的饮食习惯使欧洲得以承受日益沉重的人口负担……面包消费越来越排斥肉食消费，直到19世纪中始终如此。"Ibid., p. 413. 另见 W. Abel, "Wand-lungen des Fleischverbrauchs und der Fleischversorgung in Deutschland," Bericht über Landwirtschaft, n. s., 22, 1938, 411~452, cited in Slicher van Bath, *Agrarian History*, p. 204。

⑩ "葡萄牙早期沿西非海岸所进行的探险活动只带来一种直接的收获，即极乐园的粮食……他们现在可以花费比穿越撒哈拉陆路更小的代价获得这些粮食。该海岸因这种贸易得名为'粮食海岸'。但是这种作物不能在欧洲生长。"Masefield, *Cambridge Economic History of Europe*, IV, p. 276。

⑩ Chaunu, *L'expansion européenne*, p. 354。

⑩ 梅斯菲尔德（G. B. Masefield）指出了美洲与东半球的这种联系怎样改变了世界

— 61 —

的农业布局。他说:"在这种联系建立以后出现的农作物与牲畜的配制,在人类历史上是非常重要的,这也许是地理大发现的最深远影响。没有美洲的农产品,欧洲后来便不能养活那么多的人口,旧大陆的热带地区也不能取得那样快的发展。如果没有欧洲的牲畜,尤其是如果在运输和耕作中不使用骡马,美洲大陆也不能取得那样高度的发展。" *Cambridge Economic History of Europe*,IV, p.276。

⑩ 布罗代尔(Braudel)曾经提到在意大利各地出现的"木材荒","地中海地区的海军渐渐习惯于到越来越远的地区去寻找在他们本地森林中找不到的东西。在16世纪,满载板材和梁材的船只将北欧的木材运到塞维利亚(Seville)。" *La Méditerranee*, I, p.131。

莱恩(Frederic C. Lane)说:"当15世纪下半叶,橡树林濒危现象开始受到公开承认的时候,木材短缺似乎只在威尼斯特别严重。至少拉古萨人(Ragusans)和巴斯克人(Basques)有相当丰富的木材供应,所以可以明显感觉到他们的竞争。但到16世纪末,似乎所有地中海国家都缺少橡木。" "Venetian Shipping During the Commercial Revolution," in *Venice and History* (Baltimore, Maryland: Johns Hopkins Press, 1966), 21。

达比(Darby)认为英国的情形也是如此。他说:"都铎王朝以后,英国的商船之所以能够增多,海军之所以能够发展,是因为有充足的橡木供应,橡木是建造船体的原材料。制造桅杆用的枞树,以及人造树脂、焦油沥青等'海上储备',都是从波罗的海地区进口的。" "The Clearing of the Woodland in Europe," in William L. Thomas, Jr., ed., *Man's Role in Changing the Face of the Earth* (Chicago, Illinois: Univ. of Chicago Press, 1956), 200。

⑩ 见 Godinho, *Annales E. S. C.*, V, p.33。

⑪ 金属货币向符号货币转化的关键因素是使硬币的商品价值低于(最好是大大低于)它的票面价值。但是奇波拉(Carlo Cipolla)指出,英国和美国的低值硬币分别是在1816年和1853年之后才达到这种水平的。见 *Money, Prices*, p.27。

⑫ Marc Bloch, *Esquisse d'une histoire monétaire de l'Europe* (Paris: Lib. Armand Colin, 1954), 50。

⑬ 后期卡佩(Capetian,法国王朝)君主的咨议大臣即使并非全部,也大多数是商人,主要是意大利商人,他们一方面承揽长途贩运,一方面向国王或贵族放贷取息。他们还经常是铸币厂承包人和贵金属商贩(Bloch, ibid., p, 52)。

⑭ "在大多数情况下,铸币厂不由国家经营,而是承包给私人,后者使用其他人带给他们的贵金属来制造货币。这些铸币厂承包人主要是为个人利益打算,很少考虑公共利益。如果铸币厂由国王管理,他也更多的是作为一个私人企业家,而不是一个国家首脑来行事。" Cipolla, *Money, Prices*, p.28。

⑮ 布洛赫曾以15世纪法国度支部(Chamberdes Comptes)为例,生动地说明这一

点。"当他们把王室的一本账转到另一本去的时候,他们不是简单地以利弗(livres)、苏(sous)和丹尼尔(deniers)等为单位把总数眷抄过去,而是附上一纸兑换比率表,用以说明在此期间这些货币单位的金属价值所发生的变化。他们写道:'登记前一本账时,货币疲软,当时的416利弗19苏……在货币坚挺的今天相当于319利弗19苏。'" *Esquisse d'une histoire*, p. 49.

⑯ H. V. Livermore, "Portuguese History", in H. V. Livermore, eds., *Portugal and Brazil*, an Introduction [London and New York: Oxford Univ. Press (Clarendon) 1953], 59。

戈丁诺(Vitorino Magalhães-Godinho)认为,在葡萄牙,1383~1385年激烈的社会斗争的结束与1415年葡萄牙人远征休达(Ceuta)有直接联系。见 *L'economie de l'empire portugais* aux XVe et XVle siècles (Paris: S. E. V. P. E. N., 1969), 40。

⑰ "历史学家认为,14、15世纪的混战(包括法国入侵意大利)与贵族收入水平的下降有某种联系……难道15世纪开始的大规模扩张运动(甚至可以说14世纪在大西洋岛屿殖民时就已经开始了)不属于同类事件,不是由于同样的原因引起的吗?作为同类事件,我们还应该算上发生在东欧的扩张行为,以及丹麦和德国贵族征服斯堪的纳维亚的企图。" Marian Malowist, "Un essai d'histoire comparée: les mouvements d'expansion en Europe au XV et XVI siècles," *Annales E-. S. C. XVII*, 5, Sept-Oct. 1962, 924。

⑱ 马洛维斯特(Malowist)说:"似乎很清楚,在葡萄牙殖民扩张的第一个阶段,……贵族起主要作用……但随着葡萄牙殖民帝国的发展,葡萄牙商人在海外贸易中所占的分量逐步增长。……西班牙在美洲的殖民过程似乎也是如此。" *Africana Bulletin*, No.1, pp. 32-34。肖努(Chaunu)曾接引过戈丁诺(Godinho)的一段话,用以说明类似的观点,即葡萄牙的扩张可分为两类,"一面扩张主要是陆上的,是由贵族以政治形式进行的,例如占领休达或把收复失地运动扩大到摩洛哥;另一类基本上是商业扩张,主要由资产阶级沿非洲海岸进行。" *L'expansion européenne*, p. 363。像马洛维斯特一样,肖努补充说,对西班牙征服美洲的过程也可以做同样的解释。

威泰勒(Luis Vitale)似乎更重视资产阶级的作用。他说:"1381年,葡萄牙爆发了第一次资产阶级革命,比法国革命早了四个世纪。里斯本(Lisbon)的商业资产阶级在与佛兰德通商的过程中联合在一起,把封建贵族赶下了台。这场革命的最终失败表明,还不具备资产阶级胜利的条件,但是资产阶级的兴起是明显的,北大西洋的贸易、'航海家亨利'(Henry the Navigator)的计划、最重要的是15世纪的大发现,都反映了这一点。" "Latin America: Feudal or Capitalist?" in James Petras and Maurice Zeitlin, eds., *Latin America: Reform or Revolution?* (Greenwich, Connecticut: Fawcett, 1968), 34。

⑲ "宗教既是这种迫害的原因，也是它的口实。……后来在路易十四时代，正如帕里塞特（Georges Pariset）很久以前所说的，人口数量的对比也不利于法国的新教徒（Protestants）。" Braudel, *La Méditerranée*, I, p. 380。

⑳ Rich, *Cambridge Economic History of Europe*, IV, pp. 302~303。

㉑ 这种自我划定的边界在伊比利亚半岛肯定已有很长的历史。比什科（Charles Julian Bishko）说："八个世纪以来，对南部摩尔人发动的时缓时疾的进攻不仅仅是军事和政治斗争中的一首'伊利亚特（Iliad）'，而首先是中世纪在伊比利亚半岛上的再次殖民。""The Castilian as Plainsman: The Medieval Ranching Frontier in La Manche and Extremadura," in Archibald R. Lewis and Thomas F. McCunn, eds., *The New World Looks at Its History*（Ausitn: Univ. of Texas Press, 1969）, 47。

㉒ Chaunu, *Séville*, VIII (1), p. 60。

㉓ "在整个北大西洋，如果要从冷水带向温水带航行，最理想的路线是沿着从里斯本北部到直布罗陀（Gibraltar）或从里斯本到摩洛哥北端的海岸航行。只有在这条线路上，你才能一开始就过到一股强劲的风，把你吹离海岸，送进公海，然后在夏至时分，信风最低点的时候，把你吹到大洋的中心。当你从秋天到初春返航的时候，又会有一股风吹着你战胜中纬度地区的逆流，安全返回。" Pierre Chaunu, *Séville* VIII (1), p. 52。有关地图请见 Charles R. Boxer, *The Portuguese Seaborne Empire*, 1415–1825（New York: Knopf, 1969）, 54~55。见 Braudel, *Civilisation materielle et capitalisme*, pp. 310~312。

㉔ "毫无疑问，伊比利亚国家的商业殖民活动在现代初期之所以能够迅猛发展，在很大程度上是因为在中世纪的最后几个世纪，他们的对外贸易已经在逐步的扩大。" Charles Verlinden, "Deux aspects de l'expansion commerciale du Portugal au moyen âge," *Revista Portuguêsa de História*, IV, 1949, 170。另见 Charles Verlinden, "The Rise of Spanish Trade in the Middle Ages," *Economic History Reuiew*, X, 1, 1940, 44~59。同样的观点还请见 Michel Mollat, "Leconomie européenne aux deux dernières siècles du Moyen Age," *Relazioni del X Congresso Internazionale di Scienze Storiche*（Firenze: G. B. Sansoni, 1955）III, Storia del medioevo, 755。

António H. de Oliveira Marques 在下文中详述了13、14世纪葡萄牙与佛兰德的贸易的性质："Notas para a historia da feitoria portuguesa na Flandres no século XV," *studi in onore di Amintore Fanfani*, II, Medioveo（Milano: Dott. A. Giuffrèed., 1962）, 437~476，他指出，1308年在布鲁日（Bruges）就已经存在葡萄牙"民族"，商品也是用葡萄牙船只运输的（见 p. 451）。见 Godinho, *L'economie portugaise*, p. 37。

㉕ 潘尼迦（K. M. Pannikar）指出，自13世纪以来，热那亚一直想控制西方与印

度的贸易。"最后，通过西班牙和葡萄牙，热那亚人得以打破威尼斯的垄断和穆斯林的封锁……" *Asia and Western Dominance* (London：Allen & Unwin, 1953)，26~27，帕尼卡尔这种关于威尼斯垄断权丧失的描述显然过分简单了，但他正确指出了热那亚人在这方面的长期追求。

㉖ Charles Verlinden, "Italian Influence in Iberian Colonization," *Hispanic American Historical Review*，XXXIII，2，May 1953，199。

㉗ Ibid., p. 200。

㉘ 见 Virginia Rau, "A Family of Italian Merchants in Protugal in the Fifteenth Century：the Lomellini," *Studi in onore di Armando Sapori* (Milano：Istituto Edit. Cisalpino, 1957)，718。

㉙ Verlinden, *Hispanic American Historical Review*, p. 205。另见 Charles Verlinden, "La colonie italienne de Lisbonne et le développement de l'économie métropolitaine et coloniale portugaise," *Studi in onore di Armando Sapori* (Milano：Istituto Edit. Cisalpino, 1957)，I，615~628.

㉚ Rau, *Studi in onore di Armando Sapori*, p. 718。

㉛ Ibid., p. 719。

㉜ "在14世纪，葡萄牙的国内市场已近饱和，不再有发展的余地。可能是因为葡萄牙属于富庶的伊斯兰地域，它才得以保持相当活跃的、高于西欧一般水平的商品交换活动，在他们那里，以钱易货占主导地位……这样，背井离乡的农民初而奋起反抗领主日益残酷的压迫，继则屈服于货币的购买力，结果受沿岸大城市的吸引，最后为这些商业城市的繁荣和商业的拓展做出了贡献。" J. -G. DaSilva, "L'autoconsommation au Portugal (XIVe-XXe siècles)," *Annales E. S. C.*，XXIV，2，mars-avr. 1969，252。

㉝ "(葡萄牙打头的)一个重要原因是，在整个15世纪，葡萄牙是一个统一的王国，完全没有内乱。法国正受着战争的困扰，一方面百年战争已进入尾声阶段——1415年是进行阿金库尔(Agincourt)战役的年头，也是(葡萄牙)占领休达(Ceuta)的年代——另一方面又在和勃艮第(Burgundy)作战。英国受到英法战争和玫瑰战争的困扰，西班牙和意大利则因王朝战争及其他内部倾轧而四分五裂。" C. R. Boxer, *Four Centuries of Portuguese Expansion*，1415~1825 (Johannesburg：Witswatersrand Univ. Press, 1961)，6。

㉞ "在封建制度里，国家在某种意义上是国王的私有财产，就同采邑是封臣的私有财产……国王及其封臣把其法庭的司法活动、其土地的开发、其军队的征服都视为一种有利可图的冒险事业。后来，这种封建精神和法律形式有很多被运用于海外扩张。" Frederic C. Lane, "Force and Enterprise in the Creation of Oceanic Commerce," in *Venice History* (Baltimore, Maryland：Johns Hopkins Press, 1966)，401~402。

⑮ 见 Fernand Braudel, *Civilisation materielle et capitalisme*, p. 24。

⑯ Chaunu, *Séville*, VIII (1), p. 50。

⑰ Lynn White, Jr., "What Accelerated Technological Progress in the western Middle Ages?" in A. C. Crombie, ed., *Scientific Change*, (New York: Basic Books, 1963), 277。

⑱ "在一个社会里，推动革新的首要因素是重视、鼓励革新。如果把这一理论运用于整个中世纪，我们似可发现，西方之所以比较富于创造力，在一定程度上是因为拉丁基督教世界比东方（的拜占庭和伊斯兰教世界）受到了远为严重的冲击。从 3 世纪至 10 世纪，蛮族对西方的冲击断断续续，一浪接一浪……西方……是一个融化了的社会，随时可以重新塑造。它特别开放，欢迎并接受变化（Ibid., p. 282)。"

⑲ Carlo Cipolla, *Guns and Sails in the Early Phase of European Expansion*, 1400~1700。London: Collins, 1965, 106~107。

⑳ 见 Joseph Needham, "Commentary on Lynn White, Jr., 'What Accelerated Technological Chante in the Western Middle Ages?'" in A. C. Crombie, ed., *Scientific Change* (New York: Basic Books, 1963a), p. 32。

㉑ Joseph Needham, "Poverties and Triumphs of Chinese Scientific Tradition," in Crombie, ed., *Scientific Change* (New York: Basic Books, 1963b), 139。

㉒ 见 Boies Penrose, *Travel and Discovery in the Renaissance*, 1420~1620 (Cambridge, Massachusetts: Harvard Univ. Press, 1952), 269~270。

㉓ 见 Joseph Needham, "The Chinese Contributions to Vessel Control," Scientia, XCVI, 99, May 1961, 165~167。当李约瑟（Needham）把这篇论文提交第五届国际海洋史讨论会的时候，兰德尔斯（W. G. L. Landles）对此提出疑问，后者认为这种东西可能是欧洲人独立发明的。李约瑟承认他的怀疑有一定道理，但是李说，要想证明相反的结论是非常困难的。见"Discussion de la communication de M. Needham," in Joseph Needham, "Les contributions chinoises á l'art de gouverner les navires," *Colloque internationale d'histoire maritime*, 5e, Lisbonne, 1960 (Paris, 1966), 129~131。

㉔ 见 William Willetts, "The Maritime Adventures of the Great Eunuch Ho," in Colin Jack-Hinton, ed., *Papers on Early South-East Asian History* (Singapore: Journal of Southeast Asian History, 1964), 38。

㉕ "在 1405 年左右，太监郑和率 63 只远洋航船驶离港口，他到达了南海的许多地方……在此后 30 年间，这样的远航进行了 7 次，每次都带回大量有关地理和水路的信息，同时也带回大量各个岛屿和印度的特产……我们不晓得这些远征的目的，它可能是为了弥补陆路外贸萎缩所造成的损失，也可能是为了增进帝国宫廷的荣耀，甚至也许像官修正史所记载的那样，是为了寻找皇帝的侄儿，即

他的前任（事实上，他这时已经削发为僧，出家隐居，直到多年以后，在下一个皇帝统治期间，人们才把他找到）。不管怎么说，它突然停止了，正像它曾突然发生。停止的原因同样不明朗。不管这里是否涉及太监与儒教官僚之间的冲突，结果是印度洋的商业留给了阿拉伯人和葡萄牙人。" Joseph Needham, *Science and Civilization in China*, 1 (London and New York: Cambridge Univ. Press, 1954), 143~144。

⑭ T'ien-Tsê Chang, *Sino-Portuguese Trad From 1514 to 1644* (Leiden, Netherlands: Brill, 1934), 30.

⑭ "请问，这些动用了几百条远航船只和成千上万人力的远征取得了什么实际结果？答案很简单：一无所获。明代的中国人不是帝国的建设者。他们的政治空谈家对殖民体制中的实力政策的恐怖性毫无认识，他们没有使命感，也不晓得什么叫'狂飙运动'。从理论上讲，天子统治整个世界，即天下，亦即'苍天之下的一切'，天子的使者认为，只要在这些文明世界边陲上的莫名其妙的蛮族面前炫耀一番，向他们展示天子治下的太平盛世就足够了。" Willetts, *Papers on Early Southeast Asian History*, pp. 30~31。

⑭ Ibid., p. 37。

⑭ Ibid., p. 38。

⑮ 见 G. F. Hudson, *Europe and China* (London: Arnold, 1931), 197。它是否也可能是人口北迁的结果呢？"地方史研究表明，（在明代）中国南方人口的流失（包括南京在内共1200万）恰与北方（900万）和西北部（300万）人口的增加相等。" Otto B. van der Sprenkel, "Population Statistics of Ming China," *Bulletin of the SOAS*, XV, Part 2, 1953, 306。

⑮ "当时的中国史学家把扬子江与珠江之间的沿海边防工程与北方为防备鞑靼人（Tartars）的入侵修建万里长城相比较。这里显然是太夸张了。但是为了抵御经常不断侵扰，必须耗费资财巩固海防，这对明代的财政来讲，无疑是一个沉重的负担，因此……可能是促使中国放弃宏大的印度洋远征计划的原因之一（p. 126）。" C. R. Boxer, *The Christian Century in Japan* (Berkeley: Univ. of California Press, 1967), 7。

桑塞姆（George B. Sansom）在从日本的角度观察这一现象时，发现了与欧洲的相似之处。"毫无疑问，中国和朝鲜都曾遭受倭寇的掠夺，……问题一部分出在中国人身上，因为他们拒绝与外国通商，而日本当局却很愿意发展海上贸易。但是室町幕府（Bakufu，日本中央政权）也有理由不采取极端手段镇压海盗。它完全不相信中国人的和平动机，并可能像伊丽莎白女王（Queen Elizabeth）指望德雷克爵士（Sir Francis Drake）一样，指望海盗头子在不同的条件下或充当强盗或充任舰长。而且，反海盗的行动取决于室町幕府对西部军阀的控制，但在1400年以前足利义满（Yoshimitsu）的权力还不是很巩固。" A

㊟ *History of Japan*：Vol. II. 1334～1615（Stanford，Califomia：Stanford Univ. Press，1961），177～178。

㊡ "14世纪中国人在（印度尼西亚）群岛所起的作用是惊人的……但随着这个大洋的商业霸权转入穆斯林之手，中国的船只开始消失，这间可能有一定联系……" M. A. Meilink-Roelofsz, *Asian Archipelago between 1500 and abort 1630*（The Hague：Nijhoff, 1962），25，74。

㊣ 见 R. Servoise, "Les relations entre la chine et l'Afrique au XVe siècle," *Le mois en Afrique*, No. 6, juin 1966, 30～45。

㊤ Chaunu, *L'expansion européenne*, p. 335。

㊥ *Ibid*., p. 366。

㊦ *Ibid*., pp. 338～339。

㊧ "一旦蒙古势力被摧垮，明代就针对南方的人口压力采取了有力的措施。" *Bulletin of the SOAS*，XV，Van der Sprenkel, p. 308。请注意，斯普伦克尔（Van der Sprenkel）与赫德森（Hudson）不同，他用蒙古威胁的减轻来解释重心的北移。

㊨ 在为韦伯的《中国宗教》（*The Religion of China*，New York：Free Press, 1951）一书制作的词汇表中，格思（Hans Gerth）写道："食禄（Prebend）：官员从国家或教会地产以及其他公共收入中获得酬金的权利。韦伯把这种官员称为'食禄者'。建立在食俸者基础上的政治社会制度被韦伯称作'俸禄制'（Prebendalism）（p. 305）。"伍尔夫（Eric Wolf）在《农民》（*Peasants*，Englewood Cliffs, New Jersey：Prentice-Hall, 1966）一书中又以农民的角度探讨了世袭（或封建）统治与食禄者统治的不同（pp. 50～52）。

㊩ Weber, *Religion of India*, pp. 70～71。

㊪ Joseph R. Levenson, ed., *European Expansion and the Counter-Expansion of Asia*, 1300～1600（Englewood Cliffs, New Jersey：Prentice-Hall, 1967），131～132。

㊫ Weber, *Religion of China*, pp. 61～62。

㊬ 拉铁摩尔（Owen Lattimore）曾描述过16世纪满洲与明代中国的纳贡关系："在明朝衰落时期，向朝廷纳贡的'任务'变成了占中国人便宜的手段。'纳贡者'带着数以百计的随员结队而来，不仅全部费用由中国当局支付，而且这些人可借此提高政治地位。与此同时，这些人还携带着一些不属于贡品的货物到中国来出售，这也造成中国边境商人利润减少。" *Inner Asian Frontiers of China*, 2nd edition（Irvington-on-Hudson, New York：Capitol Publishing Co. and American Geographical Society, 1940），124。这种自我毁灭的政治制度与葡萄牙及其他欧洲国家公开对海外蛮族实行的殖民主义适成对照。韦伯称后者为"掠夺性资本主义"，Ibid., p. 135。

㊭ Cipalla, *Guns and Sails*, p. 11。

⑯ William Theodore de Bary, ed., "Introduction," in *Self and Society in Ming Thought* (New York: Columbia Univ. Press, 1970), 24。他在该书"明代后期思想中的人文主义与个人主义"的标题下,进一步阐述了这个问题:"在16世纪,一种带有明显现代特征的典型的个人主义思潮与更大的社会文化力量一道从王阳明学派内部的自由人文主义运动中产生出。这样,在现代人看来属于独裁主义思想体系、在历史上占统治地位的儒家思想就证明可以发挥类似西方个人主义兴起时,中世纪基督教所起到的那种作用(p.233)。"

⑯ "1368年推翻元朝统治的起义和明朝的建立体现着中华民族对野蛮民族的反抗。" Roland Mousnier, *Les XVIe et XVIIe siècles*, Vol. IV of *Histoire Générale des Civilisations* (Paris: Presses Universitaires de France, 1954), 520。

⑯ *Ibid*., pp. 527~528。

第二章插图　"黑人在金属矿被开采枯竭之后，必须去作制糖工作"

Theodore de Bry. (1575)

New York:the Rare Books Collection of the New York Public Library.

"黑人在金属矿被开采枯竭之后，必须去作制糖工作"。这幅关于在小西班牙（Hispaniola）一个糖厂的雕刻制于1595年，是一位佛兰德（Flemish）雕刻家布莱（Theodore de Bry）从事的一个名为《海外游历集》（Collectiones Peregrinationum）的系列中的一部分。以纪念西印度和东印度（West and East India）的"发现"。由纽约公共图书馆稀有书籍分部、阿斯特（Astor）、伦诺克斯（Lenox）和蒂尔登（Tilden）基金会允许复制。

第二章 欧洲的新型劳动分工：
约 1450~1640 年

以资本主义生产方式为基础的欧洲世界经济产生于16世纪。这种经济体系在早期有一个非常奇怪的特征，即资本家并没有在世界面前自我炫耀。当时盛行的意识形态并不是自由企业意识，也不是个人主义、科学、自然主义和民族主义等等。这些世界观都是到了18、19世纪才趋于成熟。如果说当时流行着一种意识形态，那就是国家干预主义。为什么资本主义作为一种不分国界的现象，其发展要以国家的强大为前提？这个问题不是能用一句话来回答的。但这也不是一个无法回答的问题，完全不是。资本主义世界经济的特征是：经济决策要首先适合于世界经济舞台，政治决策要首先适合于较小的合法统治结构，即世界经济内部的国家（民族国家、城市国家、帝国）。

这种经济与政治的双重导向——如果你愿意的话，也可以说是"这种特性"——造成我们难以为决策者找到对应的群体，无法圆满而合理地说明决策所蕴含的群体利益。然而，由于经济决策和政治决策原则上是分不开的，或者说是不能分开讨论的，所以这就引发了一个微妙的分析方法的问题。我们解决这个问题的办法是，尽量依序探讨这两个方面，但同时也暗示两者之间的联系，让读者在了解事情的全貌之后再作出判断。可以肯定，我们将一再有意无意地破坏自己定的这种依序叙述原则，但它至少是我们谋划构思的指导思想。如果有时我们把较大的体系视为资本主义的体现，把较小的体系视为国家干预主义（或用时髦的话来说，民族发展）的体现，那也绝不意味着我们否认具有历史发展的统一性。国家只能在世界体系发展的背景下发展，我们也只能根据这一背景来理解国家。

社会阶级与集团组织（民族的与宗教的）的情形也是如此。它们也是在国家和世界体系的框架内进入社会。它们同时出现并常常互相对立。它们是该时代社会组织状态的反映。现代阶级体系是在16世纪开始形成的。

但是，16世纪指的是什么时候？这不是一个简单的问题，因为我们应当记住，历史世纪并不一定与历法世纪相吻合。在这方面，我完全同意布罗代尔（Fernand Braudel）的看法，这既因为它以坚实的学术研究为基础，也因为它似乎完全符合我所认为的事实。布罗代尔说：

> 有人在说到16世纪时并没有具体说明这指的是一个世纪，还是前后跨着其他世纪，有人认为，即使它跨着几个世纪，也应把它理解为一个整体。我以为这都是不妥的。我认为，正像费弗尔（Lucien Febvre）和我的著名老师豪泽（Henri Hauser）所说的一样，'我们的'世纪分为两部分，第一部分大约从1450年到1550年，第二部分从1550年到1620或1640年。①

如果从不同国家的角度来看，起止年代可能会各不相同，但就整个欧洲世界经济而言，我们认为1450~1640年的确可以单独构成一个时间单位，因为在此期间资本主义世界经济建立了起来，用布罗代尔的话来说，这个体系"固然庞大但也是非常虚弱的"。②

另外，这一欧洲世界经济在什么地方？这也是一个难以回答的问题，因为历史大陆未必与地理大陆相吻合。到16世纪末，欧洲世界经济体系不仅包括西北欧和基督教地中海地区（包括伊比利亚），而且包括中欧和波罗的海地区。它还包括美洲的一些地区：新西班牙、安的列斯（Antilles）、特拉法尔玛（Terraferma）、秘鲁（Peru）、智利（Chile）、巴西，或者说是包括这些地区中真正受西班牙和葡萄牙行政控制的那些部分。大西洋的一些岛屿，也许还有非洲沿岸的几块飞地，也可以包括在内，但是不包括印度洋地区。除了某一时期菲律宾的一部分之外，也不包括远东。不包括奥斯曼帝国。至于俄国，至多也只是短期包括其边缘地区，很难划出一条清晰的界线。但是仍有一个好办法：那就是把16世纪的欧洲看作两个以前相对分离的体系的组合——一个体系是以意大利北部城市为中心的基督教地中海地区，③另一个是从佛兰德到汉萨同盟的北欧和西北欧商业网——外加两个附属部分：一个是易北河东（East Elbia）、波兰和东欧的其他一些地区，另一个是大西洋岛屿和新世界的部分地区。

从纯空间的角度来讲，这个体系可谓相当广阔，据肖努统计，即使只把欧洲国家的海外正式殖民地考虑进去，在 1535~1540 年间，西班牙已经控制了西半球一半以上的人口，从那时起到 1670~1680 年间，欧洲人控制的面积从三百万平方公里增长到七百万平方公里（直到 18 世纪末一直稳定在这个水平）。④ 但是空间的扩大并不意味着人口的增加。肖努曾经讲到"人口剪刀运动"（Demographic Scissors Movement），在这一运动中，欧洲人口的增长"由于广大超欧洲地区的人口下降，而在全球范围内变得几乎毫无价值"。⑤ 这样一来，欧洲世界经济中土地与劳动力之比就大为提高，这是欧洲在现代早期的危机时代得以保持经济增长的根本原因。但是扩张所带来的不只是土地与劳动力比例的改善，它还使大量积累原始资本成为可能，这些原始资本用于资助农业生产的合理化运动。16 世纪的这一欧洲世界经济体系的最明显的特征之一是长期的通货膨胀，即所谓的价格革命。这一独特的通货膨胀现象与资本积累过程的关系是现代文学的中心论题，我们将逐一考察争论中的各种复杂问题，以便能根据我们所观察到的模式，解释在这个时代的末期欧洲世界经济所获得的独特劳动分工形式。

欧洲的价格起伏模式是在一个相当长的历史过程中呈现出来的。虽然学者在时间方面有分歧，在原因方面更是各执一端，但都承认这一现象的真实性。如果我们把最近的两个有关粮食价格的统计放在一起，⑥ 我们就会得到下面这张图表：

1160~1260 年：迅速上涨
1260~1310（1330，1380）年：高居不下
1310（1330，1380）~1480 年：逐渐下跌
1480~1620（1650）年：高价
1620（1650）~1734（1755）年：下滑
1734（1755）~1817 年：上涨

如果我们把注意力缩小到我们现在主要关心的 16 世纪，我们将看到，尽管在上表中它处在高价阶段，但在这个世纪中间显然还出现过经济波动。肖努在卓有成效地研究了塞维利亚的交易所（Casa de Contratacion）——即跨大西洋贸易的主要仓库——的档案之后，揭示了下面这种活动周期。根据对商品量（商品总量和各种商品的数量）和价值的估算，肖努看到了下列四个时期：

1504~1550年：持续增长

1550~1562/3年：幅度较小的下滑

1562/3~1610年：膨胀

1610~1650年：下滑[7]

商品量的估算不一定与价值的估算相一致。"流通指数与价格的浮动相近似，但比后者起伏大。特定的价格曲线要比商品流通曲线平缓一些。"[8]肖努认为，他把1610年定为下滑点与亚尔萨斯（Elsas）把1627年定为德国物价的下滑点，和波斯特赫摩斯（Posthumus）把1637年定为低地国家物价的下滑点是一致的，都反映了欧洲的物价下滑趋势，只是在不同地区时间略有先后。这种下滑趋势，我们后面将会讨论。[9]

这种时间上的差异使我们认识到，世界经济还只是处在形成的过程当中。肖努指出，在15世纪，欧洲三个商业区（基督教地中海地区、西北欧、东欧）的价格水平各不相同，有的昂贵，有的低廉，有的居中。世界经济建立的标志就是"（该世纪）初各地价格相去甚远，而最终消弭了价差"。[10]虽然"最终"已是16世纪以后的事，但在16世纪已见"消弭"的端倪。如果说1500年基督教地中海地区与东欧的价差是6∶1，那么到1600年则为4∶1，[11]到1750年只有2∶1。塞姆索诺维支（Henryk Samsonowicz）说，16世纪初期以后，普鲁士的工资和价格与西欧"越来越接近，尽管两处社会和经济发展的方向正好相反"。[12]"尽管"吗？不应该读作"因为"吗？

关于16世纪物价上涨的原因，汉密尔顿（Earl J. Hamilton）提出了一个重要观点。他最初运用这一观点解释16世纪安达卢西亚（Andalusia）的价格，后来则把它更广泛地运用于西欧。他说：

在我们所考察的这个时期，在美洲金银进口量与安达卢西亚价格之间一直存在密切关系……从1503-1505年间开始，直到1595年，贵金属的输入呈上升趋势，而从1503年到1597年，安达卢西亚的物价也持续上涨。物价的暴涨与金银进口量的激增也正好同期发生。贵金属进口与价格的这种联系在1600年以后继续存在，那时二者都呈下跌趋势。[13]

第二章 欧洲的新型劳动分工：约 1450~1640 年

在 1960 年以前，汉密尔顿的理论一直受到攻击，有的是事实方面的，有的是理论方面的。但他更加有力地坚持自己的观点：

> （自 1500 年以后，金银供给增加）的百分比可能远胜于物价上涨的幅度。与寻找价格革命的次要原因相比……我们更需要解释为什么价格未能与贵金属储量的增加保持同步。由于越来越多的金银用于器皿、装饰、服饰和其他非货币目的，所以商品价格提高了，而金银本身则变得相对便宜，这就缓和了后来进口的金银的冲击力……为扭转与东方的贸易逆差，西方花费了大量硬币……生产租金转由货币支付，实物工资部分地换算为货币，以物易物现象的减少，这些也都抵消了金银供给量增加的影响。[14]

正如许多批评者所指出的，汉密尔顿运用的是费希尔（Fisher）的货币数量理论。按照这种理论 PQ=MV，而且汉密尔顿似乎还认为 V 和 Q 是不变化的恒量（P 是价格；Q 是商品和劳务量；M 是货币量；V 是流通周转率）。批评者表示，他们怀疑汉密尔顿的这种观点，他们要求以事实来验证。

汉玛斯特罗姆（Ingrid Hammarström）在一篇猛烈批评汉密尔顿的文章中写道，汉密尔顿颠倒了事物发展的顺序，正确的顺序应该是：经济的活跃导致物价上涨，物价上涨引起开采业的发展，开采业的发展带来贵金属供应量增多。对此，汉密尔顿反驳道：

> 显然，"莫名其妙的经济活动所引起的物价上涨"，通常不是助长而是阻碍贵金属的开采，因为贵金属的法定价格不变，而开采费用却增加了。而且，物价上涨不是增加而是减少现有贵金属用于铸币的部分，因为随着贵金属用于非货币方面，铸币本身相对贬值。[15]

但是，为什么法定价值必须是固定的？这只是一种政策，而且很难说对那些在扩张时代的贵金属流动中获利的人（包括西班牙国王）有利，因为当成本如此低廉、数量如此巨大的贵金属突然展现在眼前的时候，这一政策却不鼓励开采。正如汉玛斯特罗姆所云，问题的关键在于决定贵金属用途。他指出：

为什么西欧人舶来贵金属既不作为财宝珍藏，也不用来装饰圣殿（亚洲人和美洲土著居民都是这样使用黄金的），而是用作流通货币的重要补充，即用作一种支付手段？[16]

布伦纳（Brenner）认为，英国的统计数字是以证实汉玛斯特罗姆的论点。布伦纳发现，产品价格变化的主要原因"并不在于欧洲金属储备增加与否，而在于这一储备如何利用。"[17]他指出，价格上涨先于美洲财富的抵达。[18]布伦纳说，人们应该感觉到，费希尔等式中的所有因素这时都是可变的。他说：

总之，16世纪上半叶的物价上涨是由两个因素造成的，一个是货币流通量加大，周转率加速，另一个是在对农产品的需求急剧增加的关头，其供应却相对减少……

周转率的加速则是下列因素造成的：工业发展和商业扩大；搞土地和合法市场投机的人突然增多；社会上大部分人从自给自足的农村转入通过市场（货币供给）取得食品的城镇。[19]

因此，布伦纳认为，决定贵金属用途的就是资本主义活动的全面兴起。

这种经济发展决定贵金属用途的理论意味着，即使商品的数量（Q）和周转率（V）不固定，那么至少也处于上限。这种说法是否有根据呢？从商品和劳务数量来说，它似乎难以成立。因为正像纳达尔（Jorge Nadal）提醒我们注意的，这种理论似乎认为人力、物力已得到充分利用。

只有当所生产的商品量不能再提高的时候，支出（相当于货币量乘以周转率）的增加才会转化为价格的成比例上涨。[20]

那么我们可以设想，贵金属的增多不是直接导致物价上涨，而是由于提高了利用人力、物力的能力，而间接地引起物价上涨。例如米斯基敏（Miskimin）认为，"早期重商主义（mercantilist）者对贵金属流通的过分重视"在下列意义上是正确的：

贵金属的输入会启动人力和物力，并同时增加政府的资金储备，从而减少了战争消耗。

这样，我们就有了确定最充分利用贵金属的国家的根据，即

> 它们具有充分调动人力、物力以使贵金属的流入转变为真正的经济增长的能力，不管它们的这种能力是体制决定的，还是物质决定的。[21]

周转率受不受限制呢？鲁宾逊（W. C. Robinson）在与波斯坦（Chael Postan）争论时，曾提出金条流量能否解释14世纪衰退的问题。他认为，在信用机制尚属初级阶段的经济中，"周转率几乎就等于每个时期每块金币的实际周转……"因为13世纪因新币增多、周转率加速引起的膨胀就含有内在的制约因素：

> 最后，……货币供给量除每年略有增加外，基本上达到了它的上限，这样，周转率就不能再提高。这时，商业就受到制约，商人就被迫降价。早年的洋洋自得和高额利润就变成郁郁寡欢和节衣缩食。人们开始储藏金币以防价格下降。简而言之，衰退也能自救。[22]

波斯坦在反驳时说，鲁宾逊认为货币供给量已达极限的说法事实上是错误的，因为新币继续进入流通领域。波斯坦还说，当时的信用机制也比鲁宾逊所说的要灵活，而商人的心理反应在当时还是一个微不足道的经济变量。[23]但是波斯坦基本上没有对有限论提出挑战。挑战是由米斯基敏（Miskimin）提出的，我认为他的挑战颇为有力：

> 在既定的信用机构发展水平上，金条一旦铸造成一定量的硬币，那么既定金条量的流通周转率就完全可能有一个物质上限。但是借缩小金条流通单位的体积而制造出来的劣币会从物质上和体制上提高金条流通周转率的上限。受内部移民、城市化、专业化等各种压力的影响，当从技术上讲，劣币使周转率所受到的限制放松了的时候，人们非常可能会利用这种新的自由，16世纪的许多欧洲劣币在周转之后，

完全可能造成物价的大幅度上涨，其幅度相对于劣币本身水平而言，简直不成比例。㉔

于是我们可以重提这个事实，即导致16世纪通货膨胀的根本原因，在于整个体系及其从结构上对某些类政治决策（如制造劣币）所形成的压力。并非一般的金条，而是资本主义世界经济内的金条才构成问题的关键。弗林登（Clarles Verlinden）认为，正是这种资本主义早期特有的垄断形式才最应为价格的持续上涨负责：

> 在我们解释周期性危机时，必须充分考虑投机的因素。"垄断"（Monopoly）非但未使物价稳定，反而会不时地使物价失去控制，当时某些奢侈品（酒）除外。它是这些灾难性物价波动的始作俑者，它无疑也间接地对这种特有的价格变化形式产生影响。在每一次几乎是人为的提价之后，物价都没有回落到危机前的水平。这样，垄断就在一定程度上加剧了这种长期的物价上涨。㉕

那么，输入金条是好事，还是坏事？我们不想探讨抽象的道德问题，我们只是问，金条输入有益于建立新的资本主义世界经济吗？汉密尔顿当然会做出肯定的回答。熊彼得（Joseph Schumpeter）却持完全相反的观点：

> 铸币材料的增加并不比其他种类货币量的自然增加更能对经济产生决定性的影响。显然，一切取决于如何利用新增加的货币。……就16世纪的西班牙来说，我们首先应该注意到，新的财富用于贯彻哈布斯堡王朝（Hapsburg）的政策……贵金属的输入延缓了劣币的出现。否则劣币会出现的早得多。所以，输入贵金属变成了战时通货膨胀的手段，随后通常开始一个穷困化和社会组织化过程，因此贵金属的输入也是推动这一过程的因素。随之出现的物价暴涨是这一系列事件中的一个普通环节……
>
> 总而言之，流通媒介的膨胀的确影响了资本主义的发展，但从结果来看，它使这一发展变得缓慢而不是加速。法国和英国的情况殊为不同，但这恰恰是因为这种影响在这里被更多地抵消了。……在我们说明英国工商业的一切持久性成就时，完全不必考虑贵金属过剩的因

第二章 欧洲的新型劳动分工：约 1450~1640 年

素……[26]

这种论点源于熊彼得的这样一种信念："通货膨胀的影响——笔者并不否认它的存在，但感到它作为一个历史现象和理论问题被夸大了——几乎完全是破坏性的。"[27]熊彼得似乎认为，只要实行理性的控制，就可以抵御通货膨胀可能带来的冲击和有时无法预料的后果。对此我们不敢苟同。但他的长篇大论使我们充分意识到，通货膨胀的全球性影响比它对个别地区所造成的影响要小得多。[28]

首先让我们看一下食物供给。既然经济全面增长，为什么农产品供给下降？首先应该说明，严格地说来并没有下降。[29]只有当人们把诸如英国、西班牙之类的国家作为单位，而不是把欧洲世界经济作为一个单位考察时，才会发现相对于日益增多的人口来说，食物供给量减少了。在那些工业发展的国家里，大部分土地必须改为牧场。[30]但是人依然在，只是这时他们越来越靠波罗的海的粮食为生。[31]由于明显的短缺，由于运输，由于中间人的盘剥，这种粮食的价格比本地产的粮食昂贵。

那么说，贵金属数量的增加并不是一件好事？完全不是这样，因为它为发展欧洲世界经济起到了重大作用。它哺育了飞速的发展，保护了这个仍十分脆弱的体系，使其免遭大自然的袭击。莫里诺（Michel Morineau）指出，在中世纪的欧洲，物价的起伏与收成好坏有直接关系。事实上在 16 世纪，贵金属不是抬高了物价，而是使其避免跌落。[32]奇波拉（Carlo Cipolla）就曾对是否真正存在物价上涨表示怀疑。[33]他相信，对 16 世纪的财政结构来说，真正重要的不是物价上涨，而是利息率下降。他认为，在中世纪后期，利率约为 4%~5%，1520 至 1570 年间长到 5.5%，然后突然下跌，在 1570 至 1620 年间，平均为 2%，贵金属使货币变得不值钱。[34]

这似乎表明，关键因素是资本主义体系的出现。如马克思所云，这个体系始于"16 世纪世界商业和世界市场建立的时期"。[35]一切变化都源于资本主义作为一种主要的社会经济组织模式而出现。我们或许可以说这是唯一的模式，因为一经它建立起来，其他"生产模式"的职能就只限于如何适应资本主义所造成的政治社会格局。但是我们应该记住，至少在这个时期，"不只有一个资本主义，而是有若干欧洲资本主义，每一个资本主义都有自己的领域。"[36]毫无疑问，正是若干资本主义的存在才使贵金属储量的增加变得重要，因为最初西北欧的金币周转率恰恰低于欧洲地中海地区。正如布罗代尔和斯普纳（Spooner）所说的："货币量理论只有在考虑进周转率因素和欧洲内部经济差异因素的情况下才有意义。"[37]

这使我们必须讨论一下汉密尔顿论点的第二部分。不仅物价上涨，而且工资增长滞后。这种现象是否存在？其原因若何？在这些方面的争论也是很激烈的。[38]汉密尔顿认为，在英国和法国，物价上涨，但由于制度僵化，工资和地租却没有同步增长。而在西班牙，情况并不是这样。[39]因此在英法两国因有些人大发横财而造成一道鸿沟，这是16世纪资本积累的主要途径。他说：

> 英法两国受价格革命的影响，物价和工资严重失衡，于是劳动者的实际收入大为减少，余下的这部分财富转入了其他瓜分者的腰包……地租也如工资一样落在物价的后面，因此地主并未从劳动者的损失中受益……这样，这笔横财就连同东印度贸易的利润一道为积累固定资本准备了条件，而且这种惊人的利润更对已有的兴办资本主义企业的热潮起到推波助澜的作用。[40]

这种认为地租落后于物价的观点受到非常猛烈的批评，主要批评者是柯立芝（Eric Kerridge）。他认为这种观点完全违背16世纪英国的现实。[41]其他学者则认为它也不符合其他时期和地点的情况。[42]到1960年，汉密尔顿收回了他有关地租的观点，但他强调指出，这并不影响其理论的力度。他说：

> 人们可以认为，在价格革命之初，工资相当于生产成本的3/5，……我认为在1500年，地租占英法国民收入的1/5。由于农产品价格的提高，出现了提高地租的倾向，但在个别情况下，也有为降低地租而修改租约的事情发生，两者相互抵消之后，在价格革命期间，地租与价格的增长同样迅速。国民收入的另1/5来自包括利息在内的利润。由于3/5的成本远远落后于飞涨的物价，……所以在16世纪的英法，利润肯定达到很高的水平，而且这种水平一直持续了40~50年。在价格与工资出现巨大差异的时期——尽管这种差异在逐步缩小——利润率仍然很高，直到17世纪以来，这种高额利润局面才告结束。[43]

汉密尔顿的工资滞后论还受到其他人的批评。[44]一个重要的论点是由内夫（John Nef）提出的。他认为，有据可查的货币工资并不等于全部工资，因为还有实物工资，后者可能能够弥补货币工资与物价的差距。而且，小麦价格的上涨不是所有生活必需品价格的上涨所能相比的。他说：

> 首先，迄今所统计的数字指数夸大了价格革命期间生活费用提高的幅度。第二，工人食品支出的增加部分在一定程度上不由工人来承担，而由他们的雇主承担。第三，很多工人拥有小块土地，他们可以从这些土地上获得一些生活必需品。因此，他们可能要以相当多的货币工资用来购买食品以外的商品。[45]

费尔普斯-布朗（Phelps-Brown）和霍普金斯（Hopkins）以为，工资下降所造成的恶果事实上并不十分严重，因为粮价的增长速度高于手工业品，这样，日益重要的粮食制品的价格就不像粮食本身增长得那样快，而且手工生产技术的改进又会进一步降低这种粮食加工品的成本。[46]但无论如何，晚近（1968 年）的研究表明，根据比汉密尔顿更精确的统计，在 16 世纪的西欧，实际工资确有下降趋势，连费尔普斯-布朗和霍普金斯也承认这一点。[47]

斯利克绘制的表一清晰地反映了实际工资的下降趋势。[48]这是一个英国木匠的日工资，表中的数字是小麦的公斤数。

表一：英国木匠的实际工资　1721~1745 = 100

年份	指数
1251~1300	81.0
1300~1350	94.6
1351~1400	121.8
1401~1450	155.1
1451~1550	143.5
1501~1500	122.4
1551~1600	83.0
1601~1650	48.3
1651~1700	74.1
1701~1750	94.6

　　　　　1751~1800　79.6
　　　　　1801~1850　94.6

　　从上表中我们可发现三个事实。1850年英国木匠工资与1251年并无显著不同。工资最高点（155.1）在"漫长的"16世纪前夕，而最低点（48.3）在16世纪末。由此可见16世纪的工资下降是非常严重的。如果我们认知到，1601至1650年英国的工资在欧洲城市工资中并不是最低的，这一下降趋势就会给我们更多的启示。

　　这种工资严重下降现象本身是三个结构因素造成的，这些因素则是16世纪尚未消尽的前资本主义经济的残余。西奥卡（Pierluigi Ciocca）经过缜密的研究指出了这些结构在物价暴涨时期如何导致实际工资下降，并说明了各个结构因素在后来的几个世纪中基本消失的原因。这三个因素是：货币假象和工资需求的间断性；习惯、契约或法律造成的工资固定；支付迟缓。西奥卡所说的货币假象，指的是除在突变时期之外，不能够准确地感觉到物价的缓慢上涨，而且即使感觉到它的增长也不能随时调整工资。再者，在16世纪，在习惯或契约失去作用的地方，国家经常进行干预，禁止提高工资。最后，在那个时期，许多工人一年才能领到一次工资，在一个通货膨胀的时代，这意味着得到的钱已经贬值。在20世纪，货币假象的影响将随着商业同盟的组建、教育的普及、物价指数的出现，以及人们对通货膨胀的逐渐适应而被抵消，工人的政治组织也使国家更难于限制工资，工资支付周期更是一项早已获得的权利。但是在资本主义发展早期，工人们还不具备这种周旋能力。[49]

　　由此可见，由于16世纪欧洲世界经济以世界资本主义的早期形式为基础，所以其结构中的某些因素造成工资滞后。不仅历史统计数字可以证实这一理论，而且两个历史例外现象也可以说明这一分析的合理性。这两个例外就是意大利中北部城市和佛兰德的城市。奇波拉认为，在16世纪末和17世纪初，"相对于与之竞争的其他国家的工资水平来讲，意大利的劳动力价值似乎是太高了。"奇波拉说，这一现象的原因在于"工人组织成功地迫使资方接受了与劳动生产率不相符合的高工资。"[50]同样的，弗林登（Charles Verlinden）发现，在16世纪比利时的城市里，工资数总是紧随小麦制品价格而变化。[51]为什么出现这两个例外现象？完全因为它们是"旧"商业中心，[52]所以这里的工人作为一种政治经济力量相对强大。于是，这些

第二章 欧洲的新型劳动分工：约1450~1640年

工人就能更有力地抵制资方的重利盘剥。此外，资本主义道德的"发展"已经部分地摧毁了旧结构。无论如何，正是由于工人的"强大"和资本主义道德的进步使北部意大利和佛兰德的城市在16世纪作为工业中心衰弱下去，让位于脱颖而出的后来者，即荷兰和英国的城市，甚至还包括法国的城市。

这种认为某些工人（准确地说是那些最"发达"地区的工人）可以比其他工人更有效地避免工资下降的看法引起我们考虑这样一个问题，即长期通货膨胀所带来的损失的差异。[53]维勒（Pierre Vilar）认为，这种差异只是中心地区与边缘地区的不同。[54]但这是一种太简单的二分法。因为受到损害的不只是那些我们将看到的16世纪在拉丁美洲和东欧从事劳动的工人，同期西欧的大部分工资劳动者也蒙受了损失，即使这种损失也许——谁知道呢？——不像东欧工人那样严重（拉丁美洲工人的"损失"无法计算，因为此前他们完全不在这个经济体系内）。而且埃利奥特（Elliott）认为，在这一衰退时期，西班牙工人的地位更接近于东欧工人，而不是英国工人。[55]

这样，如果我们编排一个顺序的话，那就是波兰工人收入最低，西班牙工人其次，威尼斯工人收入最高。英国工人完全可以归入威尼斯工人之类。他们代表正在变为中心地区的半边缘地区。费尔普斯-布朗和霍普金斯建议我们在考察这些国家的事件时注意，"（英国）工资劳动者越来越难以填满食品盘子的原因是厂房与农场之间的贸易条件发生了变化。"[56]而这种变化了的贸易条件又对工资劳动者（无地者或不以土地收入为主者）的打击最为沉重。费尔普斯-布朗和霍普金斯估计，在16世纪上半叶的英国，这种工资劳动者的数量已占职业人口的1/3。正如他们所说的"（工资劳动者穷困）反面是，农产品出售者和高地租土地出租者日渐富裕。"[57]这就对汉密尔顿的观点——工资滞后是资本积累的直接原因——提出了质疑，并使我们转向这样一个事实：西欧的土地所有者是资本积累的主要中介。

但是，汉密尔顿的基本论点在经过凯恩斯（John Magnard Keynes）补充后，至今仍为人们普遍接受。通货膨胀导致收入的重新分配——这一过程相当复杂，因为欧洲世界经济是多层次的。但无论如何，它造成了这样一种结果，即政治上最软弱的地区被迫提供资金，然后其他人用这笔资金去投资。[58]而地主则能够不断发现新的榨取农民血汗的办法。[59]请记住，按照这种理论,不仅存在暴发横财的现象,而且通货膨胀鼓励投资。[⑩]

这使我们不得不讨论一下内夫(John Nef)的观点,他也不同意工资滞后理论。内夫宣称,法国的情况证明工资滞后理论不能成立,因为法国像英国一样也存在工资滞后问题,但法国的工业当时并没有取得明显的进展。[61]内夫进而指出,这并不只是英法两国的比较。他认为,就工业发展而言,法国的状况与德国南部和西班牙统治下的尼德兰近似,英国的状况近似于荷兰、苏格兰、瑞典和列日(Liege)。这就是说,相对于"文艺复兴时期"来讲,所有前者都发展缓慢,而所有后者都发展迅速。但法国的木材和劳动力比英国更廉价而不是更贵重。问题可能在于他们太廉价了。[62]

但是,只有把英法两国在真空中加以比较,内夫的理论才能推翻汉密尔顿的假说:如果把这两个国家放在欧洲世界经济的背景下进行比较,法国的实际工资水平在英国和西班牙之间。那么我们就可以说,在世界经济整体范围内,生产收入中付给工人的部分显著下降。只是下降率在各国不尽相同。对某地的投资阶级来说,最理想的状态是能够从边缘地区的低工资劳动者身上获取利润,然后再从本地中等工资(相对于高工资而言)的劳动者身上获取利润。中等工资水平是最理想的,因为一方面,过高的工资水平(如威尼斯)会造成无利可图,另一方面,过低的工资(如法国)又会造成本地新工业市场的萎缩。在整个欧洲体系中,英国和荷兰最接近这种理想状态。但是,只有在世界经济的前提下,膨胀的利润才能被投入新兴的工业并且有利可图。

因此说,通货膨胀是很重要的。这既因为它起到强迫人们储蓄和积累资本的作用,也因为它把这个系统内的利润进行了一次不平均的分配,使它们不成比例地集中于我们所说的正在形成当中的世界经济中心地区。这个中心地区已经与旧"发达"地区的边缘和半边缘地区相分离。

正如读者在我们讨论通货膨胀的影响时可能已经发现的,上述图景的另一面是在世界经济内出现劳动分工,这不只是农业劳动和工业劳动的分工,也是农业劳动内部的分工。随着劳动的专门化将出现不同的劳工控制形式和不同的分层模式,而这些又将对"国家",即政治活动舞台,产生不同的影响。

到目前为止,我们一直试图解释为什么是欧洲(而不是中国之类的国家)发起扩张,为什么在欧洲内部由葡萄牙带头,为什么这一扩张伴随着通货膨胀。我们还没有真正面对为什么这一扩张如此意义重大的问题。这

第二章 欧洲的新型劳动分工：约1450~1640年

也就是说，为什么这一世界经济的建立预示着现代工业的发展，而以前在世界上农业相对发达的地区以相对强大的科层政治机构为基础建立起来的帝国没有沿着这一方向发展？如果说原因在于技术水平，那么我们要问，哪一种体系促进了如此巨大的技术进步？（请记住，李约瑟有关西方这一技术飞跃的比喻。）琼斯（E. L. Jones）和伍尔夫（S. J. Woolf）认为，16世纪的真正特征在于，农业生产的发展在历史上第一次为实际收入的增长开辟了道路。他们认为：

> 一个不大令人愉快的历史经验告诉我们，技术先进、产量不俗的农业并不一定导致个人实际平均收入的增长，更不必然推动工业化进程。古代精益求精的农业文明只提供了一个起点，无论在中东、罗马、中国，还是在中美洲，古代文明……都没有发展为工业经济。从技术上讲，他们的农业组织是无出其右的……他们的农业产量也同样不同凡响，但其社会的历史是一个骇人听闻的生产往复循环的过程，无论在其上升阶段还是下降阶段，人民大众的实际收入都没有持久的提高……
>
> 实行灌溉农业的帝国有一个共同的特征，那就是国家机器力量强大。它以官僚制为基础，主要任务是抵御外敌和维护其在国内的地位。纵观历史，我们可以得出结论：这种官僚体制的目的是在一个高度自我平衡的国家里——不管它有多少人口——长期维持一个庞大的农民社会。它成功地做到了这一点。[63]

这两个作者认为，在这种体系内，生产总量的增加只导致"静态的发展"（static expansion），[64]也就是说，只是向更多的人提供生活品，但在向各社会阶级分配物品时，仍按照过去的比例，仍采取过去那种绝对分配方式。

既已谈到16世纪世界经济的社会结构，我们不禁要问，对并非自我平衡的社会来说，是什么因素造成了它的社会变形呢？毫无疑问，16世纪的官僚制并不具有与琼斯和伍尔夫所说的前几个世纪的科层制不同的动力。如果说结果不同，那肯定是因为世界经济的组织形式与早期帝国不同，前者是在存在不同类型的社会压力的情况下组织起来的。我们可以特别注意一下这种体系给统治阶级造成的各种困难及为人民大众提供的各种机会。

我们已经简单描述了促使欧洲进行扩张的诸种压力。扩张具有内在必然性。只要能够维持国内社会的相对稳定（因此具备分配所得物的办法），只要能够找到利用远方廉价劳动的办法（越走得远越追求廉价劳动，因为要考虑到运费因素），就能够成功地进行扩张。

扩张还导致发展不平衡，因此带来所得物分配的不均，结果出现了一种层内有层的多层制结构，在每一个层次内部都因分配严重不均而两极分化。具体地讲，在16世纪欧洲世界经济中存在中心地区与边缘地区的区别，在欧洲中心地区内有国与国之间的区别，在国家内部有地区间与阶层间的区别，在某地区内有城乡之间的区别，甚至在更小的地方单位内部也存在区别。⑥

这种发展的不平衡性是使这个体系保持稳定的基础，因为这种多层复合体使各层次的聚合和政治力量的不断重新组合成为可能。这既引起深层的动荡，从而为技术发展和政治变形准备了条件，也引起意识形态的融合，而意识形态融合以后，各种反抗就变得可以容忍，不管反抗采取的是消极抵制、是武力，还是逃窜的方式。这种社会地位和社会分配多级化体系与生产活动的多重分配大体相合。一般来说，生育人的人哺育了粮食生产者，粮食生产者哺育了其他原材料的生产者，其他原料生产者哺育了工业生产者（当然，随着工业的进步，这种生产活动阶梯变得更加繁复，因为在上述最后一项的内部出现更精细的分工）。

这时的世界经济含有各种类型的劳动者，其中包括奴隶，他们在粮厂工作，或者在开采业中从事地面上的简单劳动。还包括农奴，他们在大领地上种粮伐木。还有从事各种商品作物（包括粮食）生产的"租地"农民和从事某种农业生产的工资劳动者。上述这些人占欧洲世界经济总人口的90%~95%。还有新兴的自耕农阶级。此外，还有一小部分人属于中间阶层——监工、自营工匠、少数技术工人——和人数不多的统治阶层。统治阶层的任务是监督大地产的运作、在维持社会秩序的主要部门任职并在一定程度上寻欢作乐。这种人包括原来的贵族和贵族化的资产阶级（当然还包括基督教僧侣和国家官吏）。

只要略加思索就可以发现，无论从地理位置的角度，还是从种族成分的角度来看，这种职业分工都不是漫无规律的。在匆忙的起步过去以后，形势迅速发展，奴隶阶级变得完全由西半球的非洲人组成，"农奴"阶级分为两部分，主要部分存在于东欧，小部分为西半球的美洲印第安人。西南欧的农民主要是"封建"农民。挣工资的工人几乎全都是西欧人。自耕农的主要来源更加狭窄,主要来自西南欧。中间阶层最初遍及欧洲,后来分布在所有地区。统治阶层也遍及欧洲,但我相信,明眼人可以发现,西欧人占更大比重。

为什么在世界经济中同时存在不同的组织劳动形成——奴隶制、"封建制"、工资劳动制和个体经营制?因为每一种劳动控制形式都最适合各自特定的生产类型。为什么各种形式集中于世界经济的不同地区——奴隶制和"封建制"在边缘地带;工资劳动者和个体经营者在中心地区;我们将看到的分成制佃农在半边缘地带?因为劳动控制形式极大地影响了政治制度(特别是国家机构的权力)和本地资产阶级生存的可能性。世界经济的前提就是事实上存在着这样三个地带,而且它们的确有不同的劳动控制形式。如果不是这样,就不能确保那种孕育资本主义制度的剩余价值流动方式。

让我们回顾一下各种劳动控制形式,看一看它们与生产和生产力的关系。然后我们便可以看出这些怎样影响了资本主义因素的成长。我们从奴隶制开始。奴隶制在欧洲中世纪就存在,[66]但与之在16到18世纪欧洲世界经济中的作用相比,它在那时所起的作用并不大。其原因之一是,欧洲的军事力量以前十分虚弱。正如布洛赫所云:

> 经验证明,在各种动物的饲养当中,人是最难饲养的。若要在大规模的企业中划算地使用奴隶,必须在市场上有大量的廉价的人出售。你只能通过战争或袭击得到奴隶,因此一个社会的经济很难主要以被驯化人的劳动为基础,除非它与一个软弱可欺的社会为邻。[67]

这种低级的生产形式只有当市场广阔,大产量足以弥补低利润时才有利可图。这就是奴隶制得以在罗马帝国繁荣起来的原因,这也是奴隶制成为一种突出的资本主义制度,适用于资本主义世界经济早期前工业阶段的原因。[68]

然而,在需要技术的大企业里奴隶是没有用处的。不能指望奴隶有任何工作的主动性。一旦涉及技术,更经济的办法是利用其他劳动控制手段,因为否则低成本就会被极低的劳动生产率所抵消,真正的劳动密集型生产是那些因不需要技术所以也不需要花费监督费的生产。主要在制糖业和后来的棉花种植业中,才有非技术工人聚在一起在严厉的监督下从事生产的现象。[69]

糖料作物的栽培最早始于地中海上的岛屿,后来移到大西洋上的岛屿,然后跨过大西洋移到巴西和西印度。奴隶制跟随着制糖业迁移。[70]随着迁移,奴隶阶级的种类构成也发生变化。[71]但是为什么非洲人成了新的奴隶?因为种植园本地的劳动力资源已经耗尽,因为欧洲需要从赋有人口的地区获得劳动力,而欧洲又认为这个地区必须容易到达,并且靠近使用奴隶的地点。但是这个地区又必须在欧洲世界经济之外,因为只有这样,他们才不必为这些生产人力但人力又作为奴隶大量流失的地区所承受的经济后果而担忧。西非最符合这些条件。[72]

其他劳动力源泉的枯竭是非常明显的。地中海和大西洋岛屿上的单一栽培制既破坏土质又不利于人类的繁殖,因此破坏了这里的劳动力资源。岛民的土地遭到掠夺,很多人死去(如加那利群岛〔Canary Islands〕的关切斯〔Guanches〕),还有些人迫于压力远走他乡。[73]加勒比群岛(Caribbean Islands)上的印第安人已经绝迹。新西班牙(墨西哥)的人口剧减,从1519年的1,100万下降到1650年前后的150万。[74]巴西和秘鲁的人口下降幅度大约也是如此。[75]造成这种人口锐减的直接原因似乎是两个,一个是疾病,一个是欧洲人畜养的家畜对印第安人的农耕所造成的破坏。[76]但纯粹的人力损耗也是一个重要因素,特别是在采矿业中。这样,在相对早期阶段,西班牙人和葡萄牙人就不再谋求以印第安人作为西半球的奴隶来源,而是完全依赖进口的非洲人作为种植园中的奴隶。当时运输奴隶的费用可能并不高于防范剩下的本地人口逃亡的费用,何况本地人正在大量死亡。

但奴隶制并不是到处都存在。在东欧就没有,那里实行的是"次生农奴制"(second serfdom)。在西欧也没有,那里实行的是新型"租金"制,而且工资劳动制渐渐兴起。甚至在西班牙统治下的美洲,很多地区的种植园里并没有实行奴隶制,而是实行所谓的委托监护制(encomienda)。为什么在西班牙统治下的美洲未在所有的生产中实行奴隶制?可能由于非洲奴隶尽管数目巨大,但毕竟不是无限的。而且对本地奴隶实行监督的做法(因为在其他地方找不到足够的奴隶,这成为唯一合理的选择)也不划算,因为这样做很可能引起暴动。在要求基层生产者具有比制糖工人更高技术的农业、畜牧业和采矿业当中,尤其是这样。所以对这些生产者必须采取稍微温和一些的劳动控制形式。[77]

由于东欧的"次生农奴制"和西班牙美洲的委托监护制——请注意，它们是同期出现的事物——都被许多人称为"封建制"，所以就这些制度是否或在哪些方面可以与中世纪欧洲"典型"的封建制进行比较展开了大量无益的争论。这一争论基本上以这样一个问题为中心，即封建制的特征是所有权的等级关系（采邑分封以提供保护换取地租和服役），是庄园主对其农民的政治司法权，还是大领地的存在？所谓大领地指的是，农民至少在一年的部分时间里"被迫"在领地上劳动，以换取最低限度的报酬（不管报酬形式是货币、实物还是为自己的消费或出售而使用土地的权利）。显然，封建制的特征完全可能是上述特点的综合。[78]而且，不仅下属对上级的义务可以变化，而且隶属程度也可以变化，而多布又说："前后两个变化并非总是同步进行……。"[79]

以我们现在的观点看，中世纪欧洲的封建制与16世纪东欧和西班牙美洲的"封建制"有本质的区别。前者的土地所有者（领主）首先为地方经济而生产，他们因中央政权软弱而势力强大。他们经济剥削的强度以满足其家室的温饱和一定量的时尚奢侈品需求为限，并由（不断变化的）军事费用所决定。后者的土地所有者（领主）为资本主义世界经济而生产。他们经济剥削的强度由市场的供求曲线所决定。他们拥有势力不是因为中央政权软弱，而是因为中央政权强大——至少相对于农业劳动者来说，中央政权是强大的。为了避免混乱，我们将把这种形式的"农奴制"称为"强制性商业作物劳动制"（coerced cash-crop labor），尽管这种称谓并不准确而且十分蹩脚。

"强制性商品粮劳动制"是这样一种农业劳动控制制度，在这种制度下，某种由国家推行的法律要求农民至少用一部分时间在大地产上劳作，生产供应世界市场的产品。一般说来，这种地产通常被个人以国家的名义"占有"，但它不一定是世袭财产。国家本身可能直接拥有这种地产，只是通过个人占有之后就出现了转换劳动控制机制的倾向。[80]根据这一定义，我们可以说，在16世纪欧洲世界经济体系边缘地区农业生产中盛行的就是这种劳动控制形式。

斯达尔（Henri H. Stahl）曾清楚地说明易北河（Elbia）以东（更广义地讲，是东欧的）的"农奴制"为什么从一开始就是"资本主义性质的"。[81]其他许多学者也承认，我们所说的"强制性商品粮劳动制"是一种资本主义经济，而非封建经济的劳动控制形式。巴古（Sergio Bagú）在谈到西班牙美洲时，把它称为"殖民地资本主义"。[62]布费尔蒂（Luigi Bulferetti）称 17 世纪的伦巴底（Lombardy）为"封建资本主义"。[63]威泰勒（Luis Vitale）认为西班牙的大地产（latifundias）是"真正的资本主义企业"。[64]伍尔夫（Eric Wolf）指出，"在其领地内实行家长式控制的"领主与"按照资本主义企业"管理其地产的领主之间没有任何共同之处。[65]

这种形式在 14 世纪已经出现于威尼斯人支配下的克里特地区，[66]到 16 世纪它遍布于欧洲世界经济的边缘和半边缘地区。我们认为，有两点是非常重要的。一个是，正如瓦萨里（Pietro Vaccari）所说的，不能把"强制性商品粮劳动制"视为前封建奴役制的重建，[67]它是一种新型的社会组织形式。另一个是，这两种分属资本主义性质和封建性质的社会组织形式并不是并存的，而且也不能并存。世界经济只能取其中一种形式。只要它是资本主义性质的。在形式上仍与封建制类似的那些关系，就必须按照资本主义制度的主导原则加以改造。[68]西班牙美洲的委托监护制（encomienda）和东欧的所谓"次生封建制"都是如此。

西班牙美洲的委托监护制是国王直接建立的。它的意识形态基础是基督教化。它的主要作用是为矿山和养牛场提供劳力，同时养蚕制丝，并为矿区和城里的工人以及委托监护者提供农产品。[69]委托监护制最初是一种封建特权，即役使印第安人的权利。[70]

当早期委托监护制的过分增长使劳动力供给告罄的时候——例如，西印度群岛的印第安人已经几乎死绝——1549 年王室的一纸令状就把委托监护制的义务从提供劳动力改为缴纳贡赋，这样，一种类似奴隶制的制度就转变为我们所说的强制性商品粮劳动制。正如佐瓦拉（Silvio Zavala）所云，委托监护制的新口号是"自由"，但在"自由"的背后隐藏着压迫。[71]当"自由"造成劳动力供给大幅度下降以后，又有一个法令发布出来，它宣布建立强迫工资劳动制，这种制度在新西班牙叫"夸提奎尔"（cuateguil），在秘鲁叫"米塔"（mita）。[72]

结果，尽管西班牙美洲的委托监护（以及巴西的赠与制 donatário）最初可能的确是作为封建赐予出现的，但它们立刻就由于法律的更动而转变为资本主义企业。[73]"夸提奎尔"和"米塔"的出现正是为了克服封建制度的离心倾向，这个事实也证实了上述结论。[74]

这里的土地所有者在积累资本、压迫农民的过程中不仅仅得到西班牙王室的支持。他们还通常与印第安社会的世袭头领勾结在一起，后者使这些殖民统治者获得更大的压制权力。[95]在很大程度上，头领的势力当然属于前殖民类型。[96]如果我们看一下劳动者实际上是如何领取酬金的，我们就能清楚地看出头领或卡西科（Caciques）怎样获得了利益。除加拉（Alvaro Jara）描述了1559年智利的分配制度。在那里，淘金的印第安人得到其产品的六分之一作为酬金。但是这种称为西斯莫（sesmo）的酬金并不发给印第安人个人，而是发给他们所从属的集体。[97]可以想见，这种整体付酬制必然会导致分配的不平等。

"强制性商品粮劳动制"在东欧的建立过程要比在西班牙美洲缓慢，因为在西班牙美洲，它是作为征服的结果而建立起来的。在12、13世纪，东欧大部分地区〔易比河东（East Elbia）、波兰、波希米亚（Bohemia）、西里西亚（Silesia）、匈牙利、立陶宛（Lithuania）〕也和西欧及俄国一样，经历了向农民让步越来越多、封建劳役转变为纳钱义务的过程。[98]这一过程在各处出现的理由是一样的：即社会繁荣和经济发展对农奴与领主之间的关系的影响。[99]但是14、15世纪的经济衰退对东欧和西欧产生截然相反的后果。正如我们所看到的，在西欧它导致封建制的危机。在东欧它则造成"庄园制反动"，[100]以至到16世纪出现"次生农奴制"（Second Serfdom）和新的地主阶级。[101]

为什么同一个现象（经济衰退）会引起这种截然相反的反应呢？其原因就在于，由于我们前面已经阐明的原因，这两个地区已经变成一个更加复杂的单一体系——欧洲世界经济体系——的两个互为补充的部分。在这个体系中，东欧扮演着为工业化的西欧生产原材料的角色，因此最终形成了一种马洛维斯特（Malowist）所说的"形同古代殖民地类型的经济"。[102]波罗的海（Baltic）贸易的性质足以说明这一点。自15世纪以后，从东欧运往西欧的产品主要是原料（谷物、木材以及后来的羊毛），虽然早期的毛皮和蜂蜡的出口仍在继续。而从西欧流向东欧的货物则是纺织品（兼有高档和中档产品）、食盐、酒类和丝绸。到15世纪末，荷兰完全依赖波罗的海的粮食。没有东欧的木材、大麻、沥青和油脂，荷兰和英国的航海业也是不可想象的。相反，小麦变成了东欧最重要的出口商品，它甚至出口到伊比利亚半岛（Iberian peninsula）和意大利。[103]

可以肯定，这种殖民地商业类型以前曾存在于欧洲的商业关系中。例如威尼斯同其殖民地及其势力范围的关系，[104]又如中世纪后期作为商业中心的加泰隆尼亚（Cataronia）。[107] 在13、14世纪，葡萄牙是佛兰德的原料产地，[108] 英国是汉萨同盟（Hanse）的原料产地。[109] 生产原料以便同较发达地区交换成品的现象，正如布罗代尔在谈到粮食问题时所说的，"是一种边际现象，经常发生（地理位置上的）变更。"而且，正像他所说的，"每一次的诱饵都是金钱。"[108] 16世纪的特点在于，存在一个环绕着庞大世界经济体系的原料市场。斯利克认为，以低地国家为中心的国际谷物市物只是到1544年才建立起来。[109]

97   倘若我们认真对待布罗代尔"经常变更"（frequent revisions）的提法，我们就要问一下，一个地区何以被定义为边缘地区而不是中心地区？在中世纪，甚至在中世纪晚期，没有明显的迹象表明，东欧注定要成为欧洲世界经济的边缘地区。很多作家曾强调指出，东西部的发展具有可比性。例如，贝茨（Reginald R. Betts）在谈到14世纪时曾说："很奇怪（sic!），不仅英法的大土地所有者……而且捷克、波兰和匈牙利的土地所有者都愿意用硬币支付……"[110] 帕赫（Zs. P. Pach）也认为，晚至15世纪，"（匈牙利）农村的发展趋势与西欧国家基本相同……"[111]

后来为什么出现了不同？对这个问题，我们可以依据造成西欧飞速发展的地理和社会诸因素来回答。我们在一定程度上已经这样做了。人们也可以用东欧的特征做出部分解释。首先，城市弱小就是一个重要因素。[112] 这一区别在13世纪还不明显，但到16世纪已经十分显著，因为作为双方互补的结果，西欧城市愈来愈壮大，东欧城市越来越相对弱小。人们还可以强调这样一个事实，即在13世纪末，西欧的土地已经更多地开垦出来，而东欧则有较多生地，[113] 而强制性"商品粮劳动制"在"新"地上较易获得发展。

但是我们还要问：造成东西欧之间一些细微区别的原因又是什么？也许地理政治足以解释这个问题：中世纪晚期，土耳其人和蒙古-鞑靼人（Mongol-Tartar）的入侵造成了巨大损害，它导致人力的外流和各方面的衰落，最重要的是，它削弱了国王和大公们的相对权威。[114]

98   在这里起作用的普遍原则是，在社会交往过程中，最初的微小区别逐渐扩大、定型并成为"传统"。但"传统"无论过去还是现在，都是现实的一个方面和基础，而绝不仅仅意味着已经过去的东西。弗兰克（André Gunder Frank）在谈到现代世界时说："经济发达与不发达是一个问题的两个方面。二者都是世界资本主义体系内部矛盾的暂时表现和必然结果。"[115]

但这个过程远比弗兰克所说的更为普遍。正如拉铁摩尔（Owen Lattimore）所说的"文明带来野蛮"。⑯他在论及世界边陲地区定居民族与游牧民族的相互关系时说，要想正确认识他们的起源和关系就应该看到：

> 这两种不同的类型产生于一个原本统一的社会。只是为了方便起见，在尚可区分的情况下，我们把他们称为"先进"（变为以农业为主，游猎和采集为辅），或"落后"（仍以游猎和采集为主，以农业为辅）。⑰

因此，如果一个地区在一个特定的时期，由于以往的诸种因素，在一个关键因素方面取得了对另一地区的微弱优势，同时又存在一个机缘使这一微弱优势在决定社会行动方面变得非常重要，那么微弱优势就会变成巨大差距，而且这一优势将会在机缘过去以后继续维持。⑱15、16 世纪的欧洲就是如此。既然工商业世界的地理和人口范围已经大为扩展，那么欧洲的某些地区只要在谋取利润的活动中有所特长，他们就能够最大量地获取这一扩展所带来的利益。因此，他们也就不得不用较少的时间、人力、土地和其他自然资源来生产自己的生活必需品。或者东欧变成西欧的"面包篮子"或者是相反。不管是哪一方，都是为了适应这种局面下的"形势要求"。微弱的优势决定了这二者中的胜方。正是在这一点上，我们说 15 世纪的微弱优势变成了 17 世纪的巨大差距和 19 世纪的悬殊差异。⑲

当东欧决定采纳哪一种劳动控制形式时，他们主要考虑的是，在劳动力相对短缺、荒地大量存在的情况下，只要提高产量，就有机会获得巨额利润（因为存在世界市场）。⑳这样，在 16 世纪的东欧和西班牙美洲经济体系中的部分地区，强制性商业粮生产制就变成被渴求的（因为可以获得利润）、必要的（就土地所有者的利益而言）和可能的（就所需要的工作类型而言）。奴隶制是不可行的，因为劳动力相对短缺。由于难以控制，本地奴隶总是短缺的，而远途贩运奴隶对像小麦生产那样的需要大量照管、监督的生产部门来说又无利可图。总之，奴隶的费用是不容忽视的。

如果我们假设，对农民来说，与毫无尊严和表面自由权的奴隶制相比，他们更喜欢强制性商品粮劳动制，那并不意味着，这种制度下的劳动者的物质条件必然优于奴隶。玛提涅兹（Fernando Guillén Martinez）曾经断言，在西班牙美洲，委托监护制下印第安人受到比奴隶更粗暴的对待，这主要是因为委托监护制的社会局势全无安全可言。除加拉（Alvaro Jara）在述及智利的情况时也认为，委托监护制下的印第安人的生活水平"达到了真正意义上的最低点"。

所以，在世界经济体系形成阶段，经济地理意义上的边缘地区存在两项主要的活动，一个是以生产黄金为目的的采矿业，另一个是以生产某种食品为主要目的的农业。在16世纪，西班牙美洲以前者为主，东欧则以后者为主。在这两个地区，技术水平都是劳动密集型，社会制度都是劳动剥削制。剩余产品完全不成比例地流入中心地区，满足那里的人们的需要。企业的直接利润，正如我们将看到的，在中心地区诸群体、国际贸易群体和地方当局官员（诸如波兰贵族和西班牙美洲的官吏及委托监护者）中瓜分。人民大众被迫从事劳动，而这种劳动制度又为国家及其司法机构所规定、限定和推行。当有利可图时，仍然使用奴隶，但当这种靠极端严酷的法律来维持的制度变得得不偿失时，一种表面自由但实际上法律强迫的劳动制，就在生产商品粮的领地上推行开来。

在世界经济的中心地区，即西欧（包括地中海基督教世界）很多情况殊为不同。这里的人口密度比边缘地区大得多（即使在人口下降的14、15世纪），所以这里的农业就更加集约。此外，这里的部分耕地转化成了牧场。结果，这里的压迫就相对缓和。这在一定程度上是因为，更有技能的劳动者能够要求减轻法律压制，或者说，压迫通过市场机制来体现，因此变得比较间接。另外，这里盛行畜牛业，所以人们总是想把喂牛的食品省下来，留给人来食用，在冬季尤其如此。庄园制不能有效地解决这个问题。但16世纪是肉食需求日增的时代，对肉食的需要是有弹性的，它随着生活水平的提高而加剧。与此同时，随着人口的增长，人们也需要更多的粮食，后果是一目了然的。有利可图的畜牛业需要采用不同的社会劳动组织，当由于各种原因，这种组织无法发展时，畜牧主义事实上就会衰落。这样，在欧洲范围内，它就成为一个劳动分工日趋扩大的问题。

在中心地区，城市繁荣，工业产生，商人变成一支重要的政治经济力量。当然，在整个16世纪，大多数人仍然从事农业（这种情况在西南欧持续到19世纪，在南欧持续到20世纪），但无论如何，由于东欧和西班牙美洲在16世纪纳入欧洲世界经济，结果不仅带来了资本（通过劫掠的财物和带来高额利润的差价），而且使中心地区的一些劳动力可以从农业中脱身出来，专门从事其他工作。中心地区的工作范围相当广泛，其中包括大量与边缘地区的工作相似的残余（比如粮食生产）。但中心地区的趋势是多样性和专业化，而边缘地区的趋势是单一经营。

16世纪的扩张不只是地理的扩张，它也是经济的扩张，因为这是一个人口增长，农业生产力进步和"第一次产业革命"的时代。它标志着欧洲与世界其他居民区经常性贸易的确立。[130] 到该世纪末，经济局势显然已经大为改善。[131]

以上我们描述了初期边缘地区的生产和劳动控制形式，并直接或间接地拿它与中心地区相对比。事实上，中心地区的结构比我们所描述得要复杂，但在我们认真剖析这个复杂结构之前，我们应该考察一下第三个结构地带，即半边缘地区的农业生产，因为我们还没有详细说明半边缘地区在世界体系中的作用。这里我们要说的是，在经济的很多（但不是全部）方面，半边缘地区居于中心与边缘地区之间。这特别体现在经济体制的复杂性方面、经济收益的程度（既包括平均水平，也包括限度）方面，尤其是劳动控制形式方面。

边缘地区（东欧和西班牙美洲）实行强制劳动制（奴隶制和强制性商品粮劳动制），中心地区，像我们将看到的，自由劳动制日趋明显。半边缘地区（即以前的中心地区，但正在向边缘地区结构转化）则普遍实行一种中间形式，即分成租佃制。毫无疑问，分成租佃制也存在于其他地区，但这时它只在半边缘地区占主导地位。意大利的分益耕种制（mezzadria）和普罗旺斯（Provence）的分别清算制（fâcherie）自13世纪起开始存在，法国南部其他地区的土地收益分成制（métayage）自14世纪起开始存在。14、15世纪，随着庄园主的经济困难日益严重，领地越来越多地以这种形式出租，出租时一方领地往往分为几小块分别出租，每一块可以养活一个家庭而不是一个村庄。杜比（Duby）指出，到15世纪中，"仍可以存在于西欧的大规模谷物生产业消失了……他称这一现象为"农村生活最重要的变化之一……"。[132]

但是，变化为什么采取这种特殊形式？也就是说，如果必须变化，西欧的庄园主为什么不像东欧那样转而依靠国家强迫农民留在土地上？另一方面，如果存在让步，让步为什么采取分成租佃的形式，而不是把土地转让给购地或缴纳固定地租的小农？需知，后者是西南欧的主要（当然不是唯一的）形式。

多布（Dobb）曾就东西欧庄园主对土地抛荒、人口减少局面的不同反应进行比较，认为西欧是"让步"，东欧是"重点强制"。反应不同的原因在于"农民反抗的程度"。[133]布兰查德（Ian Blanchard）也承认农民反抗程度是一个因素，只是他说得不这样直截了当。关键因素是劳动力资源。他认为，直到16世纪20年代，英国仍缺乏劳动力，立法者曾试图把劳动力固着在土地上，而土地所有者只要有可能就尽量不圈围土地。[134]布兰查德说，因此只要出现人口减少趋势，英国也会采取强制手段。只是当人口增长时，农民才会真正地因要求土地而揭竿而起。

无论如何，农民反抗的程度不足以解答我们的问题，因为我们要问的是：为什么农民反抗在英国比在波兰剧烈？[135]（多布相信这一点吗？）为什么领主强大或弱小？为什么国王支持或反对贵族的权力？可能只有在世界经济体系内部的分工中，我们才能找到真正的原因。至于造成这种分工的因素，我们认为有两点：一个是在分工刚出现时城市的相对实力，另一个是空地的面积。

所谓"空地"也可以用土地与劳动力的比例来表示。如果有大量土地，那么人们即使生产手段相对低下，也可以获得温饱，因为他们可以广种薄收，可以役使奴隶或强制性商品粮生产者。集约农业需要劳动力，但为什么出现分成租佃制呢？虽然因为在实行这种制度的地方，农业生产在粗放型与集约型之间。

如果我们从农民的角度看问题，与强制性商品粮劳动制相比，他们可能更喜欢分成租佃制（sharecropping）。但事实上也不尽然，因为纯收入是很低的，虽然在繁荣时期它可能提高。债务压迫往往与法律压迫同样不堪忍受。对塔卡哈西（H. K. Takahashi）来说，为"高利贷地主"（usurious landowners）干活的土地分成收益者（métayers）是"半个农奴"。[136]布洛赫认为，法国的发展历程表现为，农民在中世纪晚期已逐渐从庄园主手中解放出来，但他们的地位后来又倒退回去。他说：

> 如果——一个荒唐的假设——（法国）大革命发生在1480年左右，它将在卡断贵族财源的同时，把土地几乎完全分给人数众多的小农。但是从1480到1789年，三个世纪过去了，其间大地产得以恢复。[137]

但为什么实行分成租佃制，而不实行承租制或强制性商品粮劳动制呢？那是因为，虽然从监督难度来讲，分成制更甚于商品粮劳动制，但分成制有一个好处，那就是可以鼓励农民提高生产率，当然这要以在没有法律强制的情况下，农民愿意继续为庄园主工作为前提。[138]简言之，在劳动力资源丰富的情况下，分成制可能比强制性商品粮劳动制更能带来利润。[139]

至于承租制（tenantry），按照这种逻辑分析，它无疑也比商品粮劳动制更有利可图。但这要有一个前提，那就是租地契约和租地者的所得是在通货膨胀时签订的，至少就契约具有相对长期性而言是如此。当然，当市场衰落的时候，情形恰恰相反。这样，分成制就成为一种风险最小的形式。[140]于是，分成制在专门的农业区最可能实行，因为在那里，首先要考虑的不是经营成本，而是市场变化的风险。

但这恰恰是一个充满风险的时刻。价格持续上扬，但极不稳定。因此分成制似乎是可取的。[141]在某些地区，农民十分幸运，他们受到法律的保护，这里的土地所有者若实行分成制要付出高昂的代价，因此他们宁肯直接收取固定地租。英国的情况就是如此。切昂（Cheung）认为，关键问题在于自由地租佃制（Freehold Tenure），它存在于英国，但未在法国等地实行。[142]

法律因素本身不能决定一切，因为我们还必须说明法国北部与南部的差异。北部倾向于向承租制发展，而南部盛行分成制，但两地的法律基本相同。杜比认为，"两地的主要区别在于，北部农民相对富裕，而南部农民的经济状况则十分可悲，因为南方农业生产力未像北方那样随着技术改进而提高……"[143]

但是，如果这只是技术问题，我们就要退一步问，为什么在一个地区取得的技术进步却在无论在地理上还是在文化上都相去不远的另一个地区所采用？布罗代尔以为，欧洲地中海地区的土质与西北欧大不相同，前者土质比较差。[144]波尔什涅夫（Porchnev）则认为还应该考虑到卷入世界经济的程度，卷入的越深就越可能存在大地产（于是也就越不会实行分成制）。[145]

那么，我们不可以把分成制视为第二好的选择吗？面对资本主义世界经济体系的建立，法国南部和意大利北部的地主阶级既不能完全像英国地主那样以圈地和承租制为基础建立大地产，也不能完全像东欧地主那样以强制性商品粮劳动制为基础建立大地产，于是只好选择分成制的中间道路。[146]这是一种适用于半边缘地区的半资本主义形成。

如果说半边缘地区保持其半边缘地区的地位，而没有像边缘地区那样完全变成卫星国，那不仅是因为这里土地与劳动力的比例大，而且因为这里有强大的资产阶级，他们在坏年景可对农业生产的发展产生重大影响。杜比指出，在城市商人数量大且势力较强的地区，很多地产落入这等市民之手，因为他们要防备饥荒，并谋求只有土地所有者才有的社会地位，但是他们并不想务农。因此以分成的形式把土地租出去就成为合理。[145]但法尔盖罗（Falguerolles）认为，从农民的角度来看，这种选择的"合理"性大可怀疑，因为城市资产阶级总是谋求尽快从投资中捞取利润，结果在下一个世纪，这些土地变得荒无人烟。[146]

在这个"最发达"地区还有一个难题。我们前面提到过，城市工人有力量维持工资水平，因此使意大利北部的工业与西北欧相比处于不利地位。工人的这种力量也许也是造成农村劳动力过多的原因，因为他们利用行会（Guilds）组织限制农民进城谋职，而16世纪又是人口剧增的时代。其结果将是削弱农民讨价还价的能力。无论如何，城市资产阶级的"力量"似乎给分成制带来了更大的可行性，从而使约曼农（yeoman farmer）无从产生，而后者在西北欧的经济发展中起到巨大作用。

现在让我们转向到1640年将处在欧洲世界经济体系中心地带的那些地区：英国、尼德兰，在一定程度上还包括法国北部。在这些地区，畜牧业与农业并存，其基础是自由或比较自由的劳动，其生产单位的规模也相对适中。可以说，西班牙最初也走上了这条道路，但后来偏离了方向，转变成半边缘地区。至于她这一经济角色变化的原因，我们将在下一章详述。

在中世纪后期的危机时期，当人口减少造成农产品需求下降和城市工人工资上涨（因此城市工人便更有了讨价还价的余地）时，西欧的大领地趋于衰落，这一点我们在前面已经讲过。它们不可能像在东欧那样转变为生产商品粮的地产，因为在普遍萧条的经济背景下没有国际市场。它们基本上只有两个选择。一方面，领地所有者可以把农奴的封建义务转为货币地租，[149]这将降低成本，增加他们的收入，但事实上它也造成土地控制权逐渐转移，也就是说，它使约曼小农的兴起成为可能。所谓约曼小农可以是交纳固定地租的佃农，也可能是地位更高的独立的土地所有者（他们一次付清了许多年的地租，从而买下了土地）。[150]地主的另一个选择是把他的土地变成牧场，从事养羊或养牛。在15世纪，羊毛价格和肉食品价格似乎没有因经济衰退而受到很大影响，另外，虽然当时劳动力因短缺而价格昂贵，但因畜牧业所用人手不多，所以劳动力成本相对低廉。

这时，在英国和西班牙，畜牧业都有所发展。随着16世纪的经济扩张，粮食似乎比羊毛更有利可图，但是未必比牛值钱，因为牛不仅提供肉食品，还提供牛脂、牛皮和日用品，而这一切的消费量都随着经济繁荣而增长。关于16世纪的畜牧业，特别是家畜畜养业，最值得注意的是，它正在变成某些地区的专业。在这些地区，牛群越多对大地主越有利，但它同时也意味着其他地区养牛业较不发达。因而农民的食肉量减少，而农民营养不足通常还意味着日产量的减少。因此特别是在西班牙，人们对家畜畜养业高度重视。两种选择——把领地变为租地和把耕地变为牧场——是同时进行的，因为后者使耕地减少，而耕地减少又会导致地租提高。而且，由于耕地变得更加缺乏，农业就势必更加向集约型发展，这意味劳动质量十分重要，因此进一步推动劳役向货币地租的转化。

16世纪牧羊业的兴起在英国和西班牙导致大规模的圈地运动。但奇怪的是，圈地者不是大土地所有者，而是转型的、独立的小土地所有者。当然，正是16世纪的经济复兴才使这些独立小农的持续发展成为可能。

由于——正如谚语所说的——"羊吃人"，牧羊业的兴起造成食物短缺，要解决这个问题只能或者在英国更有效地从事农业生产（约曼），或者指望波罗的海的粮食（强制性商品粮生产）。

而且，日盛一日的圈地使农村手工业的发展成为可能。但是，西班牙的大牧羊主（mesta）过于顽固，以致小土地所有者难以有所作为。另一方面，正如我们后面将看到的，皇帝查理五世的政策也助长这些大土地所有者。西班牙不但没有利用农村的失业者发展工业，反而把他们赶往国外。

关于西欧农业发展问题和西欧没有走上东欧的发展道路——大地产和强制性商品粮劳动——的原因，我们必须多说几句。根本原因在于，资本主义世界经济正在形成。斯威奇（Paul Sweezy）提出某种生态链的存在。他说："在商业中心附近，（商业扩张）对封建经济起到极大的瓦解作用；而在远离商业中心的地区，其作用往往恰恰相反。"但波斯坦（Postan）认为这一公式过分简单，多布也有同感。斯威奇的论据是农民的选择余地，即逃往城市，"接近城市文明生活"的能力。他忽略了在东欧等许多边缘地区，农民也有选择的可能，他们可以到边区去，那里像城市一样具有吸引力。事实上，正是由于农民做出这一选择，16世纪才出现政府颁布法律把农民限制在土地上的现象。

农民的不同选择固然起到一些作用，但地主的不同选择更加重要。地主走向何方才能获得最大、最直接的利润？一方面，他可以改换利用土地的方式（经营牧场，获得高额利润，或出租土地，收取货币地租。这二者都意味着取消封建劳役）并用新获取的利润投资工商业或满足穷奢极欲的要求。另一方面，他可以通过加紧为市场生产商品粮而获取高额利润，并用新获得的利润投资商业（但不投资工业，也不用来满足穷奢极欲的需求）。[165] 前者在西北欧较为可取，而后者在东欧更为可行。这在很大程度上是因为，在生产专业方面已经出现的微小区别意味着，最大限度地竭尽所能将会带来利润的最高点，至少人们认为是如此。[166] 因此英国当局鼓励圈围土地、兴建牧场和菜圃，而东欧国家当局鼓励建立大领地，种植小麦。

至于为什么西北欧实行契约劳动制而东欧实行强制劳动制，光指出土地用途的不同——牧场和耕地——是不够的。因为照那样说来，西班牙美洲也应该实行契约劳动制，事实并非如此。因此，像我们已经指出的，人口起着关键的作用。西欧进行选择的前提是有足够的廉价劳动力资源来满足土地所有者的需要。[165] 但在东欧和西班牙美洲，面对着已经存在的世界经济，相对于土地数量而言，可资利用的劳动力相对短缺。而且，在这种劳动力短缺的形势下，"市场的扩大和生产的增长既可能导致劳役的减弱，也可能导致劳役的加剧。"[166] 事实上，在西班牙美洲，正是人口下降的现实引起了 16 世纪牛羊饲养业的普遍兴起。这里的牛羊饲养业用大企业的形式，由于劳动力短缺，强制下的劳动力构成这种企业主要成分。[167]

最后让我们看一下货币租佃制的流行意味着什么。请记住，正像我们在上一章里讨论过的，在中世纪后期的西欧，由于人口下降，封建义务向货币租的转换非常普遍。不要以为这是一种非此即彼的选择。封建义务可以表现为三种形式：劳役地租、实物地租和货币地租。取舍的主动权常常在土地所有者的手中。[168] 由于这个原因，封建地租形式本身的变化并不重要。的确，塔卡哈西（Takahashi）甚至认为它只是一种副现象。[169] 但我认为，这一论断未免言过其实。即使它在一定程度上可能适用于 13 世纪，但在 16 世纪，唯因超经济强制力不是迫使农业劳动力而是迫使土地所有者比他们所设想的走得更远，货币地租的流行显然具有不同的含意。[170] 至少可以说 "超经济强制力" 正在推动着某些土地所有者。在扩张的时代，存在着对劳动力的争夺。最富有的土地所有者可以从他人处买来劳动力。最穷的土地所有者则除了满足于把其土地上佃农留住之外别无选择。正是中等的土地所有者才可以把旧式的封建关系保持得最长久。⑪

在中世纪晚期，英法两国的发展道路是相同的。两国都出现农奴的解放，货币租佃制的流行和与之相关的工资劳动的盛行。但在16世纪，奇怪的事情发生了。英国沿这条路继续走下去。东欧朝"次生封建制"发展。法国南部走向分成制。在法国北部，演变似乎停顿下来。正如布洛赫所指出的："（到16世纪）仍未能获得自由的乡村发现，他们越来越难于做到这一点。"⑫

有人把上述现象归因于农奴自我解放能力有限。而布洛赫则认为，毋宁归因于领主把农奴转化为佃农的能力有限。⑬布洛赫是根据英法两国历史的不同来解释这一重要区别的。在一定意义上说，法国的经济比英国发达，因为那里货币经济发展较早、较充分。而从政治方面来看，英国比法国"发达"，因为英国有相对强大的中央机构，这主要是由于，英国王权诞生于征服过程中，而法国国王是在真正封建割据的情况下，一步步地积累权力。让我们看一下这些论点的推理过程。

首先，法国比英国更靠近欧洲的商业、技术中心，所以法国的土地所有者阶级发展较早，那里封建义务转化为货币地租的过程也开始较早。⑭但是因为英法两国几乎同时对庄园解体做出反应，所以在"漫长的"16世纪开始时，英国的庄园比法国更加完整。因此，按照布洛赫的想法，英国地主比法国地主更有条件利用新的大地产商业化机会。于是，英国走向工资劳动制，并把农奴解放进程继续下去，而法国被迫在逆境中尽力挖掘潜力，其地主只能靠恢复旧式的压制手段来增加收入。

第二个论点讨论的是早在12世纪国王与贵族的关系。那时英国已经建立了强大的中央司法裁制权。但这一成就的另一面意味着，在庄园内部，领主虽然失去了对刑事犯罪的裁判权，但在土地租契方面，他却享有为所欲为的充分权力。14、15世纪，庄园法庭在解释习惯法时就降低了公簿持有权（copyhold）。当到15世纪末，王室法官终于可以干预这类问题时，他们发现，"习惯法"承认各种各样的地租。

但是在法国，中央不掌握刑事司法权，可是另一方面，法国庄园主也从未单独控制土地法。所以，世袭关系就难以如此轻易地被破坏。谁是真正的"所有者"变成了一个模糊的法律问题。到16世纪，有些法官自愿为佃户辩护，对这些法官，领主也无可奈何。因此，领主既然不能更改地租,他们就只好通过篡改法律文件或以"重新发现"为口实,扩大封建义务为手段来收回土地。久而久之,这一不同会变得非常重要。

如此看来,布洛赫似乎认为,由于英国的法律制度赋予地主更大的灵活性,所以英国的货币租佃制和工资劳动制继续发展,结果大牧场和正在变成乡绅的约曼农(yeoman farmer)都得以兴旺发达。这同时也迫使更多的农村劳力转入城市地区,形成工业化道路所不可缺少的无产者。而在法国,王权的强大反而造成领主阶层固守"封建"色彩相对浓厚、经济活力相对欠缺的土地占有形式,从而导致法国的落伍。

土地占有问题的解决反过来又会对一个国家在世界体系中所起的作用有重大影响。类似东欧那样的地产管理制度需要大量人力进行监督。如果英国地主沿着这个方向发展,他们可能没有足够的人力来担任许多新的管理职务,而这些职务又是新生的世界经济所必需的,如商业经理、最后派驻海外的职员等等。地产监督人员之所以减少,并不是因为地主要派他们去做别的事,而是因为"别的事"越来越多。租佃制于是成为一条出路。

现在我们来做一个整体的描述。西北欧正处在把其土地一分为二,分别发展畜牧业和农业的过程当中。这一点之所以成为可能是因为正在扩大的市场为畜产品提供了更大的市场,而世界经济体系中的边缘地区又为中心地区补充粮食供给。半边缘地区正在从工业(这一生产部门越来越限于中心地区)转向自给自足的农业。中心地区的农业专业化促进农村生产关系货币化,因为生产更富于技术性,而土地所有者又力图摆脱农业剩余劳动力的负担。工资劳动和货币地租变成了劳动控制手段。在这种制度下,独立小农阶层得以兴起,而且凭借他们的农产品和与新兴手工业的联系变得日益强大。在人口增长和工资下降的形势下,诚如马克思所言,这些约曼农"靠剥夺他们的劳动力和他们的地主而致富"。他们声称必须保障国家的食品供应,从而(通过圈地)攫取了前者的土地,然后再以低工资雇用他们。与此同时,这些人还按照固定的地租从大领地所有者手中获得越来越多的土地。我们不想夸大这个新兴的约曼阶层的实力,我们只是想揭示,他们已经变成一支重要的经济政治力量。他们的经济实力来自于这样一个事实,即他们不乏成为"企业家"的各种刺激。他们正在寻求财富和更高的地位,成功之路则在于经济效益。在他们的背上没有传统富家大户的那些负担,他们也不必向上流社会成员那样撑持一个奢华的城市生活门面。

第二章 欧洲的新型劳动分工：约1450~1640年

显然，农村经济任务的这一调整要极大地影响城市的面貌。城市的情况如何呢？我们知道，16世纪是人口全面增长的时代，是各地的城市规模都有所扩大，但相比之下，中心地区城市规模扩大更为显著的时代。我们知道，无论从逻辑上分析还是从事实来看，其结果都正如赫雷纳（Helleiner）所云，"在16世纪，人口对土地资源的压力日趋严重。"[181]在东欧，人们向边疆地区迁徙。在伊比利亚半岛，有些人出走美洲，有些人（初为犹太人，后来是摩尔人Moriscos）被驱赶到地中海沿岸的其他地区。在西欧，总的说来，人们向城市迁移，此外，流浪者也日益增多，一度成为"瘟疫"。[182]背井离乡者中不仅有因土地被圈占而被迫出走的农村劳动者和在收获季节从山区来到川区的短工——布罗代尔所说的"真正的农村无产阶级"，[183]还包括那些"因封建家丁组织衰落或臃肿的王军（他们曾追随国王与封臣作战）解体而变得无事可做的浪民……"。[184]

这些四处流浪的人去向如何？显然，他们充实了新工业中无需技术的岗位。按照马克思的观点，"迅速兴起的手工工场特别是英国的手工工场，把他们渐渐吸收进去"。[185]同时正如我们已经看到的，他们的存在是造成地主愿意将封建劳役折算成租金的条件之一。[186]

但是，这种既扩充劳动力大军又不生产粮食的局面与另一个事实似乎是矛盾的。琼斯（Jones）和伍尔夫（Woolf）认为，工业发展的前提——历史上第一次需要这个前提的是16世纪的西北欧——是，除了生产率提高和市场扩大外，还要在"巨大的人口压力下有一个喘息机会，在此期间，收入而不是人口成倍地增长……"。[187]

但那些充斥于中心国家市镇或游荡在乡村的剩余人口命运如何呢？首先，他们中间死亡率一直很高。有些人因流浪而被绞死。[188]"饥荒经常发生，特别是在交通不便，运费昂贵，收成无保的情况下……"。[189]布罗代尔和斯普纳（Spooner）认为，在分析这种经济时，"必须把这些'年轻'的浪民考虑进去，由于贫病交加，他们的平均寿命非常短促……"。[190]

这可能就是布罗代尔所指出的那个令人困惑的现象的原因所在。他说："若非不断出现移民浪潮，城市无产者队伍非但不会扩大，甚至难以维持其规模。"[191]这也有助于解释令布朗和霍普金斯感到困惑的那个问题，即尽管工人工资大幅度下降，却很少发生社会动乱。他们说："其部分原因在于，虽然与（15世纪的）高工资相比，此时的工资水平大为降低，但工资劳动者仍可以维持生存……"。[192]

但西北欧工人工资水平下降后之所以能够维持生存是因为有下列前提条件：存在一个进口小麦的边缘地区；拥有维持流通的贵金属；听任部分人口死去。死去的究竟是哪一部分人？这是一个值得探讨的问题。在16世纪欧洲各城市工人阶级内部难道不可能已经存在某种种族上的尊卑贵贱之分吗？例如，泰米涅奇（Kazimierz Tyminiecki）曾明确指出，在16世纪的易北河以东地区（East Elbia）的某些城市中存在过这种现象，那里的德国工人把斯拉夫移民关在高等职业大门之外。[193] 目前有关现代早期欧洲工人阶级内部种族差异的研究还不是很多，但我以为，泰米涅奇所描述的只不过是世界经济体系中的一个典型例证。分配不仅在这个世界经济体系内部的诸城市间不平均，而且在城市内部的诸种族集团中也不平均。在这里我们切不可忘记这样一个理论，即在每个层次内部还有不同的层次。

如果说在考察所谓城市工人时我们必须格外慎重，那么在考察上层阶级时我们也必须格外慎重。在中世纪欧洲，上层指的是被称为贵族的骑士地主。总的来说，他们是一个由相同职业的人构成的群体，他们的地位是否显赫基本上取决于其领地的规模和封臣的数量。显然，个人或家族的地位可能会上下浮动。在少数城市还出现了城市贵族，我们在上一章讲过，这造成定性方面的混乱。

但是16世纪的商人地主是贵族还是资产阶级呢？显然，无论从整体来看，还是从个体来看，这一点都不甚明了。在基于商业和资本主义农业的世界经济形成以后，情况变得相当复杂。让我们依次考察一下从事国际贸易的商人和"工业家"，然后看一下他们分布的地区和他们与地主阶级的联系。

从很多方面来说，16世纪赢得商业利润的手段只是城市在中世纪晚期在其内地所学会的惯用手段的发展。对所有的城市来说都有一个控制自己市场的问题，这就是说，既要设法降低从农村购入的货物的消耗，又要把外来商人的作用降到最低点。[194] 两种手段被采纳；一方面，城市不仅谋求获得征收市场经营税的合法权力，而且谋求获得商业法规（什么人可以经商、什么时间开市、出售什么商品）的制定权。另一方面，城市设法避免农村不经过市镇而从事贸易。其结果就是多布所说的那种"城市殖民主义"。[195] 久而久之，各种商业制度就都变得只对市民或城市商人阶级有利，而对土地所有者和农民阶级不利。

这种利润尽管可观，但与长途贩运，特别是与殖民地或半殖民地贸易相比，就显得微不足道。据塞伊（Henri Sée）估计，早期殖民地的商业利润是很高的，"从几乎无异于海盗行径的交易中，利润常常超过200%至300%"。[19]造成这种高利润率的原因事实上有两个。一个是殖民地的"独家主顾"局面，也就是说，只有一个购买土地和劳动力的"主顾"。我们在前面讲过，无论在西班牙美洲还是在东欧，这种局面都是通过法律手段形成的。第二个原因是，在出售原料的地区——西欧的竞争。缺乏竞争的原因又有两个，一个是技术水平停滞不前，另一个是商业链条的纵向性。

毋庸置疑，在13世纪末和14世纪初，交易技术已经取得了巨大进步，银行储蓄、兑换票据、经纪人、中央商业机构的分支等等纷纷出现。据肖努（Chaunu）估计，这些新技术可能使商业资本榨取剩余价值的能力增长了"10倍"，因此他们"获得了足够的船只、人力和手段到附近地区去探险，然后开发利用新的空间"。[197]但不管怎么说，全部这些商业革新若不辅以雄厚的资本和国家的某种支持，并不足以使远途商人进入世界市场。这样，能够进入世界市场的就不是很多，而那些已经进入的则不想改变既有的局面。[198]

纵向联系更加重要。资本来源是有限的。请记住，国家机构甚至都靠大量借贷维持。例如，以奴隶劳动为基础的葡萄牙甘蔗种植园的利润不仅流入直接参与的葡萄牙人手中，而且流入欧洲经济更"发达"国家的人之手，因为后者既提供了原始资本又提供了工业品销路。[199]西北欧不仅能发展工业，而且他们的纵向商业联系还导致资金的依赖关系。如果我们说在国家间存在债务佣工制度的话，那也许并不过分，最初是中世纪晚期汉萨同盟的商人雇用挪威的渔民和出售毛皮的猎人，[199]后来则是里加（Riga）、雷维尔（Reval）和格但斯克（Gdansk）等城市的德国商人雇用东欧内陆地区的人们。这种手段存在于各地。土鲁斯（Toulouse）的商人、伊比利亚半岛上的热那亚商人（Genoa），以及在英国和西班牙经营羊毛贸易的部分商人都曾运用这一手段。这是一种什么手段？其实很简单：即预购产品，也就是说，先付款后发货。这就避免了市场上的公开出售。这样，转手出售的最佳时机也就不由生产者，而由商人决定。由于在发货时，生产者如果不是已经欠债的话，往往也把借的钱已经用光，因此他们往往希望把这种方式无限期地延续下去。在理论上，这种作法是非法的，所以只有那些有势力、有手段的商人，即"外商或便于与外国市场建立联系的商人"才能这样做。[201]这些商人因而便得以在价格革命中发财致富。马洛维斯特

（Malowist）在谈到波兰的这种现象时，曾述及其纵向剥削网络和赚钱方式：

> 在16世纪和17世纪初，当格但斯克（Gdánsk）的商人对海上贸易逐渐失去兴趣时，他们开始对波兰各地的农业施加越来越大的影响。在16世纪末，时局对粮食出口十分有利，于是格但斯克的代理商便经常出没于波兰城乡套购粮食……在17世纪，格但斯克的富商像里加（Riga）的商人一样，不但向小户乡绅，而且向波兰和立陶宛（Lithuania）的富裕贵族预付款项……在广大的内陆地区，格但斯克贸易的这种极大繁荣可以用价格革命时代格但斯克商人财富的极大增长来解释……格但斯克商人从荷兰人那里得到预付款……而后者为了付款给格但斯克人有时又到安特卫普商人那里去收集钱。[202]

这种国际债务佣工制使一些精干的国际商人得以绕过（并最终毁灭）东欧（在一定程度上还包括南欧）本地的商人阶级，直接与地主实业家（包括贵族）取得联系。这些地主实业家基本上是资本主义农场主，他们生产商品并在商品运抵第一个港口前一直占有它们。然后这些商品转入一些西欧（或意大利北部）商人之手，[203]而后者又与在少数几个城市中正在兴起的金融阶级联手经营。

如果说在欧洲世界经济中从事国际贸易的商人大部分来自某些民族，那么工业家是否也如此呢？这两部分人的关系又如何呢？在中世纪就已经存在工业，但它是分散的，小规模的并主要是为了满足奢侈品市场的需要。只是随着世界经济框架内资本主义制度的兴起，才出现了工业实业家。[204]

准确地说，刺激工业化的因素不管是在经济扩张时期，还是在经济萎缩时期，都来自较大的农业专业化地区。马洛维斯特（Marian Malowist）认为，在这些地区，纺织业的兴起与14、15世纪的农业危机密切相关。[205]瑟斯克（Joan Thirsk）指出，来自农村的刺激因素——必须为被赶出家园的农村劳动力找到其他职业——在16世纪的英国继续发挥作用。[206]

但在最"发达"地区，这种农村压力并没有起作用，因为工业大量出现于农村地区不只是由于农民寻求新的职业，而且也由于城市拒绝接受新的工业。在佛兰德和意大利北部的中世纪纺织业中心，许多人曾把资金投入奢侈品生产,当14、15世纪的货币危机和16世纪世界经济的建立分别使新市场变得必需和有利可图时,他们不能或不愿转向新市场。于是这些企业家把所谓边界置之度外。[207] 在这类转移中最著名、最重要的一个是佛兰德的资本家向英国迁移。我们必须记住,这时的工业基础薄弱、起伏不定。它们像一群寻找天堂的幽灵:"它们都很脆弱,却又同时在大片干草上点起熊熊大火。"[208] 显然,昔日的发达中心不一定是大显身手的场所。这似乎证明了皮朗(henri Pirenne)的结论:资本主义企业家没有连续性。[209]

因此,我们在用词时必须格外慎重。当我们用阶级分析方法来解释社会变化时,我们不应像人们通常做的那样,把资产阶级和封建阶级分别视为"商人"和"地主"。在建立欧洲世界经济体系的漫长过程中,在这一体系的诸中心国家,某些商人和某些地主都因固守带有"封建"色彩的生产方式而获得利益,也就是说,他们仍然以某种制度或法律强迫农民把其绝大部分产品交给土地所有者(以徭役、封建地租等形式)。但也有些商人和地主都因采用新兴的工业生产方式而获得利益,这种生产方式的基础是契约劳动。在16世纪,这种区别与大小之分十分接近。对大商人和大地产来说,旧的封建制度更为有利,对小商人和小地主(或中型的? 正在兴起的?)来说,新的资本主义方式更为有利。但我们在使用这种大小划分法时必须格外慎重,而且应该知道,它只适用于这个历史时期。当然,从理论上讲,它很有道理。新的社会构成方式通常对那些现有秩序的既得利益者不如对那些壮志未酬的野心家更有吸引力。但从现实来看,情况并非如此简单。

在这个新兴的"工业家"阶级当中,有的出身于约曼农(yeoman farmer),有的出身于重操旧业的商人,但不管其出身如何,他们都具有维勒(Vilar)所说的现代经济的基本特征"面向大市场,薄利多销";[210] 部分利润来自工资浮动与物价浮动的时间差;[211] 部分利润来自意外的横财;部分利润低于利息率,部分利润偶得于货币贬值前的借贷。[212] 但总之要有利润。而且,利润的积累不仅为这个阶级奠定了政治基础,而且对全部经济生活产生直接影响。这表现在诸多方面,比如刺激了原材料生产和人力的流动,又比如为满足日益扩大的大众需求提供了途径。但是除此之外,它还使许多为外向经济服务的工业得以出现,比如道路建设、防洪工程、港口建设等等。[213]

— 109 —

显然，16世纪也是一个纺织业中心发生转移的世纪。在15世纪末和16世纪，纺织工业还是在"旧的"中心发展，比如意大利北部、德国南部、洛林（Lorraine）、法国统治下的孔泰（Comté）、西班牙统治下的尼德兰（Netherlands）和英国西南部（但当时英国西南部只生产呢绒）。后来，新的中心兴起，主要是在英国和尼德兰北部，即如内夫（Nef）所云在那些"在16世纪初工业尚属落后"的国家。[214]

至此为止，本章探讨的主题是，在16世纪出现了一个新的经济框架，即以资本主义方式为基础的欧洲世界经济。它的形成与生产劳动的分工有关，而要正确估价这一分工又必须把世界经济作为一个整体考虑过去。工业区的出现是非常重要的，而工业区之所以能够出现又是因为农业生产活动从封建方式转变为资本主义方式。并非所有这些资本主义"方式"都以"自由"劳动为基础，唯独在中心地区才是如此。但在"非自由"区也像在中心地区一样，地主和劳动力的生产动机是资本主义性质的。

在我们结束这个问题之前，我们不应该不谈一下相反的观点。拉克洛（Ernesto Laclau）曾要求弗兰克（André Gunder Frank）具体论证一下有关16世纪的西班牙美洲已经存在资本主义经济的观点。在拉克洛看来，这种观点既是错误的，也是反马克思主义的。我们并不想纠缠于如何注释马克思主义的问题，我只想说，如果从字面上理解马克思主义，拉克洛的看法是对的，但如果从实质上理解马克思主义，拉克洛的看法就是错误的。在根本问题上，拉克洛的主要观点是：弗兰克犯了概念上的错误，因为后者把资本主义定义为追求市场利润，并防止利润落入直接生产者手中的生产，而把封建主义定义为封闭的自然经济。拉克洛认为弗兰克的定义忽略了"生产关系"（即劳动力是否"自由"），因此不仅可以把西班牙美洲纳入资本主义经济，甚至也可以把罗马大庄园（latifundium）上的奴隶或欧洲中世纪教会地产上的农奴纳入进去，因为至少在后者中，在绝大多数情况下，领主把从农奴身上搜刮来的一部分（重点号是我加的）用于出售。[215]拉克洛继而论道，如果弗兰克的观点成立，"我们就要得出结论，伊丽莎白时代的英国或文艺复兴时期的法国已经是成熟的社会主义国家……"，[216]他最后说，封建主义绝非不能与资本主义并存，西班牙美洲外部市场的扩大恰恰"加强和巩固了（封建主义）"。[217]

其实，把问题搞混乱的恰恰是拉克洛。首先，在中世纪教会地产上的农奴与16世纪西班牙美洲委托监护制（encomienda）下的奴隶、工人或波兰的"农奴"之间存在着三点不同：第一，一个是把"部分"剩余产品投入市场，一个是把"绝大部分剩余产品投入市场"；第二，一个是为地方市场生产，一个是为世界市场生产；第三，一个的统治阶级是把利润消费掉，一个的统治阶级为谋取最大利润把部分利润用于追加投资。至于拉克洛有关伊丽莎白时期英国的推论，那是一种荒谬的诡辩。至于卷入资本主义世界市场会加强封建主义的观点，应该说它是完全正确的，只是这时的"封建主义"属于新的种类。

问题在于，用于限定一种体系的"生产关系"是该体系的整体"生产关系"，而此时此刻的体系是欧洲世界经济。自由劳动的确是资本主义的决定性特征，但这并不意味着在所有生产单位都使用自由劳动。自由劳动是在中心国家用于技术工作的一种劳动控制形式，而强制劳动在边缘地区用于技术性不太强的工作。二者的结合是资本主义的基础。如果一切劳动都是自由的，我们就到了社会主义阶段。

但是资本主义不可能在世界帝国的框架内兴起。它没有出现在罗马，就是这个道理。从政治方面来说，商人在形成中的世界经济体系中所享有各种便利在任何单一国家的框架内都难以得到，因为每一个国家的统治者都不得不应付多种势力和多重压力。[19]我们说，资本主义产生于世界经济框架内的劳动分工，而不是产生于一个帝国，或一个民族国家，其秘密就在这里。在论及20世纪欠发达国家的状况时，贝里尔（K. Berrill）指出："外来商品常常比本国商品还要价格低廉、供应充足，……国际间的专业化常常比一个国家内地区间的专业化实现得更早、更轻易。"[20]在16世纪的欧洲也是如此。我们将在本文中说明其表现形式和个中原因。

总而言之，16世纪有哪些经济成就？我们又该如何评价它们呢？除了煤作为燃料开始在英国和法国北部利用之外，这不是一个技术跃进的世纪。霍尔（A. Rupert Hall）认为，无论在工业方面还是在农业方面，无论是从技术上讲还是从组织上讲，这时"均处于一系列变化的最后阶段"，而这些变化始于14世纪，即"危机"时期。但是他指出，"正是在16世纪，许多技术开始从欧洲文明的中心地区向边缘地区传播。"[21]

16世纪有四件大事。第一，欧洲向美洲扩张。这件事本身可能不是决定性的，但它是重要的。[22]布罗代尔抓住了这一扩张的实质，他说："新世界的金银使欧洲的生活超出其应有的水平，使欧洲的投资超出其储备。"[23]

第二，受价格革命和工资增长滞后的影响，不仅投资超过储备，而且储备增加。不管贵金属的增多是否是生产发展的原因，也不论人口的增加在多大程度上是原因，在多大程度上是结果，金条本身"就是一种商品，而商业的全面发展又为16世纪的'繁荣'奠定了基础，这种'繁荣'既非儿戏也不是虚幻的货币假象"。[223]

第三个重大变化是农村的劳动形式：边缘地区强制性商品粮生产制的兴起和中心地区约曼农的出现。塔卡哈西（Takahashi）说约曼农是埋葬封建主义的"第一推动力"，[224]这可能言过其实，但是人们有理由怀疑，如果没有约曼农，是否还会出现资本主义？而且，没有强制性商品粮生产制，似乎也不会出现资本主义。

内瑞（Jean Néré）曾批评多布在解释资本主义兴起的过程中，只强调了无产阶级劳动者的充分供应。他认为必须把这个因素连同价格的持续变动一道来考虑。[225]布罗代尔和斯普纳（Spooner）则认为，切不可将暂时的浮动（价格革命）与结构变化混为一谈。[226]但有一点是显而易见的，即在16世纪，"资本主义纪元"[227]开始了，而它采取的形式是世界经济。毫无疑问，"世界上首次出现的这个统一体是极为脆弱的"，[228]这一点构成政治演变的决定性因素。但是这个统一体毕竟保存了下来，并在17、18世纪得以巩固。

16世纪欧洲世界体系的主要特征之一是，对谁统治谁的问题不只有一种回答。人们有理由认为，低地国家通过格但斯克正在剥削波兰，更可以说西班牙在剥削它在美洲的领地。中心地带统治着边缘地区。但中心地带太大了。是热那亚的商人和银行家在利用西班牙呢，还是西班牙帝国主义者吞并了部分意大利？是佛罗伦萨支配里昂（Lyon），还是法国统治伦巴底（Lombardy）？或是二者兼而有之？人们应该如何描述安特卫普（Antwerp），后来的阿姆斯特丹（Amsterdam）与英国的真正联系？请注意，在上述所有示例中，我们都一方面谈的是商人城市国家，一方面谈的是更大一些的民族国家。

如果我们要进一步剖析这种局面，我们必须考察一下政治方面，看一下各个群体是如何利用国家机关去维护和发展自己的利益的。这正是我们将转入的问题。

注释：

① Fernand Braudel, "Qu'est-ce que le XVIe siècle?" *Annales E. S. C.*, VIII, 1, janv. -mars. 1953, 73。B. H. Slicher van Bath 根据谷物价格划分出 1450~1550 和 1550~

1650两个时期，前者为"缓慢上涨期"，后者为"迅猛上涨期"。*Agrarian History*, p. 113。

② Fernand Braudel, "European Expansion and Capitalism: 1450-1650" in *Chapters in Western Civilization*, I, 3rd ed. (New York: Columbia Univ. Press, 1961), 260.

③ 有关基督教地中海地区的性质和范围请见 Jaime Vicens Vives, *An Economic History of Spain* (Princeton, New Jersey: Princeton Univ. Press, 1961), 260。

④ Chaunu, *Séville*, VIII (1), p. 148.

⑤ Pierre Chaunu, "*Réflexions sur le* tournant des années 1630-1650," *Cahiers d'histoire*, XII, 3, 1967, 257.

⑥ Eugen A. Kosmmsky, *Past & Present*, No. 1, p. 18; B. H. Slicher van Bath, *Britain and the Netherlands*, p. 150.

⑦ 见 Pierre Chaunu, *Séville et l'Atlantique* (1504~1592), VIII, (2): La Conjoncture (1504~1592) (Paris: S. E. V. P. E. N., 1959), 14~25。

纳达尔（Jorge Nadal）认为不能根据塞维利亚的营业额来确定西班牙的价格，因为无法知道营业额中有多少只是运输费。他说："最后，我相信，肖努因为把吨位变化曲线强加在价格变化曲线上，而犯了与汉密尔顿（Hamilton）同样的错误，后者把贵金属运输量强加在价格变化曲线上。在这两种情况下，人们都是拿纯属西班牙的现象——消费品价格的浮动——与仅仅与该经济有些许联系的现象（产自国外的商品、寄销国外的银器）作比较。""La revolución de los precios espanoles en el siglo XVI: estado actual de la cuestión," *Hispania, revista española de historia*, XIX, No. 77, oct-dic. 1959, 519~520, fn. 55。

⑧ Channu, *Séville*, VIII (2), p. 19.

⑨ "笼统地讲，在1600年，这种曲线变化开始发生在西班牙、意大利和法国南部。只是到了1650年，它才发生在北方，特别是低地国家，当时阿姆斯特丹（Amsterdam）即将从那里支配世界舞台。" Braudel, in *Chapters*, I, p. 263.

⑩ Chaunu, *L'expansion européenne*, p. 343.

⑪ "在15世纪末，这三个欧洲地区的物价之比是100:77:16，到16世纪末，比例变为100:76:25。差价缩小过程已经开始，但只影响到欧洲边缘地带。在16世纪，地中海地区与中欧始终保持着这样的距离（Ibid., p. 343）。"

但不管怎么说，在比较偏远的地区差价也仍然很大。布罗代尔说："这些古代经济区的自我封闭性越强，当金钱不期然出现于舞台时，它们的价值就越被高估。一个威尼斯人在1558年说，撒丁尼亚（Sardinia）的生活费要比意大利低4~5倍，当然这是指口袋里有钱的人而言。" *La Méditerranée*, I, p. 352.

⑫ Henryk Samsonowicz, "Salaires et services dans les finances citadines de la Prusse auXVe siecle et dans la première moitie du XVIe siècle," *Third International Conference of Economic History*, Munich, 1965 (Paris: Mouton, 1968), 550.

⑬ Earl J. Hamilton, "American Treasure and Andalusian Prices, 1503~1660," *Journal of Economic and Business History*, I, 1, Nov. 1928, 34~35. 关于这篇文章所有重要问题的参考书目请见 Braudel and Spooner: *Cambridge Economic History of Europe*, IV, pp. 605~615。

⑭ Earl J. Hamilton, "The History of Prices Before 1750, in International Congress of Historical Sciences," Stockholm, 1960. *Rapports: I. Méthodologie, histoire des universités, histoire des prix avant* 1750 (Göteborg: Almqvist & Wiksell, 1960), 156.

⑮ Ibid., p. 157.

⑯ Docent Ingrid Hammarström, "The 'Price Revolution' of the Sixteenth Century: Some Swedish Evidence," *Scandanavian Economic History Review*, V, 1, 1957, 131.

⑰ Y. S. Brenner, "The Inflation of Prices in Sixteenth-Century England," *Economic History Review*, 2nd, ser., XIV, 2, 1961, 231。

米斯基敏（Miskimin）在评论布伦纳（Brenner）的观点时说："我更进一步认为，人口分布及其与固定的土地供给的关系促使国家把输入的金银都保存起来，因为人口对耕地的压力越大，国库中就要有越多的部用于国内农产品方面。""Agenda for Early Modern Economic History," *Journal of Economic History*, XXXI, 1, March 1971, 179.

⑱ Y. S. Brenner, *Economic History Review*, XIV, p. 229。

布罗代尔（Fernand Braudel）也持同样观点。他说："（如果说）新世界的矿藏是一个因素的话。那是因为欧洲具备利用（该矿产的）手段。" La Méditerranée, II, p. 27. 但是洛佩兹和米斯基敏强调指出，从1465年前后至宗教改革时期的经济发展是一个"缓慢恢复"的过程。这样1520年以后的迅速兴起就正好符合汉密尔顿的观点。"The Economic Depression of the Renaissance," *Economic History Review*, 2nd ser., XIV, 3, 1962, 417。

⑲ Brenner, *Economic History Review*, pp. 238~339。布罗代尔和斯普纳（Spooner）也同意周转率提高的观点。他们说："与以前相比，这种周转率的加速和生活费的增长是文艺复兴，最好说是16世纪，最值得注意的现象。……但是存在程度的不同……欧洲取得了突飞猛进的'发展'……但是这一'发展'使整个世界面临生死存亡的抉择，即使整个世界陷于激变的边缘。" "Les métaux monétaires et l'économie du XVIe siècle," in *Relazioni del X Congresso Internazionale de Scienze Storiche*, IV: Storia moderna (Firenze: Sansoni, 1955), 245~246。

⑳ Nadal, *Hispania*, XIX. p. 517.

㉑ Miskimin, *Journal of Economic History*, XXXI, p. 183.

㉒ W. C. Robinson, "Money, Population and Economic Change in Late Medieval Europe," *Economic History Review*, 2nd ser., XII, 1, 1959, 67.

㉓ 见 M. M. Postan, "Note," *Economic History Review*, 2nd ser., XII, 1, 1959,

78~79。

㉔ Miskimin, *Journal of Economic History*. XXXI, p. 177.

㉕ Charles Verlinden et al., "Mouvements des prix et des salaires en Belgique au XVIe siècle," *Annales E. S. C.*, X, 2, avr. -juin, 1955, 198.

㉖ Joseph A. Schumpeter, *Business Cycles* I (New York：McGraw-Hill, 1939), 231-232.

㉗ *Ibid.*, I, p. 233, fn. 1.

㉘ 米斯基敏指出了探讨这一问题的参考思路："当我们考察战火纷飞的16世纪的生产过程变化和工业结构时，很可能会问：数量增多但也许相对廉价的货币起了什么作用？当政府能够以较低的利率满足私人资本的需要，而同时又不致引起私人企业间竞争、不会减消人们利润再投资的热情、不会造成一个食利者阶层的时候，私人企业资本积累变得相对容易了吗？较低的资本成本是否反过来又使荷兰造船业那样的企业储存更多的木材和原材料，或使英国鞣皮业那样的企业因得以在鞣皮坑里存放更多的皮革而雇佣更多的劳动力呢？在这两种情况下，劳动生产力都将得到提高。沿着这条思路，我们或许能够洞察英国和低地国家经济相对成功，法国和西班牙则相对失败的原因，在分析过程中，我们还能纠正对'利润膨胀'这个词的误解，使它成为一个有用得多的分析工具。" *Journal of Economic History*, XXXI, p. 183。

㉙ 有相对意义上的农产品供应不足吗？鲁宾逊（Robinson）认为，新开垦的土地肥沃而多产，就这个意义而言，它们不一定是边地。见 *Economic History Review*, p. 68. 波斯坦反驳说，不管做怎样的解释，事实是新定居点往往在"贫瘠的土地"上。*Economic History Review*, XII, p. 81。

㉚ "可以引起（16世纪）粮价上涨的一个次要因素是（西欧）马匹的增多。工商业的巨大发展促进交通的发展，因此需要更大的拖运力，而这主要是由马承担的。马匹越多，对饲料的需要量就越大，而用于生产饲料的土地显然不能再种植供人食用的粮食。" Slicher van Bath, *Agrarian History*, p. 195。

㉛ 见 Josef Petráň, "A propos de la formation des regions de la productivité specialisée en Europe Centrale," in *Deuxiéme Conference Internationale d'Histoire Economique*：Aix-en-Provence, 1962, Vol. II, *Middle Ages and Modern Times* (Paris：Mouton, 1965), 219~220。

常常有人认为，波罗的海的粮食影响不大，因为它在全部消费品中所占的百分比很小。对于这种看法，人们提出了两点。第一，欧洲某些地区的粮食主要靠波罗的海供应。"（欧洲消费总量的）1.2%已是一个不小的数字，它足以使荷兰水手之辈富裕起来，足以决定里斯本等都城的命运。" Charles Tilly, "Food Supply and Public Order in Modern Europe," (mimeo, 45)。见 Pierre Jeannin, "Les compes du Sund comme source pour la construction d'indices généraux de l'activité économique en Europe（XVIe-XVIIIe siècles），"*Revue historique*，CCXXXI，janv. -mars 1964，詹宁（Jeannin）援引斯科利尔斯（Scholeiers）的话说，在1562~1569年间，波罗的海的粮食占荷兰消费总量的23%。

　　第二，波罗的海的粮食对整个世界经济来说也至关重要。"粮食的国内运输与国际运输是分不开的。粮食之类的商品不能按照两地间的双向经济来理解。如果这一理论能成立，那么，波罗的海提供的粮食对总需求和总供给影响不大。可是就此也可以推论，总需求和总供给的相对微小的变化将会造成能得到波罗的海粮食的那些边远地区的较大变化。"Glamann，"European Trade，1500~1700"，*Fontana Economic History of Europe*，II，6，1971，44。

㉜ "在16世纪，贵金属的到来导致这种金属的贬值，而不是货币的贬值。贵金属引起银价上涨，而没有引起实际价格的上涨。"

　　罗曼诺（Ruggiero Romano）指出，危机是否存在取决于我们是根据金银价格还是根据记账货币来看待价格上涨。"（有关16世纪物价的研究成果）在很大程度上是主观地把原来的记账货币折合为金属价格的结果。因此它们不是价格，而是金价和银价。准确地说，他们反映的不是货币史，而是'金属'史……（至于有关15世纪是否存在衰退的争论），观点对立的原因主要是因为参与争论的人从不同的角度来勾画价格曲线。银价吗？那么15世纪存在'危机'；记账货币吗？那么'危机'不复存在。" "Tra XVIe XVII secolo. Una crisi economica：1619－1622，" *Rivista storica italiana*，LXXIV，3，sett. 1962，481~482。

㉝ "（美洲的金条）扼制了在长时间经济衰退过程中价格的持续下跌。它们的作用是加剧或缓和总的趋势。这肯定是一个非常重要的作用但这个作用只能由其他趋势来解释，也只能通过其他趋势而存在，比如说投资趋势。这些是（变化的）真实反映。我们不能忽视它们，也不能认为它们只能起到次要作用。" Carlo M. Cipolla，"La pretendue 'révolution des prix'，" *Annales E. S. C.*，X，4，oct. ~ déc. 1955，515.

㉞ "1570~1620年，总的说来是一个通货膨胀的年代，以至历史学家把它称为价格革命时期。所以如果有人把这个时期作为一个独立的时间单位来考察，他就会对在通货膨胀时期，利率的这种不可思议的下降产生一种视错觉。" Carlo M. Cipolla，"Note sulla storica del saggio d'interesse-Corso，dividendi，e sconto dei dividendi del Banco di S. Giorgio del secolo XVI，" *Economia internazionale*，V，2，magg. 1952，266。

㉟ Karl Marx，*Capital*（New York：International Publishers，1967）I，ch. IV，146.

㊱ Braudel in Chapters，I，p. 286.

㊲ Braudel and Spooner，*Cambridge Economic History of Europe*，IV，p. 449.

㊳ 西奥卡（Pierluigi Ciocca）在其两篇论述工资滞后理论的论文的结尾处写道，16

世纪的工资滞后问题并不比通货膨胀的原因问题容易解决。见“L'ipotesi del ‘ritardo’ dei salari rispetto ai prezzi in periodi di inflazione: alcune considerazioni generali” *Bancaria*, XXV, 5, mais 1969, 583.

㊴ 纳达尔（Jorge Nadal）认为汉密尔顿的观点不符合实际。他认为后者的计算方法有问题，因为后者研究英法两国时使用的是加权数字，而在研究西班牙时使用的是未加权数字。纳达尔指出，费尔普斯-布朗（Phelps-Brown）和霍普金斯（Hopkins）使用唯一公布的，按同样方式加权的数字来比较泥瓦匠的工资，他们的结论就大不相同了。“这些数字异常清晰地表明，在整个 16 世纪，瓦伦西亚（Valencia）泥瓦匠的名义工资（西班牙唯一可折算的工资）的购买力像英法两国泥瓦匠一样，也持续大幅度下降。” *Hispania*, XIX, pp. 523~524.

㊵ Earl J. Hamilton, “American Treasure and the Rise of Capitalism,” *Económica* IX, 27, Nov. 1929, 355~356.

韦伯（P. Weber）补充说，在理论上区分开一类财富和二类财富也是非常必要的，尽管二者作为欧洲征服美洲的结果都迅速增长。“且不谈土地——这是最重要的财富——让我们看一下金银、森林产品、毛皮和龙涎香等一类财富……它们往往得到的快，只需要最少量的投资，也无需什么准备工作。而二类财富则含有需要长期等待的因素，投资也常常比较巨大，对远方缺乏耐心的投资者来说，简直难以忍受。一类财富刺激了 16、17 世纪的资本主义，二类财富则使资本主义在 18、19 世纪继续发展。” *The Great Frontier* (Boston, Massachusetts: Hoüghton, 1952), 181~182.

雷德利克（Fritz Redlich）提醒我们注意，尽管战争掠夺是暴富的古代形式，但在 16 世纪，在欧洲战争中获得的战利品也是促进资本主义产生的一个重要因素。“De Praeda Militari: Looting and Booty, 1500-1815,” *Viertjahrschrift für Sozial-und Wirtschaftsgeschichte*, Suppl. No. 39, 1956, 54~57. 不同点在于，战利品只标志欧洲既有财富的重新分配，并不增加新的财富。

㊶ 见 Eric Kerridge, “The Movement in Rent, 1540~1640,” in E. M. Carus-Wilson, ed., *Essays in Economic History*, II, 208~226。布兰查德（Ian Blanchard）也说：“现已出版的有关 1485~1547 年间，地租变化的文献多有含糊之处。这一点最清楚地体现在（瑟斯科 Joan Thirsk 编写的《英格兰和威尔斯农业史》*Agrarian History of England and Wales* 第 4 卷中），该书第 204 页写道，15 世纪 70 年代以后，耕地地租明显增长，而在第 690 页又写道，16 世纪以前，地租没有显著上升。这似乎是矛盾的。要搞清这一问题必须研究有关各个地产的资料，但这类资料相当缺乏。”“Population Change, Enclosures, and the Early Tudor Economy,” *Economic History Review*, 2nd ser., XXIII, 3, Dec. 1970, 443.

㊷ Pierre Vilar, “Problems on the Formation of Capitalism,” Past & Present, No. 10, Nov. 1956, 25. 此外，纳达尔在谈到西班牙时也说：“对汉密尔顿的观点我们不

敢苟同,通货膨胀对西班牙大地主并非不利。"Hispania, XIX, p. 256.

㊸ Hamilton, Int. Cong., I, 1960, p. 160.

㊹ 西奥卡（Ciocca）将其概述于 Bancaria, XXV, 4, apr. 1969, 425~426 (footnote 13).

㊺ John U. Nef, "Prices and Industrial Capitalism in France and England", The Conquest of the Material World (Chicago, Illinois: Univ. of Chicago Press, 1964), 254. 希尔顿对内夫（Nef）的反驳见 "Prices and Progress," Journal of Economic History, XII, 4, Fall 1952, 333~334. 但是西奥卡评论说："希尔顿似乎认为,在这个商品化倾向日趋严重和无产阶级诞生的历史时期,上述两个因素的重要性都相对减弱。我们认为这一观点是可取的,令人信服的。但在下结论之前,我们仍需格外慎重。"Bancaria, XXV, p. 428.

㊻ 见 E. H. Phelps-Brown and Sheila V. Hopkins, "Wage-Rates and Prices: Evidence for Population Pressure in the Sixteenth Century," Economica, XXIV, No. 96. Nov. 1957, 293. 德卢莫（Jean Delumeau）在谈到罗马的价格时说："更笼统地讲,在从 1590 至 1629 年的 40 年里,小麦的十年价格指数总是高于其他物品（如各种食品、酒、木柴、蜡烛）。只有 1610~1619 年的葡萄干的价格可能例外,但甚至这一例外也恰恰证明这种规律的存在,因为在 16、17 世纪之交,葡萄干价格之高异乎寻常。"Vie économique et sociale de Rome dans leseconde moitié du XVIe siècle (Paris: Boccard), II, 741~742.

㊼ 费尔普斯-布朗（Phelps-Brown）和霍普金斯（Hopkins）在表二中证明,在 16 世纪的英国南部、法国、阿尔萨斯（Alsace）、蒙斯特（Munster）、奥格斯堡（Augsburg）、瓦伦西亚（Valencia）和维也纳,实际工资均有所下降。"Builders Wage-rates, Prices and Population: Some Further Evidence," Economica, XXVI, No. 101, Feb. 1959, 21. 德卢莫和格兰达梅（René Grandamy）不敢肯定 15~16 世纪的生活水平是否真正下降,但他们指出,在 15 世纪和 17、18 世纪之间,小麦的实际价格增长 4 倍。"Remarques sur les prix salariaux des céréales et la productivité du travailleur agricole en Europe du XVe and XVIe siècles," Third International Conference of Economic History, Munich 1965 (Paris: Mouton, 1968), 650.

㊽ Slicher van Bath, Agrarian History, Table I, p. 327.

㊾ Ciocca, Bancaria, XXV, pp. 578~579.

㊿ Carlo Cipolla, "The Economic Decline of Italy," in Brian Pullan, ed., Crisis and Change in the Venetian Economy in the Sixteenth and Seventeenth Centuries (London: Metheun, 1968), 139, 140. 见 Brian pullan, "Wage-earners and the Venetian Economy, 1550~1630," Economic History Review, 2nd ser., XVI, 3, 1964, 407~426; Domenico Sella, "Les mouvements longs de l'industrie lainière à Venise aux

XVIe et XVIIIe siècles," *Annales E. S. C.*, XII, 1, janv-mars 1957, esp. 40~45. 塞拉（Sella）说威尼斯是一个"豪华"的城市。那里因"租金贵、工资高"而生活费昂贵。

㊶ 见 Verlinden et al., *Annales E. S. C.*, X, p. 198 范德维（Herman van der Wee）说："这样，布拉邦（Brabant）的工资劳动者大众就未像16世纪其他国家的工人那样遭受到实际收入锐减的沉重打击。" *The Growth of the Antwerp Market and the European Economy* (The Hague: Nijhoff, 1963), II, 386.

㊷ 这使我们回到了这样一个问题：即为什么"旧"的商业中心成为中心。这是一个与本章主旨完全无关的问题。斯鲁普（Sylvia Thrupp）对这个问题曾做过简明扼要的解释："佛兰德和意大利北部是最吸引人的地区。这里土地肥沃，并能很方便地从附近'面包产地'进口食品，所以这里人口密集。这不仅使相当多的农民可以在农闲之际从事乡村工业劳动，而且使这些地区可以把其大部分人口汇集到城市中去。" "Medieval Industry, 1000~1500," *Fontana Economic History of Europe*, I, 6, 1971, 47.

㊸ 我们这里所说的是国家间的区别。当然在国家内部还有社会群体间的区别，这一区别反映在我们有关地租、利润和工资水平的讨论中。然而，在工资劳动者阶层内部似乎没有这种区别。至少在英国，手工工匠和建筑工人之间没有工资收入的差别。"从黑死病时期一直到第一次世界大战，英国建筑工人和手工工匠工资水平的变化幅度总是适成比例。" E. H. Phelps-Brown and Sheila V. Hopkins, "Seven Centuries of the Prices of Consumables, Compared with Builder's Wagerates," in E. M. Carus-Wilson. ed., *Essays in Economic History* (New York: St. Martin's, 1966), II, 189.

㊹ "马克思曾意味深长地说：'西欧伪装为工资工人的奴隶制以新世界纯粹的奴隶制为基础。'而我们在考察（价格和经济活动的'长期波动'）时可能忽略了加紧剥削殖民地劳动者与加紧剥削欧洲劳动者之间的相互补充。" Vilar, *Past & Present*, No. 10, p. 34.

㊺ "（汉密尔顿）那种认为在西班牙工资与价格保持同步的观点，迄今仍很难站得住脚。今后的研究将完全可能表明，在15世纪上半叶，卡斯提尔（Castilian）的生活水平明显下降。这一下降，加上卡斯提尔的物价高于欧洲其他国家的现实，足以说明该世纪末卡斯提尔的特殊经济结构。这种结构与波兰等东欧国比与西欧国家更为接近，因为它们都出口原料，进口奢侈品。就卡斯提尔保存下来的工业而言，它们往往是满足少数富人需要，且受到越来越严重的外国竞争的奢侈品工业。" J. H. Elliott, "The Decline of Spain," *Past & Present*, No. 20, Nov. 1961, 62. 加泰隆尼亚（Catalonia）的情况也是如此。见 "Comments" of Jaime Vicens Vives made on the "Rapport de M. Malowist" in *IXe Congrès Internationale des Sciences Historiques*, II. Actes (Paris: Lib. Armand Colin, 1951) 在这

篇文章中，维森斯（Vicens）把波兰与加泰隆尼亚的"次生封建主义"作了比较。

㊶ Phelps-Brown and Hopkins, *Economica* XXIV, p. 298.

㊷ Ibid., p. 299. 重点号是本书作者加的。这一分析与多布观点非常近似。"人们很可能会问，既然大众消费水平下降，物价水平何以能够提高，这个时期的巨额利润（大抵相当于营业额乘以物价与货币工资间的微小差价）何以能成功地实现？换句话说，需求何以扩大？答案显然是这样一个事实，即富人和殷实之家（即新资产阶级和王室以及正在兴起的乡间资本家和从大自耕农发展起来的农场主阶级）的消费造成了市场的扩大。这部分人的消费水平日益提高，这在一定意义上为利润的实现准备了条件。在这个年代发展起来的工业中，许多都是为了满足越来越多的殷实之家的奢侈消费的需要。此外，在造船业、建筑业、（很小规模的）机器和手工工具制造业、大炮和军械制造业等方面的投资也有扩大趋势，对外贸易的重要影响也不容忽视，这指的是给这个地区带来大量金条的顺差贸易。" *Studies*, p. 120.

布罗代尔（Braudel）进一步分析了为什么地主未必像汉密尔顿最初所说的那样受到物价上涨的损害："令人不可思议的是，价格革命……对每一个人的影响并不是一样的。它减轻了农民的那些用货币支付，并早在美洲发现之前就已固定下来的地租等负担。事实上，领主在农民占有地上的封建权利是很有限的，有时几乎等于零。但并非总是如此。特别是许多庄园主还收取实物地租，这些地租的价值是随市场而变化的……而且，无论是在地中海地区，还是在欧洲，土地分配都不是一劳永逸的。" *La Méditerranée*, II, p. 51.

㊸ "资本主义需要资本，不能想象还有比强制推行非常有利可图的价格—工资比率更有力的积累资金手段。" Earl J. Hamilton, *Journal of Economic History*, XII, p. 338. 凯恩斯（J. M. Keynes）说："这种利润膨胀几乎总是导致财富分配的益发不平等，除非它的影响能够被直接实物税所抵消，但这种情况只发生在现代英国（1930年），并没有发生在其他时间和地点。" *A Treatise on Money* (London: McMillan, 1950), II, 162.

㊹ "如果说这个土地所有者阶级在17世纪初统治着欧洲的话，那是因为它失去的并不像人们通常认为的那样多。所以很多商人和富裕市民购买地产并不是疯狂的举动。" Braudel, *La Méditerranée*, I, p. 479.

㊺ "物价上涨促使人们抓紧时机投资。由于物价上涨造成实际利率下降，所以它鼓励人们对有望赚钱的项目借贷投资。简而言之，物价上涨和工资滞后导致了资本的产生，同时诱使人们按照资本主义的方式来利用这种资本。" Hamilton, *Journal of Economic History*, XII, p. 339.

㊻ "对法国和对英国一样，我们需要解释的不是在价格革命时期工业资本主义的进步为何如此巨大，而是为何如此微小。" Nef, *The Conquest of the Material*

World, p. 242.

㊂ "法国的历史告诉我们,劳动者实际工资的持续下降虽然是促进兴办企业的一个重要因素,但它本身并不足以导致工业增长率的迅速提高。在 16 世纪的最后 25 年,工人生活水平的下降可能十分严重,以致影响了对某些工业品需求的增长,而在宗教战争期间,穷苦人民的悲惨境遇可能会妨碍而不是助长手工业者的发展(Nef, ibid., p. 267.)。"

内夫的观点还得到费利克斯(David Felix)的支持。见 David Felix, "Profit Inflation and Industrial Growth: The Historic Record and Contemporary Analogies," *Quarterly Journal of Economics*, LXX, 3, Aug. 1956. 特别见 pp. 443~451.

㊃ E. L. Jones and S. J. Woolf, "The Historic Role of Agrarian Changes in Economic Development" in Jones and Woolf, eds., *Agrarian Change and Economic Development* (London: Methuen, 1969), I.

㊄ Ibid., p. 2.

㊅ 见 François Mauro, *Le XVIe siècle européen: aspects économiques* (Paris: Presses Universitaires de France, 1966-Collection Nouvelle Clio, 32), 285~286.

㊆ 见 Charles Verlinden, *L'esclavage dans l'Europe médiévale*, 2 vol. (Brugge: De Tempel, 1955).

㊇ Bloch, *Cambridge Economic History of Europe*, I, p. 247. 另见 Marc Bloch, "Mediaeval 'Inventions'," in *Land and Work in Medieval Europe* (Berkeley Univ. of California Press, 1967), 180.

㊈ 这种观点的经典论述见 Eric Williams, *Capitalism and Slavery* (London: Deutsch, 1964)。支持这一观点的近作为 Sergio Bagú "La economia de la sociedad colonial," *Pensamien-to critico*, No. 27, abr. 1969, 53~61.

㊉ 沃尔夫(Eric Wolf)指出,在中美洲,由于技术原因,小规模的采矿和甘蔗种植都是不经济的,因此迅速让位于大规模的资本主义企业。在采矿业中,技术进步表现为 1557 年天井的引进,通过天井,在水银的辅助下,可以从矿石中提炼出白银。但这种技术需要昂贵的机器,尤其是因为在这种情况下,只有深钻才利可图。大型碾磨或制糖厂(ingenio)也需要大量的投资。在靛青生产中,类似的技术进步也导致类似的社会结果。见 *Sons of the Shaking Earth* (Chicago, Illinois: Univ. of Chicago Press, 1959), 177~180.

⑦ "甘蔗生产传到马德拉群岛(Madeira)和加那利群岛(Canaries)后所产生的第一个后果是,与已经存在的欧洲生产者进行激烈的竞争。美洲殖民地也进行这项生产以后,竞争变得更加激烈。到 1580 年,……西西里的这项工业已经气息奄奄……西班牙的这项工业也不景气,……意大利南部、马耳他(Malta)、罗得岛(Rhodes)、克里特(Crete)和塞浦路斯(Cyprus)的小规模中世纪制粮业也经历了同样的衰退过程,并最终消失。

在马德拉和加那利的制糖业中都使用非洲奴隶……奴隶的使用使这里的岛民可以以比欧洲糖业生产者更低的价格出售糖。但是后来马德拉和加那利又分别败给了巴西和西印度的竞争者……。

在美洲热带地区，糖的历史更加和奴隶史密不可分。在这个时期的所有热带出口作物中，甘蔗最需要人力，特别是在收获季节。由于甘蔗在收割以后必须在几小时内运到磨坊中去，所以磨坊必须紧靠蔗田，这就第一次提出了建立种植园制度的要求。毫无疑问，甘蔗应对热带农业的奴隶制负主要责任。"Masefield, *Cambridge Economic History of Europe*, IV, pp. 289~290.

以岛屿作踏脚石进行跨大西洋的移民，这并不是伊比利亚半岛特有的现象。罗斯（Rowse）说北欧也出现过类似的情况，那里的移民分为三步：从欧洲大陆到不列颠；从不列颠到爱尔兰；从不列颠到北美。

"我们可以把北美的殖民视为1000年前跨大西洋移民的继续。1000年前，在民族大迁徙（VoLkerwanderungen）时代，原始的盎格鲁—撒克逊人（Aglo-Saxon）到不列颠殖民……。

不列颠岛和爱尔兰的联为一体为人们跨过大西洋向北美进发奠定了基础，伊丽莎白时期的人们一直为打开北美的门户而战斗……历史学家们迄未注意到，正是对爱尔兰南部的种植园和殖民活动最感兴趣的人——吉尔伯特（Humphrey Gilbert）、雷利（Walter Raleigh）、格伦维尔（Richard Grenville）——率先到弗吉尼亚（Virginia）的第一块殖民地殖民。爱尔兰宛如美洲的蓝本。"Rowse, "Tudor Expansion: The Transition from Medieval to Modern History," *William and Mary Quarterly*, 3rd ser., XIV, 3, July 1957, 310, 315.

⑪ "奴隶制和奴隶贸易在欧洲人进入非洲以前已经兴盛了许多世纪，所以在15世纪兴起的这种大西洋贸易绝不只是发现非洲的偶然的副产品……最重要的变化——从主要为满足国内需要而从事肮脏贸易转变为专为种植园和殖民地市场而输送奴隶——早在发现美洲之前就开始了。总的说来，在15世纪，奴隶的肤色由白变黑，人们越来越视奴隶为可以买卖的物品而不是为某一个家庭或农场从事家务劳动或农业劳动的人。" Anthony Luttrell, *The Transatlantic Slave Trade*, pp. 78~79.

⑫ 一个世界经济体系的奴隶往往来自外部。这一事实在弗林登（Charles Verlinden）有关14、15世纪克里特（Crete）的研究成果中得到证明。克里特那时是威尼斯的殖民地，既是农产品贸易中心，又是一个货物集散地。由于最后一项属性，它成为奴隶贸易中枢，奴隶来自东南欧、俄国和西南亚的各个地区（所有这些地区都在当时的地中海世界经济体系之外）。这些奴隶或在克里特和其他威尼斯殖民地使用，或被转卖到埃及、法国南部和西班牙东部。见"La Crête débouché et plaque tournante de la traite des esclaves aux XIVe et XVe siècles", *Studi in onore di Amintore Fanfani*, III: Medioevo (Milano: Dott. A. Giuffrè-Ed.,

1962），591~619.

⑬ 见 Braudel, *La Méditerranée*, I, pp. 144~145.

⑭ 据库克（S. F. Cook）和辛普森（L. B. Simpson）统计，墨西哥的人口在1519年是1100万，此后持续下降，1540年约为650万，1565年约450万，1600年约250万。见 *The Population of Certral Mexico in the Sixteenth Century*, Ibero-Americana：31（Berkeley：Univ. of California Press, 1948），10~16, 38, 43, 46. 博拉（Woodrow Borah）又补充了1650年的数字，即150万。见 *New Spain's Century of Depression*, Ibero-Americana：35（Berkeley：Univ. of California Press, 1951），3.

⑮ "巴西土著居民的毁灭（与墨西哥）同样严重。耶稣会士安基塔（José de Anchieta）说：'从20年前到现在（1583），这个地区（巴西）的人口损失似乎难以置信。'然后他举出了一些数字，这些数字表明巴西人口下降的幅度与墨西哥基本相同。" Celso Furtado, *Economic Development of Latin America*（London and New York：Cambridge Univ. Press, 1970），5, fn. 2.

至于秘鲁，加拉（Alvaro Jara）说："若不是大量的人口储备可以使人口下降曲线维持一个时期，吃人的采矿业会难以为继。""Estructuras de colonización y modalidades de tráfico en el Pacífico Sur HIispano-Americans," 见 *Les grades voies-maritimes dans le monde*, XVe-XIXe siècles, VIIe Colloque, Commission Interna-tional d'Histoire Maritime（Paris：S. E. V. P. E. N. 1965），251.

⑯ 见 J. H. Parry, *The Age of Reconnaissance*（New York：Mentor Books, 1963），245~246.

⑰ 见阿丹特（Gabriel Ardant）有关技术要求与劳动控制形式之间联系的论述。他在谈到法律限制逐渐消失时说："这种让农奴自己安排劳动时间，并促使其产出更多的制度必然会引起一种酬金固定、更加自由的制度……领主们自己发现，用酬金来代替命令会带来更高的生产率。" *Théorie sociologique de l'impôt*, I, pp. 46~47. 另见 *Ibid.*, pp. 194.

⑱ 见 Rushton Coulbourn, ed., *Feudalism in History*（Princeton, New Jersey：Princeton Univ. Press, 1956）；Claude Cahen, "Au seuil de la troisième année：Réflexions sur l'usage du mot 'feodalite'" *Journal of the Economic and Social History of the Orient*, III, pt. 1, April, 1960, 2~20; Dobb, *Studies*, pp. 33~37; Levebvre, *La Pensée*, No. 65; Henryk Lowmianski, "The Russian Peasantry," *Past & Present*, No. 26, Nov. 1963, 102~109; Joshua Prawer and S. N. Eisenstadt, "Feudalism", in *International Encyclopedia of the Social Sciences*, （New York：Macmillan and Free Press, 1968），V, 393~403; George Vernadsky, "Feudalism in Russia," Speculum, XIV, 3, July 1939, 300~323; Max Weber, *Economy and Society*（Totowa：Bedminster Press, 1968），I, 255~256.

⑲ Dobb, *Studies*, p. 66.

⑧ 吉布森（Charles Gibson）曾描述了那些直属王权的委托监护制（encomiendas）如何在总督（corregidores）的管理下，从我们所谓的强制性商品粮生产制发展为一种向农民课税的形式，在这种形式下，总督实际上变成了包税人。*The Aztecs Under Spanish Rule*（Stanford, California：Stanford Univ. Press, 1964），82~97.

⑧ "德国所发生的农奴制复苏并不是恢复到以前的状态，也不是简单地重复易北河以东已经过时的中世纪形式。带来'次生农奴制'的资本主义世界市场，其影响为地方社会发展规定了新的法则。

首先，必须保证谷物产量持续增长。为了做到达一点，始于中世纪盛世的三区轮作制（Dreifeldwirtschaft）让位于容克（Junkers）从荷兰引进的更为现代的技术，即圆圈式农庄（Koppelwirschaft）。容克用这种技术来满足自己的需要。

第二，农业生产目的不再是为自然经济下的消费者提供物品，而是按照世界市场的价格提供商品。

结果，对农民的这种封建榨取就带有'资本原始积累'的性质……" Henri H. Stahl, *Les anciennes communuatés villageoises roumaines-asservissement et pénétration capitaliste*（Bucarest：Ed. de l'Académie de la République Socialiste de Roumanie, 1969），15.

⑧ 见 Bagù, *Pensamiento critico*, No. 27. pp. 34~35. 42~53, 61.

⑧ 见 Luigi Bulferetti, "L'oro, la terra e la societá：une interpretazione del nostro Seicento," *Archivio storico lombardo*, 8th ser., IV, 1953, passim.

⑧ Luis Vitale, "España antes y despuès de la conquista de America," *Pensamiento critico*, No. 27, abril 1969, 12."

⑧ Wolf, *Peasants*, p. 54.

⑧ "威尼斯对他们取得的采邑有充分的使用自由，所以他们可以将采邑交换或分割，只要接受方不是希腊人和犹太人。" Abrate, *Economia estoria*, IV, p. 262.

⑧ Pietro Vaccari, "I lavatori della terra nell'occidente e nell'oriente dell'-Europa nella etá moderna," *Studi in onore di Armando Sapori*（Milano：Istituto Edit. Cisalpino, 1957），II, 969.

⑧ Henri Stahl, Les anciennes communautés："每个'历史时代'都有这样一个特征，即处于不同发展水平的许多国家并存于一个文化舞台。国家总有先进与落后之分。一个'历史纪元'的性质必然是由最先进的几个国家决定的。那些落后的国家必须服从这个'时代'的法则。（p. 17.）"

⑧ "委托监护制用这些贡赋投资于各种企业：采矿业、农业、畜牧业、工业和商业。但是投资最集中的企业，正如人们所预料的，最初是采矿业，后来则是畜牧业。" José Miranda, *El tributo indigena en la Nueva España durante el siglo* XVI（Mexico：E l Colegio de Mexico, 1957），186. 关于贡赋与丝绸生产的关系见第

第二章　欧洲的新型劳动分工：约 1450~1640 年

197~204 页；关于贡赋与非农业人口基本需求的关系见第 204~223 页。

⑩ "按照法律原则，委托监护制是使印第安人西班牙化的仁慈的代理机构。它的基本特征是，官方把一群印第安人交由特许的西班牙殖民统治者管理。西班牙保护人叫做委托监护者，他们有权让委身于他们的印第安人缴纳贡赋和服劳役。而印第安人虽然在委托监护制的特权的有效期内，必须满足后者的贡赋和劳役需求，但他们被认为是自由人，因为他们不是被占有的财产。他们的自由性标志着委托监护制与奴隶制的区别。……委托监护制特许状不涉及地产、司法裁制权或领地权（señorio）。" Gibson, *The Aztecs*, p. 58. 关于委托监护制下的司法裁制权和印第安人的经济和社会状况见 J. M. Ots Capdequi, *El estado español en las Indias* (Mexico: Fondo de Cultura Económica, 1941), 24~33.

⑪ "其目的……在于建立一种劳动量适中的自愿工资劳动制。但由于预感到印第安人不会自愿地服务，所以又发布了一个命令，它要求殖民当局把劳动力交给需要他们的殖民主。从一方面看来，这个命令旨在防止有人滥用西班牙主人与印第安受委托监护者之间的直接关系强迫印第安人工作。但从另一方面看来，这个命令的意义又在于，如果自愿工作制因印第安人拒绝接受工作而无法实行，国家便可以出面调解，并通过强制劳动者去工作来维护公共利益。" Silvio Zavala, *New Viewpoints on the Spanish Colonization of America* (Philadelphia: Univ. of Pennsylvanio Press, 1943), 94. 又见他的代表作 *Le encomienda indiana* (Madrid: Centro de Estudios Hisporicos, 1935). 关于各种观点的介绍请见 John F. Bannon, ed., *Indian Labor in the Spanish Indies: Was There Another Solution?* (Indianapolis, Indiana: Heath, 1966).

关于智利的委托监护制，加拉（Alvaro Jara）写道："土著居民被迫在这样一种生产制度下工作，即他必须为西班牙生产大大超过其日益减少的生活必需品价值的剩余价值。" *Gwerre et société au Chili: Essai de sociologie coloniale* (Paris: Institut des Hautes de l'Amérique Latine, 1961), 46.

⑫ Zavala, *New Viewpoints*, p. 95.

⑬ 这似乎是巴古（Bagú）的观点。见 *Pensamiento critico*, No. 27, pp. 32~33. 1549 年西班牙王室宣布废除委托监护制奴役制。类似的情况也发生在巴西。在那里葡萄牙王室取消了世袭总督制（Capitanias hereditarias），将其改造为王室任命总督制（Capitanias Coroa），第一次这样的行动恰恰也是在 1549 年采取的。见 J. Capistrano de Abreu, *Capítulos de historia colonial (1500-1800)* (Rio de Janeiro: Ed. da Soc. Capistrano de Abreu, Typ. Leuzinger, 1928), 63~76.

⑭ 威泰勒（Luis Vitale）说："在征服的第一年中，委托监护者曾试图宣布独立。但西班牙王室唯恐出现一批最终将否认其权威的领主，于是加强了统治，以避免发生封建割据战争……委托监护者不是印第安人的主人，也不能行使司法权，因为'印第安人不是委托监护者的农奴，而是国王的臣民……'这样服役

的委托监护制就被货币贡赋的委托监护制所取代……工资工人是资本主义阶级关系的突出标志,他们形成了新的工人阶级。" *Latin America*, pp. 37~38.

米兰达(José Miranda)说:"委托监护者首先是他那个时代的人,他以发财致富为目标。对当时的人来说,委托监护者是喜欢行动的人,新世界的观念和行为模式在他那里得到最充分的体现。他完全不同于中世纪的人……他不像封建庄园主那样,克制自己的欲望,仅仅满足于享用贡赋和服务。他要把贡赋和劳役改变成为生财的基础……因此,委托监护者把委托监护制劳动征集制中的资本主义因素放在首位,那是唯一促使他狂热追求其目标——财富——的因素。""La función económica del encomendero en los orígenes del regimen colonial, Nueva España (1525-1531)," *Anales del Instituto Nacional de Antropologia e Historia*, II, 1941~1946, 423~424. 一个思想上和行为方式上的资本家,但正如米兰达所指出的,不是一个把商业资本投入企业的资本家(见 pp. 431~444)。他的原始资本来自国家的赐予,他后来的资本来自其利润。

⑮ 马提涅兹(Fernando Guillén Martinez)甚至说:"事实上,作为一种制度,委托监护制和米塔(派民伕制)(mita)都只能存在于由于数量和惯性的关系尚保留印第安人部落制的地区。由于人们普遍认为,在头领制与集体奴隶制之间有着某种神祕的联系,所以印第安人是以甘愿赴汤蹈火的精神去工作和献身的。但随着基督福音的传播和人种的混合,部落解体,个人主义兴起以后,印第安人就不再容忍有组织的奴役制……" *Raiz y futuro de la revolucion* (Bogotá: Ed. Tercer Mundo, 1963), 80. 关于"米塔"的定义和起源,见 Ots Capdequi *El estado español*, p. 31~32.

⑯ 事实上,弗塔多(Furtado)认为,在原有的地方统治阶级势力弱小的地区,"事实证明,委托监护制不是一种有效的社会组织形式,于是委托监护者就采取一种更直接的奴隶制形式,他们强迫人们在完全不同于他们所习惯的条件之下从事繁重的劳动。这一制度导致了人口的急剧减少。" *Economic Development of Latin America*, pp. 10~11.

⑰ "1559年,圣蒂兰塔莎蒂(Tasa de Santillan)法令规定,金矿砂的1/6,即西斯莫(sesmo),每年一次作为工资付给每个委托监护制的印第安人。从那时起,这种分享制可能就真正获得了社会或社团工资的性质,这种工资一次总付给每一个印第安人社团或村落。" Alvaro Jara, "Una investigación sobre los problemas del trabajo en chile durante el período colonial," *Hispanic American Historical Review*, XXXIX, 2, May 1959, 240.

⑱ 严格地说,有些地区在中世纪根本没有实行封建制。这些地区只有"次生封建制",没有原生封建制。斯培尔(Stahl)认为,摩尔达维亚(Moldavia)和瓦拉几亚(Wallachia)的情况就是如此。见 *Les anciennes communautés*, pp. 241~244.

⑨ "东欧的自然资源……在很大程度上支配着人们为利用这一资源所做的努力。在12、13世纪形成的诸国家,这时势均力敌,因此相互倾轧只能意味着两败俱伤。而德国又构成对波希米亚和波兰的严重威胁。在这种形势下,王公和僧俗贵族被迫在开发自己的资源方面投入更多的精力。但是这只有得到农民的合作才有可能。农民的义务一直没有固定下来,他们担心生产出剩余的财富也会遭到剥夺,所以对改进生产手段没有兴趣。但另一方面,领主已无力进一步敲诈农奴,因为后者随时可以逃跑。因此那些希望利用其财产获利的王公贵族就被迫鼓励其属民更紧张地劳动和引进新技术,特别是在农业方面。他们凭借引进德国乃至西方的习惯而达到了目的,因为作为这种引进的结果,农民的负担不仅固定下来,而且有所减轻。在13世纪早期的波希米亚和稍晚一点的波兰,劳役和实物地租已经折算为货币地租,这一转变反映了农业的发展和社会劳动分工的进步。" M. Malowist, "The Social and Economic Stability of the Western Sudan in the Middle Ages," *Past & Present*, No. 33, April 1966, 14~15. 见 Jerome Blum, "Rise of Serfdom in Eastern Europe," *American Historical Review*, LXII, 4, July 1957, 807~836.

⑩ 收租人(Grundsherr)变成了直接生产者(Gutsherr)。有关讨论见 Hans Rosenberg, *Bureaucracy, Aristocracy and Autocracy: The Prussian Experience*, 1660–1815 (Cambridge, Massachusetts, Harvard Univ. Press, 1966), Ch. l. 有关斯洛文尼亚(Slovenia)的贵族如何通过扩大领地、提高地租、接管商业的手段战胜财政困难的讨论见 Ferdo Gestrin, "Economie et société en Slovénie au XVIe siécle," *Annales E. S. C.*, XVIII, 4. juil.-août 1962, 665.

⑪ "(在15世纪以前)殖民时代的易北河以东地区(East Elbia)只有容克(Junkers),除条顿骑士团(Teutonic Knights)外,没有容克阶级。直到15、16世纪,才出现了一个紧密的贵族地主阶级。他们具有强烈的政治和社会野心,表现出一定的阶级意识和团结精神,荣辱与共,像种姓制度下的某个种姓一样自信和相投……从时间上讲,它的出现与英国和匈牙利乡绅的兴起、波希米亚(Bohemia)和摩拉维亚(Moravia)地主贵族的兴起,以及波兰兹拉奇塔(Szlachta)贵族阶层的兴起大抵同时,与法国和德国西部的那个懒惰的、不参与经营而专靠食利为生的领主贵族阶层在经济和政治两方面的衰落也大抵同时。" Hans Rosenberg, "The Rise of the Junkers in Brandenburg-Prussia, 1410~1653," *American Historical Review*, XLIX, 1, Oct. 1943, 4. 请注意,罗森伯格(Rosenberg)在这里把英国纳入东欧国家。正如我们后面将看到的,这样做固然有一定道理,但容易引起混乱。把东欧地主与英国乡绅相提并论的首创者之一是帕赫(Pach),他认为二者都"类似资产阶级"。见 Zs. P. Pach, "Die Abbiegun der Ungarischen Agrarenentwicklung von der Westeuropaischen," in *International Congress of Historical Sciences*, Stockholm, 1960. *Résumés des communications* (Göteborg: Almqvist & Wiksell,

⑩ 1960), 155.

⑩2 M. Malowist, "Poland, Russia and Western Trade in the 15th and 16th Centuries," *Past & Present*, No. 13, April 1958, 32. 另见 M. Malowist, "The Problem of the Inequality of Economic Development in Europe in the Latter Middle Ages," *Economic History Review*, 2nd ser. XIX, 1, April 1966, 15~28. 霍斯佐斯基（Stanislaw Hoszowski）曾援引17世纪上半叶英国使节卡鲁爵士（Sir George Carew）的话说："波兰变成了欧洲的粮食和造船材料库。" "The Polish Baltic Trade in the 15th-18th Centuries" in *Poland at the Xlth International Congress of Historical Sciences in Stockholm* (Warsaw: The Polish Acadamy of Sciences, The Institute of History, 1960), 118.

⑩3 见 Malowist, *Past & Present*, No. 13, pp. 26~27.

⑩4 有关殖民地用原料与宗主国交换成品的论述见 Freddy Thiriet, *La Romanie vénitienne au Moyen Age* (Paris: Boccard, 1959), 304~305. 克里特（Crete）被称为"帝国的面包筐"（p.414）。至于帝国与外部国家的类似关系，他写道："帝国的小麦不够吃。"见 pp. 327~328。

⑩5 见 Jaime Vicens Vives, *An Economic History of Spain*, ch. 17, esp. 211~215.

⑩6 见 Oliveira Marques, *Studi in onore di Armando Sapori* II, p. 449.

⑩7 见 Phillipe Dollinger, *La Hanse* (XIIe-XVIIe siècles) (Paris: Montaigne, 1964), 76~80.

⑩8 Braudel, *Civilisation matérielle*, p. 94.

⑩9 B. H. Slicher van Bath, *A. A. G. B.* No. 12, p. 28. 赫雷纳（Karl Helleiner）说："到16世纪，地区间的海上粮食贸易已有了很长的历史……但16世纪呈现出新的特点：由于更加完善的市场机制，更主要的是由于在易北河以东地区、波兰和爱沙尼亚（Estonia）剩余物资量大为增加，永久性或一时性的粮食亏损区可以较以前更为大量和更为经常地从国外得到补充。到16世纪中叶，每年经但泽（Danzig）港出口的粮食数量是1490~1492年间平均值的6~10倍。……这个时期又有两、三个重要的肉食基地向欧洲人敞开了大门：从科德角（Cape Cod）到拉布拉多（Labrador），盛产鱼类的海岸产出更为大量的蛋白质；匈牙利和瓦拉几亚（Wallachian plain）平原以及丹麦谷地一段时间以来已经成为大牧牛场。这里的牛大量输入奥地利、德国和荷兰。" Camb. Eco. Eur., IV, pp. 77~78.

⑩ Reginald R, Betts, "La société dans l'Europe centrale et dans l'Europe occidentale," *Revue d'histoire comparée*, n. s. VII, 1948, 173.

⑪ Zs. P. Pach, "The Development of Feudal Rent in Hungary in the Fifteenth Century," *Economic History Review*, 2nd ser., XIX, 1, April 1966, 13.

⑫ "西欧经济的兴起变成了引起东欧城市衰落的最重要原因之一。" Hartung and Mousnier, *Relazioni del X Congresso Internazionale di Scienze Storiche*, IV, p. 46.

第二章 欧洲的新型劳动分工：约 1450~1640 年

"从 15 世纪中叶到 18 世纪中叶，波兰经济的特征是以农奴劳动为基础的领地经济逐渐蔓延。这反过来又限制了城市的发展，并对这个国家的总的社会经济条件产生不利影响。"Hoszowski, *Poland at the XIth International Congress of Historical Sciences in Stockholm*, p. 117.

⑬ 见 Doreen Warriner, "Some Controversial Issues in the History of Agrarian Europe," *Slavonic and East European Review*, XXXI, No. 78, Dec. 1953, 174~175.

⑭ 贝茨认为，这些入侵行动和"次生封建制"的出现堪与早些时候的入侵行动和"原生"封建制的建立同日而语。见 Betts, *Revue d'histoire comparée*, p. 175. 他详细论述了后期入侵对东欧统治者的影响，见 pp. 175~180. 沃里纳（Doreen Warriner）推测，"如果（欧洲的）商路没有在海外寻金热中（相对地讲从东欧）西移，东欧可能会继续沿着与西欧相同的道路发展，商业和城市的扩张也会成为封建社会经济的溶剂。或反过来说，西欧 15 世纪的经济衰退也会转移到东欧（p. 146.）。"

⑮ André Gunder Frank, *Capitalism and Under-development in Latin America* (New York: Monthly Review Press, 1967), 9. 弗兰克（Frank）继续说道："经济发达与不发达并不因它标志着一方在经济上比另一方更发达就仅仅是相对的，就仅仅意味着数量上的不同。它也是相关的，并有着本质性的意义，因为每一方都因与另一方有着某种联系而存在，而二者又有结构上的不同。但是，发达与不发达又是同一的，因为它们都是资本主义经济结构发展过程的产物，尽管辩证地来看，二者是矛盾的。"

⑯ Owen Lattimore, "La civilisation, mère de Barbarie?" *Annales E. S. C.*, XVII, 1, janv.-fevr. 1962, 99.

⑰ Owen Lettimore, *Relazioni del X Congreso de Scienze Storichi*, I, p. 110. 弗里德（Morton Fried）持有完全相同的看法，他说："从特定意义上来说，大多数部落是一种派生现象，因为它们完全可能是组织程度较高的社会从组织程度较低的社会中脱颖而出后带来的后果。如果这一点可以成立，那么部落主义就可以被视为对复杂的政治结构的一种反动，而不能被看作是复杂政治结构演变过程中的一个必然准备阶段。" On the Concept of "Tribe" and "Tribal Society" in June Helm, ed., *Essays on the Problem of Tribe*, Proceedings of 1967 Annual Spring Meeting of the American Ethnological Society, 15.

⑱ 事实上，只要了解了微小区别的这一最终结果，我们就可以了结有关质与量的无益纷争。我赞同戈登—沃克（P. C. Gordon-Walker）的说法。他认为："质变与量变并没有真正的区别。如果历史学家探究数量和程度的变化，他将发现'质变'事实上只是量变的结果。这一法则既适用于经济组织的变化，也适用于思想和社会观念的变化……质变不过是量变积累的某个阶段。""Capitalism and Reformation," *Economic History Review*, VIII, 1, Nov. 1939. 4~5.

⑲ 斯托雅诺维奇（Traian Stoianovich）认为，西欧与东南欧的差距也是这样拉大的。他说："如果说在 14 世纪，人们还看不到在巴尔干社会与西欧社会之间，在导向方面有什么量的区别，那么到 1700 年，这一区别已经很明显，到 1800 年，这一区别更为加剧，到 1850 年，已达到令人难以置信的程度。""Material Foundations of Preindustrial Civilization in the Balkans," *Journal of Social History*, IV, 3, Spr. 1971, 232.

⑳ 多玛尔（Evsey D. Domar）曾做过这样的假设："(有关奴隶制和农奴制的）农业结构有三个因素：自由土地、自由农民、不工作的土地所有者。这三个因素中，每两个都可以同时存在，但三者不可同时并存。我们可能会在现实中发现诸因素结合在一起的现象，但它必须依赖政治行为，即政府法令……""The Causes of Slavery or Serfdom: A Hypothesis," *Journal of Economic History*, XXX, 1, March 1970, 21.

㉑ "所谓等级制度，是指一个群体永久性地从属于另一个群体。（在西班牙美洲）这种制度形成以后并未得到法律的批准，只是偶尔获得承认。有关印第安人个人劳动的官方立法从未宣布在白人、印第安人和混血人之间有任何真正法律意义上的不平等……。

正是由于这种制度只是悄悄地实行，而未见诸法律，所以由土地所有者及其盟友—官僚—构成的剥削阶级渐渐形成寡廉鲜耻、贪得无厌、残酷无情的性格，这在德国、法国和意大利等由国家维护贵族阶层经济特权的地区是闻所未闻的。

上述结论可由下面这一事实证明。在正式批准向新格拉那达（New Granada）输送黑奴，让他们在安蒂奥基亚（Antioquia）矿山劳动或在考卡河（Rio Cauca）地区及大西洋沿岸充当农业劳动力后，他们所受到的对待并不像以前委派给的印第安人曾受到过的那样粗暴、无礼和野蛮。黑奴所有者的特权地位受到法律的保护，由于意识到奴隶制将持续存在，奴隶主遂具有一定真正的责任意识，而这正是占有印第安人的委托监护者所缺乏的。"Guillén, *Raîz y futuro*, p. 81.

㉒ Alvaro Jara, "Salario en una economia caracterizada por los relaciones de dependencia personal," *Third International Conference of Economic History*, Munich 1965 (Paris: Mouton, 1968), 608.

有关委托监护制的印第安人生活水平低下的证据也存在于出产靛青染料的危地马拉（Guatemala）。1563 年，西班牙国王批准了以前的监护法院（Audiencia）的决定，禁止雇用印第安人，理由是，那是"非常有害的工作"。史密斯（Robert S. Smith）指出，这一敕令并未生效。他说：

"1583 年，殖民地官员发现，种植者找到了一种规避该法令的办法，他们不再把印第安人当作工资劳动者雇用，而是和他们订立合同，让他们背负肩扛，把沉重的靛青植物拖出种植园，而付给印第安人的酬金只相当于他们所应获得的十分之一……7年以后，检查官发现，'很多白人和印第安人的混血后代、白人和黑人的混血后代、自由的黑人，甚至奴隶'（即政府遣来从事这项工作的劳动力）都破坏了这条法律，雇用印第安人来收割和拖运埃西奎里特（xiquilite，一种植物，为靛青染料的主要原料），而付给他们的工钱是微不足道的。""Indigo Production and Trade in Colonial Guatemala," *Hispanic American Historical Review*, XXXIX, 2, May 1959, 187. 甚至奴隶也雇用印第安人，我们真是有了衡量标准！

[123] "西班牙征服只有一个目的，那就是在占领和殖民的各个地区建立采矿经济……印第安人奉献给欧洲的主要是贵金属。殖民地的其他产品似乎只占不值一提的次要地位。" Alvaro Jara, *Grandes voies maritimes dans le monde XV-XIXe siècles*, pp. 249～250. 加拉（Jara）指出，在这方面，有关海上交通量的统计表可以非常清楚地说明问题，"在1503至1660年间，除去1591至1600和1621至1630年外，似乎都适用于这样一个公式：矿产量越多，作为商业上的反映，海上交通量就越大（p. 266）。"

[124] 韦伯把种植园经济和地产经济区别开来。地产经济是他经常使用的一个词汇。二者的主要区别似乎是劳动控制形式和典型产品。见 *General Economic History*（New York: Free Press, 1950), 79～92. 种植园生产园艺业产品（按照韦伯的说法），典型产品是甘蔗、烟草、咖啡和棉花。地产则用于畜牧或种植小麦，或二者兼有。我不清楚这种区分是否有意义，因为（这里所限定的）"地产"在东欧更近似于美洲的"种植园"，而与英国等地的"地产"少有相似之处。

[125] 但是，正像我们将论述到的，随着半边缘化进程的发展，南欧的人口密度日趋下降。维森斯（Jaime Vicens Vives）在评论马洛维斯特（Marian Malowist）有关东欧此时发展状况的论文时，曾与加泰隆尼亚（Catalonia）作比较。他说："事实上，作为专门研究一个完全不同于15世纪波兰的国家——加泰隆尼亚——的农民阶级演变的学者，我们已经注意到，如果说，就我们所说的'次生封建制'而言，波兰和加泰隆尼亚如出一辙，那么这种一致性不能用相同的原因来解释。马洛维斯特像其波兰先辈一样，（认为）15、16世纪开始新的封建化，其原因主要是波兰在波罗的海地区贸易的发展和内部市场的扩大，而内部市场的扩大又是城市发展的自然结果。而在加泰隆尼亚，农民法律地位下降的原因一方面是地中海商业的萎缩，另一方面是城市人口的减少。因此，我们看到了殊途同归的结果。" Comments made on the "Rapport de M. Malowist," p. 148.

我并不认为维森斯真正把握住了马洛维斯特的基本观点。除此之外，我还认为维氏的观点有问题。在波兰和加泰隆尼亚，导致农民地位变化的原因是相同的。只是他们的起点不同，因为在14世纪，加泰隆尼亚一直是欧洲相对发达的地区之一。加泰隆尼亚的人口减少和波兰的人口增加导致了两地人口密度几乎相等的结果，因此在"漫长的"16 世纪，两地在欧洲世界经济体系中的地位没有显著差别。

同样的，詹宁（Pierre Jeannin）指出，在 16 世纪，波罗的海的港口规模扩大，活动频繁，因此不应过高估计边缘地区城市衰落的程度。面对这一提醒，我们也必须承认，事实的确如此。见 "Les relations économiques des villes de la Baltique avec Anvers au XVIe siècle," *Vierteljahrschrift für Sozial-und Wirtschaftsgeschichte*, XLIII, 3, Sept. 1956, 196. 但是我们必须记住：（1）国际贸易的增加当然会造成港口业务日趋频繁，但政治和地方贸易的中心又如何呢？（2）总人口的增加通常会导致城市规模的扩大，但这种扩大是否与人口增加成比例呢？（3）即使边缘地区城市人口有所增加，但考虑到西欧城市化的程度，我们也仍然可以说这些城市趋于衰落。

㉖ 农业集约程度越强，农民地位越高。见阿丹特（Ardant）有关什一税破坏生产力（*Théorie sociologique de l'impôt*, I, p. 208）和固定的赋税或地租促进生产力发展（Ibid, I, pp. 225~226.）的论述。

㉗ 库拉（Witold Kula）从理论上剖析了这一矛盾。他说："畜牧业的'再生产'就是看管牛群。如果某种制度把这一任务主要交给农奴，那对畜牧业来说是最不利的。牲畜只会给领主带来利益，而对农民并无好处，因此农民对牲畜漠不关心，这是令所有庄园主忧虑不已的问题。在通常是因为少雨而造成的食物短缺的年月，农民面临着喂养牲口还是喂养他们自己的问题！他们的选择是可想而知的。最后，由于牛生产能力低下，庄园主必须畜养更多的牛，而这又加剧了提供饲料的困难。" *Théorie économique du système feodal: pour un modèle de l'économie polonaise*, 16e-18e siècles (Paris: Mouton, 1970), 31~32. 这种看法并不只是理论上的分析。拉杜里（Emmanuel Le Roy Ladurie）指出，在 1515~1530 年间，朗格多克（Languedoc）的实际情形就是如此。*Les paysans de Languedoc* (Paris: S. E. V. P. E. N., 1966), I, 323.

㉘ 见 Kristof Glamann, *Fontana Economic History of Europe*, II, pp. 45~52. 他说："牛市场兴旺伴随着贵族的黄金时代（p.50）。"

㉙ 朗格多克（Languedoc）的情形就是如此。拉杜里（Le Roy Ladurie）说："开垦荒地的行动造成牧场减少，各种种植园（橄榄树、栗子树等）、庭园和石土墙圈围起来的地限制了普通人使用敞地的权利。基于这些原因，畜牧业发展到顶端之后走向衰落。这种传统农业不晓得种植饲料，或只限于在园地上种植饲料，所以不可能同时发展畜牧业和蔬菜生产。畜牧业和蔬菜生产是矛盾的，因为二者都需要占用自由地，而自由地日渐稀少。因为缺少西班牙等国家维护牧主利益的大牧羊主团（Mesta），牧牛业在正在从事扩张的传统国家很快变得难以发展。" *Lespaysans de Languedoc*, I, p. 324

⑬ 见 J. H. Parry, "Transport and Trade Routes," in *Cambridge Economic History of Europe*, IV, E. E. Rich and C. H. Wilson, eds., *The Economy of Expanding Europe in the 17th and 16th Centuries* (London and New York: Cambridge Univ. Press, 1967), 191.

⑬ 请看1600年欧洲与1500年欧洲的这一对比:"首先,主要生产部门农业不仅可以比1500年养活多得多的人口,而且可以使他们吃得更好;海外贸易和纺织业也比1500年有所提高,采矿和冶金业的规模更远远超过1500年。" Mauro, *Le XVIe siècle européen*, p. 257.

⑬ Duby, *Rural Economy*, p. 325; 另见 p. 275. 但在卡斯提尔(Castile),形势发展似乎不尽相同。"在14、15世纪,卡斯提尔贵族的势力达于极盛,以致成为国家的统治者。在卡斯提尔,贵族不像在其他西方王国那样采取守势,而是改朝换代,接管王产,使王权成为实现其野心的工具。这一现象的原因在于,卡斯提尔王室没有得到城市的有力支持。很多卡斯提尔城市站在贵族一边,更多的城市甚至已沦为贵族的臣仆。" Vicens, an *Economic History of Spain*, p. 245. 维森斯(Vicens)说,这样,在埃克斯塔马杜拉(Extremadura)和安达卢西亚(Andalusia),16世纪就是一个大领地(Latifundia)兴起的时代。这些贵族由于在14、15世纪得到大量土地封赠而一直虎视眈眈。见 pp. 247~248.

⑬ 除了农民的反抗力量之外,多布还考虑到两个因素。一个是"地方贵族的政治和军事实力,因为它将决定是否能够镇压农民的反抗和强行禁止农民离开庄园"。另一个是"王权为加强贵族权力,或趁机削弱其对手——贵族的地位,施加了怎样的影响……" Studies, pp. 51~52.

⑭ "(但是),自16世纪20年代后期起,以前对圈地一直保持沉默的租地农开始激烈谴责那些占有牧场的人,从而阻止后者扩大占有地,因为这时人口增长,需要土地。这种愤怒情绪往往在立法机构中表现出来,但是抗议者越来越明显地表现出不想服从法律,而宁愿直接反抗圈地行为。" Blanchard, *Economic History Review*, XXIII, p. 440.

⑭ 对于反抗的不同效果,布罗代尔提出了一种可能的解释,即人口密度。他在把人口密度较低的中欧同人口密度较高的意大利("村落城市")以及莱茵河、缪斯河(Meuse)、巴黎盆地之间的广阔地带进行对比后指出:"既然在如许多的中欧和东欧国家里,村庄如此疏落,它不可能是决定农民命运的重要因素之一吗?面对庄园主,他们感到束手无策,因为他们缺乏大社会集团的那种并肩作战的精神。" *Civilization matérielle*, p. 42

⑭ H. K. Takahashi, "The Transition from Feudalism to Capitalism: A contribution to the Sweezy Dobb controversy," *Science and Society*, XVI, 4, Fall 1952, 324.

⑭ Bloch, *Caractères originaux*, I, p. 154.

⑭ 杜比(Duby)说:"分成制租(Métayage)给主人带来极大好处。它使他们有

望从领地生产率的增长和农产品价格的上涨中得到更多利润……即使领主的参与程度降至最低点,契约也确保他获得纯利中的绝大部分。(其数量可能多于承租制下他能得到的地租)。我们切不可忘记,分成制佃农(Metayer)还要从他们自己的那部分所得中留出种子和有时还要留出什一税。在当时农业产出通常很低的情况下,什一税是一个沉重的负担。但无论如何,领主们十分清楚,这种制度对他们来说并不便利,因为收成好坏差距很大,这使他们必须密切监督生产。" *Rural Economy*, pp. 275~276.

⑲ 正如杜比所云,分成制租(Métayage)对土地所有者来说好处在于,"农耕成本很低,而可出售产品所地来的利润……十分可观(*Ibid.*, p. 280)。"

⑭⓪ 切昂(Steven N. S. Cheung)从理论上阐述了这种观点。他说:"分成制合同中包括分成百分比、非土地投入与土地的比例、种植物种类等等。这些由土地所有者和租佃者共同决定。但在固定地租制和工资制合同中,一方可根据市场价格决定另一方所使用的材料数量和种植物种类。因为在分成制度下,分成所得以实际产出为基础,所以土地所有者必须竭力保证丰产。因此分成制合同的签订和推行要比固定地租制和工资制复杂……。

如果只考虑经营成本……那是绝不会选择分成制的。那么为什么会选择分成制呢?……在固定地租制下,对(除埋头苦干之外,影响产量的其他因素所带来的)风险,佃农即使不是全部承担,也要承担大部分;在工资制下,如果不是全部,那么也是大部分风险要由土地所有者承担;因此可以说分成租佃制是一种分担风险的制度……" *The Theory of Share Tenancy*(Chicago, Illinois: Univ. of Chicago Press, 1969),67~68.

⑭① "大体上说,从 16 世纪开始,分成制在不均衡地广布于各处,甚至传播到迄今还对其十分陌生的地区之前,就已经遍行于法国,并至少在 18 世纪以前在那里占主导地位。由于物价浮动不定,人们找不到比它更稳妥的办法。意大利资产阶级,即机灵的金融家,首先发现了这一点。他们后悔早些时候——比如在 1376 年的波洛尼亚(Bologna)没有通过法律要求这个主要城市的每一个市民签订这类合同。那里的市民已把土地出租给郊区的被压迫居民。法国土地所有者不久后也认识到达一点。" Bloch, *Caractéres originaux*, I, p. 152.

⑭② "在实行永久性租地制的情况下(这是自由持有制 free-hold 造成的结果),所谓自由持有制是靠法律推行的终生租地制的地方,实行分成制的代价是如此之高,以至难以为人们所接受,所以退佃成为防止分成租佃农怠工的有效手段。" Cheung, *The Theory of Share Tenancy*, p. 34.

⑭③ Duby, *Rural Economy*, p. 327.

⑭④ 布罗代尔在比较这两个地区时说:"(地中海地区)很少能够避开种种威胁获得丰收。那里产量很低,而且由于只有少数地区拥有苗床,所以地中海人总是处于饥馑的边缘。" *Civilization matérielle*, I, p. 223.

第二章 欧洲的新型劳动分工：约 1450~1640 年

但是马德莱那（Aldo de Maddalena）不同意这种观点。他说："总而言之，除去特殊情况之外，人们必须承认（意大利）耕地的产出率是很低的。布罗代尔认为地中海地区土地低产的原因是气候恶劣，但是，若要历史地、公允地解释这一现象还应考虑下列诸方面的不足：技术手段、文化体系、农学理论、经营能力、资本源泉、行政和社会结构、政治和军事变迁。""Il mondo rurale italianonel cinque e nel seicento," *Rivista storica italiana*, LXXVI, 2, giug. 1964, 423. 毫无疑问，人们应该把这些因素考虑进去。但不分主次的通盘考虑无助于得出一个明确的解释。然而，注释㊺所引的斯鲁普（Sylvia Thrupp）有关中世纪意大利北部土地肥沃的论述是值得注意的。

⑭ 波尔什涅夫（Boris Porchnev）指出，在这个时期，法国大地产没有取得像英国那样的发展。他说："不管怎么说，由于经济发展缓慢，（这种地产）只占极小的比例，在边缘省份更是如此，因为那里靠近海，所以利于发展商业。居埃纳（Guyenne）、朗格多克（Languedoc）、普罗旺斯（Provence）、圣东日（Saintonge）、波亚图（Poitou）、诺曼底（Normandy）、布列塔尼（Britany）等港口的有利地理位置促进了酒类和农产品的出口。这里的人们有时走私小麦，甚至试图出口牲畜，特别是绵羊。简而言之，这里的贵族要尝一尝商业的禁果。" *Les soulévements populaires en France de 1623 à 1648*（Paris：S. E. V. P. E. N.，1963），289. 但要注意，波尔什涅夫把朗格多克和普罗旺斯也列在其中。对这个问题我们将在后面探讨。这里我们只需要说明，有时原因是多重的。

⑭ 马克思明确指出分成制是一种中间形式。他说："分成制可以看成是由地租的原始形式到资本主义地租的过渡形式……在这里，从一方面说，租地农民没有足够的资本去实行完全的资本主义经营。从另一方面说，土地所有者在这里所得到的部分并不具有纯粹的地租形式。它可能实际上包含他所预付的资本的利息和一个超额地租……地租在这里已不再表现为一般剩余价值的正常形式。一方面，只使用本人劳动或者也使用别人劳动的租地人，不是作为劳动者，而是作为一部分劳动工具的所有者，作为他自己的资本家，要求产品的一部分。另一方面，土地所有者也不只是根据他对土地的所有权，并且作为资本的贷放者，要求得到自己的一份。" *Capital*, III, ch. XLVII, sect. V, p. 803.

⑭ "在环地中海的法国和意大利城市地区，市民曾可以有效地加以控制，但（在 14、15 世纪人口下降的时期，）由于人们的迁离，土地荒芜，这里广泛实行分成制租（Métayage）这一事实说明，市民和农民为了耕种土地和生产粮食找到了一种合作的形式。" Duby, *Rural Economy*, pp. 356~357.

⑭ "分成制在实行时表现出满足资产阶级所有者需要的资本主义本质。这些所有者的理想是从他们的土地上获得一份可以转化为货币的净收入。他们使其地产管理带有一种商业色彩。他们处心积虑将其在农业收成和粮食或牲畜的出售中的所得，连同贷款利息一道纳入他们的钱袋。与这些外在物质相比，利润是最

⑭ "农奴的解放与其说是得来的，毋宁说是买来的。" Marc Bloch, *Caracteres originaux*, I, p. 111.

⑮ "在小块土地所有制中，土地价格无异于资本主义地租⋯⋯" Karl Marx, *Capital*, IV, ch. XLVII, sect. V, p. 805.

⑯ 见 Slicher van Bath, *A. A. G. B*, No. 12, 164~168. 鲍登（Peter J. Bowden）说："从15世纪中叶至16世纪中叶，在很大程度上，正是因为生产羊毛比生产粮食更有可能获得利润，牧羊业才发展起来，在英国中部尤其是如此⋯⋯

随着毛纺品产量和出国量的增加，羊毛的价格上涨。以1541~1550年为例，本地生产的羊毛价格比1451~1460年几乎高一倍。在15世纪下半叶，粮食价格相对稳定，在价格普遍上涨的1520年以前，粮价没有明显的增长。"*The Wool in Tudor and Stuart England*（New York：Macmillan, 1962），4~5.

⑰ "但到16世纪中叶，从粮食向羊毛转换的急迫性减弱。土地日渐稀少，劳动力却日渐增多。自16世纪20年代起一直上涨的粮价在物价普遍剧增的40年代又长了一倍。后来，在1557年，英国毛纺品的外国市场出现萎缩，羊毛价格随之停滞不动（Bowden, ibid., p. 5）。"

拉姆赛（Peter Ramsey）说："概而论之，在1550年以前，只要能够减少劳动力成本，（在英国）把耕地变为牧场就有利可图。以前一些评论家的观点因此可以说在一定程度上是正确的。但1570年以后，把牧场变为耕地似乎更加有利可图，只要劳动力成本的增加不至于抵消卖粮的利润。"*Tudor Economic Problems*（London：Gollanc, 1968），25.

⑱ 正如德卢莫（Delumeau）在谈到罗马时总说的："对于一个人口和财富都在增长的城市，（乡村贵族）向其兜售肉食和奶酪似乎比兜售粮食更赚钱。结果，他们想方设法使限制他们经营畜牧业的一切政府努力都归于失败。贵族的贪婪和畜牧业日益增长的诱惑力伴随着贵族的各种反应——这种现象并非只发生在罗马乡村。" Delumeau, *Vie économique*, II, pp. 567, 569.

杜比（Georges Duby）把13世纪末期以来，法国畜牧业的发展与"从城市开始的对肉食、皮革和羊毛需求的增长"联在一起。反过来，随着养牛业（和酒类生产）地位的提高，"法国农村的商业化进程飞速发展⋯⋯" "The French Countryside at the End of the 13th Century," in Rondo Cameron, ed., *Essays in French Economic History*（Homewood, Illinois：Irwin, Inc., 1970），p. 33.

⑲ "（整个欧洲）对谷物和酒类需求量的普遍增加，使这个国家，特别是农民，肉食减少，而肉食是其饮食的一个重要组成部分。那些长期以来为肉商保留最后的牧场的村庄最后把所有牧场关闭。⋯⋯

阿拉冈等地区因人口相对不足难以提高人均产量,于是这里的人们放弃了比较贫瘠的农场,发展出口业,工人也纷纷离开家乡……这样,一个重要的营养来源的消失就伴随着农民的贫困和地位下降,伴随着利润率的停滞,同时造成失业……"Jose'-Gentil da Silva, En Espagne: décaveloppement énomique, subsistence, déclin (Paris: Mouton, 1965), 169~170.

⑮ 见 Dobb, Studies, p. 58; Douglass C. North and Robert Paul Thomas, "An Economic Theory of the Growth of the Western World," Economic History Review, 2nd ser. , XXIII, 1. Apr. 1970, 13.

⑯ 见 Dobb, ibid., p. 53.

⑰ 克莱因(Julius Klein)说明了个中原因:"英国和卡斯提尔(Castile)的圈地运动……进行得如此同步,简直令人难以置信。两国的这一插曲都是在14世纪养羊业的刺激下开始的……在16世纪中叶,英国没收了修道院的地产,卡斯提尔王室则获得了军事集团的大量财产,这种地产的利用和财产的获得都极大地促进了本国畜牧业的发展。后来,这两个王国的圈地显然都缓慢发展,但此时圈地不再是为了发展大规模的养羊业,在英国,它是为了租给小农——公簿持有农(Copyholder),在卡斯提尔它是为了圈养牲畜和农民务农。在这两个国家,高等法庭……都保护这一运动,而且圈占公地(the common lands)的企图都因渴望发展圈养绵羊业而变得炽烈。在两国的最终结果都是助长了小规模的农业……在伊比利亚半岛,遏制圈地运动,并在两个世纪的时间内事实上成功地阻止了这一运动发展的因素是大规模的放养畜牧业。在中世纪和都铎早期的英国,反圈地势力绝大部分来自农业阶级。"The Mesta: A Study in Spanish Economic History, 1273~1836 (Cambridge, Massachusetts: Harvard Univ. Press, 1919), 314~315.

⑱ "谷物出口贸易在13世纪末始于普鲁士(Prussia)和波兰,在14世纪为波罗的海国家所效法。谷物被海运到尼德兰(Netherlands)挪威北部和英国的部分缺粮区,如剑桥附近的沼泽地带和有大牧场的地区。"Slicher van Bath, A. A. G. B., No. 12, 170.

⑲ 瑟斯克(Joan Thirsk)在解释这些工业为什么只存在于部分地区时说:"共同的原因恐怕是这些:由人口众多的从事畜牧经济的小农组成的村社会,其主要成分常常是自由持有农(freehloders)……或享有几乎与自由持有农同样有利租地条件的习惯佃农(customary tenants)。其基础可能是牛奶生产。在这些地区圈地通常较早,因此庄园组织和合作农业十分稀少或根本不存在。其基础也可能是大片公共牧场上的饲养业,在这些地区没有圈地的必要,而耕地又比较贫瘠,所以也不存在适于合作耕作的坚固的敞地结构。……由于这些共同原因是连在一起的,所以我们有时可以在这一切的背后发现某种规律。一些最适于放牧的土地直到该居民点历史上的晚期才开垦出来。在这里,直接圈地是可能

的，独立农民组成的社团的兴起也是可能的，因为这些农民不以村庄而以家庭为合作生产单位。如果该土地适于畜养奶牛，那么它也就有足够水源发展毛纺业。在自然条件较差的乡村，满目荒野沼泽，罕见良田美地，乡民遂不得不固守饲养绵羊的营生。公地吸引着无地的年轻人。饲养家畜不像种粮那样繁忙，这使他们有时间从事副业。" "Industries in the Countryside," in F. J. Fisher, ed., *Essays in the Economic and Social History of Tudor and Stuart England* (London and New York: Cambridge Univ. Press, 1961), 86~87.

[160] Sweezy, *Science and Society*, XIV, p. 141., 又见 pp. 146~147. 瑟斯克（Joan Thirsk）在一定程度上对斯威奇的观点表示支持。她说："但是在 16 世纪初，在这个王国的边缘地区还可以看到完全相反的情形。在康沃尔（Cornwall）、德文（Devon）、坎伯兰（Cumberland）、威斯特摩兰（Westmoreland）和诺森伯兰（Northumberland）仍散布着许多村社，有些仍保留着部族的遗风，它们几乎仍完全与商业世界隔绝。另一方面，东盎格利亚（East Angalia）和肯特（kent）东部的一些产粮村深深卷入了大规模的食物贸易，而且他们只愿经营，全然不理会对部族、家族或庄园主的社会服务。在高原地区与低地地区（如中西部）之间，这种区别并不明显。" "The Farming Regions of England," in *The Agrarian History of England and Wales*, IV, Joan Thirsk, ed., 1500~1640 (London and New York: Cambridge Univ. Press, 1967), 15. 对那些认为东盎格利亚不完全属于中心地区的人，我们必须提醒他们，重要的是它在 16 世纪的实际位置，而不是在 20 世纪的位置。在这方面，瑟斯克说："在今天看来，东英吉利似乎远离从伦敦到北部的交通干线。但是在 16 世纪，其中心的河流、漫长的海岸线和为数不少的港口使它很容易与伦敦、英国东北部、苏格兰、尼德兰和波罗的海的市场建立联系。因此，那里的农业从很早就服务于国内外市场。当时的生产专业化程度已经如此之高，以至到 17 世纪早期，即使在丰收的年代，很多很多地区仍远远做不到粮食自给……（pp. 40~41）。"

[161] "在英国距离大市场最远、比较落后的地区，尤其是在西北部，劳役制最先消失，而比较进步的东南部却把它保留得最长久。" M. Postan, "The Chronology of Labour Services," *Transactions of the Royal Historical Society*, 4th ser., XX, 1937, 171; Dobb, *Science and Society*, XIV, p. 161.

[162] Sweezy, *Science and Society*, XIV, p. 147.

[163] 这一点应该进一步说明一下。东欧的资本主义贵族地主当然是穷奢极欲、挥霍无度的。詹宁（Jeannin）甚至说："显然，虽然暂时或长期的府库空虚，限制了购买力，但力所能及的消费仍在增长，这一消费水平的提高是 16 世纪北欧（即环波罗的海地区）贵族生活变化的一个显著特征。" *Vierteljahrschrift für Sozi-alund Wirtschaftsgeschichte*, XLIII, p. 215. 但请注意，詹宁毕竟提到府库空虚是一个限制因素。问题的关键就在这里。在经济扩张的时代，奢侈的绝对程度是

增长的，但相对西欧的增长程度而言，我们可以说东欧的奢侈程度在下降。

⑯ 诺斯（Douglass C. North）和托马斯（Robert Paul Thomas）指出："这时的圈地发生在出产羊毛的牧场和适于生产商品粮的地区。前者是为了满足日益增加的对羊毛的需要，后者是为了满足因城市地区扩大而引起的本地对食物的日益增加的需求。16世纪的圈地运动在英国高原地区最为盛行，因为那里圈地者的收益高于农耕区。这有两个原因。第一，适于放牧的地区比农耕区人口密度低；因此……圈地时，征询意见就相对缩小。第二点可能更为重要，即羊毛价格提高以后，每一个在公地上占有一块土地的人都想牧养更多的羊群，结果谁也不能有效地利用自己的土地。对于在公地上牧养另一羊群的个人来说，成本接近于零，但对于由这样做的人构成的社会来说，代价是很大的。因为那样公地上将放养过多的羊群，结果羊毛的实际出产量将会减少……有力量圈占公地的人则可以避免这一切发生，他把土地圈围起来，禁止他人使用。" *Economic History Review*, XXIII, p. 13.

⑯ 多布把这种人力资源称为"无产阶级或半无产阶级因素"。*Science and Society*, XIV, p. 161.

⑯ Postan, *Transactions of the Royal Historical Society*, XX, 192~193.

⑯ 见 François Chevalier, *Land and Society in Colonial Mazico*（Berkeley: Univ. of California Press, 1963.）

⑯ "货币地租的发展并非总是与劳役折算连在一起。在很多庄园里，货币租是作为实物租的折算形式而出现的。最后，货币租可以和劳役制及实物地租同时存在。最终，货币租的出现是出租一部分领地的结果。" Eugen A. Kosminsky, *Past & Present*, No. 7, pp. 16~17. 波斯坦说："本文含有这样一重意思：地租和劳役是一种互补关系，一种形式的增多在通常情况下伴随着另一种形式的减少。" *Transactions of the Royal Historical Society*, XX, p. 191.

⑯ "随着庄园制衰落而发生的封建地产结构的变化带来了地租形式的变化：在英国，变为货币地租，在法国和德国，则是封建地租的性质发生变化。以前直接以工作形式奉献剩余劳动的农民，现在则以物的形式——产品或产品的货币价格——来奉献。所谓变化不过就是如此……在这两种情况下，封建地主都是凭借其所有权，利用'超经济强制'（extra-economic coercion），在完全没有商品交换法则参与的情况下，直接地剥夺农民生产者的剩余价值，尽管后者事实上占有生产资料——土地。" Takahashi, *Science and Society*, XVI. p. 327.

⑰ 韦伯令人信服地说明了为什么在庄园之外有各种力量把这一过程推向更彻底的形势变化。他说："城市新兴资产阶级的商业力量……加速了庄园的衰落或解体，因为庄园限制了他们自己的市场机会……仅仅从佃农必须服劳役和交租这一点来看，庄园制就限制了农村人口的购买力，因为它使农民无法把他们的全部劳动投入商品生产，也无法提高他们自身的购买力……此外，发展中的资本

主义还有意建立自由劳动力市场……新兴资本主义分子对土地的渴求也使他们的利益与庄园制势不两立……最后，国家的财政利益也起到一定作用，国家希望通过解散庄园而提高这个农业国国民的纳税能力。" *General Economic History*, p. 94.

⑰ 多布说："与大地产，特别是教会大地产相比，小地产的农奴劳动力数量……往往不能满足需要。而且，当一个地产所有者可以从另一个地产所有者那里引诱或掠夺走农奴的时候，小地产所有者是这一争夺中的失败者，并成为邻近豪门大户的牺牲品，因此他们最渴望法律的保护……但有时……这产生相反的结果。如果一个地产所能支配的农奴数量低于下限，该地产的领主只要认为这块领地还值得经营，就必然被迫主要依赖雇佣劳动，这样，他的每个农奴必须向他提供的劳役数量问题对他来说就变得相对无关紧要，至少不像对比他富裕的邻里来得那样重要。如果雇佣劳动力不足，适合于他的选择也不是提高或扩大劳役（因为无论如何这是不够的），而是放弃亲自经营领地，把它出租给有能力交租的佃农。" *Studies*, pp. 59~60.

⑫ Bloch, *Caractéres originauz*, I, p. 117.

⑬ "在易北河（Elbe）以东的德国和斯拉夫人国家，整个领主制都发生变化并让位于一种新的制度。封建义务不再有利可图。但是没有关系！乡绅（squires）本人变成了粮食的生产者和出售者，村民的土地重新集中到他们的手中……这种地产吞食或摧毁了旧式的土地占有关系。在英国，事情沿另一条路线发展。确实，那里乡绅所占有的地盘呈增长趋势，农民和公社的土地也受到侵夺，但这里的乡绅在很大程度上仍是土地出租者，只是他的地租不再是可免的。此后，小块土地最多也只是按期限出租，租期更加通常取决于土地所有者的意志。续租手续十分简单，不过是按照当时的经济状况调整地租。这两个欧洲端点的特征是相同的：在很大程度上应为（13、14 世纪封建）危机负责的永久性土地占有制宣告瓦解。

这时在法国，如此大胆的改革是不可能的（Bloch, *ibid.*, I, 131~132）。"

⑭ "英国的庄园递减过程比法国晚得多，它大约发生在 13 世纪末——14 世纪末——15 世纪末，而不是像法国那样发生在 11 世纪末——12 世纪末——13 世纪初。这很自然，因为英国领地制建立较晚。" Marc Bloch, *Seigneurie française et manoir anglais*, p. 114.

⑮ 见 Block, *Caractéres originaux*, I, 132~139. 卢布林斯卡娅（A. D. Lublinskaya）在谈到这种观点时说："我认为，布洛赫的这些解释是肤浅的。"但他在文章中并没有提出更好的解释。"Préface à l'édition russe des Caracteres originaux de l'histoire rurale française," *Annales E. S. C*, XIV, 1, janv.-mars 1959, 201.

在这方面，佩罗伊（Edouard Perroy）的观点比布洛赫有过之无不及，因为他认为，在中世纪晚期，当英国的封建特征渐渐减弱之时，法国恰恰在国王的

第二章 欧洲的新型劳动分工：约 1450～1640 年

支持和倡导下加强她的封建制度。他的观点如下：在中世纪早期，法国是受封建割据影响最深重的国家。因此王权实际上只相当于一个土地所有者的权力（primu inter pare，同等领主中的第一位），卡佩王朝（Capetian）为解决这个问题，扩大国王的领地，令其覆盖整个法国，使国王位于封建大金字塔的顶端。这样，自13世纪以后，国王鼓励把自主地变成采邑，以使这些地产服从国王的最高权威。见 Perroy, *Le Moyen Age*, pp. 370～371.

⑯ 我们必须提前指出这一点："在英国，绝对主义的衰落对乡绅极为有利，因为这样，令人兴奋的'圈地'运动就可以发展，技术手段就可以变更。但事实上，正是由于这种变更及其影响，无数佃农同时也倾家荡产。法国的情况既类似又不同，在那里，绝对君主的胜利限制了'封建反动'的程度。"Bloch, *Caractéres originaux*, I, p. 139.

⑰ 有关成长中的伦敦食品市场如何在英格兰和威尔士逐步促进畜产品生产的描述参见 F. J. Fisher, "The Development of the London Food Market, 1540～1610," in E. M. Caruswilson, ed., *Essays in Economic History*, I (New York：St. Martin's, 1965) pp. 135～151.

⑱ Marx, *Capital*, I, ch. XXXIX, p. 744.

⑲ "（在英国），新的工业主义的传播使公簿持有农的主张变得更加有力。他们认为，把小块农田改造成大牧场是解决这个国家的食品问题的唯一办法。"Klein, *The Masta*, p. 344.

⑳ 布洛赫指出，在16世纪的法国的确兴起一个新型的社会阶层，即"乡绅农民"（gentleman farmer）。他们是土地所有者，并亲自经营地产。"只要方法得当，主人亲自经营是最有利的。但前提是主人必须住在本地……可离开（巴黎）毕竟是一条失望的出路，而且，很多大土地所有者、贵族或资产阶级，既没有兴趣也没有时间住在他们的领地上，且不说富人通常拥有大片土地，它们分布很广，因此他们根本无法亲自进行管理。"*Caractéres originaux*, I, p. 149.

㉑ Helleiner, *Cambridge Economic History of Europe*, IV, p. 24.

㉒ Braudel and Spooner, *Relazoni del X Congresso Internazionale di Scienze Storiche*, IV, p. 242.

㉓ Braudel, *La Méditerranée*, I, p. 67. "这里的农民饥病交加，穷困潦倒。他们属于某个主人并为主人而生产。这些纯朴的山民背井离乡初下山来往往又受到地主及其管家的敲诈勒索。不管这些山民的法律地位如何，从很多方面来讲，他们都更像是在某块殖民正地上生活……平原属于领主。"

㉔ Karl Marx, *The German Ideology* (New York：International Publ., 1947), 51.

㉕ *Ibid*., 51～52.

㉖ Dobb, *Studies*, p. 55. 多布补充说："确实，人们会遇到这样一个难以解释的问题，即只要（相对于雇佣劳动力的价格而言）生产水平并不高，那么雇佣劳动

— 141 —

的效益就会低于强制性劳动,但使用雇佣劳动却仍然证明有利可图(p.56)。"他在注释中又说:"雇佣劳动力所创造的价值并非必然高于农奴(农奴创造的剩余价值等于他为领主从事的生产活动),因为,尽管我们现在通常认为雇佣劳动正在取代领地农奴劳动,但事实上,它不是取代农奴劳动,而是作为一个剩余价值来源成为农奴劳动的补充。如果我们假定,领主是按照农奴在剩余劳动时间在其直领地上所创造的财富量来折算劳役的,那么只有当新的雇佣劳动力所创造的剩余价值高于其工资时,领主才会从这一折算中获得收益,因为那样,领主所获得的剩余价值就等于超过了折算前他从农奴处所获得的剩余价值。"

此外,正如布洛赫提醒我们注意的,"(对地主来说)徭役劳动并不是绝对可以随时征派的。通常是在特别的'福利工程'中向这些劳动力提供食品。所以,只要食品价格高于劳动价值,这种劳动形式就不值得采用。以为工资水平可以低于工资劳动者食品开支的想法似乎是荒诞不经的。但我们必须记住,工作质量是极差的。……(而且),当应服劳役的农民无需履行这项义务时,那就意味着他赎买了这些义务,也就是说,他们付了钱。这样,我们必须依据当时的社会压力和食品开支状况在一栏里填上赎买价格,然后在另一栏里填上取代徭役的工资劳动日价格,是否取消徭役制取决于一栏的总数是否高于另一栏。"*Seigneurie française*, pp. 116~117.

⑱⑦ Jones and Woolf, *Agrarian Change and Economic Development*, p. 4.

⑱⑧ Marx, *German Ideology*, 51.

⑱⑨ Braudel, *La Méditerranée*, I, p. 300.

⑲⑩ Braudel and Spooner, *Relazioni del X Congresso Internationale di Storiche*, IV, pp. 241~242.

⑲① Braudel, *La Méditerranée*, I, p. 306. "这些不可或缺的移民并非穷困潦倒的平庸之辈。他们经常带来新技术,而新技术也像他们本人一样是城市生活所不可缺少的。犹太人被迫出走是由于宗教原因,而不是因为穷困,他们在传播技术方面起到了非常重要的作用。"

⑲② 见 Phelps-Brown and Hopkins, *Economica*, XXVI, p. 294. 当时城市各阶层生活方式的差异可能与当今欧洲各阶层的差异并无二致。这一点可以从对1559年马拉加(Malaga)3,096户家庭(约合12,000人)所做的研究中看出来。根据这项研究,社会分为下列几个阶层:

小康之家(未必富裕)(razon)10%

小户人家(Peqneñǔ)70%

贫民(Pobres)20%

如果对20世纪的马拉加甚或巴黎做一番调查,其结果会与上表有明显的出入吗?上表引自 Braudel, *La Méditerranée*, I, p. 413.

⑬ "在德国易北河以东地区，即从卢萨提亚（Lusatia）穿过勃兰登堡（Brandenburg）直抵梅克伦堡（Mecklenburg）一带，亦即在尽管德国人（或德国化的王公）曾长期进行统治，但在农村里，斯拉夫人仍有很大势力的地区，人们可以发现，在此时，即14世纪以后，尤其是在15世纪和16世纪上半叶，在许多城市出现一种典型的禁止斯拉夫人加入手工业行会的现象。因此，除了种族歧视之外，我们还看到某种敌视斯拉夫人的'社会性'因素。这一切是由于斯拉夫人争先恐后涌入城市所引起的。" Kazimierz Tyminiecki, "Le servage en Pologne et dans les pays limitrophes au moyen âge," *La Pologne au Xe Congrès International des Sciences Historiques à Rome* (Warszawa: Académie Polonaise des Sciences, Institut d'Histoire, 1955), 25.

⑭ 在一定程度上，人们可以从城市资产阶级的角度把经商的贵族视为"外来商"。雷德利克（Fritz Redich）分析道："似乎曾经存在许多限制（商业贵族）的法规或法典，它们出现的时间相当晚，比如说1600年。……事实上，限制的范围似乎是除长子以外的其余子嗣的职业，而不是后代的活动。……在许多情况下，颁布限制贵族经营活动的法规是为了保护受到贵族竞争威胁的城市商人，因此并不意味着商人的活动有什么不正当。……总的来说，禁区限于批发业和手工业，对在农业、大工业……和海外贸易中存在的我们称之为实业的东西，限制并不多。" "European Aristocracy and Economic Development," *Explorations in Entrepreneurial History*, VI, 2, Dec. 1953, 83,

⑮ Dobb, *Studies*, p. 95. 这样，一旦技术进步扩大了莱恩（Frederic Lane）所说的"天然垄断范围"，那么从"城市殖民主义"向"国家殖民主义"过渡就是一个很自然的步骤。莱恩说："在中世纪欧洲的许多地区，统治区域超过一个省就有诸多不便。相反，到了17世纪，如果一个政府的军事力量没有强大到足以征服一个民族国家的地步，该政府就难以维持对哪怕一个省的垄断权，因为它不能保证该省不受外来的侵略。这说明天然垄断力的范围发生了变化。世界进入了一个竞争的时代，由于新的天然垄断范围与新技术相适应，所以国防费用也更加昂贵。在当今原子武器时代，天然垄断范围可能等于整个世界。" "Economic Consequences of Organized Violence," in *Venice and History* (Baltimore, Maryland: Sohns Hopkins Press, 1966), 415~416, fn. 4.

⑯ Henri Sée, Modern Capitalism (New York: Adelphi Co., 1928), 41. 多布也持这样看法。他说"不仅由于城市的发展和城市市场的成倍增长，而且由于随着雇佣劳动和货币地租的流行，货币经济逐渐渗透到农村，（英国的）国内市场才正在逐步扩大。但无论如何，还是对外贸易才为商业的迅速发展提供了更大的机会，而且正是在这个领域，财富的增长令人瞠目。" *Studies*, p. 129.

列宁在论述国家资本主义的发展时，也强调国际贸易的重要作用。他说："资本主义国家对国外市场的需要，决不取决于社会产品（特别是额外价值）

的实现规律,而取决于下面几点:第一,资本主义只是广阔发展的、超出国家界限的商品流通的结果。因此,没有对外贸易的资本主义国家是不能设想的,而且的确没有这样的国家。" V. I. Lenin, *The Development of Capitalism in Russia* (Moscow: Foreign Languages Publishing House, 1956), 44.

正是由于考虑到世界贸易的这种主导地位,莫罗(François Mauro)才可以说:"在1500至1800年间,也就是说从文艺复兴到工业革命,西方文明的特色正是商业资本主义。" "Towards an 'Intercontinental Model': European Overseas Expansion Between 1500~1800," *Economic History Review*, 2nd, ser., XIV, 1, 1961. 1~2.

[197] Chaunu, *L'expansion européenne*, p. 311.

[198] "准确地说,正是由于市场发育不良——即生产者影响其产品交换的能力只限于本地——商业资本家才获得了黄金般的机会……只要这种原始状态持续下去,借机发财的机会就不会消失,因此十分自然地,商业资本家所制定的政策就不是改变这种状态,而是使之永恒。" Dobb, *Studies*, p. 89.

[199] "(圣多姆 Sâo Tome)的甘蔗种植园与大规模的国际贸易有密切联系,参与其间的最初是安特卫普(Antwerp)大公司,后来是阿姆斯特丹(Amsterdam)的大公司。在16世纪,由于圣多姆输出的糖浆与日俱增,在那些经济生活中心地区涌现出无数糖业加工厂。我们应该注意到,尽管在这个岛屿的食糖出口方面,葡萄牙人起着非常积极的作用,但加工过程并不是由经济脆弱的葡萄牙来经管的。经营食糖加工业是那些拥有雄厚资本和自由技术工人的经济繁荣的国家,即那些已经踏上发展之路的国家。" Marian Malowist, "Les débuts du système des plantations dans la période des grandes découvertes," *Africana Bulletin*, No, 10, 1969, 29.

[200] "这是一种先付款后发货的购买制度。据说,凭借这种手段,在250年的时间里,汉萨同盟卑尔根(Bergen)商人把挪威北部的食鱼和毛皮贸易几乎全部揽在自己的手中。汉萨同盟的这些商人通过预付款使挪威北部的渔民直接依附于他们。与此同时,他们还得以把挪威市民长期拒于这种贸易之外。" Marian Malowist, "A Certain Trade Technique in the Baltic Countries in the Fifteenth to the Seventeenth Centuries," *Poland at the XIth International Congress of Historical Sciences* (Marsaw: Polish Academy of Sciences, The Instituts of History, 1960), 103.

[201] *Ibid.*, p. 104.

[202] *Ibid.*, p. 114.

[203] 见 Dobb, *Studies*, p. 71.

[204] "在资本主义生产出现以前,即在中世纪,普遍地存在着以劳动者对他的生产资料的私有为基础的小生产:小农、自由农或依附农的农业和城市的行会手工业……把这些分散的小的生产资料加以集中和扩大,把它们变成现代的强有力

的生产杠杆，这正是资本主义生产方式及其体现者即资产阶级的历史作用。" Frederick Engles, *Socialism: Utopian and Scientific* (New York: International Publishers, 1953), 28.

㉕ "恰恰在 14 和 15 世纪，在英国、低地国家、德国北部和意大利，我们发现农村纺织业取得了令人瞩目的发展。参与其中的农民或者是为了城里的企业家生产，或者是为自己生产。我认为这一事实似乎说明，单纯从事农业生产不足以维持他们的温饱……事实上，就在佛兰德、布拉邦（Brabant）和托斯坎尼（Tuscany）等地的奢侈品生产，这时走向衰落的同时，在佛兰德本地、埃诺（Hainault）、荷兰、英国、德国南部和意大利部分地区，新型的纺织品生产已在小城镇和农村悄然兴起。这些纺织品质量不高，但价格较低廉，因此受到没落贵族和其他手头拮据的消费者的欢迎……在 14、15 世纪，不管在工业方面还是在长途贩运方面，日用品的作用都日趋比奢侈品重要。" M. Malowist, "The Economic and Social Development of the Baltic Countries from the 15th to the 17th Centuries," *Economic History Review*, 2nd ser., XII, 2, 1959, 178.

马克思说："在原始的历史形式中，资本起初零散地或在个别地方出现，与旧的生产方式并存，但逐渐地到处破坏旧的生产方式。属于这种原始的历史形式的，从一方面说，是本来意义上的手工工场（还不是工厂）。手工工场产生在为出口、为国外市场而大批生产的地方，因而是产生在大宗海陆贸易的基地、贸易中心地，例如，意大利的城市、君士坦丁堡、佛兰德和荷兰的城市、西班牙的某些城市如巴塞罗那等等。工场手工业最初并没有侵入所谓城市工商业，而是侵入农村副业，如纺和织，即最少需要行会技巧、技艺训练的那种劳动。除那些大的贸易中心地以外——在这些地方，工场手工业找到国外市场的基地，因而可以说，生产自然而然以交换价值为目的这也就是直接与航海有关的手工工场、造船业本身等等——除这些大的贸易中心地以外，工场手工业起初不是建立在城市中，而是建立在乡村中，建立在没有行会等等的农村中。农村副业构成工场手工业的广阔基地，而城市工商业为了能够按照工厂方式生产则要求生产的高度发展。构成工场手工业广阔基地的，还有这样一些生产部门：如玻璃厂、铁工厂、锯木厂等等，它们一开始就都要求劳动力的大量集中、更多地利用自然力、大量生产以及劳动资料等等的集中，造纸厂等等也是一样。" *Pre-capitalist Economic Formations*, p. 116.

㉖ "我们有理由认为，在 16 世纪的人口增长、土地紧缺与约克郡谷地手工编织业的兴起之间存在着某种联系。" Thirsk, *Essays in Economic and social History of Tudor and Stuart England*, p. 88.

㉗ "当这些工业资本家为了兜售廉价纺织品，而试图在他们自己的城市生产这种纺织品时，他们发现他们这样做是不被允许的。于是他们就把越来越多的活计交给农村工人。如果他们城市的行会或政府对这种做法也加以禁止，他们就把

他们的工业转到其他国家。当时欧洲大陆的'国家'并不是很大。"Robert L. Reynolds, *Europe Emerges* (Madison：Univ. of Wisconsin Press, 1967), 399.

⑳ Braudel, *La Méditerranée*, I, p. 399.

㉙ "我认为，在我们所说的经济史的每一个时期，都有特定的资本家阶级。换句话说，就是每一个特定时期的资本家群体都不是前一个时期遗留下来的。每当经济组织发生变化时，我们都看不到任何连续性。昔日的资本家似乎承认他们无法适应新的形势，因为这种形势有新的需求并呼唤新的手段。于是，他们退出竞争，变成贵族。如果他们后来仍发挥一定作用的话，那也是极为被动的。"Henri Pirenne, *American Historical Review*, XIX, 3. Apr. 1914, 494~495.

㉚ Pierre Vilar, in *Actes du Colloque de la Renaissance*, p. 50.

㉛ 甚至对此观点持怀疑态度的古尔德（J. D. Gould）也承认，在这个时期，"工资劳动者的实际收入严重下降"。见"The Price Revolution Reconsidered," *Economic History Review*, 2nd ser., XVII, 2, 1964, 265. 多布也认为，"在14、15世纪，商业资本家的巨额利润是垄断的结果。他们致富的原因是限制广大生产者经商，而不是普遍降低生活标准。换句话说，新兴商业阶级暴富的原因不是生产者收入的绝对减少，而是相对减少。但是在16世纪下半叶（也可能是在17世纪，或17世纪上半叶），这种状况显然不复存在。"*Studies*, pp. 119~120.

㉜ 古尔德（Gould）特别强调这一因素的重要性，他说："当今的人们普遍承认，在20世纪中期，物价上涨对工业利润的主要影响并不反映于工资上涨幅度落后于价格——事实上，基本不存在这种现象——而是反映于资本消耗程度落后于价格上涨。……在毛利润中，未分配部分贬值越来越严重，当最后不得不更换机器时，这种损失终归要补偿。但是如果机器或设施的寿命很长——都铎（Tudor）和斯图亚特（Stuart）时期的大部分固定资本都是如此，例如水车、晒盐池、熔炉等等——那么那个时代的毛利润率就会普遍增长。"*Ibid.*, p. 264.

㉝ 见 Mauro, *Le XVIe siècle européen*, p. 298.

㉞ Nef, *Conquest of Material World*, p. 116.

㉟ Ernesto Laclau (h), "Feudalism & Capitalism in Latin America," *New Left Review*, No. 67, May~June 1971, 25.

㊱ *Ibid.*, p. 30.

㊲ *Ibid.*

㊳ 帕森斯（Talcott Parsons）认为，工业主义的最初发展必须采取资本主义方式，因为只有"那种制度才可以约束政治权力，只有这种独立于政治结构的制度才能最有力地刺激经济发展。"*Structure and Process in Modern Societies* (New York：Free Press, 1960), 101~102. 按照帕森斯的看法，其原因在于："这种政治力量……或被用于维护相对短命的'地方势力'，或轻易地落入传统的窠

白。这或许就是韦伯说政治力量'在经济上往往产生非理性影响'的原因（p. 107）。"

这种分析似乎有理，但与事实却有出入，因为事实上，国家在资本主义现代发展史上一直在发挥着作用。帕森斯忽略了结构区别的一个根本因素，即地理因素：经济活动发生在世界经济范围之内，而政治领袖的权威——如果不是其权力的话——只限于比经济实业范围要小的某个地域。正是这种结构上的差异使资本家获得了回旋的余地。

㉑⑨ K. Berrill, "International Trade and the Rate of Economic Growth," *Economic History Review*, 2nd ser., XII, 3, 1960, 352.

㉒⓪ A. Rupert Hall, "Scientific Method and the Progress of Techniques," *Cambridge Economic History of Europe*, IV, E. E. Rich and C. H. Wilson, eds., *The Economy of Expanding Europe in the 16th and 17th Centuries* (London and NewYork: Cambridge Univ. Press, 1967), 100.

㉒① "所以，大西洋彼岸新边区的开发带来了新的机会，人们对成功的可能性也更加充满信心。机会是存在的，但同样存在着敢于并善于抓住机会的人……美洲可能使欧洲的前进步伐加快了，甚至可能如若没有美洲，欧洲就不会有任何前进。但是如果我们接受这种极端的看法，我们似乎也应记住布罗代尔教授的谆谆教诲：美洲不是唯一的主导因素。" J. H. Elliott, *The Old World and the New*, 1492~1650 (London and New York: Cambridge Univ. Press, 1970), 78.

㉒② Braudel, in *Chapters*, p. 268.

㉒③ Braudel and Spooner, *Relazioni del X Congresso Internazionale di Scienze Storiche*, IV, p. 243.

㉒④ "这种第一推动力埋葬了封建生产方式和财产占有方式，并自然而然地导致了资本主义社会的形成，这种推动力产生于小商品生产发展的过程当中（作为小商品生产者的独立农民和小资产阶级），并且是工业资本家与被剥夺了土地因此不得不出卖劳动力的工资劳动者在经济上两极分化的产物。我们相信，资本主义发展的这种形式是具有典型意义的。它特别是西欧经济史的特征。" "On the 'Transition' from Feudalism to the Bourgeois Revolution," *India Journal of Economics*, XXXV, 140, 1955, 149~150.

㉒⑤ "多布先生……把'劳动力资源的变化'视为打开经济史迷宫的钥匙；这当然是一个值得研究的有趣现象，……但我们的作者……几乎完全忽视了其他因素，即价格的长期运动方式；……他没有考虑到两因素相结合的可能性。" Jean Neré, "Le développement du capitalisme," *Revue historique*, CCIII, janv.-mars 1950, 68.

㉒⑥ "每一次经济波动，即使在它具有决定性、破坏性或建设性的时候，都只是一个长期'结构史'——资本主义发展——中的一次偶然事件，'结构史'本身

当然比各次事件重要。" Braudel and Spooner, *Cambridge Economic History of Europe*, Ⅳ, p. 450.

㉗ "虽然在 14 和 15 世纪，在地中海沿岸的某些城市已经稀疏地出现了资本主义生产的最初萌芽，但是资本主义时代是从 16 世纪才开始的。" Marx, *Capital*, Ⅰ, ch. XXVI, p. 715.

㉘ Braudel, in *Chapters*, p. 285.

第三章插图 "大公爵加强了里窝那（Livorno）港口的防卫设施"

Jacques Callot. (1614–1620)
Paris：Biblio-thè que Nationale.

"大公爵加强了里窝那（Livorno）港口的防卫设施"，卡洛特（Jacques Callot）雕刻的一个"麦地奇的斐迪南一世传"（The Life of Ferdinand of the Medicis）集中选出。斐迪南从 1587~1609 年是托斯坎尼（Tuscony）大公。这幅雕刻在 1614~1620 年间制作。

第三章　绝对君主制与国家主义

很明显，在欧洲世界经济体系出现的同时，也兴起了西欧绝对君主制，但它是其原因还是其结果呢？这在两方面都可以找到很好的例证。在一方面，如果不是由于商业的扩张和资本主义农业的崛起，就很难有什么经济基础来支持开支如此庞大的官僚国家机构。①但在另一方面，国家机构本身就是新型资本主义制度的一个主要经济支柱（不必说还是其政治庇护人）。如布罗代尔（Braudel）所言：无论他们是否愿意，国家是那个世纪最大的企业经纪人。②并且，他们是当时商人的主要主顾。③

关于国家在资本主义企业中的作用有几种不同的论点。第一是有关其程度，第二是它的经济影响，第三是有关它的阶级内容。第三个论点我们将在以后探讨。首先我们要探讨的是，虽然对于国家渗透进19世纪经济体系中的程度众说纷纭，但看来还是存在一个被较为广泛接受的看法，即在现代世界体系的早期，至少始于16世纪并延续到18世纪，国家始终是欧洲世界经济体系中的主要经济因素。

但是如果大多数人认为国家确实扮演了这一个角色的话，有些人觉得这是一个没有必要且不受欢迎的角色。例如熊彼得（Schumpeter）坚信私人企业具有长期的高效率，而认为国家无论作为商品的购买者还是借贷的一方，对商业的发展都没有什么益处。他说，"如果认为没有宫廷的奢侈，就不会有从农民和市民阶级那里索取的相应产品和财富，这种想法是不可原谅的（错误）。"④也许它是不可原谅的，但并不一定是错的。为什么不能认为，一个农民生产剩余产品只是为了交税，否则他可能只会消费掉或者根本不生产它呢？熊彼得（Schumpeter）难道真的认为，16世纪的欧洲农民已经完全被导向商品市场了吗？

至于王室的开支对于信贷制度的创立至关重要这一论题，熊彼得（Schumpeter）提出了两个观点。一是任何从信贷运行机制的发展中得到的好处必须要"与通过提高税收和其所需要的财政经费的方法所造成的全部破坏和经济活动的停滞加以平衡之后再估量。"⑤这里含有大量违反事实的观点,而其可靠性却只能用这本书的作者自己的全部论证来估评。这里将阐述这样一个观点,即在欧洲世界的中心地区内,强国的发展是现代资本主义的发展的基本组成部分。他的第二个观点即认为给王室的贷款换得的是经济上的特权。但从更大的社会共同体利益来看,它在经济上可能是最不健全的。⑥无疑这个讲法是对的,但对我来讲,这似乎仅仅是资本主义本质事物中的一类,而不是它运行中偶然的扭曲。因而,它在事实上就为熊彼得(Schumpeter)的前一个观点提供了一个很好的反证。

我们前面已经考察了14和15世纪经济危机的各个方面,而正是这一危机导致国家官僚制度缓慢但却持续的发展。我们也谈到军事技术的进步,它使得中世纪骑士过时,因而也加强了控制大量步兵的中央政府的权力。君主们的主要政治目标就是恢复秩序,这也是经济复苏的先决条件。用热尼科(Génicot)的话概括起来说,就是通过揭示权威崩溃的恶劣影响,使动荡时代为中央集权化提供了反面例证。⑦

但是为什么这样一种政治统治偏偏在这个时候出现?一个传统的观点就是用新生国家的离心现象来解释,这种观点也通常被用来解释20世纪新国家的形成。⑧15世纪"秩序的恢复"最初的推动力来自"封建制度的危机"。对领主的经济压榨造成对农民剥削的加强,结果导致农民起义。它也导致贵族之间自相残杀的战争。被削弱的贵族寻求国王的庇护,以免遭受更大动乱的威胁。国王坐收渔人之利,趁机扩大他们自己相对于贵族更多的财富和权力。这就是他们为贵族提供庇护的价码。莱恩(Fredric C. Lane)称之为"庇护税",而且他提醒我们这种"庇护税"比起工业技术或工业组织的优势,在当时来讲是商业财富的主要来源,而且是一种更为重要的获得利润的来源。⑨

当然,国王地位的上升不仅仅是一种机遇,而是连他自己也处于的那种压力之下的结果。艾森斯塔德(Eisenstadt)认为当政治统治者不能依靠通过他们自己的资产(如国王领地)或通过其他阶层所承担的不容置疑的义务使自己得以应付各种事务时,"官僚政治"就应运而生。⑩但是,这些阶层所承担的义务真的从来就是不可置疑的吗?至于资财的可利用性,国王个人资产的不足,以致无法达到他们的目标这个事实,不过是由于他们的目标过于雄心勃勃而已。随后,我们必须探究一下导致统治者寻求实现更为野心勃勃的目标的压力。

刘易斯（Archibald Lewis）提出一种看法，他试图将此与土地的可利用性联系在一起："当……君主将所有的自由土地分封完毕时，他就必须开始征税——以另一种形式收回他早年向臣民夸示的财富。"[11]这种对国家税收的需要并没有直接导致"绝对君主制"，相反，君主不得不创建议会以得到贵族对其税收政策的支持，这种状况将会持续到"直到统治者感到已足够强大而无需这种支持的时候为止。"[12]多布（Dobb）侧重点则不一样，他认为对国王的压力不是由于土地的缺乏，而是源自"劳动力的匮乏"。"国家机器的加强用于推进对劳动力市场的控制。"[13]

从这一分析中会使人产生这样的看法：如果说经济危机导致君主获得更大的权势的话，那么，16世纪的经济扩张就会产生相反的效果，如我们将要看到的那样，这在一定程度上是对的。第一个16世纪是一个帝国争斗而不是强国争霸的时代，我们将在下一章论及此事。直到我们在稍后将要谈到的帝国的失败之时，强国才又再次崛起。而且确实只是到了18世纪，历史学家们才会相信一个"绝对君主制时代"的存在。[14]

然而事实上尽管变化不定，我们看到的是个现代国家权力的长期持续的增长。资本主义世界经济似乎已要求并且为中央集权和对内部的控制的加强这一长期进程提供了便利，至少在中心国家是如此。

那么，16世纪国家机器的操纵者，即国王们是如何使他们自己变得强大的呢？他们主要使用了四种机制：官僚制度化，垄断军队，建立合法性的统治体制和将其臣民同质化。我们下面将依次予以论述。

如果国王变得强大起来的话，那无疑是由于他们采用了新的机制，一群永久性的依赖于国王的官僚。[15]当然在这方面，欧洲才刚刚赶上中国。因此，一个官僚国家机构本身不足以成为16世纪巨大变化的分界线，更无法解释这些变化。然而，国家官僚制度的发展是关键所在，因为它从根本上改变了政治游戏的规则，并确保今后的经济决策不通过国家机构就不再能轻易做出。这就意味着所有各阶层的精力不得不大部分转向对政治领域的征服。可以肯定，与当代欧洲相比，我们始终谈及的只是一个规模较小的官僚机构的时代。[16]但是，如果与中世纪晚期相比，其规模和结构的差异则反映了一个质的变化。

那么，国王是如何得到这些人的呢？国王出钱收买了他们。国王的问题不是他没有代理人，王国里有许多行使行政和军事职能的官员。但从前，他们大都不依赖国王，因此，他们也就没有义务只执行国王的指令，而面临违背他们自己，他们的贵族领主及其家庭的利益的强大压力。国王将通常"具有现代起源"[17]的人们变成付酬金的全日工作职员。而使这成为可能的主要制度就是逐渐为人所知的"官职买卖制"（venaly of office）。但是与建立在直接经济利益和普遍兵役制原则上的官僚制相反，这些形式无疑强调国王的有限权力和这样一种可能性，即将国家收入转变成为这个贿买的官僚制增加的俸禄。但是与它之前的封建制相反，买卖官职又使得国家制度的相对最高权威性成为可能。如哈通（Hartung）和穆斯纳（Mousnier）所言："无论里面看来如何，官职的买卖通常是最有利于绝对君主制的。"[18]

国王做出了现实的政治抉择。为了建立一个合理的官僚制度，国家需要事先有资金的可靠来源，而不是靠官僚制度所带来的财富。斯沃特（Swart）认为，不同于后来的政府，16世纪的君主制所缺少的正是这种可能性，即"不用分让出他们收入的特定一部分作为获取利润的保证金就能发行借债"。[19]他们陷入这样一个循环圈内：正是为了使这种可能性实现，他们必须首先创立一个强大的国家机器。官职买卖有个好处就是能立刻既得到收入（通过官职买卖）又得到政府官员。当然，这随后就与通过买卖获得官职的自私的官员共同群体的发展携手共进了。[20]可以肯定，正如埃伦伯格（Richard Ehrenberg）所指出的那样，官职买卖造成一个"怪圈"，规模日益庞大的官僚制度吞噬国家税收并大举债务，这又导致国家日益增长的财政需要。[21]这一发展轨迹又将这一循环圈变成一个上升的螺旋形，在其中官僚制度十分有效地从广大人民那里榨取剩余价值，而这部分远远大于维持官僚制度的开支。一些国家在这方面是成功的，一些国家却失败了，而成功与否的关键在于他们各自在世界经济体系中扮演的角色。

这个上升的螺旋形机制是这样运行的：在中世纪晚期，国王获得了一时的优势，因为对贵族的经济剥夺使国王有了收入，这使他开始有钱贿买下一个官僚制度，这反过来又使更多的征税和借贷成为可能。在世界经济体系中的这些地区，经济体制的转变是以这样一种方式进行的，以确保世界范围内的剩余价值的不均衡分配。国家发现征税和借贷变得更为容易，而这纯粹是对拥有货币的力量的未来取向有信心的一种反应。国家用这些增加的收入来加强他们的强制力量，而这又反过来增强了人们也许应称之为"对国家潜在强制力量"的信心。

这使得国家债务的出现成为可能，这就是国家赤字预算。国家债务在古代世界是没有的，在中世纪又由于中央政府的软弱和继承权的不确定，是不可能有的。只是到了16世纪法国的法兰西斯一世（Francis I）统治时期，我们才第一次见到这种经济现象。[22]因为只有当国家能够强迫人们推延收还贷款或在适当时机拒绝偿还债务，而同时又强迫各阶层以硬通货或各种纸币形式的流通货币借钱给它时，国家债务才能存在。这样做的一部分动力就是要保证增加王室的收入。王室需要这笔钱来建立国家机器，并有足够的国家机构来保证获得这笔钱。这种运行制度还不是重商主义，因为重商主义政策其目的在于加强国家长远的税收基础，用沃尔夫（Martin Wolf）的话说，这不过是"财政主义"（fiscalism），[23]即目的在于增加国家现时收入的政策。

现在应论及的是，与后来的国家相比，毕竟国家正规的财政机构的缺乏依然是明显的。正如布罗代尔（Braudel）所指出的那样，这是16世纪国家贫弱的"另一个标志"。[24]国家作为财政的操纵者的弱点并没有贬损这一事实：即国家债务反映了国家作为经济实体不断增长的自身利益。而作为经济实体，国家已具备了追求其经济目标的特有能力。

一旦扣除用于征集税收的行政机构的开支，剩余资金投放的最重要部分恐怕就是创建一支常备军队。最初为了得到这些士兵，国家再次使用了贿买方式。与可贿买的官员相对应的就是"雇佣"（mercenary）兵。

然而，都是些什么人可以贿买的呢？既然雇佣军是一种危险而且不定期付酬金的职业，就不是任何人都可以贿买的。"它不是一个任何人都可以选择的职业，只有那些反应敏捷的人"才可以胜任。因而，它也就成为这样一种职业，其人员的征募带有很大的地区性和社会性，是新欧洲劳动力分工的重要部分。

西欧人口的增长造成我们上面已经谈到的"流浪者"（vagabondage）现象。"流氓无产阶级"（lumpenproletariat）在各地都有增长，他们对新国家还未完全确立的秩序是一个威胁。将他们中的一部分人收编到军队中产生许多的后果。它可以给一些人以工作，并利用他们去镇压其他人。[25]基尔南（Kiernan）指出，有多少雇佣军是来自西欧"不发达"地区：加斯科尼（Gascony）、皮卡迪（Picardy）、布列塔尼（Brittany）、威尔士（Wales）、科西嘉（Corsica）、撒丁尼亚（Sardinia）、达尔马提亚（Dalmatia）。"总之，在欧洲边缘地带的山区里的大量征募地区，居住着像凯尔特人（Celts）、

巴斯克人（Basques）这些外族人。"㉖ 而看来更重要的是主要来自瑞士的人。㉗

基尔南（Kiernan）认为这种征募方式不仅直接有效地控制了16世纪的社会动荡；㉘ 它还有第二个虽然微妙但同样重要的影响，如我们用现代的话来讲，这就是世界经济体系的出现：

> 正如尼泊尔（Nepal）和旁遮普（Panjab），这两个英国军队长期进行征募的地区与它们的邻居相比，雇佣兵的征募保持了政治上的停滞。而对瑞士来讲，附属于绝对君主制法国的三个世纪留下了后患。从雇佣兵出口许可证买卖中所获费用以及牺牲广大平民利益所换来的显贵集团权势的加强，都使得各州政治腐化……正如阿尔菲里（Alfieri）讥讽地评论的那样，这些山区的自由人堕落成僭主暴政的看家狗。如果农民战争早开始50年，如果瑞士在1524年依旧是一支革命的力量的话，那么，欧洲历史可能就会发生完全不同的转折。㉙

在大多数情况下，国家甚至不直接征募雇佣军。当时的机制不允许这样做。国家更多地是与谋利的"军事企业家"订立合同。雷德利克（Redlich）怀疑这是资本积累的最佳手段，因为如果他们的收入"特别高……而通常他们的开支是特别庞大的"。㉚ 然而，有更多的证据表明国家的建立是如何影响资本主义的兴起的。至少在短期内，"在一个长期缺乏对资源开发利用的社会里，增加军事开支通常刺激其他部门的生产，这样在战争时代，剩余价值量就增加了"。㉛ 但是，不只是商业和产业参与到军事企业中，这个体制是靠信贷建立的。因为不仅君主们要从银行家们手里借钱，军事企业家也这样做，他们的资本是由大商业银行家如福格家族（Fuggers）提供的。这种情况一直延续到"三十年战争"。㉜

进一步说，雇佣军不仅为穷人提供就业和给予企业进行贸易的机会。军队必须要吃饭，通常与雇佣军相伴而生的粮食商人也成为战利品中间商。㉝ 埃弗里特（Alan Everitt）认为军队供给是推动都铎（Tudor）王朝时期的英国农业生产地区专业化的一个主要动力。㉞ 它甚至还刺激了出口贸易的发展。㉟ 如果我们考虑到，国家也意识到有责任确保他们日趋扩大的官僚体制有足够的粮食的话，这将是最有说服力的原因。㊱ 因此，资本主义的扩张也满足了国家的短期需要。

而随着文职官僚制度的建立,君主却又陷入困境。这些军事企业家是君主在追求强权过程中不可缺少的附属物,它也消耗了大量剩余价值。无疑,这些军事企业家比起贵族封臣是君主更为可靠的代理人,但最终他们还是主要是为自身的利益。令君主悲哀的是他因而失去了流动资金。[37]然而,这种可能性再一次表明国家在世界经济体系形成中的直接作用。

说到底,在任何情况下都是军队自己养活自己。因为他们使征收更多的税成为可能。由于税收的重负几乎完全落在人民身上,特别是那些生活在乡村的农民身上,[38]人民因此而恼怒,直到他们再也无法忍受时,他们就揭竿而起,[39]到时军队会赶去镇压,直到他们无能为力之时。最易于采用的起义形式,是由于很难阻止的匪帮,这当然在山区尤为容易。[40]国家的警备力量除了在统治的中心地区外,在其他地区还太软弱,而这种匪帮活动经常在与新国家对抗的一些传统领主那里得到响应。[41]

无疑,如德卢莫(Delumeau)指出的那样,匪帮活动通常是乡村反对城市的暴动。[42]那么,当时农村都是些什么人以及在什么时候最重要呢?很显然,农民介入匪帮活动似乎与粮食匮乏时期有很大关系。[43]当然,当发生粮食骚乱时,赤贫者肯定卷入其中。但是作为一场运动,特别是在地中海地区,赤贫者并没有构成匪盗活动的中心。更显然的是,在16世纪晚期,新兴的自耕农通过匪盗活动来表示对"再次封建化"和他们的国家被变成半边缘地区的抗议。[44]在这些国家里,特别是像南意大利的地产管理人(Massari)这样的小企业家,比起较大的土地所有者更难抵御歉收年景,他们害怕这种突发的灾难使他们落入农村穷人的行列。因此,他们就采用匪盗这种方式来对付那些被他们视为直接敌人的大地产主。[45]

参加匪盗活动的另一部分人是贵族,那么他们又是些什么人呢?似乎正是那些被经济剧变榨干的人。我们在谈到雇佣兵问题时曾指出,人口的增长与促发圈地运动的各种力量一起造成了流浪者问题,雇佣兵制的兴起的另一个目的,是通过雇佣他们其中一部分人来控制另一部分人。雇佣军队加强了君主的力量。由于同样的原因,他们不仅通过建立足够强大的军队推行国王命令,而且还通过为较小的贵族创造任职机会的手段最终削弱了传统的贵族。[46]当然,在许多地区,破落的骑士仍然还有另一种选择,他们可以参加国王的军队。进一步讲,在国王力量强大的地区,匪盗活动就难以存在。但是,在君主力量衰微的地区,当匪盗就成为一种有利可图的职业,这也就使选择其他职业变得更没有益处。也正是从这个意义上讲,匪盗活动无疑是对强大国家的呼唤，而非只是属于"传统"意义上的反抗。它是一种反抗形式，在某种情况下，是王国境内存在的最大一支反抗力量。[47]但它仍是现代国家结构中一种正常的反抗形式。

因此，将匪盗活动视为反对国家权威的传统的封建反抗形式将是大错特错的。[48]它是国家权威没有充分发展时，面对由经济和社会动荡所引起的混乱束手无策的结果。它也是国家在通货膨胀的时代，人口增长、食物短缺的情况下，不愿意保证在分配上做到某种更多程度的平等的结果。从这个意义上讲，匪盗活动是由国家自己造成的，它剥夺了部分贵族的传统特权（因而也就剥夺了其财富来源），还有生产产品以供养新生官僚的农民。它还在这个国家里造成了财富的大量集中，这也就使得对财富的争夺变得更具诱惑力。因此，匪盗之患是混乱的象征，它是由欧洲世界经济体系的创立所导致的大规模经济再分配所引发的。

政治体制通常更为稳定，在一定程度上甚至可以达到局部的法制化。由于只考虑政府与广大人民的关系，就造成了对其合法性确立过程的分析有许多令人不解的地方。在人类历史上，假如许多政府统治的"合法性"得到大多数被剥削、被压迫和受到虐待的人民的认可，那才是令人怀疑的了。广大民众或许听天由命，或愤怒不安，或为他们暂时的好运而惊喜，或者蠢蠢欲动，随时准备铤而走险。然而，一个政府不管是否受到赞赏、敬慕、热爱或甚至支持，都趋向于长治久安。而这肯定是发生在16世纪欧洲的情况。

统治的合法性与老百姓无关，与官僚却有很大关系。政治稳定性问题在一定程度上周期性出现，即国家机构中的少数管理者能够使大多数的中央政府官员和地方权要们确信其统治已形成，并且其职能建立在无论怎样的双方认可的价值之上，并使官员们相信它的存在，而且官员们的利益就在其中，其统治才能得以长治久安。当一个政府达到这种状况时，我们就可以称之为"合法政府"。

此外，一个政府的合法性并不是一劳永逸的，它是不断妥协的结果。在16世纪，作为使君主制这一新权威合法化的一种手段，产生了王权神授的思想。这种制度我们称之为"绝对君主制"。既然绝对君权是一种思想，我们就应该意识到其所宣称的权利的空泛性。因此，弄清什么是他们的主张，并且其又是如何与现实的社会结构相对应的，是很有用处的。

首先，"绝对"这个词究竟意味着绝对到什么程度？神在人世间没有代理人的理论，在大多数情况下行使着拒绝推行君主所宣示的意志的合法主张的作用，不全然是一种新意识。然而，它在这个时代比在这之前或之后的时代得到更广泛的传播并在知识界被接受。"绝对"一词无论在理论上还是实践上都是用词不当。在理论上，绝对并不意味着毫无限制。正如哈通（Hartung）和穆斯纳（Mousnier）所指出的那样，它受到神法和自然法的限制。"他们认为'绝对'一词不应解释为'毫无限制'，而应该解释为'不受监督控制的'（pas contrôlee）。君主制相对于过去分散的封建权力是绝对的。""它并不意味着专制政治和暴政。"[49]同样，马拉瓦尔（Maravall）说："无论是在现代国家发展的最初和后来的阶段上，'绝对君主制'都不意味着毫无限制的君主制。它只是相对意义上的绝对。"[50]其关键实用的要求就是君主不应该受到法律的强制限制："无法律限制"（ablegibus solutus）。

无论其主张如何，事实上君主们的权力不论在理论上还是在实践上都是非常有限的。在许多方面，君主的权力比起一个20世纪自由民主政体下的总统少得多，尽管后者受到许多制度上和道德上的限制。比如，20世纪的国家机构本身有一定程度的有机化能力，这大大缓解了日益加大的限制。为了理解一个"绝对"君主的真正权力，我们必须将其放入到那个时代和具体国家的政治现实背景中。只有当国家的大政方针发生争执，君主有了对国内其他力量占取优势的相应可能性时，君主在一定程度上才是绝对的。[51]然而，即使是16世纪最强大的国家也难于实施对其疆界内军事力量有明显的掌握权或对财富资源有完全的控制权，[52]更谈不上对他们的臣民的忠诚有最高的要求权。

作为一种社会力量的国家的兴起和作为一种思想理论的绝对君主制的出现，不应该与民族国家和民族主义相混淆。世界体系中强国的创立是在这些强国和在其边缘地区内民族主义兴起的历史前提。民族主义是对国家内部成员作为一个身份群体和公民的承认，只要它符合集体一致性所包含的要求。绝对君主制则是一种国家生存至上的主张。前者是由一种群众情绪所确定的，而后者则是与国家制度有直接利益的一个小群体的感情确定的。

无疑，一个跨时代的强盛国家的倡议者，会将培育民族感情作为实现他们目标的强大武器。并且在一定程度上，他们在16世纪已经可以有所作为。[53]但是，这种集体感情就它所存在的程度，对于国王个人而不是对于作为一个整体的全体人民而言，常常首先是灵活运用的。[54]绝对君主是一个"英雄式"人物,[55]随着时间的推移，君主被神化的过程愈演愈烈。这是这样一个时代，精致的宫廷礼仪得到发展，君主才更好地得以从繁琐的日常事务中解脱出来（并且附带也能为宫廷贵族提供职位，从而也使他们受到严密的监督和限制。）

仅仅是在17世纪晚期和18世纪重商主义的结构之中，民族主义才第一次真正得到资产阶级的提倡。[56]但在16世纪，资产阶级的利益在国家中还没有得到确定。相当多的人对开放型经济比对封闭型的经济更感兴趣。而对国家的决策人物而言，早熟的民族主义冒有将大大小小种族地域统一体强固化的危险。从早期来看，国家主义几乎可以说是反民族主义的，因为民族主义感情的范畴通常比君主国家的范围狭窄得多。[57]只是到了晚得多的时期，（国家机器的操纵者）才寻求创立"一体化"国家,[58]在这样的国家里，占统治地位的种族将会同化边远地区。

16世纪时，一些国家在中央集权方面得到长足的发展，至少，这一中央集权统治的合法性得到部分的承认。要列出这一过程发生的可能条件并不是件难事。任何时候，控制国家财源的大小官僚和各个群体都明白，借由说服和对君主施加影响的办法可以更好地从政治上保护他们的阶级利益，而不必通过其他行动的渠道来达到他们的政治目的。因此，我们所能谈的只是一个相对具有效率的君主制度，一个相对意义上的具有"绝对权力"的国家。

"绝对"一词的使用表达了一种错误的调子，而这正中国王的下怀。绝对主义一词是修辞上的强加手法，不是一个严肃的定义。我们如果不强调权力集中到国王个人身上，单单只论及力量日益加强的国家，或更为"国家化"（stateness），这样或许更为明智。[59]也许我们称这一思想为"国家主义"更为合适。国家主义要求赋予国家机器更多的权力。这一主张在16世纪意味着将权力集中到绝对君主手里。它是一种对权力的要求，这要求本身也成为获得权力欲望的一部分。无论是那个时代还是现在，任何人也没有也不该将它视为是对那个时代的真实描述。在一些国家，这一主张在一定程度上是有效的，即那些将成为欧洲世界经济中心的国家。而它在其他地区却遭到失败，其原因我们将在后面阐明。

它成功的一个重要标志和中央集权过程中的一个重要机制一样，这就是在多大程度上，通过这种或那种方式将其所统辖的人民转变为一个同质化的群体。这里再次主要说的是个义上的官僚而不是广大民众。其中包括国王、国王手下的官僚和廷臣、农村的大小土地所有主和商人。16世纪，当中心地区的国家的这些阶层中正在转向更大的民族"同质性"时，边缘地区的国家却恰恰走向反面。

让我们先来看一下国家机能对属于"少数族"群体的商人的态度。首先是犹太人，他们在整个中世纪的商贸活动中起了重大作用。有一点要注意，从社会和经济意义上讲，"在中世纪晚期犹太人的地位持续恶化。"[60]另一方面，当英国、法国和西班牙在创立较强大的中央集权机构时，他们就开始驱逐犹太人：英国在1290年，法国在14世纪末，西班牙在1492年。但这一现象也发生在德国，如果谈不上是驱逐，犹太人作为商人群体的作用在许多方面也被削弱了。是犹太人在公元800年到1200年，沿跨越北部大陆的商路从事大部分的西欧和东欧之间的国际贸易，并且成为欧洲贸易的主力。[61]这期间，在这两个不同类型的地区内，他们的法律地位还较为有利。[62]在13世纪和14世纪，整个欧洲的犹太人的法律地位和经济上的作用普遍衰落。[63]然而，到16世纪为止，我们只能谈及这一现象在地理上的不平衡：犹太人实际在西欧是很少的，但另一方面，他们在东欧和部分南欧地区却人数大增：也就是说他们在中心地区人数不多，而在边缘地区和半边缘地区不断增加。[64]

尽管犹太人在东欧经济生活中起着越来越重要的作用，但他们在职业地位上也只许作为居工人阶级之上的商人，并且只是对他们而言，要取从企业家步入靠固定地租为生的阶层的传统途径是不可能的。[65]同样，在北部意大利，由于城市国家经济力量衰落的结果，由于这些城市小国寡民的性质，其税收基础薄弱而无力保护那些生活在国境外的公民，[66]这样犹太人的地位又开始有了一定改观，他们再一次主要扮演了商人的角色。[67]对于统治者来讲，犹太人问题是"财政主义"面对新兴的"重商主义"无法解决的一个难题。一方面，这些犹太商人是国家税收的重要来源，另一方面，非犹太商人将他们视为竞争对手，土地所有者将他们视为放高利贷者。这两个阶层的人通常联合起来，迫使统治者减灭犹太人。经常像国王所处地位欲安排的那样，前一个考虑首先占了优势。[68]当中心国家内的本地资产阶级逐渐变得强大时，他们就再也无法容忍犹太人，这导致了重大的立法进展。

犹太人很容易成为他们的竞争对手的众矢之的，因为这里有一个思想根源，任何人都可以基于宗教原因而提出反对犹太人在经济上作用的要求。西欧君主处理这个问题的一个对策就是驱逐犹太人，但取而代之的是另一阶层。这虽然在宗教上不那么易受攻击，但在本地的商人眼里，却是一个平等的竞争对手。例如，埃尔曼（P. Elman）就描述了当1290年英国君主最终被迫驱逐犹太人时，是如何欢迎意大利的放债者取代犹太人的位置。由于国王经常无力偿还贷款，实际上，意大利人的贷款与向犹太人征的税并无太大区别。[69]到16世纪时，意大利人如果不说是在西班牙，[70]至少在英国依然被排除在企业家阶层之外，[71]而犹太人在波兰正在从企业家阶层中驱逐波兰人。[72]这怎么会成为可能呢？

在西欧，不断增长与分化的农业基础与新兴工业一道加强了商业资产阶级的力量，致使国王在政治上也不能忽视他们的存在。另一方面，就是他们作为纳税人、放债人和商业合伙人，如果不比外籍商人好多少的话，也已有同样的能力构成君主制的财政支柱。因此民族主义的反应就是自然的了。[73]然而在东欧，这个问题则以不同的面貌出现。君主软弱，商人无力，而农业商品作物生产者的力量却较强大。在16世纪的东欧，如同在农业生产商品化不断加强的资本主义世界体系的所有地区一样，这个问题并不存在，或者说一个商业资产阶级并不存在。如果存在一个货币经济的话，就一定存在着为复杂的货物交换提供流通渠道的人，以及鼓励货币使用的服务设施。这个问题就是这些商人资产阶级究竟大部分是外国人还是本地人，如果是本地人，那它就成为国内政治的又一个重要因素。但如果是外族人的话，那他们的利益主要就与那些在发展中所出现的集中地点，当时称为"大都会"（motropoles）中的人们的利益结合在一起。

犹太人在16世纪的东欧受到"欢迎"，是不是主要因为当地地主（也许还有西欧的商人）更愿意他们而不是本地的商人资产阶级成为必不可少的东欧当地商人呢？[74]后者如果变得强大起来的话，将会拥有一个政治基础（而犹太人则完全不可能有），并且有可能寻求发展成为工业资产阶级。他们必将选择的这条道路将会减少民族经济的"开放性"，因而它将威胁东欧土地所有者兼商人的共同利益。而我们知道在现代初期，东欧曾经历一个本地资产阶级衰落的时期，[75]"而在另一方面，在乡村中，犹太人作为地主的代理人和小村子里的商人和手工业者的作用越来越大。"[76]这表明了世界经济体系的一个较为普遍的现象。国家政治体系内的阶级联盟具有这样一种机能，无论统治阶层主要是由其利益是与世界市场主要产品的销售相关的那些人所控制，还是由那些其利益与商品交换和工业利润相关的人们所控制。

不单只是犹太人成为这些跨民族的政治经济联盟的玩物，天主教国家的商人也通常是"新教徒"。16和17世纪整个欧洲思想争论的中心就是宗教改革与反宗教改革的争论，它又与强大国家的建立和资本主义制度的确立纠缠交织在一起。16世纪出现再度农业化的那些欧洲地区同时也是反宗教改革运动成功的地区。而那些正在工业化进程中的国家却大多数仍是新教国家，这一状况并不是偶然的。德国、法国和"比利时"，由于长期的思想妥协的结果，则处于"两者之间"。德国分化为"新教徒"和"天主教徒"，但却孕育出一种一些团体拥护的反教会自由思想的传统。

这并不是偶然的，我们这样讲并不是因为我们接受了韦伯（M. Weber）的观点，认为新教神学比天主教神学与资本主义关系更为密切。无疑，任何人都能为这个观点提供佐证。另一方面，一般来说任何复杂的思想体系都可以被用来为任何特定的社会或政治目的服务。这个讲法看来是对的。确实，天主教神学理论证实它有能力适应其社会环境。以其思想的抽象性而言，没有理由说为什么人们不能写一本题目为"天主教伦理道德与资本主义的兴起"的可信的书。而加尔文（Calvin）神学可以看作具有反资本主义的内涵。[77] 我正在论述的这一点是另一回事。通过历史发展中一系列偶发的思想，[78] 在宗教改革时期，新教理论在很大程度上与强大民族国家结构中赞同商业资本主义扩张的力量，以及这些力量与统治地位的那些国家取得共识。因此，当这些力量在波兰、西班牙，"意大利"或匈牙利消失的时候，新教主义通常也很快就衰落了。那些赞同扩大农业产品出口的社会力量同样也赞同对天主教教义加以重新确认。

人们必须考察一下宗教改革的发展。如希尔（Christopher Hill）所提到的那样：

> 教会长期以来一直是权力、庇护、财富的源泉，对于如法国和西班牙那样主要国家的统治者而言是如此。在16世纪早期就与罗马断绝关系的那些政府正是处于天主教文明的边缘，第二流国家的统治者不足以强大到与罗马教皇达成交易，如在英国、瑞典、丹麦、瑞士和苏格兰那样。[79]

在这点上很清楚，北部欧洲存在一种与较为"先进"的基督教地中海世界的经济实力相对峙的因素。⑧然而如我们所知，到漫长的16世纪晚期，西北欧已成为世界经济体系的中心地区，东欧成为边缘地区，而南欧则迅速向边缘地区滑下去。

戈登-沃克（P. C. Gordon-Walker）试图将新教主义的发展——首先是路德（Luther），然后是加尔文（Calvin）——同价格革命的两个阶段联系在一起：1520~1540或1550年——不严重并只限于德国和尼德兰（中部欧洲银矿产地），1540年起的大约一个世纪（美洲银矿）。他认为这成对的发展阶段进一步与新兴资本主义体系不断发展的结构性需要结合在一起：

> 由价格革命所产生的社会问题实际上是两方面的问题。第一需要是原始积累，第二接下来的也是真正的基本需要，即是使资本主义社会中的各阶级适应他们新的社会地位，而这又由于资本的原始积累变得必不可少……
>
> 这两个阶段对欧洲各个地区至关重要。从1520~1540年起，占主导地位的地区是西班牙（它从中世纪没有继承下来强大的中等阶级），⑪和德国（它存在一个强大的带封建色彩的资产阶级）。从1545~1580年，西班牙和德国都衰落了。英格兰、尼德兰和法国及苏格兰部分地区取而代之。这些地区与那些宗教改革地区之间的对应性是惊人的；就像价格革命的第一阶段和路德时期（两者都发生在1520~1540年之间）以及价格革命的第二阶段和加尔文时期（两者都发生在1545~1580年）之间的对应性一样。⑫

人们不必接受这所有的历史史实，而将其视为一个相关的假说。

更重要的是，当我们谈到宗教改革的反对派在波兰的胜利时，我们也就有了进一步证据表明宗教与政治经济的密切联系。查尔诺斯基（Stefan Czarnowski）认真分析了为什么波兰的宗教改革看来正取得一定进展时，却突然又转向天主教，而且为什么转变得如此迅速。他注意到领地贵族（noblesse territoriale）夺取被他称之为"阶级专制"的政治权力是与天主教发起猛攻同时发生的。他在分析中将传统贵族阶层、土地贵族和小贵族（petite）区别开来。他认为宗教改革的拥护者正是产生于传统贵族阶层

（以及资产阶级）之中。他看到传统贵族贪求得到教会土地，而较小的土地所有者却发现，由于当地教区牧师得到仍然强大的天主教主教势力的支持，他们与其的斗争变得更为艰难。既然在他们那里拥护新教没有什么好处，因而他们也就不这样做了。查尔诺斯基和其他人都指出在波兰，倒是封建领主支持加尔文主义（Calvinism），而国王和资产阶级却倾向于路德主义（Lutheranism）。[83] 这完全是对韦伯的（Weberian）论题的一个扭曲，但却使我们想起莫尔纳（Erik Molnar）的观点，他视之为君主与小贵族和资产阶级反对贵族阶层的联盟。查尔诺斯基进而提出"资产阶级"在这种状况下被分化了。城市中的"上层资产阶级"，特别是克拉科夫（Cracow）城（一个古老的贸易中心）的上层资产阶级与贵族阶层结成联盟。这里，他所谈到的城市贵族是指那些从 15 世纪末到 16 世纪中叶，"随着新兴的资本主义兴起才出现的银行家和商人阶级的一部分。"[84] 但是，波兰注定无法走英国的道路，成为欧洲世界经济中资产阶级的一个活动中心。我们在后面将要谈到的 1557 年的经济危机不仅摧毁了里昂（Lyon），安特卫普（Antwerp）和德国南部的金融家们，而且也葬送了克拉科夫的银行家们。

> 从那时起，传统贵族阶层和加尔文派的锐气被削弱了。……那些曾使先前的重商主义大为风光繁荣一时的商品：奥尔库什（Olkusz）的银，匈牙利的铜和工业产品不断贬值。货币连同农民所付的地租以惊人的速度贬值。同时，国际市场对波兰小麦、钾、燕麦皮、皮毛和有角野兽的需求却愈来愈大。这些产品的生产者越来越不使用货币，而使用无偿的强迫农奴劳动将其生产出来，用其产品以易货贸易的方式换取所需，他们也就越成功地遏止了（金融危机的影响），这恰恰是中、小土地所有者（贵族）力所能及的。[85]

查尔诺斯基所讲的并不意味着波兰没有资产阶级。克拉科夫的资产阶级也许被摧毁了，但意大利人、亚美尼亚人（Armenians）和德国人取而代之。1557 年时，一个国际性网络衰落了，与之相关的波兰资产阶级——贵族阶层随之衰败。这之后出现了另一个新阶层。与新贵族联系在一起的波兰人接受了波兰在世界经济中的新角色。他们让他们的孩子接受耶稣会（Jesuits）的教育，以免受旧贵族阶层的影响："因此人们可以说，波兰教会作为贵族的宗教代言人的角色结束了。"[86] 并且已经获胜的贵族现在可以将波兰的"民族"精神视为与天主教的虔诚完全合为一体了。

既然波兰确已成为世界经济体系的边缘地区，它也就由此成为可靠的天主教国家。反宗教改革标志着新教徒们所认为的"社会倒退"（而不是"社会倒退"的原因）。但是他们虔诚的震惊激愤用错了地方。因为西北欧的社会进步正是由于东欧和南欧的"社会倒退"，当然还有对美洲的统治才成为可能。反宗教改革不仅针对新教主义，而且指向所有与文艺复兴有关的各种人文主义力量。16 世纪威尼斯和罗马的紧张关系就表明了这一点。这一争执在 1605 年时达到高潮。当时威尼斯人限制教会某些权力的举动，导致威尼斯元老院（Senate）被罗马逐出教会。反宗教改革运动在意大利就是反文艺复兴运动。[78]它在那里的胜利是北部意大利变成世界经济的一个半边缘地区的结果之一。

正是由于教会作为一个跨国家机构受到了一个同为跨国家的经济体系的出现的威胁，后者在（中心地区）一些强大国家机器的创建中发现了它的政治力量。而恰恰是这一发展威胁到这些国家内的教会地位，教会才不遗余力地投入反对现代化的斗争中。但矛盾的是，正是由于他们在边缘国家中非常成功的努力，才确保了欧洲世界经济的长期胜利。1648 年以后，围绕宗教改革进行斗争的激情最终衰退了，这也许不是由于双方都已精疲力竭而陷入僵局，更可能是由于欧洲地理划分使世界经济的潜在动力得以自然实现。至于新教伦理道德的作用，我同意威尔逊（C. H. Wilson）的观点：

> 如果新教理论及其道德伦理看来比起它们曾经作的那样难于用来解释经济现象，它也难于用以解释宗教改革时代的情况……经济事务上的领导权从地中海逐渐转移到北方，而当意大利城市衰落时，尼德兰人的城市却兴起了，但是新兴的北方经济无论是其商贸方式，还是其使用的工业技术，对一个 15 世纪的威尼斯商人或是一个佛罗伦萨的呢布商来说，都不含有什么不熟悉之处。[80]

16 世纪时，一些君主通过贿买官僚阶层、雇佣军队、国王的神授权力及宗教的一体化（教随国定 cuius regio）等手段获得了强大的力量。另外一些君主却失败了。如我们所论述的那样，其成败是与这一地区在世界经济中劳动分工所起的作用有密切关系。其作用的不同导致不同的阶级结构，而这又导致不同类型的政治体制。这又向我们提出那个传统的问题，即国家相对于新资本主义时代的统治阶级的作用，资本主义性质的地主和商人有时不能简单方便地称之为贵族和资产阶级，因为有些贵族是资本家，而有些则不是。国家究竟扮演了什么角色？是什么人的代理者？在多大程度上可以被看作是一种第三势力？不幸的是所有这些问题都还不存在一致的看法。维勒（Pierre Vilar）完善地阐述了这一基本的重要理论问题：

> 一个特别密切相关的问题就是封建税收是如何进行分配的。即如何通过"司法"系统和其他方式在一个有闲贵族阶层和"商人—耕种者"组成的中间阶级，或那些将封建领地的税收转变为新型的资本投资的类似人们之间进行分配的；换句话说，封建税收是如何转变为资本主义性质的资本的。[89]

一方面，封建贵族面临封建主义的"危机"，领地收入的减少以及其他各阶级（包括商业资产阶级、小农场主和农业雇工等）的联合进攻，那么，绝对君主制国家应该在多大程度上被看作他们最后的避难所呢？其中有一个观点是塔卡哈西（Takahashi）提出来的，他认为"'绝对君主制'只不过是一种中央集权的制度，以对付由于封建主义危机所引发的不可避免的发展（即导向农民的解放和独立）。"[90] 希尔（Christopher Hill）、[91] 基尔南（V. C. Kiernan）、[92] 莫尔纳（Eric Molnar）[93] 和波尔什涅夫（Boris Porchnev）[94] 也都基本赞同这一观点。

还有一种观点认为绝对君主政制是一种贵族有着重要的甚至是决定性影响的政体。但在这种政体之上，君主并不仅仅是贵族政治需要的简单延伸。例如，熊彼得（Joseph Schumpeter）认为：

> 因此，贵族阶层（在绝对君主制下）作为一个整体仍然是一个必须考虑的主要因素。它对王室的依附本质上更多的是妥协，而不是屈服。它更像一种选举——一种强制性选举，以确保国王成为贵族的领导者和执政工具。……这个原因（即贵族没有抵抗君主政权，甚至连消极抵抗都没有），在本质上是由于国王做他们所要求的事，将国家财富交由他们分配……是一个阶级而不是一个个人作国家实际上的主人。[95]

布罗代尔（Braudel）同样坚持认为国王与贵族之间的冲突是有限的。一方面，国王努力将贵族置于他的管制之下；但另一方面，国王又要保护其特权，以对抗公众的压力。[96]卢布林斯卡娅（Lublinskaya）所持的立场与布罗代尔很接近了。[97]赫斯特菲尔德（Hurstfield）强调君主们所处的窘境："君主们发现没有贵族的支持难于进行统治，但与贵族共同统治同样很困难。"[98]

第三个观点，也许是最传统的观点，即是穆斯纳（Roland Mousnier）提出的。他将君主制视为一种自治的力量，往常与资产阶级联盟反对贵族，偶尔也在资产阶级和贵族之间进行调停。[99]

那么，这两种见解即认为国家机器具有相对独立的作用，与认为这属于贵族与资产阶级之间一场阶级斗争的性质，这之间有什么必然联系呢？莫尔纳（Molnar）并不这样分析。首先，他使用更多的范畴，他谈及存在一个与君主明显对立的封建贵族，另外还存在一个"新贵族"阶级和资产阶级，这两个阶级都是君主潜在的同盟者。新贵族似乎包括那些小土地所有者和那些趋向资本主义农业经营的人们，但这一点还不完全清楚。他指出当绝对君主制向农民征收重税的时候，其财富是如何分配的就更不容易弄清楚了。一方面，不断增加的国家预算用来偿付给收税人、官僚机构的开支，国家贷款以及购买军事装备的费用，所有这些都使资产阶级大为受益。但另一方面，国家所有这些开销，即维持宫廷和军队的费用也是对新贵族的报偿。莫尔纳认为这是在新贵族和资产阶级之间所采取的一个策略。[100]恩格斯（Engels）同样指出了这一点，国家机器已开始发挥它的调节功能，这在某种程度上是与它的本来意愿相违背的，至少在"非常时期"是这样。[101]

君主与贵族阶层关系的不明确源于新贵族阶层构成成分的含糊不清。无疑，随着时代的变迁，贵族的家庭成员已发生变化；所有有着贵族的社会中都存在不断流动这种现象。但16世纪是这样一个时代，不仅家庭，而且职业都处于不停的流动之中。例如，我们假定西方封建制度中的贵族地位无法与企业家的职业相符，但在中世纪晚期的自治城市中，在相当程度上这可能已经是一个神话了。到16世纪，在整个欧洲，无论是城市还是乡村，这就根本不符合事实了。在欧洲各国——意大利、匈牙利、波兰、易北河以东地区（East Elbia）、瑞典和英格兰，贵族成员已经变成企业家。[102]像在西班牙所发生的那样，各个地方的贵族大多成功地消除了妨碍他扮演这一职业角色所存在的任何形式上的障碍。[103]尽管在新教国家，教会眼看着它的土地被没收。但我们不应忘记，16世纪依然是教会作为一种资本主义农业企业的时代，尤其是在意大利。[104]

问题的另一方面是成功的资产阶级又再不断成为土地所有主和贵族，而且三十年以后确实很难再将这两者截然区分开来。托尼（R. H. Tawney）把这视为不过在16世纪大为加速发展的一个正常进程。[105]布罗代尔[106]和波斯坦（Postan）[107]都同意这一个观点，即那些非贵族阶层人们的地位不断从企业主转型为出租人，并且将其视为寻求长期安全的方法。然而，关键是他们意识到尽管职业不断流动，土地所有者阶级的力量并没有分崩离析。如布洛赫（Marc Bloch）所指出的那样，"封建领主的统治并没有被破坏。实际上它很快就吸取了更新的力量以新的姿态出现，而不是封建领主的财产在很大程度上易主。"[108]正是造成这一稳定局面的绝对君主制，既允许个人身份和职业发生巨大变化，而没有同时或至少是及时破坏社会地位和报酬的传统等级划分。

那么，国家在支持商业资产阶级维护自身权利，并从中获利也保住了这些利益方面，是如何扮演关键角色的呢？这种联系肯定存在，然而是个程度和时机的问题。早期的相互支持发展到后来变成君主对商业资产阶级令人窒息的控制。商人和国王相互支持的关系到17、18世纪发展成直接的对立，这不是偶然的。哈通（Hartung）和穆斯纳（Mousnier）发现在16世纪中就已存在这种紧张关系的征兆。[109]诺斯（Douglass C. North）和托马斯（Robert Paul Thomas）探求描绘出起到鼓励企业活动作用的各种司法和经济制度的兴起的大致轮廓，这些企业活动是建立在不断提高的生产力水平之上的，而不是那些仅仅重新进行收入再分配的商业类型。[110]他们两人试图阐明这些条件，而正是在这些条件之下才能理解强调国家在体制上的作用的意义。他们认为与经济畸变一道，国家干预带来市场，因而也就带来了变革的可能性。这就使人们必须面对这种事实实际，即"使得政府实施其政策，即使遭到社会某一阶层人们的激烈反对，也在所不惜的强制性权力。"[111]这个问题的阐述方式提请我们应将国家主义的作用视为一种用成本——利润分析为方式的资本主义。而对封建贵族来说，绝对君主制是维护其特权的最后一道防护壕，对于那些通过以国家机构作为商号，最大限度地增加经济效益来获取自己收入的人来说，国家机器有时特别有用，[112]有时却又成为一个主要障碍。

— 169 —

到此为止，我们已列出了现代世界体系的两个主要构成因素。一方面，资本主义世界经济是建立在世界范围内的劳动分工上，在这个经济体系的不同地区（我们称之为中心、半边缘和边缘地区）分别被指派承担不同的经济角色，发展出了不同的阶级结构，因而采用了不同的劳动力控制模式，并且从这一体制的运作中获利是不平等的。另一方面，首先在国家体制中发生的政治变动，作为他们在世界经济体系中不同角色的后果，就造成了不同的国家结构。中心地区的国家是集权化程度最高的。现在我们将整个16世纪作为一个历史过程回顾一下，这是一个某些地区变为这个世界经济的边缘地区、半边缘地区或中心地区的过程。因而，我们将力图有血有肉地论述，而不再冒抽象分析的风险。因此，我们将满怀希望地发展这整个过程的统一性。这些发展不是偶然的。而是由于其结构上的差异，注定其只能发生在可能变化的一定范围之内。

注释：

① "16世纪，国家越来越起着大规模征集和再分配收入的作用，它们通过税收、出卖官职、租金、没收、大量各种各样的国民产品来攫取财富。由于预算或多或少地同经济状况有所不同，而且预算还要与价格水平的涨跌同步，因此这种全方位的攫取财富十分有效。由此，国家的兴盛是与经济发展的成就联系在一起的，就像熊彼得（Joseph A. Schumpeter）多少有点草率认为的那样，它并不是偶然的现象或一种破坏的力量。"布罗代尔（Braudel）《地中海》（*La Méditerrané I*），第1卷，第409页。

② 同上，第1卷，第409~410页。

③ "没有获利颇丰的、从而使给国家贷款成为可能的商业，没有增加税收，没有皇家领地的剥削，没有战争与宫廷的开销，商业资本主义在16世纪上半期就绝不会有如此辉煌的繁荣。"哈通和穆斯纳（Hartung and Mousnier），*Relazioni del X Congresso Internazionale di Scienze Storiche*，第4期，第44页。

④ 熊彼得（Joseph A. Schumpeter），《商业循环》（*Business Cycle*），第1期，第236页。

⑤ 同上。

⑥ 尽管经常许诺付极高的利息，但对宫廷贷款本身几乎不是一笔好买卖。不过恰恰是由于这些贷款无法偿付已成规矩，它们换来了在当时的大行业——商业和工业领域的特权和让步……福格家族（Fuggers）上升到任何金融机构再也无法与之平起平坐的地位……在很大程度上与查理五世的窘境有关（同上，第1卷，第236页。见注1）。

⑦ 热尼科（Génicot），《剑桥欧洲经济史》，第1卷，第700页。斯特雷耶（Joseph Strayer）同样认为，中世纪晚期秩序的崩溃与16世纪贵族开始愿意"接受皇室的领导"之间存在着因果的关系。他分析这种介入的变因在于集体社会心理的转变。

"很难确定是哪些因素改变了有产阶级的行为。他们中的一些人，特别是较小的地主，和穷人一样遭受国内暴力之苦，他们也和穷人一样需要和平与安全。他们中的一些人认识到，他们可以通过支持稳定的政府，从开始复兴的经济中获得最大的好处。他们中的一些人也许对15世纪末大多数革命的失败一直记忆犹新。"《论中世纪现代国家的起源》（*On the Medieval Origins of the Modern State*）（新泽西州，普林斯顿：普林斯顿大学出版社，1970年版），第91页。

⑧ 穆斯纳（Mousnier）在谈到16世纪的西欧时指出："一个强大的（中央）权力之所以成为必然就在于各个民族（例如国家）的构成。它们是领地、省、地区（Pays）、城市、村社以及像骑士团这样的联合机构……官员组织、大学、行会……的并存。国王不得不强大到足以能够仲裁它们之间的冲突，从共同的利益出发协调它们的行动。当然，它们的分歧也使国王有可能利用一方来反对另一方。" *Les XVIe et XVIIe Siècles*，第97页。

是不得已吗？为什么这样？功能的解释几乎不能解决真正的问题，因为不仅有可能没想出其他的功能解释，而且，没能达到功能的需求不仅是一种可能的偶然现象，而且往往是十分貌似合理的解释。因此，我们暂时还是坚持对"原因"作一判断。

⑨ 见莱恩（Lane），《威尼斯与历史》（*Venice and History*）第421~422页。

⑩ 艾森斯塔德（S. N. Eisenstadt），"官僚社会的政治斗争"，《世界政治》（*World Politics*），第9卷，第1期，1956年10月，第17页。

⑪ 刘易斯（Archibald Lewis）《透镜》（*Speculum*），第33期，第483页。

⑫ 同上，第483页。见米勒（Edward Miller）："尝试建立全面的直接税收是自13世纪以后形成的代表大会的主要影响之一，这一代表大会以保护人或代表的名义将各种纳税人联合在一起。"《方塔纳（Fontana）欧洲经济史》第1卷，第14页。

⑬ 多布（Dobb），《研究》（*Studies*），第24页。多布将"国家干预"和"自由"作为资本主义社会的两种政治组织方式进行了对比——这对一个马克思主义者来说是一种奇特的自由观。他用劳动力稀缺来解释二者的交替。"在资本主义制度下，由于存在过量的无产阶级，当生产方式安全时，自由得以最大限度地发展兴盛，而一旦人们为工作而竞争，生产方式作为资本收入的来源获利减少并变得不稳定时，合法的强制就会大受重视。"（第24~25页）。

⑭ 见，例如，贝洛夫（Max Beloffs），《绝对主义时代，1660~1815》（纽约，哈普

出版社，1962年）。

⑮ "那么在16世纪现实的绝对主义与中世纪理论上的专制主义（这种绝对主义从未成为现实，或者只是暂时的，没有连续的、间断性的）之间有什么不同？"

"我们必须在国家新的内部结构组织中寻找答案，这就是公职人员、国王（或王公）的'官员'——我们今天称之为'官僚机构'——得以加强、扩充并掌握了权力，他们走到了公众生活的最前列，参与国家的日常活动，首先是介入了外交事务。"查博德（Chabod），《Actes du Colloque》第63~64页。

佩罗伊（Edouard Perroy）认为，法国早在13世纪就开始了这一进程："法国国王私人机构（既有庄园性的，也有封建的）的进展导致了（中央）权力机构的发展……"

"〔在〕13世纪最后25年，王权已不再强大，在两个因素的影响下其性质也开始发生转变。一个因素是专制主义思想、公共权力（主权）思想……另一个因素也同样重要，即国王自己人的压力，随着管理日益复杂化和书写应用的不断扩大，这些人的数量大增，一个新的阶层形成了，它成为权力、法律、钢笔的代理人……实际上，当时政府集体管理权力，已能够自行其是，开始使王室人员黯然失色……"《中世纪》（Le Mogen Age），第372~373页。

⑯ "政治机器的庞大形象也许是错误的想象。将16世纪的政治机器与15世纪的政治机器相比，我们看到其规模的过分扩大。但这仍是相对的。如果人们考虑到当代以及庞大的为国家工作的文职人员，那么16世纪'官员'的数量就少得令人可笑了。"布罗代尔，《地中海》，第2卷，第37页。

⑰ 同上，第29页。

⑱ "就是这一切使西班牙国王们将各城市置于他们的保护之下，就是这使得法国的路易十二世、法兰西斯一世、亨利二世、亨利四世和路易十三世对王室及其附属机构拥有如此强大的影响手段。……只是在奥地利王位继承战争（1748年）之后，贪污腐败……才变得不能容忍……"哈通和穆斯纳（Hartung and Mousnier），Relazioni del X Congresso，第4卷，第48页。

⑲ 斯沃特（K. W. Swart），《17世纪的官职买卖》（The Haque：Nijhoff，1949年），第117页。

⑳ "由于君主制下财政统治的加强，财政官员在国家中重要性也得以增强。随着贪污受贿的发展，财政官员成倍增加，联合组成了各种协会，这些协会从保证他们的进一步的利益出发，扩大了他们的权力范围。"佩奇斯（G. Pagés），"Essai surlévolution des institutions administratives en France du Commencement du XVIe siecle à la fin du XVIIe," Revue d'histoire moderne, n. s.，第1期，1932年1~2月，第26页。

㉑ 由于我们所看到的情况，一些国王的过度负债是必然的。没有税收承包制或个人收入的抵押制，这是无法承受的。由此导致财政制度发生可怕的堕落，随着

第三章 绝对君主制与国家主义

情况的发展，这一堕落势不可挡，从而造成了债务的不断积累。埃伦柏格（Richard Ehrenberg），《文艺复兴时代的资本与金融》，（纽约，哈科特出版社，1928年），第39页。

㉒ 见汉密尔顿（Earl J. Hamilton）"西欧国债的起源与增长"，《美国经济评论》，第37卷，第2期，1947年5月，第118~130页。如果我们谈的是目前现存的国家，这一看法是正确的。事实上，就大多数现代现象而言，都可以追溯到文艺复兴时的意大利城邦国家。贝克尔（Marvin B. Becker）曾分析过佛罗伦萨的公共债务从1303年"微不足道的数额"发展到1427年大约相当于全部佛罗伦萨人总财富这一过程。见《经济变革与正在出现的佛罗伦萨领土国家》，《文艺复兴研究》，第8期，1966年，第7~9页。

㉓ 沃尔夫（Martin Wolfe），《法国文艺复兴时期的财政与经济政策》，《第三次经济史国际会议》，慕尼黑，1965年（巴黎，摩托出版社，1968年），第687~689页。见布罗代尔："国家——至少是那些生存下来发展繁荣的，特别是能承受陆战和海战巨大开销的国家——从16世纪开始，并在本世纪复兴中更成功地控制、扭曲经济生活，使经济生活从属于一个限制的网络内，国家在它们的网络内操纵着经济生活。通过国家的要求和弱点，通过国家不稳定的目标来解释一切的确非常诱人。但历史从不一边倒，人们还可以用强有力的观点为这种主张辩护，即认为，在当时最现代化的，我们很容易认为是在大规模商业资本主义框架内运作的那部分经济生活，是与国家的财政兴衰联系在一起的；在国家的刺激与搜寻下，经济已被国家的贪得无厌和过重的公共开支所造成的必然的无效弄得逐步陷于瘫痪。这种贪得无厌和无效——作为历史的巨大力量——对16世纪的衰败起了作用。" "Le Pacte de ricorsa au service du roi d'Espagne et de ses preteurs à la fin du LVIe siècle," in *Studi in opore de Armando Sapori*（Milano：Istituto Edit. Cisalpino，1957年）II，1115。

㉔ "大多数国家并没有与广大的纳税人建立全面的联系，因此也就无法随心所欲地剥削纳税人；从而形成财政的，进而是金融的弱点。除意大利（的一些地方）外，在16世纪后期，国家依然没有国库，也没有国家银行。"布罗代尔，《地中海》，第2卷，第39页。

㉕ 雷德里克（Fritz Redlich）指出，有两种类型的佣兵。确切地讲有被赶出家园的人——用当时的话叫fahrendes Valk，或流浪者。在瑞士和德国还有一种"扎根于家乡村社"的转为"固定的"人。这些人与紧急情况下召集起来的民兵十分相似。《德国的军工企业主及其工人》，第1卷，*Vierteljahrschrift fur Sozial-und Wirtschaftsgeschichte*，Supp.，1964年，第47期，第115~117页。

㉖ 基尔南（V. G. Kiernan），《外国佣兵和专制君主制》《过去与现在》，第11期，1957年4月，第70页。

㉗ "在法国（它的例子对欧洲具有决定性的意义），路易十一世创立了一种一直延

续到大革命时的制度，在1474年，他征募了瑞士的辅助部队，安排他们驻扎在各地。从此，毗邻的瑞士对法国国王而言，就好比这以前威尔士与英国国王的关系。〔同上，第72页。〕"

拉斯科斯基（Otton Laskowski）认为瑞士佣兵之所以受欢迎在于他们的军事能力。见《16世纪的步兵战术与火力》，*Teki Historgczne*，第4卷，第2期，1950年，第106~115页。

由于当时法国步兵素质很低下，这支力量更是法国所需要的。奥曼（Sir Charles Oman）认为，其理由在于"除瑞士的常备军外，各国军队往往是不断地被匆忙召集起来，在危机结束后就被解散了。"《战争艺术史》，第45页。这使我们要问，为什么法国步兵同其他地方相比被更为频繁地解散？答案并不清楚，事实也不确切。但假如真是这样的话，也只是又一次说明法国君主制为建立一个强有力的国家进行了艰苦的斗争。

㉘ "欧洲政府因此严重依赖外国佣兵。他们特别适合承担的任务之一就是镇压反叛的臣民，在16世纪盛行革命的时代，他们经常由于这一目的而被召集起来。'我的瑞士人哪去了？'已是克劳狄乌斯（Claudius）和许多处境困难的君主的呼声……有钱人领导的反叛者也雇用他们自己的佣兵。……但总的来看，在这一争夺中，政府能够支出高于反叛者所出的价钱。"基尔南（Kiernan），《过去与现在》，第11期，第74~75页。

使用佣兵的第二种意义在于遏制社会的制度。使用佣兵限制了战争的破坏性，奥曼指出，如果拿不到钱，佣兵就会离开。这对军事战术有直接影响。不采取正面进攻，而是等待出击往往比强取军事优势更为成功。"看到敌方营地出现困难的征兆"时，军事指挥官往往是简单地等着时间的流逝，因为"再有几周的匮乏与瓦解就将使对手不攻自破。"奥曼（Oman），《战争艺术史》，第38页。

㉙ 基尔南（Kiernan），《过去与现在》，第11期，第76页。

㉚ 莱德里克（Redlich），*Vierteljahrschrift für Sozial und Wirtschaftsgeschichte*，第401页。

㉛ 莱恩（Frederic Lane）认为这是哈巴卡克的观点。莱恩提出如下保留意见："但这不是说从长远看，在其他情况相同时，一个唯有通过很高军事开支才能达到高水平资源利用的社会，比起如果能够用较少的军事开支却达到同等水平的资源利用的社会，该社会产出的剩余价值就较少。"《威尼斯与历史》，第422页，注脚第11。当然，问题在于最后的"如果"。

㉜ 见雷德里克（Fritz Redlich），《16世纪和17世纪的军工企业和借贷制度》，*kyklos*，第10期，1957年，第186~188页。

㉝ 见雷德里克（Redlich），*Vierteljahrschrift fur Sozial und Wirtschaftsgeschichte*，Suppl.，第39期，第49~50页。

㉞ 见埃弗里特（Alan Everitt），《农业生产市场》，载于《英格兰和威尔士农业史 1500~1640 年》第 4 卷，瑟斯克编，（伦敦和纽约：剑桥大学出版社，1967 年），第 521~522 页。

㉟ "英国农民在战时增加了生产或扩大了土地面积以满足都铎军队的需要，当和平恢复后，大量剩余产品随之出现，农民们发现自己的负担加重了。他们战时的经验使他们想到了利用欧洲市场的权宜之计，他们的剩余产品也就从英国士兵那里转到了法国或佛莱米的工匠手中〔同上，第 524 页〕。"

㊱ "建立政府雇员的各个专业机构——着重于包括常备军——使政府直接负担的吃饭人口数目成倍增加。"蒂利（Charles Tilly），《西欧的食品供应与公共秩序》，第 20 页。同见第 36~40 页。

见戴维斯（C. S. L. Davies）："前工业化时代政府面临的几个问题，就像为野战部队提供足够的食品一样十分困难"，《军队给养：1509~1950 年：早期都铎政府的效力研究》，《经济史评论》，第 2 套，第 17 卷，第 2 期，1964 年，第 234 页。

㊲ "实际上，战时贵族最坏的危险是军工企业主，偶尔也包括工人可能会为了使自己得到报酬，以牺牲其主人的政治目标作为代价。由于拒绝或推迟支付欠债（通常伴随着军工企业及其最主要业务也面临危险），战时贵族就会处于输掉这场由未获报酬的企业和工人为他而打的战争的危险中。"雷德里克（Redlich），*Vierteljahrschrift fur Sozial und Wirtschaftsgeschichte*，第 69 页。"

㊳ 热尼科（Génicot），《剑桥欧洲经济史》，第 1 卷（1966 年），第 700 页。

㊴ 布罗代尔认为，16 世纪前半期特别动荡，随后从 1550 年到 1600 年则相当平静。他指出，"因此可能是……在菲利普二世时代，国家的稳固说明了这种平静和民众谨慎的缘由。警察十分强硬……"《地中海》，第 2 卷，第 80 页。

㊵ "因此，到 16 世纪末期，地中海山区到处有人，充满紧张气氛，各地发动了起义以获得解放。这场四处弥漫的战事与我们称之为盗匪活动（如果有的话，这也是一个非常模糊的字眼）的那种隐蔽而无休止的社会冲突混合在一起，使我们难以识别。在阿尔卑斯山和比利牛斯山，在业平宁或其他山区，沿着广大的山区带，并在其中呼吸着大海送来的清新空气，无论是基督徒还是穆斯林，他们都拥有了共同的命运。"〔布罗代尔，同上，第 93 页。〕

㊶ "在海上强盗的背后是城镇、城邦国家。在拦路抢劫的背后是支持冒险者的庄园主源源不断的援助。土匪们往往有一个可靠的庄园主当他们的首领或在背后支持他们……"

"我们不要过于简单化：土匪活动到处都有，而且多种多样，一些贵族也利用土匪，但往往是为了反对另一些贵族……因为土匪活动不只是与贵族中某种成分的危机联系在一起，它也是一种群众性的、以农民为基础的运动。〔同上，第 2 卷，第 88~90 页〕。"

㊷ 德卢莫（Delumeau），*Vie économique*，第2卷，第547页。

㊸ 同上，第2卷，第543，546~547，608，625页。

㊹ 维拉里（Rosario Villari）详细说明了农业变化对意大利南部的影响："南部乡村没有受到伴随'新教改革'扩展而来的农村暴动风波的影响，他们现在反对的是更沉重的重征封建土地税，反对当时教会的经济与财政改革势力。重要的一点是，参加运动的不只是劳苦劳动者，还有在农村的管理和社会凝聚方面起作用的各种集团。

他们是农村企业主，马萨里（地产管理人）（Massari），半资本家式的谷物生产组织者：农村中的这些力量在16世纪相当长的一段有利时期已能够营利，这部分是通过降低工资获利，也间接利用了贵族的财政危机和城市资产阶级发展的有利条件。他们在当时是工资劳动者、小的或中等产业主、农村企业主。由于具备与富有资产阶级明显不同的特征，马萨里（地产管理人）（Massari）在王国初级生产和畜牧业方面发挥着重要的组织作用。" *La rivolta antispagnola a Napoli*：*Le origini*（1581~1647年），（Bari：Laterza，1967年），第61页。

㊺ 同上，第61~62页。

㊻ 鲁施（Georg Rusche）和柯基海默（Otto Kirchheimer）概述了这一情形产生的后果，"佣兵的廉价供给使得骑士成为多余，并使他们失去了其收入一个重要部分。有些人遭受双倍的痛苦，特别是下层的骑士，因为土地贫瘠、农民越来越悲惨，以致不可能支付租金……这些世袭的、没有土地的骑士在他们的臣民进行小规模抢劫时就已转向拦路抢劫。主要的区别在于贫穷的农民不得不公开抢劫，骑士则以合法的战争或为穷苦大众向城市富商复仇的借口来掩盖他们的目的……。"《惩罚与社会结构》（纽约，拉塞尔和拉塞尔出版公司，1939年），第13页。

㊼ 维拉里（Villari），*La rivolta antispagnola a Napoli*，第58页。

㊽ "将（盗匪）现象与针对国家的封建反抗这一概念相联系并不符合历史的事实……16世纪末并不是一个国家特别反对男爵的时期；即使在罗马，教皇恢复被大土地所有者（feudatari）篡夺走的物品和权力的努力，在1581年随着篡夺者取得最后胜利而告失败"（同上，第60页）。

㊾ 哈通和穆斯纳（Hartung and Mousnier），*Relazioni del X Congresso*，第4期，第8页。

㊿ 马拉瓦尔（José A. Maravall），《现代国家的起源》，*Cahiers d'histoire moderne*，第6卷，第4期，1961年，第800页。

(51) 莫尔纳（Erik Molnar）详细确定了这一定义："绝对主义是国王在他所控制的军事官僚组织的支持下对全国行使基本的和有效的国家权力的一种政权。这个定义包含一个基本的标准，即有效的权力，通常在发生对抗时，有效的权力将压倒敌对一方的企图，例如由国会或世袭官僚所制定的抱负。""Les fondements

èconomiques et sociaux de l'absolutisme," in *XIIe Congrès Internationale des Sciences Historiques：Rupports*，*IV*；*Méthodologie et histoire contemporaine*（Wien：Verlag ferdinand Berger & Sohne，1965 年），第 155 页。

㊾ "没有什么能比这一事实更能清楚地说明 16 世纪王室权力的限度，政府常处于财政困境，无法从最有支付能力的人那里获得财富，只要政府试图挖掘适当的收入，就可能引发代价高昂的暴动。" 鲍斯马（William J. Bouwsma），《文艺复兴时代的政治》，载于《西方文明选编》，第 3 版。（纽约，哥伦比亚大学出版社，1961 年），第 2 卷，第 233 页。

㊿ "在 15 世纪或者 16 世纪，都没有真正的民族传统，但存在集体的意识，国王能够将这种意识转变为他们自己的目的，使国王对权力的控制得到承认，个人得以自由地组合起来。" 马拉瓦尔（Maravall），*Cahiers d'histoire moderne*，第 6 期，第 796 页。

㊾ "〔我们应当〕避免试图把这种新的政治思想（关于国家的思想）取向解释为一种集体民族团结的意识……

我们应当注意这一事实，16 世纪逐步阐述国家思想的法理学家和思想家谈得更多的是帝王（用马基雅维利的话讲）而不是人民，是权力而不是集体。

由此我们应当回到出发点上：'国家'并不存在于它本身。它首先是对新的权力形式——国王的公共权力的基本确认。" 拉艾德（Georges de Lagarde）"Réflexions sur la cristallisation de la notion d'Etat au XVIe siècle," in Enrico Castelli，ed. *Umanesimo e scienza politica*（Milano：Dott. Carlo Marzorati，1951 年），第 247~248 页。

㊾ "古代的风尚表明，罗马法在 16 世纪具有了新的力量，它补充了古代关于'英雄'、半神、法力无边者和行善人的思想，……英雄对于需要解救自己的人来说是楷模。" 穆斯纳（Monsnier），*Les XVI et X VII siecles*，第 96~97 页。

㊾ "与纯经济学相反，存在着一种非常易变的混合公式：'市场是资产阶级首先认识民族主义的学校。'" 维勒（Pierre Vilar），*La Catalogne dans l'Espagne moderne*，第 1 卷（巴黎：S. E. V. P. E. N.，1962 年），第 34 页。

㊾ "〔西方国家〕许多人，特别是首都和首都附近的人往往把自己看作是国王的特殊臣民，具有今天称之为 Staatsvolk（国民）那样的地位……努力把全部臣民置于其控制之下的国王可以让他们与中产阶级对抗，但他也能够希望通过扩张达到自己的目的，通过主宰边远地区的省份，从侧面攻击他所在省的封建主义。" 基尔南（Kiernan），《过去与现在》，第 31 期，第 33 页。

㊾ "社会应当整合为一体，如果可能的话，一个国家中应当只有一个种族、一种语言、一种文化，在政治边界内所有的人或几乎所有的人都有权决定应该做什么——这样的思想是新的，19 世纪西方思想发展的结果。" 埃伯哈德（Wolfram Eberhard），《征服者与统治者：中世纪中国的社会力量》（莱顿，布里尔出版

公司，1965年），第二次修订版，第6页。

⑤⁹ 蒂利（Charles Tilly）用"正式的自治，同非政府组织的区别，中央集权和内部协调'来衡量'国家形态"。由这一观点得出，"极端的国家形态既不能确保政治的稳定，也不能保证在国际舞台上获得权力。人们或许会猜想，国家形态的增强会自然加强政府对所属人口的流动资源的控制，增强政府将资源用于国家和国际范围内目标的能力。"《欧洲国家形成史管见》，油印草稿，第9章；蒂利（Charles Tilly）编，《西欧国家的形成》（新泽西，普林斯顿：普林斯顿大学出版社），第18～19页。

⑥⁰ 巴伦（Salo W. Baron），《犹太人社会和宗教史》，第2版，第6卷：《公民或外国魔术师》（纽约：哥伦比亚大学出版社，1967年a），第192页。

⑥¹ "13世纪末，由于颁布了一系列针对犹太人的禁令，犹太人在国际贸易中的地位在德国受到了削弱。从那时起，与东部的全部贸易就是沿后来众所周知的渠道进行的：南部的意大利——地中海和北部的汉萨同盟。更早时期起过作用的穿越俄国和波兰的跨大陆路线退出了历史舞台。"布鲁茨库斯（J. Brutzkus），《同东欧的贸易，800～1200年》，《经济史评论》，第13期，1943年，第41页。

⑥² 关于波兰，巴伦（Salo W. Baron）指出："我们对〔11世纪和12世纪〕的犹太人生活知道得很少，但犹太人显然享有充分的行动自由，所要遵守的法律限制也很少，如果有的话。"《犹太人社会和宗教史》，第2版，第3卷：《罗马和波斯的继承人》（费城：美国犹太人出版协会，1957年a），第219页。在西欧，封建制度往往对犹太人有利，使他们成为"有些类似基督徒贵族的新的王室仆从集团。"巴伦（Salo W. Baron），《犹太人社会和宗教史》，第2版，第4卷：《东方与西方的相会》（费城，美国犹太人出版协会，1957年b），第50页。在西班牙（见第36～43页）、加洛林王朝的法国（见第43～53页）、德国（见第64～75页）、英格兰和诺曼底（见第75～86页）情况确实如此。"尽管由于无政府状况的变化和教会对犹太人统治的加强，封建主义使得西欧犹太人的生活变得很麻烦。"但"教会的中央和省级机构继续坚持基本的信仰自由，通过强调国王的神权加强王室的权力，它们命令国王公正地统治，它们不懈地宣扬旨在为人口中最无防卫能力的集团（包括牧师和犹太人）确定'神圣的休战'的主张，所有这一切大大增强了犹太人的安全（第53～54页）。"

⑥³ 在中世纪前期，犹太人作为"王室仆从"获益匪浅。在中世纪晚期，同样是这些国王，其权力更强大了，但犹太人的地位开始下降。巴伦（Baron）认为，"由于他们各自的王室主人从这种关系中得到了更大的财政收益，他们没有利用其增强的权力更有效地保护他们的犹太'奴隶'令人十分吃惊〔第198页〕。"巴伦（Baron）用"中世纪后期逐渐形成的新型民族主义〔第99页〕"来解释这一现象。此外，"中世纪社会世俗化的发展加剧了社会的种族宗教的偏执〔第200页〕。"

㉔ "〔在 14 世纪和 15 世纪……犹太人〕从一个国家被驱逐到另一个国家,他们大批地迁移到东欧和中欧的开放边界,在斯拉夫人、匈牙利人和立陶宛人的领土上建立了大量更加自成一体的村社。在众多的努力中,他们发现了自己对各个社会的作用:作为现金和借贷的提供者,对国家而言,他们成了现成的(往往是无依无靠的)征税对象,是国家最大的经济财产之一。"巴伦(Salo W. Baron),《犹太人社会和宗教史》,第 2 版,第 7 卷:《经济催化剂》,(纽约,哥伦比亚大学出版社,1967 年 b),第 30~31 页。

德国是一个边际地区:"不过,在黑死病大灾难后,德国的犹太人大量死去或穷困潦倒,他们不得不越来越专注于放债。尽管放债的金融红利不断减少,但他们还是招致人们的强烈憎恨……那些通过税收在许多方面成为犹太银行家合伙人的特别统治者,现在越来越无力维持这种监护关系……16 世纪初动荡的几十年中,情况变得更糟,社会动乱和宗教纷争成为内战和宗教战争爆发的基础(第 151~153 页)。"

㉕ "波兰众多犹太人的情况似乎有所不同,对他们来说,原则上他们不能获得土地资产,不能得到社会晋升。在这种情况下,我们认为,他们更多地参与资金投资活动(在工业和矿业领域)。"马洛维斯特(Marian Malowist),"L'évolution industrielle en Pologne du XIVe au XVIIe siècle: traits généraux" Studi in onore di Armando Sapori(Milano Istituto Edit: Cisalpino, 1957 年)第 1 期,第 601 页。

㉖ "但我们如何解释意大利城邦国家商业领先地位的这种衰落?导致这一状况的因素可以归结为:城市国家激烈的阶级斗争,王室负债者无法偿还债务,而陷于破产〔巴尔第佩鲁齐家族(Bardi Peruzzi)的破产〕,没有可以保护其国外公民的大国;也就是说,根本的原因在于城市国家的特殊结构,这种城市国家无法转变为一个拥用广阔领土的大国。"葛兰西(Antonio Gramsci),*Il Risorgimento*(Roma, Giulio Einaudi Ed, 1955 年),第 9 页。

㉗ 只要北意大利共和国是世界银行业的中心,犹太人就被有效地排挤在这些"伦巴德(Lombards)人的家园之外,伦巴德人的金融财力甚至在欧洲其他地方也超过了他们自己的资产。然而,13 世纪发生金融危机,导致大量各种大商号纷纷倒闭……从而为犹太人提供了新的机会……"。

"不久,意大利公国对犹太人成为经济力量的补充来源表示欢迎。"巴伦(Baron),《犹太人社会和宗教史》,第 7 卷,第 161, 163 页。

"当 1492 年在西班牙和西西里的犹太人遭到驱逐后,意大利成了基督教欧洲唯一对难民开放的地方……"罗思(Cecil Roth),《意大利犹太人史》(费城,美国犹太人出版协会,1946 年),第 178~179 页。

㉘ "如果犹太人在(西欧的)某些地区没有被完全驱逐的话,……那么这在很大程度上是出于各个政府的财政利益,他们的财政收入直接或间接地来自犹太人的放贷和对犹太人征收越来越高的赋税。"巴伦(Baron),《犹太人社会和宗教

》，第 7 卷，第 197 页。

见舍耐德曼（J. Lee Shneidman）对 13 世纪和 14 世纪阿拉冈的论述："通常人们放贷时都希望钱能返还。但在向国家放贷时，情况就不完全如此。国王确实经常偿还小笔借贷，但通常的情况是通过再次借贷进行偿付，或者向别的人再借一笔货款来偿还向第一人的借款。犹太人借给国家的钱往往有去无回，他只得通过税收方面的好处来弥补损失。由于这些好处成了进一步贷款的来源，国王们便十分关心确保犹太人重新获得贷款附加好处的价值。"《阿拉冈—加泰隆尼亚帝国的兴盛，1200~1350 年》（纽约：纽约大学出版社，1970 年），第 2 卷，第 433 页。

⑲ 埃尔曼（P. Elman），"1290 年犹太人被驱逐的经济原因"，《经济史评论》，第 7 期，1936 年 11 月，第 151 页。埃尔曼进而指出，正是因为犹太人已被"榨干"了，才让意大利人取代了他们的位置。

⑳ "到那时候……英国的海外商人已同英国城镇居民联合起来，城市的仇外情绪发展成经济民族主义。在 14 世纪末，英国布商试图打入波罗的海地区之举在汉萨同盟的城镇所受到的欢迎并不多。在这种情况下，在英国的汉萨商人享有的优惠（包括对布所征收的税比外籍居民缴付的还低）总的来说就显得很不公正，英国商人要求或在波罗的海地区享有互惠，或者在英国取消汉萨同盟的特权……在这同时，意大利成了类似争议的中心……〔城镇居民转而〕反对使用正在成为通货的硬币。据说，他们的金融和交换行为导致了金银的出口。他们贸易〔'少量的'奢侈品〕的特点导致金银的不断流失。"米勒（Edward Miller），《政府的经济政策：法国和英国》，载于《剑桥欧洲经济史》，第 3 卷，波斯坦（M. M. Postan）、里奇（Rich）和米勒（Edward Miller）编，《中世纪的经济组织和政策》（伦敦和纽约：剑桥大学出版社，1963 年），第 330~331 页。

㉑ 1492 年是重要的时期。维森斯（Vicens）认为，在此之前，"就像西方其他国家一样，不存在城市资产阶级。这一空缺由基督教以外的一个社会阶级——犹太人填补了。"《西班牙经济史》，第 248 页。在此之后，热那亚人占据主导地位："西班牙热那亚商人历史上的转折点是美洲的发现和随后同新大陆贸易关系的开辟。从那以后，热那亚人逐渐在西班牙经济中占主导地位，与此同时，这个国家日益成为 16 世纪的世界强国。命运同时给了西班牙两个帝国：一个在旧世界，一个在新世界。西班牙对承担帝国的责任毫无准备，尤其是在经济领域，这一点成了热那亚人前进的跳板。"派克（Ruth Pike），《塞维利亚的热那亚人与新世界的开创》，《经济史杂志》，第 22 卷，第 3 期，1962 年 9 月，第 348 页。见肖努（Chaunu），《塞维利亚》，第 8 卷（1），第 285~286 页。

同见阿曼萨（Javier Ruiz Almansa）："所有三个种族集团（基督徒、犹太人和摩尔人）都在当时的社会和经济结构中起着决定性的作用。排除他们会产生难以填补的真空，并会导致西班牙社会机制的真正动荡。热那亚和佛莱米

第三章　绝对君主制与国家主义

(Flemish) 的商人取代了以前犹太人所起的作用，但并没有全部代替。法国南部的手工业者填补了摩尔人留下的大部分空缺……" "Las ideas y las estadisticas de población en España en el siglo XVI" *Revista internacional de sociologia* I, 1947, cited by Juan Reglá, "La expulsión de las: moriscos y sus consecuencias," *Hispania*, *revista españiold de historia* XIII, No. 52, 1953, 445.

⑫ "〔在〕15世纪初突然进入现代的波兰，犹太人越来越占主导地位，从数量上看，几乎成了一个犹太人民族和国家，所有这一切在17世纪的经济困难和无情的萧条冲击下荡然无存。……"布罗代尔，《地中海》，第2卷，第137页。

⑬ "到13世纪和14世纪交替之际，大量意大利人的商社……控制着英国的羊毛出口，在一些年份则完全垄断了出口，全面控制着皇家海关。

　　处在这样的地位，意大利人终于被当地商人的联合组织取代，最后又被英国商品公司取而代之。……"

　　"到1361年，英国商品公司已实际垄断了对北欧的'羊毛出口'……"

　　"这种垄断满足了……羊毛商人的需求，它也迎合了织布者不断增长的利益，因为垄断使国内与国外的羊毛价格形成很大差别。首先，垄断满足了国王的利益。对羊毛出口征收关税和提供补贴是国王提供的最可能的保障。与百年战争早期一个接一个破产的商社和企业联合体相比，一个享有贸易垄断的特许公司是更为安全的借贷来源……唯一遭受损失的是羊毛生产者；这也许一直是羊毛产量下降的原因之一。"波斯坦（M. M. Postan），《中世纪欧洲的贸易：北方》，载于《剑桥欧洲经济史》，第2卷；波斯坦和里奇编，《中世纪的贸易和工业》（伦敦和纽约，剑桥大学出版社，1952年），第238页。

⑭ 西班牙和葡萄牙被迫做了转变。这是半边缘化的理想。犹太人被获许被迫作为基督教的信徒。这使他们在资产阶级内部起着比以往更为重要的作用。当伊比利亚半岛的发展达到希望排挤本地资产阶级的程度，"资产阶级"与"新基督徒"的一致使后者成了易于迫害的目标。见雷瓦哈（I. S. Revah）"*L'hérésie marrane dans l'Europe catholique du 15e au 18e siècle*," in Jacques Le Goff, *Hérésies et societés dans l'Europe préindustrielle, lle-18e siècles*（巴黎：门图出版社，1968年），特别在第333页提到了葡萄牙。

⑮ 见马洛维斯特（Malowist），《过去与现在》，第13期，格斯特林（Ferdo Gestrin），《编年史》，E. S. C. 第17卷，（1962年）。

⑯ 巴伦（Salo W. Baron），个人信件，1970年11月16日，见埃茨恩（D. Stanley Eitzen）："由于犹太人〔在16世纪〕为贵族和王室做事，他们更加不受人们喜欢。他们充当王室的财政代理人，租赁和管理皇家领地和贵族的庄园，并常常充当收税人。"《两个少数民族：波兰的犹太人和菲律宾的华人》，《犹太人社会学杂志》，第10卷，第2期，1968年12月，第227页。

⑰ 尽管如此，现在加尔文主义往往被公认为鼓励商人奋斗的宗教。从它最初的形

式看，这一观点认为加尔文主义推崇进取精神，或至少是鼓励这样的信念；在商业方面的成功有可能被认作是上帝选民的一个标志。对加尔文主义的这一歪曲并非不可思议，而且还要看到，这不仅是歪曲，且这一歪曲恰恰不被严格的加尔文派教徒所接受，因为它包含着试图揭示上帝继一般活动的有罪推断。一种可能更为普遍的对加尔文主义的歪曲则完全不同。它会使人从宿命论走向彻底的宿命论，基于在上帝意志面前个人努力无用这样的认识，以致对个人的作用表现出无动于衷和毫无兴趣的态度。几年前，由卡内基（Carnegie）公司任命的调查南非"贫穷白人"问题的专员激烈辩论说，"贫穷白人"缺乏进取心和自力更生精神的原因之一，不在于这种源于"错误的加尔文主义"的宿命论。这成了对那种广为人们接受的认为加尔文主义促进商业企业发展的观点所作的一种有趣的注释。"它确实强有力地表明，是感召力而不是教条决定了加尔文派教徒对经济机会和刺激的反应。"罗伯逊（H. M. Robertson），《16世纪欧洲经济发展》，《南非经济学杂志》，第18卷，第1期，1950年3月，第48页。

⑦ 我并不想否认，运用加尔文派神学说明资本主义活动也许比用天主教神学容易些。不仅韦伯这样认为，连一些强烈批评他的人也这样认为。例如，希尔（Christopher Hill）认为："利用人们内心的动机，使社会压力更随意地影响个人行为的思想主张……在社会变革时期，在那些最易受影响的人那里尤其流行。基督教产生于这样一个时期。圣奥古斯丁（St. Augustine）也生活在旧标准逐渐被废除的时代，他的神学带着沉重的改革家色彩。他也十分强调内在的动机而不是外来的作用。……似乎有一种已确立的教会回复礼仪，而反对派强调内在因素的永久趋势。"《新教与资本主义的兴起》，费希尔（F. J. Fisher）编，《都铎王朝和斯图亚特王朝时期英国经济与社会历史论文集》（伦敦，纽约：剑桥大学出版社，1960年），第34~35页。

我要指出一点，出于社会需要，可以用天主教而不必是新教为资本主义辩护。我顶多是同意希尔（Hill）的这一观点："新教中不存在任何自动走向资本主义的东西，它的重要性在于破坏了天主教更刻板的机构和礼仪所造成的障碍〔第37页〕。"

⑦ 希尔（Chritopher Hill），《工业革命的改革，1530~1780》，《鹈鹕（Pelican）大不列颠经济史》，第2卷（伦敦：企鹅丛书，1967年），第34页。

⑧ 后来，在16世纪20年代发生了大起义，即路德（Luther）运动。这一反抗不是发生在欧洲旧的成熟经济内的反抗，而是发生在北欧和中欧"不发达""殖民"地区，"以长期重税、受挫与被剥削（如他们所感受的）来维持地中海和莱茵河的高文明。"特雷弗罗珀（H. R. Trevor-Rope）《宗教，改革与社会变化》，《欧洲16世纪和17世纪的巫术狂，及其他文章》（纽约：哈珀，1969年）第32~33页。

㉛ 见巴伦（Baron），《犹太人社会与宗教史》第 12 卷，第 18 页。

㉜ 戈登—沃克（P. C. Gordon Walker），《经济史评论》，第 8 期，1937 年，第 14 页。"路德时代的具体成果……在于破坏了天主教对中下层阶级的控制，支持没收天主教的和封建的财产……"

"〔在第二阶段〕主要问题是阶级适应性……资产阶级从附属者变成统治者……工人阶级从松散、粗放的劳动转变为受纪律约束、固定的、有组织的工作……资本主义社会……需要个人主义掩盖社会的阶级结构，这一阶级结构要比封建制度下更为明显……作为唯一的社会分化标准，阶级结构既被个人精神行为承受的压力（从外部）所证明，也被这种压力所掩盖；正确的社会道德及其实行办法对上帝选民来说是现成的自我约束，如果必要的话，是对上帝摈弃者的强制约束……"

"〔随着〕阶级适应作为改革最高任务的逐渐完成，新教徒只得服从其他更为重要的活动，首先是让位给世俗国家和科学〔第 16~17，18 页〕。"

㉝ 见查尔诺斯基（Stefan Czarnowski），"La réaction catholique en Pologne á la fin du XVIe siècle et au début du XVIIe siècle," *La Pologne au VIIe Congrès Internationale des Sciences Historigues*（Société Polonaise d'Histoire, Varsovie：1933），II, 300. 见格拉博斯基（Thadée Grabowski）："路德教（1530~1555 年）的主要支持者是教士、德裔资产阶级，从当时的大学教育中心维登堡（Wittenberg）和科尼斯堡（Köonigsberg）返回的波兰学生。"

"贵族几乎没有参与。对他们来说，路德教过于温和，并且是支持……王权的…它的教义和君主思想未能迎合梦想建立古罗马式共和国的贵族们。""La réforme religieuse en Occident et en Pologne" *La Pologne au Ve Congrès Internationale des Sciences Historigues*, Bruxelles, 1923（华沙，1924 年），第 67~68 页。

然而，阿诺德（Stanislaw Arnold）认为这种观点并不准确："的确有一部分，也仅仅是一部分权贵成了改革家，尤其是加尔文派。但加尔文派吸引的主要是当时在国内特别在议会（Diet）掌权的中层贵族中的进步分子。""Les idées politiques et sociaux de la Renaissance en Pologne," *La Pologne au Xe Congrès International des Sciences Historiques á Rome*（*Warszawa*：*Académie Polonaise des Sciences Institut d'Histoire*, 1955）第 160 页。阿诺德（Arnold）特别反驳了查尔诺斯基（Czarnowski）。见第 159 页。

福克斯（Fox）和塔兹比尔（Tazibir）的看法与查尔诺斯基和格拉博斯基（Grabowski）比较一致。见福克斯（P. Fox），《波兰的改革》，《剑桥波兰史》雷德韦（W. F. Reddaway）等人合编，*From the Origins to Sobieski*（to 1696）（伦敦和纽约：剑桥大学出版社，1950 年），第 329，345~346 页；塔兹比尔（J. Tazbir），《贵族的联邦》，吉斯托（Aleksander Gieysztor）等人编，《波兰史》（华沙：波兰科学出版社，1968 年）第 185~186 页。

㉘ 查尔诺斯基（Czarnowski），第 301 页。

㉕ 同上，第 304 页。

㉖ 同上，第 308 页。尤明斯基（J. Umiński）强调波兰新教中的非波兰成分："路德教主要是吸引了居住在波兰城镇的德国后裔……所谓的反三位一体说很快取代了加尔文主义在贵族中的地位，严格说来这种反三位一体说并不是波兰的。波兰的反三位一体说是由外国人组织和领导的。"《波兰的改革》，《剑桥波兰史》，第 1 卷，第 412 页。

塔兹比尔（Janusz Tazbir）指出了宗教民族主义的国际意义："天主教将波兰与新教的瑞典、东正教的俄国和穆罕默德的土耳其区别开了〔第 228 页〕"与此相反，"罗马天主教会试图通过波兰不仅实现它自己的政治目标，还要实现哈布斯堡王朝的目标〔第 229 页〕"。

㉗ 在路德教和加尔文主义新异端的背后隐藏着潜在的、更为危险的敌人。天主教方面清楚地意识到这些敌人的存在。罗马教廷从长远来看并不怎么关心压制新教（一种过去的挑战），而是更重视遏制当时不断发展的政治自主论，在几乎所有的地方对日益联邦化和自主化的基督教会都加强了集权管理，使那些肯定是僧侣之外的人都服从于教会机构的统治，取消艺术和知识文化方面危险的自由，恪守目标的合法性和有关现实的等级观念和哲学概念，以支持对基督徒各种活动进行监督的要求。简言之，就是阻止那种历史学家将其与文艺复兴时代相联系的发展进程。鲍斯马（William J. Bouwsma），《威尼斯与保卫共和国自由》（伯克利：加州大学出版社，1968 年），第 294 页。

㉘ 威尔逊（C. H. Wilson），《贸易，社会与国家》，《剑桥欧洲经济史》，第 4 卷，第 4 章，第 490 页。

㉙ 维拉（Vilar），《过去与现在》，第 10 期，第 33~34 页。

㉚ 塔卡哈西（Takahashi），《科学与社会》，第 16 卷，第 334 页。

㉛ "绝对君主制是封建国家的一种形式"。希尔（Christopher Hill），《从封建主义向资本主义的过渡》，《科学与社会》，第 17 卷，第 4 期，1953 年秋季，第 350 页。

㉜ 《西方绝对君主制产生于某种特别的封建君主制》，基尔南（V. G. Kiernan），《过去与现在》，第 31 期，第 21 页。

㉝ "欧洲绝对君主制的所有形式都是服务于贵族和地主的利益，反映了他们对社会其他阶级的政治统治，首先是对人数最多的阶级——农民的统治。"莫尔纳（Erik Molnar），*XIIe Congrès International des Sciences Historiques*：*Rapports*，IV，第 156 页。

㉞ "波尔什涅夫（Porchnev）试图说明官僚资产阶级恰恰起源于封建制度的内在矛盾，在封建制度下，政治与经济的不可分性意味着每个贵族追求的特定利益不一定与他所在的阶级的整体利益一致。""由此出现了一个奇特的困难：贵族国

家的权力结构并不掌握在贵族的手中，任何一个特定贵族集团掌权都必然引发一场与庄园主阶级其他成员的公开斗争。”*Les soulévements populaires*，第 563 页。

(95) 熊彼得（Joseph. A. Schumpeter），《帝国主义的社会学》，《社会阶级，帝国主义》（纽约：梅里第安丛书，1955 年），第 57~58 页。

(96) “基督教与伊斯兰教一样，贵族占据着最高地位，他们不愿放弃这一地位……在各地，国家作为一种社会和政治变革的产物，作为刚刚产生的事物，必须与这些‘采邑所有者’、村庄、田地和道路的主人，以及广大农村人的卫士进行斗争。斗争意味着与他们妥协，分化他们，也保护他们，因为如果没有统治阶级的共同行动，是不可能在一个社会保持住权力的。现代国家运用了所掌握的这一武器；如果是进行破坏，所有的一切就得重新安排。而重建社会秩序就更不是一件小事，因为在 16 世纪任何人都没有认真考虑过这种可能性。”布罗代尔，《地中海》，第 2 卷，第 50 页（转下页，包括第 54 页）。

(97) “就贵族的两个集团而言，绝对主义的政策旨在保卫他们的基本阶级利益，也就是他们的财产。绝对君主不会满足‘佩剑贵族’（noblessedépée）公开的反动要求，在许多情况下，它会直接反对他们——但这与‘平等主义’相距甚远。”卢布林斯卡娅（A. D. Lublinskaya），《法国专制主义：关键的阶段，1620~1629 年》，（伦敦和纽约，剑桥大学出版社，1968 年），第 26 页。

(98) 赫斯特菲尔德（J. Hurstfield），《西欧的社会结构、官职和政治》，《新剑桥现代史》，第 3 卷：沃纳姆（R. B. Wernham）编，《反改革与价格革命，1559~1610 年》（伦敦和纽约，剑桥大学出版社，1968 年），第 130 页。他接着指出：“但在整个欧洲，贵族在社会中的作用天生就是自相矛盾的。作为贵族，他们有传统的野心，并互相对立，这往往不符合国王的和平利益。但作为世袭的当官者——他们中的许多人——会加强法律制度，而法制力量的扩大取决于对他们所拥有的自私权力进行遏制。”

(99) “绝对君主制产生于两个阶级——资产阶级和贵族——之间的对抗……”
“这种阶级斗争也许是专制君主制发展的主要因素。”穆斯纳（Mousnier），Les XVIe ex XVIIe siècles，第 97，99 页。

(100) 莫尔纳（Molnar），*XIIe Congrès International des Sciences Historiques*：*Rapports*，IV，第 163 页。

(101) “官吏既然掌握着公共权力和征税权，他们就作为社会机关而驾于社会之上。……”

“由于国家是从控制阶级对立的需要中产生的，同时又是在这些阶级的冲突中产生的，所以，它照例是最强大的，在经济上占统治地位的阶级的国家，这个阶级借助于国家而在政治上也成为占统治地位的阶级，因而获得了镇压和剥削被压迫阶级的新手段。……但也有例外的时期，那时互相斗争的各阶级达到了这样势均力敌的地步；以致国家权力作为表面上的调停人而暂时得到了对于两个阶级的某种独立性。17世纪和18世纪的专制君主制就是这样，它使贵族和市民等级彼此保持平衡；"《马克思恩格斯选集》，第4卷，第167~168页，人民出版社，1972年版——译注。恩格斯（Frederick Engels），《家庭、私有制和国家的起源》（伦敦：劳伦斯·维沙特出版社，1940年），第195~196页。

⑩ 科尔斯（Paul Coles）在论及15世纪意大利各城市商业中的贵族现象时说："贵族正在预演他们将在16世纪欧洲商业活动中扮演的主要角色……"《文艺复兴社会的危机：热那亚，1448~1507年》，《过去与现在》，第11期，1957年4月，第19页。

"〔到15世纪末开始出现了〕匈牙利发展中的一种新的趋势，这在经济上可以归结为封建庄园主阶级越来越多地参与市场贸易，后来又参与这些商品（酒、牛和小麦）的生产。"帕克（Zs. P. Pach），"En Hongrie au XVIe Siècle: l'activité commerciale des seigneurs et leur production marchande," *Annales E. S. C.*, XXI, 6, nov-déc. 1966, 第1213页。

"贵族参与农畜产品的出口贸易始于15世纪末，在后来又有所发展。这种参与成为与贵族直接开发土地联系在一起的有趣现象之一……促使16世纪（贵族充当布匹和奢侈品进口商）这一现象发展的因素是在贵族的压力下各大城市逐渐抑制了关税。"马洛维斯特（Marian Malowist），*studi in onore di Armando Sapori*, I，第587~588页。

"16世纪随着对城镇工业生产和贸易垄断的冲击，容克（Junker）企业的活动范围扩大了……容克成了商人、走私贩和工业家，确实打破了城镇与乡村的传统平衡。"罗森伯格（Hans Rosenberg），《美国历史评论》，第XLIX期，第236页。

从16世纪晚期开始，大部分罗马农村控制在十来个地主的手中。他们被称作mercanti di campagna，即农村的商人。见德卢米莫（Delumeau），*Vieéconomipue*，第2卷，第571页。

前面讨论过的军工企业家大多出身于贵族。如果不是的话，从事这种企业的活动也往往会被封为贵族。见雷德利克（Redlich），*Vierteljahrschrift für Sozial- und Wirtschaftsgeschichte*, Suppl. 第47期，第411，427~428页。

同见奥林（Goran Ohlin），《瑞典贵族的企业活动》，《企业家历史探讨》，第6卷，第2期，1953年，第147~162页；斯通（Lawrence Stone），《商业中的贵族，1540~1640年》，《企业家历史探讨》，第10卷，第2期，1957年12月，第54~61页。

⑩ "为了避免更多的困难，为了确立统一的规则，1622年公布了一项罗马教皇的训令，要求所有〔军人〕骑士团遵守圣地亚哥（Santiago）法令，大意是禁止〔骑士团成员〕从事商业活动的规定不适用于大企业主，而只适用于小店经营者或普通的放贷人……贸易显然是西班牙继续充当帝国的一个关键因素，作为

第三章 绝对君主制与国家主义

正常的财源是不能放弃的。"赖特（L. P. Wright），《16 世纪和 17 世纪西班牙社会的军人骑士团》，《过去与现在》，第 43 期，1969 年 5 月，第 66~67 页。

⑭ "在投资于土地的竞争中，教会和非营利的协会〔它们大多受（教会）的影响〕〔gli enti morali〕发现自己处于有利的地位，因为它们比教会以外的人和'私人团体'行动得更早。在 16 世纪末，他们控制了米兰（Milan）一半的地产，引起了众所周知的社会和宗教后果。"保菲雷蒂（Bulferetti），*Archivio storico lombardo*，第 4 卷，第 21~22 页。

⑮ "从很早的时候起，成功的商人就通过投资不动产来换取尊严和社会的认可。贫穷的绅士通过商业投机来恢复其家族日渐减少的财产，在这些投机中，与商人家庭联姻如果不是最小的投机，也不是获利最少的。在 16 世纪初，上述两种趋势同时迅速发展，当时还鲜为人知，必须被解释为各种形式商业活动大发展的结果。来源于贸易的巨额收入的增长导致一种新的商人阶层的出现，甚至在寺院捐赠世俗化使得土地投机成为一代人的癖好以前，这些商人的企业已不局限于海港和享有特权的城镇，而是发展到购买土地不动产。"托尼（R. H. Tawney），《16 世纪的农业问题》（纽约：朗曼出版公司，1912 年），第 187 页。

⑯ "在 16 世纪，资产阶级与君主制联系在一起，并为国王服务，他们总是处于消失的边缘。这一阶级并不只有破产的危险。如果他十分富有，或者对商人生活的危险感到厌倦，他就会购买官职、地租、头衔或封地，使自己受贵族生活的诱导，享有贵族的声望和平静的懒散。为国王服务使他们很快被封为贵族；也是通过这一途径（并非不考虑别的途径），资产阶级消失了。"布罗代尔，《地中海》，第 2 卷，第 68 页。

⑰ "隐退过食利者生活的癖好并不难理解。在海外积极从事贸易所承受物质风险并不总是致富机会能比得过的，随着外国市场的缩小，这种机会也越来越少。与此同时，能获得高利息资本可能仍然十分稀缺，……〔这种过程〕只是新资产阶级的一部分，还有其他的部分。首先，一些人不是在仍然十分商业化的职业以外，而是在这些职业内部寻求并且获得了安全。他们通过较小的方式在组织完善并受到保护的市场进行交易来获得安全……大部分贸易控制在拥有中等资产的人手中。作为中等阶层，他们寻求安全，通过合作、联合，更经常的是在数量上获得这种安全。"波斯坦（M. M. Postan），载于《剑桥欧洲经济史》，第 2 卷，第 218 页。

⑱ 布洛赫（Bloch），*Caractères originaux*，第 1 卷，第 129 页。

⑲ "资本主义与专制君主制的联系并不总是有利于资本主义。无疑，从 16 世纪 60 年代起，影响全欧洲和国家统治的破产现象绝不是商业资本主义在这个大陆发展缓慢的不重要的因素。从另一方面看，这种缓慢发展从长远看，对绝对君主制是有利的。它妨碍了资产阶级的过快发展，有助于维持资产阶级和贵族之间

的相对平衡,这的确是西欧专制主义的特征之一。"哈通和穆斯纳(Hartung and Mousnier), *Relazioni dex X Congresso Internazionale di Scienze Storiche*,第4卷,第45页。

希尔(Christopher Hill)也持有类似的观点:"垄断本身并不坏:它们是保护落后国家新工业的一种形式。最早的垄断关系到国家防卫——伊丽莎白皇家矿产公司旨在使国家在火炮制造方面不依赖外国的铜。在硝石、火药方面也有类似的垄断。当垄断被对资本主义发展怀有敌意的政府用于财政目的时,这种垄断很快就成为有害的了。17世纪建立的垄断,目的是为了销售……"《工业革命的变革》,第96页。

⑩ "他们不仅提到了规模经济,也提到了通过外部因素'内在化'(通过重组产权)、降低信息成本(通过经纪业)、减少风险成本(通过联合股份公司)来减少交易成本。"见诺思(Douglass C. North)和托马斯(Robert Paul Thomas),《经济史评论》,第23期,第5~7页。

⑪ 同上,第8页。

⑫ 库茨纳茨(Simon Kuznets)正确地指出了国家对企业有用处的关键因素:"当国家内部和人民中存在着冲突,这些冲突又常常直接和明显地影响到经济增长的主要选择时,主权国家的存在无疑意味着决策的可能性。"《作为经济增长研究单位的国家》,《经济史杂志》,第6卷,第1期,1951年冬季,第28页。

第四章插图 "对无辜者的大屠杀"

Pieter Breughel, the Elder。(约 1565 年)
Vienna: Kunsthistorisches Museum.

"对无辜者的大屠杀",勃吕盖尔(Pieter Brueghel,the Elder)的油画。它画于大约 1565 年,作为对西班牙人在尼德兰暴行的抗议。

第四章 从塞维利亚到阿姆斯特丹：帝国的失败

形成中的欧洲世界经济是一件伟大的赠品，这就不难理解为何人们总是试图控制它。帝国统治的路线是为该时代的人们所熟知的古典路线。不少人梦想着这种可能性。查理五世（Charles V）统治下的哈布斯堡家族（Hapsburgs）为把整个欧洲纳入其股掌之中做了一次大胆的尝试。到1557年，这种尝试即已失败。这样，西班牙不仅不可挽回地失去其政治上的帝国地位，同时也失去了经济上的中心地位。许多城市渴望成为欧洲世界经济的中心。塞维利亚（Seville）、里斯本（Lisbon）、安特卫普（Antwerp）、里昂（Lyon）、热那亚（Genoa）以及汉堡（Hamburg）这些城市，即使没有公然声称，也在做着这种美梦。但事实上却是阿姆斯特丹（Amsterdam），一个在1450年看起来还无多大希望的地方，到1600年已然捷足先登。现在我们看看帝国的失败，正是这种失败导致了西班牙的衰落，以及其全体同盟城市赞同阿姆斯特丹成功的反叛。

前述大约开始于1450年的经济震荡首先在那些过去的贸易中心，即所谓欧洲的脊梁——佛兰德（Flanders）、南德意志（Southern Germany）、北意大利（Northern Italy）；当然也包括作为地理大发现结果之一的西班牙，这些地区产生过昙花一现的繁荣。这些地方是如何准确地拼凑成查理五世统治下的哈布斯堡帝国这一点的确引人注目。在这个扩张中，最新和最具意义的因素是16世纪及它的东印度贸易公司（Casa de Contratación delas Indias）为中心的大西洋沿岸的贸易，这种贸易如此重要以致"欧洲生活的一切方面乃至整个世界的生活（某种程度上的世界），可以说都依赖于这种贸易。塞维利亚以及关于它的消息……会告诉我们世界的节奏。"①

西班牙是怎样扮演上这么一个中心角色的？正如我们在第一章中所讨论的，在15世纪欧洲的海外扩张中，处于领先地位的毕竟是葡萄牙（Portugal），而不是西班牙。此外，在西班牙历史上，15世纪也不是一个风平浪静的时代。正如维森斯（Jaime Vicens Vives）所说"危机一同概括了15世纪的西班牙历史"。②

危机是政治的（一段时间的起义和内部战争），也是经济的（整个欧洲价格下跌）。西班牙在经济危机方面的反应是发展它的羊毛工业，并且，由于低价的结果，获得了（已经萎缩了的）世界市场的相当可观的一部分。③在西班牙，羊毛生产者集团，梅斯塔（大牧羊主）（Mesta）的力量体现为，那些由潜在的卡斯提尔（Castilian）资产阶级分子试图让国王来用保护主义政策的努力在14和15世纪全都失败了。④维森斯发现，甚至在斐迪南（Ferdinand）、伊莎贝拉（Isabella），这些被推测是工业活动的支持者的天主教君主的统治下，前面提到的工业要么"只生产奢侈品，要么仅拥有本地市场。"⑤不像英国，西班牙并未努力发展重要的纺织工业。⑥具有讽刺意味的是，促使英国踏上工业增长之途的，事实上完全有可能是那些掺和着晚期中世纪不景气的卡斯提尔人的竞争。但事实上，西班牙没有采取这条道路。

然而，如果西班牙的经济整个儿是如此的薄弱，我们又怎能解释它在16世纪前半期的经济中心地位？部分原因是这种薄弱由来已久，而非匆匆一现；部分原因是，在一定程度上，政治制度太强大。卡斯提尔在整个中世纪始终有一种明显的"民族的"任务。一方面，存在着再征服（Reconquista），即从伊比利亚（Iberian）半岛逐出摩尔人（Moors），这在穆斯林格拉纳达（Granada）没落之际达于顶点，还有是从西班牙驱逐犹太人，这两者都发生在1492年，即哥伦布发现美洲大陆这一年。另一方面，存在统一西班牙的基督教城邦的运动。这个运动仅在阿拉冈（Aragon）保留独立的立法、城邦预算及社会法律制度之时达到高潮。

因为西班牙是建立在反摩尔人征服之上的，作为政治形式上的封建主义相对软弱。⑦结果，正如马拉瓦尔（José Maravall）所说，"作为一种不是奠基于封建结构之上的社会政治秩序倒为'国家'形式的发展提供了有益的空间"。⑧一流的制度应使中心与边缘的政治和经济的联络方便容易。⑨斐迪南和伊莎贝拉帮助梅斯塔（Mesta）创立一个强大的民族市场体系。⑩他们提供了一种独具灵活性的体制，尽管这种体制并未超越维护社会阶层、等级制度价值观的樊篱。⑪他们强化官僚政治，使其成为"植根于全体居民的一个整体……"⑫比如说，他们使天主教士们西班牙化。⑬总之，他们创造了"卡斯提尔的经济潜力得以充分实现的环境"。⑭

第四章 从塞维利亚到阿姆斯特丹：帝国的失败

如果金银涌入西班牙，如果卡斯提尔能翱翔在欧洲天空的中心，维勒（Pierre Vilar）说，"那既是原因也是结果"。⑮然而确切的事实究竟是什么？围绕金属品的经济地位其实有一系列的情况：地中海世界脆弱的银根基础，黄金供给者苏丹（Sudan）先前的中心地位，葡萄牙人对意大利各城市在北非中间地段扩张的压力，热那亚人在西班牙的地位以及热那亚人试图寻找非葡萄牙人所属的金银来源（只有西班牙处于这种替补地位）等等。

现在让我们追踪一下这个复杂的过程。我们已经谈到在中世纪贸易中贵金属的地位，以及苏丹的黄金是怎样经由基督教的地中海世界抵达欧洲。在15世纪中叶，北非的地位突然大大下降。这种下降的程度似乎存在一些讨论。布罗代尔（Braudel）谈到过北非地位的崩溃。⑯马洛维斯特（Malowist）承认下降但并不称它是灾难性的。⑰突然的金银短缺加重了西班牙国家的财政负担，这种负担一直因不断提高的军事和宫廷支出而增加，以至于造成马拉维第（Maravedi）——记账货币价值的下跌。⑱

财政危机的严重性在于，它引起西班牙的热那亚人的不满，因为这些热那亚人既是西班牙的银行家，也是金银的购买者。我们已经谈论过热那亚人在西班牙商业中的地位。热那亚人在许多方面都有很深的卷入，而不仅仅是作为金融家的身份。⑲然而为什么热那亚人不能获取经由葡萄牙而来的金银？或许葡萄牙作为新航线开辟的首要国家本身的力量就意味着它给热那亚人的条件不如西班牙供给的那么优惠。⑳也许正因为它自身的强大导致其开拓精神的匮乏。开拓精神通常反之是那些近距离的财路已然被堵塞的人对中距离财路的探寻。财路畅通之际就是开拓精神受人冷落之时。葡萄牙已干得很漂亮，它的船队直下非洲海岸。它没有感受到西航的冒险所带来的压力。㉑肖努（Chaunu）竭力说明在解释西班牙人对美洲的发现时不能归因于运气正好，这是一个显而易见的问题。在"不仅仅是把握出现的时机，而且要为自己创造时机"㉒这么一个时代的转折时刻，西班牙最具条件。英国雇用意大利人卡波特（John Cabot），但他的第二次"英国的"探险却要求"西班牙式"的赞助。到17世纪法国和英国才成为海外探险的国家；直到18世纪他们才真正成功。㉓

不管怎么样，16世纪的西班牙在美洲创立了一个其海上运输的成本所许可的那样庞大的帝国。㉔这意味着横越大西洋的海上贸易发展速度闪电般地增长。1510年至1550年之间增加8倍，1550到1660年间又增加3倍。㉕

— 193 —

这种贸易的中心是塞维利亚的国家垄断,但这种垄断则在多方面成为西班牙主要的官僚主义结构。[26]大西洋贸易的中心项目是黄金。首先,西班牙人轻而易举地得到了印加人(Incas)开来加工、用于祭祠的黄金。[27]这是一个财源。就在这个财源行将枯竭之时,西班牙人又成功地发现了怎样找到银矿的方法,这使他们得以有利可图地开来贮量丰富的白银,正是这一点,真正意味着大量的贵金属涌入欧洲。[28]

伴随着贸易速度"闪电般增长"的同时是在欧洲引人注目的扩张。及至1519年,查理五世加冕为神圣罗马帝国皇帝之时,他在欧洲的辖区已经涵盖了如下各不相同、互不毗连的地区:西班牙(包括阿拉冈)、尼德兰、南德意志(包括奥地利)各部分,波希米亚(Bohemia)、匈牙利(Hungary)、弗朗什-孔泰(Franche-Comté)、米兰(Milan)以及西班牙的地中海地区属地〔那不勒斯(Naples)、西西里(Sicily)、撒丁尼亚(Sardinia)巴利阿里群岛(Balaerics)〕。一时间,这个帝国在规模上竟与苏里曼(Suleiman)时代的奥斯曼帝国(Ottoman Empire)、恐怖伊凡(Ivan Terrible)之时的莫斯科帝国并驾齐驱,似乎将要吞噬欧洲的政治空间。新生的世界经济似将成为一种最高权力形式。查理五世试图将欧洲世界经济操于己手的做法并不孤独。法国的法兰西斯一世(Francis I)也有此野心,[29]而且法国拥有国土宽广、地处中心之利。[30]但是法国缺乏实现这种野心所必需的财源,当选为神圣罗马帝国皇帝的是查理五世而不是法兰西斯一世这一点,对它是一个极大的打击。尽管如此,地处西班牙帝国"心脏部位"[31]的法国,其强大足以使随后的50年成为两个庞然大物——哈布斯堡和瓦罗亚(Valois)之间不断角力的历史;这种斗争最终导致双方在1557年处于精疲力竭状态,迁延已久的欧洲霸主梦亦随之破灭。

法国与西班牙,这两个巨头以诉诸武力的方式解决他们的争斗,主要战场在意大利半岛上。先是1494~1511年的法西战争,继之则是持续到1559年的哈布斯堡——瓦罗亚竞争(Hapsburg-Valois)。[32]就帝国而言,围绕意大利争斗的理由是显而易见的。北部意大利诸城在晚期中世纪的欧洲大陆上一直是"最发达"的工商业经济活动中心。即使他们不再垄断远距离贸易,在积累的资金和经济方面仍然算是强大的;[33]因而,一个理想的世界帝国必须抓住对他们的控制权。在支离破碎的意大利政治版图上,[34]只有伦巴底(Lombardy)发展了一个控制中等面积领土的相对强大的城邦机构,[35]但要作为政治意义上的生存还是明显太小一点。[36]

事实上，我们正在谈到一个相对较小的地域，"一个狭小的都市四边形，威尼斯、米兰、佛罗伦萨，由于他们之间的不和谐，他们之间矛盾重重的竞争，每一个城市都有些微不同的分量……"。[37]政治问题对这些城邦（正如对佛兰德那些城邦一样）来说，从事就是"将自己从封建干涉里〔解放出来〕，同时，〔预防〕那些新的君主制度要求的权力更加集中的政治控制所形成的新的威胁。"[38]他们避开新君主们威胁的方式之一是"与一个帝国搭上关系"。[39]所以，尽管卢扎托（Gino Luzzatto）将1530到1539年之间所发生的一切描述成为意大利沦为"西班牙对这个半岛的大部分直接或间接控制之下"，[40]而且科尔斯（Paul Coles）也说过类似的话，"16世纪前半期世界历史明显的主题是法国和西班牙帝国主义对意大利的争夺"，[41]这些城邦在多大程度上抵制这类"支配"仍然不太清楚。他们很有可能考虑到那是他们的最佳选择。我们应该记住这是一种世界经济，记住，经济活动的兴奋点及那些重要的经济组织的"族籍"与政治决策中心所关注的模式没有任何关系。在此种构架内，城邦与帝国结合主要是一种"利益的婚姻"。[42]某种程度上这个比喻变成了现实。派克（Ruth Pike）指出，在塞维利亚的热那亚人数量增长的高峰发生在1503年至1530年之间，到该世纪中叶，这些热那亚人"广泛地控制了美洲的贸易，并对塞维利亚的经济生活产生了强有力的影响"。[43]然而，正如葡萄牙人曾经对先前的热那亚人冲击浪潮所作的反应，西班牙人用吸收的方式来融合他们："随着16世纪热那亚人的归顺与同化日渐稳定，西班牙反而导致了自己的后裔不事商贸。"[44]

除了控制四个主要的意大利城邦中的三个外（威尼斯在它的控制之外），查理五世的帝国还有两个另外的经济支柱：南德意志的商业银行〔尤其是福格家族（Fuggers）〕和"第一个"16世纪欧洲世界经济的一大中心——安特卫普（Antwerp）。

位于阿尔卑斯山（Alps）另一边那些南德意志商业城市的情形与北意大利那些商业城市在实际上并无太大区别。比如，洛培兹（R. S. Lopez）就提到："在15世纪；那些发展速度最迅捷的地区位于南德意志和瑞士的城镇。"[45]从1460年到大约1500或1510年，中欧的银矿开采速度增长极快，这为经济的增长进一步提供了资源。[46]16世纪贸易的扩张似乎仅仅提高了德意志作为北意大利与佛兰德之间贸易渠道的地位。[47]首先，甚至沿大西洋贸易没有增长，地中海贸易的相对衰落似乎也影响他们的经济繁荣，尤其是当他们能从哈布斯堡帝国网络之内的大西洋贸易中获取利益时。[48]

这是一个所有现代商业资产者——福格家族最春风得意的时代。他们力量的最高时期,查理五世时代,有时就被称作福格家族时代。福格家族为查理买下帝国皇位。[49]他们是他帝国的财政精英,优秀的私人银行家。当代的编年史家,森德尔(Clemens Sender),说他们:

> 福格(Jakob Fugger)及他们的侄甥的名字闻名一切王国和领地;当然,也闻名于异教徒中。皇帝、国王、诸侯、贵族赋予他威名,教皇视他为亲爱的儿子拥抱他,红衣主教在他面前要起身。世界的商人们称他是启蒙者,异教徒们因他而惊讶。他是德意志的荣耀。[50]

福格家族与查理相互依托,但也意味着同步升降。因为,福格家族的活动实际上"仅限于查理的帝国之内,而帝国仅在一定程度上具有世界性……帝国被视作世界性的……",[51]"当查理和他的继承者们付不出钱时,福格家族也就断了财源。到17世纪中叶,福格家族因哈布斯堡王朝欠债所造成的损失总数不少于800万莱因荷币(Rhenish gulden)。"[52]

然而比北意大利或福格家族更为重要的是安特卫普,它"在16世纪的经济生活中扮演了主角"。霍特(J. A. Van Houtte)考察过布鲁日(Bruges),14世纪一个"民族市场"中心(就佛兰德而言)与安特卫普之间的重大差异。16世纪的安特卫普乃是一个"国际市场"中心,它联结着经由南德意志的地中海和波罗的海之间,横贯欧洲大陆的贸易。[54]安特卫普不仅仅协调哈布斯堡帝国的不少国际贸易,而且也是英国和葡萄牙与世界经济相联系的关键。[55]在其他许多事情上它是英国不可缺少的一环。[56]如果它能扮演这个角色,不管事实怎样,如英—意贸易在经哈布斯堡中转时,其运输成本更为低廉,也恰恰是因为它给那些帝国的商业中心有利可图的商人提供多种优惠。[57]

另外,安特卫普在这时期成了欧洲最大的银钱市场,"主要是因短期信贷增加的要求,查理五世皇帝的世界政策引起的……"[58]安特卫普不仅仅为帝国的证券交换服务;作为一个共同体的城市本身也成了查理主要的贷款者。[59]由于帝国没有可靠的税收基础,所以他们发现要想相对容易地获得现代类型的国家产业贷款是很困难的。一个16世纪的帝国由于其君主制的统治具有某种程度的信誉。[60]这样,他不得不转向作为"公共财富中心"[61]

的那些城市以保证得到他的贷款。但是城市在信贷上也受限制,他们转而需要诸如福格这样一些大家族的保证,这正如朗彻(Lonchay)所描述:

> 城镇的信贷,正如地方的信贷接收者一样是有限的。这就是为什么有些金融家们在同意贷款给政府之前要求有偿付能力,最好是一些大银行家的担保。所以,在1555年,商人们以担保人的身份要求国家或是福格家族出具20万英镑贷款的保证书。匈牙利的马利亚(Maria)要求奥特尔(Ortel),该家族的管理人承认他,作为回报,以税收为他作保(收益间接税)(le produit des aides)。[62]

这样,查理五世、卡斯提尔、安特卫普、福格家族全都搅进巨大的信贷网络及基于希望与乐观主义的利润诱惑之中。

从1530年代开始,增长的大西洋贸易给安特卫普一个新的扩张阶段。[63]以南德意志商人为主的横贯欧洲大陆的贸易和西班牙人(含热那亚人)的大西洋贸易会合于也作银钱中心的安特卫普,这两个商业中心的联合创造了一种"狂热的资本繁荣"景象。[64]这种繁荣有其自身的原动力,它主宰了哈布斯堡被公认的世界帝国的政治行政管理结构。帝国受到那些令人难以置信的金融世家的困扰,一方面是由于正席卷整个德意志帝国的社会危机,同时也因企图鲸吞欧洲其余部分导致的冒险。这样,帝国要么不得不破产,要么走上资本主义道路。后者证明是更为强大一些。让我们考察一下帝国操纵下的两个家族。

就政治意义而言,1450~1500年是德意志"诸侯国地位巩固"的时期,这是困难的任务,但也部分获得成功。巴拉克勒夫(Geoffrey Barraclough)写道:"诸侯们……使德意志从根深蒂固的无政府状态中摆脱出来……"[65]不管怎么样,巩固很不完整。当宗教改革和1525年的德国农民战争开始侵犯这种新的繁荣之时,正如其他国家在这种时期所能做的一样,政治上的分野使它不可能控制骚乱。[66]德意志"民族的"失败曾经被赋予种种解释。拿破仑曾经说过,是查理五世企图自己领导德意志新教诸侯联盟的失败。[67]恩格斯也曾详细地讨论过,说它是路德(Luther)与中产阶级对农民革命理想的恐惧。[68]托尼(Tawney)也将其与英国进行比较:在英国,农民(即自耕农,yeomen)在别的阶层中找到了有意义的联盟,并被认为其重要性"足以使他们成为那些关心民族利益的政治家们忧虑的是什么导致了社会危机？这种危机伴随着一种政治上的自我挫败性质，这与意大利大部分地区所经受的完全臣属在结果上并无有大区分。或许有共同的原因，那就是缺乏一种甚至处于胚胎状态中的国家机器。16 世纪早期的"德意志"是一幅分裂的"民族主义者"情绪多么强烈的极好图景，即使这种分裂情绪不是以一种行政管理实体的内部组织中滋长期而是超前出现。查理五世不能领导德意志新教主义者，因为他身陷帝国之中。在国家根本不存在之时，德意志政治家并不从民族利益的立场去重视农民（yeoman）的需求，不管他们之间的政治妥协会获得何种选民。人们宁愿进入政治竞技场，尽管在这里他们得到的可能是毁灭。这是一些公侯，既然他们小得不能在经济上有所作为，便只好转向外面的恩人。结果便是步履跟跄乃至走向深渊。

最危机的时刻似乎一直是查理五世早期的统治年代。泰勒（A. J. P. Taylor）认为有些戏剧性但并非那么重要：

> 查理五世的早年是曾经失去且将永不复返的哥特文化时期。作为创造一个民族的中产阶级的德意志时期在 1521 年永远失去了，至少持续数世纪之久。非常明显，到 1525 年，民族形成的时期已经过去，从那时开始了连绵不绝长达 250 多年的专制主义和极权主义稳步迅速的发展……[70]

总之，骚乱一直以一种非常严重的形式持续到 1555 年奥格斯堡条约（Augsburg）的签订，条约对散乱的德国问题的解决，是基于"教随国定"（Cuius regio eius religio）基础之上的。即便这样，骚乱也未结束。在 7 世纪早期，德国成为三十年战争（Thirty Years War）的战场，经历了人口的减少与经济的衰退。

然而，德意志的骚乱不仅仅是一个查理五世的问题，而且这可能还不是最大的。这肯定不足以说明帝国何以崩溃的原因。它为何分崩离析？为何它最终实质上削弱了西班牙及西属拉丁美洲？而且末了西班牙为何会失其优势成为欧洲边缘地区的一部分？肖努（Pierre Chaunu）看到西属美洲经济重要性的上升，它对哈布斯堡帝国经济生活的中心地位，甚至在全欧，"不是查理五世国家分裂的结果，而是它的原因。"[71]艾略特

第四章 从塞维利亚到阿姆斯特丹：帝国的失败

(J. H. Elliott) 和卡拉德 (Ramón Carande) 也持类似观点，查理五世的欧洲帝国主义对西班牙，尤其是对卡斯提尔来说，代价过于高昂。[72] 布罗代尔认为，甚至已经缩减的帝国（西班牙、尼德兰，没有中部欧洲）就其控制高水准的财政势头的能力而言，也是"太大了"，以至导致了通货膨胀。这些观点似乎都认为在入不敷出的通货膨胀之时，政治上的极端是一种财政负担，尤其是在资本主义的早期阶段。[74] 西班牙是一个帝国，而在16世纪适合它的，只是一个中等规模的国家。官僚政治未能充分发展，因为帝国的西班牙要求一个其资源、人力及财力所不及的更庞大的政治体制。这就是历史学家们所谓西班牙官僚政治"迟缓"的根本原因。[75]

我们似乎不得不再次面对一种凌驾在世界帝国体系之上的世界经济在结构上的优势。例如，科尼斯堡格 (H. G. Koenigsberger) 就描述了西班牙在开拓西西里殖民地的无能，将之归因于政治理论的缺乏。[76] 这在我看来有点牛头不对马嘴。西班牙没有任何鼓励它在西西里建立贸易垄断的理论，因为，就官僚主义政治意义而言，它已然分得太散以致不可能合理地开拓它的帝国，它将自己的主要精力投入维持在美洲的帝国，指挥在尼德兰的战争和统治西班牙之中。为了维护它在美洲的帝国，它不得不增设不断庞大的官僚机构，以保持对西班牙殖民者及他们在印第安贵族中的同盟者的控制。[77]

西班牙帝国运转过吗？如果进行大幅度重构或许有这种可能，正如科尼斯堡格所说："它最根本的缺陷是……税收基础的薄弱。卡斯提尔和白银供养并维持帝国；其余属地皆是程度不等的旁观者。"[78] 索尔德维拉 (Ferran Soldevila) 以文献证明了卡斯提尔人如何深思熟虑地从美洲贸易中排斥甚至像加泰隆尼亚 (Calalonia) 这样一个"亲密的"集团。[79] 然而即使它做了相当程度的调整，也不可能获得绝对统治权，这正是我们的看法。如果加泰隆人 (Catalans) 与卡斯提尔人并为一体（他们没有），如果查理五世的帝国野心既没有耗干卡斯提尔，也没有将自己拖入帝国各部分不可避免的利益冲突之中（这是些自我挫败的冲突），那么，西班牙倒的确有机会在欧洲的世界经济中成为一个中心国家。因而，西班牙的过分扩张注定要使查理五世及其后继者落到山穷水尽的地步。

1556年，帝国解体。查理五世退位。西班牙的菲利普二世 (Phillip II)，查理五世的儿子接管了尼德兰。但是中部欧洲的领土则独立出去了。1557年，菲利普宣告破产。在西班牙—尼德兰土地上，当1559年菲利普

— 199 —

进驻西班牙的政权重心又移到了西班牙。随即爆发了尼德兰革命（Netherlands Revolution），[81]这场革命历经反复，大约80年之后，才以北部加尔文主义者独立联省（大致相当于当代的尼德兰）和南部天主教的所谓西班牙人的尼德兰（多少相当于当代的比利时）的分立而告结束。但这场危机并不仅仅是西班牙或哈布斯堡帝国的危机，它是欧洲世界经济演进的转折点。革命中最关键性的要素是1559年由西班牙和法国提出的卡托-坎布雷和约（Cateau-Cambrésis）的签订。为了理解和约的重要性，我们必须首先看看另一个企图问鼎帝国宝座的野心家——法国的情况。

要说明在"第一个"16世纪中，西欧国家的窘境，法国是最好的例证。一方面，或许没有任何欧洲国家像法国那样带着相对强大的君主政治体制步出晚期中世纪。[82]我们已经在前一章讨论了布洛赫（Bloch）对法国、英国及东欧，这些国家在16世纪时所有制状况差异的解释，这些解释基于对这些国家在中世纪晚期司法原动力的比较基础之上。正如我们所知，在英国的体制在14到16世纪为满足土地所有者的新要求，承认对所有权进行法律上的重新界定（确认）时，在法国这种界定却更为固定化的。布洛赫正确地表明这是16世纪法国"领地制权的颓废"，[83]也确如库尔布恩（Rushton Coulbourn）所指出的，贵族阶层的政治力量导致一种在新的世界经济体系中低能运转的经济结构。[84]

在法国，没有像在英国那样贵族与乡绅两个阶层相应的合并，这类事实有不少后果。让我们暂时来谈谈在世界体系中作为一种国家政策的内涵。米勒（Edward Miller）指出，贸易利益的政治力量在英国比在法国要大。结果，法国的贸易政策在晚期中世纪要开放得多。[85]最后的结果就是，尽管拥有相对强大的官僚机构，16世纪早期的法国仍然比英国获得的"经济指挥权"要小，[86]此种情形下的财政压力促使法国的君主们产生帝国野心，特别是因为哈布斯堡家族也有此野心。他们尝试过西班牙人进行过的海外扩张，但他们缺少国际资本的撑腰，这就是北部意大利人的资本。[87]另一个选择就是在欧洲范围内，确切地说是针对北意大利进行了帝国主义的扩张。

法国拥有以里昂为中心的富有竞争性的国际财政与贸易网络。在中世纪全盛时代，香槟（champagne）的集市曾是北部意大利和佛兰德的商人们下的汇聚地点。然而到13世纪晚期~14世纪早期，衰落降临。[88]在15世纪，法国的君主们小心地培植里昂的成长，并鼓励它与该时代的大银行家——佛罗伦萨进行联系。[61]16世纪早期,通过集中大量资本,里昂和安特卫普"在一定程度之内降低了个体金融家们的地位,(因而)以适中的比例积累大宗资本成为可能……"[62]里昂并不像安特卫普那样是一个完全的国际中心,因为法国的君主们同时想使它成为"财政上的武库"。[63]作为商业中心里昂也难以与安特卫普相比。总之,位居安特卫普之下。

然而,法国做过努力。哈布斯堡和瓦罗亚(Valois)这两个帝国同时衰败了。不仅是西班牙,法国也在1557年宣告破产。然而,即使在失败之后,哈布斯堡似乎也要夸耀他们过时的首要地位。这两个帝国在经济上的失败迅速导致军事冲突的平息和1559年的卡托-坎布雷条约的签订。该条约变更欧洲政治版图达一百年之久。这样,这些破产就不仅仅是财政上的重新调整。整个世界随即震荡起来。

震荡的不仅仅是一个特别的国家组织,亦不仅仅是查理五世面对哭泣的骑士们悲剧性的退位。震荡的是一个世界经济体系,长达一百年之久;欧洲随即亦有新的繁荣。人们试图以过时的方式从中谋利。但是技术的发展和资本主义因素的高涨速度太快,以致不可能重建一个政治帝国来与这种经济景象相适应。如果同意的话,1557年标志着那种企图的失败和欧洲权力平衡的确立,这种权力平衡承认那些趋向形成民族的国家(让我们称之为民族国家"nation-states")拥有自己的地位,并得到仍然繁荣的世界经济的滋养。

危机是一种象征性的转折点。正如许多历史学家所指出,"第一个"16世纪的许多组织特征在相当一段时间之后才告消失:1576年,西班牙在尼德兰的权力崩溃;1588年,无敌舰队(Armada)的失败;1598年,维尔文和约(Peace of Vervins)及南特敕令(Edict of Nantes)的签订。因为决定体制的因素冰河般缓慢,体制重心的变迁就并非总是那么迅捷,这样,也就没有为这个变迁附注一个最合适的日期。

但是由于存在着变迁,这就值得我们花一点时间来讲清楚这与欧洲世界经济相关的含意。让我们以托尼(R. H. Tawney)对"第一个"16世纪体制重心的描述开始:

> 在其经济组织中,国际贸易的机构达到一种不次于三个世纪之后所达到的效率状态。该时代以前最有效能的经济体制被西班牙与尼德兰的争斗、法国的宗教战争毁灭,大约有10至12个商业银行,他们

的银钱市场就是欧洲贸易的财政权力中心，他们的意见和政策在决定财政状态时起着决定性的作用。在佛兰德（Flemish）、法国和意大利的城市里这种情形达到了顶点，而英国则是一个小学生；16世纪金融机构的实质是国际主义的，是每一个资产者随心所欲地从事任何交易，是一种联合体，这种联合体在主要的市场的运行上带有相互同情的迹象，在大规模资源的动员上具有以国际金融战略出发的效果。它的中心和象征是在安特卫普的交易所，以及它那颇有含意的献辞，"Adusum mercatorum cujusgue gentis ac linguae"（为各民族各语言的商人所享用），在那儿，正如圭查尔狄尼（Guicciardini）所说，能听到普天之下的每一种语言，用威尼斯人（Venetian）的话来说，在里昂的集市，形成了"整个意大利和西班牙、尼德兰的大部分金银交易基础"。[94]

托尼说这种体制的崩溃是由于毁灭性的战争。事实的确如此，只不过这也太立竿见影了。在前一章里我们认为，较合理的原因是面对16世纪欧洲的经济发展的冲击，它无能使帝国的体制运转起来，其结构之弊端甚多，即相当低水平的生产率，以及面对基于一种散乱的中等规模的企业的经济扩张官僚体制的软弱性。

一种严重的瓶颈式的阻塞加重了帝国国家机构日益增长的财政负担，并导致了帝国在该世纪中破产的通货膨胀。查理五世向一切国家及其商人寻求财政来源：那不勒斯（Naples）、西西里、米兰、安特卫普、卡斯提尔。[95]这次争论的正式爆发是由豪泽（Henri Hauser）而起，他说，1559年欧洲的财政危机"可能阻碍了商业资本主义的演进，并且推动了经济地理的变革。"[96]他认为，开始于1557年的西班牙和法国的战争显然削弱了国家可能违约的信贷声誉，这使得两个国家在1559年仓促签下了卡托-坎布雷和约。

扩张的哈布斯堡有一个极大的后果，就是它直接导致西班牙衰落的开始。[97]危机导致了安特卫普与英国关系完全破裂，使得后者能够自由地与阿姆斯特丹发展新的富有成效的联盟。[98]而在安特卫普内部，那种基于与西班牙轴心关系之上的繁荣也告结束。"1557年菲利普二世的破产带来了最终决定安特卫普命运的破裂。"[99]

通观佛兰德，危机导致了加尔文主义者趋势的强化，尤其是在那些熟练技术工人中。1567年，西班牙派阿尔法（Alva）公爵去镇压新的社会政治骚乱，但该行动导致大批加尔文主义者商人和工匠成群结队地逃向新的国家，[100]到1585年，佛兰德的工商业崩溃，"萧条延续了很多年"。[101]掺和了基于这种灾难性后果之上的社会政治骚乱的尼德兰革命，在低地国家的北半部创造了一种灵活的政治机制，其作为世界商业中心的地位开始于16世纪晚期。[102]

南德也不景气。卢扎托（Luzzatto）指出，"侵袭他们最严厉的风暴最初是债务问题，就是西班牙王室的破产，它整个地席卷了不仅仅是福格家族而且包括大部分南德意志商业银行家的私有财产。"[103]随着经济的恶化，以前南德意志与北部意大利城市的商业伙伴开始相互侵蚀商贸领域，这是一种毁灭性的情况。[104]

这个灾难对德意志人来说有广泛的政治后果。巴拉克勒夫（Barraclough）所说的"为反抗帝国的衰败的新教徒主义的革命因素……，带有强烈的民族特征"正席卷德意志。然而，正如我们已经提到的，查理五世卷入他的帝国本身就意味着他不可能将其政治资本投进德国的统一之中，对此，并不超过他对西班牙民族主义者的重视。教随国定（Cuius regio）的妥协扶助了德国诸侯，削弱了德国资产阶级，粉碎了德国统一的希望达数世纪之久，德国大致分成路德教的北部与东北部（后者在经济上至少属东欧边缘的部分）和较富裕一些的西南天主教地区（包括部分莱因国家）。正如泰勒所说"两地的发展都是一种文艺复兴繁荣时代之后的退却，这几乎遍及全德……"[105]甚至在相对富庶的西南地区，到17世纪手工业也趋于退却。[106]泰勒也许夸张了16世纪早期德国的繁荣和经济领先地位，但他对新生的经济发展的戏剧性的衰落的描述无疑是正确的。[107]

这样，查理从政治上对欧洲世界经济的统治就给西班牙、德国、佛兰德和北意大利诸城市以及那些与帝国命运休戚相关的商业银行带来了消极后果。帝国大厦的建立似乎是一件值得尝试的合理的事，甚至不乏这种可能。但它失败了。

我们已在相当的程度上谈到了西班牙在美洲的殖民史。为了把握西班牙的衰落对美洲所造成的影响，我们最好是在这里简单地描述一下帝国的内部情形。西班牙在加勒比海（Caribbean）及其沿岸地区（后来的墨西哥、危地马拉及哥伦比亚）、秘鲁和智利（Chile）建立了殖民地。总体来看，这些殖民地构成不仅仅是欧洲，尤其是对西班牙经济上的补充。西班牙没有行政管理能力在美洲创立一个庞大的官僚组织。所以，他们就利用帝国过去的权宜之策，将那些当地酋长或强盗首领吸收过来，作为国王和西班牙殖民者在那里的间接代理人。[110]

西班牙也没有能力完全控制自己的殖民者。为了使他们保持政治上的忠诚，帝国给了许多经济上的特许。其中之一是阻挠印第安人从事畜牧业来限制他们的经济自主权，这种畜牧业使他们有可能在新的资本主义经济中富有竞争性。[111]进一步说，不是印第安人从这个有利可图的活动中被驱赶了，而是活动的成功从经济上动摇了他们，因为在中美洲正如在英国一样，羊也吃人。[112]尽管殖民者要依靠持续不断的西班牙的援助，他们并不对印第安人及非洲奴隶的反抗有太多的敌视，对英国和其他侵入他们的贸易领域或利润圈的人亦是如此。[113]这样，虽然他们与国王及其官僚机构偶尔也有不快，但始终未能形成一种自发的力量。此外，殖民者们，许多人出身微贱，也受益于殖民地作为出口经济这样的事实。[114]

正如通常所发生的，在帝国的内部，准帝国主义者会增长起来——一种层层相叠的结构。我们可以谈一下墨西哥（指的是在墨西哥的西班牙人）"殖民"秘鲁（Peru）的情况。墨西哥有多得多的人口。整个16、17世纪，那里的价格水平存在经久不息的波动。墨西哥向秘鲁出口生产品、奢侈品和奴隶，以换取硬通货和水银。[115]当菲律宾人（Philippian）进入西班牙的贸易圈时，在墨西哥的西班牙人就成了马尼拉与利马（Lima）之间的中介人，切断了西班牙与马尼拉的直接联系（Spanish Manilenos）。[116]这类从墨西哥到秘鲁经由马尼拉的中间商品的再出口就变成了殖民地内部贸易的主流。[117]西班牙王室做过不成功的尝试去破坏墨西哥的地位，因为它正在分享卡斯提尔的利益。[118]"没有谁会持异议"，肖努（Chaunu）说，"16世纪的墨西哥之于秘鲁恰如一个宗主国之于它的殖民地。"[119]

"第二个"16世纪的欧洲，掺和着经济矛盾的政治扩张的后果之一是大量的西班牙人涌向美洲。[120]这就为那些需要工作的人提供了出路，而且为西班牙国家提供了直接的收入来源，因为在美洲的殖民官僚机构中的职位可以出售。[121]另一方面，那些在美洲面临经济困境、靠土地活口的不断增加的西班牙人与在早期西班牙人的统治下印第安人口的灾难性的减少，这两者结合起来产生了美洲西班牙帝国的"萧条期"，[122]结果是逐渐导致了以劳役偿债为基础的种植园体制的增长。[123]但是种植园是一个比大农场更小的经济单位，[124]是一个精明的殖民者相对自足的世界。[125]西班牙自己也发现了正在发展的体制一方面在降低其经济收益，一方面在增加政治上的困难。当西班牙继续忍受帝国的政治代价时，别的欧洲国家要想从西属美洲获利却不难。[126]

因此，在1557年之后的时代，西班牙不仅失去了帝国的中部欧洲地区，而且经过长时期的斗争后还失去了尼德兰。它也正在丧失残留在殖民地的利益。进一步说，北美作为西班牙如此重要的收入来源，占总量的10%之多，导致了西班牙减缓扩张的进程以便巩固其既得的利益。[127]然而，减缓决非权宜之策。

西班牙的没落一直是现代欧洲历史学的一个大课题之一。其原因在我们看来似乎是西班牙没有（或许是因为它不能够）建立促使西班牙的统治阶级能从欧洲世界经济形成中获利的国家机器，尽管在16世纪西班牙在这个世界经济中占据位居中央的优势位置。这就意味着，"中心"地带并非就是那些所谓最"中央"的地方，无论就地理位置或是贸易运动而言。

在迈入16世纪之际，西班牙已然因经济机制上一些潜在的缺陷受苦。首先，正如我们在前面提到的，流动的牧羊人相对有组织的力量对农民（Yeomanry）的增长是一个重要的阻碍，因为他们能够保留反对圈占耕地的特权。在英国，养羊业流动性相对较小，而且与允许不动产登记缓慢增长的圈地制度相处更为和谐。[128]其次，缺少有意义的工业区，仅有的一些（卡斯提尔的布、丝）也在1590年的危机中破产。[129]维森斯（Vicens）有些神秘意味地将它归咎于"卡斯提尔领会资本主义世界的失败"。[130]不管怎么样，他关于危机后果的经济主义式的描述表明消费模式至少是帝国众多衰落因素之一：

> 恰恰是那些有钱人［旧贵族，安达卢西亚（Andalusia）和埃克斯塔马杜拉（Extremadura）的乡绅及退休的政府官员］通过建筑（教堂、宫殿和修道院）使货币僵化，通过艺术品使货币圣化。但没有谁屈尊动念从事工业，甚至简便的商业。[131]

类似的投资模式走向也影响那些对新的资本主义经济有相当倾向的加泰隆（Catalan）市民。布罗代尔谈到他们从商业领域转向文化领域的投资正在增加。"这难道不是巴塞罗那经济戏剧的一个片断吗？巴塞罗那的市民阶级开始将货币投放在土地上，而不再继续用它进行海外事业的冒险。”(132)这不能不引起我们深思：该时代欧洲最重要的帝国中心的市民正将他们的海外投资转向谷物的增长上，而不是建筑他们的工业基础，这究竟是怎么回事?(133)这里存在另一个困惑。许多学者有维勒（Vilar）类似的评价：“使西班牙寄生性富裕起来的那些金块银条……流入了那些购买力最大的国家。”(134)维森斯也说：“的确，卡斯提尔在与欧洲其他国家争斗的紧急时刻依仗的是从前来自美洲的金银。”(135)

这里有一个因素可以肯定，那就是外国人长期处于关键性的地位：热那亚人、荷兰人、葡萄牙的犹太人、法国人。(136)另外是查理五世不愿以“民
193 族主义”角度考虑西班牙，也不愿在卡斯提尔的市民阶级受到一系列不利因素冲击之前采取重商主义的政策。(137)这些因素是价格上升，贵族的奢侈品
194 消费以及通货膨胀和皇帝借贷造成的反保护主义后果，(138)这一切都与泛欧洲的哈布斯堡帝国搅和在一起。这两个因素的后果，在西班牙内非西班牙人金融利益的优势地位和政府不愿（或许是不能）采取适当的保护措施，导致了西班牙经济地位的逆转。(139)

在不反对外国商人的同时，西班牙倒是走上了一条驱逐西班牙的非天主教徒的自我毁灭的道路。西班牙作为领导反对欧洲新教主义和地中海沿岸的伊斯兰主义的国际地位〔曾经在1588年遭受了无敌舰队（Armada）的失败〕必然导致在逻辑上一贯到底的国际主义政策。1492年驱逐犹太人，1502年、1525年驱赶摩尔人，在整个16世纪迫害马兰诺斯人（信奉基督教的犹太人，Marranos）和“伊拉斯莫派”（Erasmians），西班牙在1609年驱赶了最后一个伪宗教少数民族，即所谓的摩里斯科（Moriscos）人。摩里斯科人约30万，大部分是农人，散居在巴伦西亚（Valencia）和安达卢西亚（Andalusia）。(142)摩里斯科人起义的“爆发”撕裂了西班牙人的内部社会组织。它部分标志着17世纪前10年经济后退的开始，同时也是西班牙国际形势恶化的起点。(144)它是一个由西班牙带有市民阶级因素的人们发起的旨在反对大领地主（Latifundias）土地贵族阶级的运动，其最后结果是要打破这个阶级与资本主义增长不相适应的垄断。(145)但是土地贵族通过
195 拒付由市民阶级提供的贷款捞回补偿以挽救自己，他们的行动得到政府的支持。(146)维勒（Pierre Vilar）是这样概括其后果的：“这样，不仅没有伤害封建经济，反而重创了债权人自身：富有的自耕农（Labercurs riches）和市民阶级”。(147)最后的后果带有双重性。一方面，“摩里斯科人的风暴打破了伊比利亚半岛一个多世纪的平衡。卡斯提尔受冲击后，就破坏了巴伦西亚

和阿拉冈（Aragon）的依恃。"[148]另一方面，它加深了已然严重的经济困难，促使西班牙寻求挽救其衰亡的短命的替罪羊。[149]

同时，政府发现自己外债缠身，由于拒付债务可能出现预算危机（1557，1575，1596，1607，1627，1647），最后是，"不能预备更多的货币，就不能继续进行战争。"[150]在国内，"查理五世不可思议的代价高昂的海外政策及其对支付这些政策的财政贷款的依赖"产生的结果，艾略特（J. H. Elliott）认为，不仅确立了"海外银行家对国家财富资源的控制，而且也保证了在卡斯提尔负担的正面冲击被那些至少能够承受它的阶级所承受。"[151]西班牙的窘境早在1600年就被一个名叫冈萨雷斯（Martin Gonzalez de Cellorigo）的律师所预言："所以，如果西班牙没有黄金或白银，那正是因为它有；其贫困的原因正是由于它的富有。"[152]

伴随着没有能力建立起强大的国家机器所产生的日益增长的经济困难导致了广泛的强盗般的劫掠，对此，国家很难妥善处置。[153]官僚机构的"迟缓"变得更糟，而不是更好，重重困难造成了一种结构上的僵化，"西班牙国王们的统治能以些微的变化和改革得以继续下去。"[154]所以，尽管国家的收入在减少，国家仍能维持，甚至增加了寄生的宫廷官僚的奢侈品消费水平。

登峰造极的打击或许在人口数目的方面（如我们所说，当它发生的，即已作为各种内在因素开始起作用）。如果在"第一个"16世纪时西班牙的人口（或者说至少在卡斯提尔）不少且在增加，[155]那么到"第二个"16世纪这种情况即已不复存在，有种种原因：向美洲的移民，军事死亡，1599~1600年在安达卢西亚和卡斯提尔发生的饥馑与瘟疫，还有，如我们所知，1609年摩里斯科人起义的爆发。所以，并非因为西班牙比欧洲其他地区莫名其妙地缺少管理水平，[156]而是因为，如我们已提出的理由，国家机器建构的不足和不适当，[157]用艾略特（Elliott）的话说，"不利的环境太强大了"，[158]而且西班牙证明"对长期收缩的现象有某种……过敏"，这是肖努（Chaunu）的话。[159]总之，西班牙没有成为欧洲首要的权力国家。相反，它注定要成为半边缘甚至边缘地区，直到20世纪，它才开始迟缓地回升。西班牙的衰落亦不是孤立的。它与那些与它升高曾经有联系的欧洲地区同时跌落下来：北部意大利、南部德国、安特卫普、克拉科夫（Cra-cow）、葡萄牙。总的来看，除葡萄牙以外，所有这些地方在本质上都是城市国家，他们既为哈布斯堡（与西班牙）帝国服务，也为世界经济服务。他们的繁荣并没有能在"第二个"16世纪的世界体系的重构中得以长期残存下去。

这个新的体系将史无前例地支配一个资本主义世界经济，其中心国家将相互交织在一种恒定的经济与军事的引力之中，向拓展边缘地区（正是拓展削弱了国家机器）的特权挑战，并允许某些实体扮演一种特殊的、中间的角色，作为一种半边缘地区的权力。

中心国家自己也从哈布斯堡和瓦罗亚帝国的经济灾难中汲取财政教训。他们决意走出已经失控的财政迷宫。首先，他们寻求建立对进口的控制机构，这使他们能够保持一种有利的贸易平衡，这是一个在当时开始流行的概念。[163]但是国家并不仅仅关心贸易平衡。他们也关心恶劣的民族产品，尽管他们没有这样称，也关心在国民生产总额 GNP 的地位及对它的操纵。其结果是，正如弗里德里希（Carl J. Friedrich）所指出，到"第二个"16 世纪末，"国家自身变成了信贷来源，而不是到目前为止仍在提供基金的银行。"[164]

这样，就开始了一个转向内部的时期。总的来看，接下来的时期或许可以被认为，如沃纳姆（Wernham）所说，"是现代欧洲历史上最严峻和难挨的时期之一"，但是最初的矛盾反在国家内部而不是国家之间。国家之间暂时保持一种相对的平静——这基于一种产生了"争吵与仍易破裂的共存"的厌倦心理。[165]

这种政治上的向内转变——即国家主义，也不必认为是一种民族主义——与经济发展的本质有必然联系。回顾一下各国的人口是重要的。1600 年法国估计有 1600 万人口，乃欧洲最大的国家，尽管众多诸侯国的德意志人加起来有 2000 万。西班牙和葡萄牙（1580 年统一后）大约 1000 万，英国和威尔士（Wales）450 万。人口密度差别极大。那些传统的工商业地区名列榜首：意大利每平方英里 114 人，低地国家（Low Countries）104 人，法国 88 人，英国和威尔士 78 人，西班牙（和葡萄牙）另有 44 人。

绝对的人口数与密度则不准确。人口数意味着战争与工业的力量。它们也意味统治与吃饭的口数。正如我们以前的讨论中所提到，最理想的规模远远不太清楚。至于"第二个"16 世纪，斯普纳（Frank C. Spooner）对人口扩大的经济利益表示怀疑。他谈到"减少的转变"。[165]首先，在卡托坎布雷条约之后，"西欧的经济活动处于一种相对轻松和恢复时期。"[166]这是银通货膨胀时期，使德国的银矿竭尽开采；黄金增值，同时也刺激了欧洲的经济。[⑯]白银通货膨胀的一个后果是，如托尼所注意到的，"到16世纪后半期，农业、工业和国外贸易都大大依赖信贷"。[⑱]第二个后果是，对西方人来说，它明确地将经济重心从中部欧洲移到新的沿大西洋沿岸的贸易。斯普纳提到卡托-坎布雷和约，说它"并非结束了一个时期，而是开辟了未来"他说："未来的道路铺设在……横跨大西洋及世界的七个海洋区域。"[⑲]

从经济上来看，该时期最引人注目的事件不是重心落在大西洋，而是向北部倾斜。佛里斯（Astrid Friis）讨论道，更确切地说，"在尼德兰和英国的特殊的海上贸易的扩张是与波罗的海地区货物尤其是谷物，进入欧洲其余的部分、进口的急速扩张相伴随的。"[⑰]在她看来，金银、信贷及财政的危机并不是经济（及政治）变化的内因，而是它的结果。[⑪]在此种情况下，银钱市场上紧张的直接原因是谷物的缺乏。[⑫]其结果之一就是，大大地加强了阿姆斯特丹——其时已然处在波罗的海地区谷物市场的中枢，所以它就保留有比安特卫普和南部各省城市更多的偿债能力。

这样，我们就从塞维利亚步入了阿姆斯特丹。"第二个"16世纪的故事是阿姆斯特丹怎样孤立起哈布斯堡帝国的金钱，为世界经济编织一个平滑运转的网络。正是它使得英国和法国开始作为强国出现在历史舞台上。甚至具备强大的"民族经济"。

这些发展很大程度上是欧洲世界经济第一个扩张阶段在该时期临近经济的结果。这是"大潮开始消退的时刻，似乎它的上升缺少克服障碍和阻力的必要能量"[⑬]现在我们看看传统的人口与财政中心，低地国家与北意大利的反应。然后，在下一章我们将论述英国不仅仅作为欧洲第三个政权中心（还有法、西），而且也作为工业领域内发展最迅速的国家出现在历史舞台，同时讨论法国实现从帝国到国家主义转向的途径，它受从体制转换里获取足够利益的因素所制约。

该时期低地国家的重要性如何？费弗尔（Lucien Febvre）在他给肖努（Chaunu）的论大西洋贸易的"大著作"（Magnum Opus）的序中提出——不，是肯定了——通过比较的来往于尼德兰范围内的贸易：

> 从经济史角度观察具有较大的深度；从世界与文化史角度看具有较大的广度：这种从北到南，从南到北的大量货物贸易之间有共同的地方，即有用而不珍贵……这类沿海贸易，粮食的、物物交换式的，小宗贸易与短途运输——仅仅考虑到从美洲到欧洲的贸易，不计其数

如贵金属对于恢复欧洲的经济与政治实体的作用,以欧洲强权的宏伟政策以至于加速和促进无数领域内社会制度:商人的致富及金融资产阶级增加,正如许许多多福格那样的家族达到了王公的水平;渐渐衰颓的贵族为保持其地位和荣耀只能靠剥削财富创造者的利益来攫取财富;身为欧洲长期霸主的哈布斯堡家族作为海外金银的主人;与这些伟大事件相比,这种地方性、主要由那些在朦胧的天空下拖着大腹便便的驳船所组成的家常便饭式的贸易(Trafic Casanier)到底有何重要性?[114]

事实究竟怎样?这是一个问题。即便费弗尔(Febvre)所列举的事实大体正确——似乎有理由相信他严重低估了北部贸易[115]——面对费弗尔的散文式的惊人华丽的辞藻我们也会犹豫。因为这种地方性的、家常便饭式的贸易为新兴工业和城镇居民提供了原材料和食物。[116]正如我们已经看到的,它奠定和规定了新的欧洲劳动力的分布。毕竟,贵金属必须用于购买现实的货物,正如我们所知,对西班牙而言,贵金属的意义并不比各类等算它的账目更大。

它也不仅仅是一个围绕低地国家贸易的经济中心的问题。它还是一个运转世界经济财政与商业中心所必需的新技术的特殊问题。它要求这样的技术,即使荷兰能够掌握从葡萄牙人手中接买过来的世界香料贸易,如同我们从"第一个"16世纪转移到"第二个"16世纪一样。[117]

就欧洲内部贸易而言,低地国家的重要性当然不是新鲜事情。正如宾多夫(S. T. Bindoff)提醒我们的,"从11到17世纪的尼德兰……是欧洲贸易枢纽之一……"[118]我们已经谈到了安特卫普在"第一个"16世纪的关键性的地位。[119]安特卫普在1559年衰落,[120]需要注意的事情是其延续性并不明显。如我们所知,阿姆斯特丹填补了这个空缺,但是斯通(Lawrence Stone)认为理解这个事实的一种方式是把它看作是英国的失败,正如荷兰的成功一样,这个失败"延缓"了英国在世界体系中的优势。[121]

这样,阿姆斯特丹的成功不仅在政治上同时在经济上也具有重要意义。但是,什么政治结构使这个成功成为可能的呢?16世纪的最后50年不仅标志着阿姆斯特丹的兴起,而且还包括尼德兰革命,其在空间和时间上的界限如同其社会内容一样模糊不清(更确切地说是有争议)。

首要的问题是,这是一场革命吗?如果是,那么是民族的革命还是资产阶级的革命？还有，这两个概念之间有何区别？我不想在革命的概念上离题太远。我们也不打算为讨论这个问题而一定要进行这个工作。在这个问题上我只想强调，在我看来，就尼德兰革命而不是现代任何别的"大革命"而言，这个问题并无太多歧异（可以肯定是不能再清楚了。）

历史文献在解释它时存在很大的不一致。有人认为革命本质上是"荷兰"民族——即北部尼德兰人，加尔文主义者为了自由与独立与西班牙政府进行斗争的历史，而后者则得到了"比利时"（南部尼德兰人）的天主教徒的支持。另外有人认为它本质上是全体尼德兰民族勃艮第人（Burgundian）的反叛，得到了所有宗教团体的支持，成功地解放了半个民族。

在查理五世的时代，尼德兰的内部政治与欧洲其他地区并无明显区别，贵族们与他们的君主相处有一种矛盾心理，既害怕他的增长的政治与经济权力，又将他看作反对资产阶级和大众起义共同利益的保护人，还要向诸侯寻求资财援助自己的"非长房儿子"或是没落的子弟。斯米特（J. W. Smit）以非常切合实际的评论结束了对它的历史考察：

> 无论如何，如果我不把起义者视为一个集团，如果我们注意有大量的起义，则这些问题是能够解决的。这些起义代表各种社会、经济、意识形态团体的种种利益和思想：有时各行其是，有时相互冲突，有时汇集成一个单独的运动。[182]

从正在发展中的世界体系角度，我们必须问为何在"第二个"16世纪这样一个社会秩序相对稳定（当然，法国除外）的时代，单单在尼德兰发生了一场复杂的民族社会革命以及它为何取得那么大的成功，[183]这样，就最终与君主站在一边了。[184]然而，我们突然发现了一种情景："新兴城镇的那些灰心丧气的资产阶级与绝望的、没有社会地位的匠人们合流，贵族们的兴盛与没落以及当地的扰乱，汇合成了一场总的革命。"[185]这一切究竟是怎么发生的？

我认为革命爆发的关键不是工匠和城镇工人对社会的不满，也不是资产阶级的不满，他们毫无疑问将成为革命的极大的受惠者；关键在于，大部分尼德兰贵族突然害怕君主不再是他们的代理人，他的政策将很快对他们的利益有决定性的威胁，而他们又没有说服他改变政策的政治可能性；因而既然他的竞技场（西班牙帝国）是如此之大，如果建立的话，他们也难于控制。总之，他们有一种"民族主义者"式的反抗反应。

让我们看看证据。那儿的贵族，正如别的贵族一样，债务正在增加。而且，皇帝正在截夺他们现有的收入来源。当菲利普二世接位时，他突然遇到对财政征收的抵制。查理五世统治的后期是曾试图这样做过——皇帝对财政高度的控制是与因物价上涨导致的贵族实际收入的降低分不开的。卡托坎布雷和约导致的破产与经济困难使得情形突然恶化。

然而，就在经济陷入绝望之际，菲利普二世在1559年获得罗马的允许建立新的主教管区。该行动是打算使政治和语言疆界合理化，增加主教管区的数目，并要求主教职业化（即只要求神学家而不是那些大贵族的儿子们担任主教）。而且，该计划要求馈赠给新的主教管区的基金主要取自某些过去及现在在财政上独立的大修道院，新的主教将在各种政治性的集会或场合取代旧的修道院长成大主教。毫无疑问，正如盖尔（Pieter Geyl）的精辟论述，它表明菲利普将是一个"勤勉的"国家缔造者。当然，"也无须怀疑，围绕这样一个加强国王权威的计划会掀起一场抗议的风暴，尤其是他的计划未获各方信任之时。"

另一方面，贵族试图将国家议会（Council of State）变成"一个独一无二的贵族行政实体。"菲利普拒绝了这种要求，作为要挟，他退出了西班牙的部队，留给尼德兰政府的只有当地贵族提供的和部分市区部队作为维持秩序的力量。如果有人将这幅图景与1560年代的衰落引起的下层阶级及中层资产阶级的不满和现在将近40年的教会势力的衰微结合起来，那么，一场起义就会成为可能：

> 对宗教漠不关心的暴民攻击监狱——可恶的、压迫者的象征，并释放新教徒，信仰自由变成一个普遍的口号，要求成立自由的等级会议（Estates-General），成为反抗者政治纲领的中心。一时之间，这些口号竟成了一个民族或是各省区之间的统一的信念；它们是一些简单的原则，重要的是多数人的社会要求。

我们不要忘记这是在卡托-坎布雷和约签订后不久的情况，该条约允许特伦特宗教会议（Council of Trent）恢复召开，这样，反宗教改革（Counter-Reformation）将成为制度化。从此以后，天主教徒与西班牙王权将空前地融为一体。

第四章 从塞维利亚到阿姆斯特丹：帝国的失败

"革命"历经几个阶段：第一次起义（北方和南方）及其被镇压（1566~1572年）；第二次起义（更多的是"新教徒"）仅仅只有北部的荷兰和泽兰（Zeeland），以根特和约（Pacification of Ghent）缔结告终（1577~1576）；南部佛兰德一次激进的起义（1577~1579）；从1579年开始，该国一分为二（北部是联省，南部是亲王权者政权）；1598年有一次尝试性的统一；最后的休战是在1609年。

通观这一时期，值得引起注意的是矛盾——在一开始错综复杂——随着新教徒的斗争，更确切地说是"新教化运动"的进行而逐渐呈现清晰形式。"新教化"的北方有着一个后来与工商业资产阶级利益相一致的为了北方的民族独立的政权，商业资产阶级的力量通过延续至17世纪的斗争得到世界范围内的增长。开始之际，或许微不足道，即使是被冠以"帝国的失败"的西班牙也足以能够阻止它，[197]更何况有我们将会看到的，新的欧洲权力均衡。的确，事实清楚地表明了西班牙所受到的压力，实际上西班牙的每一个政治转折点——从1557年到1648年的尼德兰关系——都以西班牙的财政危机为直接先导。[198]

尽管尼德兰革命是一场"民族主义者"运动，但其开始包含有宗教因素。当贵族在开始试图垄断与国王争吵的形式与性质时，加尔文主义者却把他们被指定的、被动的角色发展成为一种疯狂——这就是席卷国家南北的"偶像破坏运动"（Breaking of the Images）。盖尔描述当局"被吓呆了"，加尔文主义者领导者们自己也感到"吃惊和窘困"。[199]这是一种思想意识激情与革命掺和起来的宗教，使舍费尔（I. Shöffer）把"偶像破坏运动"比作巴士底狱的风暴和1917年彼得格勒（Petrograd）街头的暴乱。[200]

虽然这个阶段很快过去，作为一个革命团体的加尔文主义者的力量，依照科尼斯堡格（H. G Koenigsberger）的类比作为16世纪的雅各宾党人（Jacobins），意味着在别人跌倒路旁之时他们仍有耐力来用"人海恐怖"策略，所然能够"在战略性的时刻动员大众"。[201]在《根特和约》（Pacification of Ghent）中，当局试图解决因宗教分歧引起的冲突，他们仅仅是将在荷兰和泽兰（Zeeland）的改革派集中起来，并进一步验明其政治与宗教的身份，[202]这最终导致了在新教控制地区的"新教化"运动。1579年的分立使得两边都进一步巩固，也导致了漫长的宗教两极分化。[203]两边行政管理的实际界限是地理与军事因素的结果。南部的尼德兰地势开阔，在那里，西班牙骑兵可以纵横驰骋。北部地区密布水路和其他不利骑兵运动

— 213 —

的障碍。简言之，它是一个理想的游击国家。[209]随着时间的推移，靠近北方的人成了新教徒，靠近南方的则成了天主教徒。

这样，正如许多人已经指出的，新教主义是社会变迁的特别因素这种说法不成立——民族主义不过就是资本主义而已。更确切地说，如纳米尔爵士（Sir Lewis Namier）所言，"宗教是16世纪民族主义者的代名词。"[207]新教主义帮助统一了北部的尼德兰。我们在前面的章节里已经谈到了天主教主义是怎么样以及为何与波兰的民族主义情绪掺合在一起。在爱尔兰（Ireland）天主教也具备类似的功能。[208]并非在任何地方，宗教都肯定与民族因素有关，如在法国的加尔文主义就证明不是这样。[209]

将要发生的是，在各种利益冲突的大漩涡中，新的组织结构有可能被那些奇怪而不稳定的联盟所建立。人们试图控制这些联盟。科尼斯堡格（H. G. Koenigsberger）精辟地指出：

> 宗教是一种能够将不同阶层的不同利益汇总起来的凝聚力，能给这些不同的阶层提供组织和宣传机器，正是它们创造了现代欧洲历史第一批真正的民族的和国际性的党派；这些党派不过是他们所属组成阶层的少数。此外，通过宗教，他们能召唤这些最低阶层和普通大众发泄他们贫困的愤怒和在野蛮屠杀、疯狂掠夺中生活无着的绝望。社会与经济的不满是每一边力量补充的肥沃土壤，一般的平民暴政在加尔文主义者的根特（Ghent）和在天主教的巴黎都出现过。[210]

那么，如果宗教能作为民族的黏合剂，它几乎没有告诉我们形成国家机构的社会内容。斯密特（J. W. Smit）指出，尽管有些模糊，尼德兰革命在本质上是一场资产阶级革命，导致资产阶级掌权，尼德兰的分立及后来的国家疆界就是权衡敌对双方力量的尺度。[211]

可以肯定，贵族在很多地方、很多时候都卷入了进去，尤其是在开始阶段，但是后来他们因社会激进主义潜流的出现而被从民族主义者的行列中吓跑了。[212]但是，即使激进的社会运动在那些因经济的扩张及衰落所产生的城镇中的游民无产者中有足够的基础，如1577~1579年亨比泽（Janvan Hembyze）对根特城短暂的控制，[213]那么，他们也会因失去追求民族利益的主旨和反对资产阶级而很快陷于孤立和走向自我毁灭，而且，可笑的是，从此后只能转向与国王结盟。[214]

第四章 从塞维利亚到阿姆斯特丹：帝国的失败

这样，逐渐地出现了城镇政府的联盟，他们很快抛弃了一切"民主的"虚饰，但也从伤痕累累的旧的西班牙体制所产生的经济负担中摆脱出来。[215]商人们为自己创立了一种松散的联盟，它没有大部分其他国家都拥有的行政机关。许多人认为这是一种软弱，但斯米特提醒我们他倾向那种观点，即荷兰共和国的国家机器所获取的经济成就比欧洲任何君主政体都要高。荷兰的资产阶级把握一种恰到好处的改革程度以使它能够深化经济扩张，然而又能摆脱过分的权力集中。[216]这样，如果没有众多背叛现存制度的贵族，尼德兰革命可能永远不会开始。如果没有来自社会下层的激进主义潜流，这次革命可能就永远不会有第二次风暴。但是，最终成为新的社会秩序受益者的是那些拥有商行的资产阶级。

然而，为何是尼德兰而不是别的地方？我们说过，"第二个"16世纪是一个收缩的转折时代，帝国理想的失败有利于寻求创立一个强有力的国家。在这一个时期内，仍然有一个一切强权插手、矛盾百结的场所，这就是尼德兰。对尼德兰革命的一种解释是，它是当地的统治集团争取排斥外来政治干涉，摆脱西班牙、法国至少英国人对其自私的控制的结果。

另一种解释是，因为1559年以后，西班牙、法国和英国的相互均势不复存在，尼德兰便有了确认自己地位、摆脱西班牙这副枷锁的社会空隙。在1588年西班牙在无敌舰队（Armada）失败之后尤其如此。[217]并非所有这些国家都赞同尼德兰的独立。西班牙不想失去它的部分统治权。法国，尽管它想削弱西班牙，但它自身因困扰于内部的宗教斗争而动荡不宁；英国想让西班牙退出但也不愿法国进去，所以，倾向于名义上由西班牙统治，实际上由尼德兰自治。[218]然而，这种世界体系内部的矛盾，西班牙霸权的衰落，正是问题的关键，它使联省的资产阶级们有可能左右逢源最大限度地获取利润。在1596年，他们还在一个条约中与法国和英国处于平等的地位，这仅仅是在他们提出必须把他们看作是普通的一员之后不久之时。正如盖尔（Geyl）评论道："法国和英国再次相互猜忌之时，正是低地国家有利可图之日。"[219]

尼德兰革命的意义并不是它树立了一个民族解放的楷模。尽管19世纪那些浪漫而又随意的历史编纂有可能作如是说，实际上荷兰不能作为意识形态流派变为现实的实例。它的重要性在于对欧洲世界经济的影响。尼德兰革命产生了一种在那些艰难岁月里维系世界体系的力量，直到英国（还有法国）采取步骤最终作为加固它的准备之时。

让我们回顾一下阿姆斯特丹和北部尼德兰其他城市以前的经济历史。荷兰在波罗的海区的贸易中一直扮演上升地位。[220]他们在中世纪晚期站稳脚跟,到16世纪已有取代汉萨同盟城市(Hanseatic cities)的势头。在16世纪,他们在整个波罗的海的贸易中呈上升趋势,在大约1560年达到控制该地区贸易总额中70%的程度。尽管革命期间对波罗的海贸易水平有些干扰,但荷兰到1630年时已然捞回了暂时衰落所造成的损失。[221]

革命的结果不仅仅使佛兰德免于经济衰落,而且因不少佛兰德的(Flemish)资产阶级向北部移民总体上加强了北方。"如果荷兰和泽兰得以繁荣,佛兰德和布拉邦(Brabant)的勃勃生机对它的滋养是部分原因。"[222]进一步说,联省在1579年宣布宗教宽容原则导致了1579年犹太人涌入的开始。"他们带来的财富和经营智慧补充了北部商业国家的繁荣,这样的移民被定义为欧洲的奇迹。"[223]

尼德兰内部的斗争稍有缓和,荷兰即刻从仅仅是波罗的海贸易中心一跃成为世界贸易中心。[224]再说,新的贸易增长并不意味削减被尼德兰人自己称为"贸易之母"的波罗的海贸易的重要性。毕竟,东欧供给荷兰城镇和海军需要的粮食和渔业、造船至关重要的原材料。[225]造船业反过来又成为荷兰能在各地得以成功的关键。[226]

这幅图景再次表明了经济优势的积累特点。因为荷兰拥有波罗的海贸易优势,他们便成了大宗木材原料的集散地。因为他们是大宗木材市场,所以能够降低造船成本且富有技术革新精神。反过来,这又更有利于他们在波罗的海贸易中的竞争。因为靠近波罗的海贸易的缘故,他们能够进一步扩大资本。[227]在这样的基础上,阿姆斯特丹成了欧洲经济的三方中心:商业中心、造船中心和资本中心,以致"很难说哪一方面最重要,或是将其中之一与另外两者分开。"[228]这个优势积累过程在经济发展的扩张主义阶段达到顶峰,随后,这种领先地位开始因设备过时、劳动力代价相对高昂等不利因素受损。

关于荷兰的昌盛有另一种解释。布罗代尔提出一个问题,即在1588年之后,英国为何没有成为海上霸主,正如他们后来那样。他发现,尽管有政治上骚乱的不快,但荷兰与西班牙的经济纽带仍然存在。[229]为何英国没有与西班牙的美洲宝地建立起同样的联系?英国还没有对西班牙构成太大的威胁,这类关系是有可能建立的。[230]而且西班牙的强大仍然足以抵抗英国。帝国也许已然失败,但是要想控制欧洲世界经济仍然依赖于西班牙的殖民财富。荷兰尽管起义反抗西班牙，但毕竟是它的一个部分。在任何情况下，荷兰都不像法国和英国，对西班牙会构成政治上的威胁。

这样，荷兰受益于作为小国的本身。而且受益于作为一个"财政健全"国家的本身。[231]它供给那些利用它的商人以最大限度的实惠。它的致富途径并非其他国家刚刚开始的重商主义政策[232]——本质上着眼于长远利益，而不是商人和金融阶级所追求的最大限度、时间短促的眼前利益。它的途径是自由贸易。[233]确切地说，这就是"第二个"16世纪当它成为海上霸主时的路线。当阿姆斯特丹仍在为获取商业上的一席之地而斗争时，它早已是政策上的保护主义者。[234]

从欧洲世界经济总体这个角度看，随着扩张时代的结束，在众多的国家都致力于内部的政治与经济机制之时，荷兰的世界贸易成了推动机器运转珍贵而又富有活力的润滑液。反过来说，不管怎么样，尼德兰政策的成功仰赖于这样一种事实：无论是英国或是法国都没有将他们的重商主义潮头推向一个临界点，即真正侵蚀那些在自由贸易的幌子下为荷兰商人运转的市场。[235]这大概是因为荷兰通过与西班牙藕断丝连的联系得以控制一定的银钱市场相对强大的原故。[236]

如果阿姆斯特丹接替了塞维利亚，如果北部尼德兰成了"第二个"16世纪欧洲世界经济的商业和金融中心，那么，我们怎么描述北部意大利城市所发生的一切，尤其是描述看似扩展而非收缩的威尼斯和热那亚在这个时代的准确地位？我们要说的是，这种扩展是过眼烟云，它掩饰了在金光闪闪的外表下面一种没落的过程，到"第二个"16世纪，这些地区都降到了欧洲世界经济的半边缘地位。

阿姆斯特丹真正高潮始于1590年。1557和1590年之间的危机导致了尼德兰革命。在这段时间，尼德兰在世界商业中的地位不可避免地要下降。结果，热那亚承接了以前属于安特卫普的部分职能。[237]令人感到奇怪的是，因安特卫普的衰落而不得不大受损失的英国（因为安特卫普的衰落阻止英国对美洲金银的获取），[238]也从事对金钱的近距离军事袭击，这使得西班牙人的金银舰队改道热那亚。[239]这样，热那亚的力量部分地因尼德兰的骚乱而复苏，部分地因为它全副身心投入经济活动[240]和与西班牙的君主和商业体制延绵不绝的密切联系[241]而加强。这些联系的起源我们已在前面讲过。

至于威尼斯，该地在"第一个"16世纪是地中海贸易衰落区（土耳其对君士坦丁堡和埃及的征服，葡萄牙人通往东方的新航路的影响），"第

— 217 —

二个"16世纪则出现贸易上的伟大复苏希望,尤其是在东部地中海。[242]这种复苏已然在1540年开始,部分因葡萄牙人控制印度洋贸易的无能,[243]部分归因于凌驾在葡萄牙人之上的威尼斯富有竞争性的优势,[244]部分归因于葡萄牙人在欧洲的软弱,[245]同时也与西班牙在尼德兰的危机有关。[246]

但是北部意大利的复苏未能延续下来。无论是它的农业还是工业基础都不稳固,不像北部尼德兰,尤其是英国那样;我们已经说过,到17世纪意大利已然衰落。

农业基础的薄弱是多方面的,尤其值得强调的是在1580至1620年之间的人口增长。[247]我们已经说过它的土地相对紧张。的确,在"第一个"16世纪期间,正如受益于衰落的贸易一样,出现了转向农业,尤其是小麦的投资。[248]这在那些不允许从事城市商业的修道院系统尤其如此。这在1570和1630年之间,威尼斯[249]附近的特拉法尔玛(Terraferma)尤其值得一提,因为当地的投资者顺应了农产品价格的上涨和工业利润的降低。

尽管农产品增多,饥馑仍然存在。从社会制度角度来看,解释这个问题有一个原因,它是偶然的,也是客观的:16世纪的最后10年雨量的突然增长、气候突然下降导致了沼泽地的增加,随之是疾病流行。[250]后者特别严重,因为意大利由于内部殖民过程中土地开发的扩展已然受沼泽增加之苦。[251]有人或许会认为一个有那么多金银通货的地方本应进口小麦。某种程度上似乎确是如此,完全可以在别的地方创造食物短缺而扩大饥馑的影响,[252]但明显不能为工业生产维持一个农业基础。有人推测那些新的大的农业生产者(如像修道院)不愿转让其政治影响以扩大谷物进口。[253]当然有成本因素在内。波罗的海地区的谷物太遥远,埃及和叙利亚的常常又不能利用,一方面是因为他们也比较短缺,同时也因为与土耳其人的战争状态。[254]

再说,他们进口谷物,在一定程度上也被敲了竹杠,而且是经由他们的商业对手——荷兰之手进行的。阿姆斯特丹控制了波罗的海的谷物储备,并随心所欲地施舍。[255]荷兰这种优于北部意大利的商业环境优势可因世界经济产生的连锁环节而转化成为某种更持久的东西。斯普纳(Spooner)评论道,新的发达的信用技术——背书汇兑票(Patto di ricorsa)(一种短期信用形式)以及公共银行——所有这一切恰好在这时候出现。这种信用体系是国际性的,而且,随着北部意大利开始衰落,这类活动的地点毫不费劲地转移了。[256]因为正如在别的地方一样,热那亚的商业金融家为了拯救自己,也无须太多顾虑地理本位问题。

第四章 从塞维利亚到阿姆斯特丹：帝国的失败

但是工业呢？难道北部意大利不是一个工业中心，尤其是威尼斯，不是一个充满新生活的地方？艾略特（J. H. Elliott）提到 1560 至 1600 年间新的投资，一个"富足的辉煌时刻"。[258]然而富足为时不久。从 1600 年时欧洲发达的工业区之一，北意大利到 1670 年变成了一个郁闷的农业地区。我们已经暗示过，这种繁荣不太真实。塞拉（Domenico Sella）谈到 16 世纪晚期威尼斯的经济繁荣时说，它并不能"抹去其所赖以立足的基础比过去更加狭小的事实，相对地，它的经济也就更加脆弱。"[259]在这里有两点值得注意。一是法国、英国主顾失去了，因为他们本国的纺织品工业增长。从此以后，市场或多或少限于北部意大利和德国。第二点是海上运输现在越来越多地是在非威尼斯人的船队掌握之中。正如奇波拉（Carlo Cipolla）所说："该国整个的经济结构太取决于它的能力，即能不能提供向海外出售很大比例的加工成品和服务。"[260]

太依赖产品的出售又意味着什么？原来，世界经济中心地区成功的秘密在于，以他们的成品交换边缘地区的原料。但是这幅简单的图景省略了两点因素：保持原材料低价进口的政治经济能力（我们已讨论过，尼德兰比北意大利更有可能）及在中心国家的市场上与其他中心国家的产品进行竞争的能力。

这个故事相当简单，当荷兰人可能在英国向英国人低价出售产品时，与此相反，意大利人则有可能是高价出售，[261]这显然不合时宜。[261]意大利手工业行会使得劳动力价格持续上涨。国家税收也相对较高。意大利人为优质产品市场而生产，其他人则经营色彩明快、丰富的布料——不耐久、质量相对较次，但是便宜。现代工业成功的秘密在其早期就显露出来了。当三十年战争搅扰德国市场时，同时也伴随着灾难：组织工业生产的衰落；资本投资的枯竭；为逃避行会劳动力的昂贵和税收者，工业向郊区（农村）转移。既然工业没有竞争性，他们也就逐渐趋于削弱乃至消失。[262]

北部意大利至少应扮演北部尼德兰的地位吗？有可能，但可能已没有他们的位置，荷兰比威尼斯、米兰或是热那亚都更有资格、更适合充当此任。北部意大利也能步英、法的后尘，因为他们缺少政治上的统一。[263]当黑死病在 1630 年袭击意大利时，[264]食物压力倒是减轻了，但它也提高了工资水平。它已经无多少意义。这样，北部意大利就完成了从中心地区向半边缘地区的转变。前面我们已经讨论过，西班牙在这个时期也一直在发生同样的转变。毫无疑问，北部意大利的衰落从未达到像其他地中海地区那样的程度，比如南部意大利[265]和西西里，[266]但这也是前几个世纪的小小安慰。洛佩兹（R. S. Lopez）在详述1450年以来基督教的地中海地区所不应发生的一切时，悲哀地得出结论："非常明显，地中海人的优势已不可能在如此多的灾难中幸存下来。"[267]

注释：

① Chaunu, *Séville*, VIII, (1). p. 14.

② Jaime Vicens Vives, *Approaches to the History of Spain*, 2nd ed. (Berkeley: Univ. of California Press, 1970), 76.

③ "没有14、15世纪的危机，没有卡斯提尔（Castilian）羊毛可能降价的吸引，没有众所周知英国羊毛出口的减缓，没有意大利城镇活跃的织布工业，拥有数以百万计的卡斯提尔的牧羊业是不可能的，也是不可想象的。"布罗代尔（Braudel），*La Méditerranée*，I，p. 84.

④ "1348年在马德里加尔（Madrigal）召开的国会（Cortes）要求禁止外国织布进口、卡斯提尔羊毛出口的建议实际上表明了，15世纪的织布工业获得相当可观的发展。这个决定性的保护政策并没有被约翰二世接受，因为他对梅斯塔（大牧羊主）（Mesta）和那些从羊毛贸易中获利的人有坚定的干预态度，那些人包括：商人、羊毛收购者、掮客。之后是大地主开始了阻止卡斯提尔资产阶级发展的猛烈斗争。这是我们必须理解1462年托莱多（Toledo）国会协议的那种含意。当时亨利四世（Henry IV）将眼睛盯住梅斯塔（Mesta）出口比例中的1/3，这部分可被卡斯提尔的织布工业保留下来。如果在国内有任何积累财富的意图，然后利用这笔财富去国外为贵族挣大钱的话，这个比例并不高。"Jaime Vicens Vives, *An Economic History of Spain*, pp. 259~260.

⑤ Ibid., p. 305.

⑥ "卡斯提尔基本上是一个原料，羊毛的出口者而不是织布出口者，而且……天主教君主重商主义政策的一个基本原则是鼓励梅斯塔（Mesta）大量畜养美利诺羊（merino）另一方面，羊毛制品业已繁荣起来的英国，其9/10的羊毛传统上是输向佛兰德（Flanders），随着养羊规模大幅度增长，14世纪就已经开始了与原料工业形成同步的政策。"José Larraz, *La època del mercantilismo en Castilla* (1500~1700) (madrid: Atlas, 1943), 20.

⑦ 瓦伊塔尔（Luis Vitale）列举了五点理由说明为什么封建主义在西班牙比别的西欧国家更软弱。它们综合了阿拉伯—穆斯林（Arab-Moslem）征服的影响，梅斯塔的地位以及早期资产阶级的地位。See *Latin America: Reform or Revolution*? pp. 34~36.

⑧ Maravall, *Cahiers d'histoire mondiale*, VI, p. 791. 没有必要谈论大地主经济地位

的软弱。相反，维勒（Pierre Vilar）讨论了西班牙帝国"是封建主义的最高阶段"的事实基础。"Le temps de Quichotte," *Europe*, 34, No. 121-122, janv.-férr, 1956, 8.

然而，我们已经在前面的章节里讨论了为什么像拉蒂芬丁（大领地制）（Latifundia）这种现象不能被考虑为"准封建主义"而是"资本主义农业"。可参见维勒（Vilar）："在西班牙……尤其是在卡斯提尔以一种再征服的方式从事征服：用封建的方式。土地的占有，强制性地奴役别人，搜刮金钱，这一切都不是为资本主义意义的'投资'作准备。一个新生的资产阶级倒可能这样做。从大约1480至1550年，他们一直是这么做的。然而，因资金周转的关系，他们首先尝试的是港口、集市这类不稳定的资本主义。进一步说，'生产力'——土地、人、技术发明的安排——都迅速与卡斯提尔平原上的报酬递减律相抵触。所以，在1550年之后，他们就感到投资收效甚微。一面耗费，一面输入，一面借贷收取利息。几乎没有生产什么。价格和工资上涨，寄生现象普遍，企业亏损。贫困接踵而至。"〔Ibid., pp. 9~10.〕

维勒（Vilar）的"港口和集市不稳定的资本主义"似乎参考了马克思对商人资本的进步性的怀疑："然而它的发展……不能自我促进和解释从一种生产模式向另一种生产模式过渡……相反，在任何条件落后的地方，我们发现商人资本都居支配地位。"*Capital*, III, Ch. XX, p. 327. Italics added.

⑨ "正是'货车运输'使卡斯提尔得以保证它同围绕它的半岛的边缘地区之间的联系，也是这种'货车运输'常常使其与海洋脱离联系。这种现象不仅仅是对卡斯提尔自身，如〔加西特（Ortegay Gasset）〕所说，'使西班牙'……难道不是一个高效率的政府首先要求的交通状况的例子吗？卡斯提尔……因为这一切的原因，竟成了重心、西班牙的心脏。" Braudel, *La Méditerranée*, I, p. 49.

⑩ "斐迪南（Ferdinand）和伊莎贝拉（Isabella）限制和调整梅斯塔（Mesta）羊群的Portazgos〔古代税收，由城镇征收通往市场途中的货物和牲畜的税〕具有特别兴趣，原因在于将这个组织作为鼓励国内交往手段大大增加的重要性上。贸易的民族化，从地方、大的都市向民族市场的演进，是经济发展的一个阶段，其深远的意义为半岛上这些开明的君主首先予以重视。" Klein, *The Mesta*, p. 223.

⑪ "所以，斐迪南和伊莎贝拉的政策的作用在于肯定和加强了卡斯提尔中的社会阶级制度，同时，也为那些在前统治时期没有希望获取特权地位的许多人提供了社会发展的机遇。发展的关键之一是教育，它甚至会导致形成一个皇家服务机构。另外就是财富，尤其是城镇的财富，它使富商家庭（包括犹太出身的家庭）与那些受人尊敬的贵族的联盟成为可能。" J. H. Elliott, *Imperial Spain*, 1469-1716 (New York: Mentor, 1966), 113~114.

⑫ Maravall, *Cahiers d'histoire mondiale*, VI, p. 805.

⑬ "天主教国王们不希望在自己的王国内外国人担任教职,部分是因为保留他们的特权,同时也考虑到外国人对其王国内的事务知之甚少。"〔Ibid, p. 86.〕

⑭ Elliott, *Imperial Spain*, p. 117. 艾略特(Elliott)从另一方面解释了有关他们统治的消极性特征。See pp. 123~127.

⑮ Vilar, . *Past & Present*, No, 10, p. 32. 加拉(Alvaro Jara)补充说,西班牙能翱翔起来,是因为它征服拉丁美洲:"西班牙并没有从欧洲的网络中脱离出来,相反,它接受了来自后者的金融中心及与之有种种往来的经济必然性的影响及反馈。不论这是西班牙消费的需要(从总供给的意义上理解消费)或是君主制军事活动的要求,对印第安人的殖民构成了一个保护性的背景,没有它的帮助,要解释西班牙的优势是不可能的。这样,我们就不必说明西班牙征服美洲广泛的冲突(rasgos 总貌)——其基础是私有企业——与大都市政府部门的需要之间共同利益的巧合,它鼓励一种征服形式,这种形式能够在既不需要冒险也不需要巨大开支的情况下积累大量的金银财富。" "Estructuras de coloniza-cion y modalidades del tráfico en el Pacifico surhispano-americano," *Les grandes voies maritimes dens le monde*, XV-XIXe siècle, VII Collogue, Commission Internationale d'Histoire Maritime (Paris: S. E. V. P. E. N. 1965), 251.

⑯ "从 15 世纪最后的 10 年起,在北非城市中,苏丹(Sudanese)的黄金开始断流,至少数量下降……地中海周边竟然成了一个提供金银的重要地区……所以,北非本地的繁荣就像纸糊的房子一样迅速坍塌下来……发生了什么呢?唯一的原因是:1460 年,葡萄牙探险者接几内亚湾(Gulf of Guinea)……1482 年开始,圣豪尔赫达米纳(São Jorge da Mina)……建立起来……这开始了对撒哈拉(Saharan)经济运输线的真正'占领',一种方向上的转变。" Fernand Braudel, "Monnaies et civilisation: de l'or du Soudan a l'argent d'Amerique," *Annales E. S. C.*, I, I, janv.-mars 1946, 12~13.

⑰ "在关注阿吉因(Arguin)的葡萄牙贸易各据点与圣豪尔赫达米纳(São Jorge da Mina, 1482~1484)在非洲黄金买卖的影响时有很多误解。我们必须承认,阿吉因(Arguin)的贸易界标某种程度上更改了苏丹黄金出口的方向,然而也没有损其人民的利益……当欧洲人,这些新的金矿买主到达阿吉因(Arguin)之际,苏丹人和柏柏尔(Berber)游民已经在这个贸易中领先,但这一点也不影响他们在贸易中的地位。这对传统的黄金购买者来说并不确切,那就是说,似乎马格里布人(Maghrebian)和埃及人将会感受到欧洲竞争者出现在西非海岸的影响……。

在目前的研究阶段,我们倾向于认为苏丹人对马格里布人和埃及人的黄金出口或许在实际上减少了,但这种现象对阿拉伯世界并不是灾难。我们也怀疑瓦尔丹(Quardane)的金银流通的减少会是米纳(Mina)港贸易地点的变动引起,它位置很远……

不管怎么样，16 世纪末和 17 世纪初，根据 Tarikhes-Soudan 一书，詹内（Djenné）仍然是撒哈拉以盐换金的交换中心。" Marian Malowist, "Le commerce d'or et d'esclaves au Soudan Occidentalo" *Africana Bulletin*, No. 4, 1966a, 56~59.

⑱ See Miguel Angel Ladero Quesada, "Les finances royales de Castille á La veilla des temps modernes," *Annales E. S. C.* XXV, mai-juin 1970, 784.

⑲ 热那亚人和其他非西班牙人不仅仅在寻找贵金属和与西班牙的商业往来中，而且在加那利（Canary）群岛的初级产品的生产中也扮演了重要角色。See Manuela Marrero, "Los italianos en La funduci ón de Tenerife hispánico," in *Studi in onore di Amintore Fanfani*, V: Evi moderni e contemporaneo. (Milano: Dott. A. Giuffrè-Ed., 1962), 329~337.

⑳ "它是热那亚人的一种光荣，如果是一种光荣的话，因为只有热那亚一直寻求反葡萄牙人的办法。"Braudel, *Annales E. S. C.*, I, p. 14.

㉑ "哥伦布（Columbus）在葡萄牙的失败可以从政府的地理知识及商业贸易的增加和进步那里得到解释，如果一个人是敏感的，尤其是考虑到那么遥远的距离，又有谁会愿意出钱，愿意相信那些依靠如此明显错误的假设的人呢。

加之葡萄牙已深深地投入到非洲探险的成功的政策之中，投入到经由苏丹直达香料群岛的探寻中，不可能考虑到哥伦布关于寻找另一条路线的希望渺茫的建议。"Chaunu, *Séville*, VIII (1), pp. 89~90.

㉒ Ibid., p. 235.

㉓ "在一个人拒绝认识在 16 世纪早期和 18 世纪之间有一次技术革命之时，他就拒绝承认卡斯提尔的地位主要得益于其'再征服'的先锋地位，地中海与大西洋的交叉点，向北的贸易风向的风头，中部纬度地区至南纬地区逆流点（contre-flux），而把一切归答于机会，这是荒谬的；从帕洛斯（Palos）出发的热那亚海员对美洲的发现，而且，以同样的精神，安达卢西亚（Andalucia）的垄断，人们一旦忽略了风向，安达卢西亚在 16 世纪漫长而经验丰富的生活，南部伊比利亚人的努力，变成了荒唐的幻想造成的荒唐之果……"Chaunu, *Séville*, VIII (1), pp. 236~237.

㉔ "西班牙属美洲在不到半个世纪的时间达到了它的领土范围。对阿劳卡尼亚智利（Araucania Chile）征服的失败证明了这一点。殖民地的美洲为了生存和发展，很快将自己纳入一个有效的海外商业体系基础之上。运输的成本需要大量丰富的产品。它宣告最初的美洲是唯一的能够很快生产这些财富的体制。"Pierre Chaunu, *L'Amérique et'les Amériques* (Paris: Lib. Armand Colin, 1964), 85~86.

㉕ "这个扩张的第一阶段的动力多么令人惊讶：呈现在我们面前的……真是一种结构上的突破。这种悬殊很容易解释：1504~1550 年，这不是一个由虚无向存在过渡的时期吗？"Chaunu, *Séville*, VIII (2), p. 51.

㉖ "在海洋政策方面，西班牙国家不能摆脱控制局面的安达卢西亚人的影响，而是以全力保证一种对〔塞维利亚〕的垄断以严格的尊敬，在其他的冒险中，这种尊敬有利于它的控制效率。" Huguette and Pierre Chaunu, "Economie at Lantique, économie-monde（1504～1650）" *Cahiers d'histoire mondiale*, I, 1, juil. 1953, 92.

㉗ See Alvaro Jara, "La produción de metales preciosos en el Peru en el siglo XVI," *Boletin de La Universidad de Chile*, No. 44, Nov. 1963, 60. See *the Table* on p. 63.

㉘ "如果没有利用银矿财富的技术，整个欧洲的通货膨胀过程早就停止了，而且美洲的采矿也会进入一个停顿和衰落的阶段。" Alvaro Jara, "Econimia minera e historia económica hispano-americana," in *Tres ensayos sobre economia minera his-pa-no-americana*（Santiago, Chile: Centro de Investigaciones de Historia Americana. 1966）, 37.

㉙ "〔在16世纪〕存在一个法国帝国主义。首先，法国拒绝承认对〔神圣罗马帝国〕皇帝的任何依附。（国王在其王国内是皇帝）。之后，查理八世（Charles VIII）去意大利〔1494〕，领导一次十字军，到达东方，在君士坦丁堡帝国内获得一些新的头衔。他进入那不勒斯（Naples），头戴金色的皇冠，手持权杖和象征皇权的小金球，每一个人都欢呼：最最至尊的皇帝。因此在德国有一种惊慌，他们认为他觊觎德意志神圣罗马帝国皇位。这种法国帝国主义，它以一种试图统治意大利和法兰西斯一世（Francis I）在1519年神圣罗马帝国选举的候选人的身份出现，在哈布斯堡家族查理五世当权后，被防守性政策取代了。" *Mousnier Les XVe et XVIe Siècles*, pp. 132～133.

弗拉索瓦（Michel Francois）也谈到过法兰西斯一世的双重遗产，一方面作为一个君主，其权威是那些政治哲学家（Légistes）和政府人员的努力工作造成的，另一方面作为查理七世（Charles VII）和路易十二（Louis XII）帝国的意大利事业的继承人，他们"为法国君主制开拓了广阔的前景。" "L'idée d'empire sous Chaules-Quint," in *Charles Quint et son temps*, *Colloques internationanx du C. N. R. S.*, Paris, 30 sept. -3 oct. 1958（Paris: Ed. du C. N. R. S., 1959）, 25.

㉚ 正如1500年的情形，可以说："英、西班牙以及勃艮第-奥地利（Burgundy-Austria）都在围绕最早、最大的欧洲权力运转，法国……法国最主要的优势是它的版图和中心地带的位置。对现代开端时代的西欧而言，法国是心脏地带。英国、西班牙、意大利和德意志帝国对称地排列在它的两翼，这样，法国就控制了内线。而且，心脏地带也是人口稠密的王国。" Garrett Mattingly, *Renaissance Diplomacy*, pp. 129, 131.

㉛ 该说法来自16世纪西班牙人 *A. Pérez Lárt de gouverner. Discours addressé à Philippe II*, eited in Ruggiero Romano, "Lapace di Cateau-Cambrésis e léqui-librio europeo a metà del secolo XVI," *Rivista storica italiana*, 1XI, 3, 1949, 527.

㉜ 参看奥曼（Oman），《战争艺术史》，p.14，他详述了大部分发生在意大利的军事斗争。

㉝ 洛佩兹（R. S. Lopez）认为在1870年之后，情况也与英国极其相似，并补充说："如果这一切意味着衰落的话，那么，无论是意大利人或是他们新的竞争者都没有充分认识这一点。""The Trade of Medieval Europe: The South" in Cambridge Economic History of Europe, II: M. M. Postan and E. E. Rich, eds., Trade and Industry in the Middle Ages (London and New York: Cambridge Univ. Press, 1952), 351. 范法尼（Amintore Fanfani）也注意到了中古晚期意大利的光荣及其在15、16世纪的衰落："在中世纪，意大利的好运与这样的事实相联系的，半岛上众多的港口是到利凡特（Levant）的西部贸易和到西部的利凡特贸易的基地；而且，它还与这样的事实有关，即与利凡特的商业联系具有殖民性质，同时，与西方的联系则是工业产品的出口者。意大利拥有海外殖民地，而在阿尔卑斯山（Alps）之外却没有这一点并不完全确切。但是事实上，或几乎所有的意大利人都享有纯粹的经济殖民的利益，不是在表面上，完全可以肯定，而是实质性的好处，所以，相当的实惠……"

"14世纪开始，两件事开始干扰决定意大利人财富的形势……随着土耳其人（Turks）的推进，法国人、英国人的自我解放，意大利经济的繁荣前景黯淡了，尽管整个16世纪，他们并没有完全退出。"Storia del lavoro in ltalia dalla fine del secolo XV agli inizi del XVIII (Milano: Dott. A. Giuffré-Ed., 1959), 24~25.

㉞ 为何意大利在政治上如此分裂与此分析无关。答案可能在于早期中世纪的政治发展之中，同时掺和有些城市共和国在晚期中世纪相对的成功。一个典型的解释是布克哈特（Jacob Burckhardt）提出的："教皇（Popes）与霍亨斯陶芬（Hohenstaufen）之间的斗争置意大利于一种与别的西方国家本质上不同的政治环境之中。同时在法国、西班牙和英国，封建制度是如此的完整，以致在趋近结束时，很自然地形成为一个统一的君主制，同时在德国，至少在外表上还维持一个帝国的统一体。意大利则完全没有这一切，14世纪的皇帝，即使在最好的情况下，也不再被作为封建领主来接受和尊敬，而是有可能成为已经存在的领袖和权力的支持者；同时，教皇制度及其附属的工具和同盟，强大到显以遮没存在于未来的民族统一的曙光，而不是强大到带来这种统一。两者之间则有大量的政治联合体……他们的存在取决于维持他们的权力。"The Civilization of Renaissance in Italy (New York: Modern Library, 1954), 4.

参看弗格森（Wallace Ferguson）："文艺复兴时的意大利城市必然与北部国家不一样，因为意大利过去的历史是如此不同，而且这种区别部分是两种纯粹的政治事实的结果：首先，从10至13世纪，意大利被并入德意志神圣罗马帝国之中；其次，教皇统治的地域正好伸过半岛中间地区。""Toward the Modern

㉟ "将伦巴底（Lombardy）从 14、15 世纪意大利其余部分分裂出去的是它的政治过渡……僭主位治（Signoria）是决定这时期伦巴底巨大的经济变化的基本的'革新'……通过多种方式而不是一种，这时期伦巴底的经济政治已经明显地超越了公社共同体的政策，预示着英国的重商主义在处理教会及其土地时也是差不多如此。

在所谓的公共事业中，是他们鼓励工业和贸易的政策，他们在农业中的革新，他们的人口政策（对大家庭及遣返和移居伦巴底的人给予物质帮助），米兰公爵（Milanese）几乎以很多、几乎一切有意义的方式参与仍在出现的所谓重商主义国家。" Douglas F. Dowd, "The Economic Expansion of Lombardy, 1300-1500: A Study in political Stimuli to Economic Change." *Journal of Economic History*, XXI, 2. June 1961, 147, 160.

㊱ 这种现象不只是在伦巴底，而更普遍。See Mousnier, *Lex XVIe et XVIIe siècles*, p. 93.

㊲ Braudel, *La Méditerranée* I, p. 354.

㊳ C. H. Wilson, *Cambridge Economic History of Europe*, IV, p. 492.

㊴ 皮朗（Henri Pirenne）指出某些城市解放过程中的两个步骤："实际上，一个城市共和国当它摆脱对直接的领主效忠之后，并没有享有绝对的独立。它仅仅逃避了伯爵或主教的权力，但又将自己置于更高一级的封建主的直接的权力控制之下。德国的城市只在这样一种意义上是自由的，即它以紧邻的、非常直接的领主的权威去换取遥远的、虚弱的皇帝的权威。" *Early Democracies in the Low Countries* (New York: Norton, 1971), 183.

对强邦的形成所导致的结果是清楚的："在法国、英国现代国家，在大贵族中找到其主要对手之际，在低地国家中，阻碍进步的则是城市。〔p. 187〕。"

㊵ Gino Luzzatto, *Storia economica dellétá moderna e contemporanea*, Part I, *L'etoà moderna* (Padova: CEDAM, 1955) 116. 他补充说："威尼斯独自在意大利保持了独立，但它被更严重的土耳其人（Turks）的压力搞得不能动弹〔p. 117〕。" 塞拉（Domenico Sella）也感到"威尼斯在震荡半岛其他城市的危机中找到了它自己的运气。" *Annales E. S. C.*, XII, p. 36,

㊶ Coles, *Past & Present*, No. 11, 41.

㊷ "16 世纪意大利的帝国主义其中心不仅仅是军事征服，对意大利共和国来说，作为政治独立表矢的经济补偿是必要的，特别是热那亚急于提出，它的市民急于补偿因利凡特（Levantine）贸易矛盾所造成的损失。这类补偿，西班牙通过它在新世界的所有权及后来的佛兰德，竟令人钦佩地予以提供。西班牙与意大利城邦在 16 世纪的关系史基本上是利益密切结合的历史，西班牙王权在政治

上依靠意大利，意大利商人则在经济上依靠西班牙〔Ibid.，p. 41〕”参看他的注(57)，pp. 46~47.

㊸ Ruth Pike, *Journal of Economic History*, XXⅡ, p. 370.

㊹ Ibid., p. 351.

㊺ Lopez, *Cambridge Economic History of Europe*, II, p, 349.

㊻ See John U. Net, "Silver Production in Central Europe, 1450-1618," *Journal of Political Economy*, XLIX, 4, Aug. 1941, 575~591. 关于在西班牙、葡萄牙新殖民世界中，南部德国人的地位与南部德国工业运转的联系，参看 Jacob Streider, "Origin and Evolution of Early European Capitalism," *Journal of Economic and Business History*, II, I, Nov. 1929, 18.

㊼ "通观16世纪的大部分时间，北部意大利和佛兰德是欧洲工业和商业活动的两个主要地区，两者之间的接触对两者的繁荣是必不可少的。……除了那些非常笨重的货物外，陆路运输有很多优点……北部意大利与南部德国之间翻越阿尔卑斯山的繁荣贸易在16世纪存在的时间也不长。" Parry, *Cambridge Economic History of Europe*, Ⅳ, p. 185.

㊽ 斯特劳斯（Gerald Strauss）谈到德国商人对他们的贸易方向在地理上改变的反应："〔他们〕通过加强在古代就已有的与欧洲的这些交通中心〔安特卫普和里斯本（Lisbon）〕的联系调整这种发展。1500年之后的大约半个世纪，新的商业加快了纽伦堡（Neremberg）和奥格斯堡（Augsburg）以及其他城市的国际贸易，而且它远远超出了他们以前依赖的与阿尔卑斯山那边的贸易的急剧衰落的补偿意义。" *Nureberg in the sixteenth Century*（New York：Wiley, 1966），148. 帕里（Parry）正好也引过上文，似乎认为一个世纪以后才有"急剧衰落"。然而，两位作者都同意，至少到1550年，南部德国的商业是繁荣的。See also Streider, *Journal of Economic and Business History*, 14~15.

㊾ See Richard Ehrenberg, *Capital and Finance*, pp. 74~79.

㊿ Cited in *ibid.*, p. 83.

(51) Lublinskaya, *French Absolutism*, p. 8.

(52) Ehrenberg, *Capital and Finance*, p. 131.

(53) Emile Coornaert, "*La genèse du système capitaliste: grande capitalisme et économie traditionelle an XVle siècle*," *Annales d'histoire économipue et sociale*, Ⅷ, 1936, 127.

(54) See J. A. van Houtte, Bruges et, Anvers: marchés "nationaux" ou "internationaux" du *XIVe au XVle siècles*, *Revue du Nord*, XXXIV, 1952, 89~108.（Herman van der Wee, 1963）："安特卫普作为西欧商业中心的出现与纵贯中部德国的贸易的增长有不可分割的联系。" *The Growth of the Antwerp market and the European Economy*（The Hague：Nijhoff, 1963），II, 119，他认为这发生在1493-1520年，

而且南部德国人最终取得了安特卫普在16世纪前半前的“商业鳌头”地位〔p. 131〕见詹宁（Pierre Jeannin）：《16世纪安特卫普的陆上商业获得了几乎不次于沿海商业的重要性》*Vierteljahrschrift für Sozial-und Wirtschattsgeschte*, XLIII, p. 198. See Ehrenberg, *Caital and Finance*, pp. 112～113.

(55)“英国的布料贸易对安特卫普的繁荣有决定性的影响。它与安特卫普市场富有戏剧性的一致……葡萄牙人、南部德国人和英国人构成了安特卫普世界商业的三根支柱。” J. A. van Houtte, “Anvers aux XVe et XVle siècles: expansion et apogée,” *Annales E. S. C.*, XVI, 2, mars-avr. 1961, 258, 260.

参看维埃斯（Philippe de Vries）：“在16世纪的开端，英国与……勃艮第（Burgundian）遗产的哈布斯堡国家组成了一个经济统一体，安特卫普和佛兰德尔是金融和工业中心。” “L'animosité anglo-holland aise au XVIIe siècle,” *Annales E. S. C.*, V, 1, janv. -mars 1950, 43.

另一方面，帝国的竞争伤害了安特卫普与法国的经济关系。“相当自然，安特卫普与里昂，尤其是葡萄牙人香料出口的贸易遭受重创。” Vander Wee, *The Growth of the Antwerp Market and the European Economy*, II, P. 144.

(56)克雷拜克斯（Jan Craeybeckx）是这样给主要贸易中心（Staple）下定义的：“无论谁，只要他面对现实，他将会很容易地同意，（主要贸易中心）首先是一个市场。只有具有某种重要性的市场能够担起主要贸易中心的职责，并强迫商人们服从它的规则……优惠，只有几个城市能够提供，所以不是最重要的。任何拥有市场或主要贸易中心（狭义上）的城市，足以加强其统治，在法律上（de juno）或在事实上（de facto）或多或少，该地区被称作一个主要贸易中心。” “Quelques grands marchés de vins francais dans les anciens Pays-Ba, et dans Le Nord de La France à La fin du Moyen Age et au XVIe siècle: Contribution a l'étude de La notion d'étape,” *Studi in onore di Armando Sapori*, II, (Milano: Istituto Edit, Cisalpino, 1957), 819.

(57) See Wilfred Brulez, “Les routes commerciales d'Angleterre en Italie au XVIe Siècle,” *Studi in onore di Amintore Fanfani*, VI: Evo moderno (Milano: Dott. A, Giuffré-Ed., 1962), 181～184.

(58) Van der Wee, *The Growth of Antwerp Marked and the European Economy*, II, p, 362. 他认为，尽管在以后的年月里相对衰落，“安特卫普银钱市场甚至1550年代初仍是哈布斯堡的金融战略中心”（p. 206.）。

在安特卫普、威尼斯、里昂、普莱桑斯（Plaisance）、佛罗伦萨、塞维利亚以及鲁昂（Rouen）之间，资本通过各种套汇渠道流入。See Jose-Gentil da silva, “Trafics du Nord, merchés du ‘Mezziogiorno’ finances genoises: recherches et documents sur La conjoncture à La fin du XVe siècle,” *Revue du Nord*, *XLI*, 1959, 140.

(59) See Fernand Braudel, "Les emprunts de Charles-Quint sur La Place d'Anvers," *Charles Quint et son temps*, colloques internationaux du C. N. R. S., Paris, 30 sept. -3 oct., 1958 (Paris: Ed du C. N. R. S., 1959), 197~198.

(60) "因为总的财富的发展，现今的国家几乎享有毫无限制的信贷。一个民族，一个具有生产力的民族，获利相当容易……"

"公众的提供、方便、迅速是现代国家获取贷款的特征。16世纪不一样。因为资本的稀少、分散，高额的资金只有在借贷者付出非常繁复的代价条件下才有可能。不了解国家财源也会导致对统治者的不信任。国家首脑与君主个人之间没有区别，如果愿意，可以在一个国王和作为一个国王的个人之间进行区别。" H. Lonchay, "Etude sur les emprunts des souverains belges au XVLe et au XVII e siècles," *Académie Royale de Belgique, Bulletins de La Classe des lettres et des Sciences Morales et Politiques et de La Classe des Beaux-Arts* (1907), 926, 928.

(61) Ibid., p. 941.

(62) Ibid., p. 943.

(63) "新的商业扩张对尼德兰非常有利。这不是巧合。西班牙——尼德兰的接触获得了一个坚实的王朝联盟，其后有尼德兰纺织工业对西班牙羊毛增加的需求作支撑。从三十年代开始，新大陆的贵金属开始在哈布斯堡世界的政治中扮演主导地位。既然他们的资金筹措主要以安特卫普的金融市场为基础，这就是一个更为重要的刺激。在1539年，尼德兰的经济经由安特卫普与西班牙有如此强大的联系，以致莫兰（Van der Molen）写道，在由货币贬值引起的危机期间，'如果从意大利或西班牙那里的指令来得慢些，大量的佛兰德的（Flemish）布商就会破产。'" Van der Wee, *The Growth of the Antwerp Market and European Market*, II, p. 178.

(64) Ibid., p. 317.

(65) Geoffrey Barraclough, *The Origins of Modern Germany* (Oxford: Blackwell, 1962), 352.

(66) 安特卫普也在16世纪前半期极大的社会紧张关系中蒙受损失，那是查理五世的时代，尽管主要的抱怨来自城市的工人，他们受到1561年才克服的工资滞后之苦。See Charles Varlinden, "Crises économiques et sociales en Belgique á l'époque de Charles Quint," *Charles-Quint et son temps*, *Colloques internationaux du C. N. R. S.*, Paris, 30 Sept. - 3 Oct (Paris: Ed du C. N. R. S., 1959), esp. p. 183. 然而，该时期安特卫普没有政治剧变多半是范农（Fanon）的假设，表明城市工人们不像农民们那样进行诉诸武力的自发的起义。See Frantz Fanon, *The Wretched of the Earth* (New York: Grove Press, 1966), 85~117.

(67) Cited by A. J. P. Taylor, *The Course of German History* (London: Hamilton, 1945), 163. 参看赫斯特菲尔德（Hurstfield）："本是联合德国人反对教皇的新教改革

（Protestant Reformation）变成了德国人反对皇帝的改革。” *New Cambridge Modern History*，Ⅲ，p. 130.

(68) Friedrich Engles, *The Peasant War in Germany*, in *The German Revolutions* (Chicago, Illinois: Univ. of Chicago Press, 1967), passim.

(69) Tawney, *Agrarian Problem*, p. 347.

(70) Taylor, *The Course of Germany History*, p. 162.

(71) Pierre Chaunu, "Séville et la "Belgique", 1555～1648," *Revue du Nord*, *XL*II, 1960, 269. 他补充说：“对所谓的分离实质上是一种繁殖，我们给予了足够的重视了吗？在由美洲引起的基本变化之前，尽管历史学家给人的印象是太注意欧洲，我们在何种程度上认识到了1560年之后，菲利普二世（PhilipII）的国家比1540年之前的查理五世的帝国要大得不可计量？……”

“一旦这一点被接受，1551～1559年的分离就被置于真实的考察角度之中了。查理五世没有考虑到他的儿子不能在欧洲继续他开始的事业。要将那么广大、数量那么多、越过海洋的国家统一起来达到一个世界性的规模是不可能的，这个世界痛苦不堪、精疲力竭，对人们来说，它就像整个宇宙，而不是我们20世纪非常小的一颗行星……在美洲的刺激下，在conquista（征服）的末期，查理五世的帝国分裂，更确切地说，围绕其营养的轴心，构成了塞维利亚和加勒比海（Caribbean）之间的通道〔pp. 270～271〕。”

(72) “查理五世的帝国主义，不像他儿子那样，基本上以欧洲为基础。在查理五世的欧洲版图之中，在统治的前半期，解帝国支出燃眉之急的是尼德兰和意大利。但随着它们逐渐被挤干，查理被迫在别的地方寻找收入来源……〔1540之后〕西班牙的财力——基本上是卡斯提尔——与低地国家比较起来重要性持续增长……”

“皇帝从阿拉冈（Aragon）王国那里榨取更大贡献的失败不可避免地使他更加依靠卡斯提尔的财源，在那里，国会的权力要小得多，而且在国会牵制之外，有大量重要的财源。” Elliott, *Imperial Spain*, pp. 197, 199.

“面对地狱一样永恒的赤字的折磨，查理五世知道，经济是他策划的仆人，但是他没有一个与他所缔造的西班牙霸权顶峰相适应、由他任意支配的政策。无论是他或是卡斯提尔人，几乎都看不见民族政策的微光。他的权力增强了，尽管不如他所渴望的那么大，如果他能够构想一个合适的政策；在帝国范围内如加蒂纳拉（Gattinara）曾推荐给他的，在现有的形势下，他能否实现它，是值得怀疑的，尽管有大量现代经济所必需的财宝的输入，有迅速的海上运输，这些导致累赘的行为都是导致卡斯提尔贫困的复杂的原因。” Raman Carande, *Curl Vy sus banqueros: La vida economica en Castilla* (1516～1556), 2a ed. carr. y aum (Madrid: Sociedad de Estuuios y Publicaciones, 1965), I, 140.

(73) “在这个价格风暴中，是地中海国家或是那些靠近地中海的国家比别的国家受

第四章 从塞维利亚到阿姆斯特丹：帝国的失败

到更多的影响，抑或没有受到影响？在我们看来，肯定的回答似乎是正确的，就西班牙的情况而言，尤其当人们在心里承认这个过于庞大的帝国有巨大的战争支付能力时。"Braudel, *La Méditerranée*, I, p. 486.

74 "另一个动向能够在帝国见到，……卡斯提尔在欧洲的孤立，其繁荣最终会被帝国其他成员的"背叛"所毁，由于孤立，种种负担最终会落在它的身上。

人们能在美洲发现类似的现象，在那里，墨西哥（Mexico）和上秘鲁（Upper Peru）的采矿最终会由于越来越缺乏资金而停歇下来。好比刀刃，脱离主体就变得毫无用处；帝国的凝聚力也一样，随着经济从扩张向长期契约转移，统一的凝聚体和领地中的各部分便自生自长起来，卡斯提尔是一种情况，采矿的墨西哥和上秘鲁则是另一种情况。的确，当18世纪意大利和佛兰德（Flemish）边缘地区从卡斯提尔分离时，这刺激了后者经济的复苏，它卸掉了帝国凝聚体内的负担，这个凝聚体因无任何益处、徒自耗竭而不复存在……

对卡斯提尔而言，它向地中海地区的扩展，这是其在16世纪上半期的主动因素，到17世纪初逐渐变得不利，因为要支付费用，要靠士兵和金钱维持，而且对这些士兵有稍更多的要求，他们便准备反叛（就像1640年的阿拉冈一样）。" Chaunu, *Séville*, VIII (1), pp. 248~249.

75 See Braudel, *La Méditerranée*, I, p. 343.

76 "既然西西里（Sicily）是一个既存的与其邻邦享有传统的商业关系的王国，西班牙政治家从来就没有像对待美洲殖民地那样对待它。由于帝国缺乏在欧洲发展的理论，因而西西里避免了西班牙加诸新大陆的殖民地身上的贸易垄断。由于没有经济资源的真正的协调，这样的贸易垄断可能是显示西班牙经济帝国主义的唯一途径。西西里不能从热那亚银行家的监护下解救自己，也不能从对佛罗伦萨和威尼斯制造商的依赖中独立出来。但是它的市民至少能够卖掉他们大部分小麦和丝给那些能够供给他们成品的人。" H. G, Koenigsberger, *The Government of Sicily Under Philip II of Spain* (London: Staples Press, 1951), 143.

77 "从1570年以后，非常明显，私人企业及殖民地的行政管理不得不进行调整，以遏制西班牙及其同盟者的不可限量的贪婪，通过印第安酋长，他们取得贡物和劳力。为了高效率地保持、组织和操纵印第安人的公社，有必要使他们城市化、基督教化，并融入西欧经济的整体之中去。" Stanley J. and Barbara H. Stein, *The Colonial Heritage of Latin America* (London and New York: Oxford Univ. Press, 1970), 70.

78 H. G. Koenigsberger, "The European Civil War," in *The Hapsburgs and Europe, 1516~1660* (Ithaca, New York: Cornell Univ. Press, 1971), 257.

79 See Ferran Soldevila, "Barcelona demana a l'Emperador Curles V Lautoritzció per a comerciar directament amb America (1522)," in *Studi in onore di Amintore Fanfani*, V: *Evo moderno econtemporaneo* (Milano: Dott. A. Giuffné-ed.), 638~641.

⑧ 例如，可参看马洛维斯特（Malowist）："对来自波罗的海岸，尤其是对来自波兰的谷物和木材输出的每一次干扰，都会导致荷兰和其他低地国家省份生活费的上涨，并因妨碍与伊比利亚半岛（Iberian）国家、布列塔尼（Brittany）英国的货物交换而使荷兰的对外贸易瘫痪。这样，阿姆斯特丹和邻近国家的商人就尽力与但泽（Danzig）和波罗的海维持好的关系，他们反对精力充沛的查理五世在16世纪的前半期对丹麦（Denmark）采取的敌视政策，这种政策会导致繁荣之声沉寂，最终使得与波罗的海地区的接近成为不可能。" *Economic History Review*, XII, p. 185.

同样，安特卫普商人也受过查理五世试图保持金银固定比率的伤害，它在很多方面导致了黄金从尼德兰流入法国。See Florence Edler, "The Effects of the Financial measures of Charles V on the Commerce of Antwerp, 1539 ~ 42," *Revue belge de philogie et d'histoire*, XVI, 3 ~ 4, juil. ~ dec. 1937, 665 ~ 673.

⑧ 要看关于它的社会内容及其原因的评述，参看 J. W. Smit, "The Nether Lands Revolution," in Robert Forest and Jack P. Greene, eds., *Preconditions of Revolution in Early Modern Europe* (Baltimore, Maryland: Johns Hopkins Press, 1970), 19 ~ 54. 该文含有一份好而简明的参考书目。

⑧ "绝对君主制基础最好的地方是法国……实际上，自从1484年的等级会议（Estates-general）失败以后，无论个人或大众都没有可能导致反抗国王〔的权威〕的自由呼声。" Mousnier, *Les XVIe et XVIIe siècles*, p. 100.

参看赫克谢尔（Eli F. Heckscher）："从地理上来说，〔法国〕早在16世纪的前半期就是一个联合的、坚实的王国，几乎拥有全部的领土主权。它的君主对国家或许北欧洲别的任何人拥有更大的权力，而且，它的政治家从较早时候就沿袭了一种自觉的经济政策，即其捐税有明确的实用目的……其组织上的封建形式的保留实际上只体现在河流及道路捐税上，peages (pedagia)，但另外，城市税则留下了——在这里正如在别的国家一样，或多或少的有自治市经济的遗迹。" *MercantiLism*, I, rev. ed. (London: Geo. Allen & Unwin, 1955), 78 ~ 79.

⑧ Bloch, *Caractères originaux*, I, p. 107.

⑧ "在15世纪，〔法国〕贵族表现了与英国贵族共同的趋势，即与roturiers〔平民〕融合，其数目与英国贵族亦差不多，但是在16世纪，政府处心积虑地寻求制止这种趋势的办法，并通过立法禁止贵族经商或从事其他赚钱活动而成功地做到了这一点。但麻烦在于，在法国，贵族建立了税务豁免制，而且，如果他们从事贸易，他们会利用自己的免税身份，这样，国家就失去了一些重要的新的收入……法国国王对贵族仍有相当的惧怕，不敢剥夺他们的免税权……" Rushton Coulbourn, "A Comparative Study of Feudalism," Part Three of Rushton Coulbourn, ed., *Feudalism in History*, p. 316.

第四章 从塞维利亚到阿姆斯特丹：帝国的失败

㊄ "〔路易十一的〕统治意图是使法国再次成为贸易枢纽，他深信集市和市场使国家致富，财富将会从繁荣的交通和国内的商品中自然产生……在法国，不管怎么样，政府的支持仅仅在非常有限的程度上立足于地方上的贸易，没有建立那种以一种固定的组织形式为基础的利益。" Miller, *Cambridge Economic History of Europe*, III, pp. 334~335.

㊅ Ibid., p. 338. 斯特雷（Joseph Strayer）亦认为法国庞大的中央行政管理的程式并不意味法律的一致性，当然也不意味着有一个民族经济政策的可能："对法国正如对英国而言，发展的两个基本领域是司法和财政。但是法国国王们不得不对此放慢脚步，比起英国来，他们的早期体制太简单、太不正规了……"

"法国在12、13世纪发起的一系列吞并给法国政府造成了一系列的问题。一直足以维持一个小王国运转的相对简单的体制非常清楚有扩大与精炼的必要，以应付大幅度增加的地域和现在臣属于国王的人口。新的省份有其自己的惯例和习俗，常常比王国政府之下的惯例和习俗更复杂和特别……"

"对这些问题的基本解决方案被奥古斯都（Philip Augustus）（1180~1223）发现了，他是法国国家的真正奠基人。他允许每一个省保持各自的习俗和制度，但是从巴黎派人去充当重要的省区官职。这样，诺曼（Norman）的立法机关继续加强诺曼的法律，但是主要的官员却不是诺曼人而是从旧有的王室领地派去的王家代理人。各省的骄傲被安抚下去了，同时国王又对他的新领地保持有效的控制……"

"（比较起来，英国国家由于坚持习惯与法律的一致性，在融合那些有自己的政治传统的地区，比如威尔士的公国，爱尔兰的小王国时，遇到了较大的麻烦）但是形成中的法国国家不得不为它的变通性付出沉重的代价。地方上的重要人物主要关心本地风俗和特权的保存；他们不信任中央政府正如中央政府不信任他们一样。在什么样的大的事情上，都不能在当地的行政管理工作中擢用他们。实际上，法国行政管理的基本准则是，任何人不得在本省任职。" *On the Medieval Origins of the Modern State*, pp. 49~51.

㊆ "在15、16世纪，法国在全球失败两次……15世纪的失败，当时新大陆的发现者中没有法国人——或者是几乎没有。16世纪再次失败，当时法国……在寻找航线、岛屿、海岸的竞争中，在大西洋、非洲以及美洲的利益竞争中，法国都放弃了……"

"最重要的问题，甚至在百年战争之前，自从热那亚帆船（galleys）在地中海与北海之间进行成功的联络之后，一直是法国被排拒在横贯大陆的大贸易圈之外，被排拒在经济之外。香槟集市仅仅持续了一段时间。现在，不考虑这种总的经济合作，我的意思是在15世纪没有威尼斯或热那亚的赞助，没有意大利人的合谋，没有北欧人（Nordic）的国际资本，人们怎能解释里斯本，解释休达（Ceuta）的占领，或是解释热那亚人在安达卢西亚（Andalusia）建立的根基，解释很久以后麦哲伦（Magellan）的航行？在伊比利亚人的好运之后，存在着14、15世纪的这种外因，存在着国际资本和塞维利亚、里斯本及以后的安特卫普之间的合谋，这些命运相关的城市，他们的连环圈上没有法国。所有这一切至关重要的……百年战争使任何事情变得更加糟糕。变糟，但它并没有产生已被贸易路线上的革命引发的一场危机。”Fernand Braudel，“La double faillite ‘coloniale’ de la France aux XVe et XVIe siècles,” *Annales E. S. C.* IV，4，oct. -déc. 1949，454. 或许它不仅仅是缺乏外面支持。布罗代尔的结论是“殖民地的天职关系到整体的生活，国家全部的结构及其内部职能。16世纪的法国……并没有为此作准备。(ouverte aussi profondément)〔p. 456〕。”

(88) 鲍蒂埃（Robert-Henri Bauthier）给了下列解释：“在我们看来，香槟集市(Champagne)衰落的原因与13世纪末、14世纪初西部经济的总转移有关系。重要的变化发生在两个基本的领域：(1) 意大利人的工业化；(2) 贵金属引起的市场革命……”

“既然香槟集市的主要目的对意大利人而言是法国和佛兰德人的布匹购买，那么他们的衰落就是不可避免的，因为北部所有的服装业蒙受了同样的危机……”

“国际经济在传统上依赖白银；13世纪末黄金开始起重要作用，两种贵金属对比率的突然变化完全打乱了那些贸易活动依赖外汇兑换和同类销售的公司之间的平衡。”“The Fairs of Champagn,” in Cameron, ed., *Essays in French Economic History*, 62~63.

(89) See Ehrenberg, *Capital and Finance*, pp. 281~306.

(90) See ibid., pp. 202~220.

(91) See ibid., pp. 193.

(92) Ibid., pp, 333.

(93) Ibid., pp. 307.

(94) R. H. Tawney, “Introduction” to Thomas Wilson, *A Discourse Upon Usury* (London: Bell & Sons, 1925), 62.

(95) Braudel, *Charles Quint et son temps*, p, 199.

(96) Henri Hauser, “The European Financial Crisis of 1559,” *Journal of European Business History*, II, 2, Feb. 1930, 241. For the description of the credit infcation, see pp. 242~ 250.

(97) “但是如果我们忽略1560~1565年间开始的通货膨胀节奏的降低，就不可能认识到菲利普二世统治的最初时期潜在的危机状况。在1577年，国家就已经发生了第一次银行破产，这绝非偶然，菲利普的政策在1568年发生首次大的转变也非偶然。”Nadal, *Hispania*, XIX, p. 513. 纳达尔（Nadal）指出，与汉密尔顿(Hamilton)断言的西班牙价格上升在该世纪末达于极点相反，资料表明1501~

1550 年间的增长（107%）比 1551～1600 年间（98%）要大。See *ibid.*, pp. 511~512.

⑱ "1557 年的危机已经灾难性地影响了安特卫普在公共财政领域中的地位基础。在以后的年代，衰落继续。在格雷瑟姆（Gresham）的努力下，英国国王已经完全从安特卫普在 60 年代对它的监护下摆脱出来……"

"当 1569 年英国——尼德兰禁运导致两国关系完全破裂时，英国感到已有足够的力量将自己从安特卫普的商业和财政影响中解脱出来。汉堡（Hamburg）接收了后者的商业遗产，伦敦接受了它的财政遗产。两者肯定具有辉煌的未来。这样，安特卫普就永远失去了其最初扩张的基础。" Van der Wee, *The Growth of the Antwerp Market and the European Economy*, II, pp. 222, 238.

⑲ Ibid., p. 207.

⑳ See ibid., pp. 232~236. 见帕里（Parry）："1576 年'西班牙人的狂怒'严重地伤害了安特卫普。帕尔玛（Parma）的国政以及该城在 1585 年的投降导致了许多经营公司的破产和转移，而且，成千上万的新教徒匠人被流放——大部分去阿姆斯特丹……安特卫普操纵的海上贸易移到了阿姆斯特丹。" *Cambridge Economic History of Europe*, IV, p. 169.

㉑ Van der Wee, *The Growth of the Antwerp Market and the European Economy*, II, p. 183. 然而，最近两位学者断言安特卫普的衰落被夸张了，它相对的强大延续了相当长一段时间。See Jan Craeybeckx, "les industries d'exportation dans les villes flamandes an XVIe siècle, particulierement à Gand et a Brudges," Studi *in onore di Amintore Fanfani*, IV: *Eoo moderno* （Milano：Dott. A. Giuffrè-Ed., 1962）, 415. 不管怎么样，克雷拜克斯（Craeybeckx）承认，1585 之后安特卫普新的企业"当然未能防止国际商业的重心滑向阿姆斯特丹和伦敦〔p. 416〕。"霍特（Jean A. van Houtte）甚至更偏激。他称这幅衰落的图景"被严重歪曲了"。"peclin et Survivance d'Auvers（1550~1700），" Studi in *onore di Amintore Fanfani*, V：*Evi moderno e contemporaneo*（Milano：Dott. A. Giuffrè-ed., 1962）, 706. 他指出，如果战时的阻碍伤害了安特卫普的海上贸易，它并没有影响它的陆上贸易。See ibid., 720. 他断言，通观整个 17 世纪，安特卫普的商人阶级仍有"不可忽略的重要性〔p. 722〕。"

㉒ See *Verlinden in Charles Quint et son temps.* 维森斯 Jaime Vicens Vives 在随后的讨论中认为在加泰隆尼亚（Catalonia）情况亦如此。See *ibid.*, p. 187. 见斯密特（J. W. Smit）："总而言之，我们对作为尼德兰革命先决条件的社会经济形势不能没有什么了解。"〔*Preconditions of Revolution*, p. 43〕.

㉓ Luzzatto, *Storia economica*, p. 151.

㉔ See Strauss, *Nuremberg in the Sixteeenth Century*, p. 150.

㉕ Barraclongh, *Origins of Modern Germany*, p. 370.

⑯ Taylor, *Course of German History*, p. 20.
⑰ 路德洛夫（R. Ludloff）这样描述德国的发展："16世纪技术进步以及16世纪向资本主义组织靠近的决定性的进步，一种妨碍——部分归于领主封建权力增加的强征，以及在17世纪向小规模生产方式的倒退。" "Industrial Development in 16th~17th Century Germany," *Past & Present*, No. 12, Nov. 1957, 58.
⑱ "德国这时是欧洲商业的生命线，它的城市远比别的城市繁荣。实际上，别国的民族君主制度对德国的商业霸权的抵制比对帝国的抵制要强得多……"

"每一个贸易共同体都会在世界市场上经历兴衰；但是在现代欧洲没有任何贸易共同体经历了德国中产阶级所经历的如此深刻、持久的灾难，而恰好是在他们的财政权力达于顶峰之际，而且他们的民族共同感（意识）充分形成——恰好在这个时刻，的确，他们完全有可能变成一个主宰别人的政治力量，正如他们已然是中欧的经济主宰力量一样。" Taylor, *The Course of German History*, pp. 17~19.

⑲ "殖民者从西班牙进口他们需要的物品以使他们在美洲的环境中维持一种西班牙人的生活模式。为了支出这些进口费，他们发展了大农场、种植园和采矿经济，为欧洲市场生产产品。因为种植园需要奴隶，所以产生了一种与西非进行一种全新的贸易的市场。最后，在这个世纪中叶，他们偶然找到了世界上最富有的银矿，这使他们能够支付更多的进口，同时也通过供应购买东方产品所必要的硬通货滋养了与欧洲的贸易。" Parry, *Cambridge Economic History of Europe*, IV, p. 199.

⑳ "在种种原生的社会中，前哥伦布时代的至高权威的结束，一方面导致了传统的高居大众之上的首领（Caciques, Curacas）滥用权力的增长，另一方面导致了这些首领与殖民者沆瀣一气，尤其是委托监护者。正如英国、法国、比利时（Belgium）等在19世纪的非洲和亚洲，16世纪美洲的西班牙对原生社会的古代土地的再划分进行了调整，转移了人口中心，声称只承认作为首领（或酋长）的一个等级，这个等级得由它任命（investie）和控制。这样，16世纪正如19世纪一样，殖民当局趋于达成一种妥协，但是首领，无论是传统的或是新产生的，最后仅仅是它征税的工具。" Charles Verlinden, "L'état et l'administration des communautés indigènes dans l'empire espagnole d'Amérique," *International Congress of Historical Sciences. Stockholm 1960. Résumés des communi-cations.* (Göteborg: Almquist & Wiksell, 1960), 133.

⑪ See Wolf, *Sons of the Shaking Earth*, pp. 182~183.
⑫ See *ibid.*, pp. 197~198.
⑬ 见里奇（E. E. Rich）对奴隶贸易经济的描述："依靠奴隶劳动几乎是一种不可避免的特征，奴隶劳动永远不会满足和廉价，因为在奴隶所有制中，劳动力是最容易消费的一个因素……在这样的背景下，走私的、默许的船数量之多、之

富有吸引力是不会令人惊讶的……总的来说，可以假设，当葡萄牙人到非洲海岸去寻找奴隶时，此类船只严重侵占了他们的财产利益，但是在把他们带到西班牙人的领地出售时，他们仅仅逃避形式上的禁止；葡萄牙是自由贸易的严重障碍，这一点并不比西班牙逊色。到这时，进行奴隶贸易的已经包含了16世纪的商人，一个有力的英国商人集团，他们看见了英国——西班牙建立贸易关系的可能性，条件是满足殖民者对奴隶的需要，满足西班牙政府对经济加强和控制的愿望，满足英国商人对必要的利润的愿望……霍金斯（John Hawkins）开始以奴隶与西印度群岛进行贸易，希望他能在英国、西班牙之间建立一种固定的商业合作。" *Cambridge Economic History of Europe*, IV, p. 325~326. 我们必须问自己为什么西班牙当局不愿接受霍金斯的似乎主要是针对葡萄牙商人的方案。难道可能是因为对国王和殖民者而言，英国人的闯入长远来看似乎是更危险的，国王将这个建议视为一个打开缺口的楔子？

⑭ "从殖民存在〔16世纪〕的初期看，智利（Chile）拥有一种出口经济……相当典型地，智利开始是作为一个黄金出口者。但是矿藏……不丰富，为时不久……然而，在西班牙的大陆殖民地中并不典型，即使在那时，也不像危地马拉（Guatemala），智利出口它自己的产品：从牲畜中提炼的动物脂肪。" André Gunder Frank, *Capitalism and Underdevelopment in Latin America*, p. 29.

⑮ See Woodrow Borah, *Early Colonial Trade and Navigation Between Mexico and Peru*, Ibero Americana：38（Berkeley：Univ. of California Press, 1954）, 81~82, 86~88.

⑯ See William C. Schurz, "Mexico, Peru, and the Manila Galleon," *Hispanic American Historical Review*, I, 4, Nov. 1918, 391.

⑰ See Borab, *Early Colonial Trade*, p. 121.

⑱ See *ibid*., pp. 118~120, 124~127.

⑲ Pierre Chaunu, "Pour une histoire économique de l'Amérique espagnole coloniale," *Revue historique*, LXXX, 216, oct.~déc. 1956, 218.

⑳ 移民的规模由纳达尔（Jorge Nadal）在 La poblacion española（*siglos XVI a XX*）（Barcelona：Ed. Ariel, 1966）一书中考察过，78~80。可以肯定人口过剩。"一个人口过剩的卡斯提尔的形象是与西班牙的庄严、宏大的形象不可分割的，"席尔瓦（José-Gentil da Silva）肯定了这一点。"Villages Castillans et types de production au XIVe siècle," *Annales E. S. C.*, XVIII, 4. juil-août 1963, 735. 这样，移民与衰落有联系吗？或许，但不是一种简单的关系。

㉑ "殖民地的官职占有……给一切阶级的西班牙人提供了机会求职、致富，这一切都是狭隘的都市经济所不允许的。而且，扩大的殖民地行政管理名单也给西班牙君主提供了出售殖民地官职给那些急于当官的机会，这些人反过来又去找别的西班牙人给那些新任命的、即将赴任去统治印第安大众的行政官准备贷款。" Stein & Stein, *The Colonial Heritage of Latin America*, pp. 71~72. 斯沃特

（Swart）强调西班牙殖民地贪污扩大的事实，法国则没有，这是这时期殖民负担的一个征兆。See Swart, *The Sale of Offices*, p. 41.

⑫ "所有有用的资料都接近这样的结论，通观大部分17世纪，在1576至1629年之后的最好的年代是白人居民能够很容易地提供足够的食物养活自己，仆人及其他的工人也直接依靠他们。除了劳动力供应外，或许代理经营在这时期发挥了作用；16世纪末和17世纪的前10年，牲畜数目莫名其妙的大减很难单独地归咎于畜养人的缺少；在持续的食物短缺和其他城市供应的匮乏中，劳动力供给或许是最重要的因素……在采矿中，明显而又持续的劳动力短缺乃因印第安人口的减少……"

"困扰新西班牙（New Spain）城市的经济困难……几乎肯定与新大陆的西班牙主要殖民地类似的发展结伴而行……西班牙经济机会的减少、生活状况的日趋恶化意味着大量西班牙人移居殖民地，在那里，经济条件可能一样糟糕，但通观16世纪晚期和17世纪，食物供应要比西班牙本土丰富。因为殖民社会的性质，这些移民对新西班牙劳动力的增加没有意义，但却增加了大量消耗食物的人口……由于在时间上巧合，西班牙的经济与人口的危机和它的殖民地……两者的消极面相互影响。"Borah, *New Spain*, pp. 25~26, 29. See Alvara Jara on the *crisis of the end of the century in Chile in Guerre et sociétéen Chili：essai de sociologie coloniale*, pp. 105~119.

⑬ "有人会得出结论，庄园（hacienda）的兴起本质上是一种发展而不是一种斗争。大的庄园向前发展是与城市的规模及西班牙的人口这样的现实相呼应的，还与印第安人中的积累、现代早期西班牙社会的本质有关……无论在哪里都有可能出现这样的情况，即在其发展中，国王或教会成了主要的发起者，有人会在一种更周密的考察中发现，有更深层的力量在起作用。国王的政策一直被认为毁灭了委托监护制，但是殖民地自然的发展，注定了地方制度的命运。一方面，从商业和矿业中产生的财富并不直接依靠委托监护制；另一方面，西班牙社会全面的发展产生一些新型的、有影响的家庭，他们开始开辟自己的庄园，暗中破坏墨守成规的委托监护制度。"James Lockhart, "Encomienda and Hacienda: The Evolution of the Great Estate in the Spanish Indies," *Hispanic American Historical Reuiew*, XLIX, 3, Aug. 1969, 428.

⑭ 斯坦（Stein）以自己的方式对庄园（hacienda）和种植园（plantation）进行了区别："〔hacienda是一种〕规模较大、种植谷物或是畜养牲畜的庄园，其产品主要在本地的矿业中心或是大的城市如墨西哥和利马（Lima）消费。印第安人构成劳动力，他们具有依附、不稳定和被一种特别的工资劳动形成，即计日工资束缚的特性……不像庄园，种植园（plantation）是一种独立的经济单位，对外，即欧洲人的消费生产大宗的出口商品。"*The Colonial Heritage of Latin America*, p. 40.

⑫⑤ "到1590年代，西班牙人自己庄园的形成表面上已经达到这样的程度，即他们能够保证足够的劳动力，他们的产品能够符合西班牙城市的食物要求。这并不是说，这些城市就完全脱离了对印第安人产品的依赖，而是通过自己拥有、被自己的邻近市民（vecinos）直接控制的农业场生产的食物在必要时分享一点利益。"Borah, *New Spain*, p.33.

参看霍盖特（Huguette）和肖努（Pierre Chaunu），他们论证，从西班牙出口至美洲的产品，从16世纪主要由那些殖民者生产的初级产品转移到了17世纪的加工成品，这些成品由意大利或是北欧生产，然后由西班牙海运至美洲。他们问："我们怎样才能解释这种主要的转移？事实是，随着西班牙殖民地的发展，他们越来越成为自然环境的主人。在别的人中也有一个例子：在太平洋岸，在秘鲁旱地的绿洲之中，成功地种植了葡萄，尽管安达卢西亚（Andalusian）贵族受到自鸣得意的政府几分不切实际的柏拉图（Platomic）式的禁止。进一步的事实也不少，晚一辈生长在印第安人中的西班牙人，他们对当地的食物不再抱有他们父辈所感到的烹饪偏见，如从一个世界迁徙到另一个世界时发生的那样。最后，尤其因为运输在经济上的愚蠢，极高的成本，劣质产品，西班牙和美洲之间漫长距离不能运输的限制，当然新大陆的银矿回流不可能造成这样的愚蠢。当这些回流因大堆理由（矿源接近枯竭、采矿区人力的缺乏、水银合金必然增加的价格，尤其是16世纪价格革命产生的银购价的降低）而减少时，银就减少了向欧洲出口，而用于在美洲创造一种更加平衡、更加多样化的经济。" *Cahiers d'histoire mondiale*, I, pp.99~100.

⑫⑥ "菲利普二世（Philip II）统治的帝国主义奠基在西班牙——大西洋经济的基础上，这就是将美洲和定期从新大陆得到财力补充的卡斯提尔作为帝国的财源……"

"从16世纪90年代……西班牙经济与美洲领地的经济开始脱节（与其说是一种补充，毋宁说是一种竞争），同时，荷兰和英国的侵入使两者之间的鸿沟扩大。这是关于西班牙正在变为欧洲世界经济半边缘部分的又一种说法。"

"弗兰克（Anarce Cunder Frank）一定程度上注意到了，16世纪在智利积累起来的经济剩余价值正花费在奢侈品上，被视为'正在吸干智利的对外交换和国内资源'，这对西班牙并不利。" *Capitalism and Underdevelopment in Latin America*, p.33.

⑫⑦ "非常自然，为了保险，菲利普二世愿意停止进行进一步的征服，直到现存的各省住满勤劳的西班牙人和定居的印第安人，被有条不紊的、温顺服从的内部仆从管理者。首先，扩张泄气来自这样的认识，即印第安人作为王国收入的重要性的增长……在菲利普二世统治期间，来自印第安人的收入接近整个收入的10%，并且在逐渐增加。就菲利普在欧洲的巨大债务和经济义务而言，越来越

快地增加来自印第安人的收入不可避免地成为国王政策的主要目标；将西班牙人的资本、智慧和印第安人的劳力集中在银矿和其他增加收入的活动上，坚持发展现有的东西和有利可图的省份，而不是将精力消耗在遥远的、不可预知的新的入侵（ontradas）。" J. H. Parry, *New Cambridge Modern History*, III, pp. 510~511.

⑫⑧ "〔16世纪西班牙的大城市〕已渐渐在农业经济中注意到一个基本的真理，对卡斯提尔最大的不幸是，直到两个灾难性的世纪过去后才予以充分重视。这个真理是，农、牧生活能够结合起来，这两者毫无敌意，亦不相互排斥。" Klein, *The Mesta*, pp. 327~328.

⑫⑨ "从16到17世纪，尼德兰、英国、法国从西班牙进口原材料：橄榄油、染料、羊毛，在交换中，西班牙则接受他们的生产品，也有谷类。这样限定性的国际分工使西班牙得不到工业投资。只有小规模的手工企业仍在为生存而竞争。" Da Silva, *En Espagne*, pp. 177~178.

⑬⓪ Vicens Vives, *Approaches*, p. 98. 卡拉德（Ramon Carande）或许更中肯，他指出，通观16世纪，西班牙织布生产质量持续下降。See *Carlos V*, I, pp. 191~192. See Elliott, *Imperial Spain*, p. 193.

⑬① Vicens Vives, *Approaches*, p. 99.

⑬② Braudel, *La Méditerranée*, I, p. 63.

⑬③ 西班牙越来越注意适合庄园生产的农业产品。一个主要的例子是酒，它变成了"工资收入的农民、农村劳力的主要工作。" Da Silva, *En Espagne*, p. 159. 另外，这些劳动者的工资水平正被法国移民的涌入降低（p. 113）. See Nadal, *La Población española*, pp. 80~88.

相反，作为一个生产行业的渔业正失去其在消费市场上的地位。英尼斯（H. A. Innis）清楚地讲明了它的含义："西班牙渔业〔在纽芬兰（Newfoundland）〕的衰落是西班牙市场向法、英、新英格兰渔业开放的一个副作用。它开始了英国在纽芬兰数世纪发展的贸易，这种贸易成了海员的摇篮，英国加工成品的消费地和吸取西班牙硬通货的途径。说16、17世纪不列颠帝国（British Empire）真正的柱石是与西班牙人的贸易并不过分。新教英国对鳕鱼的消费随着生活标准的变化而下降，但天主教的西班牙却提供了一个稳定而且需求不断增加的市场。纽芬兰（Newfoundland）渔民'对教皇和10个先令'的祝酒也是所有优秀的不列颠帝国臣民应该参加的祝酒。" *Proceedings and Transactions of the Royal Society of Canada*, 3rd ser., XXV, Section II, 1931, 167.

⑬④ Vilar, *Past & Present*, No, p. 32. (fu. 88).

⑬⑤ Vicens Vives, *Approaches*, p. 97.

⑬⑥ "这次危机的主要受益者是外国人——可恨的热那亚人〔一个愤怒的加泰隆人（Catalon）称他们为'白摩尔人'（White Moors）〕、葡萄牙的犹太人和信奉异

端的荷兰人。外国银行家操纵了王室的财政;外国商人已牢牢地掌握了卡斯提尔的经济,而且他们的触须正伸向塞维利亚有利可图的美洲贸易。" John Elliott, *Past & Present*, No. 20, p. 69.

"对世俗事务深深的蔑视,西班牙全球基督化的理想,决定性地埋葬了卡斯提尔经济恢复的任何计划。热那亚银行家垄断了美洲矿产开发的利益。热那亚人装备工控制了舰队的提供。同时,意大利人、佛兰德人及法国商人通过麦迪纳平原(Medina del Campo)的集市控制了殖民地贸易和来自塞维利亚和加的斯(Cádiz)的投资。在根本没有反措施的情况下,君主制越来越陷入一种危险的财政混乱之中,它与远在比利牛斯山(Pyrenees)那边的资本主义机制相联系;这种联系最初是必不可少的,继之是毁灭性的,最后是毫无结果……我们没有发现在农村的投资,没有增加农业土壤的生产力,也没有组成开拓海洋世界的公司——甚至没有开拓奴隶贸易,它落入了葡萄牙人和法国人之手。" Vicens Vives, *Approaches*, pp. 97~98.

卡拉德(Romón Caranda)清楚地说明,16世纪西班牙这种对外国银行家的依赖是驱逐犹太人的直接后果:"在16世纪之前,外国银行家并没有在卡斯提尔和阿拉冈(Aragon)出现,正如他们在英国、法国那样。在很长的时间内并非一直没有,通观13、14、15世纪,在这些王国内的外国商人……然而,我们的卡斯提尔和阿拉冈的国王们不需要外国银行家。有亚伯拉罕(Abrahams)、以撒(Isaacs)、撒母耳(Samuels)们已经足够。经济领域的犹太人,尤其在信贷领域,在整个中世纪,在该国之内都找不到能够取代他们的竞争者。对国王们来说,犹太人是财务掌管人和债主。" *El crédito de Castilla en el precio de la política imperial, discurso leído ante la Real Academia de la Historia*(Madrid, 1949),24. See Klein, *The Mesta*, p. 38.

⑬⑦ Elliott, *Imperial Spain*, p. 196. This in also the thrust of Ramón Carande's Chapter entitled. "The mercantilist crossroads." *Carlos V*, I, ch. vii. 参见:"在追逐其目标时,查理五世自己承认,西班牙是他的家底。他给斐迪南(Ferdinand)写过这些话:'因我的王国在西班牙,我只能维持自己;'但他并没有任何建立统一的西班牙的计划。正如从前一样,不同的地域有如此众多的利益互不相容的省份。尽管没有牵涉整个帝国,他们的共同利益还得依赖皇帝的决策,也不必接受民族市场中的必需的注意〔p. 159〕。"威泰勒(Luis Vitale)认为,西班牙的政策不是"重商主义"(mercantilism),而是"贸易主义"(cambiaria)。*Pensamiento Critico*, no. 27, p. 23. 的确,他认为西班牙衰落的根源在于它采取保护政策的失败。"令人不可思议的是,西班牙自己倒成了敌对的英国、法国工业发展的主要动力〔p. 24〕。"

⑬⑧ See Elliott, *Imperial Spain*, pp. 192~193. 克莱因(Klein)指出那种途径,即皇帝的借贷取决于他排解西班牙内部矛盾的能力。在早期16世纪,曾经导致食

物价格上涨的梅斯塔（大牧羊主团）（Mesta）的特权在国会（Cortes）中引起各种愿意鼓励更多的可耕农场发展的人反对："查理本人在考虑整个牧羊的问题上有点难堪。首先，他提议，这非常自然，开发梅斯塔及其工业，正如其祖辈所为——这意味着毫无限制的牧养。他的这种政策也受这样的事实鼓励，即在1525年他向他的信贷者——福格家族（Fuggers）包出了骑士团体成员（maestrazgos）最有价值的牧养地及军事骑士团的指挥权；必须承认，在这些土地上进行耕种所造成的任何意义上的侵蚀都可能引起来自银行家们令人难堪的质疑。另一方面，随着他的财政需求的增加，特别津贴或是帮助金（Servicios）不得不向国会申请。为了保证这些进项，他被迫许可在几个主要的大城市的公地进行圈占，他需要这些城市在国会中的选票……"

"然而，查理在制定其决策时，没有从长远考虑，因为他的计划和野心并不属于那种耐心地等待整个新的工业发展的类型。他须马上用钱，西班牙王国内最值得开发的、可以利用的资源是由来已久、现在正在繁荣的畜牧业，那时的繁荣前所未有……森林的保存和耕地两者都服从畜牧业的利益。"Klein, *The Mesta*, pp. 327~328. 如果这还不够的话，1590之后，银输入的衰落导致西班牙政府打算通过对残余的西班牙资产阶级实行灾难性的重税政策来补偿它的损失。See Elliott, *Past & Present*, no. 20, p. 71.

[139] "在我看来，菲利普二世似乎找到了自己在19世纪南美洲政府的位置，有丰富的产品、丰富的矿藏或是富有的种植园，但却放弃了相应的国际金融。政府动辄发怒，甚至出击，之后又被迫服从，交出资源、指挥权，得到'理解'。"Braudel, *La Méditerranée*, I, p. 464.

[140] "已经非常明显，西班牙输掉了反对国际新教主义的战斗……如果有一年是哈布斯堡前一、二代胜利的西班牙与失败者之间的分界，使其继任者幻想破灭，那么这一年就是1588年。"Elliott, *Imperial Spain*, pp. 282~283.

[141] "摩里斯科（Morisco）是一个称呼那些住在信奉基督的地界上的穆斯林（Muslins）的概念，他们被迫接受基督教的洗礼或是离开西班牙，在卡斯提尔，从1502年开始，在阿拉冈从1525年开始。大多数都顺从了，最低限度是留下阿拉伯语和旧的风俗。"Footnote written by John Connelly Ullman in Vicens Vives, *Approaches*, p. 31.

[142] See Vicens Vives, *Approaches*, pp. 102~103. Vicens bare his figures on the work of Henri Lapeyre, *Géographie de l'Espagne morisque*（Paris: S. E. V. P. E. N., 1959）.

[143] "17世纪早期，1601至1604年，西班牙出现了价格趋势的逆转，1608至1609年则是一次西班牙的大西洋区域与北美之间贸易大量的、全面的逆转。它恰好发生在摩里斯科人（Moriscos）被驱逐的时间（1609年），这在很大程度上归因于西班牙人的这种危机局面。"Pierre Chaunu, "Minorités et conjuncture: L'expulsion des Morèsques en 1609," *Revue historique*, CCXXV, 1, janv-mars

1961,93.

⑭ 里格拉（Juan Reglá）指出，16世纪，摩里斯科人被认为是潜藏的"第五纵队"（Fifth colum），并且对奥斯曼帝国（Ottoman）推进的恐惧转嫁到了摩里斯科人身上。See "La cuestión morisca y la conyuntura internacional en tiempos de Felipe II," *Estudios de historia moderna*，III，1953，222~228.

⑭ See Juan Reglá "La expulsión de los moriscos y sus cousecuencias," Hispania, *revista españo la de historia*，XIII，No.51，1953，222. 然而，克莱因（Klein）部分将它视为畜牧对农耕的防范："可以说，它并非不像是梅斯塔（Mesta）利用它对君主的影响保证了1609年摩里斯科人的被驱逐。反对个体圈占牧场作为农业用的诉讼记录表明，在菲利普二世统治时期，有多么惊人数目的摩里斯科人被告。尽管有数量相当可观的莫里斯科人是小贩、行商和乞丐，但数量最多的是农人。他们的被逐……毫无疑问是已知的西班牙农业史上最严重的损失。" *The Mesta*，p.338. 参见纳达尔（Jorge Nadal）："这种迫害的动机可分为两个方面：一方面，摩尔人少数民族在意识形态上不相符合，但在经济上比经济矛盾日益增多的基督教少数民族更好一些；另一方面，穆斯林臣仆比他们的敌人更温顺一些，这有利于封建贵族的利益。" *La población espanola*，p.63.

⑭ See Juan Reglá，*Hispania*，*revista espanol de historia*，XIII，no.52，1953，446.

⑭ Vilar，*Europe*，34，p.6.

⑭ Chaunu，*Revue historique*，CCXXV，p.97. See Juan Reglá，"La expulsión de los moriscos y sus conscuencias en la economia valenciana," Studi in *onore di Amintore Fanfani*，V：*Evi modern：e contemporaneo*（Milano：Dott. A. Giuffrè – Ed.，1962），525~545. 埃利奥特（J. H. Elliott），即使他在关于全面驱逐摩里斯科人对西班牙人有消极影响的问题上仍持有异议，他也承认："至少对巴伦西亚（Valencia），摩里斯科人的驱逐是一场经济灾难。""The Spanish Peninsula, 1598-1648," *New Combridge Modern History*，IV：J. P. Cooper，ed.，*The Decline of Spain and the Thirty Years' War. 1609-48/59*（London and New York：Cambridge Univ. Press，1970），455.

⑭ "或许驱逐摩里斯科人最直接的后果之一是1614至1622年间职业团（Carrera）的贸易量根本无法与1605至1613年间的数量相比……" Chaunu，*Revue historique*，CCXXV，p.93.

⑮ "当那些有用的摩里斯科人替罪羊没有了之后，我们对……发生在17世纪西班牙退化过程中的目的转移到犹太人或被指为犹太人的人的程度给予了足够的重视吗？"Chaunu，ibid.，p.94.

⑮ G. N. Clark，*The Seventeenth Century*〔London and New York：Oxford Univ. Press（Clarendon），1929〕，42.

⑮ Elliott，*Imperial Spain*，p.204.

⑮ Cited by Vilar, *Europe*, 34, p. 10. 科尼斯堡格（H. G. Koenigsberger）用更现代的语言道出了同样的观点："这样，使外国人感到惊讶的是，所有从秘鲁（Peru）输入的银都不能使西班牙成为一个富国。美洲的金银支付了皇帝的军费，使热那亚银行家发财，但是用以投资生产克服国家经济后退的太少。随着查理五世的帝国越来越变成西班牙的帝国，西班牙的经济弱点越来越成为它与西欧竞争者斗争的严重障碍。""The Empire of Charles V in Europe," in *the New Cambridge Modern History*, II: G. R. Elton, ed., *The Reformation*, 1520~1559 (London and New York: Cambridge Univ. Press, 1958), 322~323.

⑭ 席尔瓦（Da Sliva）将劫掠行为的兴起归因于这样的事实，"物价相当紧张以及市场使农民沦为当地封建主控制之下……" *En Espagne*, p. 161. 里格拉（Juan Reglá）认为它是法国危机的副产品之一："进一步说，法国危机使加斯科尼（Gascony）的移民狂涛涌入加泰隆尼亚（Catalonia）和阿拉冈（Aragon），这些人精力充沛地参与了盗匪活动。" *Hispania*, XIII, p. 233. 毫无疑问，将它全推在加斯科尼人身上有点过分。但是塞莱马（Enrique Serraima）评论说，因为胡格诺派（Huguenots）和当地山区盗匪"所造成的公害"使1582年比利牛斯（Pyrenees）的形势变得相当严重。"Hugonotes y bandidos en el Pirineo catalán," *Estudios de historia moderna*, IV, 1954, 211.

⑮ V. G. Kiernan, *Past & Present*, No. 31, p. 37.

⑯ "16世纪西班牙大帝国的成功主要得之于拥挤的卡斯提尔过剩人口的勇气与活力。16世纪西班牙人口数目付阙，亦不可信，但是一般可以肯定，卡斯提尔的人口在该世纪增加了许多，正如在欧洲其他地方一样，在1530年代，它以最快的比例增长。" Elliott, *Past & Present*, No. 20, p. 57.

⑰ See Elliott's arguments in *Imperial Spain*, pp. 194~195.

⑱ Ibid., p. 195.

⑲ Chaunu, *Séville*, VIII, (1), p. 244.

⑳ "16世纪50年末在战争的紧张关系下，各国财政的破产以及卡托-坎布雷（Cateau-Cambrésis）条约之后的和平，都使各国政府感到有积累战争金库的必要。" Lowrence Stone, "Elizabethan Overseas Trade," *Economic History Review*, 2rd ser., II, 1, 1949, 35. 斯通（Stone）引用了新的法国指导准则："Les chose desquelles les hommes se peuvent passe ne doibvent estre jugées nécessaires."（人们能做到的事，就不要想它是否应当做。）

㉑ Carl J. Friedrich, *The Age of the Baroque* (New York: Harper, 1952), 8.

㉒ "Introduction", *New Cambridge Modern History*, III: R. B. Wemham, ed., The Counter-Reformation and the Price Revolution, 1559-1610 (London and New York: Cambridge Univ. Press, 1968), 1.

㉓ "16世纪前半期如此大规模的争斗随着一个又一个的争斗者逐渐精疲力竭而沉

寂下来。在东方，在基督徒与穆斯林土耳其人（Moslem Turks）之间的争斗慢慢冷却成为一种争吵和一触即发的和平共处。在中部，在神圣罗马帝国内，1555 年的奥格斯堡和约（Augsburg）确立了三方面的平衡，不稳定但总的看来能维持，在路德教（Lutheran）诸侯、天主教诸侯和哈布斯堡皇帝之间，皇帝的权力越来越取决于帝国奥地利（Austrian）公爵地和波希米亚（Bohemia）境内的远东边界。在西方，1559 年 4 月的卡托-坎布雷和约确认了法国君主与哈布斯堡的西班牙支系之间不稳定的平衡，他们长期以来的争吵只是暂时平息而不是结束。随着每一次这类争斗的平息，都留下了特定的政治体制，在 1559 年之后，每一种体制都以自己的方式逐渐与别的体制区别开来。" Ibid, p. 2.

⑯ These figures are to be found in Frank C. Spooner, "Economy of Europe, 1559 – 1609" in *New Combridge Modern History*, III: R. B. Wernham, ed., *The Counter Reformation and the Price Revolution*, 1559 ~ 1610 (London and New York: Cambridge Univ. Press, 1968), 33. See Braudel, *La Méditerranée*, I, pp. 361 ~ 362; Cipolla, *Guns and Sails*, p. 86 (fn).

⑯ "然而人口的变化并非像最初想象的那样总是有利于经济的发展。更多的人成为不受社会和法律管束的流浪汉和土匪。他们也有就业要求，这产生了另一个问题。简言之，人口的增长意味着一系列优点，同时也伴随着负担与不便。可能……在某些时候，人类生产与报酬递减律相随，这是一个退化的过程……16 世纪末的欧洲人口相对过剩，尤其是在西部国家，人口密度最大也最富庶。可能像工业革命这样的技术革命会挽救局面，但它发生在两个世纪之后。换句话说，生产水平有可能达不到要求的能力，与人口不相适应。实际上，供给并不随需求的增加而增加。" Spooner, *New Cambridge Modern History*, III, p. 34.

⑯ Ibid., p. 14.

⑯ See ibid., p. 26.

⑯ Tawney, *A Discourse Upon Usury*, p. 86.

⑯ Frank C. Spooner, "The Hapsburg-Valois Struggle," *New Cambridge Modern History* II: G. R. Elton, ed., *The Reformation* 1520 – 1559 (London and New York: Cambridge Univ. Press, 1958), 358.

⑰ Astrid Friis, "An Inquiry into the Relations between Economic and Financial Factors in the Sixteenth and Seventeenth Centuries," *Scandinavian Economic History Review*, I, 2. 1953, 193. See also pp. 209 ~ 213.

⑰ 她尤其谈了一下豪泽（Hauser）关于 1557 至 1559 年危机的论文，她肯定："不幸的根源与其说在财政政策之中，毋宁说是在流行的经济条件中发现的。我不赞同前者〔财政政策〕。或许尼德兰——西班牙财政的崩溃不能在长期的运行中避免。但是可以肯定，居民支付税款的能力及预付贷款的能力（税务收入可以提前）是尼德兰统治者财政制度中的一个重要因素……"

"斯各特（W. R. Scott）……在研究现代早期的不景气，尤其是英国的不景气方面做出过大量努力，他说在许多共同加深不景气的因素中，歉收、瘟疫和因战争导致的商业中断是太明显了，不可能被忽视。这三种因素在尼德兰恰恰可以追溯到致命的 1557 年。"Ibid., p. 195.

⑫ See ibid., pp. 213~217.

⑬ Spooner, *New Cambridge Modern History*, III, p. 42.

⑭ Lucien Febvre, "Préface" to Hugguette & Pirre Chaunu, *Séville et L'Atlantique* (1504~1650), I: *Introduction méthodologique* (Paris: Lib. Armand Colim, 1955), XIII.

⑮ 参看克雷里拜克斯（Jan Craeybackx's）对考尔纳特（Emile Coornaert）所著 *Les français et le commerce internationale à Anvers（fin du XVe-XVIe siècles）*一书的评论，他认为考尔纳特（Coornaert）的著作"提供了丰富的证据，在旧大陆各地之间的运输规模远非如费弗尔（Lucien Febvre）在他给那本著作的第一卷的序言中描述的那么小，这是一本由肖努（H. P. Chaunu）所著论 Seville et l'Atlantique 的杰出的著作。当我们认识到，在西班牙和新大陆每年的运输量比起来自米德尔堡（Middlebourg）的酒，即使不是在价值上而至少在吨位数上大体差不离甚至超过时，那么，对此陈述必须予以修正。" "Les français et Anvers au XVIe siècle," *Annales E. S. C.*, XVII, 3, mai-juin 1962, 543.

⑯ 参看克里斯坦森（Aksel E. Christensen）的描述："波罗的海出口……实际上除了谷物之外，对于荷兰和西南欧的工业全是原材料及辅助性材料。在那些提供原料的船舶制造业中是最突出的……麻是制绳的原材料，制绳是造船和渔业（渔网）独特的辅助工业；同时，亚麻是别的辅助工业的基础，如帆的制造。〔沥青、焦油及金属这些都为造船服务〕……"

"的确，波罗的海贸易是荷兰商业之'母'和'灵魂'，不仅是最早和最重要的批量贸易，而且是商业海运繁荣和增长的重要基础。" *Dutch Trade to the Baltic about* 1600 (Copenhagen: Munksgaard, 1941), 365~366. See J. G. van Dillen, "Amsterdam's Role in Seventeenth-centruy Dutch Politics and its Economic Background," in J. S. Bromley and E. H. Kossman ed., *Britain and the Netherlands*, II (Grouingen: Wolters, 1964), esp. pp. 133~135.

⑰ "一种新的世界经济……被缔造〔在 15 世纪的下半叶〕，在这个经济里，里斯本和贸易公司（Casa de Contratación）控制了世界的香料贸易，并指挥到果阿（Goa）的集贸中心和泊在塔古斯河（Tagus）的香料船队。葡萄牙人的行政管理和财政技术不足以担起这个生财的责任，而作为入侵者的荷兰人倒证明他们具有这种能力……在荷兰人控制之下的香料贸易形成了他们与波罗的海及西北欧贸易的价值不可估量的附属物。新的、扩大了的香料贸易和东方的生产成为整个欧洲甚至横越大西洋贸易体制的一环。" E. E. Rich, "Preface," in

Cambridge Economic History of Europe, IV: E. E. Rich and C. H. Wilson, eds., *The Economy of Expanding Europe in the 16th and 17th Centuries* (London and New York: Cambridge Univ. Press, 1967), XII。又参见里奇（E. E. Rich）:"荷兰人，同时在没有发现必须积极参与向东或向西的航海与贸易的条件下获得了新大陆的贸易优势。他们的大半精力投入到与西班牙的宗教争论和长期斗争中。他们也能利用地理位置和商业上的聪敏使他们的国家、他们伟大的城市——安特卫普成为东方香料的集贸中心和美洲贵金属的交易所。北海（North Sea）的鲱鱼贸易也使他们能够与葡萄牙和地中海进行有益的商业交换；他们与波罗的海的木材、亚麻、焦油及皮毛贸易使他们对西欧别的国家，尤其是英国，具有举足轻重的地位。""Expansion as a Concern of All Europe," *New Cambridge Modern History*, I: G. R. Potter, ed., *The Renaissance*, 1493–1520 (London and New York: Cambridge Univ. Press, 1957), 468。

⑱ S. T. Bindoff, "Economic Change: The Greatness of Antwerp," *New Cambridge Modern History*, II: G. R. Elton, ed., *The Reformation*, 1520–1559 (London and New York: Cambridge Univ. Press, 1958), 51。

⑲ 与法国，后来与伊比利亚（Iberian）半岛的汉萨同盟（Hanseatic）贸易早在13世纪就已经过布鲁日（Bruges）了。到16世纪，再也不能无视安特卫普。总的来看，到这时，汉萨船只在大西洋贸易中更多是作为运输者，而不是作为商人而存在下来。See Pierre Jeannin, "Anvers et la Baltique au XVIe siècle," *Revue du Nord*, XXXVII, avr-juin 1955, 107~109。Jeannin认为"安特卫普的社会背景对汉萨传统及其制度有溶解作用〔p. 97〕。"

⑳ 并非每一个人都同意。斯莫拉（Frank J. Smolar, Jr.）认为其衰落在卡特（Charles H. Carter）的 "Resiliency of Enterprise: Economic Cause and Recovery in the Spanish Netherlands in the Early Seventeenth Century," 中被夸张了。Ed. *From the Renaissance to the Counter-Reformation* (New York: Random House, 1965), 247~268。详细的讨论在251至252页，他的结论是："内在的经济力量和广泛恢复的潜力是强大的；证据丰富，而且还有大量的证据有待挖掘"（p. 253）。

㉑ "英国成功地重新组建了它的商业，以致足以补偿安特卫普垮台后的粉碎性的打击。但是它失败了——的确它几乎未做尝试——继承伊利亚（Elijah）的衣钵。在安特卫普垮台和阿姆斯特丹兴起之间的唯一机会溜掉了。英国经济中的严峻时期表明，事实上它成功地从德国手中接过了采矿和工业技术的领导权。但它在商业和运输的霸权之争中输给了更有进取心、更有效率、组织得更好的荷兰人。说这种由于安特卫普垮台而出现取胜机会的失败延缓了英国跃居世界霸主之位至少一个世纪一点不过分。" Stone, *Economic History Review*, II, p. 54。

㉒ J. W. Smit, "The Present Position of Studies Regarding the Revolt of the Nethelands," in Bromley & Kossmann, eds. *Britain and the Netherlands* (Groningen: Wolters,

⑱ "……发生在〔16世纪晚期的〕政治发展,糅杂了经济的戏剧性的兴起,它由统治家族的商人阶层领导,在较大程度上说明了荷兰人在 17 世纪引人注目的地位。" P. J. Roorda, "The Ruling Classes in Holland in Seventeenth Century," in Bromley & Kossman, eds., *Britain and the Netherlands*(Groningen: Wolters, 1964), II, 112~113.

⑱ "贵族有寻求君主帮助反对普通的资产阶级或是与资产阶级结盟反对君主的选择自由,那由于君主并非不愿意剥夺贵族的特权。在查理五世统治时期,贵族似乎选择了君主。在为皇帝服务的过程中,更高的贵族迅速出现,同时,低级贵族对更低级别的管理部门或军队中的任职也感到满足。" J. W. Smit, *Preconditions of Revolution*, p. 31.

⑱ Ibid., p. 41.

⑱ "因为实际上纯粹的贫苦阶级革命总是短命的,大的革命难道不应归因于那些兴旺的想成为革命者的阶级与那些被迫如此的贫苦阶级的联合?" Comments by Pirre Vilar in *Charles-Quint et son temps*, p. 188.

⑱ "在 16 世纪,几乎是只第一次,反对运动变成了民族规模,包括一切阶级或阶级成分,从世袭诸侯到无业匠人全都参加。" H. G. Koenigsberger, "Organization of Revolutionary Parties in France and the Netherlands During the sixteenth Century," *The Journal of Modern History*, XXVII, 4, Dec. 1955, 336.

⑱ "况且,中央政府和那些充满怨恨的律师正逐步吞食剩下的封建特权。在 1520 年,一个通告禁止征收新的什一税,试图取消存在不到 40 年的封建权利。在 1531 年,国王禁止贵族强征礼物或是从他们租户那里要求新的服务。因司法权的实行导致的收入的减少也提到过。" H. G. Koenigsberger, "Property and the Price Revolution (Hainault, 1474~1573)," *Economic History Review*, 2nd ser., IX, 1, 1956, 14.

参见斯密特(Smit):"但是要确定这样的敌视是否主要因关心保存他们的经济根基或打算维护他们的社会地位而激发的是困难的。更高层的贵族仍然有相当可观的收入。但其有关的经济地位,正如更低级的贵族(程度更轻)一样,似乎因引人注目的消费而一直在衰落。非常明显,经济压力仅仅是贵族的多种痛苦之一,但是他们作为一个四面受敌的阶级构成了激发革命的主要因素。" *Preconditions of Revolution*, pp. 41~42.

⑱ See Pieter Geyl, *The Revolt of the Netherlands* (1559~1609) (London: Williams & Norgate, 1932), 69~70.

⑲ "如果低层贵族实际收入的减少事实上可以归因于高涨的价格,那么它或许不至于延续 16 世纪前 3/4 那么久,而是集中在大叛乱爆发之前的 15 或 20 年。1550 年之后的年代,价格上升要比从前快得多。这样,即使有危机,它相对来

第四章 从塞维利亚到阿姆斯特丹：帝国的失败

说是比较尖锐和突然的，它因 1559 年卡托－坎布雷条约之后遣散 bande s d'ordonnance，即贵族的尼德兰骑兵而加剧。" Koenigsberger, *Economic History Review*, IX, p. 14.

⑲ "这是一个君王缔造国家的显著的例子，也显示了菲利普（Philip）在构筑传统的大厦时是一个勤奋的工作者。" Geyl, *The Revolt of the Netherlands*, p. 71.

⑫ Ibid., p. 72.

⑬ Smit, *Preconditions of Revolution*, p. 47.

⑭ See ibid., pp. 42~43.

⑮ Ibid., p. 48.

⑯ "法国与西班牙的和平是特伦特（Trentine）天主教重新组合的政治基础。一种特别的超然存在，不仅仅为某一个人，而是面对基督教的一切。" Manuel Fernandez Alvarez, "La Paz de Cateau-Lambrésis," *Hispania, revista española de historia*, XIX, No. 77, oct.-dic., 1959, 544.

⑰ 科尼斯堡格（Koenigsberger）则替菲利普二世辩解："菲利普二世几乎一直谴责派阿尔法（Alva）去尼德兰。但是这些判断难道不是广泛基于历史学家的事后判断？一个强有力的 16 世纪的统治者当其面临高层贵族尽管是体制上的反对和一个革命的带有军事组织的宗教运动的双重反对时，还会有什么行动呢？在法国和苏格兰，因为政府的软弱，加尔文主义者建立了令人生畏的组织。叛乱必须扼杀在萌芽之际，这是 16 世纪国家管理的正常现象。况且，这个政策几乎成功。它之所以失败，或许是因为行动太迟，甚至在 1567 年才开始，还有是阿尔法（Alva）没有指挥海军制服水上乞丐〔Water Beggars〕。毫无疑问，菲利普误会了局势的复杂性，而且阿尔法证明了他的选择与目的不符。但这错误不像后来那么明显。因为阿尔法已带着相当的圆滑在战争中反对教皇保罗四世（Paul IV）。然而……甚至阿尔法的残酷也没有引起那些受压迫者起义的自发发生；1572 年的起义成为可能仅仅是因为组织得更好的、无情的'水上乞丐'以及与他们同样有较高组织水平的在荷兰和泽兰（Zeeland）城镇的'第五纵队'的行动。" *Journal of Modern History*, XXVII, p. 341.

⑱ 西班牙国内的发展与尼德兰革命时起时伏之间的联系被朗彻（H. Lonchay）简练地道出："这些〔西班牙的财政〕危机不仅关系到安特卫普、伦敦以及阿姆斯特丹的贸易利益，而且也影响到未被注意的〔比利时（Belgium）〕的事务。1557 年的危机说明了为什么菲利普二世急于与法国媾和，尽管有圣昆廷（Saint-Quentin）和格拉夫林（Gravelines）的胜利。1575 年的事使我们明白了西班牙人的狂怒和那些薪饷被克扣如此之久的外籍士兵的暴行。1596 年的交易使低地国家提前易手给大公爵，菲利普二世这样决定仅仅是因为他认为在低地国家建立和平比采用暴力更容易些。1607 至 1608 年的法令说明菲利普三世（Philip III）为何顺从地签订了使其自尊深受伤害的十二年停战协议。1647 年的

事肯定与菲利普四世（Philip IV）突然意识到联省的独立已成定局不无关系。这样，比利时的命运与西班牙的命运联系起来了。一个人通常在不知道别国财政状况下是不能理解一国的政治史的。"*Académie Royale de Belgique*, pp. 994~995.

⑲ 盖尔（Geyl）补充说："总之，这的确是加尔文主义者的做法，狂热、诚实、不受对艺术与美敬意的约束，努力纯洁神的选民的土地，使他们摆脱偶像的魔鬼的花朵，并一举清算过去的一千年。这样的行为同时也不是不能得到理智的加尔文主义首领的认可。"Geyl, *The Revolt of the Netherlands*, p. 93.

⑳ See I. Schöffer, "The Dutch Revolution Anatomized: Some Comments," *Comparative Studies in Society and History*, III, 4, July 1961, 471.

㉑ See Koenigsberger, *Jorunal of Modern History*, XXVII, p. 335. 格里夫斯（Gordon Griffiths）亦认为荷兰革命按布林顿（Crane Brinton）显示的类别与法国革命相近。See "The Revolutionary Character of the Revolution of the Netherlands," *Comparative Studies in Society and History*, II, 4, July 1960, 452~472.

㉒ Koenigsberger, *Journal of Modern History*, XXVII, p. 342.

㉓ Ibid., p. 343.

㉔ See Geyl, *The Revolt of the Netherland*, p. 161.

㉕ 盖尔（Pieter Geyl）认为："对尼德兰分为新教的北方和天主教的南方的真正解释恰恰与时下流行的意见相反。不是因为南方是天主教的，起义的北部新教徒在这里失败而在北部却成功了：它是因为河流使得起义以其作为屏障立足于北方，同时，西班牙恢复了那些从战略屏障来说坐落不对的省份，随着时间的推移，形成了新教的北部共和国和天主教的南部尼德兰，或是新教的荷兰和天主教的比利时这种双重制度。"*Debates with Historians*（New York: Meridian, 1958）, 209. See Henri Lapeyre, *Les monerchies européennes du XVIe siècle*, Collection Nouvelle Clio 39（Paris: Presses Universitaires de France, 1967）, 188~189. 这样，行政上的分离主义导致了宗教上的两极分化。进一步说，不是加尔文主义者变成了资本主义者，而是资本主义者变成了加尔主义者。特雷弗-罗珀（H. R. Trevor-Poper）谈到了这种情况："如果17世纪中叶，伟大的加尔文主义企业家们不具备加尔文主义者的虔诚，甚至它假想的社会愿望，那么他们目的何在？如果我们注意地看看他们就肯定可以发现一些明显的事实。首先，无论是什么样的加尔文主义者，他们中的多数不是他们工作的国家本地人。不是荷兰人，也不是苏格兰人，不是日内瓦人（Geneva）也不是帕拉丁那特（Palatinate）——恰恰是这四个显著的加尔文主义团体——产生了他们自己的企业家。对那些团体中的当地人灌输必要的加尔文主义教义没有这样的效果。其次，这些移民中的多数是尼德兰人……而且，当我们进一步观察时，我们会发现这些尼德兰人来自荷兰共和国中一个特别的阶级。甚至在那里，他们或他们

的父辈也是移民。他们也有佛兰德人（Flemings）——即来自现在西班牙统治之下的南部省份的移民——他们或是列日人（Liégeois），即来自列日（Lege）的天主教的王公——主教区。"*The European Witch-Craze*, pp. 15~16.

⑳ "比利时（用一个现代概念）基本上是一个'骑兵国家'，适合从根布罗尔斯（Gemblours）到滑铁卢（Waterloo）之间的开阔地上进行大规模战斗。'欧洲的角力场'是一个可能输，也可能赢的地方。荷兰（又用一个现代概念）就不是这样，它的大部分地区被海湾、河流、水渠、沼泽分割得支离破碎，以致在它的疆界内很难找到一个供大支军队整队排列的地方。" Oman, *A History of the Art of War*, p. 541.

⑳ Cited in Christopher Hill, *Reformation to the Industrial Revolution*, p. 23. 在一封私人信件中，希尔（Hill）谈到"纳米尔（Namier）对巴利奥（Balliol）学院的学生与他在1934年进行的几次晚上讨论中的一次作了评论，当时他正在牛津发表福特讲座讲演（Ford Lectures）。"参看查博德（F. Chabod）："如果在16世纪的国家生活中有感情在起作用的话，他们本质上是宗教的而不是民族的或爱国的。就法国而言，这仅仅适合它的内部政治，因为外交政策早就是奉行意识形态无国界的原则。但就哈布斯堡而言，这难道不也适用在外交政策上吗？" *Actes du Colloque*, p. 620.

⑳ "爱尔兰的天主教，就像尼德兰的新教一样，通过与民族事业相结合汲取新的力量。虽然爱尔兰社会要比尼德兰社会小得多，它的反对英国统治的斗争具有荷兰反对西班牙斗争的许多共同的特点。两个社会中的斗争因一种宗教信念而增强，宗教信念又被一种民族共同感增强。在两个社会中，民族的领导者被国际宗教运动所接纳，为保证国际援助提供了新的机会。" J. H. Elliott, *Europe Divided*, 1559~1598 (New York: Harper, 1968), 302.

⑳ "在法国与尼德兰的政体之间存在一个……本质的差别，它深深地影响着他们各自政治抗议的特点，（法国的）凯瑟琳（Catherine）本人是半个外国人，但她作为皇家政府的首领，这个政府是一个分裂的国家民族统一的象征。玛格丽特（Margaret），作为查理五世和一个佛兰德（Flemish）贵妇的女儿，血统上是一个尼德兰人；但她领导的王室政府却逐渐被视为外人。从长远观点来看，这证明是一个相当重要的事实，因为它允许反对派出现——因为它从不能令人信服地出现在16世纪60年代的法国——作为民族传统反对外国革新的保护者。" Elliott, ibid., p. 126.

如果我们问为什么加尔文主义在伊丽莎白统治下的英国不是革命的，而在这时期它在尼德兰和法国却是革命的，王室当局的区别再次显现出来："从一开始，英国就因亨利八世与罗马教会的争吵倾注它大量的民族精神反对教皇……在英国，外国的影响在玛丽女王（Queen Mary）之后从来不成其为严重的问题，直到查理二世（Charles II）统治时才再次出现。但是在英国的形势中更重要的是 1588 年之后天主教君主的不存在，他们在法国和荷兰是起到了罗马反基督者不间断的提醒者的作用。" Leo F. Solt, "Revolutionary Calvinist Parties in England Under Elizabeth I and Charles I," *Church History*, XXVII, 3, Sept., 1958. 235.

[210] Koenigsberger, *Journal of Modern History*, XXVII, pp. 350~351. 参见金顿（Robert M. Kingdon）论作为一个跨国运动的加尔文主义："16 世纪的起义不能仅仅被理解为单独的民族史中的篇章；他们必须被考虑至少是国际革命宗教组织——加尔文教会的一个部分。" "Political Resistance of the Calvinists in France and the Low Countries," *Church History*, XXVII, 3, Sept. 1958, 233.

[211] "不管条件怎么样，我们最终必须使新的共和国变成第一个资本主义和资产阶级的民族。它具有强烈的商业民族共同体特征。（解释矛盾的事实）的关键，我认为，存在于革命仅仅在尼德兰部分地区成功的事实中。我将为这样的观点辩护，即尼德兰革命在别的许多方面，的确是一场革新的、进步的、社会的革命。但是商业资产阶级……太软弱以致不能在尼德兰全境建立它的政府；它能够凭自己的形象仅仅在荷兰创立一个国家，在那里，处在发达阶段的市场经济被南部的资本、人力、技术壮大了，而且，在那里，它没有来自敌对的社会群体中的主要反对派。" Smit, *Preconditions of Revolution*, pp. 52~53. 参看维特曼（T. Wittman）："1566 至 1605 年反对西班牙的独立战争构成了一个首尾一贯的进程，而且完全符合资产阶级革命的尺度。城市和农民大众的反封建斗争构成了他们对西班牙人的压迫和天主教会的反抗；而且这些大众运动恢复了等级会议（Estates General）中上层的领导地位，尤其是在乌特勒支联盟（Union of Utrecht）成立之后，尽管它有种种局限和矛盾，毕竟表达了资产阶级的愿望。" "Quelques problèmes relatifs à la dictature révolutionnaire des grandes villes de Flandres, 1577~1579," *Studia historica*, no. 40 (Academicae Scientarum Hungaricae), 1960, 3~4.

[212] "无论什么时候都有严重的社会革命威胁——从 1566 年的偶像破坏运动到根特（Ghent）加尔文主义者放肆的民主专政，在 16 世纪 70 年代晚期——埃诺（Hainault）的贵族关闭了他们的等级并为维持现状联合起来，即使这样做意味着向西班牙的统治屈服。" H. G. Koenigsberger, *Economic History Review*, IX, p. 15.

"从长远来看，即使是宗教也不能够使贵族与民主专政和解，一派又一派与从前共同的敌人结盟。结果是，到处是革命派的解体和群众运动的失败。" H. G. Koenigsberger, *Journal of Modern History*, XXVII, p. 351.

[213] 参见维特曼（Wittman）："这些社团……完全不受革命的左翼威胁；他们反而是它的受益者，而不是它的绊脚石。在佛兰德（Flemish）的大城市里激进主义存在的条件是：贫困化和封建政体腐败导致的加速发展的社会分化，在这种形

势中，迅速转向资本主义生产的因素也不存在。平民大众来源于破产的师傅、短工、学徒、小商贩及有种种政治行为表现的流氓无产者阶层，尽管这些政治行为在这个发展阶段仅仅是一种本能。"*Studia historica*, p. 16. 维特曼在注脚中补充说："考虑到16世纪流氓无产者的大量增加……恩格斯（Engels）在《德国农民战争》（*The Peasant War in Germany*）里作了中肯的评价……在分析中世纪的群众运动时，马克思主义历史学家还没有对这个因素做仔细的考察（p. 16)。"

斯密特（Smit）对这些流氓无产者的宗教倾向作了如下评论："同时，我们必须问自己，对那些散布在大众中的宗教信仰是多么的漠不关心：那些1566年的偶像反对者和1572年革命的失业者是怎样一个游动的、冷漠的一群，与其说他们是那时新教或天主教的先锋队，毋宁说是'未来'的新生力量。对起义是加尔文主义特点或是纯政治的，是现代的或是保守的这个问题的回答，很大程度取决于对人口的社会和意织形态结构的考察。"*Britain and the Netherlands*, I, p. 24.

[214] "没有什么地方的革命像根特（Ghent）的那么彻底。" Koenigsburger, *Journal of Modern History*, XXVII, p. 344. 也参看维特曼（Wittman）："既不存在客观条件，一个受自己的利益驱使的资产阶级，也不存在主观条件，针对亨比茨（Hembyze）及其支持者作出有效的对策。由于缺少这一切，导致了激进主义进程，在1583年，'法国风暴'后对自己的否定。

亨比茨（Hembyze）整体说来已削弱了奥兰治党人（Orangists）的权威，将自己置身于根特反对奥兰治（Orange）的威廉（William）的力量的前列，并向西班牙寻求帮助。亨比茨的背叛没有引起道德上的争论——这与历史学家通常的做法正好相反。它是一个过程，这个过程在一切早熟的资产阶级革命中都有可能发现。在英国，在克伦威尔（Cromwell）护国政权期间，一些平等派成员（Levellers），他们的党派一解散，即与保皇主义者和西班牙人建立了关系，恰如亨比茨和道尔塔努斯（Dalthenus）所为。" *Studia historica*, p. 36.

[215] "这样，共和国的显贵就不可能完全排拒来自社会下层的人。然而，有一点是明显的，就是起义也引起从上至下的各种限制的消失。在16世纪前半期，中央政府支持地方显贵反对那些声望不凡的野心家与他们城镇中的普通市民结盟。中央政府告诫摄政者们不要越城弄权。另一方面，在起义之后，城市地方长官实际上已完全独立。他们的统治无任何人干涉，几乎如脱缰的野马。" Roorda, *Britain and the Netherlands*, II, pp. 114~115.

[216] Smit, *Precondition of Revolution*, p. 52.

[217] See Geyl, *The Revolt of the Netherlands*, pp. 217~219.

[218] On France, see G. N. Clark, "The Birth of the Dutch Republic," *Proceedings of the British Academy*, 1946, 191. On England, See R. B. Wernham, "English Policy and

the Revolt of the Netherlands," in Bromley and Kossman, eds., *Britain and the Netherlands*, (Groningen: Wolters, 1964), I, 30~31.

㉑⑨ Geyl, *The Revolt of the Netherlands*, p. 225.

㉒⓪ "在15世纪的历史进程中, 泽兰 (Zeeland) 和荷兰的渔业及造船业城镇在缓缓而又稳定地繁荣着, 向东扩展他们的海岸贸易越来越远以致成为正好在那些普鲁士地区有强大经济力量的汉萨同盟 (Hanse) 最危险的竞争对手。" Carl Brinkmann, "The Hanseatic League: A Survey of Recent Literature," *Journal of Economic and Business History*, II, 4, Aug. 1930, 591. 同时, 荷兰大量侵蚀苏格兰的海外贸易, 到1560年达到一半左右的吨位数。统计数字并不真正说明问题: "不管怎么样, 数字甚至根据不同的贸易路线合计出来的运输船吨位数, 对于估计苏格兰和低地国家之间贸易的真正意义都是有缺陷的, 因为除了煤和盐之外, 他们之间的贸易货物, 例如 (苏格兰) 与挪威的贸易, 比较起来价值相对较高。" S. G. E. Lythe, *The Economy of Scotland in its European Setting*, 1550~1625 (Edinburgh: Oliver & Boyd, 1960), 245.

㉒① "对荷兰与波罗的海贸易船数字的分析得出一个初步的结论, 不是反对西班牙的起义, 也不是在1600年前后的年代新的远道路的伟大扩张影响到荷兰对波罗的海贸易控制呈持续下降状态。" Christensen, *Dutch Trade*, p. 90.

约翰森 (Oscar Albert Johnson) 表明, 挪威人利用1572年荷兰人反对西班牙人的起义开创了 "与西班牙国王的属国直接的、定期的商业关系……" 然而, 在1621年《十二年休战协议》 (Twelve Years Truce) 结束之后, 荷兰舰队有足够的实力攻击挪威人: "海盗及类似的截夺实际上完全毁掉了我们在地中海的航行。" "Les relations commerciales entre la Norvège et l'Espagne dons les temps modernes," Revue historique, 55e annee, fasc. 1, sept~dec. 1930, 78. 约翰森 (Johnsen) 承认, 毁灭挪威的不仅仅是荷兰的海军力量, 还有商业力量。See p. 80.

正如詹宁 (Pierre Jeannin) 所说的: "人们可以讨论荷兰商业具体在什么时候赢得对汉萨同盟的胜利, 但是在大约1600年, 胜利是绝对的。" *Vierteljahrschrift für Sozial-und Wirtschaftsgeschichte*, XLIII, pp. 193~194.

㉒② Geyl, *Revolt of the Netherlands*. p. 239.

㉒③ Spooner, *New Cambridge Modern History*, III, p. 31. 布罗代尔 (Braudel) 走得更远: "随着1350至1450年的还俗运动将犹太商人推向意大利及其所庇护的经济, 这样, 在1600至1650年的危机中他们再次找到避难所, 这次是北海地区 (North Sea)。由于新教世界选择了他们而拯救了他们, 反之, 也由于他们的选择, 拯救了新教世界。最终, 正如桑巴特 (Werner Sombart) 评论的, 热那亚就去美洲、印度或是中国的航海路线而言, 其地位与汉堡 (Hamberg) 或是阿姆斯特丹相当。" *La Méditerranée*, II, p. 151.

㉔ "在1590至1600年短暂的时间里,荷兰……创立了一个全新的贸易体制。虽然仍在襁褓之中,荷兰殖民的路线与利凡特地区(Levanting)的贸易……立刻建立起来。新的贸易主要是印度的贸易,立刻成为统治政权的利益中心,主要商人的利益中心,也成为当时整个共和国的利益中心。" Christensen, *Dutch Trade*, p. 19. 巴伯(Violet Barbour)认为,阿姆斯特丹崛起的迅速在当代人看来也是显著的:"外国人观察阿姆斯特丹向世界贸易的顶峰崛起,带着不无愤怨的惊讶。突然地,这座城市就出现在那儿。" *Capitalism in Amsterdam in the Seventeenth Century* (Ann Arbor, Michigan: Ann Arbor Paperbacks, 1963), 17. See Da Silva, Revue du Nord, XLI, p. 143, Who dates the Dutch Supremacy very exactly between 1597 and 1598.

㉕ Christensen, *Dutch Trade*, p. 424. 参看巴伯(Barbour):"该城新财富的主要来源,正如它更早时期那些最一般的优势,似乎一直是谷物贸易和海运的提供,以及这类东西及别的重货物的搬运、贮藏和上市。环境——饥荒、战争以及不断变更的战争技术,需要更多、更大的枪炮,海上冒险也要求更多、更大的枪炮以及装备更好的船只——这大大增加了对阿姆斯特丹提供的货物和各种服务的需求。" *Capitalism in Amsterdam*, p. 26. 她也谈到了阿姆斯特丹在1592年之后的海上保险地位和1609年之后的武器及其他军需品提供的地位。(pp. 35~42.)

㉖ "因为阿姆斯特丹是主要的木材市场,这样荷兰的船舶制造比任何别的地方都要廉价。在英国人着眼于大的、军用商船时,大约在1595年,荷兰开始建造一种新型的称作'飞船'(flyboat)的船只,这种船轻便、实用、狭长、快速,用于运输笨重的货物。飞船易驾驶,船员不多。低运费说明为什么别的海运民族很难与荷兰到波罗的海、挪威及莫斯科公国(Muscovy)的运输进行竞争。" J. G. van Dillen, *Britain and the Netherlands*, II, p. 136. See Violet Barbour, "Dutch and English Merchant Shipping in the Seventeenth Century," in Carus-Wilson, ed., *Essays in Economic History* (New York: St. Martin's, 1965), I, 227~253.

关于荷兰飞船的技术优点在帕里(J. H. Parry)的著作中有简要的描述。 *The Age of Reconnaissance* (New York: Mentor Books, 1963), p. 83. 希顿(Herbert Heaton)认为,荷兰造船业优势可以从财政和经济方面得到解释:"(1)以现金低价购买大量原材料……(2)在造船业中有标准化的设计、合成部件及制造方式……(3)制造者能够借到比他的外国竞争者利息低得多的钱。" *Economic History of Europe*, rev. ed. (New York: Harper, 1948), 275.

㉗ "谷物运输使阿姆斯特丹的商业海运得以运转,较少大批量装载使商品运输的廉价成为可能……直到1666年,据估计,在阿姆斯特丹的交易所中还有3/4的流动资本从事波罗的海贸易。" Barbour, *Capitalism in Amsterdam*, p. 27.

㉘ Barbour, ibid., p. 18. 塞欧斯(André-E. Sayous)谈到阿姆斯特丹作为财政中心地位的优势:"另一方面,阿姆斯特丹改进了它的技术:这样,使那些资本主

义团体进行海上贸易和获取现代形式的信贷变得更加容易。海上保险完善了，这归功于许多人参加分担风险、更加准确地确定固定比率；……至于信贷，即使方式没有改进，给商品信贷的数量却增加了；兑换证不仅仅用于一个又一个地方的支付，而且实际上是早先的信用状；然而它仍然不能作为后来市场需要的套汇来用。" "Le rôle d'Amsterdam dans l'histoire du capitalisme commercial et financier," *Revue historique*, CCXXXIII, 2, oct. – déc. 1938, 263. See also pp. 276 ~ 277. 在塞欧斯（Sayous）看来，阿姆斯特丹兴起的关键因素实际上是"新的集资和投机形式〔p. 279〕。"

㉙ "仅仅只有一种解释似乎有道理：荷兰，由于它靠近天主教低地国家的位置以及它坚持敲开西班牙的大门，比（英国）保留了与（伊比利亚）半岛更多的联系以及与美洲金银的联系，没有它，它的商业很难存活……在西班牙与荷兰之间有金钱联系，这种联系因 1609 至 1621 年的和平而加强，作为 17 世纪中叶西班牙完全的幸运而中断，恰好在那个时刻——是纯粹的巧合？——即荷兰开始不妙之时。" Braudel, *La Méditerranée*, *I*, p. 572~573.

巴伯（Barbour）将重点放在阿姆斯特丹对谷物的控制上："有可能，阿姆斯特丹作为金银市场的兴起很大程度上归功于与西班牙的战争交易，这样，在 1595 年以及随后直到 1630 年的年代里，西班牙被迫认可贵金属出口以作为谷物进口的回报。" *Capitalism in Amsterdam*, p. 49. 而且我们再次发现了积累的优势："但是从加的斯（Cadiz）至荷兰输银的直接豁免仅仅是故事的一部分。也有间接的豁免权，这主要从那些亦分享卸在加的斯的金银的国家获得——豁免商品购买服务的支付，被投机的可能性所吸引；或仅仅是追求安全和处置的自由。〔pp. 50~51〕。"

㉚ See Braudel, *La Méditerranée I*, p. 209.

㉛ Friedrich, *The Age of the Baroque*, p. 8.

㉜ 正如拉雷兹〔José Larraz (1943)〕所说，如果有一种荷兰人的重商主义，那它"应是一种自由的重商主义。" *La época del mercantilism o*, p. 186.

㉝ "荷兰人赞成在世界各地进行尽可能开放的贸易，英国人则偏爱一种时时限制的贸易，尤其是在英国和它的殖民地之间，而且在外国与英国之间也实行这种政策。" Robert Reynolds, *Europe Emerges* (Madison: Univ. of Wisconsin Press, 1967), 442. 参看巴伯（Barbour）："出口货币金属的自由，在 17 世纪初期极为罕见，有利于稳定阿姆斯特丹的兑换比率，这样，也鼓励了作为可转让的信贷工具的票据的流通，它的贴现与出售成为该城一桩红火的生意。" *Capitalism in Amsterdam*, p. 53.

㉞ "阿姆斯特丹作为西欧商品交换给人印象深刻的地位的一个基本条件似乎是由贸易保护方针提供的，在 15 世纪下半叶，它的海上政策亦如此。与此相适应，所有从波罗的海来的身为阿姆斯特丹公民的船长都被要求为该城服务。这同样

适用于阿姆斯特丹与一个非阿姆斯特丹公民船长共有一条船的情况。这条规则，是萌芽时期的航海法，旨在反对吕贝克（Lübeck）和反对从波罗的海到佛兰德尔，尤其是到布鲁日（Bruges）的直接交通运输。"Glamann, *Foutana Economic History of Europe*，II, p. 35.

㉟ "大宗的购买、自由的信贷以及廉价的运输综合起来使阿姆斯特丹的价格与原产地通行的价格保持在一个水平上。1606年一个下议院的议员强调，荷兰人能够在尼德兰向英国人出售布料并进行再出口，这样，比英国贸易公司的售价更便宜。"Barbour, *Capitalism in Amsterdam*, p. 95.

㊱ 例如，参看巴伯（Barbour）论荷兰的对外投资及其力量：〔在17世纪〕大部分寻求信贷购买的外国货物，或是短期贷款，都着眼于阿姆斯特丹的私人资本……"

"在北部国王之间为争夺波罗的海霸权进行的一系列战争中，荷兰人的资本就像荷兰人的船只一样，为双方而战……"

"英国和法国给外国资本主义提供的处女地要比北部国家少，因为他们自己的中产阶级商业和工业态度富有活力和竞争精神，并为他们各自的货物寻找富有进取精神的帮助。但是在两个国家，荷兰人的资本都起作用。"Ibid., pp. 105, 111, 119. See Braudel in footnote 229 above.

㊲ "在1557年至1627年，热那亚银行家的世纪，在庄严的资本主义宏声中，在福格家族（Fuggers）的短暂世纪时代与阿姆斯特丹混杂的资本主义时代之间生存……非常清楚，热那亚人的财富不是被1557年的魔杖，在西班牙国家破产之后一挥而就的，也没有在1627年一夜之间突然消失，在第五次或第六次西班牙破产之际……热那亚保留了相当长一段时间的国际金融枢纽地位。"Braudel, *La Méditerranée*, I, pp. 454~455.

参看艾略特（Elliott）："热那亚银行家与福格（Fuggers）家族一道成为查理五世的贷款人，在1557年王室破产之后，在福格家族的影响衰落之际，热那亚人的影响却因此而增加。"*Europe Divided*, pp. 59~60.

还见斯普纳（Spooner）："在大约1570年之后，热那亚人的全盛时期开始了，在他们接替了福格家族的势力时便开辟了一个新纪元。福格家族从前卓越的金融地位已随1530年之后德国银矿繁花的枯萎而衰落。"*New Combridge Modern History*, III, p. 27.

威尼斯也在这时扮演了相当重要的金融角色："在16世纪漫长的经济扩张中，威尼斯已经变成了国际货币交换流通的决定性的中继点。……1587年之后，威尼斯即有了存款银行，Banco della Piazza di Rialto. 根据1593年的法令，参议院（Senate）规定，兑换货币应分类办理报关手续。结果，国际交易中的大量证券就这样产生了。实际上，共和国有双重金融体制：〔the moneta corrente and the moneta di banco〕流通货币和银行货币。"Frank C. Spooner, "Venice and the Levant: An Aspect of Monetary History (1610~1614)," *in Studi in Onore di Amintore Fanfani*, V: Evi moderno e contemporanes (Milano: Dott, A. *Giuffrè-Ed*, 1962), 646~647.

㉓㉘ "菲利普二世与伊丽莎白之间的协约政策是有可能的,只要女王和英国商人被许可借用他们在安特卫普的交易,参加美洲的金矿（Pactole）开采。然而,恰恰是该决议使均衡受到了1566年危机的危害,还受1567年阿尔法（Alva）公爵进入尼德兰威胁性的登陆的危害……从那以后,在广阔的大西洋水域一切事情都发生了变化。" Braudel, *La Méditerannée*, I, p. 438.

㉓㉙ "在金融领域,……安特卫普从1658年开始失去其中心地位,这时英国的伊丽莎白没收在普利茅斯（Plymouth）避难的西班牙船队上的金银……英吉利海峡（English Channel）不再安全,从此,热那亚银行家决定改变贵金属运行路线,使它们通过热那亚和贝桑松（Besancon）的集市。这样,后者在接近16世纪末之际变成了西欧领导银行业的地方和继续从新大陆流入的白银的集散中心。

因此,从银行业角度看,继承安特卫普的不是阿姆斯特丹……阿姆斯特丹直到1640年才变成贵金属的世界中心……" Raymond de Roover. "Anvers comme marché monetaire an XVIe siècle," *Revue Belge de philogie et d'histoire*, XXXI, 4, 1953, 1044~1045.

参见布罗代尔:"从1580年开始,真正的白金属集散中心远远不是西班牙自身,而那些意大利的大城市。他们依恃这种地位牟取巨额利益,他们向利凡特（Levant）出口一些来得便宜而又获利丰厚的东西,即部分西班牙过剩的银币。" *La Méditeranée*, I, pp. 450~451.

㉔⓪ "我认为没有重申这个众人皆知的事实,即热那亚是一个不受任何非商业势力侵扰的银钱市场。例如,那儿不存在教会对金融活动的压力。" Corlo M. Cipolla, *Economia internazionale*, V, p. 256.

㉔① 朗彻（Lonchay）论证,意大利银行家要求西班牙国王的利率是16%~20%。科尼斯堡格（H. G. Koenigsburger）说:"热那亚比任何别的城邦都更把它的宝押在西班牙君身上……只要秘鲁到塞维利亚的白银输入不断,热那亚的富豪们就会发财。" "Western Europe and the Power of Spain." *New Cambridge Modern History*, III: R. B. Wernham, ed., *The Counter-Reformation and the Price Revolution*, 1559~1610 (London and New York: Cambridge Univ. 1968), 257.

㉔② "由于种种不同力量的作用,到16世纪中叶,利凡特（Levant）的市场充盈着东方的商品,威尼斯也恢复了它从前的商业繁荣。但是在该世纪的前半期一直很萧条。" Vitorino Magahlães-Godinho, "Le repli venitien et égyptien et la route du cap, 1496~1533." in *Eventail de L'histoire vivante: hommage à lucien Febvre*, Vol. II (Paris: Lib. Armand Colin, 1953), 300. See Frederic C. Lane, "The Mediterranean Spice Trade: Its Revival in the Sixteenth Century," in *Venice and History*,

（Baltimore, Maryland: Johus Hopkins Press, 1966）, 581～590, and his earlier article, "Venetian Shipping During the Commercial Revolution," in *Venice and History*, 13～24; see also E. E. Rich. *New Cambridge Modern History*, I, esp. p.447.

㉔ "可能，地中海地区的商业作为与阿拉伯联系的中介，通过更高质量的产品和更高的价格，使自己得以维持，葡萄牙人或许由于在亚洲采用极其低价的购买而做得过分……地中海与东方的商业由于一点没有失去作为中介地位的利益，只能被武力阻止，这种压力监督它的出发地点。葡萄牙人利用几次机会成功地做到了这点。……但是他们僵化的监视只能维持有限的时间，之后自己放松了这根绷得太紧的弦。"Braudel, *La Méditeranée*, I, p.459～496.

㉔ "在16世纪初期，由于葡萄牙与印度的直接贸易经好望角（Cape of Good Hope）打开，地中海地区西班牙人的贸易度过了严重的危机……然而，葡萄牙人的垄断是短命的。尽管他们身在海上，也令人望而生畏，葡萄牙人不能指望用几只从散得很广的基地行动的战船永久地压制滋养埃及、土耳其帝国还有欧洲顾客的繁荣的商业……印度洋上的西班牙贸易——或是更大的部分——很快重新进入其过去的航道，与之相伴随的是利用威尼斯船只的地中海贸易的恢复。在价格与质量的直接竞争中，优势绝不可能完全属于葡萄牙人的海洋贸易一边，好望角路线的成本和风险很大，且在继续增加。葡萄牙人也没有什么有利可图的货物外运。他们用贵金属购买香料，向国内运输的收益不得不包括向外航行的成本……香料的质量也有区别，葡萄牙人的香料容易'在长距离航海中变质，失去香味。'J. H. Parry, *Cambridge Economic History of Europe*, IV, p.164～165.

㉔ 参看宾多夫（S. T. Bindoff）论葡萄牙人皇家工厂在1549年不再作为一个永久性机构而维持所产生的影响。"不论采取这一步的理由是什么，也不管它最直接的后果是什么，它标志着一个时代的过去。" *New Cambridge Modern History*, II, p.68.

㉔ See J. B. Harrison, "Colonial Development and International Rivalries Outside Europe, II: Asia and Africa." *New Cambridge Modern History*. III: R. B. Wernham, ed., *The Counter Reformation and the Price Revolution*, 1559～1610. (London and New York: Cambridge Univ. Press, 1968), 533～534.

㉔ 例如，奇波拉（Carlo M. Cipolla）评论道，在1580年与1610至1620年间的米兰（Milan），"人口数量有确切的增长。"*Mouvements monetaires dans l'Etat de milan* (1580～1700) (Paris: Lib. Armand Colin, 1952), 31. 在罗曼诺（Ruggiero Romano）看来，佛罗伦萨亦有类似的增长，而从1619至1620年开始下降。"A Florence au XVIe siècle: industries textiles et conjomture," *Annales E. S. C.*, VII, 7. oct-déc. 1952, 508～512.

㉔ "小麦，由于其自身的优点，在整个（16世纪的经济活动中）农业产量中占压倒优势。农业是地中海的主要产业，尽管小麦仅仅代表农业收入的一个部分。"

Braudel, *La Méditerranée*, I, p. 385.

㉙ "〔这种转移〕的主要理由一定是威尼斯人希望从陆路取利……早期的刺激或许来自大的修道院通过土地开垦获利的事例,这已经是15世纪的事情……"

"向土地活动转变的关键性时期似乎是在1570年至1630年之间,这时期威尼斯人的土地增加了35%。" S. J. Woolf, "Venice and the Terraferma: Problems of the Change from Commercial to Landed Activities," in Brian Pullan, ed., *Crisis and Change in the Veentian Economy in the Sixteenth and Seventeenth Centuries* (London: Methuen, 1968), 194~195. 参见鲍斯马(Bouwsma): "总的来看,意大利的教会土地所有在反宗教改革期间一直在扩展,特别的环境又使这一趋势在威尼斯境内而不是在别的地方加深了一步。教会组织利用他们积累的特别的资本,带着热情参与了该时代的开垦工程。" *Venice and the Defenses*, p. 343.

㉚ 布罗代尔(Braudel)以这样评价来给他的关于雨量与衰落之间的关系的描述下结论:"饥饿的整个社会性戏剧,在这个世纪最末几年引人注目,在这种气候变化,且变化相当微妙的情况之后或许有其真正的根源。这个假设是在很不谨慎的情况下提出的,但是又不得不提出它。" *La Méditerranée*, I, p. 248.

㉛ "谁都不会注意不到16世纪到处都是〔疟疾〕成灾的情景。或许是因为在那时,人们从事他们的老对手——低地的开发。整个16世纪,甚至15世纪,都在寻找新的土地。如果不去潮湿而又荒芜的平原,人们又能去哪里寻找呢?但是没有什么比害虫出没的荒地开垦更伤人的了……16世纪地中海地区四处的内部开垦付出了极高的代价……在意大利尤其如此。如果后者错过征服远方广地的机会,游离在那个伟大的运动之外,更多的理由,难道不是因为他忙于征服全部的国内的土地?这些土地能够被技术开垦,从洪水淹没的平原到大山之巅都可利用。" Braudel, *La Méditerranée*, I, 59. See P. J. Jones, "Per La storia agraria italiana nel medio evo: lineamenti e problemi," *Rivista Storica italiana*, LXXVI, 2, giugno, 1964, 307~308.

㉜ "如果没有来自美洲的贵金属提供购买大量谷物的财力,地中海地区的食物情形有可能要严重得多。这样,气候变化成了帮助在全欧扩散贵金属影响的因素之一。15世纪中叶以来的商业和造船业的扩展肯定也有利于缓和歉收的影响。然而,气候的变化使地中海国家在与大西洋与北海国家的相处中受到极大的削弱。" Utterström, *Scandinarian Economic History Review*. III, p. 44.

㉝ "从前,正如1591年食物危机之后,地中海人的生活基本上依赖自己的农产品。没有什么事情可与阿姆斯特丹那样的低地国家的发展相比,更没法与相当一段时间之后,将在自由贸易的英国、在广阔得多的范围内所发生的相比。都市世界并没有给别的任何人向他们提供食物的任务。" Braudel, *La Méditerranée*, I, p. 387.

然而,谷物的进口的确增加了。事实上是布罗代尔和罗曼诺(Romano)一道指出了小麦在里沃那（Leghorn）的扩张中的地位："里窝那（Leghorn）的兴起难道与其作为小麦的出口港的地位的增长没有联系吗？1591年的大饥荒及北方小麦的流入……我们相信，标志着主要的转折点。"Fernand Braudel and Ruggiero Romano, *Navires et marchandise à l'entrée du Port de Livourne*（1547～1611）（Paris: Lib. Armand Colin, 1951）, 22.

㉔ 利凡特（Levant）作为谷物来源被截断这一点有多么重要，在帕里（J.H.Parry）关于15世纪的形势的描述中提到过："在西部，人口较稠密，生产力较低，情形就更加困难。佛罗伦萨、热那亚、威尼斯、拉古萨（Ragusa）、那不勒斯以及西班牙东海岸的城市——这些城市多数都位于开始生产酒、油或是羊毛的国家——他们全都是通过海路进口食物的国家，既然当地的供给不足，或是不可靠，既然地方的陆路运输成本太贵。西方主要的食物来源是阿普利亚（Apulia）和西西里（Sicily），这两地在政治上受阿拉冈的统治者控制，他们是定期的进口者；但总的说来，西部地中海谷物几乎不能自给自足，而且这些进口城市也往往求助于利凡特（Levant）廉价而丰富的谷物。威尼斯尤其依赖东部的谷物；它的爱琴海（Aegean）殖民地是一个有用的供给来源，共和国也定期从埃及进口谷物。这样，在东部地中海就存在一个特别、复杂、非常必要、富于弹性的海运谷物贸易网络。威尼斯、热那亚、拉古萨（Ragusan）的船只较大，专门设计来运送他们笨重的货物，通常不运别的东西。" *The Age of Reconaissance*, p. 53.

㉕ "在地中海地区条件不一样：因为经常有来自阿尔及利亚（Algerian）海盗威胁的危险，大而装备武器的船在那个地区是非常必要的……不管怎么样，阿姆斯特丹成功地控制了地中海的部分贸易，这是由于它囤积了大量的谷物。16世纪末和17世纪的前半期的不少年代正好是意大利和西班牙的谷物短缺期，而阿姆斯特丹的仓库里却堆放着丰富的波兰（Polish）和东普鲁士（East Prussian）的裸麦和小麦，这样，荷兰商人能够谋取暴利。"Van Dillen, *Britain and the Netherlands*, II, p. 136. See Parry, *Cambridge Economic History of Europ* IV, pp. 158~159. 帕里进一步考虑了地中海谷物短缺的原因："16世纪70年代大量土耳其——西班牙人的敌对行动，以及威尼斯与西班牙的结盟也打乱了正常的谷物贸易，同时增加了海军、陆军以及各地驻军的食物需求〔p. 159〕。"

㉖ "另一方面，信贷的广度与贸易网络与商人们在遍及全欧的港口、市场、集市的联合有密切联系。热那亚商业金融家们的活动就是一个显著的例子。那些创立于意大利并参与了西班牙大西洋伟大冒险、其代理人遍布大陆的欧洲传统的中心地区，是影响到国际经济济重心从南欧向北欧与大西洋转移的渠道。这样，他们就为荷兰辉煌的成功做好了铺垫。"Spooner, *New Cambridge Modern Histroy*, III, p. 31.

㉗ "一时间，当欧洲其余国家将它们的注意力与资源更多地投入到海上贸易时，

威尼斯却选择了正好相反的方向。1560年以后威尼斯的舰队开始衰落……但是这种海上撤退恰好与威尼斯的资本从航海转向陆地的大转移一致。在这里，它不是用于贸易，而是用于获取土地和建立能够成功地与北意大利和尼德兰的纺织工业进行竞争的纺织业，这两地皆遭欧洲战争之祸。这个政策至少在短期内产生了丰富的回报。在这个世纪的余下年代……〔威尼斯〕置身壮丽的辉煌之中，似乎从前的光辉日子又奇迹般地回来了。" Elliott, *Europe Divided*, pp. 58~59.

㉘ Domenico Sella, "Crisis and Transformation in Venetian Trade," in Brian Pullan, ed., *Crisis and Change in the Venetian Economy in the Sixteenth and Seventeenth centuries* (London: Metheun, 1968), 90.

㉙ Carlo M. Cipolla, "The Decline of ltaly: The case of a Fully Matured Economy," *Economic History Review*, V. 2, 1952, 180~181. 这不只对于威尼斯对于米兰 (Milan) 也是真实的。See Cipolla, *Mouvements monétaires*, pp. 33~34. 威尼斯衰落的详情在有关1620至1720年这个时期的论文集中有极好的详细说明。*Aspetti e cause della decadenza economica veneziana nel secolo XVII Atti del Convergno* (27giugno~2 luglio 1957) (Venezia-Roma: Istituto per la Collaborazione Culturale, 1961).

㉚ 霍布斯鲍姆 (E. J. Hobsbawm) 对关于意大利人价格波动讨论的可靠性持一点保留看法。See "The Crisis of the Seventeenth Century," in Trevor Aston, ed., *Crisis in Europe*, 1560~1660 (London: Routledge & Kegan Panl, 1965), 19. 萨普利 (Barry Supple) 对奇波拉 (Cipolla) 的假设给了一些肯定的证据。*Commercial Crisis and Change in England*, 1600~1642 (London and New York: Cambridge Univ. Press, 1959), 159~160. 也参看罗曼诺 (Ruggiero Romano) 关于威尼斯船业的衰落，尤其在1570年之后衰落的解释："〔关于造船的贷款政策〕不能平衡威尼斯军库所承受的高价，这个价格和其他地方，尤其是和北欧的海军船舰的造价比起来要高。" "La marine marchande vénitienne au XVIe siècle," in M. Mollat et al. eds., *Les sources de l'histoire maritime en Europe*, *du moyen Age au XVIIIe siècle*, Actes du IVe colloque International d'Histoire Maritime (Paris: S. E. V. P. E. N, 1962), 46.

㉛ "北部纺织业的成功归功于两个因素：他们的成本低、质量高，与对款式要求反应及时的威尼斯产品比较起来，或许看起来不那么堂皇。" Sella, *Annales E. S. C.*, XII, pp. 39. 人们应该记得，16世纪的质量工作意味着更多而不是更少的工业化的工作。在一个工厂工作与供给大众需要的产品同时与大宗生产相联系，优秀的工匠是为特别的市场而存在的时代，要求一种趋常的想象去认识前工业化时代的确存在的对立面。那时，工厂即聚在一个地方受直接监督的工人的集合体，仅用在那些极为罕见的情况，或是质量非常重要，如像某些奢侈

品生产的地方，或是为安全的理由精确度要求较高的地方，或是有别的问题需要实行大规模管理的地方。例如，在16世纪的威尼斯，绳索的生产就是这样的情况，在那儿市议会担忧“我们的船舰以及相应的海员和资本的安全。”而且，市议会根本不信任利用个体劳动的企业。议会的声明被莱恩（Frederic Lane）在《15、16世纪的绳索与麻贸易》一文中引用过，见《威尼斯与历史》，（Baltimore，Maryland：Johns Hopkins Press，1966），270.

(262)“当一个国家处境不妙时，意大利在17世纪初意识到了这一点，一些力量或早或迟，或是自发的，或是被诱发的，会汇聚起来进行调整。调整不平衡的必要步骤有种种：新型产品的开发，新的市场的寻求，不鼓励某些类型的消费品生产，缓和国内价格水平和世界价格水平之间的关系等等。如果一个国家能够开发新型产品和开拓新的市场，大体说来，它就能维持它的就业水平和生活水准。否则，很自然，它必须默认生活水准，最有可能是它的就业水平会戏剧性的降低。”Cipolla，*Economic History Review*，V，pp. 186~187.

霍布斯鲍姆（E. J. Hobsbawm）怀疑北部意大利是否还有可能有别的作为：“意大利的衰落……说明了寄生在封建土壤上的‘资本主义’的软弱性。这样，16世纪的意大利人或许控制了最庞大的资本集团，但却明珠投暗，蒙上恶名，他们使资本滞留在建筑业，在价格革命期间随便借给外国人（价格革命很自然有利于债务人），或是使它们从制造业活动转向各种形式的固定投资。……然而意大利投资者一直注意到太大的教堂伤害经营，所以行动谨慎。数个世纪的经验表明，最高的利润并不是在技术进步甚或在生产中获得……如果他们非生产性地花掉了大量资本，仅仅是因为在‘资本主义区域’的有限范围之内没有更多的空间进行任何规模的积极投资……16世纪晚期总的繁荣……依靠私人承包商的大的专制君主突然增加的需求，以及大贵族们前所未有的奢侈，延缓了不幸的日子。”*Crisis in Europe*，pp. 18~19.

(263)范方尼（Amintore Fanfani）使之成为最早虽然不是仅有的对衰落的解释：“在意大利，除了在农业中寻求避难，没有别的可能性；另一方面，他们也未能成功地减缓颓势，因为缺少三种东西：（1）缺少一个统一的市场或强大的统一趋势；（2）意大利未参与欧洲人海洋性扩张的伟大运动；（3）缺少一个重要的经济方案以满足意大利经济的真正需要。”*Storia del lavoro*，p. 48.

(264)灾难的严重性也表现在对人口的影响上：“1630和1657年的瘟疫勾销了1580至1629和1631至1655年的成果，并使意大利的人口回到大约1100万的水平。”Carlo M. Cipolla，“Four Centuries of Italian Demographic Development，”in D. V. Glass & D. E. C. Eversley，eds.，*Population in History*（London：Arnold，1965），573.

(265)“土地的出售以及〔随后的封建资本主义的兴起〕在意大利半岛到处发生，从皮埃蒙特（Piedmont）……到西西里。……”Bulferitti，*Archirio storico lombardo*，

Ⅳ, p. 21, fn. 30. 维拉里（Villari）描述了南部意大利他所谓的“封建土地商业化”的过程。*La rivolta antispagnola a Napoli*, p. 164. 由政府推行的这类土地的出售有利于那些封为贵族的新的群体的兴起。“这是一个复杂的扩张运动和封建领地的加强，对此，上层资产阶级给予过有力的推动，而且，它恰好与对传统贵族的经济和社会富有生气的断言一致〔p. 192〕。”一个后果是“城市的封建化〔p. 168〕”，它强烈而无效地抗拒着。城市的生活作风变化了：“封建扩张的一个明显后果是奢侈品及非生产性物品的增加，与此同时，城市发展处在新的阶段，在省区城市中心建设宫殿、教堂、别墅以及花园等等〔pp. 193~194〕。”

(266)“由于严重的工业化水平不足，大部分银行和信贷被外国人控制，出口贸易的利益滋润了热那亚、威尼斯、加泰隆（Catalan）商人，及一种将封建经济与现代信贷体制的弊端混为一体的农业体制，西西里仍然是一个贫穷的地方，而且从未赶上过北部意大利在晚期中世纪得到过的领先地位。”Koenigsburger, *The Government of Sicily*, p. 82.

(267) Lopez, *Cambridge Economic History of Europe*, Ⅱ, p. 353. 布罗代尔写到过1620年代初，整个地中海地区“经济的衰落”。“L'économie de la Méditerranée au XVII siècle,” *Les Cahiers de Tunisie*, Ⅳ, 14, Le trimestre, 1954, 195. 拉杜里（Emmmanuel Le Roy Ladurie）谈到过“从1620开始折磨意大利人、卡斯提尔人以及西班牙属美洲这种衰落的魔怪。”*Paysnans*, p. 636.

第五章插图　"两个乞丐在争斗"

Jacques Bellange. (1612-1617)
Washington, D. C.：National Gallery of Art, Rosenwald Collection.

"两个乞丐在争斗"。比拉格（Jacques Bellage）的蚀刻画。他从 1602 年到 1616 年是在南锡（Nancy）的洛林宫廷（Court of Lorraine）的官方画家，雕刻家和装饰家。这幅蚀刻画作于 1612～1617 年间。华盛顿特区（Washington D.C.）：国家艺术画廊，罗森沃德（Rosenwald）收藏品。

第五章　强大的中心国家：阶级形成与国际商业

现代世界历史的一个恒久的主题是"民族主义"和"国际主义"之间跷跷板式的起伏。我不谈论意识形态方面的这种游戏，尽管它当然存在，只是谈谈体制方面的这种游戏。在某些方面、某些时候，那些主要的经济和政治机构适合在国际舞台上运转，同时也能感觉地方的利益与世界其他地方的发展有直接的联系。在另一些时候，社会活动家们则注重本地方的直接效益，注重国边界的稳定，对与之无关的事件则相对淡漠。当然，这些仅仅是"趋向"而已，而且并非所有的活动家们都崇奉这些主要的趋向。对于这些活动家来说，也没有类似的义务。

我应该强调一下，我是在谈论组织上而不是结构上的趋向。问题在于世界经济是否更加完整或是不完整，前景是通货膨胀或是通货紧缩，财产权受到更多或是更少的注意。这些结构方面的可变性加强了组织上的选择权，但两者之间的关系是长期而不是暂时的。组织上的选择权是政治方面的选择，是人们为维护自己的利益所做出的决定。

在"第二个"16世纪，在"卡托-坎布雷"和约之后，经济平衡开始摇摆起来。西北欧变成了欧洲经济的心脏地带。现在正是考察究竟是什么给了法国和英国如此重要力量的时候。既然在这幅图景中工业部门的增长是一个重要的因素，就让我们看看何种类型的工业转换会出现，以及英国看上去是如何大大地受惠于它的。

"第二个"16世纪工业转换最重要的方面既不是它的技术革新（尽管有一些），也不是它的社会组织。工厂和大宗产品从根本上说仍是未为人知的。欧洲世界经济的工业产品的综合水平增长多少亦不清楚。塞拉（Domenico Sella）提示我们尽管有漫长的16世纪的经济发展，但是"1700年的欧洲工业部门与其中世纪的前驱相比要比19世纪的继承者相似得多。"①

关键的变化在工业地理的分布方面。到 1550 年，在许多欧洲地区仍然有一些工业活动的中心地区。"欧洲经济的脊背……从佛兰德直到托斯坎尼（Tuscany），"②但各地仍然有一些工业。从大约 1550 年起，工业活动开始集中在欧洲"西北"的某些国家，而在其他欧洲国家衰落。非常明显，在某种程度上这种衰落一次又一次地打击了查理五世的帝国版图。③

随着工业在某些地区戏剧性的衰落，欧洲的其余地区似乎分成两大类型。内夫（John Nef）一方面区分了北部意大利、法国、瑞士的不同，另一方面亦区分了欧洲"北部"（英国、荷兰共和国、瑞典、丹麦和苏格兰）的不一样。照内夫（Nef）的说法：

> （前者）在手工与奢侈品工业方面有明显增长，在艺术与工艺品方面有明显的进步，但重工业产量不多，结果，在产品的量上没有显著的变化；（后者）由于重工业扩大，相应地，产品的量度达到空前水平。④

塞拉（Sella）绘制的地理区画线稍有不同。他将佛兰德、南部德国至北部意大利画入衰落区内，正如我们已经见到的，他这样做有充足的理由。他没有提到瑞士。他宁可比较瑞典和法国，两者有一定成就；也宁可比较英国和荷兰共和国，在这里"成就卓著"；⑤在以上每一个国家都建立了"一个宽阔的工业活动范围"。⑥

然而不管怎样，两位学者都认可英国的伟大增长。当我们回顾许多关于相对欧洲大陆来说，英国就像"殖民地"的描述时就更令人吃惊了，⑦而且内夫坚持认为迟至 1547 年，"与多数大陆国家，包括法国在内比较起来，英国在工业方面仍是死水一潭。"然而，因为英国的工业扩张，尤其是 1575 至 1620 年之间工业增长；"两国的地位开始逆转……"⑧

我们看到了晚期中世纪历史构图的一个重要变迁以及英国出口贸易的最终目标。它最初是作为原材料的供应者——谷类、羊毛以及少量的金属品和皮革。到 14 世纪，这些物品的出口相对衰落，谷类是完全衰落了，布料成为英国主要出口物。

谷类（特别是小麦）从 14 世纪以后地位日减。这部分归咎于东欧开始出口谷物，吸引了大部分国际市场。这本来有助于抑制英国产量过分扩

第五章 强大的中心国家：阶级形成与国际商业

张的任何趋势。[9]然而，如我们也知道的，英国的封建领地趋于解体，通常认为是由于人口数下降，导致价格（尤其是谷物类）下跌，生活费增多。可以肯定，15和16世纪伦敦市场的增长导致一种新的对小麦的需求，[10]但是那时，英国的封建占有制已然解体，谷类部分由海外进口提供。[11]爱尔兰和挪威成了英国的殖民地，虽然英国仍然是大陆的"殖民地"。[12]这也是威尔士（Wales）从法律上并入不列颠王国的时期，它给英国提供了一个内部的殖民地，在这段时期重点发展牲畜饲养。[13]

羊毛出口贸易在14世纪"不可逆转地衰落"，[14]因为西班牙人的竞争，纺织品出口的增加及英国织布工业自身对羊毛的吸收。尤其是羊毛出口税被国家作为一笔财政进项，"对新生的英国纺织工业是起一种关税保护作用。"[15]到1614年，羊毛出口正式被禁止，在这时期，英国试图调整爱尔兰的羊毛贸易，将爱尔兰变成一个羊毛出口者而不是布料输出者，这种输出反对英国而不是其他地方或国家。[16]

英国的纺织工业对浮现的世界经济来说有两个特征尤为重要。在英国，乡村工业越来越多，这使得英国探索广阔的出口市场。

我们已在前面的章节里提到马洛维斯特（Marian Malowist）的理论，在英国，正如在欧洲的其余部分，14、15世纪的萧条引起农业收入的急剧减少，导致了提供收入的纺织工业的诞生。从资本家的角度看，乡村工业也有避免支付由城市行会抬高的高工资的优点，[17]并且可以利用水力转动漂洗机。[18]这些乡村工业生产的纺织品"质量不是最好……但廉价，所以能卖到那些没落的贵族和其他并不富有的顾客手中。"[19]英国这种乡村工业的扩展远远补偿了城市中心的任何衰落。[20]但是在经济收缩阶段，内部市场太小，以致不能维持工业。"自此以后，工业不得不寻求海外市场。这种情况……从14世纪下半期起在英国和荷兰没有失败过。"[21]

这样，纺织品成了英国出口贸易的中心，这是一个自13世纪以来谷类出口一直居较大地位的大转变，也就是波斯坦（Postan）所说的"早熟的重商主义"的来由。[22]其中一个方面是挤出海外商人，尤其是意大利商人，该过程到15世纪完成。[23]不敢肯定进行得是否顺利。[24]挤掉汉萨商人更困难，但那也在16世纪得以完成。[25]

布料贸易给英国产生极大的困难。在众多的市场上出售的需要意味着英国将因竞争受到更多的损失和遭到更大的政治困难，这是相对受到保护的羊毛贸易而言。[26]事实上，由于以上原因，布料工业在15世纪一再倒退。

— 269 —

波斯坦和宾多夫（Bindoff）将这些退步看作是新的海外贸易者商业组织——伦敦商人冒险家同业公会（Fellowship of Merchant Adventurers）产生的主要原因。该组织正式产生于1486年并垄断了与安特卫普的联系。[27]但是英国人在市场幅度上遭受的损失，在数量上补了回来。进一步说，他们被迫合理化和讲求效率，如宾多夫所说，既然"新的形势意味着不仅仅是对布料的需求，尤其是对那些外国买主特感兴趣的产品的需求，但是——更重要的是——需要更多的布料在特定时间里供给海外市场。"[28]而且，英国这一方比尼德兰那一方更团结一些（尼德兰受城市内部间相互的竞争所干扰），因此，商业冒险家协会可以"准确地避免相互冲撞",[29]这就处于一种有利的贸易地位。

关于英国的贸易地位还有有利的一面。它的税收压力比起那些旧的商业中心（佛兰德、北意大利）要小，而且，它的技术组织最先进因而也更经济，这样，就使其早在"第一个"16世纪就处于有利的竞争地位。[30]在"第二个"16世纪的开端也是如此，英国有繁盛的出口贸易，其2/3的产品进入安特卫普，剩下的1/3进入法国和伊比利亚半岛（Iberian Peninsula）。它与法国的纯赤字贸易被与哈布斯堡地域内的金银贸易所产生的有利的平衡掩盖了。在伊丽莎白时代（Elizabethan era）之初，英国的海外贸易已然受到高度称赞。[31]

随着"第二个"16世纪的开始，英国既有政治优势亦有经济优势。可以说，英国内部异常统一，而且时间相对较早。[32]我们没有必要在这里为它回顾理由，我们在前面已在一定程度上讨论过，可以注意一下两种主要的解释：中世纪的社会结构形式据说已然为强大的君主制度所用,[33]海岛英国的自然地理在集中君主权力方面比大陆更少障碍。[34]

既有以上解释，让我们看看都铎（Tudor）的君主们是用什么方式最大限度地利用这些"自然的"机遇，这也可以解释英国在"第二个"16世纪追求暂时性工业利益的能力。

一个因素是埃尔顿（G. R. Elton）所谓的发生在1530至1542年之间的亨利（Henrician）或都铎政府革命。这是在"最激进的现代人"克伦威尔（Thomas Cromwell）的天才指挥下进行的。埃尔顿认为这是一个确实发生变革的时期，一个现代君主国产生的时期："都铎时代的国家某种程度上是一个新的民族的君主国，在看到君主制的表象时，实际上应注意它的民族特征。"[35]政府革命是新生的资本主义利益要求的更多协调的伴随物。如

第五章 强大的中心国家：阶级形成与国际商业

果英国在世界经济的网络中保持一贯的统一，它的经济就不再会被切割和分散。[37]

埃尔顿看到一系列体制的程序——一种新的管理财政的模式，一个在国务秘书指挥下的管理权的集中，作为协调组织的枢密院，王室的合理化——每一个方面都与重组一个"更具体、专门的官僚机构"[38]的努力有关。埃尔顿的研究引起种种永无休止的争论之一是，历史学家们认为，没有足够的资料证明在何种程度上，"差异"构成了质的飞跃。[39]

亨利宗教改革（Henrician Reformation）是新的还是陈旧的？行政变化的确是一场革命，抑或仅仅是14到17世纪持续不断的行程上前进了一步？在我看来，希尔（Christopher Hill）对发生的一切有一种敏锐的适度的把握：

> 通观整个中世纪，都有"跷跷板"式的力量此起彼伏：当国王软弱或是无足轻重时，"官僚"政府在诸侯控制之下；当他强大时，"王室"政府在国王自己的控制之下。但是在16世纪这个循环被打破了。"宫廷以外"的部门仍在国王控制之下……[40]

这与国家行政管理力量的加强是同期的。正如希尔告诫说，这是"1066年以来英国历史上唯一没有海外领地的时期（爱尔兰例外）。"[41]这样行政才能可以全力集中在内部。结果是一帆风顺而且非常重要的。

英国能够发展成一个作为文化与经济联合体的强大的资本主义城市。[42]而且在没有一支常备军的情况下，在大陆上战火燃烧之际，英国能够维持内部和平，部分原因在于它的工业增长。[43]为何英国摆脱了大陆上的宗教战争，正如沃纳姆（R. B. Wernham）所说，在"卡托坎布雷条约"之后的时期，"不列颠诸岛内部的不稳（主要是由英国的继承权不稳引起）使他们……成为西欧竞争中危险的地区和焦点。"[44]这种残酷的较量及法国和西班牙帝国的相对疲惫（我们已经提到），还有1559年在作为安立甘（Anglican）教的英国[45]颁布"至尊法案"（Act of Supremacy）的大胆，这"使得在西欧出现第三个权力大国，并最终在一系列权力平衡中取代哈布斯堡和瓦罗西亚这两个孪生帝国成为可能。"[46]

相对的内部和平，不设常备军意味着税收的降低，也无需靠出售官职而膨胀的官僚机构。[47]中央权力的扩展是通过更有效力的官僚机构而不是通过扩大官僚机构（负担更重）。这也由于君主本人的经济地位、英国最大的土地所有者使其成为可能。[48]但是在一种相对孤立和统一的，其力量在于新的工业发展之上的民族经济中，作为最大的土地所有者，国王的利益何在呢？无疑，国王的利益是模棱两可的，既然作为土地所有者，国王当然尽力从他的土地上扩大他的收入，作为国王他又必须寻求从土地所有者那里扩大他的收入。[49]王室试图解决难题的方法是试图减弱他作为一个地主的角色。但是君主不得不找到另一个收入来源。末了，在1610年，国王向国会提出"大契约"（Great Contract）——封建权力与年津贴的交换。[50]因为在年津贴的数量上双方达不成一致意见；这个提议失败了。因为皇家租金量正在减少，这个失败导致了该时代政治上的紧张。

内部的不稳与内部的和平，一次行政管理的革命，而牵涉到的是规模相对较小的官僚机构，一个民族的市场网络和作为大土地领主的国王——这种奇妙的结合，导致了艾尔默（G. E. Aylmer）所说的"早期斯图亚特（Stuart）的英国'统治的程度很广'，同时统治机构又极弱小的那种看似矛盾而又不言而喻的状态。"[51]这种看似矛盾的状况其实正是英国相对成功的秘密。为了理解它，我们必须转到现代英国历史学的中心议题：在英国革命前一世纪，上层阶级的本质以及争论不休的"乡绅"的地位。

综览这些争论的文献，赫克斯特（J. H. Hexter）所谓的"乡绅风暴"[52]引起一场令人眼花缭乱的争论轰动，其中每一次都有漂亮的反驳论据相互无休止交锋，要想认识这两个纠结在一起的争论，与其说是要集中毋宁说更需将它们拆开：一个是关于"第二个"16世纪英国历史的实质性的讨论，另一个是现代社会科学中关于斗争的根本路线的讨论。基于这样的认识，就要求在讨论中将注意力集中在一些人身份的转换非常迅速上，这种转换容易给人造成一种单纯、简单的球赛式的错觉。

如果争论难于澄清，这是因为事情本身复杂的缘故。让我们从观察土地所有制方面所发生的一切开始吧。

斯普纳（Frand C. Spooner）认为大约1540年到1560年间，震动欧洲的深刻的经济危机"就英国而言尤其严重……"[53]毫无疑问，这是导致官方宣布改革的因素之一，它使没收修道院和其他教会财产成为可能。国王然后出售了这类土地的大部分，一方面提供了现成的收入，同时也是一种政治强化的手段。购买者是希尔（Christopher Hill）所谓的"拥有既得利益的新教徒。"[54]这个政策戏剧性地扩大了在市场上可利用的土地的数量，它

第五章 强大的中心国家：阶级形成与国际商业

加速了整个资本主义运转模式的扩展过程，而且，在那段时间，可以说没有别的欧洲国家（可能除北部尼德兰）有这种经历。[55]曾经出售的土地再度被出售（常常重复若干次）。以后的75年该将如何？这似乎是争论的关键之一。

对托尼（R. H. Tawney）在其最初的论文里提出的两个论点争论似乎相对较小。一个论点是"活跃的土地市场趋势是，总的来看，增加了中产阶级的数目，同时也减少了那些巨富的数目。"[56]然而要注意，并没有一定说是关于谁，贵族或是"乡绅"拥有这些中等财产。[57]托尼的第二个论点是这种土地转移导致了"农业进一步商业化"。[58]在此不作过多讨论。

但是那些拥有土地的社会阶层都有哪些？争论激烈。它远非一个语义学问题，但语义学有作用，因为每个人都给予贵族、乡绅〔上层乡绅（upper gentry）、下层乡绅（lower gentry）、纯乡绅（mere gentry）、绅士（gentlemen）〕以及约曼（yeoman）以各种含意。学者们对此争论激烈并非偶然，因为总的来看，这时期的英国历史不仅是经济变迁的时刻，个人社会流动的时刻，也是范畴概念变化的时期。不仅我们不敢肯定如何称呼那些含意复杂的社会集团，即使同时代的人也不能。[59]然而指出一定时代概念的可变性并非意味着这些概念无用。应鼓励学者们怀疑的胆量。

为了理出线索，我们必须从下列概念序列开始。让我们有效地考察一下贵族、乡绅及约曼。但在我们这样做时，必须记住"经济的变化正在促使更多有事业心的人（那些拥有土地的人，不管如何称呼他们）来用新的庄园管理方法……如果他们的农场适应新的商业环境，他们会获取更多。如果他们竟然保守到固守旧的一套方法，无疑会失去更多。"[60]似乎相当清楚，各社会等级之间没有全面的相互关联，以能够适应资本主义农业的要求。斯通把贵族们在大庄园上"无能的管理"和"日益明显的浪费"描绘成一幅罪恶的图案，"以致收入与支出之间的差额从一条细缝变成了一个巨大的裂口。"[61]另外，贵族不得不支付高昂的诉讼及公共服务设施的费用，"因为都铎王朝的运转依靠的是一个无薪俸的官僚体系。"[62]但他们增加收入的努力却徒劳无益：为了让现金尽快回手，他们出卖长期租借权；他们负债累累；他们依赖国家的恩惠，直到政府不能或是不愿再给为止。这一切都无用：

> 贵族经济资源消耗的过程……几乎不间断地延续整个伊丽莎白时

代……到1603年,都铎社会整个的等级结构似乎濒临解体的边缘。[63]

然而,也是同一作者,几年以后,对同样属伊丽莎白时代的贵族却大唱赞歌:

> 这时期贵族承担着没有别的阶级,无论是乡绅或是商人能够或是愿意匹敌的职责……这时期贵族的重要性应归功于他们愿意鼓励和以财力支援新的冒险,这些活动被视为冒险,所以未能保证得到更多的小心谨慎的社会团体的支持。既然大规模的采矿和冶金工业在都铎时期仍是新事物,他们便起了开拓作用;既然海外贸易和探险是新事物,他们便一再扮演引人注目的角色。[64]

在他们的领地(庄园)里,似乎也不缺乏最初的开拓者:

> [那些]旧的贵族显示了惊人的敏捷……在自己的领地上发展新的资源……1558至1642年间,相对乡绅而言的贵族的衰落肯定不能归咎任何最初企业者的缺乏。[65]

很难将斯通所描述的两个画面调和起来,既然史东关于贵族财政危机幅度的统计数字一直是招致攻击的主题,既然他部分而不是全部放弃他的说法。[66]我们也可看看特雷弗-罗珀(H. R. Trevor-Roper)是怎么说的:

> 如果"2/3以上的英国贵族在1600年不是生活在中上水平而是濒临财政破产的边缘"……我们怎么能够解释这样的事实:他们不仅仅从这种接近破产的状态中恢复,而且在以后60年更加深重的危机中存在下去?在那些年月,他们的奢侈并没有减少……他们是怎么维持的呢?[67]

特雷弗-罗珀的解释是,贵族的困境"尽管是事实,但决非如斯通先生所夸张和想象的那么严重",他们附着于土地,1600年后地价上涨,为维持财产,他们"做得比詹姆斯国王(King James),甚至任何国王所能做都要多"。[68]不管怎么样,斯通也不能不承认这一点。尽管他把它从1620年

第五章 强大的中心国家：阶级形成与国际商业

算起，他说：

> 甚至最无能的土地阶层成员都能从17世纪普通租金的大规模上涨中获利，这样，价格稳定就削弱了那些低效率的庄园管理的重要性。[69]

至于赫克斯特（J. H. Hexter），他一方面攻击斯通和托尼，另一方面也攻击特雷弗-罗珀（Trever-Roper），他说：

> 大约1580年代，土地市场开始繁荣，这种兴旺似乎可以延续至下半个世纪……土地价格的总增长对于那些拥有土地并借以牟利的人来说，当然是相当的有利可图，这就是托尼和特雷弗-罗珀所归属的在经济上无能的土地阶层的那部分。[70]

然而，撇开含混不清的日期不论，赫克斯特在这个概念上所采取的立场与斯通和特雷弗-罗珀并没有什么差异。现在，让我们转向希尔所提出的第四个观点。这在多方面与其他观点不一样，对这个问题他说：

> 所以，对一部分贵族而言，宗教改革导致了经济损失，尽管并非整个阶级。我们应该小心，不要把这个过程中（土地转移）的任何事都视为"反封建的"。实际上，在某种意义上（修道院）的解散导致了封建主义的加强，既然土地成倍地增加……教会财产（转移到君主手中的）很快被分割……这样，在短短的过程中，宗教改革加强了世俗土地统治阶级的地位，尽管对某些成员的既有权力有所削弱。[71]

如果对初看似乎争论不多的贵族不做一些讨论，我们又怎能在争论焦点之源的乡绅上统一呢？乡绅当然是一个含混得多的概念。库珀（Cooper）清楚地谈到一些困难：

> 贵族是一个由享有一定法律地位的个人组成的群体，这种法律上的地位……属于每一个大家庭的唯一的男性成员。这样，贵族的长子之外的儿子及他们的后代将会在托尼教授的分类中作为乡绅而出现。大的土地所有者只要力所能及，对他们的儿子在现金或是土地方面比

通常想象的要慷慨……这样的慷慨肯定会影响财产的分配……（那些）乡绅不仅仅从下面（像贵族们一样）得到补给，也从上面得到补给……进一步说，从另一个方面看，这些群体是不和谐的：贵族被法律地位严格限制，而同时乡绅则没有任何限制。这是一个按财产的分类，某种程度上又是按生活模式来分类……尽管贵族爵位在1603年后可以被出售，然而晋升至贵族阶层从来不以简单的财产标志和生活风格来决定。[72]

那么，谁是乡绅？乡绅不是贵族，更不是约曼（yeoman），定义后者就像定义乡绅一样困难。而且，我们发现，包含在"乡绅"之中不仅仅是贵族的儿子们，也有诸如骑士、小地主、地方绅士等等杂色类属。这表明什么将会发生。在封建社会的等级秩序中衍生着大量的名目，诸如法定的社会等级、职责、特权以及荣誉等等。等级经常在变化，当然家庭延续性亦不稳，与之相关的收入也不一样。资本主义农业的扩张在由新的"土地所有者"构成的分层中反映出来（新的土地所有者肯定将会因持有土地的规模而出现再分配）。乡绅作为一个包括资本主义土地所有者的概念而出现。其他的概念没有消失。但是"乡绅"是一个组合标签，它缓慢地吸收和抹去其他的概念。在伊丽莎白时代，除了"乡绅"之外至少仍然还有"贵族"和"约曼"。在20世纪，仅仅只有"农夫"（Farmers）。如果我们要使乡绅这个概念具体化，如同给它在某个特定的时刻以特定含意或是给特定的社会现实下定义一样，将会无从着手。关于"乡绅"，整个说来，它不仅仅是形成中的阶级，而且是一个形成中的概念。它是旧瓶中的新酒。在我看来，费希尔（F. J. Fisher）似乎说得不错："16、17世纪新的经济变化的后果不是增加了新型的人，而是给现存类型的人以新的机会，并以新的精神去激发他们。"[73]

相比之下，希尔在我看来在这个问题的形成中增加了混乱：

> 我们必须从"乡绅"不是一个纯经济阶级这样一个事实出发。他们是一个社会、法律的阶级；他们在经济上是不统一的。1640年以前通货膨胀时代是一个大的分水岭，所有的共同体都发生了经济分散。一些约曼形成为上流社会的绅士，其余的则正在消失。一些贵族积累了巨大的财富；其余的濒临破产。如果我们视之为一个阶级，那么讨

论"乡绅"的"兴起"或"衰落"并不困难。因为一些家族的情形是这样，另一些家族的情形则是另一个样。[74]

然而在我看来，经验主义的社会现实的描述没什么差错，试图建立理论模式却有可能忽略马克思主义所指出的关键性地方。"乡绅的标志"，康沃尔（Julian Cornwall）说，"是土地的所有权"。[75]乡绅这一概念将涵盖所有在生产方式上关系相同的一批人：为市场而生产的非法定的土地所有者。这个过程的清晰性被人们仍然看重旧的法律等级的社会身份特权这个事实弄混乱了，[76]但它是一种普遍的经济冲击，这是16世纪及以后的时代一个居于主导地位的主题。在一个经济阶级内，有些人比别人更富有，在市场上比别人更成功。收入的差异并不证明一个团体不是一个阶级。

那么，这一点会给关于乡绅的传统的讨论以什么启示呢？托尼的基本观点是，乡绅是一个具有较好生活习惯的团体，比起那些挥霍的贵族和无信的投机商在通货膨胀的年月更有生存能力。"与那些图谋他们自己从未看见的财产的冒险家比较起来，地方上的乡绅属定居的人口，他们面临的纯粹是些掳掠者。"[77]他们高于其法国同道的优势在于"人数不多、具有英国家庭制度的冷酷所决定的韧性，那种冷酷要求牺牲个性以服从制度。"[78]他们在政治上比被"整个割断了与农村的根基"[79]的荷兰同道更加强大，因为他们"作为一个有代表性的角色将并非货真价实的贵族品味与当地的、大众的基本权利混杂在一起，以其老练的现实主义态度按部就班地打出每一张王牌，而且从不后悔。"[80]这样，他们成为皮朗（Pirenne）所讨论的精英延续不断的缩影，这种延续是资本主义社会历史的本质。[81]结果是"政治体制不与经济现实协调"，它无情地导致了由"新兴的"的乡绅领导，由于"非个人的力量太强大（对于议会和统治者而言）"[82]引起的英国革命。

特雷弗-罗珀（Trevor-Roper）诘难的基础，众所周知，除了向托尼（Tawney）的统计数据、程序编制挑战外，[83]还认为政治舞台的基本模式是大错特错的：

> 我已经说过，是官职而不是土地是许多无疑是"新兴"家庭的基础。现在我将进一步来谈。在贵族与乡绅之间没有"新"、"旧"地主之间的差别，我的意思是，在都铎和斯图亚特土地社会中有意义的差别，是在"宫廷"与"农村"之间，在官职占有者和纯粹是大土地主

242

> 之间……
>
> 　　从事修道院的财产国有化的亨利八世（Henry Ⅷ）的官员们发了财！很自然，最好的地价会落入他们及他们的地方代理人之手，在政府拥有官职的乡绅之手……
>
> 　　但那些没有如此地位的纯粹的乡绅们又怎样呢？随着每一次馈赠的到来，价值越大，离他们也就越远。[84]

这样，英国内战（Civil War）至少部分被看作是"负担过重的"纯粹的"乡绅"反抗新兴王权（Renaissance court）的起义。

赫克斯特（J. H. Hexter）最终坚持"有第三个英国土地主集团"。[85]他说看一眼议会对斯图亚特王朝的反对就知道，他们并非是从托尼所谓的"有权而又富有野心的乡村中等阶级"中选拔而来，因他们是"富有的农村乡绅"（这与托尼的说法确有不同吗？）；他们也不是特雷弗-罗珀所谓的"愤怒的、压迫深重的土包子"，因为他们是一群"受过不寻常教育的人"（这与特雷弗的说法不一致吗？）[86]

不管怎么样，如果我们接受赫克斯特充满自信的断言，就会在事实上被引入一个乡绅的社会地位非常清晰的图景。他在其评论中谈到："我们仍然有托尼探索的问题……在这特定的历史转折点，农村为何能在最高权力之下的社会阶层中找到领导地位？为何是在乡绅之中而不是在贵族之中？"[87]赫克斯特的答案中心点是，乡绅政治力量的兴起与国王增长的军事权力与守土大臣军权的同时衰落有关。"结果，都铎时代的乡绅比起他们在兰开斯特（Lancaster）和约克（york）时代的先辈们拥有大得多的行动独立性……"[88]这一点很多人已然注意到。谁还会经谈到过别的方面？正如斯通（Stone）中肯地评论："赫克斯特先生关于乡绅政治权力的兴起的解释总的来说是太表面化了：贵族失去了军事控制。这是当然的；但是为什么发生这种情况？"[89]这样，我们又回到了我们一直在讨论的种种中心点上（正如托尼和特雷弗-罗珀所讨论的）：官僚国家机器的扩充与资本主义农业的发展——以及两者之间的联系。[90]赫克斯特随后就开始反对"中产阶级的神话"。但是在这里，他实际上是在向19世纪的自由主义者挑战，尽管他引证了那么多现代经济史，他也不是一个"无意识"（uncousious）的马克思主义者。[91]事实上，他自己的分析在现实中与托尼和特雷弗-罗珀的分析相去不甚太远。都铎人（Tudors），他说，不是一个先定的中产阶级，除了"一个极小的都铎商业银行家内部小圈子",一伙"与王权搅和在一起的资本主义者"。[92]

都铎政策实际上是非常连贯的:

> 既得利益通常相当敏感。在企业形式形成过程中,它既创新也护旧……墨守陈规或放任自流都不是都铎的政策,而是引导它,如他们所说,使一些规则符合良好的秩序。[93]

而且,赫克斯特附带还说,"都铎人认为中产阶级是共同福利仰给之源"。[94]

但恰恰是斯通强调,总的来说,都铎统治者一定程度上实行经济控制,赞助一小批企业家,而不是整个资产阶级,而且极其重视国家军事力量的加强,[95]这也是特雷弗-罗珀认为的乡绅反对这个仰给之源的本质。

最后,赫克斯特说,情况并非是资本主义精神仅仅出现在16世纪,因为它一直都存在着,也不是"16世纪的土地所有者期待城镇商人领头和鼓励"[96]去从事资本主义的农业。事实的确如此。但是,我们该回到来源于种种社会背景的、形成中的资产阶级的图景上去。[97]

这一点为何有点奇怪?正如我们已经看到,它发生在整个欧洲世界经济之中。[98]毫无疑问,在"乡绅"内部,不同的群体有种种政治要求。例如,摩尔(Barrington Moore)关于特雷弗-罗珀的"没落的乡绅"的政治上的反抗就有一个看法,总的说来,它在表面上与托尼"新兴"的乡绅的政治反抗是一致的。他引用托尼的话:"大量乡绅流动或是走下坡路。要发现些应时而变并尽最大努力利用其财富的贵族土地主是容易的。"[99]然后摩尔谈到那些"流动"(stragnated)的人:

> 这些"狂人和牢骚者"也许为克伦威尔(Cromwell)和清教革命(Puritan Revolution)提供了部分激进因素,尽管这种刺激有其主要的远非社会表象的原因。这样,在商业和部分工业的冲击下,英国社会正在解体,它正在以一种方式下滑,即放任那些偶露面的共同的社会力量所产生的激进主义的不满……在这个过程中,随着旧的秩序的崩坏,部分由于沿习已久的经济潮流而失落的社会力量浮出社会表层,并大量从事毁灭旧体制(ancien régime)的激烈而又"肮脏的活动",

为新的体制的建立扫清道路。在英国，这类主要的下流的活动正是将查理一世（Charles I）送上断头台的象征性行动。[100]

赫克斯特在谈到有三种类型的土地贵族——"兴起"、"衰落"以及其他时或许是对的。而且，政治上的反抗使前两者比第三类相互联系更多，这似乎是有道理的。在解释早期斯图亚特时代的政治时，这些细节是至关重要的。[101]在评估社会变迁趋向时，勿将乡绅的兴起视为一种经济力量，也不要视为一种政治力量，而是一个社会团体，这一点相当重要。

在时常进行纯属空洞无力的抽象概括时，专注于细节也会模糊现实的变迁。斯通在对该时期英国的社会变迁的复杂性作了如此详细的分析后指出，这种分析来自对英国社会两个重要的方面的认识：

> 首先是社会分化为贫富两个极端：上等阶级数量相对较多，收入增加；贫困者数目亦增加，实际收入下降。其次，在上层阶级中有更多的平等：先是大的乡绅们的财富与权力相对旧贵族来说得到了增加；其次是贸易及其他种种职业的成员在财产、数目及社会地位方面相对土地贵族都增加了。[102]

在强调它对"第二个"16世纪的政治影响时，赫斯特菲尔德（J. Hurstfield）有类似的看法：

> 在英国，旧的贵族从未变成一个等级，土地乡绅从未成为次等贵族。因而，中等阶级和上等阶级相互之间比他们与君主之间的关系要密切得多；这样，在危机时代，他们相互之间比起与王权来，就有多得多的共同者。[103]

斯通和赫斯特菲尔德俩人在这里都论证一个关键之点：一个新的阶级种类出现的过程，在此过程中，贵族与乡绅之间"往昔的"区别正在失去它的意义。正如扎戈林（Perez Zagorin）对形势的概括，在英国，在漫长的16世纪中总的趋势，"是给人……在农业、贸易和工业方面的投资一个位置……从支配社会生活。"[104]而且这几乎联合了那些靠牺牲农民利益获利的所有阶级。[105]英国的情形是拉铁摩尔（Lattimore）概括的一个极好的图解:"在任何渐进的变化的社会中,拥有优势总是这样一些人,他们能够紧紧把握旧体制残存下来的精髓,同时也能抓住新体制提供的精髓,并适时进行灵活的变通……"[108]

如果"乡绅"在成为一个阶级时,简单地被说成是资本主义农业经营者的代名词,那么,约曼(yeoman)又是什么呢?约曼如同乡绅,是一个早已存在的社会法律概念,其内涵在16世纪不断变化。坎贝尔(Mildred Campbell)在她讨论英国约曼的书中,考证了该词的各种用法及其与诸如农人(farmer)、绅士(gentleman)、完全地产拥有者(freeholder)、农民(husbandman)以及劳动者(laborer)等等概念的关系,并尖刻地评论:"人们在最初可以说一切都无所谓,就像没有差别那么简单。"[109]她的结论是:

> 就与社会结构中其他集团的关系来看,约曼的地位具有相当明确的特点。他们是一个真正的农村的中产阶级,其领头关心土地和农业,是"生活适度"、顺服英国的一群,正如他被说成是"中等人"……处境在乡绅与农民之间。[110]

为了评价这个团体的地位,我们必须回到前面章节里讨论的一个问题,即英国农业中的所有制的演化。马克思在讨论资本主义地租的起源时,有一个锐利的看法,这在注释他的观点时常常被人忽略:

> 当租金采取货币形式时,支付租金的农民和土地主之间的关系就变成了一种通过契约固定的关系——在世界市场、商业、制造业达到相对高的水平时,这是一种进步——对资本主义者来说,也不可避免地要使这种形式出现。后者迄今已然不仅仅限于农村,并超越农村跨入城市需要的资本主义农业,使之成为资本主义运转模式——它可以制造纯粹商业性的产品,作为一种获取剩余价值的手段。这种形式在那些统治世界市场的国家在由封建向资本主义产品模式的过渡时期变成了一个总的规则。[111]

马克思的观点的中肯之处在于,显而易见,土地所有制中的转移过程并非是英国独一无二的现象。但是随着英国(及荷兰共和国)在"第二个"16世纪（甚至更多是在17世纪晚期和18世纪）日益成为欧洲世界经济的中心国家，该过程在这些地区越走越远、越来越快，恰恰因为他们是中心国家。为了从世界经济的中央贸易与金融地位中获利，有效地利用资源是非常关键的。在英国，向完全可让渡的土地制度的转向使土地阶级受惠，正如在波兰（甚至在南部法国）限制这种转向使土地阶级受惠一样。

为了使土地可以被充分让渡，如同为了商品生产而毫不顾及农业一样，人们不仅取消各种封建占有制，也不得不取消农民式的农场主，因为农民可能固着于土地，从事那些边际类型的生产活动而无视高额的近期利益。事实上这种消除是怎样完成的呢？

哈巴库克（H. John Habakuk）指出有三种剥夺农民财产的方式：将他们从租地上赶走并吞并他们的土地；强迫他们放弃终生租佃权只给予有限的租期；削减农民的共有地权利。他认为在"第二个"16世纪只有那些租期有限，或是终生租佃或无权重续契约的承租人属于这类剥夺形式，他估计加起来大约占农民总数的35%左右。[110]至于土地的出售，情况是很复杂的：

> 在这个时期……有某些贵族（封建诸侯）购买农民的土地；也有一些农民积累相当数量的财产上升到乡绅行列。在两种情况下，结果都是农民财产的减少。但是也有些农民当这些领地被公开拍卖时，购得大块领地，或是获得公簿持有租佃权（copyhold lease）。此类交易的详细结果尚不清楚。但是总的来看，对农民而言，得多失少是有可能的；反过来说，贵族一方面剥夺农民，另一方面，农民也通过啃噬领主的土地获取财物。[111]

随之而来的就是英国农业的完全的资本主义化。在16世纪，约曼仍然有其扮演的角色。这时期农业日益商品化给那些小土地主提供的不仅仅是"危险"，还有"机会"。坎贝尔以一种浪漫感触，将约曼夸张为英雄：

> 老谋深算的土地主及其渴望土地的邻人都曾经打算从人们的不幸中牟利。尽管价格总体来看呈稳定上升之势，但有时候仍有毫无先兆、前景难测的波动，别的种种灾难更使得这时期风雨飘摇。不能控制的瘟疫是一种永恒的恐惧感。因火灾而遭损失是家常便饭的事，而

第五章 强大的中心国家：阶级形成与国际商业

且实际上不知道有任何类型的保险。一个人或许会因如此多雨的日子而稳获拯救，也有可能陷入债务……

但是在要么下沉要么泅渡的情况下，除非重负过甚，他通常会尽力泅渡……尽管有前述种种不测，在英国土地持有的历史中，那些拥有工业和丰富企业的平民正前所未有地获得他们的机会。那些能够经受暴风的人能够在更高的价格和更好的市场中找到使他们付出更大努力的牟利的机会。然而欲壑难填。[112]

即使约曼不是修道院解散的直接受惠者，他也可以从中分得一份好处。[113]

正如许多人指出的，那时所进行的圈地有两种类型：大的领地圈作牧场，合并小块土地以便更有效率地耕作。正是在后者这个过程中约曼扮演了主角。这个角色至关重要是因为它有关系到增加食物提供的重要的社会后果。它不会招致牧场圈占所遇到的政治性的反对。[114]部分改善来自别的增加劳动效率的因素。瑟斯克（Thirsk）将它归因于：

与大量施肥相伴的更深入的轮作的运用；改善各种谷物品种的运用；或许，最重要的，是由于开垦荒地和改换牧场占耕地总面积给人印象深刻的增加……可耕地的大量施肥，当然，由于豢养大量牲畜变得可能，这又引起肉类、羊毛及其他畜业产品供给量的增加，牧畜比重的大量提高由于一系列原因成为可能：牧场和因施肥而导致的牧草的改善，因通过在西部农村给草地浇水及其他地方种植野蚕豆，春天牧养得以增加；夏季牧养通过利用泥塘及治海沼泽而得以增加。这样，耕地与畜牧管理的改善携手并进，相互帮助，使各个地区更加专门化，更加相互依赖。[115]

威尔士在这时期英国劳动力分布中的地位推动了农业改进的进程。因为一件事，即英国强加的法律形式，特别是对长子继承权方面的过分要求，导致了土地占有权制度的极大的不稳定性。在威尔士，这有利于大的领地的产生。"在整个威尔士都在进行地产的重建和家族财产的分配。"[116]这在那些"英格兰化的低地地区"尤其如此，它表明"财产所有的明显的不平等……"[117]我怀疑土地贵族中英国人比例大得多。在威尔士，因圈地而导致的农业改进的程度比在英国更大一些。到那时为止，威尔士仍然受"接受性的技术"之苦。[118]然而，这意味着移居英格兰的人口的更大的变动，在英格兰，极有可能成为缺乏意识的无产阶级，如我们已经提到的，充当佣兵是他们当中许多人的出路。

251　　坎贝尔说，这是一个"土地饥渴"的时代。[119]"在土地渴望者中，没有谁会比约曼更贪婪。"[120]这已经被1570年至1640年，即"伟大的重建"时期英国农村的住房建筑清楚地表明。根据霍斯金斯（W. G. Hoskins）的看法，"略富的农民、约曼以及小乡绅在中世纪几乎有共同的社会根源。"[121]然而，斯通引用相同的事实，作为"乡绅兴起"[122]的又一个证据，再次表明我们正在使用的名称的变通性。这些约曼难道不是那些已是资本主义农场主的乡绅的另一个说法吗？

　　如果我们知道事实上（在两种）圈地的过程中谁受损失，这便会更加清楚。随着圈地的进行——无论是牧羊人的大规模圈地或是地位逐渐改善的约曼小规模圈地——从前依土地为生或是靠土地养活的人都被迫离开它，其余的人则降为无地的农村劳动者，他们为工资而工作。[123]这一直被认

252 为是产生剩余劳动的中心因素，它也是"英国生活商业化"[124]的关键因素。这个转移过程发生在1540年至1640年之间。在经济榨取的过程中，少数人获利，但更多的人则是破产。[125]的确，将农民从封建束缚中解放出来的过程或许是贫困化的又一方式。萨文（Alexander Savine）在其讨论都铎英国时封建农奴（Villeinage）残余的文章里评论了这种矛盾现象，即"对于16世纪的农奴来说，在他获得自由之时，其对领主的个人依附反而变得最为繁重。"[126]要解释这种矛盾现象是很简单的。解放不是无条件的，它是通过赎买的。实际上，赎价肯定较高，因为萨文评论道：

> 解放农奴被认为是封建主的一项通常的收入来源……最后的农奴的解放是一种补偿性的政策。在16世纪，事情作得是如此公开，以致伊丽莎白时代的廷臣们可以从君主那里得到一种特别的恩惠，那就是在王室庄园上解放一定数量的农奴家庭；这就是说，他们可以因农奴解放所得到的补偿而恢复他们的财产。[127]

　　农奴不再在领地上为领主作周日服务。[128]更确切地说，"农奴的人身依附变成了敲诈他们的纯粹的托词。"[129]这样，在这个过程中，毫无疑问，许

多人成为了无地的贫民。

我们在各类农民的实际消失中找到这种贫困化的进一步证据。一方面，一些农民"上升为约曼，而且约曼与农民的差异正变得模糊。"[131]另一方面，那些更贫困的农民则正变得比许多本是村民的农村劳动者的情况更糟糕，需要从事部分时间的工资劳动以敷支出。[132]被间歇雇用的农民难道没有想过成为定期的受雇者？

在任何情况下，这两类农民都是那些易受圈地和侵占公共权益伤害的人。尤其是对公共权益的侵占容易导致人们背井离乡、四处迁徙。[133]埃弗里特（Everitt）指出，在农民——约曼与"无地、被从别处驱赶来的农人和流浪汉"之间日益增加的区别尤其在更多的、新近定居下来的农村森林地区是一种常见的现象，[134]而且，"这后一种人，由于他们半漂泊的身份，大部分被补充进由于商业化农场的需求而日益增加的季节性工人的大军。"[135]

这样，就产生了乞讨和流浪者这两个极为严峻的政治问题，它是伊丽莎白时代的英国一个臭名昭著的特征。[136]艾德洛特（Frank Aydelott）认为可以三个各不相关的因素来综合解释伊丽莎白时代的流浪汉高潮：圈地是肯定的，并且是最重要的因素；都铎的和平及过去由贵族拥有的大量封建家臣的遣散；还有是修道院的解散及他们作为赈济分配者地位的消失。艾德洛特关于这些流浪者的观点与当时的统治者的观点不会相去太远，也是将这些流浪者视为社会问题：

> 他们远非一个软弱无能或是没有危害的阶级，16世纪的流浪汉们代表中世纪英国的基础力量中的相当一部分。他们中许多人有较好的出身，但是在现代英国的经济方案中找不到有用的位子。他们有策划犯罪与冒险并将它付诸实行的头脑。他们的队伍中包括政治，宗教、社会的反叛者和鼓动家。因而，他们就像伊丽莎白时代英国的瘟疫一样危险。流浪者构成的威胁足以使从亨利七世开始的法律制订者花很大的心思给予补救，一方面制定法规并准备付诸实施，直到问题最终得到解决，直到通过1572、1597、1601年令人称赞的济贫法从立法上解决问题。[137]

令人称赞吗？或许，艾德洛特想要我们称赞的部分即使从最简单的意义而言都不是无疑问的。

然而不管怎么样，这些法律有助于理解国家机器正在扮演的角色。首先，让我们解释一下"社会福利"立法，这在以前的欧洲尚不知道，在这时却出现在许多地点和场合。进一步说，它甚至不是一件同时出现的新鲜事件，而是一种自觉的（有意识的）文化扩散活动。[138]其次，这样的立法与经济转移的关系并不明确。可以肯定，它是对由经济变迁引起的社会危机的一种反应，一种转移政治反叛的方式[139]但是它的经济含意并没有直接向资产阶级倾斜。这是一种政治稳定的方式，其作用是如同抑制工人一样甚至更为抑制雇主的对象。[140]这种 16 世纪君主对资本主义的自由施展进行约束的经济政策，与 18 世纪在一些大而明确的圈地过程中国家实施干预的行为形成明显的对照。[141]

都铎和早期斯图亚特常被设想为"失败了"，因为他们政策的最终结果是英国革命。然而，或许英国革命应被理解为都铎—斯图亚特君主们"成功"的尺度，因为他们将暴乱推迟了如此之久。让我们看看 16 世纪的英国农民在重压下的反应。许多人选择流浪。另一种可能是农民起义，可以肯定确有起义。但必须注意，在英国，这时的起义比从前要少，比法国或欧洲大陆上别的地方要少。

每一个类似的对比都值得观察。希尔顿（R. H. Hilton）认为 16 世纪的圈地具有一种"前历史"（pre-history）性质。离开土地的过程可追溯到 13 世纪。当然有人口减少的现象，但希尔顿感到贫困是乡村人口大批出走的基本原因。[142]随之是"漫长的"16 世纪的通货膨胀。在东欧，无论在什么地方，土地主们都强迫劳动者回到土地上，因为扩大的专供销售的农产品（cashcrop）需要这样做。英国则走上一条养羊（需要较少的劳动力）和增加可耕地产品的效率之路（劳动力需求亦相对较少）。这非直接掌握农场财产，大的土地主寻找承租人，而且比起"农民"来，宁愿要"资本主义农场主"作为承租人。[143]既然这会给农村地区带来诸多损害，为何农民们不起来反抗他们不堪忍受的一切？希尔顿认为，他们太软弱，不能抵抗。[144]戴维斯（C. S. L. Davies）在他的观察中进一步证实，相对而言，农民抵抗在"第一个"16 世纪要比"第二个"16 世纪多，反之，如果条件恶劣足以解释农民的反抗，那么，对抗肯定发生过。仅仅是在 1590 年之后，租金上涨的幅度才超过价格上涨。戴维斯对此作了两方面说明，一方面，种种租金概念相对较新，因而在"第一个"16 世纪令人厌恶，而到"第二个"16 世纪，农民们则习惯了这些概念。[145]另一方面，或许更重要一些，就是"约曼"并非消极地受圈地影响。

让我们回到同一时期英国与法国的"约曼"的命运的比较问题上。对此，戴维斯注意到，是税收的负担直接导致了对中央政权的反叛，这个负担在英国要比在法国轻，因为政府规模较小，贪污受贿相对较少，敲诈勒索相对较轻，同时，该地区制度的相对软弱也使国家机器的重要性下降，也就在一定程度上转移了反叛的焦点。

最后，让我们比较一下16世纪与18世纪的英国农民起义。托尼指出，这是一种"16世纪中期……流行"与"200年以后相对罕见"之间的比较，尽管相同的潜在的原因，圈地仍然存在。托尼认为，16世纪的农民骚动"标志着从15世纪的封建起义向一种基于地方上各个阶级联合反对中央政府的转移，这些阶级也因经济利益的差异而相互摩擦。"

那么，我们在谈什么呢？16世纪，尤其是1540年至1640年之间是资本主义农业阶级（较富有的成员叫"乡绅"，不富裕的叫"约曼"）形成的时期。这个时期英国土地合并的社会化过程，总的来看，就是这个阶级增加收入的过程，包括里面不富裕的那部分成员，同时也带动了无产阶级形成的开始，他们中的多数仍然没有定居在城镇，而是"流浪汉"，他们是拥有维持生计的小块土地的季节性雇佣劳动者，城镇里的游民无产者。

政府机关不是一个紧凑有力的独立力量，而是两种矛盾势力——那部分适应新的经济形势的、传统地位较高的人和那些新兴的力量之间冲突的战场，这些新的力量（不论就其传统地位的背景或是现在相对的富有）极力推动经济生活的全面商业化。

在这两种势力寻求并一次又一次地得到政府的帮助时，都没有把握能从政府机构的大力加强上占便宜。主要因为双方都害怕对方控制政府官员。"社会福利"政策有利于维护现存秩序的利益，却干涉市场力量的自由运作。它减缓了新旧转移的势头，因而有利于尚在发挥作用的各种力量。

英国在世界经济中的地位恰恰使其有可能玩弄这种平衡游戏。它避免了因两大军事强国——西班牙和法国的争斗所造成的太多的外部干扰。它亦不受帝国义务的妨碍。所以，它可以自由地从事它的经济专业化（economic-specialization），尤其它可以得到东欧原料的帮助，在一定程度上也受益于与荷兰共和国的商业联盟；荷兰人也想得到军事强国的庇护，这是它保持世界贸易机体运转所"付出的代价"。英国的国家机器恰好强大到足以摒除致命的外部影响，但仍然软弱，不足以剔除"因循守旧者"或是新产生的官僚主义寄生虫，以至于两者都不能完全吞掉最富生产性的阶级的剩余物。简而言之，这是一个最理想的地位：相对的政治孤立兼有世界经济的经济优势；内部各种势力的相对平衡，这能使它极大限度地保持国内和平而最大限度地减少专横的国家机器的错误。

那么，有人或许会问，英国革命是怎样发生的？可以说，我们正在试图证明，在这个时代英国"成功"的证据是英国革命发生的时间——不早也不晚——和现代英国资本主义力量产生时显而易见的胜利，尽管他们曾被设想为"失败"和"保守"。为了正确评论英国革命这个时机的选择问题，我们看看三个相关的现象：该时代的政治联盟、移民模式及所谓的早期斯图亚特时代的商业危机。这使我们能够谈论有关英国革命背景的"真实情况"。

特雷弗-罗珀坚持认为，最中心的矛盾在宫廷与农村之间。如果这是他的关键性的论点，那么，他占了上风，因为这种说法可能出现的诘难者——例如斯通（Stone）和希尔（Hill）——已然对此作了让步。然而，问题不在这里。问题在于，宫廷玩弄什么样的政治游戏，这些游戏与正在进行的社会与经济过渡有何关系，以及它对英国在欧洲世界的地位的原因与结果的影响。

政府机构、宫廷既是戏剧的主角，也是不同力量之间的调停处、沟通者。这是一切所谓绝对君主们的本色。他们平衡各种势力；他们是权力的代理人，他们达成种种妥协。但是他们希望的结果之一是强化自身，实现真正的绝对统治，而不仅仅是一种理论或精神抱负。由于地位与目的不明确，宫廷对资本主义势力的兴起处于一种矛盾心理。一方面，王权要讨好"资产阶级"（bourgeoise），他们是土地资产者、富有的农场主、各种专业人员（律师、牧师以及开业医生）和富商的混合体。[132]"由于被封建起义的恐惧所缠绕"，[133]如托尼所说，政府为自己的利益在他们中间寻求同盟。但是宫廷，归根究底，是被贵族所控制的，在他们——旧贵族、新授贵族头衔和更为看重这种头衔的人，以及其余为国王服务梦想成为贵族的人中间，国王是头号贵族——宫廷不愿意破坏这种自己居于顶端的等级地位制度。它也不可能破坏它。它珍视这种制度，强化之，完善它，并为之付出代价。文艺复兴时期的英国王权光华夺目，名闻欧洲。

出于对货币与政治同盟者的需要，宫廷进一步趋近商业和自身的商业

第五章 强大的中心国家：阶级形成与国际商业

化。出于对政治稳定与自身尊严的需要，又使其对新的阶级咄咄逼人的成功感到忧虑。在一定程度上，宫廷是有能力的，它试图缓慢地刹住资本主义过度的飞速进程，同时加强国家制度的权威性。都铎英国在这一点上与瓦罗亚（Valois）家族的法国和哈布斯堡的西班牙并无不同。不同的是16世纪的历史背景和国际地位。它使新兴的英国资产阶级相对强大，并更有能力在其内部吸收大量旧贵族的成分。

许多作者谈到，大约在1590~1600之间，在英国的政治中有一个危机时刻。托尼写道：

> 在权力的基础是经济的信条上，少数统治者们没有早期都铎的君主们那么无情。他们扩大王室领地，保护种地的农民，这是新君主政体（New Monarchy）的两点基本政策。到伊丽莎白时代的晚期，前一政策已然支离破碎，后一政策总是令大土地主不满，遭到了前所未有的顽强的反抗。[154]

王权决策的重心一直向资本主义农场主倾斜，抑制贵族。[155]后者为了生存，也变得越来越像"兴起的乡绅"，这样，在农民眼里，他们越来越像雇主。[156]贵族与农民之间的纽带关系逐渐松弛，在民族矛盾中，后者对地方权力人物的号召不再轻易响应。[157]王家官僚机构本身正变得不合时宜和"多余"，正如特雷弗-罗珀所说，这个过程有其自然的界限。[158]斯通和特雷弗-罗珀都同意，到1590年，浮滥的经费渐被减缩。欧洲的和平（1598~1618年）为所有国家减轻了开支。[159]在英国，因詹姆士一世的爵位出售增加了收入，[160]危机因而得以避免。危机虽然避免，但因王室的"双重政策"（dual-stranded），浪费增加。[161]

正如托尼原来所想，一个世纪的都铎统治也许并没有引起贵族土地所有权的急剧衰落。最终所发生的一切似乎是，皇家领地被部分分给非贵族的资本主义农场主。[162]都铎统治的受益人无疑是那些能够掌握新经济的贵族和非贵族。[163]都铎的把戏使他们的形势岌岌可危。但是，"漫长的"16世纪正接近它的终端。而它的矛盾的紧张将被早期斯图亚特感受到。这正是特雷弗-罗珀所谈的论点：

> 甚至在1590年代，甚至一个廉洁、有效得多的官僚机构也仅仅是

— 289 —

靠和平拯救的：如果没有16世纪漫长的繁荣和17世纪救命的和平，那么，如此残暴的政体（早期斯图亚特和这时期其他的欧洲君主）又怎能维持？

事实上在1620年代，这两者都没有。1618年，布拉格（Prague）的一次政治危机将欧洲的权力国家置于动荡之中……同时欧洲经济……遭到一次大萧条，即1620年的普遍的"贸易衰落"（decay of trade）的突然打击。[364]

所以，我们再次回到世界体系的作用上。英国对所谓的"17世纪的危机"的反应与其他国家有点不一样。这就是为什么它能够带着如此强大的力量进入重商主义时代的原因。这种力量的一个方面是它的农业高度的商业化，这是一个我们一直在描述的过程。另一方面是它的"工业化"。

内夫（John Nef）认为，英国在1540~1640年间从事了一次"早期工业革命"，比较起来，法国就没有。[365]他断言在英国有三个方面的发展。大量以前在欧陆上闻名而英国没有的工业被介绍进来（造纸和火药厂、火炮铸造、明矾和绿矾工厂、糖的冶炼、硝石和铜制品生产）。新的技术从欧洲大陆上引进，尤其是采矿和冶金方面的技术。最后，英国人自己积极致力于技术改进，尤其是以煤代替木材方面。[366]内夫进一步认为"对技术发明创造方面的资本投资，正前所未有地转向以质量为目的的产品生产。"[367]不管怎么样，当有人问内夫英国为何由这种工业"死水"状态突然转向相对进步的状态时，内夫主要从地理方面解释。大的国内市场，一个工业集中的先决条件得以具备，主要因为"大不列颠（Great Britain）在很大程度上拥有仅次于荷兰的岛国位置和良港之利，这使其拥有廉价的水上运输工具。"[368]毫无疑问，这是事实，但是既然地理条件在更早的年代亦是如此，对这种突然爆发的原因我们仍不能肯定。

似乎清楚的只是这种突然的爆发在工业技术方面，在工业化的程度方面以及相对而言在人口的增长方面。泰勒（K. W. Taylor）在观察英国人口在都铎统治时期翻倍时，提出两个方面的解释：国内和平和世界贸易的新布局，后者改变了英国在"世界"中的位置，从此以后，人口不再完全集中在南部和东部。"就像一株盆景植物，在窗台上自由地伸展，然后，移到露天的园地，英国的经济长出了新的树叶和枝条。"[369]泰勒的地理方面的解释，因为谈到英国的位置与世界经济相关，这与内夫的国内地理条件有利论不一样，它论述了恰恰发生在16世纪的变化，因而更令人信服。进一步讲，如果我们记得波罗的海新的重要性，同时也记得大西洋贸易的重要性，这种说法就更为有力。然而，这种说法本身仍然不足以解释与法国的差异，或许我们将不得不在法国内部寻找因素，这些因素使其没有获得英国人在新的地理区划中所占的那么多的便宜。

让我们进一步解释一下，英国的人口加倍是有选择性的，因为它不仅仅是人口统计学意义上的增长，而且关系到优质的外来移民和有益的出境流动。一方面，有广为人知的欧陆匠人的流入——佛兰德（Flemish）的织工，德国的冶金学家等等——这些人的到来通常被归咎于大陆宗教战争的烽起。但是，如果他们去英国，正如克拉克（G. N. Clark）所言，是因为英国已经变成了一个"资本及经营才能够获取酬劳更为丰厚的地方。"[120] 不管怎么样，我们应记得，伊丽莎白时代的最后时刻正是经济及社会紧张之时——宫廷过于庞大的开支、伴随圈地的人口增长及由此涌现的流浪大军。正如费希尔（F. J. Fisher）提醒我们的，当时人们就认为伊丽莎白时代的英国"是一个人口压力正逐渐使许多人沦为贫困因而也可能使按人数平均计算的国民收入减少的国家。"[121]

在一国之内，处理过剩的人口问题有两种方式：将他们从城市中疏散出去（即从地理上分开他们），或是集体向国外疏散。在都铎—斯图亚特的英国，两者都尝试过。一方面济贫法，即布罗代尔（Braudel）所说的"反对穷人的法律"，[122]将他们赶到农村地区，过一种边区的生活方式。另一方面，正好在此时，英国开始考虑海外殖民——首先从大约1590年向爱尔兰殖民，然后向北非和西印度群岛。就对外移民而言，吸引移民的是它的社会流动。[123]马洛维斯特（Malowist）建议我们对开始于16世纪末的欧洲第二次扩张浪潮做出解释——包括英国、荷兰，甚至法国的扩张——不仅仅是我们常常引证的商业因素，而且也是甩掉人口过剩包袱的需要。他评论，有许多人将人口数目的膨胀视为经济发展的刺激，但是，他提醒我们，有一种最令人接受的看法。"困难的经济形势和某种不利于经济发展的社会形势似乎能创造一种有利于对外移民甚至对外冒险的条件。"[124]让我们再以这种观点考察一下那些"早熟的、人口过剩的"[125]国家。像英国一样，法国在16世纪和17世纪将它的人口输往西班牙（取代被驱逐的摩里斯科人Moriscos），以后又输往美洲"诸岛"，并在迫害新教徒时屠杀了许多人。[126]到18世纪末，可以肯定，法国的人口再次趋于平衡。[127]但比起英国来，它达到这一步要困难得多。而且，这仅仅是国内战争的代价——战争加强了某些不利的势力，也赶走了某些有利的势力——有利与不利是从工业化观点的角度来看。英国在发展中的这些附带的好处在1620年代欧洲经济危机的后果中变得更加清楚。然后，在我们讨论这一点之前，我们看看法国在卡托-坎布雷条约签订之后到危机爆发之间都发生了什么。

在斯普纳（Frank C. Spooner）看来，"1550~1560年的10年是决定性的（对法国而言）。"⑩这时黄金突然明显的短缺，使法国的注意力转向对非洲的探险，并导致了西部沿海地区的发展。它标志着巴黎作为一个金融中心（里昂到1580年已完全衰落）的兴起。⑪而且，这时期还有内部宗教战争的爆发，法国将在这世纪余下的时间被这些战争所纠缠。这种双重的发展（沿海地区及巴黎）与宗教战争并非没有联系。

通货膨胀影响了贵族的收入，尤其是那些靠固定租金生活的准贵族的收入。但是，由于内战造成的破坏，农民并没有获利，尽管按照常规设想，通货膨胀会使他们受益。一个主要的后果是国家机器大大增加的重要性，这不仅是因为发生在这时的农业税收的大幅度增加，也因为那些愿意在经济上生存下去的贵族，他们通过将自己与宫廷联系在一起寻求金融上的庇护。卡托-坎布雷条约之后，法国在寻求重新转向新的欧洲世界时面临一个主要的难题。它非驴非马，帝国不复存在，甚至不是一个真正的民族国家。它仍有活力，一半靠陆上运输，一半靠海上运输。它的国家机器一方面过于强大，一方面过于软弱。

在两种领域内，可以相当清楚地见到这种选择的模棱两可性。一个是贸易领域，另一个是政治和宗教领域。贸易领域的真实情况并不与政治疆域纠合在一起。在一定程度上，在欧洲的任何地方都是当然的事实（某种程度上总是事实），但是，法国尤为引人注目，如果将其在经济上的强大对手，英国与北部尼德兰与之进行比较时尤为明显。考尔纳特（Emile Coornaert）是这样描述16世纪开始的情形的：

> 在从巴黎和卢瓦尔（Loire）的弯曲地段到地中海地区里，法国是那些仍受意大利人操纵的经济区域的一个部分，这些意大利人是整个西欧自中世纪晚期以来各类事务的主人和商业技术的拥有者。幸亏由于他们，该地区就组织与工作模式而言，得到了充分的发展。在法国，其端点同时又是国家在该地区的出海口的是里昂，它联系南部和

大陆的中部，并相当活跃地与大陆西北部进行联系。后者包括法国的北部、波南特（Ponant）的法国沿海一带、低地国家、英国及构成帝国另一区域的莱茵（Rhenish）边缘，其端点是安特卫普，它控制了与北欧及大部分与德国的接触。从技术角度而言，该地区正在接近南欧地带的水平。[181]

这种经济上的分裂意味着，就拥有"民族"经济而言，法国不如英国，在这一点上它与西班牙要接近得多。而西班牙的问题是，西班牙是更大的哈布斯堡帝国的一个部分，至少在查理五世统治之时，西班牙没有真正控制该帝国；法国的问题是，在1557年之后，它至少被三个不同的方向所吸引。国家的政治心脏——大体上指的东北部，包括首都——被欧洲大陆的大片陆地所吸引，这些地区的经济在"第一个"16世纪一直居于主导地位，它与安特卫普相联系，甚至在它衰落之后。[182]法国的西北部和西部被新的欧洲世界经济及它的大西洋与波罗的海贸易所吸引。[183]法国的南部正在发展我们之前讨论过的分益耕种体制（métayage），这部分是基督教地中海地区致力的初级生产，和产品的对外出口及资本主义农业的总体运动。

在豪泽（Henri Hauser）看来，这些形形色色的活动和方向合起来就达到一种"巧妙的状态，（法国）既忽视它的邻居，同时他们又不能没有它。"[184]他甚至希望把此种状态称作"独裁"（autarchy）。在我看来，情况似乎相当不一样，法国正好是各种经济离心势力的总和。为了反对这种分化，国家机器的操纵者们对国家机器本身进行了极大的加强，创造了欧洲最强大的国家，以致无论从当代人或是历史角度来看，在路易十四（Louis XIV）的统治下的法国，都堪称绝对君主制之典范。

法国经济困境最根本的根源之一在于欧洲世界经济技术基础的变化。为了评估它的重要性，我们必须首先解析一下一些前工业化时代有关欧洲海上和陆路运输成本的相互矛盾的材料。一方面，有一些常见的、表面上非常明确的论述，在工业化之前的欧洲，"陆路运输仍然相当昂贵，那些拥有最好的海运贸易之利的民族，经济增长速度最快。"[185]格拉曼（Krist of Glamann）认为，因经济交往而产生的范围扩大的理论尤其适用于海上贸易。的确，他说，"国际贸易（经由水路）在很多情况下比内陆贸易更为廉价和容易。"[185]另一方面，布鲁勒兹（Wilfrid Brulez）指出：

在16世纪,……陆路运输拥有其本来的地位。这个事实对低地国家与意大利之间的贸易来说是无可争辩的:尽管他们有安特卫普,一个第一流的海上运输出口,甚至于像一个世界中心,然而,低地国家与意大利的绝大多数商业关系是经由陆路进行的。两国之间也有海上船只往来,但其重要性微乎其微。[108]

情况到17世纪似乎变得相当不一样了。发生了什么呢?非常简单。似乎在这个时期尽管在陆路和水上运输方面技术都有进步,但是改进的比例是不一样的,以至于出现了"对于笨重庞大的货物来说,水上运输在一切情况下(除了运输牲口)是最经济便宜的。"[109]以前提到的荷兰弗鲁特(三桅快船)(Fluyt)的发展或许在此具有最为重要的意义。反过来说,在16世纪,对于轻便而价值昂贵的产品以及贵金属来说,陆路仍然是廉价、有效、安全的运输工具。[110]

这一点对法国有何意义?我们说过,"第一个"16世纪的政治是围绕西班牙和法国试图将欧洲世界经济转化为世界帝国的念头而转动的。尽管有大西洋的探险,这些企图主要瞄准的是陆路。的确,这或许是对他们失败的一种附加的解释。"第二个"16世纪的政治转向在一个非帝国性的世界经济的网络内,为了获取政治经济利益所需要的共同的民族国家的产生上。这些企图的焦点又主要集中在最大限度地利用海路上(外部及内部两方面)。北部尼德兰和英国的天然的地理优势对他们帮助极大。法国的政治关系紧张,常常分不清谁是陆路派,谁是海路派。[111]法国一方面与英国,另一方面与联省之间关键的差别在于,在英国和联省转向海路和建立一个强大的国家政体及民族已经是一些互不矛盾的抉择,然而,对法国而言,因为地理方面的原因,这些抉择之间有矛盾的地方。

关于这一点,第一个有力的暗示来自从1560年法兰西斯二世(Francis II)之死开始,到1598年南特敕令(Edict of Nantes)宣布休止一直折磨法国的宗教冲突和内战。

我们要在这里简单地考察一下某些阶级和宗教战争在地理方面的共同性。只要法国将其注意力转向与哈布斯堡帝国作斗争,以及依靠里昂来与主要的国际贸易中心竞争,宗教宽容是有可能的。[112]在卡托-坎布雷条约之后,国际金融对宗教宽容的需要消失了。同时,里昂的繁华衰落,一方面是因为它作为金融中心的重要性降低,同时也因为它是宗教战争的主要战场。[109]这些战争同时产生了许多完全不同的力量,他们的政治观点常常与他们本来的动机脱节,而且通常发生在旷日持久的政治骚乱的高潮之中。尽管如此,我们还是有可能理清一些线索。赫斯特菲尔德(Hurstfield)在《新编剑桥近代史》中对内战的起源是这样论述的:

> 这时期的法国,君主与贵族之间的紧张关系演化成一场持久的流血战争。当然,众所周知,法国的内战源于世俗的因素并不少于宗教的因素……法国的加尔文主义运动在16世纪中期首先吸引了商人和工匠;它的早期的殉难者——就像在玛丽统治英国(Marian England)时期的殉难者一样——来自身份最卑下的集团。但是,到1562年内战开始时,贵族包括高级的以及地方上的,已经参加进来并在实际上取得了领导权。当时的法国人就认识到区分运动两翼的重要性,将一部分说成是"宗教的胡格诺派"(Huguenotes of religion),另一部分说成是"国家的胡格诺派"(Huguenotes of State)。后者远非意味着宗教方面的分歧。他们表达了地方上的显赫家族对身居巴黎权位的贵族长期以来的敌视;对国王及其同盟者——天主教会的恨;并且,尤其是对吉斯家族(Guises)的敌视,该家族与教会打得最为火热,最为强烈地反对那些外省的,常常是趋于没落的家族的目标和利益。[表达"外省贵族"(provincial nobility) 的传统用法在某种程度上有争议:它的大部分成员在英国被认为不属于贵族,而是属于骑士及乡绅家族。[104]]

这样,赫斯菲尔德就勾勒了一幅法国的画面,这个画面与特雷弗-罗珀勾勒的英国画面极其相近,这是一个不包括宫廷在内的整个国家的画面。而这样的画面引起了对英国那些相近的概念认识不清——贵族(或是乡绅)、"兴起"或是"衰落"?国家在实际上代表谁的利益?

让我们看看科尼斯堡格(Koenigsberger)在《剑桥史》同一卷里紧接着赫斯菲尔德所勾勒的画面:

> 在1557年银行破产之后,亨利二世(HenryⅡ)从他不幸的臣民身上榨取了700万非凡的税收。不管怎么说,这已经达到极限。在诺曼底(Normandy)和朗格多克(Languedoc)有农民的起义。贵族虽然免税,为了忠于国王,支付在圣昆廷(St. Quentin,1557年)灾难

之后贵族俘虏们所需求的大笔赎金，也花掉了收入，或是抵押，或是卖掉了他们的财产……

在城镇，小手工艺人和商贩遭到沉重的税收和如像1557年的农业歉收所导致的农村购买力周期性的崩溃的打击。雇工看见食物价格的上涨要比工资增加快得多，并且发现，行会日渐增加的影响及其规定的严格堵死了多数人晋身师傅之路……

在1559年之后，贵族大量参加运动，尤其是在南部……

仅仅是在（1573）年，胡格诺组织达到全盛阶段，蔓延在从多斐内（Deuphiné）经普罗旺斯（Provence）和朗格多克到贝亚恩（Béarn）和基恩（Guienne）的广阔地带。如同在尼德兰一样，成功的革命趋向于地方主义化，这一方面是由于与地方上反对多管闲事的中央政府的情绪相吻合，同时也有可能是因军事形势的需要。[195]

268　对此作出反应的是天主教的地方同盟的兴起，也强调他们的地区身份和（传统的）地方自治的要求。巴黎的地方主义者站在天主教同盟一边。[196]进一步说，两大营垒都与外部势力相联系，胡格诺派与英国和德国的新教诸侯有联系，天主教徒则与罗马和西班牙、萨瓦（Savoy）的统治者有联系。"这样，这时期的一切革命运动都与民族疆界之外的权力及其利益联系起来了。"[197]

国王亨利三世（HenryⅢ），试图仲裁这场斗争，最终目的是打击和疏远两派。在一定意义上，这是寻求使冲突降级的非常漂亮的一招，因为如果他成为一个天主教徒，他认识到有来自他的继承人——纳瓦尔（Navarre）的亨利（亨利四世），一个身为新教徒的王位觊觎者的威胁。后来亨利四世果然口出名言："Paris vaut une messe"（巴黎值得作弥撒）。注意，是巴黎，而不是法国，而且说的是纳瓦尔的亨利。

亨利四世动摇了他的阵营，既然他的本意与他的大众基础的要求不一样，这种情况的出现是相当容易的。贵族们基本上都从冲突中退了出来，变成了天主教徒。这拔掉了宗教冲突的导火索，而且，也削弱了政治性反抗的力量。[198]它也挫败了下层阶级，他们转化成了愤怒然而相对无效的扎克雷起义（Jacqueries）。[199]最终，胡格诺派的地盘反而比以前更加坚固了。他们失掉了北部和东部的势力，然而在南部却大为加强。[200]

非常明显，地区性是潜在的紧张关系之一。一方面，诺曼底和布列塔

— 296 —

尼（Brittany）正逐渐脱身；另一方面，整个南部的分离主义者也是如此，自从13世纪失败以后，该地一直潜藏着分离主义势力。脱身的原因有两个方面，强大的民族经济的产生有利于限制而不是扩大地方显贵牟利的机会：那些西部沿海的资产阶级试图利用金钱开拓大西洋——波罗的海贸易，而不愿建立国家官僚机构和政府军队；南部的土地资本家寻求一个自由的国际市场。中央的大员们并不倾向反对资本主义。他们在本质上行中庸之道：首先加强政府，再考虑商业的可能性。

如同在英国一样，法国的君主制度也处于矛盾之中：一方面愿意创造一种能够在新的世界经济中进行成功竞争、以新的社会力量为基础的民族经济，同时自身又位居等级制度的顶端，其特权的基础则是保守的社会力量。不想做出草率的选择，国王——在法国正如在英国一样——感觉沉湎于贵族的雅好之中要比扮演新事物的先驱者角色愉快得多。然而，不同的是，在英国，新生的资本主义因素无论在农村或是城镇，都感到他们能够从更为强大的民族经济中获取养分。但是，法国也有商人阶层，他们感觉正被遥远的巴黎出卖，而且，南部的资本主义农业与领地内乡村工业正在增长的英国土地主相比，他们的结构和需要更接近像波兰（只需要开放的经济）这样的边缘国家的土地主。在英国，国王有点利用反对者去抑制反对者的意图，既然国王的"民族的"姿态寓于这些反对者的"眼前"利益之中。法国国王则不能这样做，而且，他不得不用更为严厉的手段去统辖整个国家：因为16世纪后半期的内战，17世纪的前半期便出现了官僚政治的中央集权主义。

然而代价是沉重的。可以肯定，宗教战争促进了绝对主义的兴起。正如穆斯尼尔（Mousnier）所说："不像在英国，法国的贸易、工业以及资产阶级的发展都被延迟了（freiné）。"[20] 代价并没有全部偿还。路易十三（Louis XIII）及黎塞留（Richelieu）时代将会付出更大的代价。不管怎么样，为了估计这个代价，我们现在必须回到总的世界经济形势上。

"漫长的"16世纪现在就要结束。并且，大多数历史学家这样说，出现了危机。一种危机或是多种危机？因为在1590年代有一次经济衰退，在1620年代出现了一次更大的衰退，而被一些人视为致命一击的发生在大约1650年。我们不想在时间的争论上停留太久——无论是理想的日期是1622或1640，或1650年。斯普纳（Spooner）坚持认为，谈到漫长的16世纪这个"终端和分水岭"时，一个关键性的问题是，这个转折点"覆盖了相当广阔的时间周期。"[202]因种种理由,我们选择1640年作为最后的日期,即使如此,仍然不能保证不会越过此界。然而,最主要的一点是,事实上无任何例外,历史学家都接受这个意见,即大约在这个时间的某个地方存在某种类型的关键性的转折点。[203]

它由什么构成的?首先,是价格运转,是曾经支撑了欧洲世界经济扩张的物价飞涨的结束。这种价格潮头并非突然逆转的。这一点对理解这个时期及世界经济以后的发展至关重要,我们看到,总的来说,逆转在南部比在北部发生更早,西部比东部早,在沿海比内陆要早。[204]前后的断层不仅仅是几年时间。

在无敌舰队(Armada)失败后不久,麻烦就在西班牙开始了。贸易仍然时起时落。肖努(Chaunu)的资料表明,1608年是西班牙大西洋贸易的顶点。然后就是持续到1622年的平稳期,肖努认为是这时期暂时的和平具有经济特质的裨益创造了它,随后是明确的衰落。然后,无敌舰队的军事政治的失败仅仅是刺破了一个气球,这个气球是被西班牙繁荣的资源基础的耗竭吹胀的。西班牙对美洲的开发具有种种破坏作用,近似于一种野蛮的猎取和搜括,只不过采用的是发达的技术。[205]在这个过程中,西班牙耗尽了土地和人力。进一步说,西班牙不仅仅耗尽了印第安人的劳动力,正如我们知道的,它也用别的方式耗尽了它自己的劳力。[206]

一个重要的后果是贵金属进口的下跌。例如,在1641~1650年间,从美洲进口到塞维利亚的贵金属每年平均是1591~1600年进口的39%,主要是白银,黄金只占8%。贵金属产量的下降是"无情的边缘地区价值递减律和利润下降的后果。"[207]然而,既然贸易没有突然减少——实际上它仍然在扩大——货币贬值就不可避免。

这是第一次,一个不平衡的民族发展的单一的世界经济的存在造成了极其严重的差异。西北欧国家货币贬值的程度比起南部、中部及东欧的国家要轻微得多。[208]这些当然就是贵金属价格。贝莱尔(René Baehrel)有一个精彩的附论,他证明,贵金属价值的变化与物价的变化之间没有必然的联系,而且,人们主要依据后者来做现实的经济决策。[209]不管怎么样,他在一本书里深入地讨论了17、18世纪的经济是有意义的。卢布林斯卡亚(A. D. Lublinskaya)有一个看法,从16世纪与17世纪的分别恰在于这个事实,在1615年之后,第一次有一个"独立的价格运动,而不依靠金、银的流入量。"[210]她断言,这个事实确立了"价格革命"的结束。罗曼诺

(Ruggiero Romano）坚持认为，在1619~1622年发生了价值贬值的突然加重："事态是严重的……"[212]在1619年有如此富足的货币以致利率降至1.2%，"在整个1522~1625年间，绝对是最低的利率比率。"[213]

从总的不景气情况看，只有荷兰以及一定程度上的（到什么程度，我们将会看到）英国得以幸免。[214]罗曼诺坚持认为，荷兰不仅得以幸免，而且1590~1670年间或多或少是荷兰农业扩张的一个时期。[215]

为什么西北欧相对远离厄运狂风的侵袭？肖努有一个相当复杂的解释。16世纪，因为贵金属到来的滞后，西北欧价格的上涨远非西班牙那么迅猛。然而，西北欧通过走私总是获得部分贵金属。随着时间的推移，走私的贵金属比例在上升。因此，走私贵金属所引起的物价上升的冲击力在总的冲击力比例中处于上升之时，西班牙的价格正开始下跌。"北欧的价格由于非常不易受不景气因素的影响，这样，就有可能接近西班牙的价格水平。"[216]这似乎扯得太远了，因为它立足于绝对意义上不重要的衰落的与走私贵金属的相对提供相对立的似是而非之论，根据斯普纳提供的数据，这就可能与事实不符。

詹宁（Pierre Jeannin）对西北欧抵制不利因素正如它源于从这个地区在世界经济中的优势的分析似乎更中肯一些。[217]他引证其地理位置（临大西洋，处于东北部谷物、森林产区及需要进口它们的国家中间的十字路口上）；引证工业能力（植根于过去，像荷兰、英国的纺织；或是由于国际经济的扩展而释放经济潜能，如像瑞典的铁）。进一步讲，北部生产能力的大幅度扩展意味着人口的持续增长，而这时正是地中海地区人口数下降之时。肖努（Pierre Chaunu）估计，在1620到1650年间，帝国的人口从2,000万降至700万，意大利的人口从1600到1650年降至200万。相对而言，英国（还有法国）避免了人口的下降。[218]

由于地理政治现象，就意味着西班牙人的大西洋时代的结束，欧洲人的大西洋时代的确立。[219]随着荷兰人对巴西的葡萄牙殖民地的攻击，在1624年重新开启了给予西班牙经济以毁灭性打击的战争，当时葡萄牙隶属西班牙王室。[220]至于亚洲的贸易尤其是胡椒，在1590到1600年，荷兰人和英国人打破了西班牙—葡萄牙人的垄断，导致了香料价格的暴跌。[221]人们能良好地理解那个时代的人是如何展现了一个重商主义前景，这个前景使他们感到"世界繁荣总体而言是持续前进的，商业政策的目标……对每一个别的民族而言，是保证尽最大的可能性去分享这个繁荣。"[222]

但是事实上这种繁荣并不是持续的。一方面，有人认为，16世纪的结束意味着全欧"利润的惨跌、租金飞涨、经济停顿。"[23]但此人肯定比较片面。罗曼诺（Romano）坚持认为，16世纪"正如12、13世纪一样，是一个广阔的农业利润的世纪。"[24]它是小康农业利润的衰落期，这种衰落将说明17世纪晚期及18世纪奠基在前所未有的强制与廉价农业劳力基础之上，大规模的资本主义农业地位增长的原因。罗曼诺的评论是中肯的：

> 如此宏大景象，布罗代尔（Fernand Braudel）一方称作"faillite"（破产），"trahison de la bourgeoisie"（资产阶级的背叛），另一方面称为"réaction seigneuriale"（领主制的反动），仔细察看，似乎不是两种分开的、截然不同的类型，而是一个整体：几乎是相同的人，或者至少是背叛了他们的资产阶级出身（首先是他们的资产阶级职能）的家族的后代，进入réaction seigneuriale（领主制反动）的体制，在论述意大利的情况时，我将它称之为"封建主义的再版"（refeudalization）。[25]

但是，正如罗曼诺所观察的，荷兰及仅次于荷兰的英国再度成为例外。但是，我们不想超越我们的故事本身。仔细地看看英国和法国是怎样处理"漫长的"16世纪临近的灾变，对理解后来的时代至关重要。发生在17、18世纪的欧洲世界经济的巩固是围绕英、法对最高权力的竞争进行的。但是在某种意义上，关键性的牌是在1600~1640年间打出的。

当克拉克（G. N. Clark）试图解释英国在"第二个"16世纪工业的"明显"进步时，他认为，根源在于国际商业。他在分析这时期的英国国际商业时，发现在这时期的结束与开始之间有三个主要的差别：（1）虽然英国国际贸易绝对地扩展了，但是在有关国内提供消费的需要的工业方面却衰落了；（2）尽管阿姆斯特丹继承安特卫普成为欧洲世界经济的枢纽，英国对尼德兰的关系还是从一种依附和补充状态转化成了竞争对手；（3）尽管英国在欧洲内部的对外贸易日渐多样化，英国还是与俄罗斯、利凡特（Levant）、印度洋地区及美洲开始了有系统的贸易。[26]

在伊丽莎白统治结束之前，不管怎么样，这些变化的出现还没有到引人注目的程度。正如克拉克所暗示的，他们也没有发展成为一种平稳的方式。因为这些变化打翻了都铎统治者们殚精竭虑所创造的精致的社会与政治平衡,而且展示的是赤裸裸的令人争斗的利益,这将撕裂英国的政治体制。让我们依次谈谈这些变化。

毫无疑问,在国民产品总数中国际贸易部分的比例的衰落是事实,这可被解释为英国长期的经济健康的标志。但是这一点忽略了英国国内工业化的最初的进程使英国的社会结构更多而不是更少依靠变化莫测的世界市场。萨普尔(Barry Supple)指出,不像在工业革命之后的时期,固定资本在工业经济中扮演次要角色,所以,民族经济中的波动不是因超常的能量引起,也非由于资本的产品工业的波动而加剧。比起后来,信贷里的波动也是一个更次要的因素。所以,国内市场的繁荣很大程度上是收获波动的一个作用(由气候变化导致)和"海外的要求,这些要求常常是国内活动变更的策略方面的决定因素。"[222]而且,恰好因为英国工业的发展,这些变化在政治方面是非常迫切的:

> 布料生产由于太先进而停止发展,主要成为占绝对优势的农业人口的一项副业。这样,总体来看,对政府和国家共同体而言,纺织工业的存在意味着在一个没有土地甚至没有任何财产的阶级中,长期存在着痛苦与混乱爆发的威胁。这种情形促使伊丽莎白时代济贫法的出现,并造就了数代鼓励工业增长的谨慎的政治家。[223]

那么,英国会做什么去保证经济,也是政治的稳定呢?萨普尔提出一个答案:仍然是进一步地收缩。费希尔(F. J. Fisher)注意到"培根(Bacon)回顾伊丽莎白的统治是一个关键性的时期,这时期英国一直危险地依赖外国的谷物……"[224]很大程度上,这是北意大利所实行的一条非工业化道路。另一个答案或许是向外扩展,并借由获得别的供给资源来克服供给压力,借由控制新的市场来克服需求的压力。[225]这是北部的尼德兰人所实行的道路。这一个又一个的答案事关英国社会结构的决定性的选择。这一切恰恰是都铎统治者竭尽全力回避的决策。结果走的是折中道路。斯通(Lawrence Stone)对伊丽莎白时代海外贸易量的考察使他得出结论,"伊丽莎白统治时著名的贸易扩展好像是一个虚构的神话。"[226]如果我们注意一下英国到1600年之时将自己从荷兰的经济监护中解放的程度,可以肯定,我们会发现,英国商业资产阶级对英国内地贸易增加控制的过程一直或多或少被诸如先是在1552年,决定性的是在1598年对汉萨(Hanseatic)的特权的取消这类行动完成了。[228]这有利于像"商人冒险家"(Merchant Adventurers)这样封闭的垄断集团。[229]这类组织的利益主要来自不稳定的折中平衡。

在斯图亚特时代,当别的商人获得了法律权力向荷兰在纺织制成品工业的角色挑战时——所谓 Alderman Cockayne's Project(科克因计划)[234]——他们失败了。在萨普尔看来,这种失败证明了:

276
> 由荷兰人染色与梳理英国纺织半成品所形成的国际劳动分工,并不是一种靠人为的合伙关系所维系的专断现象。相反地,到17世纪早期,它反映了经济现实对英国可能只在她危险时才稍动摇的反抗。[235]

因此,伊丽莎白时代迟疑主张对外扩张或许并非不明智的。[236]所以,都铎统治者们将内部的社会矛盾一直推延到他们从外人那里得到帮助加强了国家机器的政治自主之时,以使英国有力量容忍爆炸性的、但又是不可避免的政治与社会力量的调整。

最终,伊丽莎白时代海外的多样化活动达到了一种什么样的程度?可以肯定,在这时期,英国的船只回到了波罗的海,并开始向地中海、俄罗斯和非洲航行。而且,这是第一批特许公司组建的时代。但是我们必须当心不要夸大。一方面,比起英国来,东欧仍然与法国和西班牙(经阿姆斯特丹)有更加密切的联系,[237]而且,另一方面,在伊丽莎白时期,对英国来说,与法国和反叛的荷兰诸省的贸易仍然是最主要的。[238]

英国商业景象的现实既是都铎君主们政策的原因,同时也是结果。他们仍采取骑墙姿态。[239]1590～1640年的国际经济危机使这种姿态日渐变得不可能,这样,君主制度的政治稳定性及其所庇护的专制权日渐变得虚弱。稳定并不总是每个人的"至善"(Summum bonum)。对某些人而言,它是"令人厌倦的"。[240]到1640年,那些试图实现商业扩张可能性的跃跃欲试的商人们在议会推出的种种自由贸易法案中找到了知音。最直接的促进或许来自与西班牙的和好,如同和好惯常的作用那样,它打开变化的贸易前景,一方面可排除某些贸易方面的阻塞,同时也可以说,意味着从前繁荣的私掠船队的失业。[241]

277
对下一个10年来说,英国的织布工业看上去比较光明,它在1614年达到了出口顶峰。但是用萨普尔(Supple)的话来说,也将是"一个昙花一现的宜人的晚秋。"[242]随之而来的是一个"不可抗拒的"经济萧条，它"造成了海外市场对过去的布匹的长久的限制，"[243]是什么导致了这种突然的滑坡？实际上它并不是如此的猝不及防，而是如欣顿（R. W. K. Hinton）所说，"一种已然一直不景气形势的加速的恶化。"[244]发生的事是，相对于英国而言，大陆通货的贬值产生了一种更加不利的贸易条件，它使"（英国的）布料价格过高而失去了（他们在北部、中部欧洲的）市场。"[245]这导致了贵金属的外流，这种外流由于1621年和1622年农业的歉收需要外国谷物而加剧。[246]贵金属戏剧性的流失"对一种简单地依靠一种固定的金属货币的供给的经济，意义非同小可。"[247]

古尔德（J. D. Gould）认为英国现在是在为1550～1600年间"争夺特权"中，国际价格优势的浪费付出代价。结果，既然价格优势已然逆转，"英国就不得不背负一个刻板及代价高昂的经济，不宜对付一个已在低成本、适应性强且先进的基础上复苏起来的竞争者（荷兰）。"[248]荷兰人现在能够打入英国自身的进口贸易，[249]而且英国对德国和东欧的纺织品出口也受荷兰人和地方上的竞争者所冲击。[250]

商人们与政府都惊恐起来。商人们的反应是要求得到更多的保护，如像限制非英国人向英国进口商品的权力，强制性地采用英国船只，向波罗的海谷物再输出的自由，这可以扩大织布贸易并为谷物的需要带来通货。[251]政府则有相当不同的看法。首先，在议会里呼声较高的农业利益政策正因谷物进口的禁止得以推行，因为农业需要价格保护。[252]其次，政府将注意力集中在"为了预防暴乱和骚动，为了维持经济上的稳定与权力，如何将它的需要与减轻地方匮乏调和起来，与商业恢复调和起来。"[253]为了第一个方面，政府试图采取20世纪发展中国家的办法，即创造就业机会。但是，如同在今天一样，此种办法绝非易事。[254]与其提供新的保护，政府还不如转向放松垄断，看看这是否会使商业和工业复兴。[255]但是他们不可能在此路上走得太远，因为特许公司的设置对政府有太多的好处。它保证私营公用事业的官僚机构的忠诚，它们行使领事或海关职能，通过贷款和税收是一个收入的来源，甚至代替海军在国际性的商业中起保护作用。[256]"专利产品及其垄断，将自私的目的包里在迂腐的陈腔滥调之中，是斯图亚特政府机构总体组织中的一个部分。"[257]如果政府坚决地转向反垄断主义，事实上也仅仅是在议会的压力之下，"那是些对外输出港和较小乡绅们的吵吵嚷嚷的代理人。"[258]

英国也没有上帝保佑的运气。1623~1624年，贸易的复苏又因1625年的瘟疫以及歉收遭受打击。与西班牙战争的恢复，正如我们已经看见，对西班牙损害极大，对英国也没有好处。对谷物的新的需求导致了支付危机趋于另一种平衡。[261]这样，英国工业的保守的内心就发现"衰落、煞费苦心的调适以及漫无边际的弊端是那么无穷无尽。"[262]政府干涉不解决问题；它只是通过制造"商业信心的危机"[263]来恶化形势。

非常明显，对英国纺织工业而言，要降低成本绝非易事。部分原因是，对国王来说，商人们与国家机构牵涉太深，以致不能强迫企业家们去经营一个亏损的工厂。[262]肯定也因为工人们相对强大，足以打消任何削减工资的念头。[263]所以唯一的办法除了非工业化外，是通过发展新的工业来对付那些既得利益者。事实上，英国正是在这里，在所谓的"新布匹"（new draperios）[264]中找到了商业上的生机。"新布匹"作为一个出口项目走红之引人注目恰如"老旧布匹"（old draperics）之衰落。[265]

对高价格的困境有第二个解决办法：英国发展一种再出口贸易。正是英国这方面的商业政策，组成了17世纪两个最为显著的特征：殖民扩张和英/荷之争。两种趋势在内战（Civil war）之后明朗化，但是内战之前已露端倪。[266]

新的产品要求新的市场。总的来看，为英国提供最重要的新的竞争场所是西班牙和地中海地区，[267]这是一个相对不受过去英国的垄断限制的地区。[268]尤其是西班牙市场具有吸引力，因为"国内的通货膨胀和殖民地的购买力。"[269]英国这只鸷鹰开始吞食西班牙帝国这具腐尸。在意大利工业的衰落之际，英国的出口部分地填充了差额。[270]

至于殖民化，我们必须记住，对英国（法、荷）来说，很长时间没有从事直接殖民的必要。卡托-坎布雷和约毫无疑问部分作为帝国扩张疲惫的结果，包含了令人吃惊的条款："本初子午线的西部和北回归线的南部……双方的暴力行为将不被视为触犯条约。"[271]这个概念广为人知，"界外无和平"在1598年于弗尔文斯（Vervins）又得以重新肯定。可以肯定，它意味着建立新的殖民地的自由，也意味着劫掠的自由。而且长达50年的劫掠其收益远远超出殖民地的收益。[272]比较起来，建立殖民地似乎是一种前景未卜的冒险。可以设想，西班牙人已然捷足先登，而且"甚至狡诈的伊丽莎白时代的人——尤其是女王本身——都感觉到在欧洲大陆上已然没有左右逢源的希望。"[273]再说，英国已有爱尔兰作为对外移民的一个出口。[274]

第五章　强大的中心国家：阶级形成与国际商业

这种态度在 1600 年之后发生了变化。以詹姆斯一世（JamesI）名义的英国两个王位的联合加强了与苏格兰的联系。爱尔兰的殖民地化对英国和苏格兰都有一种新的严重性。[275] 爱尔兰与不列颠的劳动力分布已然并为一体。为了供给英国木材，它的森林已经伐光。[276] 在未来的 100 年，它变成了一个受英国人控制的以铁为主的工业基地。[277] 而且，英国将在北美建立殖民地。帕里（Parry）将变化归因于西班牙声望的衰落，归因于对原材料——廉价的食物，尤其是鱼的寻求，[278] 归因于战略物资的提供（木材、麻、沥青），它们的波罗的海来源有可能在战争期间被截断。进一步说，它们将成为新的产品市场和出口贫民的地方。[279] 这一切无疑是事实，如果不是考虑到西班牙的军事力量，这一切的实现或许会提前一个世纪。西北欧三个强国对殖民的新的抢夺难道还不是他们竞争的信号吗？在西班牙衰落之时，它难道不是一种先发制人的行为？

这类国际经济灾变的影响加深了英国的政治危机。我认为札戈林（Perez Zagorin）相当准确地抓住了冲突的本质：

> 英国革命的起源不应在阶级斗争中寻找——因为内战中双方的领导集团都包括同一个经济阶级中的许多人，他们的发展随时代的推进而稳步发展。而应该去英国统治集团的内部矛盾中寻找。[280]

而且，这场统治阶级内部的相互残杀不仅仅被国际经济领域内的突发事变促成，还因英国政治体制的两大危险的提早解除而成为可能，正如斯通断言："来自贫困或是西班牙人威胁的钟声消失了……"[281]

关于内战的开始有两点稍显愚蠢的讨论。一是它可不可以避免。对于托尼"君主制的没落是因都铎统治者为保有它而采取的措施而加速"[282] 的论断，特雷弗-罗珀断言，主要的问题是超支的行政管理，这本来应被议会改革完善的。"因为君主制本身当然不构成障碍，说这样的政策没有革命就不可能推行是荒唐的。"[283]

我们简要地看看特雷弗-罗珀回顾性地推荐给长期国会的改革在法国的结果。但是说"必然"是在玩弄一种无意义的游戏。如果一种原因不一样，结果当然也会不一样，除了"一种"，为什么不是两种或是三种原因呢？事实是内战的确已经发生，学者们的任务是解释它。

另一个愚蠢的问题是，关于自由或是宗教的信奉是否是分裂英国的

"真实的"原因。赫克斯特（Hexter）先生坚持认为它们是，令人惊讶的是，在争论中竟有他的许多伙伴及论敌同意［欣顿、斯通、波卡克（Pocock）、希尔、罗珀支持他本人和托尼］。他欢迎他们去他的"辉格党"（Whiggish）公司。[24]波卡克（J. G. A. Pocock）至少有些生气，坚持认为他是一个"后马克思主义者"而不是一个"新辉格"成员。[25]但这是一个愚蠢的争论，因为内战的主角们当然会用意识形态方面的术语就政治自由和宗教问题表达不少各自不同的看法。他们当然对此作了解释。而且，内战的结局当然会有一个统治英国政治生活的正常的制度。

要仔细分析一种政治和社会冲突的意识形态的共同点从来没有太多的意义，除非将这种分析植根在当时盛行的社会关系之中，这样才能理解这些关系中意识形态的真实内涵。讨论的确是围绕这些关系的全貌展开的，是围绕他们的本来面目或是某些特定方面的变化展开的。

如同所有的社会剧变一样，英国内战是一场复杂的冲突。其中最主要的冲突是在两类人之间进行的。一类是那些强调君主制地位的人，他们希望维持一种特权以及尊重特权的正在没落的制度，[26]他们对社会革命的恐惧超出了别的任何考虑，他们在世界经济的强制性的选择面前显得有些麻木不仁。另一类人是那些将农业商业化视为至高无上的人，他们欢迎社会模式中的一些变化，几乎看不见宫廷浪费有什么美德，他们致力于最大限度地扩大英国在世界经济中的优势。

让我们转向法国，在那儿情况是相同的，但最重要的不是相同。比滕（Davis Bitton）谈到1560～1640年是"一个从晚期中世纪的法国贵族向旧政体（Old Régime）的法国贵族过渡的至关重要的阶段。"[27]在英国也是如此。但是法国发生了不同的过渡。在波尔什涅夫（Boris Porchnev）和穆斯纳（Roland Mousnier）的大论战中——我们将马上谈到——波尔什涅夫认为这时代法国发生的是"买官鬻爵没有导致权力的'资产阶级化'，而是资产阶级的'封建化'。"[28]对此，穆斯纳的回答是："没有诸如'封建绝对主义'秩序之类的事，只有某种与反封建秩序斗争相关的封建绝对主义趋向。残余的封建秩序会使绝对主义瘫痪。"[29]尽管我认为争论部分属于语义学范围，在一些方面波尔什涅夫有道理，但也有可能是穆斯纳更接近真相，如果人们用他的理由去解释英国，用波尔什涅夫的观点去解释法国。就是说，以一种过分简单化的公式，一个人也能断言，在英国，贵族借着将自己变成资产阶级的暂时损失，来得到长远的利益；同时，在法国，贵族以强迫资产阶级放弃其特定的职能来获得短期利益,失去长远利益,某种程度上,这是法国经济停顿的原因。为何这样,我们将讨论,本质上是两者相对世界经济职能的不同。

但是首先让我们再回顾一下,在何种程度上,这对法国社会体制是一种公正的描述。因为我们已经勾勒过1600年的法国国家比英国更强大。这就意味着官僚机构"对资产阶级来说,是在社会等级制度里往上爬的一个主要途径,"[20]在英国更是如此。反过来,这种金钱的效力导致法国资产阶级对君主制产生更大的兴趣。[21]这也使穆斯纳认为在这时期的法国存在着一个相对开放的阶级。[22]但是穆斯纳本人认为要往上爬非常困难。他指出,对于贫民而言,要达到 maître des reqûetes(行政法院审查官)的地位,需要四代人的努力。[23]我认为,事实上波尔什涅夫更深刻地看到了阶级地位的本质。比那些阶级感情随具体的地位变化而变化的社会阶层有更多的等级之间的流动情况是不多的。最具意义的这样的阶层是出身资产阶级的官僚——noblesse de robe(穿袍贵族)。

> 当一个与原来的村庄仍保持联系的工人失去其工厂里的工作时,他会再次变成一个农民。同样,当人们试图收回官员们的财产和特权,即剥夺他们作为特权贵族的地位时,这些官员自然在实际上又回到了资产阶级的地位……那些受马札林(Mazarin)的决策消极影响的官员感觉自己是资产阶级,在投石党运动(Fronde)的开端,他们的态度简直就像整个资产阶级的态度一样。[24]

恰恰是因为在法国获取正式的贵族地位的相对容易度(在斯图亚特时代的英国也是这样,但没有这么多)导致了16世纪法国贵族所抱怨的"贵族地位的模糊",这种情形引起他们"对光荣的特权强烈而又执著的关注,"[25]而且也导致他们大力强调行为的严格准则和 dérogeance(丧失贵族资格行为)的理论。[26]

将绝对君主制视为一种与资产阶级结盟反对贵族的传统说法总是会碰到这样意外的事实,即所谓路易十四(Louis XIV)时代,典型的绝对君主制政体也是一个重新肯定封建领地之特权的最好的例证。布洛赫(Mark Bloch)是这样解决这种矛盾现象的,他认为,这两种现象中封建领主特权的恢复是更为主要的一面,而且,没有绝对君主制,这种趋势也将势不可挡。换句话，人们可以说是"绝对君主制的胜利限制了'封建回潮'的程度。"[297]

卢布林斯卡亚（A. D. Lublinskaya）基本同意如此勾勒"第二个"16世纪的法国画面。[298]1559年之后，法国的外国银行家衰落，一方面因为意大利和德国的衰落，一方面是因为宗教战争。这些战争给法国商业资产阶级造成了不可挽回的差距。为了获取财力，所以，法国政府创立了一种包税制度。包税商们甚至完全渗进了国家财政机构。"包税是一桩有利可图的事。它基于这样的事实，即政府依靠包税人建立一种强制性的贷款体制，将这些主要的包税者变成政府的信贷者。"[299]这样，"金融家"与国家之间的亲密联系如此亲密，以至于他们自己的生存依赖于国家的强大，就提供了"他们想要的……仍然强大到需要向他们贷款的政府。"[300]尽管君主政体不向贵族征税的说法不符事实，[301]这完全是因那些贪官使这种情况变得非常困难，卢布林斯卡亚仍断言，税收改革必然会导致重新购买官职的昂贵的现金支出。[302]增加国家债务的任何事都会加强这类官员的地位。尤其是"对财政官员们非常有利的战争。"[303]

这里的部分理由可以直接从英国那里看出，在英国，在伊丽莎白和早期斯图亚特时代，"财政封建主义"或是由商人联合组织（辛迪加）负责的包税岁入成了一件平常事，[304]没有宗教战争可以解释，也没有紧随其后的贪官阶层的大规模增加。进一步说，谋取税款的行为受到一定程度的抑制，这是行政管理改革的结果。改革的直接原因是战争支出的紧急状态和需要在国家和纳税者中间采取决定性的步骤来削减财政中间人。[305]

然而，没什么根据。对此进行最主要的攻系来自波尔什涅夫（Boris Porchnev）。对"行贿是资产阶级政治最高权力的一种形式"[306]这种说法发出了颇有分量的攻击，他将这种理论归属于佩奇斯（Pegès），然后是穆斯纳（Mousnier）。波尔什涅夫试图证明，17世纪的法国"在其主要特征方面，仍然是一个封建社会，这由封建生产关系占绝对优势和封建经济形式所决定。"[307]

波尔什涅夫试图说明，资本主义形式是存在的，但是资产阶级"参加封建国家的政权是有限的，其行动不像是资本主义社会的一个阶级。"[308]资产阶级为了受贿、贪财和过一种贵族式的生活而寻求各种官衔。再说，他们被引诱放弃了真正资产阶级的经济活动，为了经济上的便宜，他们将钱用作信贷资本，而不是用作工业和农业资本。[309]

第五章　强大的中心国家：阶级形成与国际商业

因此，当农民起义在1623～1648年间发生时（我们将很快谈到），资产阶级左右摇摆。一方面，他们也不满高额税收；另一方面，他们与贵族有共同的利益因而害怕平民。一些人起而反抗；一些人逃离国家；另一些人则以购买官职和将钱置于信贷运转的方式来与国家达成妥协。[310]

如果有人问英国和荷兰是怎样产生一种"资产阶级化"（Embourgeoisée）的贵族阶层，而法国却没有，答案是"在法国，封建主义有一种完善的、传统的生命力，这阻止任何贵族的'资产阶级化'（Embourgeoisement）的形成。"[311]不是因法国更落后，而是"法国经济性质的特殊性使那种阶级组合不可能，这种组合导致了英国模式的、不彻底资产阶级革命。"[312]波尔什涅夫看法的清晰性在这种关键性的比较中显得站不住脚，他不得不转而求助于不可解释的完善性、无法界定的特殊性以及"不彻底革命"这类模糊的概念。

正是在这一点上，维范迪（Corrado Vivanti）支持波尔什涅夫，完全同意波尔什涅夫对穆斯纳关于"投石党"（Fronde）在法国史中是一种孤立的因素的论点的反驳，他认为波尔什涅夫没有跟随自己观点的逻辑坚持到底，而是陷入了斥责资产阶级背叛革命的泥潭。他们不能有进一步的行动，因为他们"还没有形成为足以强大和自立"到有进一步作为的社会集团。[313]维范迪采取一种提问的方式作出这样的假设：

> 因为16世纪的［法国］经济没有成功地创造那种资本积累，那么，在何种程度上，17世纪的"封建反动"或是"复辟"以及全然的"资产阶级的背叛"可以说是奠基于一种人们可以在别的地方，即相似的危机状态中找到的不同的方式？[314]

那就是说，列举的"那些最终阻止第三等级（Third Extate）在政治和社会领域中从事独立行动的客观障碍"[315]是毫无疑问的常识吗？即使法国达不到英国具有的发展水平，它也不会降到像西班牙和意大利那样的半边缘国家的地位。甚至南部法国，虽然滑到了交谷租种的道路，在经济上并没有退步到紧邻的地中海地区的程度。拉杜里（Le Roy Ladurie）坚持认为，人们可以不像谈论北部意大利和卡斯提尔那样谈论南部法国（以及加泰隆尼亚，Catalonia），经济状况"停止不前，备受限制，正在改善和缓缓发展，但仍然没有翻过身来……朗格多克（Languedoc）的戏剧还没有落幕，但是农业生产僵化而缺乏弹性；没有倒退（décroissance），但是缺乏明显的增长。"⑯南部法国可能最终会改变，但至少比别的地区晚50年。

戈德曼（Lucien Goldmann）对绝对君主与资产阶级联盟的理论作了类似的批评。他认为，正好相反，基本的同盟是君主与贵族之间，然而，经过创造一个新的资产阶级，君主保证了侧翼的安全。然而，不管怎么样，戈德曼认为，恰好是借由维护这种资产阶级性质的市民而不是伪贵族者，君主制才到17世纪初期引进官职税改革（Paulette）。⑰实际上通过对官职设立税收制度——官职税（Paulette），使得官职可用金钱买得，既维护了资产阶级的资产阶级性质，⑱又使其依靠君主制度。⑲

戈德曼的论说中心点在于区分二类国家官员：一类是老的，由显贵和穿袍贵族（noblesse de robe）组成，他们是最高法院（Cours souverains）和各地区法院（Parlerments）的成员；一类是新的，他们是特派员（Commissaire）和行政法院法官（Conseillers d'Etat），还有的担任总督（intendants）和行政法院审查官（maîtres de requêtes）。戈德曼看见"在17世纪的前半期，尤其是从1620至1650年"后者将取代前者。⑳戈德曼分析了这个新体制的动力源于君主制"在1598年亨利四世登上宝座之后重新获取社会基础"的企图，㉑这种基础在宗教战争中已经失落。

既然官员们在宗教战争中对君主制帮助极大，他们便期待他们的权力和重要性将会上升而不是下降，他们因官职税（Paulette）㉒和特派员（Commissaires）的兴起而极感不快。官员与特派员（Commissaires）的关系日渐紧张。大约在1637~1638年达到极点。戈德曼将在官员中兴起的詹森教徒（Jansenism）与此联系起来，这种意识形态主张"世界从本质上说来是虚无的，只有在孤独与退隐中才能获救。"㉓

在戈德曼对君主制的勾画与波尔什涅夫接近时，他对资产阶级的勾画与穆斯纳更接近，后者声称"对将17世纪说成是一个'封建的'时代的说法极为反感，既然这是一个'商业资本主义'已然深深地扎根和渗透国家的时代"㉔——是整个国家而不仅仅是城镇。专利权并非资本主义兴起的一个突破口。而是"它在这个阶段一个发展条件。"㉕但是穆斯纳对官员与贵族已然同化的说法极为愤慨。他以一种真正的贵族式的炫耀进行反击。

> 一个官员的某些重要的方面在司法上接近一个贵族。一个贵族，而不是一个绅士或一个领主（unféodal）。波尔什涅夫从未做过区分。

第五章 强大的中心国家：阶级形成与国际商业

我们难道会将威尼斯贵族、那些大商人称为封建团体？在法国，公众坚持进行区分。一个因官职而被封为贵族的官员，仍然是一个资产阶级分子。人们悲痛这样的事实，即那些真正的绅士式的贵族不为国家所用，而公共官职竟然成了那些被戏谑地称为"笔墨绅士"（gentlemen of pen and ink）的人们的特权。资产阶级不论是官员或是特派员（Commissaire），就算他位居百合花徽（fleur de lys）上，身穿显贵紫袍，就算他头顶骑士、男爵封号，身为议院议长或是皇家议事会成员，他仍然是一个资产阶级。

穆斯纳由否定他或是佩奇斯曾经认为资产阶级控制了君主制的观点得出结论。"在重建国家时，正是君主制降服了所有的阶级。但是在这个过程中，君主制得到了资产阶级的帮助……"

注意到在这场争论中大量的问题已经搅和在一起非常重要。一个是体制的本质；另一个是阶级之间关系的本质；第三个是君主制的地位。在前面一章里我们已经解释了，考虑到这时期的农业生产（向市场方向转化的现金收成，即使是基于强制性或半强制性的劳动之上），我们为何相信"封建主义"这个概念是混乱的，无助于分析。坚持法国在这时期最早卷入资本主义世界经济，不管怎样，并不意味着承认资产阶级运用了物质性的政治权力。显然没有。在东欧，贵族们是资本主义农场主，而那些土生土长的商业资产阶级则正趋于死亡。它也不意味着在这个世界经济中，法国君主扮演的是反对别国的角色。萨尔蒙（J. H. M. Salmon）评论道，"就像围绕英国的乡绅与贵族进行讨论一样，这场讨论（对17世纪早期的法国）关系到早期现代社会与政府的特征。"精辟！

穆斯纳或许比波尔什涅夫更正确地将君主制视为这样一种体制，即它远非清楚地对形势起支配作用，而是竭力争取维护它在政治上的卓越性，即使在法国亦是如此。但波尔什涅夫比穆斯纳更正确地看到法国明显不同于英国的一个发展方面是旧贵族的法国在政治上的相对成功，法国旧贵族的眼前利益并没有使法国具有从世界经济的劳力分配中最大限度地获利的长远能力。

现在让我们转向"漫长的"16世纪临近的"危机"，并准确地看看它给法国的政治领域造成了什么影响。我们从1600~1610年法国价格下跌这个事实开始，事实上，它在经济意义上深受法国及其资产阶级的欢迎。其至波尔什涅夫也承认,没有必要讨论工业资本家在法国不具重要地位。他承认这样的事实。"资本主义在其道路上继续发展,但是步履稍缓。"⑩

问题主要在对外贸易中,对外贸易对于民族经济的重要性在前面我们讨论英国对商业危机的反应时曾经讨论过。尽管 1600～1610 间的法国补偿了因宗教战争所造成的损失,然而,1610 年之后,又一次大衰落出现在法国,这一次主要因荷兰人、一定程度上英国人竞争的结果。使荷兰人、甚至英国人能够在这时期操纵法国价格的,在订立分配世界市场的契约时,是积累起来的工业资本的优势,而且 50～60 年之前的技术是关键性的:

> 就所有重要的指数而言,法国落在了它的竞争者之后。法国工厂中的劳动力处于较低的水平,技术工人的短缺不允许企业家设立一种适当的工资水平等级。国家补贴在那时是绝对必要的,只是偶尔的、零星的,而且数量较小,这样,资金积累规模较小;法国被排拒在直接的殖民掠夺之外,而这些殖民掠夺滋养了荷兰和西班牙的野蛮积累,也滋养了英国的工业。
>
> 这种情况的结果就是法国工业品的相对昂贵。结果,法国的商业和工业资产阶级不能在国内市场上与荷兰和英国人进行成功的竞争。被迫以别的方式进行投资……法国的造船业和航海,因而法国的海上贸易也落后于英国人和荷兰人,在技术上和经济上……
>
> 因为这一切,法国的资产阶级的确非常关心增加保护,而法国政府亦尽力在这方面满足他们的需要。⑩

这样,这种情况就使法国在一种中间层次上进入世界经济。在法国能够在一定程度上开拓西班牙和德国的市场时,英国人和荷兰人也能开拓法国和西班牙的市场。⑩

法国的国家机器与英国和联合省比较起来相对的强大,并不必然意味着它会在对付这种困境时发挥较好的作用。如果当时的法国君主们毫无保留致力于工业的发展和保证资产阶级的利益,毫无疑问,法国很有可能会超过另外两个国家实际上并非过于雄厚的优势。他们的对外入侵并非总是会使世界经济中的民族商业利益得到最大限度的发展。实际上,内夫(Nef)没有将英国成功的秘密归因于王室意图的差异上,而是归因于这种事实:即法国在干涉资产阶级企业时具有较高的效率。⑩当此同时内夫认为：英国在这时期相对游离于欧洲战争之外意味着在英国比法国较少强调"皇家当局服从的习惯"。得到那些免税贵族支持的法国君主们的征税能力不仅意味着大众的负担更重，而且资产阶级的负担也更重。

最后，我们不能忽略在世界经济中如1610年时已有的地位与未来的地位之间的联系。法国人在国内市场上与荷兰人和英国人进行竞争中的困难，促使他们将注意力集中在那些产品的生产上，这些产品他们有历史优势，比其他欧洲国家有相对较大的国内市场——奢侈品；尤其是丝织产品方面。但是，面向广阔市场的廉价产品将在长时期的积累中为工业发展打下基础。

三十年战争给法国造成极大的压力。随着军费的膨胀、军队的扩充，国家官僚机构的规模亦随之扩大；两者互为因果。征税程度一方面直接由国家决定，另一方面是在事实上依靠军队在农村的掠夺（de facto）。我们已经提到过战争对波罗的海地区谷物价格的影响，因而也是整个食物价格的影响。这一切又因流行于1628～1633年之间，尤其是1630～1631年的大瘟疫大大地加重了。或是歉收导致了疾病的扩散，或是疾病导致了谷物的短缺，这两者同时发生，极为严重地打击了法国。

在做出这个分析后，便很容易理解在这时期的法国农民起义是那样的广泛，不仅是国家对起义农民的强制性的税收，而且由于那些贵族们的经济压榨，他们也很难从农民那里得到租金和其他收入。毫无疑问，这在很多情况下意味着同一地区的贵族和农民同时对君主制不满，并且，在某种程度上"效忠的意识和相互的责任〔封建主与农民之间〕仍然存在于"17世纪早期的法国，但是对此夸大是一个错误，正如某些人试图所为。可以肯定，不仅仅是今天的分析家，而且包括当时的农民也能看出，宗教战争之后，封建领主正如萨尔蒙（Salmon）所说，"不论是旧贵族或是新贵族，再不是农民苦难的伙伴，而是它的部分原因。"导致经济发展速度缓慢的毕竟恰恰是贵族的政治行为。同时，法国不完全的工业化也使这种不满从农村向城市扩散，这两个地区是由那些增加的人数联系起来的，这类人是没有固定职业的流氓无产者，他们来回流动，生存空间太小以致无法承受危机的加重。

芒德鲁（Robert Mandrou）对这个争论有贡献，他要求我们将1623～1648年中，大众的起义置放在整个法国历史的长河中，这样的起义在更早和更晚些时候都发生过。他提醒我们，各种税收"应被视为极为恶化的经济形势的标志,而不应简单地视为农民起义唯一的或是最直接的原因。"⑬
芒德鲁极力主张我们回到一条最高成效的途径上去。他要求我们:

> 注意局部,注意地图上的位置:西部〔诺曼底圭因(Guyenne)〕、中部〔马尔凯(Marché)贝里(Berry)、布邦内斯(Bourbonnais)〕是最易受到那些麻烦的连锁反应影响和刺激的地区。在面对"漫长的 16 世纪"中出现的灾变,这些省份大规模参与的后果中,我们难道看不见:1620~1680 年的衰落导致了这些地方比那些更具大陆性的更不发达(fruste)的地区出现了更为明显的不景气吗?但是,这些 17 世纪动乱的农村和城市地区难道不也是那些在从前的世纪宗教战争时战况激烈的省份?⑭

这的确是一条珍贵的线索,也与我们整个的假设非常接近,而且,穆斯纳和波尔什涅夫也同意。穆斯纳说:

> 每种对起义的研究都不能与对地方经济和社会结构的研究分离。为什么农村的起义主要发生在西部、中部和西南部?难道不可能按照资本主义在那里的发展程度对城市进行归类,考察一下它与起义中的某些常数是否有关?⑮

波尔什涅夫指出,1623~1648 年的起义已经在 16 世纪的三个序列中发出了先声。前面两个序列是 1520~1550 年,与宗教改革有联系,1570~1590 年;在这期间,大众的运动"将他们的希望寄托在宣称自己是同志的天主教同盟身上。"然后是从 1590~1600 年,是最后一次浪潮,它现在已经变成了非宗教形式。⑯的确,波尔什涅夫进一步证明,对宗教战争普遍的厌恶导致了权威的世俗化,它反过来说明了在 17 世纪早期极需重新肯定国家权威的原因。⑰

波尔什涅夫的这个论断,在宗教运动的含意及其在早期现代欧洲的渊源,以及他们与维护民族统一体及与此相反的宗教离心力量的关系上,再次引发了一些疑问。我们早已谈论过科尼斯堡格(Koénigsberger)将胡格诺派视为法国民族革命运动的观点。⑱在理性思维的王国范围之内可以肯定,胡格诺派很有可能在法国的南部和西部得到了加强,这类似于加尔文主义者在尼德兰的北部得到加强一样,它也有可能导致发生在尼德兰那样的分立。在当时,这肯定是一种忧虑。在这样一种观察框架中,就不会对胡格诺派有时会向天主教的西班牙寻求帮助感到惊讶。然而,胡格诺教派的肃清只是在部分地区,这就为法国作为一个国家的整体留下了隐患。穆斯纳指出,官职的可以购买在1620年之后起到了收买加尔文主义骨干的作用。

地方主义比宗教分裂更严重,在南部法国已是胡格诺堡垒的奥西塔尼亚(老西部)(Occitania of Old)脱离过程中清楚地表现了出来。埃斯皮优克斯(Henri Espieux)说宗教改革找到了它的堡垒"一是在奥西塔尼亚,一是在6世纪时古代罗马高卢(Gaul)地区的边缘,当此同时,天主教基本上是在北方……"但是,他解释说,当纳瓦尔的亨利成了"对奥西塔尼亚人的目标不利的国王,'继而'又单独妥协时,奥西塔尼亚对同盟〔league(ligeuse)〕同情起来——这是留下的寻求其差别的唯一方式……"最终,埃斯皮优克斯认为,奥西塔尼亚人以同样的"非国教主义者精神"接受了詹森教派(Jansenism),"这是一桩对维持他们的反叛态度(humeur frondeuse)有利的事。"埃斯皮优克斯将这种反叛视为奥西塔尼亚人抵制法国统一的方式,它曾在16世纪向奥西塔尼亚征税;反抗因奥西塔尼亚承受的财政负担得以发生和加强,这种负担因在"第二个16世纪"马赛(Marseilles)和波尔多(Bordeau'x)的经济衰落变得更加令人讨厌,衰落不仅仅与巴黎有关;而且与巴塞罗那(Barceeona)和热那亚有关——这一切使奥西塔尼亚成为最底层的垫脚石。

波尔什涅夫关于1639年诺曼底起义的描述记载了类似的主题。如他所追溯的历史;14、15世纪诺曼底的农民承担比法国任何地方的农民都要沉重的封建负担。因为这个事实,也因为百年战争(Hundred Years' War)的破坏,农民逃亡,产生了严重的劳力短缺,这就导致了建立在对农民有利的条件之上的长久的地租相对急速的衰落。价格革命以及法国在世界经济中地位的崛起,使农民受挫——租金更高、地方更小,部分回到自然经济,简言之,是一种资本主义发展的障碍。一时间,当英国的约曼(yeoman)正从可耕地的圈占中获取利益时,他的诺曼兄弟正在遭受损失。至于资产阶级,波尔什涅夫谈到不同的两个部分:地方行政官与地方利益联系在一起,参与起义;金融家与国家利益联系在一起,因而倾向于扶植地方贵族。起义可以看作是对中央的政治的不满,中央政府正在剥夺诺曼的农民业主（和当地资产阶级）参与新的世界经济的利益。

在西部，如像在奥西塔尼亚，君主制被视为正在追求法国的"民族的"前途，这会导致经济上的退步。凭借传统，外省正在要求更大而不是更小的经济进步。[59]继1639年诺曼底起义之后，布列塔尼（Bretagne）、朗格多克（Languedoc）以及普瓦图（Poitou），这些省相继起义绝非偶然。[59]它也不是偶然的，诺曼底起义的直接背景是君主不愿减轻1632~1633年瘟疫之后，身处经济困难中的诺曼底的税收负担，因为"陛下沉重的支出负担使他不可能缓解他的人民，即使他愿意。"[59]他不能这样做的原因是，他正在把钱花在为法国创立一个民族统一体上。

设想一下——一种伟大的历史游戏——法国本是一个外形不同的地理整体，只包括法国的北部和西部，以鲁昂（Rouen）作为首都。设想一下，奥西塔尼亚自13世纪起，一直就是一个分离出去的国家。如果知道中央政权的民族利益与资产阶级的商业利益彼此并不矛盾，法国就不会是这样一副支离破碎的模样吗？如果像英国那样——通过创立工业基础而响应形成中的世界经济，法国在表面上就不是如此软弱吗？或许。

但是，这样一个法国并不存在。存在的法国如我们所说，非驴非马，被宗教——地区性的冲突搞得四分五裂。在16世纪的欧洲试图建立单一的宗教国家就像在20世纪的非洲建立一党制国家那样不容易，为了同样的理由，都需要与分裂势力作斗争，但是代价是沉重的。对法国而言，主要以这样的条件——"领主制反动"（réaction seigneuriale）及资产阶级的"封建化"（féodulisation）与贵族达成妥协。17世纪避免了内战的，只有"投石党运动"（Fronde）。资产阶级革命发生在1789年，在另一个时代，为另一个目的，而且在某些方面也太晚了些。在17世纪，当权的资产阶级、穿袍贵族（Noblesse de robe）自知不能提供过多的奢侈品以此追求其狭隘的利益，既然它这样做会威胁国家的统一，因而也会威胁它这当权的资产阶级的经济基础。

英国、法国君主的不同地位（是地位不是目的）是一个关键性的因素。对此进行观察的一个方式是，将政治斗争限定为，该时代的君主试图侵蚀所有非国家集团的特权，正如库珀（Cooper）所看到的，他们在反对城镇阶级（当然包括部分资产阶级）方面要比反对土地阶级更加成功。[60]布罗代尔（Braudel）谈到过城镇被君主"控制"或是"约束"住了。[62]从这个角度来看，土地阶级正在利用国家去帮助他们避免经济扩张激流的冲击。这样看来，投石党人（Frondeurs）虽然他们暂时失利，最终却胜利了，反之，英国的贵族虽然有所谓的复辟（Restoration），但最终也失败了。最后，布罗代尔认为，英国在世界上的霸权是伦敦的霸权，"在1688年和平革命之后；它将英国按自己的要求（ása quise）建构起来。"[63]

在资产阶级的要求和贵族要求的摇摆之中，英、法两国的君主都更趋近贵族的要求。不同之处在于，在英国，商业资产阶级的利益与强大的中央政府联系在一起，而在法国，某种程度上，商业资产阶级的利益与民族的边缘地区联系在一起。这种差别是在欧洲世界经济的网络中地理条件不同的结果。

一个结果是，为了从根本上控制桀骜不驯的资产阶级，法国君主一方面加强自己，同时售以官职收买资产阶级，这就渐渐地转移了他们对工业投资的兴趣。在英国，为了生存的贵族不得不寻找与资产阶级不太公平的融合途径。法国，正好相反，这种紧迫感落在了为了生存的资产阶级身上。在法国和英国，中央政府都赢得了民族统一的胜利，但是在英国，这意味着民族的资产阶级的事业进一步向前推进，而在法国，对资产阶级而言，这是一种退步。

英国内战最终在它可能发生的时刻发生了。在以后的150年间，土地阶级的复兴在各地声势浩大，甚至在英国亦是如此。但是，资产阶级至少赢得了公民权（droit decité）。而且，土地阶级的贵族色彩越来越淡，乡绅味越来越浓，最终成为地道的资产阶级人物（bons bourgeois）在法国，17世纪的资产阶级太弱小，以致不能产生一个克伦威尔。直到1789年，他们才发现他们的利益与国家的利益并不矛盾，正如国家这时的发现一样。但是，到这个时候，世界经济体系已然形成，对法国而言，要在这个体系内充任主角已经太迟了。

注释：

① Domenico Sella, "*European Industries, 1500～1700*" *Fontana Economic History of Europe*, II, 5, 1970.5. 罗曼诺（Ruggiero Romano）断言，16世纪几乎没有"真正的工业"，只有"必要的纺织产品、冶矿业以及航海船舶制造业。所有别的生产性活动本质上都建立在个体手工劳动基础之上。" *Revista Norica Italiana*, LXXIV, p. 500.

② Sella, *Fontana Economic History of Europe*, II, 5, p. 64.

③ "产品明显下降，工业企业规模缩小，工业重要性相对降低……在欧洲大部分

地区,帝国与西班牙人的领地内,包括弗朗什-孔泰(Franche-Comté)和南部尼德兰——所有的版图曾经在名义上都属查理五统治……" John U. Net, *War and Human Progress* (New York: Norton, 1963) 6. 内夫(Nef)对前哈布斯堡帝国的各部分都在6~7页上给出衰落日期。

④ Ibid., p. 6.

⑤ Sella, *Fontana Economic History of Europe*, II, 5, p. 65.

⑥ Ibid., p. 66. See Heaton, *Economic History of Europe*, pp. 314~319. 赫克谢尔(Eli F. Heckscher)在他所谓的"中世纪经济的成熟期",即1520与1600年之间,勾勒了一幅瑞典(Sweden)的图画,倾向于肯定塞拉(Sella)所说的:"16世纪瑞典经济的显著之点,不是在程度上有一个变化,而是变化来得太迟。在该时期,瑞典基本上停留在中世纪水平。正如它在政治、经济、文化方面离群索居一样,该国仍然在向后看,而不是向前看。政府所做的努力是如此微不足道,以致无论是统治者或是纳税者都没有被自然经济的继续存在所妨碍。既然政府在海外没有实质性的付出,它就没有通过出口获取外国通货的需要。人们的生活方式普遍没有变化,以致除了盐以外,进口贸易几乎无人问津。" *An Economic History of Sweden* (Cambridge, Massachusetts: Harvard Univ. Press, 1954), 77~78.

莫罗(Francois Mauro)坚持注意关键性的工业现象以解释英国和荷兰的领先地位:"是……采矿和冶金工业在商业革命中起作用,类似于钢铁工业在当代第三世界所起的作用。与商业阶级相伴的是工业主义者阶级的出现。英国和荷兰的伟大财富是两者都有:相互帮助,一个供应机器,另一个为工人大众供应消费品。安特卫普—列日(Liege)—洪德斯库特(Hondschoote):即是比利时人成功的三角区。伦敦—纽卡斯尔(Newcastle),那是伊丽莎白统治之下英国前工业革命的轴心。" *Le XVIe siècle européen*, pp. 298~299.

⑦ Postan, *Cambridge Economic History of Europe*, II, p. 233. 然而,在别的地方,波斯坦(Postan)在看待中世纪英国与意大利的关系时,很不愿意将之视为像20世纪,随着殖民统治者的被驱逐,殖民主义者的技术与资本输入循环。他认为,不同点在于英国的增长是逐渐的,它的原因最初在人口扩张和其他国内因素中发现,或许综合了一点借贷和外国投资。他进一步说,当民族经济的盈亏大致持平时,意大利人的统治是相当次要和相对不重要的。的确,完全有可能,意大利人的影响最深的地方不是他们的直接投资,也不是他们的高技术的传导,而在于他们帮助国王调整国家的经济生活。从前从土地拥有者阶级和土地劳动者阶级榨取大量财富的皇家税收和皇家财政流入了商人、金融家、军队承包者及战争牟利者之手。这样,一部分本来应被囤积起来的国家财富得以被商业和工业利用。" "Italy and the Economic Development of England in the Middle Ages." *Journal of Economic History*, XI, 4, Fall 1951, 345.

⑧ Jonh U. Nef. *Iudustry and Government in France and England*，1540~1640（Ithaca：Great Seal Books，1957），1.

⑨ "通观早期中世纪，尤其是13世纪，英国是一个食物包括谷物的出口者。以后，另一个更重要的谷物来源出现了。作为在易北河（Elbe）那边斯拉夫土地的德意志殖民化的结果，巨大的新的农业资源被开发了，并且，从13世纪来以后，东部德国和波兰的裸麦开始涌入西部。到14世纪初，波罗的海谷物开始为佛兰德（Flemish）提供食物，而且到这时，英国谷物开始在斯堪的纳维亚（Scandinavian）市场上出现。" Postan，*Cambridge Economic History of Europe*，II，p. 121.

参看迈尔斯（A. R. Myers）："直到16世纪，英国的出口，除了布以外，大部分由原料构成——金属、小麦和别的粮食、羊毛以及皮革——到14世纪，英国的这些出口品，尤其是小麦，面临东部德意志新的殖民地日益增加的强有力的竞争。" *England in the Late Middle Ages*，Volume IV of *The Pelican History of England*（London：Penguin Books，1952）. 57.

⑩ See F. J. Fisher，*Essays in Economic History*，II，pp. 197~207.

⑪ See M. M. Postan，"*The Economic and Political Relations of England and the Hanse*（1400 *to* 1475）" in Eileen E. Power and M. M. Postan，eds.，*Studies in English Trade in the Fifteenth Century*（New York：Barnes & Noble，1966），esp. 139~141. 参见格拉斯（N. S. B. Gras）："在都铎（Tudor）时期，有一个最重要的变化……伦敦打破了早期不依赖外国谷物的状况……伦敦的发展产生了大量的需求，这反过来又导致发展有组织的进口贸易……当认识到16世纪谷物出口总的来说是增加时，这一切就更有趣了。" *The Evolution of the English Corn Market*（Cambridge：Harvard Univ. Press，1915），101~102. See Marian Malowist，"*Histoire Sociale*：*époque contemporair*" in IXe congrès Internatianal des Sciences Historiques. I. Rapports（Paris：Lib. Armand Colin，1950），310.

但是参看迪伦（Van Dillen）："〔在17世纪〕英国是自给自足的，但在尼德兰却不是。这就是为何最初出口的谷物命中注定主要是给尼德兰的。" *Britain and the Netherlands*，II，p. 134. See also Alan Everitt in *Agrarian History*，IV，pp. 524~527.

⑫ G. N. Clark，*The Wealth of England from 1496 to 1760*（London：Oxford Univ. Press，1946），27~28. 但是挪威也向苏格兰、丹麦和尼德兰出口初级产品，这减少了它对英国的依赖性。See Lythe，*The Economic of Scotland*，p. 147.

⑬ "都铎时期通过平定在威尔士边区（Marches）的骚乱，威尔士（Wales）行政管理的变化有利于牲口贸易的发展。" Carolime Skeel，"*The Cattle Trade Between Wales and England from the Fifteenth to the Nineteenth Centuries*" *Transactions of the Royal Historical Society*，the Ser.，IX，1926，138.

⑭ Eileen E. Power, "The Wool Trade in the Fifteenth Century," in Eileen E. Power and M. M. Postan, eds., *Studies in the English Trade in the Fiftteenth Century* (New York: Barnes & Noble, 1966), 39.

⑮ Myers, *England in the Late Middle Age*, p. 132.

⑯ See P. J. Bowden, *The Wood Trade in Tudor & Stuart England* (London: Macmillan, 1962), pp. 203~212.

⑰ See Postan, *Cambridge Economic History of Europe*, II, p. 244. See Ramsey, *Tudor Economic Problems*, p. 101.

⑱ "12世纪晚期，由于水力代替了以前一直用手或脚的人力，漂洗机得到了广泛而快速的应用。以流水推动漂流机在科茨沃德（Cotswold）、奔宁山区（Pennines）以及湖区（Lake District）发现，到14世纪开始，织布工业已然移到这些地区。绒布，尤其是在东盎格利亚（Anglia）制造的绒布，不需要漂洗，所以不是太依赖水力，但甚至绒布制造业也因城市手工业价严的政策而转向村庄，他们保持产品价格的企图加速了他们的衰微，因为无组织的村庄织布工人愿意拿低工资……这样，中世纪晚期英国农村织布工业的发展主要得力于这种技术和组织的进步，而不是（像有时断言的那样）爱德华三世（Edward III）对佛莱米（Flemish）织工定居英国的邀请。" Myers, *England in the Middle Ages*, p. 56.

⑲ M. Malowist, *Economic History Review*, XII, p. 178.

⑳ "13世纪织布工业在其一向繁荣的城市中心的衰落就像在同一时期它在农村地区扩展一样明显，但是迄今为止吸引历史学家注意的是城市这一边，他们据此错误地推断织布工业总的衰落。" E. M. Carus-Wilson, "An Lndustrial Revolution of the Thirteenth Century," *Economic History Review*, XI, 1941, 59. 参见米勒（Edward Miller）："〔英国纺织工业的〕产品在被许多学者视为经济萎缩期的14世纪快速增长。""The Fortunes of the English Textile Industry During the Thirteenth Century", *Economic History Review*, 2nd ser., XVIII, 1, Aug., 1965, 39~60.

㉑ Malowist, *Economic History*, p. 179. 参看波斯坦（Postan）："只要英国的出口以羊毛为主，对英国商人而言，就没有必要远离故土去寻找市场和顾客。羊毛是一种工业原材料。它的主顾是外国的织布制造者；而且仅有的织布业中心不仅高度集中，而且近在咫尺，主要在低地国家。另一方面，加工好的布料必须出售给潜在的主顾，主要在潜在的消费中心，换句话说，出售给欧洲大陆及大陆以外的男人和女人们。" *Cambridge Economic History of Europe*, II, p. 245.

㉒ Postan, in Power and Postan, eds., *Studies in English Trade*, p. 103; cf. Clark, *Wealth of England*, pp. 39~40.

㉓ See Alwyn A. Ruddock, *Italian Merchants and Shipping in Southampton*, 1270~1600 (Southampton, University College, 1951), passim.

㉔ See Jacques Heers, "Les Génois en Angleterre: La crise de 1458~1466," in *Studi in onore di Armando Sapori* (Milano: Instituto Edit. Cisalpino, 1957). Ⅱ, 812, 824.

㉕ See Postan, *Studies in English Trade*, p. 101.

㉖ "15世纪羊毛与织布贸易之间显著的区别是由每一种商品都要出售这一条件决定的。除了意大利人的装运外,羊毛被英国人在加来(Calais),一个英国人拥有、被政府公开保护的商业中心卖给大陆上的买者。相比之下,外国人在大陆上出售的织布与英国人一样广泛,市场遍布从欧洲西海岸、普鲁士到意大利。这种展开和不设防的市场区域比起在加来的集中的、受保护的羊毛市场及其与意大利人的其他辅助性的贸易更易受到打扰。英国人更大的织布市场是波罗的海地区,尤其是普鲁士、波兰、低地国家及下莱因(Lower Rhine)地区,最后是法国北部和吉恩(Guienne)。在1448~1476年期间,不仅吉恩人(Guienne)输给了英国,而且,由于政治上的纠纷,波罗的海及低地国家的市场亦动荡不宁。所以,在估计织布贸易衰落的原因时应注意三个市场地区的状况。" H. L. Gray, "English Foreign Trade from 1446 to 1482" in Eileen E. Power & M. M. Postan, eds., *Studies in English Trade in the Fifteenth Century* (New York: Barnes & Noble, 1966), 25.

㉗ "到15世纪中期,英国的织布商被所有较远的出口点所排拒。斯堪的纳维亚市场在该世纪初即已失去。与普鲁士的联系,以及通过普鲁士与整个中部及东部欧洲的联系最终也由于英国—汉萨同盟(Anglo-Hanseatic)之间在30和50年代连续的争斗而中止。英国贸易在尼德兰的集中,英国的半成品布料加工业的专门化,公司及商人冒险家协会的兴起——所有这一切中世纪末期英国贸易熟悉的特征都可追溯到百年战争结束后中古英帝国的崩溃那里去。" Postan, *Economic History Review*, XII, 1942, 3. See also Postan in Power & Postan, eds., *Studies in English Trade*, p. 153.

"但是毫无疑问是英国人把持了这个时期安特卫普'各民族商人(nations)'中的地方价格,而且对安特卫普作为英国织布'商城'的选择仅仅次于香料贸易中心的建立,这就是为什么全欧的商人们麇集此地的原因。在面对阻挠的情况下,英国的织布贸易通过斗争在15世纪的尼德兰获得贸易中心地位。这种可得到丰厚报偿的固执是一种由必须而产生的勇气。他们如不在欧洲海岸立足就是一种失败。正是这种勇气驱使那么多的英国商人去尼德兰碰运气。关于那种认为英国与安特卫普织布贸易的兴起就像商人冒险家公司(Merchant Adventurers' Company)的兴起那样,总体来看,不是英国海外贸易的增长而是收缩的观点争论很多。" S. T. Bindoff, *New Cambridge Modern History*, Ⅱ, pp. 53~54.

㉘ S. T. Bindoff, *Tudor England*, Vol. V of *the Pelican History of England* (London:

Penguin Books, 1950), 20.

㉙ Bindoff, *New Cambridge Modern History*, II, p. 54.

㉚ "就国际贸易或国际交易而言，装、卸、运输、法律程序和税收加起来的费用仅仅是成本费用的小一部分。这是一个值得强调的事实。这种西部的商业在15世纪，比实行一种远要沉重得多的税收政策的热那亚要更为有利。在任何情况下一定的商业技术（运输或相应的操作）其进步之快的程度足以允许相对的低价。无论是像英国织布那样昂贵的货物或像明矾这样廉价的产品，成本都不高：一种更为现代的经济的标志……"

"信贷条件也非常重要。在伦敦，无须繁琐的手续，也无须或多或少的秘密关系即可轻易得到贷款。" Heers, *Studi in onore di Armando Sapori*, II, p. 832.

㉛ "英国的海外贸易……由单一的产品交换构成，织布——对于该时代而言，的确是大规模工业化的结果，酿成一场伟大的农业革命和整个内在经济模式的变迁——反过来，英国的大量商品连同满足文明而又爱好奢侈的中上层阶级需要的各种工业成品，皆受此种风气影响不能生产。英国为北欧农民提供了服装，反过来，吸引了大量欧洲技术设计的产品，主要由欧洲的海运商人从东部和南部输入。贸易的平衡完全取决于欧洲操纵、运输及购买英国无限量供应的织布的能力。" Lawrence Stone, *Economic History Review*, II. p. 32.

㉜ See Strayer, *On the Medieval Origins of the Modern State*, pp. 44~45. 赫克谢尔（Eli F. Heckscher）谈到，英国早在12世纪后半期亨利二世（Henry II）统治时就有了统一的币制，而法国则在1262年才有。*Mercantilism*, I, p. 119.

㉝ 例如，布洛赫（Marc Bloch）说过："〔威廉（William）的征服〕恰好发生在这样的时刻，即整个西方的经济及知识状况处于开始赞同反对分裂斗争的过渡时期。这种由于成功的战争产生的君主制度几乎从一开始就有意义，它似乎在早期就能支配全体受教育的成员和官僚机构……虽然〔不应读为因为？〕在某些方面国家并非完全封建化，但是封建主义最终会增加国王的威望。在这个每一片土地能出租的国家，国王名义上是一切领主的领主。没有什么地方实行井井有条的军事采邑制。" *Feudal Society*, pp. 429~430.

㉞ 例如，赫克谢尔（Hecksher）说："〔在中世纪难于产生一个中央集权国家〕的两个主要因素之一是当时的交通工具，尤其是陆路交通工具状况，在原始的技术条件下，它比内陆水路或是沿海的交通有更大的困难，当时尚未产生交通的伟大发明。一个像英国这样的国家，由于有显而易见的漫长的海岸线（就其陆地区域而言），就比大陆国家有更大的可能性获得政治上的统一，而在这些大陆国家中，又没有哪一个比德国更加糟糕了。" *Mercantilism*, I, p. 36. see Clark, *The Wealth of England*, pp. 4~5, 44~45.

㉟ 这一辞是出于罗珀（H. R. Trevor-Roper），见于"*England's Modernizer: Thomas Cromwell*" in *Historical Essays* (New York: Harper, 1966), 74.

㊱ G. R. Eiton, *The Tudor Revolution in Government* (London and New York: Cambridge Univ. Press, 1953). 4.

㊲ "英国的不同地区（某种程度上甚至不同的城市）在……14和15世纪有其不同的经济史，就像19世纪欧洲不同民族的经济发展千差万别一样……在这方面，资本主义的出现本身就能起到强的协调作用。" Dobb, Studies, p. 21.

㊳ Elton, *Tudor Revolution*, p. 415. 埃尔顿也认为"基本的改变是从教会或国王家务服务训练的官僚转为在大臣家中训练官僚，以便此后受雇为国家服务的变化〔p. 308〕。"

㊴ See Penry Williams and G. L. Harriss, "A Revolution in Tudor History?" *Past & Present*, 25, July 1963, 3~58; G. R. Elton, "The Tudor Revolution: A Reply," *Past & Present*, 29, Dec. 1964, 26~49; G. L. Harriss and Penry Williams, "A Revolution in Tudor History?" *Past & Present*, 31, July 1965, 87~96; G. R. Elton, "A Revolution in Tudor History?" *Past & Present*, 32, Dec. 1965, 103~109.

㊵ Hill, *Reformation to Industrial Revolution*, p. 28. 总的来说，我认为这种说法比埃尔顿（Elton）那些有点极端的说法更有道理一些。埃尔顿说："1530年代的改革，政府的官僚化，在取得那种标志现代政府的连续性方面是成功的，它甚至在内战时期阻止了真正的无政府状态。" *Tudor Revolution*. p. 417.

㊶ Hill, ibid., p. 25.

㊷ "16世纪，英国的城镇已开始并为单一的民族共同体，在一定程度上，这并不与大陆国家同步……伦敦有意义的扩张，以及它作为一个凝聚力量增长的地位，可以追溯到改革之后的时代……由于法律、社会秩序、内部政策的设立，在威尔士和北方私人战争的结束，特权区（franchise）的消除以及缓慢的交通的改善，来自城市的商人逐渐打破了地方联合体的特权。同时，在财力上得到伦敦支持的新教牧师致力于将王国愚昧的角落带入为首都所接受的对宗教的真正理解之中。" Hill, ibid., pp. 25~27.

赫克谢尔（Heckscher）也强调与大陆相比伦敦的例外地位："建立一个统一的捐税制度在任何国家相对说来都不如在英国那么容易，主要有两点因素。首先，正如在所有其他领域一样，英国的君主制是统一的和连贯的，其次，是其海上运输至为重要，这使得它的陆路和水路比起像德国和法国那样在地理上是密集的板块的国家来远非那么重要……"

"英国占据了独一无二的有利地位，不仅仅是因为它的陆路、河道税的非重要性，也能够发展一种民族的海关税制，完全不依靠市政税制，并完全掌握在国家手中，这种关税既不被大量的免税人所减少，也没有被正式承包……"

"况且，它具有这样的特点，不仅掌握在政府之手，而且在国外和国内贸易之间显示了一种早熟的特质。" *Mercautilism* pp. 46. 51. 52. See Gino Luzzatto, *L'età moderna* (Padova: CEDAM), p. 14.

萨普利（Barry Supple）更为保守地阐述了经济一体化的问题："就生产和大多数消费品而言，我们还不能提到民族市场。但是地区的专业化和贸易已足以发展到产生一种会对商业性的骚扰极为敏感的平衡。"*Commercial Crisis*. p. 3. 关于伦敦市场刺激民族发展的增长，参看两篇文章。F. J. Fish: "*The Development of the London Food Market*, 1540~1640," in Carus-Wilson, ed., I, 135~51；"*The Development of London as a Centre of Conspicuous Consumption in the 16th and 17th Centuries*" in Carus-Wilson, ed., II, 197~207.

㊸ "在由中世纪向现代过渡之际，与西欧及中欧的部分国家，包括西南德国相比，英国人在文化上相对落后；无论这种过渡时代是从15世纪末或是从更早的时候起，也不论这种比较是针对工业的、物质的文明或是非物质概念的知识成就及生活艺术方面。但是在接下来的世纪，这个英国共同体已取得了这样的成就以致到它的末期，他们已与（或许值得怀疑）他们的大陆邻居比肩而立了。这种不列颠成就既是绝对的也是相对的，两者都归因于岛国领土上高度的进步，尽管大陆上的迟滞在17世纪比16世纪更显而易见……"

　　"伊丽莎白时代的英国拥有不同的优势，就企业而论，别的基督教世界正陷入毁灭性的战争，这对英国工业团体的发展是幸运的，而对可能成为他们的工业和商业上的对手们却是一种灾难。" Thorstein Veblen, *Imperial Germany and the Industrial Revolution* (Ann Arbor, Michigan Ann Arbor Paperbacks, 1966), 92, 98.

㊹ R. B. Wernham, "*The British Qustion 1559~1569*" *New Cambridge Modern History*, III：R. B. Wernham, ed., *The Counter-Reformation and the Price Revolution*, 1559~1610 (London and New York：Cambridge Univ. Press. 1968), 209.

㊺ See ibid., 212.

㊻ Ibid., 233.

㊼ 参看赫斯特菲尔德（Hurstfield）对欧洲，包括英国的通论："那么16世纪欧洲的政府发现他们自己与承担的职责相比，资源相对薄弱……〔他们〕面临一种形势，即中等阶级不能，也不可能分担民族政府主要的负担。但是如果中等阶级自身互不合作，那么君主们与中等阶级的关系就会有一定程度的不确定性……〔这就导致〕一系列广泛的企图……遍及欧洲的巧立名目的税收；视现存的商业和工业化过程作为国库收入的来源。它们必然会导致经济畸形。而且，它的规模很大。最好的现象是官职的广泛出售。" J. Hurstfield, *New Cambridge Modern History*, III, pp. 139~140.

　　但是参看希尔（Christopher Hill）对英国的评论："都铎的和平，以及在英国一支坚强的军队的不存在，意味着税收比起大陆的标准来相对要轻……税收数目不多反过来成了未能建立法国那样相对强大的官僚机构失败的原因。" *Reformation to Industrial Revolution*, p. 101.

㊽ "恢复王室权力的基本事实是王室财富的恢复,为了在王国中成为最有权力的人,国王必须是最富有的。事实上,这在 15 世纪末,意味着他不得不是最大的土地所有者。"Elton, *Tudor Revolution*, p. 25.

㊾ "专制主义时期是由修道院的解散开始的,它从经济上使统治阶级重新浮起,并通过资助新的家族补充新生力量。在此之前,土地主一直试图通过圈地和提高租金重建他们的经济权力,但是这种措施激起农民的不满,必然使得一个强大的中央政府从政治上致力于加强土地主的经济和社会权力。然而,这却导致了绝对君主陷入了两难境地,它从未解决,并因此倒台。如果它给土地主以自由,它会面临可能推翻统治阶级的农民起义,如果它限制土地主,保护农民,它就会面临来自统治阶级内部的、可能威胁君主的反抗。"Brian Manming, "The Nobles, the People, and the Constitution," *Past & Present*, 9, Apr. 1956, 48.

㊿ See Gordon Batho "Land Lords in England. A. The Crown," in the *Argarian History of England and Wales*, Joan Thirsk, ed., IV: 1500~1640 (London and New York: Cambridge Univ. Press, 1967), 273.

㉛ G. E. Aylmer, *The King is Servants* (New York: Columbia Univ. Press, 1961), 7.

㉜ J. H. Hexter, "The Myth of the Middle Class in Tudor England," *Reappraisals in History* (New York: Harper, 1963), 117~162.

㉝ Spooner, *New Combridge Modern History*, III, p. 15. 斯通(Lawrence Stone)说: "从 1540 年起存在一个大起大落的繁荣、暴跌循环期,直到 1553 年以财政崩溃告结束。" "State Control in Sixteenth-Century England" *Economic History Review*, XVII, 1, 1947, 106.

㉞ Christopher Hill, "Some Social Consequences of the Henrician Revolution" in *Puritanism and Revolution* (New York: Schockon Books, 1958), 44. 布洛赫肯定 "修道院的解散(1536~1539)加速了阶级的融合。国王奉送或是出售的部分最多。所有的阶级、贵族、乡绅(他们中的很多人作为管理人为僧侣服务或是耕种自己的土地),(伦敦的商人团体)都是受益者。"*Seigneurie francaise*, p. 122.

㉟ See Clark, *Wealth of England*, pp. 64~65. 斯通认为,另外,家族的突发事件导致了贵族出售相当多的土地。See *The Crisis of the Aristocracy*, 1558~1641, abr. ed. (London: Oxford Univ. Press, 1967) 76~88.

㊱ R. H. Tawney, "The Rise of the Gentry, 1558~1640," in E. M. Carus-Wilson, ed., *Essays in Economic History* (New York: St. Martin's, 1965), I, 202.

㊲ 这是批评托尼(Tawney)最严厉的论点,库柏(J. P. Cooper)认为,许多贵族拥有中等规模的庄园,许多俗人(Laymen)有 10 个以上的庄园。See "The Counting of Manors" *Economic History Review*, 2nd. ser., VIII, 1958, 381~383.

㊳ Tawney, *Essays in Economic History*, I, p. 189.

(59) “一个人不能在没有误解的情况下，认为现代社会的开始有其严格的‘阶级’概念，尤其是当他坚持用马克思主义者关于阶级划分的三段论法来定义阶级概念时。在某些时候，工资劳动者可能反对他的师傅，然后，他们也可能会反过来与雇主联合反对商业资本或是政府的压迫。有时农民会揭竿而起，同时也有可能反对国王削弱他们的领主的权力的政策，也反对贵族增加封建税收的企图。总的看来，农村的水平而言，农民从未成功地建立一个团结的整体；相反，人们常会发现城市居民是他们的压迫者。每一个人都属于几个社会团体：他的家庭、他的行会（corps de metier）、他的城镇或是乡村，他的郡——16世纪被称为‘乡村’（Country）——现代意义上的农村，以及他的经济阶级。毫无疑问，大多数人常常认为自己是这些形形色色的社会成员联合体中的一员。一个人宁愿说‘诺福克’（Norfolk）的织布工人而不愿笼统地说织布工人或是诺福克人。个人给自己定义的社会成员或是忠诚的概念，很简单，取决于其时的社会环境。要想知道什么是一个人的‘原则性’的忠诚是一个没有答案的问题，不仅仅是因为资料难于评价，也因为这类抉择极少从理论上而是根据相对的特定的环境做出的。” C. S. L. Davies, “Les révoltes populeires en Angleterre (1500 ~ 1700)” *Annales E. S. C.* 24, I, jam-fevr. 1969, 59 ~ 60. 戴维斯（Davies）谈到的社会隶属的自我指派的模式和复杂性当然是事实，但纯属马克思主义者的阶级模式。马克思同样精确地考虑到这一点。然而戴维斯的看法在提醒我们注意在这时期许多阶级成员是地区的而不是民族的，这一点上是有用的。

(60) Tawney, *The Agrarian Problem*, p. 195.

(61) Lawrence Stone, “The Anatomy of the Elizabethan Aristocracy,” *Economic History Review*, XVIII, 1 & 2, 1948, 3 ~ 4.

(62) Ibid., p. 15.

(63) Ibid., pp. 37 ~ 38. 参看托尼：“综合性的材料几乎还没有收集到一起；但谈论许多贵族家庭——尽管不是单一的——在百年战争之前的两代中所遭遇的财政危机或许不是一种夸张。” *Essays in Economic History*, I. p. 181.

(64) Lawrence Stone, “The Nobility in Business, 1540 ~ 1640” *Explorations in Entrepreneurial History*, X, 2. Dec. 1957, 61.

(65) Ibid., p. 60.

(66) See H. R. Trevor-Roper, “The Elizabethan Aristocracy: An Anatomy Anatomized,” *Economic History Review*, 2nd ser., III, 3, 1951, 279 ~ 298. 并回答说：“但是特雷弗-罗珀先生在指责我夸大了1950年代危机长时期的严重性方面，可能是正确的。” *Lawrence Stone*, “*The Elizabethan Aristocracy—A Restatement*,” *Economic History Reuiew*, 2nd ser., IV, 1, 2, &3, 1951 ~ 52, 311. 在结尾部分斯通说：“〔特雷弗-罗珀（Trevor-Roper）〕否定伊丽莎白时代的贵族处于全面的经济衰

落似乎与证据有矛盾……〔p. 320〕。" See also Cooper, *Encounter*, XI, p. 388, Lawrence Stone, "Letter to the Editor" *Eveounter*, XI, 1, July 1958, 73, J. H. Hexter, "Letter to the Editor" *Encounter*, XI, 2, Ang., 1958, 176.

(67) Trevor-Roper, *Economic History Review*, III, pp. 292~291.

(68) Ibid., 291~292. P. J. 鲍登（P. J. Bowden）对为什么衰落比某些假设的不那么严重作了进一步的解释："即使在这样的环境中，不管怎么样，土地阶级也未必会遭受实际收入的损失。那种预定的假设，即地租是土地主唯一的收入来源，事实上并不真实。16、17世纪的土地主有种种收入。大多数土地贵族或许直接经营农业以维持家庭的支出，如果不是为了市场……（cont.）"

"除了租金收入及直接的农业经营外，……对于绝大多数土地主，最重要的收入来源是木材。" "Agricultural Prices, Farm Profits and Rents" in *The Agrarian History of England and Wales*, Joan Thirsk, ed., IV: 1500 ~ 1640 (London and New York: Cambridge Univ. Press, 1967), 675, 677. 鲍登（Bowden）断言，因为有些租金是固定的，有些不是，实际的结果有两方面："租金在范围两者之间〔被放宽了〕；"以及"贫瘠与肥沃土质的差别〔被缩小了〕。"

(69) Stone, *The Crisis of the Aristocracy*, p. 94.

(70) J. H. Hexter, "The Storm Over the Gentry" in *Reappraisals in History* (New York: Harper, 1963), 133. 如果一个人要相信赫克斯特（Hexter），那么对此争论可能有两方面——托尼和特雷弗-罗珀——但是他，赫克斯特，有正确的观察，两方争论者都是反对他自己的"辉格式解释"（Whig interpretation）的"伪马克思主义者"(pseudo-maxiams)。然而更为奇怪的是，如果细心观察，就会发现赫克斯特的论证事实上分成了三类——一个是亲托尼的（"糟糕"的是与希尔一致），第二个是亲特雷弗-罗珀的，第三个与两者皆异。完全不能肯定这三者谁的分量最重。进一步说，正如引证所表明的，赫克斯特有时发明了一些非真实的不同。

(71) Hill, *Puritanism and Revolution*, pp. 36~37.

(72) Cooper, *Economic History Review*, VII, p. 381. 赫克斯特也愿意区别有爵位贵族(peerage）和贵族阶层(aristocracy)，将有爵位贵族（peers）更年轻的儿子们也算作"贵族阶层"（aristocrats）而不是"乡绅"。*Reappraisals in History*, p. 127.

(73) F. J. Fisher, "The Sixteenth and Seventeenth Centuries: The Dark Ages in English Economic History?" *Economia*, *N. S.*, XXIV, 93, 1957, 17. 费希尔（Fisher）也提醒我们，不管怎样，分类的传统含意仍然不是社会重要地位的被剥夺（be-reff)："如果土地本身不足以成为通向社会天堂的护照，绅士们也无能为力。乍一看，16、17世纪的等级制度似乎并不对那些新兴者有利。如我所理解的，至少在其最表面的现象，这种体制基本上是生物学上的。它基于一条彩带之上；尽管有关的颜色是血液的而不是皮肤的。一个人的社会地位不太取决于自己的物质，而是取决于在他之前已然被区分的先辈的地位。先辈越遥远，他那通过伊丽莎白时代的静脉的血液就越少，他在伊丽莎白时代的地位就越高。16世纪最为动人的故事之一，我认为，是柏立（Burleigh）勋爵奋斗的故事——按任何标准看都是一个不平凡的人——为了证明或许从不存在过的威尔士（Wales）的王侯血统，即使存在，或许也很难与他本地山头上那些羊群区别开来（pp. 13~14）。"

⑭ Christopher Hill, "Recent Interpretations of the Civil War" in *Puritanism and Revolution* (New York: Schocken Books, 1958), 8.

⑮ Julian Cornwall, "The Early Tudor Gentry", *Economic History Review*, 2nd. ser., XVII, 3, 1965, 470. 他补充说："他们事实上是土地所有者阶级，远远胜过有爵位贵族（peerage），后者在该时期几乎没有了。"

⑯ 托尼也偶尔讨论乡绅，或许讨论更多的是那些地方上的乡绅，他们"拥有不是根据法律确认而是通常评估的地位……" *Essays in Economic History* I, p. 174.

⑰ Ibid., p. 197.

⑱ Ibid., p. 174.

⑲ Ibid., p. 175. 这种对荷兰形势的估计与一篇最近的博士论文有矛盾，这篇论文简要的结论已经发表，它认为，该时代荷兰经济每一片农民土地都是重要的，正如英国人心目中的农村土地一样。See Jan de Vries, "The Role of the Rural Sector in the Development of the Dutch Economy: 1500~1700" *Journal of Economic History*, XXXI, 1, Mar. 1971, 266~268.

⑳ Tawney, *Essays in Economic History*, I, p. 175.

㉑ "皮朗（Pirenne）教授在一篇众所周知的论文里指出，每一个时代的资本主义者都会得到补充，不是从前一时代的人，而是从那些出身低微、靠奋斗拓展的个人，这些人形成新的富豪；他们重又变成尊贵的寄生虫，因而被新一代取代。这种后浪逐前浪的变化在土地阶级的历史中屡见不鲜。在哈林顿（Harrington）写道的之前三代就是这样的例子。" R. H. Tawney, "Harrington's Interpretation of His Age," *Proceedings of the British Academy*, 1941, 218.

㉒ Ibid., p. 207.

㉓ See H. R. Trevor-Roper, The Gentry, 1540~1640" *Economic History Review*, Supplement 1, 1953, 4~24. 对于这场辩论这部分继续的情况，see R. H. Tawney, "Postcript" in E. M. Carus-Wilson, ed., *Essays in Economic History* (New York: St. Martin's, 1965), I, 206~214; Cooper, *Economic History Review*, VIII, pp. 377~81; Hexter, *Reappraisals in History*, pp. 124~129; Hill, "Recent Interpretations" p. 9.

㉔ Trevor-Roper, *Economic History Review*, pp. 26, 27, 30.

㉘ Hexter, *Reappraisals in History*, p. 131.

㉖ Ibid., pp. 135~136. 从不因想象而糊涂，但讨厌统计数字的赫克斯特，在另一点上谈到早期斯图亚特（Stuart）的英国："因当时显贵们的无能而出现的真空中源源不断涌入农村乡绅——不是托尼教授所说的冒险的、顽强的小乡绅，也不是特雷弗-罗珀所言的陈腐的、跳蚤般的小乡绅——而是富有、受过良好的教育的、坐在詹姆斯一世（James I）和查理一世（Charles I）的议会中的骑士和绅士们〔p.48〕。"参看库柏（Cooper）对赫克斯特对统计数字态度的评论："最后，与赫克斯特教授所言不同，我相信如果对第一个例子中的报导和租赁及统计不多的庄园作更仔细的研究，就不会有现在这种的矛盾形式。对斯通先生，我应公正地补充一点，既然他首先切入该主题，他肯定投入了大量的时间研究它。我想斯通先生与我至少能在继续这类研究的必要性上达成共识，而不是像赫克斯特所言，抛开它们。""Letter to the Editor" *Encounter*, XI, 3, Sept. 1958, 74.

㉗ Hexter, *Reappraisals in History*, p. 142.

㉘ Ibid., p. 147.

㉙ Lawrence Stone, Encounter, p. 74.

⑩ "如果我们不再毫无保留地接受托尼教授的观点，即乡绅在1540至1640年之间的兴起是以贵族的牺牲作代价的，或是在庄园的管理上詹姆斯一世（James I）时的贵族明显有别于伊丽莎白的人，那么，就无可否认在某些家族中土地阶级的兴起，他们中的很多人，尤其是在早期斯图亚特王朝时期，将已经改善的地位归功于官职、贸易而不是土地的收益。" Gordon Batho, "Land-Lords in England. B. Noblemen, Gentlemen and Yeoman" *in the Agrarian History of England and Wales*, IV: Joan Thirsk, ed., 1500~1640 (London and New York: Cambridge Univ. Press, 1967), 285, 但是巴索（Batho）补充说："在抬高某些家庭在社会等级中拥有官职和政治影响的重要性时，不管怎么样，不应夸张。在大宗的收入被极少数幸运者所享用时，大多数家庭及政治的职位收入不多，并且不允许除了薪俸之外有大量收入，甚至在斯图亚特时代〔p.289〕。"

⑪ J. H. Hexter, "A New Framework for Social History" *in the Reappraisals*, p. 14.

⑫ J. H. Hexter, *Reappraisals in History*, pp. 103, 105.

⑬ Ibid., p. 109.

⑭ Ibld., p. 110.

⑮ "16世纪的前半期是一个在经济控制中进行大量实验的时期，但是在商业自由方面没有明显增加的证据……"

"可靠而非繁荣，是都铎经济政策的主要目的……"

"但是都铎政府的自相矛盾及可能是整个体制崩溃的最后的原因，可以进一步在与之相关的家长式统治的方案和社会公正中找到，而且，保守主义已成为满足有计划的自给自足的经济和机会主义的战争财政日趋增多的需要的祭品。历届都铎政府都是那些社会变迁和那些被设想提供了大量援助的新的资产阶级坚定理论上的反对者。” Stone, *Economic History Review*, XVII, pp. 109, 111, 115.

(96) Hexter, *Reappraisals in History*, p. 91, cf. also pp. 83 ~ 84.

(97) 它可能是这样的情形，正如希尔（Christopher Hill）所说：“在通货膨胀的时代，似乎是农民、约曼（Yeomen）、小土地主首先发展了那种必然成功的资产阶级品质——节俭、勤奋，敏于寻找市场，有节制的消费及利润的再投资。那些维持传统消费标准的贵族和大乡绅则相对较慢地自我适应，并继续花费那部分他们的地租已不能提供的金额。这样的人为了经济上生存下去越来越依靠王室。” *Reformation to Industrial Revolution*, pp. 65 ~ 66. 但它至多是一个程度问题。

(98) 参看帕赫（Zs. S. Pach）关于匈牙利（Hungary）和英国特定的比较：“〔作为商人的土地所有者〕不是原本的现象，如果我们将匈牙利与这时期英国的发展比较一下，在那里，类似的过程正在发生。我们正在考虑‘新贵族’即那些基本上以租金形式接受他们应得的封建收入的英国‘乡绅’。他们从事羊毛、小麦及其他物品的出售，并剥夺农民和自耕农的财产，使他们受自己资产阶级特征的直接剥削。” *Annales E. S. C.*, XXI, p. 1230.

(99) Tawney, *Essays in Economic History*, I, p. 186.

(100) Barrington Moore, Jr., *Social Origins of Dictatorship and Democracy* (Boston: Beacon Press, 1966), 16.

(101) 在这一点上，希尔绝对正确：“我们应该停止对乡绅的概括。” *Puritanism and Revolution*, p. 27.

(102) Lawrence Stone, “Social Mobility in England, 1500 ~ 1700” *Past & Present*, 33, April 1966, 28 ~ 29.

(103) Hurstfield, *New Cambridge Modern History*, III, p. 148.

(104) Perez Zagorin, “The Social Interpretation of the English Revolution” *Journal of Economic History*, XIX, 3, Sept. 1959, 388. 他补充说：“根据现实利益而形成的阶级正持续不断地得到补充，而且自然包括形形色色的因素诸如地位、财富及收入来源之类。但是尽管有这么一些及别的区别，它的成员都是同类人。他们构成了一个单一的经济阶级；因为他们的共同点是对资本的占有，这些资本以盈利和进一步积累为目的〔p. 389〕。”

(105) “1500 及 1700 年之间，伟大的土地转移活动的结束的结果就像一切土地区域内穿越社会边界的网球运动，有时一个土地所有者可以携地越界，有时则在越界中将所有权易手。在这个过程中，赢家是大土地所有者和乡绅，输家则是制度拥有者——国王和教会，农民或许粗略的得失比例相等。”

"16世纪土地所有者的结构对正在对农业生产增长的市场需求的压力有反应,它伴随着一种趋势,即偏离维持生活的农业,趋向商业性的农业,这时农民的构成产生了影响。它不仅使许多庄园主最大限度地行使他们的法律权力,而且也给那些幸运的、有事业心的约曼以成功的机会。但是这种结构也对富有竞争性的等级世界的压力有反应,和驱使新生的商业财富在土地中寻找安全。地位需要在消费中,而不是在大量的家臣和随从的团体中寻求新的保护,这是对农民地位压力的另一个根源。" F. M. L. Thompson, "The Social Distribution of Landed Property in England since the Sixteenth Century" *Economic History Review*, 2nd ed., XIX, 3, 1966, 515.

⑩⑥ Owen Lattimore, *Inner Asian Frontiers of China*, p. 123.

⑩⑦ Mildred Campbell, *The English Yeoman Under Elizabeth and the Early Stuarts* (New Haven, Connecticut: Yale Univ. Press, 1942), 25.

⑩⑧ Ibid., p. 61.

⑩⑨ Karl Marx, *Capital*, III, Chap. XLVII, Sect. IV, p. 799. Italics added. 他补充说:"这种农业中独立和起主导作用的资本的出现并不是突然的和大规模的,而是逐渐地,尤其是在生产部门。首先,它不包含一般的农业,而是像牲畜饲养,尤其是养羊业这样的生产分支,它的主要产品、羊毛,在最初阶段提供了较工业兴起时期生产价值超出的市场价值,这在以后也没有持平。16世纪的英国就是这样〔p. 801〕。"

⑩⑩ See H. John Habakkuk, "La disparition du paysan anglais," *Annales E. S. C.*, XX, 4, juil-août 1965, 652~654. 托尼指出它的合法性:"如果经济原因造成了一个有利可图的农业体制,那么,使一些人有利可图的法律原因当然也存在……任何传统的自耕农都从事过相当规模的养羊农业,而且,要找出为什么低廉的羊毛需要纺织工业发展的经济理由并不容易,织布工业本不应被农民支持,在他们的农舍里,布是被纺织而成的。决定性的因素……是这样的事实,即大量的小开垦者的土地占有权使他们被过高的罚金随意榨取。他们中的大多人赖以生存的公簿一旦到期,他们便被驱逐。他们的不幸在于,15世纪以来法庭提供给公簿持有农(Copyholder)的保护不及现存的庄园制加强的限度……他们仍然带着农奴(villein)的标记生活着,我们这个时代的小自耕农被中世纪法律权利的残余束缚着,没有享有中世纪习惯法的实际安全,倒是感受到了现代商业主义的痛苦,一切全能的现代国家唯独容忍了它,而不予保护。" *Agrarian Problems*, p. 406~408.〔注意托尼提到"大量的小自耕农。"然而,他没有像哈巴库克(Habakkuk)那么仔细地考察这个经验主义的问题。〕所有权制的含混不清是城镇中律师阶层兴起的一个主要原因。随着更多的土地变得可以让渡,个人确切的权利更需被限定。对于小自耕农来说,无论是谁强制性出售他的土地或是在他的土地上做他不愿意的事,他都可以雇用律师控告这种非法的

侵权以保护自己。

"除了私人商人以及他们的管家、仆人之外，一个规模不大但强有力的职业精华团体出现在 16 世纪。每一个规模不等的地方城镇都有其公证团体、律师及掮客；北安普敦（Northampton）或梅德斯通（Maidstone）这种规模的自治市或许有半打这样的人，他们常常自命'绅士'，出身小土地主家庭……" Everitt, *Agrarian History*, IV, p. 555.

⑪ Habakkuk, *Annales E. S. C.*, XX, p. 657.

⑫ Campbell, *English Yeomen*, p. 68~69. 伍尔夫（Eric Wolf）对农民转向增加市场生产的分析更加固执："这样，农民多年的问题在于平衡外部世界的要求与农民家室生活的需要。然而在遇到这个根本的问题时，农民可能会采取以下两种相反的战略，第一是增加生产，第二是削减消费。"

"如果一个农民采取第一个策略，他必须提高自己土地上的劳动量，以便提高生产和增加产量以进入市场。他这样的能力大部分取决于他动员生产因素的容易程度——土地、劳力、资本（无论是存款、现金或是贷款）——当然，还有整体的市场情况……"

"首先，〔这个策略〕在传统的农民租金方面的扣押权削弱时变得可能——当传统的领主吸吮租金的权力结构遭削弱时，这种情况可能发生。其次，我们也可以找到这种现象，即对农民而言，要摆脱加在他身上与他的身份相联系的传统的习惯消费是可能的。如果他能拒绝将他的余钱花在习惯的支出上，他就利用这部分资金促进他的经济发展。二者殊途同归。随着超经济权力结构的削弱，许多传统的社会联系也失去了它们特别的约束力。农民共同体在这样的环境之下，会看到那些富裕农民的兴起，这些农民将他们比较不幸的同伙抛在一边，步入由退却的超级权力拥有者留下的权力真空。在他们兴起的过程中，常常践踏传统的社会关系——他们常常不惜损害邻人，利用新近得到的权力使自己致富。这样的人是 16 世纪英国新兴的约曼，中国的富裕农民以及俄国革命前的'富农'（Kulaki）或'拳头'（Fists）。" *Peasants*, p. 15~16.

⑬ "在解散后的最初年代，或许几乎没有约曼能从修道院的土地解散中得益；因为这部分财产最先是作为礼物进入大土地主之手，或是作为薪俸，或是通过购买得到。但是它大部分落入投机商手中，经过在市场上不断分割，到 16 世纪晚期它才进入小的购买者之手。" Campbell, *English Yeoman*, pp. 70~71.

尤因斯（Joyce Youings）警告勿作夸大的评论："大量修道院的土地被最初的土地接受者重新卖掉，其中有一部分多次易手，但是市场并非如此活跃，投机亦非那么普遍，正如许多作者所指出的……并非所有这类土地所有权的易手都是清楚的出售。合伙人之间被转让的部分财产被忽略了，但部分'再出售'财产清楚、简单地被代理人转让给了他们的委托人。" "Landlords in England C. The Church," in *The Agrarian History of England and Wales*, Joan Thirsk, ed.,

Ⅳ：*1500～1640*（London and New York：Cambridge Univ. Press，1967），349～350. 他进一步指出："对大多数非宗教群众，无论是乡绅或约曼，更快的获利是租用而不是购买修道院的土地〔p.348〕。"

⑭ "但是通常约曼是一些在同时代的人，更主要是在后世的作者中相对不挨辱骂的土地蚕食者。小规模的圈地通常是指望靠种地获利而不是转换成牧场的事实，也有利于他们摆脱堆积在那些促使人口减少过程的人身上那么多的责骂。" Campbell，*English Yeomen*，p.91.

⑮ Joan Thirsk，"Farming Techniques，"in *Agrarian History of England and Wales*，Ⅳ：Joan Thirsk，ed.，*1500～1640*（London and New York：Cambridge Univ. Press，1967），199. Italics added. 然而，在英格兰，正如英格兰与威尔士之间一样，不能肯定有太大的地区专门化。至少巴凯茨赫（E. J. Buckatzsch）在他的税收估计的研究中表明"英国财富的地理划分模式……从13世纪末到17世纪末没有本质的变化，〔反之〕在18世纪才有根本的变化。""The Geographical Distribution of Wealth in England，1086～1843，"*Economic History Review*，Ⅲ，2，1950，195.

⑯ Frank Emery，"The Farming Regions of Wales，"*The Agrarian History of England and Wales*，Joan Thirsk，ed.，Ⅳ：*1500～1640*（London and New York：Combridge Univ. Press，1967），124.

⑰ Ibid.，p.152.

⑱ T. Jones Pierce，"Landlords in Wales. A. The Nobility & Gentry，"*in The Agrarian History of England and Wales*，Joan Thirsk. ed.，Ⅳ：*1500～1640*（London and New York：Cambridge Univ. Press，1967），380.

⑲ Campbell，*English Yeomen*，p.65.

⑳ Ibid.，p.72.

㉑ W. G. Hoskins，"The Rebuilding of Rural England，1570～1640."*Past & Present*，No.4，Nov.1953，30.

㉒ Stone，*Past & Present*，No.33，p.26.

㉓ 拉斯莱特（Peter Laslett）看见在绅士（贵族及乡绅）及其他人（约曼和普通的劳动者）之间关键的区别。See *The World We Have Lost*（New York：Scribner's，1965），Chap.2，esp.26～27. "但是他在同一章中再造了金（Gregory King）的1688年纲要（pp.32～33），在我看来，它以金（King）的术语在两类人中间勾勒了一条较正确的线，这两类人一是'增加'王国财富的人（贵族、乡绅、商人、自由耕地农、工匠），一是'减少'王国财富的人（劳动者、小屋农、普通士兵、流浪汉）。（即我主张国王的划分线是正确的，而不是线两边工作的本质特征。）"拉斯莱特承认约曼"是那些耕种土地的人中最成功的等级，"并注意到它"较早变得伤感〔p.43〕。"但他似乎一直纠缠于乡绅的喜好，"即排除

那些不是'闲人者',而不是作为分析家们对其经济和政治利益进行观察。"

"伊丽莎白时代以后,大量的家庭存货清单表明了更小的乡绅们的生活风格;它当然与那些稍富有的约曼很难辨别。" M. W. Barley, "Rural Housing in England," in *The Agrarian History of England and Wales*, Joan Thirsk, ed., IV: *1500~1640* (London and New York: Cambridge Univ. Press, 1967), 713.

参见巴索(Gordon Batho):"但是在较小的乡绅与较富的约曼之间没有明显的不同……事实上,法律对约曼的定义实质上没有意义,因为在都铎和早期斯图亚特时代,大量的约曼如像拉蒂默(Latimer)的父亲,没有自己的土地,只是一个公簿持有者(copyholder)或佃租人(leaseholder)。在数不清的遗嘱和该时代的法律文献中,一个人在一个地方被说成是约曼,在另一个地方被说成是绅士,或一个人自己说自己是绅士,而别人则说他是约曼。因为区别阶级既不看高贵的出身,也不看财产的等级。许多小乡绅们更年轻的儿子们变成了约曼,许多乡绅则是新从约曼中升起,或是借助贸易和职业利益的帮助,从较卑微的出身中崛起。几乎没什么乡绅能够像得文的雷德威(Reddaway of Devon)家族可追溯自己的祖籍达三个世纪。" *Agrarian History*, IV, p. 301.

⑭ 意思是压榨有一种方式:"概括起来:小农实际的数目在都铎英国很难确定。在那些圈地的郡,他们的财产易被剥夺,这是16世纪的开端和末期密德兰地区(Midland)的真相。在那些不鼓励圈地的地方,他们要承受高额的租税、专横的罚金以及对普通人牧养的权利的践踏……不安全非常普遍,而且构成(正如当时人承认的)农业英国的脊梁的公簿持有者只能得到都铎政府部分和间歇的保护。" Ramsey, *Tudor Economic Problems*, p. 36.

⑮ "从更广阔的角度来看,16世纪的农业变化可以被认为是英国生活商业化的长足进步。纺织工业的增长与畜养农业有密切关系,是羊毛织品的出口,'贸易的奇迹'引人注目地将英国带入世界经济,而且动机不仅仅是寻求市场的早期探险,还有发展新的大农场、殖民地、帝国……相当数量的家庭从土地上离开,即使不是启动,也是加速了中世纪工资问题的转移,这个问题在现代在于劳动力的过剩,而在当时则在于劳动力的匮乏。" Tawney, *Agrarian Problems*, p. 3, See Joan Thirsk, "Enclosing & Engrossing," in *The Agrarian History of England and Wales*, Joan Thirsk, ed., IV: *1500~1640* (London and New York: Cambridge Univ. Press, 1967), 210, Bowden, Agrarian History, IV, p. 598.

⑯ "少数农场工人拥有相对较多的东西或是普通的权利,能够受益于该时代新的商业开放,在一、二代人中打开出路,进入约曼阶层。然而,中、下阶层的小屋农则正在失去他们最简单的财产,沦为无地的无产者。" Alan Everitt, "Social Mobility in Early Modern England," *Past & Present*, 33, Apr. 1966, 157.

⑰ Alexander Savine, "Bondmen Under the Tudors," *Transactions of the Royal Historical Society*, n. s., XVII, 1903, 268.

⑱ Ibid., p. 270~271.

⑲ See ibid., p. 275.

⑳ Ibid., p. 276.

㉑ Batho, *Agrarian History*, IV, p. 303.

㉒ "在那些为自己的产业工作,并通过季节性的工资工作增加收入的状况较好的劳动者,与那些产业不足以维持家庭生活、须靠偶尔的工资工作去扩大财源的贫穷农民之间有时没有特别明显的差别。前者的雇佣逐渐规律化,而后者则是间歇的、不定期的。" Everitt, "Farm Labourers," in *The Agrarian History of England and Wales*, Joan Thirsk, ed., IV: *1500~1640* (London and New York: Cambridge Univ. Press, 1967), 397.

㉓ See ibid., p. 409.

㉔ 林区的吸引力之一是可以从事副业(forest & woodland crafts; spinning & weaving of flax, hemp or wool) See Everitt, *Agrarian History*, IV, pp. 425~429; Thirsk, *Agrarian History*, IV, pp. 109~110.

㉕ Everitt, *Past & Present*, No. 33, p. 58.

㉖ "英国的乞讨和流浪汉并非开始于16世纪……尽管有丰富的证据表明在16世纪流氓和流浪汉在人口中的比例数目比这之前和以后都要大……" Frank Aydelotte, *Elizabethan Rogues and Vagabonds*, Volume I of *Oxford Historical and Literary Studies* [London and New York: Oxford Univ. Press (Clarendon), 1913], 3.

"违法乱纪的流浪汉和胆小怕事的乞丐帮,这一切为伊丽莎白时代英国的学者们所熟悉,在(idill lymmaris and harlottis falsie calling thame selffis egiptiamis)'假称自己是吉卜赛人的懒惰嗜好和娼妓中'有他们的同类,这些人漫游苏格兰,勒索食物和钱财、偷窃、恐吓,将惊恐带到偏远的农场和小村庄(Clachans)。" Lythe, *The Economy of Scotland*. p. 29.

㉗ Aydelotte, *Elizabethan Rogues and Vagabonds*, p. 17.

㉘ See Robert M. Kingdom, "Social Welfare in Calvin's Europe," *American Historical Review*, LXXVI, 1, Feb. 1971, 50~51.

㉙ "多数16世纪的反圈地立法与饥饿年代同步而出,匮乏的抱怨能在1536、1548至1549和1596年的起义中听见。" Edwin F. Gay, "The Midland Revolt and the Inquisitions of Depopulation of 1607," *Transactions of the Royal Historical Society*, n. s., XVIII, 1904, 213, fn. 2.

㉚ 克拉克(G. N. Clark)在描述都铎的经济法典,包括工匠法(或学徒法)、关税率、鼓励造船法、反圈地法案、济贫法时,这样说:"新的立法接受甚至扩大了货币经济:它推进了贸易的限制,或是以实物支付工资。但是这些法令总的倾向是保守的:它们支持首先保证农业有足够的劳动力,然后是更简单的手工业,限制进入有更多社会标准的职业和那些被认为不太适宜的地方……"

"这样，伊丽莎白时代的法律就支持稳定现存的阶级结构、工业布局，以及通过授予特权和给契约签订的机动性和自由设置障碍限制劳动力供给的流动。但它不是简单的教条主义经济政策的产物；它调停或是有利于相矛盾的利益者之间达成妥协。" *Wealth of England*, pp. 84, 86.

⑭ "英国在未经大的伤害的情况下经受了〔16世纪〕圈地的灾难，仅仅是因为都铎和早期斯图亚特王朝利用王权减缓了经济发展的进程，直到它变得能为大众接受——利用中央政权解除过度的牺牲，并试图对其变迁过程予以疏导以减缓灾难。" Karl Polanyi, *The Great Transformation* (Boston: Beacon Press, 1944), 38.

⑭ "财产落入贵族之手并不能简单地归咎于人口自然更代的失败……贫困——不是土地的匮乏而是设备与余钱的匮乏——或许是一个因素〔在财产的放弃中〕，它与趋向城镇或农村工业的发展并非不相容。" Rodney H. Hilton, "A Study in the Pre-History of English Enclosure in the Fifteenth Century," *Studi in onore di Armando Sapori* (Milano: Istituto Edit. Cisalpino, 1957), I, 678~679.

⑭ "领地可以出租给大规模的资本主义农场主，这些农场主从土地的产品中获取最大部分的收入，而不是从自己的财产中。对于土地贵族来说，这种方式从哪方面来看都是可取的。资本主义农场主比农民有较大的资本基础，他不会像农民那样被诱惑对自己的农场给予极大的关注，而忽略他从土地主那儿租来的土地。所以人们清楚为什么土地主宁愿以有限的租期给予少数资本主义农场主，而不愿租给大量的农民。" Habakkuk, *Annales E. S. C.*, XX, p. 650.

⑭ "13、14世纪英国的农民公社一直具有强大的抵抗力，甚至成功地抵抗了土地贵族对他们境况的攻击。如果他们允许在15、16世纪自己被剥夺那是因为经济和社会的变迁已经毁掉了在过去一直是他们的力量的内聚力。" Hilton, *Studi in onore di Armando Sapori*, p. 685.

⑭ See C. S. L. Davies, *Annales E. S. C.*, XXIV, p. 35.

⑭ 不管怎么样，"这种情况与那些不得不依靠工资生活的人完全不相符合，这与那些不得不从工业或农业工作中获取额外收入以补给财力的小佃主也不相符。后者在这时期损失惨重。" Ibid., pp. 36~37.

⑭ See ibid., pp. 54~55. See Tawney, *AgrarianProblems*, pp. 340~342.

⑭ Ibid., p. 321.

⑭ Ibid., p. 322.

⑮ "标志着英国中世纪的结束的是收缩而不是扩张：放弃征服法国的梦想，尤其具有意义的是，在爱尔兰由英国人控制的英语及文明区域显著的缩小。盖尔语（Gaeldom）再次像湖水一样浸入城镇——都柏林（Dublin）、沃德福德（Waterford）、科克（Cork）、高尔韦（Galway），这些盎格鲁—爱尔兰人（Anglo-Irish）的最后堡垒。在15世纪早期，随着格兰道尔（Owen Glendower）的起义，威尔

士获得了暂时的不完全的独立；尽管遭到失败和镇压，威尔士仍心怀怨恨，拒绝融合。康沃尔（Cornwall）或是苏格兰边区（Scottish Borders）的合并也非任何实际的进步，在这些地方，他们知道不是国王而是一个珀西（Percy）家族的人进入国家结构。" A. L. Rowse, "Tudor Expansion: The Transition from Medieval to Modern History," William and Mary Quarterly, 3rd ser., XIV, 3, July 1957, 312.

⑤¹ Stone, Encounter, XI, p. 73; Hill, Puritanism and Revolution, p. 28.

⑤² See Tawney, Essays in Economic History, I, p. 176.

⑤³ Tawney, Proceedings of the British Academy, p. 211.

⑤⁴ Ibid., p. 216. See Tawney, Essays in Economic History, I, pp. 176~177.

⑤⁵ See Stone, Crisis of the Aristocracy, pp. 124, 133.

⑤⁶ See Tawney, Agrarian Problems, 191~192. 托尼的结论是："最辉煌的年代开始于伊丽莎白的曙光开始照耀社会的贫穷与悲惨之时……农民所知道的就是他的地产管理人更苛刻了〔p. 193〕。"

⑤⁷ See ibid., p. 229.

⑤⁸ "繁荣的经济能带来很多异常和弊病。它甚至会带来——假如繁荣继续——令人无法置信的浪费、虚饰，文艺复兴时期寄生的宫廷和教会。假如它继续繁荣——但会繁荣多久？到1590年，裂隙开始出现。" H. R. Trevor-Roper, "The General Crisis of the Seventeenth Century," in The European Witch-Craze of the 16th and 17th Centuries and other Essays (New York: Harper, 1969a), 68~69.

⑤⁹ See Ibid., p. 69.

⑥⁰ See Stone, Economic History Review, XVII, p. 39.

⑥¹ 当伊丽莎白寻求16世纪90年代经济危机的对策时，贵族们自身也受到了威胁。See Stone, Crisis of the Aristocracy, pp. 124, 133. 然而并不准备消除"只有贵族才能提供的支柱"（Tawney, Proceedings of the British Academy, p. 212），王室扩大了新的奢华。See Trevor-Roper, The European Witch-Craze, p. 69.

⑥² See R. W. K. Hiton, "Letter to the Editor," Encounter, XI, 1, July 1958, 74~75.

⑥³ Ibid., p. 73~74. 即使这是事实，如库柏（J. P. Cooper）所说，"仍然没有好的证据说明贵族总的土地财产〔在1642年比1559年〕更少。"（Encounter, XI, p. 74）似乎土地向那些倾向资本主义市场的贵族手中转移。

⑥⁴ Trevor-Roper, The European Witch-Craze, p. 70.

⑥⁵ See John U. Nef, "A Comparison of Industrial Growth in France and England form 1540 to 1640," in The Conquest of the Material World (Chicago, Illinois: Univ. of Chicago Press, 1964), 144~212. 但是参见鲍登（Bowden）对这个假设的保留意见：in Agrarian History, IV, pp. 608~609. 对内夫（Nef）的论点更为同情的评估来自一份法国的资料，可以发现在 Gaston Zeller, "Industry in France Before

Colbert," in Rondo Cameron, edl., *Essays in French Economic History* (Homewood, Illinois: Irwin, Inc., 1970) p. 128~139.

⑯ 纽卡斯尔（Newcastle）煤的产品从1563至1564年年产的30,000吨增加到1658至1659年的年产500,000吨。See Braudel, *Civilisation materelle*, p. 281.

⑯ John U. Nef, "The Progress of Technology and Growth of Large-Scale Industry in Great Britain, 1540~1640," in *Conquest of the Material World* (Chicago, Illinois: Univ. of Chicago Press, 1964), 136.

⑯ Ibid., p. 142. 再参见内夫（Nef）："英国将其逐渐加强的经济独立和力量主要归因于沿海、陆路、河道贸易出色的扩张。这种扩张因大不列颠岛内自然资源和市场富有活力的开发而成为可能，它是如此富有矿藏和优质土壤，拥有良好的港湾，以致成本相对低廉的水路商品运输可直达不列颠的每一港口。" *War and Human Progress*, p. 111.

⑯ K. W. Taylor, "Some Aspects of Population History," *Canadian Journal of Economic and Political Science*, XVI, Aug. 1950, 308.

⑰ Clark, *Wealth of England*, p. 51. See Edward Taube, "German Craftsmen in England During theTudor Period," *Journal of Economic History*, IV, 14, Feb. 1939, 167~168. 佛兰德（Flemish）对移民"在一些平凡事物上改变英国人生活模式"的种种方式的描述可以在默里（John J. Murray）的"佛兰德低地国家对16、17世纪英国的文化影响"一文中发现。*Americam Historical Review*, LXII, 4, July 1957, 853ff. 这也是威尔士移民涌入英国的第一个高峰期。See Bindoff, Tudor England, p. 24.

⑰ Fisher, *Economica* XXIV, p. 16.

⑰ Braudel, *Civilisation materielle*, p. 56, 克拉克（G. N. Clark）提到："从西班牙无敌舰队到来那一年，国王就试图阻止伦敦的扩张，先是通过议会法案（Acts of Parliamant），然后是宣告、委员会及司法程序。" *Wealth of England*, p. 94.

⑰ See Stone, *Past & Present*, No. 33, pp. 32~33.

⑰ Malowist, *Annales E. S. C.*, XVII, p. 929.

⑰ Braudel, *Civilisation materielle*, p. 37. 卢布林斯卡亚（Lublinskaya）提到，这一点早在1615年即被蒙塔莱田（Montchretien）证明过。See *French Absolutism*, p. 132.

⑰ 注意，戈贝尔（Pierre Goubert）认为，尽管有宗教战争，法国人口在16世纪还是稳步增长。"Recent Theories and Research in French Population Between 1500 and 1700," in D. V. Glass and D. E. C. Eversley, eds., *Population in History* (London: Arnold, 1965), 465.

⑰ 1628~1633年的大瘟疫无疑对此有帮助。See J. Meuvret, "Demographic Crisis in France from the Sixteenth to the Eighteenth Century", in D. V. Glass and

D. E. C. Eversley, eds., *Population in History* (London: Arnold, 1965), 509. 瘟疫也在德国和意大利肆虐。

⑱ Frank C. Spooner, "A la cote de Guinee sous pavillon francais (1559~1561)." *Studi in onore di Armando Sapori* (Milano: Istituto Edit. Cisalpino, 1957), II, 1001.

⑲ See Braudel, *La Méditerranée*, I, 449, See Emile Coornaert, "Les echanges de la France avec l'Allemagne et les pays du Nord au XVIe siècle," *Revue d'histoire economique et sociale*, XXXV, 3, 1959, 244.

⑳ See Henri Hauser, "The Characteristic Features of French Economic History from Middle of the Sixteenth Century to the Middle of the Eighteenth Century" *Economic History Review*, IV, 3. Oct. 1933, 261~262.

㉑ Coornaert, *Revue d'histoire economique et sociale*, XXXV, p. 242.

㉒ "安特卫普在1550年之后相当一段时间持续有力地吸引法国人，可以从法国的经济分裂（Morcellement）得到解释，法国这个国家的工业设备仍然相当缺乏。" Jan Craeybeckx, "Les framcais et Anvers au XVIe siècle," *Annales E. S. C.*, XVII, 3, maij-uin 1962, 548. 的确，内夫（Nef）提到了这种增长的不足："英国工业增长速度的50年〔1550至1600〕在法国是一个倒退的时期……" *Conquest of the Material World*, 1964a, p. 146.

㉓ See J. H. Parry, "Colonial Development and International Rivalry Outside Europe, I. America," *New Cambridge Modern History*, III: R. B. Wernham, ed., *The Counter-Reformation and the Price Revolution*, 1559~1610 (London and New York: Cambridge Univ. Press, 1968), 530. H. A. 英尼斯（H. A. Innis）提到："在16世纪的前半期，在新大陆的渔业舰队主要属于法国……" *The Cod Fisheries* (New Haven: Yale Univ. Press, 1940), 49. 海峡和比斯开湾（Biscay）的港口都包含在里面。这种贸易是如此的广泛以致他们能够提供"过剩的干渔产品给英国市场。"

詹宁（Jeannin）也提到："在法国对波罗的海的海上远征中，最初的角色……肯定是迪耶普（Dieppe）的角色……在16世纪横渡海峡船只主要来自诺曼底（Normandy），在诺曼人中，迪耶普（Dieppe）人占主导地位。" *Vierteljahrschrift für Sozial-und Wirtschichte*, XLIII, p. 329.

与苏格兰广阔的法国贸易有两个部分：诺曼底贸易中的创造品及服务业出口，还有比斯开湾（Biscay）贸易中盐和酒的出口。See lythe, *The Economy of Scotland*, pp. 172~182. 前者极像低地国家在该时代与苏格兰的贸易。"两者〔北部法国和低地国家〕都有自己独具特色的植物产品，两者都有相对高的工业技术水平，两者都是远地异国产品的集散地〔p. 174~175〕。"

㉔ "如同实际运作那样，Métayage（分成制）似乎是一种满足资产阶级业主需求的基本的资本主义生产模式……" G. E. de Falguerolles, "La décadence de léonomie agricole dams le consulat de lempaut aux XVIIe siècles," *Annales du Midi*, LIII, 1941, 149. 法尔盖罗（De Falguerolles）认为，这种制度的起源可以在小土地所有者积累的债务中找到，这些债务是16世纪晚期王家税收上涨和价格上涨的结果。See pp. 142~146.

他将这个制度视为加在土地上的巨大的负担，因为要求它能够：（1）支付小麦出口税；（2）给资产阶级的租金（谷物分成、蔬菜、肉制品、砖、秋季成、第一棵的收成）；（3）允许人和牲畜生存。三种负担的综合到18世纪导致了大灾难："土地的枯竭，资产阶级的毁灭，农村人口的悲惨生活〔p. 167〕。"

[185] Hauser, *Economic History Review*, IV, p. 260.

[186] K. Berrill, *Economic History Review*, 2d ser., XII, 3, p. 357.

[187] Glamann, *Fontana Economic History of Europe*, II, p. 7.

[188] Wilfrid Brulez, *Studi in onore di Aminfore Fanfani*, IV, p. 125. 布鲁勒兹（Brulez）进一步补充说，这时期多数英—意贸易通过陆地的原因似乎相同："可以肯定，纺织品是英—意贸易的中心，从不用海路，除了次要的产品，在该世纪都是陆路运输〔p. 126〕。"

[189] Glamann, *Fontana Economic History of Europe*, II, p. 31.

[190] See Jacques Heers, "Rivalité ou collaboration de la terre de l'eau? Position générale des problèmes," *Les grandes voies maritimes dans le monde*, XVe- XIXe siècles, VIIe colloque, Commission Internationale d'Histoire Maritime (Paris: S. E. V. P. E. N., 1965), 47~50.

[191] 参看罗斯（A. L. Rowse）关于16世纪中叶法国政府是如何未能帮助海洋派的讨论："在16世纪50年代，法国的闯入者们在西印度群岛（West Indies）逐渐活跃。但是到1556年停战之时，法国接受了菲利普二世（PhilipII）关于禁止贸易的要求，除非有他本人的特许证——我们猜想，这并非易事。法国的海上船长们拒绝接受它，但他们也得不到政府的支持。与伊丽莎白统治下的英国形成对照：英国作为新教国家的这一事实具有不可估量的优势。它使我们放手大干，不像法国那样受到重重阻碍。到卡托-坎布雷条约（1559年）签订时，为了天主教联盟的利益，亨利二世放弃南美洲所有的法国企业……法国由于可怜（还有正统保守的）的瓦罗亚（Valois）所造成的损失！火炬传到海军上将——胡格诺首领科里尼（Coligny）之手，这是法国利益务实和有远见的代表者。" *The Elizabethans and America* (New York: Macmillan, 1959), 7~8. 罗斯（Rowse）的新教激情无疑要打折扣。但是关于法国内部不同集团之间争斗的记述及其对法国在世界经济中的地位所造成的后果，在我看来是正确的。关于新教，正如我们谈到它在波兰的衰落时讨论的，那些在世界经济体系内在民族国家的冲击中的受益者易于与新教徒求得共同点，这就表明与帝国的权力和哈布斯堡的 Weltanschauung（世界观）的对立，后者在卡托坎布雷条约后与反宗教

改革（Counter-Reformation）运动的联系尤其紧密。

⑲ "在 1552 年，为了支付'德国之旅'（German journey）的花费，国奥王更确切地说是图尔农（Touuron）不仅仅求助于意大利人，也向两个奥格斯堡人（Augsburgers），赞梅斯特（Zangmeister）兄弟求助，还向乌尔姆（Ulm）的威克曼（Georg Weikman）求助，三人皆在里昂（Lyon）立业。国王将这些反帝国主义金融的代理人置于他的保护之下，保证他们的宗教自由，并为他们保密。" Henri Hauser, *Journal of European Business History*, II, p. 247.

⑲ "在法国，圣昆廷（St. Quentin）危机之后几乎接着就是宗教战争的爆发。这样，由于地理位置，里昂无遮无拦。它被天主教派和胡格诺派轮番占领、包围、洗劫，由于第一线中的萨瓦公爵（Duke of Savoy），它被法国所有的敌人威胁，首先是萨瓦公爵（Duke of Savoy）。" Hauser, ibid., p. 255.

⑲ Hurstfield, *New Cambridge Modern History*, III, p. 131.

⑲ H. G. Koenigsberger, "Western Europe and the Power of Spain," *New Cambridge Modern History*, III: R. B. Wernham, ed., *The Counter—Reformation and the Price Revolution*, 1559~1610 (London and New York: Cambridge Univ. Press, 1968), 281~282, 290. Italics added. 注意科尼斯堡格（Koenigsburger）谈到行会逐渐增加的影响。内夫（John V. Nef）作了如下比较："但是在 16 世纪晚期和 17 世纪早期，行会制度开始在英国解体，恰恰在这时，它在法国则正在加强和扩展。" *Industry and Government*, p. 25.

⑲ See Koenigsberger, *New Cambridge Modern History*, III, pp. 302~303.

⑲ Ibid., p. 292.

⑲ "宗教是一种能够将不同阶级的不同利益凝聚起来的力量，并给他们提供能够在现代欧洲历史上形成最初的民族和国际团体的组织和宣传机构；因为这些团体在其各自的阶级构成中从不占多数，通过宗教，他们能吸引最下层的阶级和暴民在疯狂的劫掠和野蛮的屠杀中发泄他们贫困的愤怒和无业的绝望。" Koenigsberger, *New Cambridge Modern History*, III, pp. 306~307.

⑲ "当这些团体失去了革命的动力和关于他们的社会目标的鼓吹时，他们便很快失去了下层阶级的支持。灾难因同盟之间的战争而起，法国农民深重的苦难产生了大量的农民运动，这些农民运动的矛头指向封建领主和他们的租金，指向教会和他们的什一税（tithes），指自税吏及他们的人头税（taille）；但是他们并不顾及宗教或政治团体。这些扎克雷（jacqueries）起义在 1594~1595 年在法国中部和南部的'农民起义'（Croquants）运动中达到高潮。他们和那些以打败他们为唯一目的而结集起来的领主同盟展开了猛烈的战斗。17 世纪许多类似的起义给农村社会和法国的税制笼上了阴影。但是直到 1789 年革命，他们才具有政治影响。" Ibid., p. 307.

扎克雷起义的原因在拉杜里（Le Roy Ladurie）看来不难解，他认为是他所描述的 1550 至 1590 年朗格多克（Languedoc）的底层农民所遭受的"双倍贫穷"："一方面加深了小土地所有者的痛苦，他们的数目由于土地的划分而增加，没有补偿土地份额缩小的实际的收入；一方面因实际工资的下跌加深了工资劳动者的痛苦。" *Paysans du Languedoc*, I, p. 317.

⑳ See Koenigsberger, *New Cambridge Modern History*, III, p. 31.

㉑ Mousnier, *Les XVIe et XVIIe siècles*, p. 103. 宗教战争的消极性的经济影响是累积起来的影响，因为正如罗伯逊（H. M. Robertson）所论，"在那些经济状况发生不景气的地方，国家作为现存体制的保护者但同时也是威胁者的角色变得普遍起来。"在德国，当局的多重性意味着收缩市场，放任行会的再现和都市垄断。"在法国，行会的权力到该世纪末，也被认为由于 1581 年和 1597 年的条例而得到相当的加强。" "European Economic Developments in the Sixteenth Ceutury," *South African Journal of Economics*, XVIII, 1, 1950, 46.

㉒ Frank C. Spooner, "The European Economy 1609~1650," *New Cambridge Modern History*, IV：J. P. Cooper, ed., *The Decline of Spain and the Thirty Years' War*, 1609~48/59（London and New York：Cambridge Univ. Press, 1970），69.

㉓ 或许贝歇尔（René Baehrel）是例外，他与众不同，确定 1594 到 1689 年是一个价格阶段，在此期间，1628 至 1655 年显然是一个中间期。See *Une croissance*：*La Basse Provence rurale*（fin XVIe siècle-1789）（Paris：S. E. V. P. E. N., 1961），50~57.

㉔ See Pierre Chaunu, "Le renversement de la tendance majeure des prix et des activités au XVIIe siècle," *Studi in onore di Amintore Fanfani*, IV：*Evo moderno*（Milano：Dott A. Giuffrè-Ed., 1962），231.

㉕ "和平或许是支撑 1608 至 1612 直到 1619~1622 年之间，那种荒谬的运输情况的主要秘密，其时长达十多年，漫长的徘徊，对于西班牙的大西洋来说，它标志着繁荣的全盛期已然结束，衰落期开始。" Pierre chaunu, *Séville et l'Atlantique*（1504~1650），Vol., VIII（2 bis）：*La conjoncture*（1593~1650）（Paris：S.E.V. P.E.N., 1959），889. See also pp. 1404~1405.

㉖ "16 世纪整个美洲都被认为是一个掠劫财宝的巨大地域（Champ de ceuillette）。对其进行搜罗，或是简单地将数世纪劳动积累起来的潜在财富转入商业流通；或是挖掘靠近运输线的土壤中的矿藏，而这只有依靠一定的中介，依靠印第安人的铺路才成为可能。但是由于对印第安人的态度如同富人不费心保持贮藏物品，毫不关心保留他们，那种毁灭性的使用方式，使他们最初的作用不复存在。如此一来，使得可耕地在 40 年中枯竭，所有地表土壤在 70 年中遭到破坏。为此，17 世纪的大种植园不得不完全利用进口的劳动力。" Chaunn, ibid., pp. 1422~1423.

㉗ See ibid., pp. 1423~1425.

⑳ Spooner, *New Cambridge Modern History*, IV, p. 79.

⑳ 斯普纳（Spooner）在前引书中作了透彻的说明。表二（p. 86）和图一（p. 87）。英国、荷兰是贬值最有力的抵抗者，波兰、热那亚和西班牙则最软弱。法国仅比西班牙略好一点。

⑳ See Baehrel, *Une Croissance*, pp. 2~20; also René Baehrel, "Economie et histoire à propos des prix," in *Eventail de l'histoire vivante: hommage à Lucien Febvre*（Paris: Lib. Armand Colin, 1953）I, 287~310. 贝歇尔（Baehrel）这样结束这篇文章："布洛赫（Marc Bloch）劝告，注意'社会屏幕'。我们也必须谈论'经济屏幕'？费弗尔（Lucien Febvre）曾经告诉我们，路德（Luther）对赎罪券的反对是因为它们提供的是不真实的保证。我们能谈论太多贵金属的价格吗？"（p. 310）

⑪ Lublinskaya, *French Absolutism*, p. 15.

⑫ Romano, *Rivista storica italiana*, LXXV, p. 522.

⑬ Ibid., p. 525. 罗曼诺（Romano）利用奇波拉（Cipolla）的数字，"Note sulle storia del saggio d'intereses,"表 III。我相信罗曼诺用了奇波拉错误的数字。它应该是 1.4%。

⑭ See Ruggiero Romano, "Encore la crise de 1619~1622." *Annales E. S. C.*, XIX, 1, janv.-fevr. 1964, 33.

⑮ See Romano, *Rivista Storica italiana*, LXXIV, p. 516. 格拉曼（Glamann）曾经不经意地指出它为何最终结束了。他谈到波罗的海的谷物地位在 1650 之后欧洲的衰落中的意义，因为南部、西部欧洲谷物的自足，荷兰的经济从此衰落。*Fontana Economic History of Europe*, II, p. 42. 这反过来可以从人口的减少得到部分解释（或许），主要从产品的增加和可耕地的扩展来解释，因为南欧是它的边缘地区的一部分。进一步讲，在 1650 至 1750 年欧洲世界经济的收缩中，英国发现回到部分国际谷物贸易以维持它较高的贸易平衡是有利可图的，在以前更有利可图的年代它就忽略了边缘地区。

⑯ Chaunu, *Séville*, VIII（2bis）, p. 90.

⑰ "西北欧所享受的'繁荣'并不是一种不可知的神秘力量馈赠的恩赐；它有其内因，其中，一份扼要的财产清单很快就将结构和结合之间的因素辨别清楚。"Pierre Jeannin, "Les comptes du Sund comme source pour la construction d'indices généraux de l'activité économique en Europe（XVIe-XVIIe siècles），" *Revue historique*, CCXXXXI, avr.-juin 1964, p. 325.

⑱ See Pierre Chaunu, "Réflexions sur le tournant des années 1630~1650", *Cahiers d'histoire*, XII, 3, 1967, 259~260.

⑲ See Lublinskaya, *French Absolutism*, p. 52.

⑳ See Chaunu, *Séville*, VII（2bit）, 1535~1537 *for the impact on the Spanish economomy*.

㉑ See H. Kellenbenz, "Autour de 1600: le commerce de poivre des Fuggers et le marché internationate de poivre," *Annales E. S. C.*, XI, 1, janv-mars 1956, esp. 23, 27.

㉒ Glamann, *Fontana Economic History of Europe*, II, p. 5. 即使在今天看来这也是如此荒谬吗？罗伯逊（H. M. Robertson）的观点是："在19世纪，或许有一种将经济进步的代价估计极低甚至忽略的趋势；在现在，或许有一种对它进行夸张的方面。在16世纪，这些代价是如此高昂而立竿见影，以致某人或某国的所得就是别人别国的所失成了一个不言自明的公理。这里活动规模越大，那里就业就越少；恰如一句荷兰谚语所说：一个人的生计就是另一个人的死亡（De éen man zijn brood is de ander zijn dood）。" *South African Journal of Economics*, XVIII, p. 46.

㉓ Chaunu, *Cahiers d'histoire*, XII, p. 264.

㉔ Romano, *Annales E. S. C.*, XIX, p. 33. Italics added.

㉕ Romano, *Rivista Sforica italiana*, LXXIV, pp. 511~512. 对荷兰来说是一个例外，See p. 512, 对英国来说，更是一个有限的例外，See pp. 517, 519.

㉖ See Clark, *Wealth of England*, pp. 103~107.

㉗ Supple, *Commercial Crisis*, p. 9.

㉘ Supple, ibid., 6~7, See Astrid Friis, *Alderman Cockayne's Project and the Cloth Trade* (Copenhagen: Levin & Munksgaard, 1927), 22.

㉙ F. J. Fisher, "Tawney's Century," in Fisher, ed., *Essays in the Economic and Social History of Tudor and Stuart England* (London and New York: Cambridge Univ. Press, 1961), 4~5.

㉚ 费希尔（Fisher）是这样勾勒这种压力的："在初级生产中，扩张的障碍主要在供给领域，主要因当时的技术限制而产生……"

"在16、17世纪，正如在中世纪一样，人们寻求土地不仅仅是为了获取食物，也为饮料、燃料以及像木材、羊毛、兽皮、牛脂之类这样一些基本的工业原料……在这样的环境下，经济和人口数的增长就使土地趋于紧张，在以后的时代，在不同的环境里，它们将调节支出平衡……"

"在第二产业中，比较起来，扩展的障碍似乎在需求而不是在供给领域……在大多数工业中，生产的主要因素是丰富而廉价的劳动力……不定期雇佣的、收入微薄的劳动者和小屋农是一些贫困的主顾。" Ibid., pp. 3, 4, 6.

㉛ Stone, *Economic History Review*, II, p. 50.

㉜ "1598年这件事似乎是英国由边缘向新的贸易体制中心转移的征兆。" W. E. Minchinton, "Introduction," *The Growth of English Overseas Trade in the Seventeenth and Eighteenth Centuries* (London: Methuen, 1969), 3. "正在转移……但仍然没有达到——这是关键之点！

㉝ See Rich, *New Cambridge Modern History*, I, pp. 461~462.

㉞ 标准的叙述可以在 Friis, *Alderman Cockayne's Project*, p. 22.

㉟ Supple, *Commercial Crisis*, pp. 49~50.

㊱ 斯通本人承认："两个大的消费市场对英国经济的新模式意义非同寻常，需要扩大的生产是国家的军需和贫困阶级的基本生活必需品。"*Economic History Review*, XVII, p. 51.

㊲ See R. W. K. Hinton, *The Eastland Trade and the Common Weal in the Seventeenth Century*. (London and New York: Cambridge Univ. Press, 1959), ix-x.

㊳ See Stone, *Economic History Review*, XVII, p. 51.

㊴ "稳定取决于对资本主义增长的限制，这是绝对君主制的经济政策……〔同时〕，绝对君主制的军事和战略要求又导致它在一定程度上扶植工业资本主义的产生。"Manning, *Past & Present*, No. 9, p. 49.

㊵ "到 16 世纪末，对于更早一代如此富有吸引力的稳定已经令人厌烦；随着贸易扩张条件形成，反对这种扩张的情绪也缓和了；对这些因限制大萧条而产生的既得利益者的拔除成为 17 世纪的主要任务之一。"Fisher, in Carus-Wilson, ed., *Essays in Economic History*, I, p. 172.

㊶ See Friis, *Alderman Cockayne's Project*, pp. 149~150.

㊷ Supple, *Commercial Crisis*, p. 29.

㊸ Ibid., p. 52.

㊹ Hinton, *The Eastland Trade*, p. 20. 参见萨普利（Supple）："因为它仍然记忆犹新，即萧条的全面影响仅仅可以从有关来自科克因（Cockagne）计划的损害、竞争性的工业的增长、大陆战争引起的干扰以及英国商人一直存在的广泛的困难中得到解释。这一切意味着，如再有任何麻烦事发生，经济将再次经历另一个极其低落的时期，这对所谓的'大萧条'是永久的历史性的挑战。"*Commercial Crisis*, p. 64.

㊺ Supple, ibid., p. 80.

㊻ See ibid., pp. 89~96.

㊼ Ibid., p. 162.

㊽ J. D. Gould, "The Trade Depression of the Early 1620's," *Economic History Review*, 2nd ser., VII, 1, 1954, 87.

㊾ See Hinton, *Eastland Trade*, pp. 18~19. 也参看他特定的经验主义研究的论述："1611 到 1618 年是我们唯一的年代，这时，英国和联省战火熄灭，所以他们的船队和商人在这方面的竞争是平等的。显然，在平等条件下的竞争中，荷兰很快建立了绝对的商业上的优势，毫无疑问，主要是通过他们臭名昭彰的低货运价格。1615 年是我们所知波士顿（Boston）港（Lincs 林肯）文献记录中的第一个年头……我们发现在 1615 至 1618 年间所有从联省进口的干货（即不包括

酒）的价值比从别的地方进口的干货的价值总和还要多，当然，每隔一段时间又有倒退的情形也是事实。与此类似的是，每年从联省到波士顿的船只比各地去的总和还要多，只有1628年是一个例外，这一年贸易量极少……这些事实给当代解释1620年的萧条染上一层色彩，似乎它在很大程度上应归咎于荷兰的贸易中心对英国进口贸易的影响。" "Dutch Eutrepót Trade at Boston, Lincs., 1600～1640," *Economic History Review*, 2nd ser., IV, 3, Apr, 1957, 470.

㉚ Hinton, *Eastland Trade*, p. 45.

㉛ See ibid., pp. 28, 31～32.

㉜ See ibid., p. 29.

㉝ Supple, *Commercial Crisis*, p. 64.

㉞ "试图找到一些成功程度不等的方法劝说商人们购买他们宣称在国外出售无利可图的织品，〔枢密院（Privy Council）〕发现自己身陷争论不休的麻烦中。" Ibid., p. 237.

㉟ See ibid., pp. 68～69.

㊱ See ibid., pp. 242～243.

㊲ Ibid., p. 227.

㊳ Ibid., p. 71.

㊴ See ibid., pp. 99～102. 参见史蒂芬（W. B. Stephens）："更不预见的是文献证据表明，后20年是许多输出港真正的危机年代，而前20年的后退是有限而短暂的，并伴随着某种繁荣。" "The Cloth Exports of the Provincial Ports, 1600～1640" *Economic History Review*, 2nd ser., XXII, 2, Aug. 1969. 241.

㊵ Supple, *Commercial Crisis*, p. 119.

㊶ Ibid., p. 125.

㊷ "从一开始，政府就被赋予一项毫无希望的任务。如果法律上的要求被强制实行，那么成本将会提高到如此程度，乃至批发业也可能停止。如果生产方式中的一种变化是经济萧条的结果，如同常有的情况那样，那么，它就不是后者试图限制前者的答案。列举的当时的工业技术可能有这样一些情况，因为它的腐败，英国织品正失去海外市场。但也有更多的事例表明，因果关系正好是颠倒的。在这种情况下，既然伪劣产品仅仅是有限的和毫无希望的削减成本的形式，那么英国问题的答案可能存在于别的方面。" Ibid., p. 147.

㊸ "技术不熟练的劳动力是廉价的和丰富的，低质量的产品的制造成本较低。这在那些典型的普遍贫困的地区尤其如此，还有些地区的纺织品生产仅仅是劳动者们从事的副业。并不期待创造所有的生活费的雇用劳动力一般比全日雇佣要廉价一些。这就是斯密（Adam Smith）解释粗糙的织品相对精美的织品要便宜的历史理由。17世纪早期，东欧的经济条件比较接近这种情形，这意味着该地区明显适合生产廉价织品，如果市场对产品质量要求不高。" Ibid., p. 140.

㉔ "织品是多种多样的。似乎有这些：（a）羊毛织品：暖和、厚重；绒面呢主要是毛毯类，采用卷曲的短纤维；将乱纱梳理好，将洗好和在湿润状态下打平的羊毛缝得较宽大，使它更温暖、不透明和耐久，式样单调，适合寒冷的气候；（b）"较新类型"织品（基本上仍是羊毛）：较窄小和廉价；包括克瑟手织粗呢等，较早输往新的南部市场；（c）精纺织品：用精梳、长纤维羊毛纺出的纱；依靠经纱和纬纱的强度；比粗布轻，每码用毛较少；不宽大，很适合温和的地中海气候；（d）"新的布料"或"新原料"：与精纺品基本不同；最轻，有各种式样；偶尔比较宽大；有时用丝、亚麻或是棉作纬纱；包括斜纹花布（bayes）、（sayes）、哔叽（serges）、（perpetuanas）、（stammetts）、（tammies）、（rashes）、麻纱布（fustians）以及许多别的品种。" See Bowden, *Wool Trade*, pp. 41~43; Friis, *Alderman Cockagne's Project*, p. 2; Supple, *Commercial Crisisp*. 5; D. C. Coleman, "An Innovation and its Diffusion: The New Draperies" *Economic History Review*, 2nd ser., XXII, 3, Dec. 1969, 418~423.

㉕ 这种兴起的原因被鲍登（P. J. Bowden）归因于技术上的而不是商业上的因素。他认为"就羊毛的精细和纤维的长度而言，牧场比湿度重要得多。羊得到的营养越多，它就长得越大。羊毛纤维不例外，像这种动物的任何别的部分一样，长度和体积都与饲养有关。为养羊而圈地使得生活容易了，对农人和他的羊都是这样。正如厄恩利（Ernle）勋爵所说，'随着圈地增多，羊饲养得更好，羊毛在重量和长度上增加了，虽然它在质量上有失精美。'这样，整个16、17世纪，精而短的羊毛在英国的供给逐渐减少，长而粗的羊毛在增多。" "Wool Supply and the Woolen Industry," *Economic History Review*, 2nd ser., XI, 1, 1956, 45~46. 萨普利（Supple）回答道，鲍登（Bowden）"未能考虑大陆工业的扩张，以此必须考虑到劣质产品；也未考虑欧洲羊毛供应的显著，这是大陆工业化的基础。进一步讲，最强烈的竞争不是直接在高质量产品的市场，而是在相对粗糙的纺织品市场——大概已经泛滥到国外生产的次品正在替代英国传统的宽面呢的程度。这是在市场和丰富的供给品中的一系列激进的变化，不仅仅是英国工业的一种恶化，其对旧的布匹商具有如此不幸的反响。" *Commercial Crisis*, p. 143.

㉖ See F. J. Fisher, "London's Export Trade in the Early Seventeenth Century," *Economic History Review*, 2nd ser., III, 2, 1950, 159~161.

㉗ "内战之前的半个世纪中，英国经济增长的力量在它与地中海地区的关系中表现得最清楚。在这个时期，英国工业解决了技术问题，这一直阻碍着它，其羊毛产品充斥了东、西部地中海市场，随之将土耳其和意大利降到工业原料供给者的地位。" Ralph Davis, "England and the Mediterranean, 1570~1670," in F. J. Fisher ed. *Essays in the Economic and Social History of Tudor and Stuart England* (London and New York: Cambridge Univ. Press, 1961.), 117.

㉘ See Fisher, *Economic History Review*, III, p. 336. 参见鲍登（Bowden）："〔过去的羊毛织品〕最适合北部、中部和东部欧洲地区穿，在此同时（新的羊毛织品）则极适合暖和而非热带的地中海地区穿。英国的幸运在于，它拥有长纤维羊毛的准垄断权。……" *Economic History Review*, IX, p. 57. 现在垄断是在没有竞争的意义上的垄断，而不是在法律限制的意义上的垄断。到17世纪中叶，长纤维的羊毛在爱尔兰多起来，到该世纪末，它在荷兰、泽兰（Zeeland）和佛兰德（Flanders）也有一定的数量。(Seep. 53. fn. 3.)

㉙ Fisher, *Economic History Review*, III, p. 155.

㉚ See Charles Wilson, "Cloth Production and International Competion in the 17th Century," *Economic History Review*, 2nd ser., XII, 2, 1960, 212.

㉛ Cited in Rich, *New Cambridge Modern History*, I, p. 467.

㉜ "（新大陆的西班牙人）殖民者——渴望奴隶和一切产品，并用大量硬通货来换取，然后还要对付那种贪得无厌而又无能的垄断的法律限制——这就提供了一个完备的非法经营者市场，进入它得冒相当大的风险。"Parry, *New Cambridge Modern History*, III, pp. 516~517.

凯恩斯（John Maynard Keynes）是最早认识到海上私掠在英国资本积累过程中的重要性的人之一。他指责前一辈史学家忽略了金银的这个主要的来源："这是我们的历史学家们的特点，例如，《剑桥现代史》（*Cambridge Modern History*）在论述伊丽莎白时代的形成及其伟大之可能时就没有提及这些经济因素。"*Treatise on Money*, II, p. 156. fn. 1. 韦布（Webb）提出了该过程，"打劫的意外之财曾经被抹去了。"这就是："不是像西班牙人所为从它的产地去掠取金、银，而是在西班牙得到它后通过抢劫去索取……" *The Great Frontier*, p. 196.

㉝ Parry, *New Cambridge Modern History*, III, p. 524.

㉞ See ibid., p. 526. 即使在爱尔兰，英国的态度这时也放松了。爱尔兰与西班牙进行广泛的贸易，即使英国不高兴或是多疑，他们也没有试图压制这种贸易。"至少伊丽莎白时代的英国对此事比往后的英国要大度得多。爱尔兰的天主教臣民们在经济上也非无能之辈。"Cyril Falls, *Elizabeth's Irish Wars* (London: Mettuen, 1950), 20.

㉟ See Lythe, *The Economy of Scotland*, pp. 63~70. 在此相应，苏格兰人这时试图在新斯科舍（Nova Scotia）殖民的意图失败了，因为"在1603年后，苏格兰不再有独立的外交政策，也没有获得英国完全的好感，在新斯科舍（Nova Scotia），它与法国利益冲突，这是另一个支持它的野心的民族（p. 75）"

㊱ 在1600年，爱尔兰的林地占其整个面积的1/8。到1700年，实际上全都消失了。通过出售木材，现利唾手可得。木材用于制革、造船、桶板和管道的制造及铁的冶炼。也用于家庭（建筑材料、燃料）。除了经济动机外，还有减少沼

泽和树林的考虑,在沼泽和树林里,爱尔兰抵抗者很难被英国的骑兵追上。See Eileen McCracken, "The Woodlands of Ireland circa 1600", *Irish Historical Studies*, XI, 44, Sept. 1959, 273, 287, 289.

㉗ "总的来说有这样的假设,在爱尔兰,英国控制的铁工业的兴起正好与英国的燃料短缺同步。现在似乎是困扰英国工业的主要困难是燃料的成本更甚于燃料的短缺……"

"到 16 世纪末,燃料和劳动力是推动英国工厂运转的成本中最昂贵的项目……同一时期在爱尔兰则要廉价得多……" Ibid., p. 295.

㉘ "在 1550~1600 年间,英国人已然开始在北美的渔业中取代西班牙人。还在 1580 年之后当丹麦(Denmark)开始加强在冰岛(Icelandic)水域捕鱼的特许费制时更是如此。到该世纪末,英国开始在阿瓦龙(Avalon)半岛上创业。直到 1600~1650 年,不管怎么样,英国才在纽芬兰(Newfoundland)和新英格兰(New England)站稳脚跟并抢占了西班牙人的市场。" See Innis, *The Cod Fisheries*, pp. 30~81.

㉙ See Parry, *New Cambridge Modern History*, III, p. 527.

㉚ Zagorin, *Journal of Economic History*, XIX, pp. 391~2392. 该观点与托尼(Tawney)原先提出的观点极相近:"它主要是不同类型经济之间的斗争,这些不同类型更多地与地区特征而不是与社会分野相联系。"*Essays in Economic History*, I, p. 186.

㉛ Stone, *Economic History Review*, XVII, p. 120. 可以肯定,只有在这样一种相对安全的环境下,我们才能找到这幅奇特的画面,即特许公司转而反对他们的恩主——政府。参看阿什顿(Robert Ashton)的解释:"回避这个结论是困难的,即许多公司在发展中达到一个阶段,这就是他们视政府的大量支援为理所当然,更关心那些仍未完全满足的目的,而不是实际上已经获得的东西。此种心态,这种对特许权的显而易见的践踏,在特权所有者眼中简直就是一种极不相称的傲慢。""Charles I and the City" in Fisher, ed., 151. 如果社会结构受到来自内部或外部的真正攻击,很难想象这些特许公司会如此纵容自己。

㉜ Tawney, *Proceedings of the British Academy*, p, 212.

㉝ Trevor-Roper, *The European Witch-Craze*, pp. 86~87.

㉞ Hexter, *Encounter*, XI, p. 76.

㉟ J. G. A. Pocock, "Letter to the Editor," *Encounter*, XI, 41., 1958, 70.

㊱ See Stone, *Crisis of the Aristocracy*, pp. 349~351.

㊲ Bitton, *The French Nobility in Crisis* (Stanford California: Stanford Univ. Press, 1969), 1.

㊳ Boris Porchnev, *Les soulevements populaires en France de 1623 ā 1648* (Paris: S. E. V. P. E. N., 1963), 577.

㉘⁹ Roland Mousnier, ed., *lettres et mémoires addresses au chancelier Séguier* (1633~1649), Vol. 1. (Paris: Presses Universitaires de France, 1964), 82~83.

㉙⁰ Roland Mousnier, *La vénalite des offices sous Henri Ⅳ et Louis XIII.* (Rouen: E-d. Mangardln. d., ca. 1945, 58.) See also pp. 518~532.

㉙¹ See G. Pagès, "La venalité des offices dans láncienne France" *Revue historique*, CLXIX, 3, 1932, 493~494.

㉙² "即使仍然有阶级等级之间的距离，甚至有阶级斗争，也没有清晰的阶级划分。相互交往由于相互之间复杂而又微妙细小差别的关系而发生。"Mousnier, *Vénalité*, p. 532.

㉙³ See Mousnier, *Lettres et mémoires*, I, pp. 168~169.

㉙⁴ Porchnev, *Les soulèvements populaires*, p. 578.

㉙⁵ Bitton, *The French Nobility in Crisis*, p. 100.

㉙⁶ See ibid., pp. 70~76.

㉙⁷ Bloch, *Caractères orginaux*, I, p. 139.

㉙⁸ "绝对君主制政策的主线是趋于对资产阶级有利的方向，资产阶级非常需要一个强有力的中央政府，能够保护法国疆域以外和内部的经济利益。"Lublinskaya, *Franch Absolutism*, p. 330.

㉙⁹ Ibid., p. 240.

㉚⁰ Ibid., p. 271.

㉚¹ "想象贵族能够从路易十三（Louis XIII）和摄政府（Regency）所加诸国家的财政压力中得到完全保护，总的来说是不确切的。""A propos des rapport entre la noblesse et la monarchi absolue pendant la première moitié du XVIIe siècle," *Revue historique*, CCXXXI, avr.-juin 1964, 342.

㉚² See Lublinskaya, *French Absolutism*, p. 226. 维范梯（Corrado Vivanti）补充说，这种转移无论从政治上还是财政上对政府都是危险的，既然它可能"引起反对绝对君主政体的第三等级（Third Estate）的完全的联合。""Lerivolte popolari in Francia prima della Fronde e la crisi del secolo XVII," *Rivista storica italiana*, LXXVI, 4, dic. 1964, 966.

㉚³ Lublinkaya, *French Absolutism*, p. 271.

㉚⁴ See J. Hurstfield, "The Profits of Fiscal Feudalism, 1541~1602," *Economic History Review*, 2nd ser., VIII, I, 1955, 53~61; Robert Ashton, "Revenue Farming under the Early Stuarts," *Economic History Review*, 2nd ser., VIII, 3, 1956, 310~322.

㉚⁵ See Hurstfield, *Economic History Review*, VIII, p. 60.

㉚⁶ Porchnev, *Les soulèvements populaires*, p. 39.

㉚⁷ Ibid., p. 43.

⑧ Ibid., p. 545.
⑨ See ibid., pp. 545~561.
⑩ See ibid., pp. 282~285, 446.
⑪ Ibid., p. 580.
⑫ Ibid., pp. 580~581.
⑬ Corrado Vivanti, *Rivista Storica italiana*, LXXVI, p. 966.
⑭ Ibid., p. 965.
⑮ Ibid., p. 965.
⑯ Le Roy Ladurie, *Paysans*, pp. 636~637.
⑰ Paulette（官职税）是根据构想它的金融家波莱（Paulet）的名字命名的。在1604年（官职税）的法令之前，官职可以相互出售，但不能传给后代，因为如果一个官员在辞职之后不到40天就死了，那么这笔交易就无效。1604年法令使官职传诸子嗣成为可能，假如该官员每年年初缴纳相当于该官职价值1/60的税（the paulette）。See Swart, *The Sale of Offices*, pp. 9~10.
⑱ "有限君主政体的政府依靠官员（officiers）和最高法院（Cours souverains），这样，就先定了国王与第三等级之间有密切的了解。绝对君主制政府依靠枢密院（Conseils）和总督（Intendants），这样，就先定了不同阶级之间，一方面是贵族之间，另一方面是官员与第三等级之间力量的平衡。于是，绝对君主制的发展就涉及……王权与贵族之间联盟的政策。这存在着一种冒险，即当国王与第三等级结盟时，贵族也会像资产阶级那样进入政府机关。所以，王权首先不得不明白，这个机关要凌驾在一切社会阶级之上，其次，保证官职中中等阶级的绝对优势。" Lucien Goldmann, *The Hidden God* (New York: Humanities Press, 1964), 127~128. Ergo, the paulette.
⑲ See ibid, p. 120.
⑳ Ibid., p. 141.
㉑ Ibid., p. 106.
㉒ 这首先令人感到沮丧。在他们失去从前的权力希望和影响时，他们看见官职税（paulette）有利的一面。
㉓ Ibid., p. 120.
㉔ Roland Mousnier, "Recherches sur les soulèvement populaires en France avant la Fronde," *Revue d'histoire moderne et contemporaine*, V, 1958, 107.
㉕ Ibid., p. 108.
㉖ Ibid., p. 110. 维范梯（Corrado Viranti）回答穆斯纳（Mousnier）："另外，当穆斯纳试图表明此类术语的滥用的极端后果时，问道：'我们会称威尼斯贵族、那些大商人为一个封建团体吗？'就像那句从脑子里蹦出来的著名诗句一样：'你身为撒丁尼亚（Sardinia）的国王，却也是比萨（Pisa）的资产阶级。'

〔Voche ve siete in Sardegnaled in Pisa cittadini,〕实际上，一个人起码会回答，威尼斯贵族也参与了接管东部〔属于拜占庭（Byzantine），后来是奥斯曼（Ottoman）帝国〕和特拉法尔玛（Terraferma）的封建领地。" *Rivista storica italiana*，LXXVI, p. 969.

㉗ Mousnier, *Revue d'histoire moderne et contemporatne*，V, p. 110.

㉘ J. H. M. Salmon, "Venality of Office and Popular Sedition in Seventeenth Century France," *Past & Present*，No. 37, July 1967, 43. 普雷斯特维奇（Minna Prestwick）在评论波尔什涅夫（Porchnev）和芒德鲁（Robert Mandrou）的书中几乎用了同样的语言："这样，开始是关于17世纪法国兴起的本质的争论就转化成为关于政府的结构和特性的辩论……" English Historical Review. CCCXX, July 1966, 572.

㉙ "低价并没有损害工业。例如，在法国，17世纪的第一个10年就是一个制造业、手工业和农业的繁荣期，也是一个国债减少、预算平衡等等的时期。商人和产业主的利润增加了，在这些年代，他们成功地变成了相当富有的人。"Lublinskaya, *French Absolutism*, p. 13.

㉚ Porchnev, *Les soulèvements populaires*, p. 560.

㉛ Lublinskaya, *French Absolutism*, pp. 144~145. 泽勒（Zeller）指出，在16世纪繁荣的整个王家制造业（manufacture rogale）体例，尤其是在亨利四世（Henry IV）统治之下，是建立在一种防止贵金属外流的愿望基础上的。这样，为了避免进口奢侈品，国王鼓励创建奢侈品工业。其结果在早期17世纪的收缩中是严重的。

"紧缩通货对法国经济特别困难。法国出口的产品并不提供明显的利润赚头。它的出口主要基于法国和西班牙价格的差异上。从贵金属流入减缓之日起，这种差异就萎缩了。"

"从另一角度来看，在紧缩通货时期，在联省和英国这些国家则有明显的经济合理化意图以发展资本主义生产。资本主义生产意味着试图利用资金的积累以充足的资金在市场上赢得最大限度的利润。"

"相比之下，从亨利四世到路易十四（Louis XIV）的法国制造业努力为什么仅仅是一系列旨在限制进口、发展奢侈品工业或多或少的成功就容易理解了。尽管如此，德马雷（Desmarets）注意到，国家总的来说仍处于资金短缺的状况，但是柯尔伯（Colbert）早在1670年就看到了这一点，他向国王承认了农民和那些'从地方上索钱'的税务官们所经历的'重大困难'，并推断，在'公共商业'中情况甚至更糟。"Jean Meuvret, "Monetary Circulation and the Economic Utilization of Money in 16th and 17th Century France" in Rondo Cameron, ed., *Essays in French Economic History*（Homewood, Illinois：Irwin, Inc., 1970), 148~149.

㉜ See Lublinskaya, *French Absolutism*, p. 328.

㉝ "但是〔法国和英国〕之间极大的不同不在于〔工业〕法的本质，在于它的实施。在法国，官员们在实施法律时是如此强有力，以致工匠们有时甚至会因他们的热情而杀死他们。在英国，官员们是那么松懈，乃至工人们有时不得不通过罢工以提醒他们的职责……多数规则都是属于干涉资本主义工业企业进步的那一类……" Nef, *Industry and Government*, p. 56.

㉞ Ibid., p. 98.

㉟ See Sella, *Fontana Economic History of Europe*, II, p. 26.

㊱ 波尔什涅夫（Porchnev）和穆斯纳（Mousnier）都同意。See Porchnev, *Les soulèvements populaires*, pp. 458~463. see Roland Mousnier, *Peasant Uprising in Seventeenth-Century France, Russia, and China* (New York: Harper. 1970), 306~311.

"战争，恰好与经济萧条的漫长年岁同步，对〔西部和北部欧洲〕国家的财政资源和管理机构提出要求，迫使他们的政府一方面提高管理能力，同时增加税收。但是当这两种政策在逻辑必然相互补充时，又表明在政治上它们是不相容的。作为扩大王室权力的官僚机构完全不存在，或是即使它存在，也是缺乏效力和控制能力的。财政压力越大，中央政府主动与特权阶级合作和对企业的求助就越多……"

"在理论上，法国的君主政体是绝对的。它的立法、行政权及其几乎完全自由的税收权总的来说被全国所接受。然而，在实践中，君主制是有限的，因为那些实际上触及不到的阶级、企业、个人的豁免，以及对那些庞大、异质的王室官员团体缺乏有效的中央控制。正如在别的任何地方一样，战争时期的生产要求更高的集权，而战争又使这一点更难于实现。" H. G. Koenigsberger, *The Hapsburgs and Europe* pp. 279~280.

㊲ See J. Meuvret, *Population in History*, esp. 511~512. "法国的税收负担从1623年的4,300万镑增加到1640年的8,000万镑。然而，小麦的价格开始在1638~1640年间有明显的下降。这种国库财政上的增加与经济上的倒退的现象说明了结束黎塞留（Richelieu）政府的大起义的原因。" Ardant, *Impòt*, II, p. 754.

㊳ See Porchnev, *Les soulèvements populaires*, p. 119.

㊴ Elizabeth S. Teall, "The Seigneur of Renaissance France," *Journal of Modern History*, XXXVII, 2, June 1965, 150.

㊵ Salmon, *Past & Present*, No. 37, p. 43.

㊶ "法国仍然给贫困的农民残留一块土地，它们受土地出租贵族支配。它仍然残存一个贫穷的、未经很好开发、依靠传统的经济方式过活的农村。在宗教战争爆发前的和平时期里开始的趋势并不成熟。反之，它们在英国则有一个直接的发展。" Firedrich Lutge, "Economic Change: Agriculture," *New Cambridge Modern*

History, II; G. B. Elton, ed., The Reformation 1520~1559 (London and New York: Cambridge Univ. Press, 1958), p. 47.

㉞ See Porchnev, *Les soulèvements populaires*, pp. 268~275. 波尔什涅夫从恩格斯的《德国农民战争》中借用了"平民"（plebeians）这个概念去描述这些市民。他说："平民还没有构成无产阶级前身，而是一些乌合之众，它们植根于封建社会不同的团体，逐渐地，融汇在一起成为一个真正的联合体〔p. 269〕。"

㉝ Robert Mandrou, "les soulèvements populaires et la société francaise du XVIIe siècle," *Annales E. S. C.*, XIV, 4, oct. -déc. 1959, 760.

㉞ Ibid., p. 761.

㉟ Mousnier, *Revue d'histoire moderne et contemporaine*, V, p. 112.

㊱ "到16世纪末，由于确信宗教改革的旗帜无用，天主教是在保卫自己的利益，普通的群众在经历了种种政治上、宗教忏悔上的幻灭后，拒绝给自己的阶级斗争披上任何宗教外衣。在16世纪末，当法国普通大众用简明、坦率的阶级术语宣告法国封建阶级应尽快'结束自相残杀的宗教战争'并忘掉争吵，重新团结在亨利四世（Henry IV）的君主制下时，部分理由正是这样。" Porchnev, *Les soulévements populaires*, p. 47. see also pp. 280~281.

㊲ See ibid., pp. 572~573.

㊳ See Koenigsberger, *Journal of Modern History*, XXVII, pp. 338~340.

㊴ See Lublinskaya, *French Absolutism*, p. 166.

㊵ 杜比（Georges Duby）和芒德鲁（Robert Mandrou）谈到了"正在捍卫王国统一的天主教徒。" *Histoire de la civilisation française*, Vol. I: *Le Moyen Age et le XVIe siècle* (Paris: Lib. Armand Colin, 1958), 341. 参见塔皮（Victor-L. Tapié）"摄政时期（Regency）和路易十三（Louis XIII）统治初年的法国……是一个牺牲品……法国的几个省仍是地域争执的对象……"

"在那时，没有一个政府能够强大富庶到足以在自身周围筑起一道屏护和平和经济发展的盾牌，但是一个坚定的政府能够保护领土独立，并允许它的自然资源有自己结出硕果的可能性。黎塞留（Richelieu）的优点在于看到了这一点，路易十三（Louis XIII）的优点则是明白他的大臣们必须好好服务于他。" *La France de Louis XIII et de Richelieu* (Paris: Flammarion, 1952), 524~526.

㊶ See Mousnier, *Venalité*, pp. 601~602.

㊷ Henri Espeiux. *Histoire de l'Occitanie* (Nimes: Le Centre Culturel Occitan. Collection cap-e-cap, 1970), 155.

㊸ Ibid., p. 159.

㊹ Ibid., p. 161.

㊺ See ibid., pp. 146~154.

㊻ See Porchnev, *Les soulèvements populaires*, pp. 402~403, 418~419.

㊳ See ibid., p.578.

㊳ 法弗尔（Jeanne Favret）在"Le traditionalisme par excès de modernité"中描述了一个20世纪这种现象的例子。*European Journal of Sociology*，VIII，1，1967，71~93.

㊴ See Porchnev, *Les soulèvements populaires*, p.470.

㊵ Ibid., p.425.

㊶ J. P. Cooper, "General Introduction," *New Cambridge Modern History*, IV: J. P. Cooper, ed., *The Decline of Spain and the Thirty Years' War. 1609 – 48/59* (London and New York: Cambridge Univ. Press, 1970) 15.

㊷ Braudel, *Civilisation matérielle*, p.399.

㊸ Ibid., p.396.

第六章插图 "（荷兰）舰队驶离莫桑比克（Mozambique），在果阿（Coa）附近俘获一艘（葡萄牙人的）大型帆船"

一本（出版于 1651 年的）杂志插图。
Ithaca：Cornell University Library.

"（荷兰）舰队从莫桑比克（Mozambique）出发，并在果阿（Goa）附近掳获了一艘（葡萄牙的）大帆船，"摘自"波米兰的克莱松（Corneilis Claezoon of Purmerent）的东印度航海观察日志（Uournal of Obeservation of an East Indian Voyage），他是万丹（Bantam）船的舵手，为联合公司（United Company）的巨头作航行服务，"1651年出版。

第六章　欧洲的世界经济：边缘地区与外部竞争场

一个实体的范围，从政治的词汇来定义是较易于确定的。如果我们要知道中国在1600年所包括的领土，我们需要查阅一些档案，它们就会告诉我们那时在法律上宣称的权利。当然，总会有一些边缘地区，那里的主权为两个敌对的国家机构所争夺，或是那里帝国的权力在事实上几乎觉察不到其存在，可以使我们把这种权利看作是法律上的假定。但是这些标准差不多是直截了当的：将在某种程度上名义的权威（不管其有多大）和有效的权威（不管其有多小）结合起来考虑，一般而言就会得到我们所需的结果。

但是我们要讨论的是一种社会体系的范围，它不能用政治意义来确定，像我们这里要讨论的"世界经济"就是如此。谈到在16世纪存在一种欧洲的世界经济，我们所指的范围是比全球要小的。但是要小多少呢？我们不能简单地将"欧洲"进行贸易的世界任何部分都包括进去。在1600年葡萄牙人与中非洲的莫诺莫塔帕（Monomotapa）王国和日本都进行贸易，而很明显难于认为莫诺莫塔帕或日本是那时欧洲的世界经济的一部分。而我们却认为巴西（Brazil）（至少是巴西的沿海地区）和亚速尔（Azores）群岛是欧洲的世界经济的一部分。还有在西欧和波斯之间穿越俄罗斯的过境贸易。[①] 而我们认为波斯当然是处于世界经济之外的，甚至俄罗斯也是如此。俄罗斯在此之外，而波兰却在此之内。匈牙利在此之内，而奥斯曼（Ottoman）帝国却在此之外。这种区分是以什么根据来确定的呢？

这不是一个简单地有关贸易量或贸易成分的问题。弗塔多（Celso Furtado）认为：

> 除了金银，在殖民化的头一个世纪中，美洲人生产的东西几乎没

有什么能在欧洲市场上出售。不像东印度群岛人（East Indies），那里生产的物品每一磅都有很高价值，如香料、丝和薄棉布，美洲人却生产不出任何能够作为获利贸易来源的东西。②

然而，美洲人在此之内，东印度群岛人却在此之外，至少我们是如此坚信的。

我们应把这种区分看作是一种世界经济的边缘地区和它的外部竞争场的区别。一个世界经济的边缘地区在地理上是其延伸部分，其产品主要是低级货物（也就是说，货物的劳务所获报酬较低），但它是劳务分工整个体系的一个组成部分，因为其中包括的商品对日常所需是不可少的。一个世界经济的外部竞争场由其他世界体系的各部分组成，使这种世界经济与其他世界体系有了某些贸易关系，主要是以贵重物品的交换为基础，有时这被称为"富人贸易"。我们将首先通过分析俄罗斯和东欧各个部分，印度洋地区和西班牙属美洲在 16 世纪的不同，以力图把这种区别展现出来。

初看俄罗斯和东欧似乎是非常类似的。它们都有经营商品粮生产、并以强制劳动为基础的大领地兴起的历史。确实如布罗代尔（Braudel）指出的，在奥斯曼帝国那时也出现了这种情况。③在这两个地区，对农民的强制首先是国家当局采取措施的结果。在这两个地区，地主阶级看来都在那个时代变得很强大，而市民阶层却削弱了。再者，这两个地区看来都受到价格革命的影响，并且与具有合理的精确性的总变量是相符合的。但是更准确的观察就会展现出一些区别。④

我们在论述俄罗斯与西欧的关系和东欧与西欧的关系的不同时，将从以下三个主要题目出发：（a）贸易性质上的不同。（b）国家机器的力量与作用的不同和（c）作为以上两点的结果，其当地城市市民阶层的力量与作用的不同。

革命前的俄罗斯历史学大家克鲁契夫斯基（V. O. Kluchevsky），将他的俄罗斯史建构在这个前提之上，即"俄罗斯历史的主要基本因素一直是移民和拓殖，并且……所有其他因素一直是或多或少密不可分地与此联系的"。⑤在我们述及的范围内这是正确的，这是 16 世纪的一个现象，当时的俄罗斯像欧洲其他地区一样，"进入了一个经济成长的新时代……"⑥一般认为，1552 年对伏尔加河（Volga）间的喀山（Kazan）汗国的征服，和紧接之后于 1556 年对阿斯特拉罕（Astrakhan）的征服是一个转折点。⑦在接着的一个世纪中俄罗斯向南拓殖了森林草原地带，沿着顿河（Don）到达亚速海（Azov Sea），并沿着伏尔加河到达里海（Caspian）。俄罗斯也向横跨西伯利亚（Siberia）沿途的一大部分地区推进。在同时，乌克兰人（U-krainians）（当时在波兰统治之下）沿着第聂伯河（Dnieper）推进，所有这些地区在1654年都成为俄罗斯的组成部分。俄罗斯向南和向东的扩张是近现代史上的一个重要事件。重要的是要指出，这种扩张方向是由于环绕着俄罗斯的地区各个政权力量的作用。像瓦尔纳茨基（George Vernadsky）提请我们注意的，这是"在俄罗斯人在西方被阻止和击退时开始向东朝西伯利亚推进的真正时刻。"[8]

因此，在俄罗斯这种情况下，西方贸易者面对的是一个比波兰、波希米亚（Bohemia）或梅克伦堡（Mecklenburg）远为广大的国家。也是一个本身有着明显的帝国结构的国家。然而波兰的外部贸易几乎完全是与西欧的，俄罗斯却既与西方也与东方贸易。正如布卢姆（Jerome Blum）说的："东方贸易对俄罗斯可能比它与西方的商业更重要。"[9]

不只是东方贸易在数量上更大，而且它的性质和数量使其有形成一种世界经济的倾向，或者像一些作者以略有不同的理论框架所说的，形成了一种国家市场。曼科夫（A. G. Mankov）指出，粮食生产起了决定性作用，这是一个我们已经熟悉的概念："在谷物变为商品之前，在封建社会内部是谈不上商品关系的有效发展的——这表明了农业和手工业（métiers）之间某种水平的分化。"[10]因此让我们检验一下小麦生产扩大的现象，这在15和16世纪的波兰和俄罗斯是已知的，波兰正如我们已经论证的，已在16世纪并入欧洲的世界经济，它的小麦既为其市场出售，也为其市场种植。像布罗代尔（Braudel）和斯普纳（Spooner）所说的："这个[16]世纪末具有压倒性的特征明显的是这个事实；波兰的小麦被吸收到欧洲的价格的总流之中。"[11]这对波兰和欧洲其他地区是关键性的，因为波兰那时变成了"谷物的最大出口者。"[12]

波兰小麦出口经济的兴起，正如我们看到的，意味着用强制劳动生产商品粮的大领地的兴起。这也意味着贵族政治力量的兴起，他们的经济利益在去除贸易障碍方面与西欧的商人相一致。他们的共同努力使波兰维持了一种开放经济。[13]波兰贵族的繁荣是如何依赖于这种开放贸易，从1626～1629年间阿道夫（Gustavus Adolphus）封锁维斯杜拉河（Vistula）造成的经济困难可以清楚地证明。他企图以此"切断波兰的神经"。[14]"经过波罗的海（Baltic）港口的谷物出口（在波兰）被迅速实行了，其比例足以支配这个国家的整个经济结构。"⑮ 这个事实被托波尔斯基（Jerzy Topolski）用以解释波兰17世纪衰退的毁灭性影响，这种影响在波兰各地依其地方经济出口取向的程度而各有不同。⑯

这可以用小麦的价值在欧洲的世界经济的总产品中只占相当小的比例来反驳，但是波尔什涅夫（Boris Porchnev）对此回答说："不是商品出口的数量（事实上不很大）应当成为学者只予注意的目标，而是在商业中间人和土地所有者剥削农奴劳动所分配的利润率。"⑰ 霍斯佐斯基（Stanislan Hoszowski）指出，在16世纪的全面物价上涨中，不只是波兰的物价在西欧与中欧之前就开始上涨，并且在美洲的财富对物价造成冲击之前就如此，⑱ 而在波兰内部，"土地所有者从（物价上涨）中得到了最大的好处，农民和市民却只因此遭受了损失。"⑲ 这种对农民经济榨取的反应是经常性的农民反抗斗争。⑳

现在让我们比较一下当时在俄罗斯小麦生产的作用。让我们从曼科夫（Mankov）对16世纪俄罗斯的论断说起："可以说在那时只有一个国内谷物市场。"㉑ 也就是说，虽然几乎没有小麦出口，但"在16世纪已存在着地方市场间的一种联系，有时彼此之间是非常遥远的。"㉒ 因而资本主义农业在那时就以类似的形式，一方面在波兰（和其他东欧国家），另一方面在俄罗斯出现了。但是当前者为扩大的西欧市场生产时，在俄罗斯"领主们为扩大的国内市场生产。"㉓ 确实在16世纪，"将粮食装船运出国外需要沙皇的特许。"㉔ 16世纪欧洲世界经济的专业化只以小规模在俄罗斯的世界经济中有所反应。俄罗斯世界经济的中心是出口制成品（金属器物、纺织品、皮货、武器和盔甲），以换回奢侈品、棉布、马匹和绵羊。㉕ 此外，他们把西方的制成品再向东方出口，"虽然这种活动在16世纪显然不是非常重要的。"㉖ 俄罗斯感受到了作为一个经济共同体的集中地的愉快效应："毛皮、盐、兽皮和其他物品从殖民地流入旧有地区，创造了新的财富，并刺激了商业和工业活动。"㉗

但是俄罗斯与西方的贸易又如何呢？它和波兰与西方的贸易不相似吗？我们必须注意不要以18、19世纪的现象去推断16世纪，因为那时一个分立的俄罗斯世界经济确实已经消失，俄罗斯已成为欧洲世界经济的又一个边缘地区。㉘

确实一眼看去，在16世纪发生的情况是，"在与西方的贸易中，俄罗斯用原料和半成品交换制成品。"[29]俄罗斯出口用作军舰补给品的各种原料（亚麻、大麻、油脂、蜡）和毛皮，进口奢侈品和金属物品（包括军火）。但是不管从哪个方面看来，这种贸易似乎都不是很重要的。对西欧来说，直到17世纪前不能说俄罗斯重要到"粮食与森林产品的供应库"的地步。[30]威兰（T. S. Willan）认为对英国这个16世纪与俄罗斯贸易最多的西方国家来说，俄罗斯的主要价值是"作为海军重要物资的一个来源。"但是他又说：

> 有点难于说这种贸易对俄罗斯人是否有同等的价值。他们出口到英国的海军补给品所换回的，多半是这个公司所宣称送给俄罗斯的武器和军火，特别是在"50年代"和"60年代"。[31]

"特别是在'50年代'和'60年代'，"我们将回头讨论这个见解。阿特曼（A. Attman）认为重要的进口不是金属物品，而是以银条或工艺品形式的银。他提出在教堂、修道院、宫殿中银的非常积聚和对银条的重要发现来证实这个假设。[32]如果记得主要出口是毛皮，"那时尊严和财富的穿着"，[33]所谓"富人贸易"的一种，我们就可以认为，16世纪俄罗斯—西方贸易的主要部分是贵重物品的交换，一种消费而不是生产剩余价值的方法，所以在紧缩时是不重要的，因而对经济体系的作用不是主要的。这并不是说它是不重要的。中间人靠它获利。无疑国家从此也得到了一些关税收入。无疑它也加强了社会声望积聚的体系。而关键是，如果发生了相当于阿道夫（Gustavus Adolphus）在1626年封锁维斯杜拉河同样的封锁，对俄罗斯内部经济的影响会远比在波兰要小。

我们一直用波兰作为欧洲的世界经济边缘地区的一个国家的例证（作为外部竞争场的一个对立面）。但波兰在许多方面是一个极端的例子。如果我们考察一下这个边缘地区的其他国家，会有什么不同吗？回答是会有一些，但看来是不重要的。

例如，在波希米亚和匈牙利，"农奴"的"强迫劳动"不总是完全用强制劳役（corveé）的形式，有时是用"强制工资活动"的形式。[34]瓦尔加（Josef Válka）指出这种中间形式的劳役在波希米亚是与农业生产的多样化和导向一个内部市场这个事实联系在一起的。[35]帕特拉内（Josef Petraň）同样指出，在中欧如波希米亚、西里西亚（Silesia）、萨克森（Saxony）、奥地利各种较小的领地上,大地产兴起的趋向较弱,他认为我们能够看到专业化的产生不只是在农业和工业之间而且发生在农业本身的内部,但"很自然这其中的专业化不会是完全的。"㊱马洛维斯特(Malowist)指出,在丹麦农业的专业化与在东欧相似,因为在 16 世纪期间,丹麦和霍尔斯坦(Holstein)贵族"发展出了一种以农奴劳动和以农业和乳产品贸易为基础的经济,它也以他们农奴的产品为基础,因为农奴从事商业的机会被限制到最低程度。"㊲但是他说这种贵族掠夺的社会进程"能够最清楚地在波兰、勃兰登堡(Brandenburg)、波美拉尼亚(Pomerania)、梅克伦堡(Mecklenburg)和立沃尼亚(Livonia)看到,在丹麦就显得微弱得多了。"㊳

由于这些例证我们可以说,它们显示出在 16 世纪,欧洲的劳动分工结构已经变得更复杂了。然而,对于波希米亚这个为欧洲的世界经济其余部分所包围的小国,低出口率的意义与俄罗斯这个在欧洲世界经济边缘的大帝国相似的低出口率相比,必然是十分不同的。波希米亚政治行动的自由毕竟要少得多,因而它的经济依赖性毕竟要大得多。这是一个分析者必须把绝对值看作最小因素而把比例看为最大因素的事例。㊴波希米西倘使贸易被切断,将比俄罗斯难以适应。因而它的经济活动必须更有意识地在欧洲世界经济需求的框架内发展。

让我们回到威兰(Willan)有关 1550 和 1560 年代的评论。我们的解释至此应是很明白的,在边缘地区和竞争场之间的界限是可变的,不论从分析者确定它的困难性还是它的易于变动的意义上都是如此。一种观察此期间的俄罗斯历史的方法,是看它在欧洲曾尝试将其包括在世界经济之内时的反应。这个尝试在那时失败了,因为欧洲的技术和经济还不够强大。在以后的时代里它最终成功了。雷诺兹(Robert L. Reynolds)以某种民族优越感提到了这个进程:

> 在我们能述及的范围中,是英国人开辟了一条通路并引发了俄罗斯人的扩张……英格兰开辟了(北方)通路(在 1553 年)给予俄罗斯一个巨大的毛皮市场,它刺激了边疆的哥萨克人(Cossacks)和施特罗加诺夫家族(Stroganovs)用他们的资本和经营才能尽可能快地向东方和北方推进。每年他们占据了毛皮贸易的新地域,完全像法国和英国的毛皮商人和以后的美国人,越来越远地推进到北美洲的西部。用这个巨大的毛皮市场,开辟了从西欧购买精美纺织品、金属器物和

其他东西的可能性。[40]

英国人闯入俄罗斯人的世界，是与俄罗斯内部政治发展相协调的吗？对这幅图景我们必须翻转过来，看看俄罗斯对"带入欧洲"作何反应，以及这种反应如何将俄罗斯与东欧进一步区分开来。马洛维斯特（Malowist）指出，在俄罗斯中部种植的粮食在俄罗斯欧洲部分的北部与东北部和西伯利亚出售。[41]因而俄罗斯小麦生产的发展"促进了拓殖和征服"它本身很富庶的北方和东北领土，这些领土又"供应了无数的财富，首先是为沙皇们的财库，然后就是商人们的财产。"[42]

要评价俄罗斯国家的作用，我们要简要说明我们在前一章所论述的西欧中心国家中国家的作用，再来考察东欧边缘国家中国家的作用，以两者与俄罗斯国家的作用进行比较。我们将绝对君主制描述为这样一种结构，其中国王和他的臣仆靠着一个世袭的和贿买的官僚阶层和雇用常备军的帮助上升到政治上的首要地位。一方面国王寻求城市商业市民阶层中有势力的部分的援助，他们供给国王金钱和对于有离心倾向的旧贵族某种政治上的制衡。另一方面，国王是传统社会阶层体系的顶峰，并最终是贵族反对发展中的资本主义体系侵蚀作用的保护者。

因而对这两个社会阶层旧贵族和商业市民阶级而言，绝对君主制对每一方都是较小的祸害，它力量的发展建立在他们都没有其他选择的基础上。它创造了使一个国家成为一个实体的可能性，以从整个欧洲世界经济的剩余产品中得到不成比例的份额，为这两个阶层很好地服务。在16世纪，我们至多可以说是国家"财政主义"（fiscalism）或"早熟的重商主义"。从大约1650年起，西方国家实行全面的重商主义政策，以图进一步加强它们在世界经济中的相对地位。

16世纪在西欧是一个国家力量兴起的时期，而在东欧是一个国家力量衰败的时代，这既是东欧经济地位的原因也是其后果。这是社会变化累积影响的又一个例证。当波兰的土地贵族通过其在国际贸易中的有利作用变得强大时，本地的市民阶层则变得衰弱了。国家征税的基础消亡了，这意味着国王不能供给维持一支足够的军队。[44]这样大地主需要确保能保护自己，但是这必然造成了私残的条件。[45]这些私人军队中有一些在数量上与王权的军队相等。[46]国王变为由选举产生，中央立法机关议会（Seym）开始把它的许多权力转交给地方会议（diets）。

从这时起，国家机器分解就加速进行了。塔兹比尔（Janusz Tazbir）揭示出这一步如何导致下一步的：

> 从1613年起有关税收的决定权作为一种常规转到地方会议了。财政系统的权力分散导致一种情况，一些地区必须比其他地区交纳更多的税。当地方会议被赋予投票决定甚至有关国家防务的税收时（1640年），混乱进一步加剧了。所有这些必然导致国库资金的衰竭，最终使供养军队完全变为不可能。
>
> 士兵由于军饷被拖欠，组织了军事同盟或联合蹂躏国家，构成了政治动乱的危险中心。[47]

在西欧，王室财产的增长是靠牺牲教会财产得到的，甚至在天主教（Catholic）的西班牙，但在波兰不是这样。在宗教改革的第一次冲击中，一些教区的教会土地被新教（Protestant）的乡绅没收，但甚至在那时主要教会财产的大部分未被触动。此后反宗教改革因我们已阐明的原因获胜。然而因为国家十分衰弱，王室财产也减少了。[48]

类似的进程也发生在东欧的其他地方。今天大多数人把普鲁士（Prussia）国家与两个现象联系在一起：强大的国家和强大的容克（Junker）贵族阶级。在16世纪严格地说，在后来构成普鲁士的那个地区兴起了一个强大的容克贵族阶级。但这也是一个国家变得更弱而不是更强的世纪。

首先，大地产体系是以极小的小屋农保有地和强制劳役（corvée）[49]为基础的，它于那时在易北河（Elbia）以东发展，被称为庄园主地产（Gutsherrschaft），取代了被称为领主地产（Gutswirtschaft）的旧封建形式，正如这个名字所表示的，在权力的内部体系上与旧的形式有极明显的不同。在这个新体系中，像吕特格（Friedrich Lüutge）所说的，"这种地产有些像国家内的一个小政治单位：它的居民只间接是本国君主的属民。"[50]其次，像在波兰那样，霍亨索伦（Hohenzo-llrns）家族用他们的王室领地甚至以前教会的土地[51]作为借债的担保，这是一个持续地削弱其力量的进程。这些由王权采取的极端（in extremis）措施，非常有利于容克贵族阶级。[52]

在德意志（Germany）君主权力的衰退进程在16世纪一道继续着，在1648年威斯特伐里亚和约（Peace of Westphalia）结束了三十年战争时达到最低点，泰勒（A. J. P. Taylor）认为这是一个"与其说是德意志衰弱的原因，不如说是其结果"的和平。虽然和平是外国列强"强加"的，没有它们的干预事情会更糟。"在1648年的唯一选择不是外国的干涉少一些而是多一些——继续这场战争会直到将德意志的大部分实际上在瑞典、法国和哈布斯堡家族（Habsburgs）之间瓜分掉。"[53]

瑞典的地位值得简要地注意一下，因为瑞典的国家机器的演化接近于西欧而不是其边缘地区的模式，虽然当时它在经济上是很落后的。它的强大不是因为其商业和工业强大，虽然铁产量从1540年起就稳步上升。[54] 看来矛盾的倒是由于它农业的落后，它的贵族希望靠其他土地上的获利立足，因为他们缺乏靠自己土地获得地位的能力。或者至少如马洛维斯特（Malowist）所论述的：

> 这值得我们仔细考察一下瑞典控制波罗的海的某些方面。事实上，瑞典在波罗的海的扩张开始时是小规模的，但在15世纪就能察觉了。并且瑞典在15和16世纪是经济上非常落后的国家，不只是与西欧比较，甚至与德意志东部或波兰相比也是如此……因而应当说，就瑞典商人的地位而言是不能用来解释瑞典对邻国的侵略的，因为这些商人从瑞典的征服中只得到微不足道的利益，甚至有时还要反对征服政策，认为它不过是不断增加税收的一个缘由。
> 相反地，强烈支持扩张的群体是贵族阶层。贵族当时不能够用牺牲农民阶层来增加他们相当少的收入，因为农民阶层是强大而组织良好的。对于大领主和贵族而言，正是征服和统治被征服领土带来了新收入的重要来源。[55]

而我们若要问为什么农民阶层如此强大，可能不正是由于这个事实，即瑞典在那时只有着"一种几乎不能供应自己需要的农业，"因而它直接财富的唯一真正来源就是"某种靠它邻居的衰弱的寄生生活，是贵族权力巨大增长的结果。"[56]

瑞典作为一个适中的反常例子就很好地说明了这个过程。作为一个有着弱小的市民阶层的边缘国家，它是一个贵族政治权力随着16世纪经济扩张而增长的竞争场。但是小麦的增长由于那时气候逆转被遏止，特别对斯堪的纳维亚（Scandinavian）国家造成了不利影响。[57] 因而贵族需要征服，因而他们需要一个强大而不是衰弱的国家。一旦他们有了强大的国家，他们就能在17和18世纪用重商主义作为工业进步的楦杆，因而避免了波兰的命运。

现在我们可以考察一下俄罗斯。俄罗斯不是欧洲世界经济一部分这个说法的一个关键根据，就是在俄罗斯绝对君主制的成长具有与其在西欧的发展在某方面本质相同之处，而与东欧有着明显的不同。

实际上是怎么样的呢？16世纪商品粮生产强制劳动的兴起是国家干预经济的产物，直接与被称为（军事）"领地制"（pomestia）的军事采地的创设相联系，它被用来酬劳沙皇的支持者。在某种意义上，这与西班牙属美洲的"委托监护制"（encomiendas）有一些类似之处，然而这种强制劳动制度不能够立即实行，因为土地首先要从旧贵族（the boyars）和修道院那里征用。也没有任何相当于部族酋长（cacique）的中间人，除非将俄罗斯东正教（Orthodox）教士在某些地区所起的类似作用也算进去。确切地说，"农奴制"的法律强制是在农民债务的增长进程使"再封建化"的过程进行到最后时才实施的。克鲁契夫斯基（V. O. Kluchevsky）描述了这种情况是如何造成的：

> 地主的借贷产生了这样的关系，在其中领主的农民必须二者择一，或者作个有着明确偿还期的破产农民，或者作个没有明确偿还期的奴隶（就是用自己劳动的形式偿还债务）。而这种限制不是用警察拘留在居住地……而只是在国家总的民法之下，由于债务工人对个人（也就是对土地所有者）的一种隶属关系。因而到16世纪末，农民的移居权没有法律的取缔就自行消失了。
>
> 农民自己在为一小块土地和一笔贷款与土地所有者做交易时，永久放弃了（通过佃户契约）曾经拥有的无论在什么意义上终止他承担的契约义务的权利。[58]

但是当恐怖者伊凡（Ivan the Terrible）在16世纪中期的军事成功，将今日俄罗斯欧洲部分东南部的大片无主土地并入后，自愿的农奴化在俄罗斯就不够用了。为阻止农民人口跑到那些新土地上，致使军事"领地制"（pomestia）的持有者失去劳力，引起政府失去纳税者，"采取了对农民迁移自由的限制措施。"[59] 如格申克龙（Alexander Gerschenkron）指出的："农奴化的进程不靠国家权力几乎是不可想象的。在一个敞开面对着在南方和东方如同俄罗斯大平原那样的巨大空间的国家中,其他方法怎么能行呢?"⑩国家机器的积极作用因此很紧密地与俄罗斯卷入征服战争这个事实联系在一起。

当然在西班牙也是这样。但是西班牙由于金银、意大利的借贷人和哈布斯堡(Habsburg)家族的联系,与欧洲世界经济有着密切的关系并保持了下来。俄罗斯则寻求创立它自己的世界经济。然而俄罗斯国家创立的最初过程与西班牙有某些相似之处。西班牙的创建是"光复运动"(reconquista)的结果,它的领土是基督教十字军从由北非洲来的穆斯林征服者那里夺回的。俄罗斯的创立是一个推翻"鞑靼(Tartàr)奴役"的过程,是基督教十字军从中亚细亚来的穆斯林(或伊斯兰化的)侵略者那里再征服的领土构成的。莫斯科公国(Muscovy)的作用类似于卡斯提尔王国(Castile),共同斗争的激情(élan)极大地帮助了莫斯科公国的胜利。[61]

作为得到传统旧贵族(boyars)帮助的代价的一部分,在这场再征服中,莫斯科公国的沙皇们必须承认他们根据在早期历史上的阶层秩序所宣称的永久性首要地位。[62]这种制度被称为"任官等级"(mestnichestvo),是变革进程中创立的那些重要传统之一。为了平衡贵族的这种新力量,伊凡三世(IvanIII)在15世纪晚期创立了一种非完全私有采邑的新制度,称为军事"领地制"(pomestia),它作为回报军事服役的俸禄赐予。"领地制"由征服的边疆土地,从修道院和游荡的旧贵族(boyars)处没收的土地,也从自由农民处夺来的土地中创设。[63]

但是因为没有宗教改革,教会能够进行抵抗,所以存在着两种土地租佃制,军事"领地制"和被称为"世袭领地"(votchina)的旧庄园制度,这给了修道院一个很大的机会,使"世袭领地"(votchina)的拥有者开始把他们的土地出售或捐赠给教会(特别在1550年之后),以换取终身的租佃权。确实这有着宗教上的缘由,但关键的因素看来是社会与政治方面的。[64]

正是创立了军事"领地制"这种租佃的新形式,它不是以传统的相互封建义务为基础,通常位于边疆地区,再加上领土扩张和因此而来的现成可用的土地这个事实,导致政府于整个16世纪一直在推行加强农民劳动与居住束缚的强制性的措施,始于1497年的法典(Code),到1649年的大会法典(Assembly Code)达于顶峰。[65]没有这样的限制,农民将会拒绝服劳役。教会的政治力量意味着国家不能阻止土地从赋税体制中流失。唯一的补救办法是增加剩下土地的赋税,进一步压榨农民。[66]再加上因为农民在修道院土地上被给予较优惠的条件,增加的赋税就更进一步起到了促使农民移居的作用。

这就是"50年代与60年代"问题的背景。"恐怖者"伊凡四世(Ivan IV, the Terrible)从1547年到1584年的统治期间,是俄罗斯历史的关键时期,因为伊凡一心一意专注于固定内部社会结构以达到增强国家权威的目标,这种结构的俄罗斯在此后几个世纪为人所熟知,这也是企图建立俄罗斯国家在欧洲世界经济中的自身地位。如我们将看到的,他暂时在后一个目的上取得了成功。或者换一种说法,他把门口的狼赶走了足够长的时间,确实使俄罗斯在以后被吸收进世界经济时,它是作为一个半边缘国家(像17、18世纪的西班牙)而不是一个边缘国家(像波兰)进入的。

在俄罗斯内部,沙皇增加国家权力的主要武器是创设一个世袭性的国家机器(像在西欧那样),在俄罗斯它要比在法国更多地与土地权利的再分配联系在一起。一个关键性的改革是废除地方当局的"食邑"(Kormlenie)制度,即一种以承包赋税作为薪俸的制度,而用一种部分付给现金部分赐予土地的官僚体制来代替它。[67]这个改革不只创立了一个中央官僚体制;同时也创立了它的赋税基础。[68]与此一同创设了地方政府机构,它紧紧掌握在地方乡绅的手中,他们的兴起受惠于沙皇权威的扩张,并是其一部分。[69]正是在那时(1556年)军事服役牢固地与军事"领地制"(pomestia)的持有联系在一起,使得沙皇确保有一支相对忠诚的常备军。[70]军事"领地制"的发展和由此增加的监督这个制度经营的复杂性,导致在莫斯科为军事"领地制"创设了一个中央土地部门。

与此同时,伊凡四世在外部推行的扩张政策不只是在南方(那是在克里米亚, the Crimea)的边疆土地,而且向着西方的波罗的海(Baltic)地区,所谓立沃尼亚(Livonian)战争拖延了25年(1558年~1583年)。它的目标是使俄罗斯成为一个波罗的海强国。它是一场漫长的实质上无结果的战争。[72]假若它有更多成果,俄罗斯就会在那时被明确地吸收到欧洲世界体系之中。

可以理解为什么向西方扩张激发了沙皇作为一个企业家的能力。不像东欧各国的统治者们,沙皇处于直接从贸易扩张中获利的地位,因为已有了一个更强大的国家机器。在波兰是贵族操纵着从出口贸易的垄断性控制中获益。在俄罗斯则是沙皇,他为自己和他宠信的人保留这些权利。[73]因此对外贸易的沙皇对利益不只是作为关税收入的来源,而且是作为农民以物代钱交给他的非常大量货物的销路。正如城市为中世纪封建领主服务那样,伊凡四世寻求使全欧洲为其服务。因为这个计划是庞大的,他发现得到商业市民阶级(包括外国和本地的)的合作来买卖商品是方便有利的。当波兰的贵族除去波兰的商业中间人,借以避免为他们的货物付某些税时,就使国家丧失了财政收入,波兰的市民阶级也衰落了。当地主就是君主时,任何税收的减免只不过是记账上的事情。因此在俄罗斯,相对于独立的企业家而言,管理货物转运的人——商号的成员,在财政上没有很大的优势,因为他们是以这种身份起家的,让他们仍保持下去是比较容易的。

所以,在俄罗斯像在西欧那样,本地的商业市民阶级存在下来了,国家机器也同时加强了。[74]假若沙皇伊凡四世成功了,不能肯定俄罗斯商人的处境会如同他们预想的那么好。我们永远不能知道会如何,因为当立沃尼亚(Livonian)战争以表面上的停战结束时,所有这些事中真正实现的,是在俄罗斯引发了一场国内社会和经济危机。

在那时本身包含不稳定性的政治竞争场中,一个国家在国际领域缺少持续的成功,会导致国内展开利益斗争,常常使国家经受分裂的危险。为了抵消这种内部的动乱,伊凡四世诉诸强大的警察手段——臭名昭著的"禁卫军"(Oprichnina),因此他得到了"恐怖者"的称号。它主要包括创立一支特别的宫廷卫队,靠其帮助沙皇用激烈手段清除他的敌人,特别是在贵族当中。武器有两种:处死和没收财产,后者使沙皇能够重新分配土地给那些他希望对自己保持忠诚的人们。

在结束有政变(coup d'état)的危险状况方面,它在政治上是成功。但从许多人的观点看来,它招致了相反的结果。例如布卢姆(Blum)就说:

> 禁卫军(Oprichnina)的恐怖,与不成功的漫长的立沃尼亚(Livonian)战争的持续消耗着国家资源加在一起,搅乱了这个国家的社会与经济结构,……没收大土地集合与它们的分支,将其并入"领地制",搅乱了这个国家经济作为根基的农业体系,阻碍了技术发展,减少了产量,制造了领主与农民之间新的紧张状态。[75]

布卢姆也归咎于沉重的赋税加上瘟疫,庄稼歉收和侵略引起的农民大批逃亡。[76]在 1575 年到 1590 年之间,剧烈而突然的物价上涨反映并突出了这些事件。曼科夫(A. G. Mankov)在他研究 16 世纪俄罗斯物价波动的基础上,乐于得出更进一步的认识,"把 1580 年到 1590 年的危机看作国家经济的综合性危机,"[77]这是一个他确信苏联历史著作也普遍持有的观点。

瓦尔纳茨基(Vernadsky)以类似的语气论证立沃尼亚战争是一个可怕的错误,因为俄罗斯除了继续在克里米亚(Crimean)边疆继续作战别无选择,因为选择了在立沃尼亚作战,俄罗斯就选择了两面作战这种有着灾难性后果的政策。[79]在我看来,这忽视了关键的一点,即俄罗斯在立沃尼亚可能同样也是别无选择的。瓦尔纳茨基将立沃尼亚战争看作是一场失败,在其中俄罗斯人"有幸能在 1583 年 8 月 5 日与瑞典达成了休战协议,尽管其条件是非常不利的。"[80]也许换言之,我们可以认为它是一个巨大的成功。俄罗斯没有被拖入欧洲的世界经济中。它的市民阶级和君主,至少在当时避免了他们在波兰的同类人物的命运。

这完全不足为奇。波尔什涅夫(Boris Porchnev)分析了 16 世纪欧洲国际关系的大模式,认为在其中哈布斯堡家族——天主教会(Habsburg-Catholic)有创立一个单一帝国体系的目标,而其反对者们则企图促成一道东方国家屏障的建立——瑞典、波兰(后来的波兰—立陶宛 Poland-Lithuania)和奥斯曼帝国(Ottoman Empire),"主要是针对东欧,"但它也成为"一道与欧洲其余地区隔离的屏障,它孤立了变得更强大的俄罗斯。"[81]

当天主教再度得到在波兰的地盘时,波兰—立陶宛国家却成为西班牙的盟国。当伊凡四世之后的年代里,当俄罗斯国家被内部纷争所分裂,在所谓"混乱时代"(Time of Troubles)(1610 年~1613 年)达于极点时,波兰在哈布斯堡家族和另有动机的瑞典的秘密支持下,进行了"肢解和征服俄罗斯的尝试,"[82]这个尝试失败了。还有,瓦尔纳茨基(Vernadsky)相信,英国在那时也有兴趣建立"一种对全部或部分俄罗斯的保护权。"[83]无疑,造成失败的主要因素是存在着"三十年战争"的尖锐对立分野,它一直使俄罗斯的直接敌人们转向更为迫切的事务。

但是俄罗斯正在越来越接近于被欧洲吸收。伊凡四世的"灾难性"政策延缓了它。看一下克鲁契夫斯基(Kluchevsky)叙述在"漫长的"16 世纪的末尾发生了什么吧:

第六章 欧洲的世界经济：边缘地区与外部竞争场

我们看到英国与荷兰帮助（沙皇）米哈伊尔（Michael）（1613~45）与其敌人波兰与瑞典和解，其原因是莫斯科公国是英、荷一个有价值的市场，也是到东方一条方便的道路——到波斯，甚至到印度。再者，我们看到法国国王建议与米哈伊尔缔结同盟，以符合法国在东方的商业利益，在那里它在与英国和荷兰竞争……沙皇米哈伊尔的帝国比沙皇伊凡四世和提奥多尔（Theodor）（1584~98）的帝国要弱，但在欧洲却远不那么孤立。[84]

"但"这个词不是应说成"因此"吗？伊凡（Ivan）所追求的是创立一个俄罗斯帝国，而不是欧洲整体中的一部分。这也是后来彼得大帝（Peter the Great）的目标。

俄罗斯与东欧第三个重大的不同，正如我们已指出的，是不同的结构，不同的商业趋向和国家机器不同力量造成的直接后果。在俄罗斯城市和本地市民阶级在"漫长"的16世纪存在了下来，而在东欧市民阶级则大部分却没有。而土地，虽然在东欧大部分以同样的大地产形式发展起来，在俄罗斯却落入有时被称为"乡绅"，有时被称为"小贵族"（我们已看到这种区分是多么不得要领）的"新人"手中。这些人不是出身于旧贵族（boyar）阶级，而是来自两个群体——"宫廷贵族"（dvoriane）（一种宫廷贵族）和所谓"旧贵族（boyars）之子"，他们在较早的时代是较小的和偏远地区的贵族。那些存在下来的"旧贵族"大部分是"沙皇的非王室亲戚"。[85]因此，特别是在"混乱时代"（Trouble Time）之后，当沙皇米哈伊尔能够完成伊凡四世政策的必然结果时，一个新的巨头阶级出现了。[86]最终拿到了旧贵族一切正式的附有权利。"任官等级"（Mestnichestvo）在1682年废除了。军事"领地制"事实上可以由出售和继承转让，于是与"世袭领地"（Votchini）的区分便破除了。1649年的《法典》（Code of Laws）很大程度上减少了这两种财产形式的区别，[87]在1731年这种财产形式在法律上合并了。[88]

"新人"的兴起当然在各地都出现了——如我们在西欧确实见到的那样，在东欧许多情况也是这样。但布卢姆（Blum）抓住了要点：

俄罗斯经验……在一个重要方面与东欧其余地区不同（而类似于在西欧的情况）。在其余东欧地区小贵族的得势之所以可能是由于君主权力的衰弱。在俄罗斯乡绅的兴起有赖于沙皇权力的增长。它是新绝对君主制风筝的尾巴。[90]

最后，在东欧与俄罗斯之间的明显差别在城市地区是清楚的。城镇在东欧进一步衰落了。本地城市市民阶级和本地民族工业也进一步衰落了。这确实是一个相对而言的问题。俄罗斯与西欧比较可以被认为是相对衰落了，如果不是绝对的话。而这种衰落在东欧也不是完全性的。而有证据似乎表明，在东欧与俄罗斯之间有一种本质上的差别。

这种区别在"第一个"16世纪可能一直是较小的。[91]但是当土地所有者越来越多地从事直接贸易，他们在东欧公然进行"反城市活动。"[92]随着在波兰"小国王们"和易北河（Elbia）以东"庄园主"（Gutsherrschaft）的兴起，作为地主的君主认为没有直接的需要使他对市民表示同情。[93]当城镇衰落时贵族变得更强大了。[94]在俄罗斯，克鲁契夫斯基（Kluchevsky）能够谈到"在16和17世纪，俄罗斯城镇和城镇工业格外缓慢而艰难的增长，"[95]但至少是增长而不是衰落。布卢姆更为确定这一点。他说：

> （在16世纪）的经济生活中交换的新重要性表现在城市作为工业和商业的中心重新出现，并作为在俄罗斯和外国的农产品及其他货物的市场。旧的市镇复兴了，新的建立了，一些农村定居点［像诺夫哥罗德（Novgorod）土地登记簿所显示的］开始抛弃农业转向贸易和工业。[96]

与市镇力量俱增的是本地商业市民阶级的力量。地方贵族不只从地方商人那里夺去了出口贸易，"把他们贬低到代理人的角色"，[97]并且与外国市民阶级分享进口贸易。[98]一个国家的本地市民阶级就是另一个国家的外国市民阶级。德意志商人在易北河以东的经济中找不到地盘，在波兰却大受欢迎，并在政治上恰当地表示感谢。[99]确实可以推测，后来德意志市民阶级恢复权力是否是由于这个事实，即他们在像波兰和斯洛文尼亚（Slovenia）这样的地方存在了下来。相反在俄罗斯，虽然本地商人卷入来自大土地持有者，包括修道院，特别是沙皇本人最大的竞争，然而他们生存了下来。[100]一个有利因素是主要的商人被称为"客商"（gosti），被允许充当沙皇商业和财政代理人，和商人本身利益代理人的双重角色。[101]最终他们能够摆脱他们与沙皇的联系，甚至变为其有力的竞争者。而终于，"私人企业在事实上的确获得了俄罗斯向太平洋扩张的一大部分成果，虽然很少得到国家的支持，反而要与国家竞争。"[102]

至于手工艺工业，看来在各地都衰弱了，大部分是因为没有关税屏障，使得西欧工业更多更经济的产品在销量上胜过本地产品。[103]在某种程度上本地工业存在下来，例如捷克（Czechia）的花边，它被看作是为商人在他们所住地区之外服务的农舍工业。[104]虽然如此，因为它促进了农业的多样化，并为波希米亚（Bohemia）后来的工业发展准备了途径，它还是有所不同的。[105]但在俄罗斯，因为它有它自己的世界经济，有些积累的资本投入了工业发展。[106]甚至在欧洲世界经济最重要的出口工业纺织业的情况中，人们会认为俄罗斯工业在竞争中垮掉，而地方工业却保有了大部分大批量市场，甚至一部分优质品市场。[107]

我们能够对为什么奥斯曼（Ottoman）帝国不是欧洲世界经济的一部分作类似的分析。[108]我们的注意力看来应当更多地转向葡萄牙的印度洋贸易和它与西班牙的大西洋贸易有什么不同这个问题。

我们必须首先摒弃土耳其人（Turks）在葡萄牙的印度洋贸易兴起中的作用的神话。绝非奥斯曼帝国的兴起导致了地中海东部对西欧的封锁，因而促使葡萄牙寻求到亚洲的好望角（Cape）航路，现在普遍承认，葡萄牙的海外探险实际上早于奥斯曼帝国的兴起，地中海东部香料贸易的衰落实际上也早于葡萄牙进入该项贸易。确实，莱比尔（A. H. Lybyer）正确地将地中海东部沿岸地区（Levant）的"衰落"归因于不是对现代技术的文化上的抵制，而是由于贸易的结构性转变，使其不能包含在扩张中的欧洲世界经济之中。

〔土耳其人〕不是有意阻碍这些道路的积极行动者，这大部分不是由于他们臭名昭著的漠不关心与保守主义，若是这毕竟总体来说增加了东方交通的困难的话。他们也没有使新航路的发现成为必需的。相反，他们由于新的和更好的航路蒙受了损失。假若没有绕过非洲的航路，地中海东部沿岸地区（Levant）从1500年的整个历史就会非常不同。首先马木鲁克（Mameluke）苏丹（Sudan）们就会发现，他们没被中断的贸易足以给予财政上的支持，使他们能够成功地抵抗土耳其人在1516年的进攻。但假若土耳其人征服了埃及，而东方贸易的主流仍然涌穿其中，他们必然或者会远比实际上控制这些道路的时间早得多地被赶走，或者使自己适应这种穿越他们领地的巨大而增长着的贸易。在后一种情况中，他们会被迫采用现代的方式，并加上他们使领地统一的奇妙才能，用类似的计划组织他们的贸易……贸易路线的改换实现了，但不是由于土耳其人，但是却由于他们的无所作为而使他们受到了损失。[109]

326　　我们在前面的章节里，已研究了对葡萄牙（和西班牙）内部导致 15 世纪探险和 16 世纪海外贸易与建立帝国的力量情结的解释，引人注意的是，考虑到伊比利亚人（Iberian）扩张的经济动力是多么大地面向大西洋地区（西半球，虽然他们并不知道这个概念，还有西非洲）而不是亚洲，尽管探险的观念在很大程度上始于寻找到东印度群岛（Indies）的航路。例如，当戈丁诺（Vitorino Magalhǎes-Godinho）列举了一长串支配葡萄牙扩张早期阶段的因素（从缺少黄金，粮食短缺，到对生产糖的土地和奴隶，捕鱼海域的需要），没有提到胡椒、香料、药材、丝绸、瓷器或宝石，简而言之，即所有葡萄牙人将在 16 世纪实际上从亚洲进口的物品。[110]但是到 15 世纪的后 25 年时，葡萄牙人对香料贸易的兴趣被唤醒了。[111]而且寻找约翰王（Prester John）在国王约翰二世（John II）的心目中与这种兴趣开始联系起来了。"因为（约翰的）这个王国将会为他用来作为到印度道路上的一个中间站，从那里葡萄牙的船长们可以带回那些至今由威尼斯（Venice）散布的那些财富。"[112]并且西非洲的黄金加上亚洲的胡椒和香料事实上到 1506 年构成葡萄牙国家收入的一半以上，加上此后亚洲贸易比例的增长，就构成了"帝国经济的支柱"。[113]

　　达伽马（Vasco da Gama）来到，看到和征服到的地方，比恺撒（Julins Caesar）要多得多和快得多。这确实是非同寻常的，在很短的一些年中，葡萄牙的船只完全主宰了印度洋的大规模贸易。这个事业的结构是什么样的？它是怎样这么快地建立起来的？

　　后一个问题回答起来要相对容易些：备有火炮的船只的技术优势，在大西洋沿岸欧洲地区在前两个世纪就发展起来了，对其关键性的技术发明，即在船的实际船身上而不是在船甲板上面开炮口，在 1501 年实现了。[114]是这种技术上的优势足以解释葡萄牙人的成功呢，还是我们必须另外加上这种为桑塞姆（George B. Sansom）所坚持的意见，即葡萄牙人"用一

第六章 欧洲的世界经济：边缘地区与外部竞争场

种决心获得成功的精神来到亚洲，它比亚洲各民族进行抵抗的意志更坚强。"⑮呢？或许，虽然我倾向于认为文化特质像共同心理的精神这一类，是非常特有的社会结构集合的产物，不会比它们的基础维持得更为长久的多。

无论如何，约从 1509 年起，当葡萄牙人在第乌（Diu）打败埃及（Egyptian）舰队时，葡萄牙海军在印度洋保持了"无可争议的霸权"。⑯加上在 16 世纪中［但在马六甲海峡（Straits of Malacca）只是到 1570 年］，葡萄牙商人们将不只是出现在那里，而且出现在中国海（China Sea），在非洲的东海岸和西海岸，在南大西洋（Atlantic），在纽芬兰（Newfoundland），当然也出现在欧洲。"因此，一个葡萄牙人的经济出现在每个地方。"⑰

葡萄牙人在亚洲的控制系统基本上是很简单的：一支有两个分遣队的舰队［一个封锁红海（Red Sea），另一个在印度西海岸巡逻］，一位在果阿（Goa）的总督和七个在其边缘地区的堡垒。⑱为着商业的目的，他们维持着一系列商站（feitoria），并建立了三个大的中间市场：马六甲（Malacca），卡利卡特（Calicut）和霍尔姆兹（Ormuz），及一个在亚丁（Aden）的辅助站。⑲它们中最大的是马六甲，它成为一个巨大的仓库货栈和集散地，它所处的位置几乎是势在必然的，因为季风迫使航船由东而来者在那里卸货。⑳这种结构是由葡萄牙在这种背景中的主角地位发展而来的，阿尔布奎基（Affonso Albuquerque）努力建构它，以作为对这个事业的军事困境的一种解决办法。㉑

从整体上说这种贸易掌握在国家手中，㉒而当葡萄牙的作用在 16 世纪后期开始减弱时，私人方面完全从减少的贸易中撤了出来，因为危险性增加了。㉓

在少数小的地区，葡萄牙人实行直接的统治。在几个地区像交趾（Cochin）或锡兰（Ceylon），当地统治者处于葡萄牙的"保护"之下。但是在大多数地方，葡萄牙没有号称进行政治统治，而是"在流通和贸易上与他们所了解到的国家中的法律、惯例和习俗遵从一致。"㉔如拉什（Donald F. Lach）所说，欧洲人在那时"主要对那些有着有效的统一与中央政府，有助于提供利于贸易稳定状态，及传播基督福音的有利环境的国家有兴趣。"㉕

要弄清为什么我们不把印度洋贸易地区看作欧洲世界经济的一部分，

尽管在事实上它完全被一个欧洲强国所控制，就必须继续注意这种控制对有关亚洲国家的意义，它对于欧洲的意义，及如何将其与那些在伊比利亚（Iberian）人统治下南北美洲的部分相比较。

　　看来几乎无疑的是，葡萄牙首先在印度洋，其后在中国海迅速取得优势的一个主要因素，是如特雷弗-罗珀（Trevor-Roper）所说的"海上贸易的真空"，它在当时在两个地区存在："亚洲的巨大贸易——其中与欧洲的长途贸易只是很小一部分，它向第一个到来者开放，葡萄牙人来到并获取了它。而当这种真空持续到欧洲压倒了葡萄牙人或亚洲抵抗了他们之前，是由他们来独占的。"[126]这个真空不是经济的而是政治的，因为它是理解葡萄牙人没有创造这个贸易这种情况的中心。他们获取一个先已存在的贸易网，在那时掌握在印度洋的穆斯林商人［阿拉伯人和古吉拉特（Gujeratis）人］和中国海的倭寇（Wako）海盗手中。[127]驱逐首先及时到来的穆斯林商人，"靠的是野蛮的武力而非和平的竞争。"[128]这主要是由于政治上和海军上的优势。[129]

　　从亚洲到里斯本（Lisbon）的大宗进口是胡椒，或胡椒和香料。在15世纪末葡萄牙获胜之前，欧洲已经大约消费了亚洲产品的1/4，[130]并且，为了满足欧洲增长的需求，亚洲的生产量在这个世纪进程中增长了一倍；[131]作为交换，亚洲从欧洲主要得到的是银锭和金锭。[132]银大部分来自南北美洲和日本，[133]金似乎首先来自西非洲，[134]其次来自东南非洲、苏门答腊（Sumatra）和中国。[135]

　　欧洲囤积金银的热情是众所周知的，因而这种在形式上支付的不平衡能持续这样长的时间，确实是奇怪的。但是如果欧洲需要亚洲的供给，看来这是他们必须付出的代价。这是与亚洲那时不是欧洲世界经济一部分这个基本想法相符的，因为从1500年到1800年，欧洲与亚洲国家的关系"通常为亚洲各国所建立的框架和条件所规定。除了那些生活在少数殖民据点的人们，欧洲人在那里都只是被容忍而已。"[136]尽管欧洲有着军事优势也是如此，因为我们必须记住，这种军事优势只是一种海军优势。[137]

　　从亚洲人的观点看，这些葡萄牙商人在一个重要方面与那些此前历史上的商人不同。这些购买者"不是商人——私人企业家，而是一个强大的海军力量，从一个外国的名义，作为其商人与国家的代表行动。"[138]这意味着贸易关系（确实其价格）是由国际法所承认的条约来规定。但是国家必须与国家打交道。而这需要使葡萄牙人有一段时间使他们习惯于他们遇到的高水平的国家尊严。⁽³⁹⁾最初，葡萄牙人乐于用掠夺带来巨额的利润，但是在短短 10 年后，他们认识到这是一种非常短视的政策。⁽⁴⁰⁾他们转而变为亚洲内部贸易的仲裁人和中介，他们用以此得到的利润投资于好望角（Cape）航路贸易，把香料和金银都带到葡萄牙。像戈丁诺（Godinho）说的，这是一个"辉煌的梦想"，一个"超乎它的可能性的（过分的 démesurée）的事业。"⁽⁴¹⁾他们牺牲了金银（和更多的东西）来得到香料，但是他们没有达到一种"集中的亚洲间贸易"，这是一种"在亚洲全然新奇的事物。"⁽⁴²⁾将它翻译为欧洲世界经济的用语，葡萄牙作为中间人的角色意味着"欧洲进口的一大部分得自船运和商业服务的无形出口。"⁽⁴³⁾亚洲间贸易对于葡萄牙卷入亚洲的经济成效的重要程度，为这个事实显示出来，只是在 75 年之后的 1578 年，第一艘直达的快船（一个笔直的"跑马场"，une carriére de droiture）才从里斯本（Lisbon）到达马六甲（Malacca）。⁽⁴⁴⁾

因而对亚洲而言，葡萄牙商人意味着两件事：亚洲商人必须与一个作为商人代理者的国家打交道，亚洲间的贸易要符合经济原则。而范吕尔（J. C. van Leur）不认为这些加起来足以证明其可称之为社会变化：

> 葡萄牙殖民政权……没有把一种独特的新经济因素引入南部亚洲的商业……葡萄牙政权只是给现有的航运和贸易结构引入了一个非密集型的出口。下一个时期〔荷兰人（Dutch）的时期〕才及时组织了对外贸易和对外航运的新体系，它创生了有效的殖民关系，它也在欧洲创造了新的经济形式——这大概不是直接的结果，而是这种体系所支持的一种平行发展……
>
> 贸易在国际间的亚洲特性保留了下来，而东方国家的政治独立实际上未被欧洲的影响所侵犯。大的亚洲间贸易航路保持着它充分的重要性。⁽⁴⁵⁾

文献倾向于支持范吕尔（van Leur）的评价。⁽⁴⁶⁾葡萄牙人到来并发现了一个繁荣的世界经济。他们把它组织得更好一点，并带回国内一些货物作为他们努力的回报。经济的社会组织和政治的上层结构一样，大部分保持未被触动。主要的变化发生在胡椒生产上，这是唯一"出现大规模生产"的香料。⁽⁴⁷⁾但种胡椒的技术是如此简单，它只需要很少的劳动通过增加种植面积来扩大生产，因为胡椒有一个重要的特质："一旦种下去就不需要照看它。"⁽¹⁴⁸⁾所以，葡萄牙控制下的一个世纪对亚洲大多数人意味着，是葡萄牙人而不是阿拉伯人获得了利润。印度史学家潘尼迦（K. M. Pannikar）的说法总结了这种见解：

> 对印度统治者们还是他们的商人而言，把他们的货物卖给葡萄牙人或阿拉伯人没有什么区别。事实上，葡萄牙人具有他们能够卖给印度统治者所需的武器装备的优势。就有关的印度商人而言，不久他们就努力获得了一种许可制度，通过它他们能在没有阿拉伯商人竞争的情况下进行贸易，在这种意义上，葡萄牙的垄断可以说帮助了他们。⁽¹⁴⁹⁾

这就是为什么尽管在事实上，"葡萄牙国王们的事业……把保护、运输和货物转运的垄断结合在一起，"⁽¹⁵⁰⁾博克塞（Charles Boxer）能够将葡萄牙的海上霸权称为一种"本身脆弱的上层结构。"⁽¹⁵¹⁾亚洲或甚至印度洋的边缘地区，在16世纪没有变为欧洲世界经济的一部分。亚洲是欧洲贸易的一个外部竞争场，确实是基于某些不平等的条件。这就是说，靠武力强加的垄断因素介入了市场的运作。用肖努（Chaunu）的话来说，有着一场葡萄牙的"制海权征服"（Conquista）。⁽¹⁵²⁾但是亚洲的内部生活虽有这种接触却基本保持未变。确实难于证明，亚洲的农业生产是欧洲劳动分工在当时的一个必要组成部分。

如果我们考察一下葡萄牙亚洲贸易对欧洲的影响，就能找到进一步的证据。欧洲在16世纪没有征服亚洲是因为它没有能力。它的军事优势只是在海上。⁽¹⁵³⁾在陆地上它面对奥斯曼帝国（Ottoman）的攻击仍在退却，⁽¹⁵⁴⁾这种军事均势只是在工业革命时才改变。⁽¹⁵⁵⁾

亚洲那时供给欧洲的是奢侈品。现在奢侈品是重要的而不应加以蔑视，但它们比起食品（粮食、牲畜、鱼、糖）处于第二位，需要人力来生产它们。它们比起金银也处于第二位，不是指贮藏的金银，而是作为货币的金银（虽然只有魔法使金银能用作货币，这个魔法是由于如果需要，它最终可以用作一种商品的可能性。）与食品甚至金银相比较，一个世界经济能够相对容易地转换奢侈品的供应。

胡椒已可以证明不完全是一种奢侈品，甚至香料也不是，因为它们对保存食物是重要的，还可以作为药品。⁽¹⁵⁶⁾这又是一个程度的问题。要保存的食物大部分是肉类，不完全是一种奢侈品，但也不完全属于那些维持生命

第六章 欧洲的世界经济：边缘地区与外部竞争场

的食物，药品也是如此。[157]当然如肖努（Chaunu）所论证的，随着欧洲生活水平的提高和世界力量均衡的改变，胡椒变得更不是一种奢侈品了。我认为这个问题在于它是在多大程度上如此：

> （胡椒）是什么时候首先出现在西方的？传统上显示有几个转折点（jalons）。其中第一个是在12与13世纪东方和西方在地中海的接触，即是在十字军（Crusades）的时代。要说出实际情况有两个因素必须予以考虑。胡椒消费的增长必然一定与14、15世纪肉类消费的增加联系在一起，这是一个被清楚证实的现象。然而包括遥远的和昂贵的产品的消费类型更为持久得多的发展，在我看来与从12和13世纪以来的权力状况的转换是不可分的。在13（世纪）的状况下香料的获得构成了一种奢侈品。为了得到它们需要发展力量。它使得西方基督教世界慢慢地发展其潜力，（慢慢地揭示其能力 le lent décollement de ses moyens）。这种力量使得西方产生具有一个又一个各种对味蕾和神经系统的刺激，这是拉丁基督教世界比起东方文明来不那么敏感产生的。[158]

无论如何，在这种程度上胡椒不是一种奢侈品，而是一种半必需品，正是西非洲的几内亚胡椒（Malagnette）而不是亚洲的产品，在数量上是最重要的，如果不是在价格上的话。[159]

当然对葡萄牙而言，亚洲的贸易有利可图是没有问题的。这毕竟是其目的所在。戈丁诺（Godinho）用了25页来估算它。一个也许是特别的例子就足够了。阿尔布奎基（Albuquerque）在1512年估算商品的获利价值为葡萄牙送出货币的8倍。[160]因而易于看到，为什么胡椒是"（16和17世纪）最著名的投机商品，吸引着那个时代最大的商人和资本家们的注意力。"[161]胡椒的可分性和耐久性如同其带来的利润一样，"使它成为投机的一个极好目标。"[162]

这种投机不只是属于那些作为个人企业家的资本家们。突出的是葡萄牙国家寻求"使用军事力量来增加国家财富，"莱恩（Frederic Lane）对此作了系统论述。[163]我们下面将考虑一下这种政策的代价。但是在这里插入一段莱恩（Lane）对这种集体"投机活动"的估计是恰当的：

334

在50年或100年这个长时期内，一种更和平的政策能助长东方贸易一个更大的发展，可以使国家更富有。虽然征服印度在一段时间内增长了葡萄牙的国家收入，后来却随之而来的是国家劳动生产率的下降。因此它不能为使用武力增加国家的繁荣提供一个清楚的成功范例。[164]

但葡萄牙能够推行一种"更和平的政策"吗？这是令人怀疑的，部分正如莱恩（Lane）自己指出的，是因为在1500年在葡萄牙存在的资本和劳力的性质。[165]

然而，对获利可能性的讨论使得我们清楚了在外部竞争场经商获利的局限。这种利润就当时所说到和做到的都是属于掠夺而来。而掠夺是从长远看于己不利的，在一个单一的世界经济框架中进行剥削才能加强自己。

如果我们对在亚洲的伊比利亚人（Iberia）和在南北美洲的伊比利亚人试图作系统的比较研究，可能这一点就会更清楚了。首先应当讲一下葡萄牙和西班牙的关系。教皇的圣谕"共存中间线"（Inter Coetera）在1493年6月的第二个文本中划了一道著名的界线，妄自将非欧洲人世界分配给葡萄牙和西班牙照管，以达到传布基督教的目的。[166]在大西洋地区，它就意味着承认葡萄牙对巴西（Brazil）和大西洋上不属加勒比海（non-Caribbean）岛屿的主权，而西班牙则统治大部分大陆。亚洲则妄自"分配"给葡萄牙。但是麦哲伦（Magellan）说服了查理五世（Charles V）重新解释这幅地图，在16世纪估算经度是件困难的事，他以西班牙国王的名义在1520年对菲律宾（Philippines）宣称其占领权，[167]但直到1564年占领才成为事实。确实，只是当葡萄牙作为胡椒供应的来源的地位因威尼斯（Venice）作用的复兴而开始动摇时，西班牙才派出它的远征队去菲律宾寻找胡椒，并到达中国。[168]

于是我们面对的就是在南北美洲西班牙起着大部分作用，葡萄牙则占据了一角，在亚洲葡萄牙起着大部分作用，西班牙则占据了一角。引人注意的是，在这两个地区伊比利亚人（Iberian）的政策是多么大致相似。因为在16世纪，伊比利亚（Iberia）在南北美洲建立的是殖民地，但在亚洲建立的是贸易商栈。[169]

我们已经写到了西班牙在南北美洲的政策和葡萄牙在亚洲的政策。值得注意的是，两国各自都寻求把它统治的经验推广到其他地区，但认识到

第六章 欧洲的世界经济：边缘地区与外部竞争场

它的错误后，两国都去使自己适应那个地区的需要。葡萄牙人企图在巴西把他们的卷入限于安排一个货物集散地，但在 1530 年被迫将其殖民地化，以作为一个先发制人的措施。[119]与此类似，西班牙人企图在菲律宾运用委托监护（encomienda）制度，但国际商业不够支付维持它的代价，他们就改用了葡萄牙的模式。"马尼拉（Manila）于是就固定于从事以新西班牙（New Spain）运来的银直接交换中国的制成品。"[121]

这两种不同政策的原因看来正如我们已经暗示的，是两重性的。一方面，美洲殖民化的获酬报在某种意义上要更大。另一方面，在亚洲实行殖民的困难要大得多。两方面结合在一起，意味着南北美洲成为欧洲 16 世纪世界经济的边缘地区，而亚洲仍是一个外部竞争场。

我们说的酬报并不意味着短期的利润，虽然即使当时南北美洲看来比亚洲可获利要多大约 50%。[122]但是长期利润要依机运而定。亚洲贸易是进口贸易，特别是那些绕过地中海东部沿岸（Levant）的部分。确实，西班牙最终放弃马尼拉大型帆船队（Manila Galleon）的原因之一，的确是国内对其造成金银外流的反对。[124]当然正如我们已指出的，这不是没有一些例外。例如看来印度的柚木森林在某种程度上并入了欧洲世界经济，作为在果阿（Goa）造船所造船的木材供应地。[125]

但这比起从新世界（New World）所获的金银、木材、皮革和糖看来是次要的，这些产品在这一个世纪中从收集技术发展为一种使用廉价劳力在欧洲人监督之下稳定的生产形式，[126]因而改变了有关地区的社会结构，将它们并入欧洲世界经济之中。[127]

只是当欧洲别无选择，不能在它自己的世界经济体制内得到一种产品时，才以较高代价去外部的竞争场中获得它。以丝为例，博拉（Woodrow Borah）描述了在 16 世纪晚期，墨西哥（Mexican）生丝生产的失败原因。[128]正如肖努（Chaunu）指出的，正是那时，我们才有了"大帆船队（Galleon）贸易的高峰，中国的丝大量、突然而短暂地到达东印度群岛（Indies）的市场上。"[129]当然，当西班牙人再没有美洲的银提供给中国人，他们就不能再买丝，马尼拉大帆船队贸易也就约在 1640 年停止了。[130]

作为一条总规律，一种世界经济的地理界限是一个对抗均势的问题。在中心地区力量的驱动力可能导致扩张主义的压力（如我们所知，15 世纪在欧洲发生的那样）。这个体系向外扩张直到它达到失大于得的地点。一个因素当然是距离，一个与技术状况有关的变量。刚才我们提到了一个 60

— 383 —

天世界的概念。有许多估算时间的方法。比较一下肖努（Chaunu）所描述的从伊比利亚（Iberia）到南北美洲的时间和从伊比利亚到亚洲的时间，对于前一点，他说"出发的旅程是一个月，返回是六个星期，往返旅行包括装货和卸货，在两个冬季停航期之间要做的一切事，要以一年为周期。"[181] 对于后一点他则说：

> 最长的距离——我们可以说就是塞维利亚（Seville）在1565的情形——马尼拉轴心——15和16世纪的长期变化所产生的世界是一个5年世界。这就是说，5年是从西班牙到菲律宾作一次往返旅行所需的平均时间。[182]

这种差别明显是很大的。

但是距离的阻力还与已建立的政权的抵抗结合在一起。南北美洲是易于征服。甚至像阿兹特克（Aztecs）和印加（Incas）这样有组织的国家，也抵抗不了欧洲的军队。亚洲完全是另一回事。无论葡萄牙还是它在17世纪的后继者，都不能运用武器的力量进行大规模的土地征服。因为缺乏这种手段，他们不能建立像在南北美洲和欧洲东部那种体系，在那里，一小股力量就可以进行大规模的剩余产品剥削。与这相反，它需要大量军队（葡萄牙人对付他们的海上对手）以达到获取较少量的剩余产品的目的（因为当地统治者能够坚持要大得多的百分比）。了解此事的一个方法是估计选择使用武力的有利可图性。莱恩（Frederic Lane）于是将其概念化：

> 我胆敢于提出一个假说，（殖民地）的事业使用武力掠夺和阻止对手的贸易（例如葡萄牙人在亚洲），在总的方面引起了利润的减少，但是许多使用武力形成保护（而不是破坏或夺取它的首都和瓦解它的劳动力）的事业，包括许多强迫劳动（例如葡萄牙人在巴西）制，享受到利润增加的好处。[183]

在边缘地区和在外部竞争场把握自己是两种不同的技巧。只有在边缘地区经济上更强大的群体能同样靠文化上的统治巩固它的地位。葡萄牙人远比西班牙人更懂得这一点。西班牙人比葡萄牙人把基督教皈依事业放在更优先的地位，葡萄牙人在16世纪亚洲基督教徒—穆斯林的大碰撞中更意识到他们力量的限度。肖努（Chaunu）指出，西班牙人把很大力量投入到阻止穆斯林对菲律宾的渗透。他们在某种程度上成功了，但付出了经济上的代价："这种对伊斯兰教深怀的敌意，这种缺乏与摩鹿加群岛（Moluccas）穆斯林小王公做交易的能力，这难道不是要比葡萄牙人的敌意远为真实得多的解释，说明为什么西班牙人在菲律宾不能获得香料贸易的成功吗？"[184]这可以与葡萄牙人在刚果（Kongo）的决定作比较。在那里他们首先进行传教、殖民甚至商品化作物农业，但后来他们认识到代价过高，退而将其作为一个货物集散地（entrepôt），在那里他们首先寻求的是奴隶和象牙。[185]

在亚洲，印度洋的葡萄牙控制权及其对马六甲海峡的控制随着"漫长"的16世纪的发展，面临着日益增长的挑战——来自阿拉伯人连同威尼斯［老的地中海东部沿岸（Levant）航路］，来自欧洲西北部升起的新星（英格兰和荷兰），和来自亚洲复兴的本地力量。

在前面一章里，我们已经论述了在"第二个"16世纪东部地中海地区的复兴。因而，让我们在此只是简略回顾一下这件事。隔断地中海东部沿岸地区需要代价高昂的封锁。事情的中心是"葡萄牙不足以富有到能维持这个巨大的网络，它的堡垒，它花费昂贵的分遣舰队，它的官吏。"[186]到1530年代，土耳其人（Turks）再度能够在波斯湾（Persian Gulf）登陆，从这时起葡萄牙的贸易份额下降了。[187]到1560年，亚历山大里亚（Alexandria）出口到欧洲的香料如同15世纪晚期一样多，[188]虽然确实在所占比例上比以前要小。而且葡萄牙人不愿意或是不能够降低他们的价格来与威尼斯人（Venetian）竞争。[189]当然我们只是谈到胡椒贸易，因为药材贸易似乎没有这样为葡萄牙所垄断。[190]确实葡萄牙的衰落可以由这个事实来衡量，最终于1580年之后，他们寻求在威尼斯的贸易中获得一份给自己。[191]葡萄牙的衰落因而是很确实的。戈丁诺（Godinho）警告我们不要走另一个极端，将威尼斯的上升看作一幅乐观的图景。[192]这个观点我们已有机会论述过了。因为威尼斯不能拿到所有葡萄牙所失去的东西。

一个更有力的竞争是来自欧洲西北部。我们不会忘记当西班牙和法国的国王都在1557年宣告破产，葡萄牙国王就在1560年加以仿效，我们将不评论荷兰和英国兴起的原因。但是我们应该注意香料贸易中一个关键的因素，就是事实上有两种香料贸易，通常称为"亚洲包卖贸易"和"欧洲包卖贸易"。这就是说，把香料从亚洲带到里斯本（Lisbon）或威尼斯及后来的阿姆斯特丹（Amsterdam）有利可图，把同样的香料再出售给他们最终的欧洲消费者也有利可图，这些消费者主要要到欧洲北部去找。[193]

葡萄牙人没有在欧洲出售胡椒的网络，特别是在安特卫普（Antwerp）衰落以后。他们与其一直保持密切的联系。肖努（Chaunu）谈到1585年的葡萄牙：

> 西班牙国王从1580年起统治着里斯本，但由于切断了与北方的关系，提供了不在欧洲的贸易机会。意大利不够强大（nést pas du taille），在西班牙没有人会寄希望于它。他必须以德意志（German）资本主义的一切力量替代安特卫普，这就是韦尔塞家族（Welsers）和福格家族（Fuggers）。
>
> 难道还能比这说得更清楚吗？欧洲的贸易最终比亚洲贸易取得了优先地位。[194]

但是韦尔塞家族（Welsers）和福格家族（Fuggers）也同样不够强大到足以对抗英国人和荷兰人（Dutch）。[195]荷兰的兴起事实上是对威尼斯的最后一击，因为阿姆斯特丹"比（里斯本）更有效地折断了旧地中海商业的脖子。"[196]

荷兰人（和英国人）不只在欧洲具有优势。他们在印度洋的海军优势有着分外的财富收益。他们能够不仅从贸易，还从掠夺葡萄牙船只获取利润。[197]尽管如此，荷兰人（和英国人）也没有在亚洲的总背景上纳入新的因素。他们继续扮演葡萄牙人那种中间经纪人的角色。[198]

这就使我们要看看在亚洲到底发生了什么。当葡萄牙人垮台时，亚洲统治者恢复了某种控制。例如，从1570年起在马六甲海峡，爪哇人（Javanese）至少在荷兰人于1596年闯入之前获取了香料贸易。[199]有一段时间葡萄牙人因他们在中国和日本之间运货贸易的新垄断作为补偿。[200]但是当日本人开始克服其国内的无政府状态时，他们就不再需要葡萄牙人。起初明朝皇帝（Ming Emperors）因为愤恨倭寇（Wako）海盗，禁止日本人贸易。一旦倭寇受到控制，直接贸易就再度成为可能。此外，此时荷兰人和英国人来到这个场所，对西班牙（及葡萄牙）绝非好消息。日本人对耶稣会士（Jesuits）越来越感到不安，这是日本有可能与世界隔离的时候了，特别是因为本地的手工业者正在削减对中国丝的需求。[201]

可能日本的隔离这种事态是由基督教会的传教活动过于积极引起的，如博克塞（C. R. Boxer）所认为的。[202]人们必须认真地看待博克塞（Boxer）提出的这个说法，他广博的知识和历史的判断力博得了尊重。然而，他几乎没有提出具体的经验性证据来支持他的判断。为什么他们在内部力量进一步增强，与任何世界经济联系薄弱的情况下，非要采取隔离政策呢？

葡萄牙公民自己吸取了货物集散地繁荣衰落的教训。他们开始自己切断与母国的关系，并调整自己以适应在亚洲生存。他们在经济关系上大部分成为欧洲血统的亚洲人，虽然在政治关系上并不如此之甚，而在文化关系上无疑绝非如此。哈里森（J. B. Harrison）描述了印度小邦（Estado da India）在16世纪进程中日益增强的军事和政治上的自治，这是一个与葡萄牙人在亚洲间贸易中重要性的增长相伴随的过程。[203]随着葡萄牙人在国内和在印度之间利益日益增加的冲突，

> 葡萄牙人嵌入了东方世界，作为"已成家者"（Casados，在字义上指那些维持一个家庭的人）定居在各个地方，他们使自己与地方或地区的利益相适应，投入地方或地区间的经营交易中去。[204]

当西班牙于1580年合并了葡萄牙时，这进一步强化了这个过程。当地的葡萄牙人不希望卡斯提尔人（Castilians）打进他们的市场，西班牙国王也没有力量强迫他们。[205]但这意味着伊比利亚人（Iberian）一个世纪的卷入没有把亚洲纳入一个边缘地区的行列，而是将其推开得更远了。直到一个多世纪之后，欧洲才强大得足以开始对这些地区进行吞并。

注释：

① 对于这种贸易的一个总结，请看克伦本兹（H. Kellenbenz）：《欧洲贸易的陆上交通，江河与海上航运》（Landverkehr, Fluss-und See schiffahrt im Europaischen Handel），见《15~16世纪世界大规模海上贸易，海洋史国际委员会第七次讨论会》（Les grandes voies maritimes dan lemonde, XVe-XIXe siècles, VII Colloque Commission Internationale d'Histoire Maritime），巴黎，1965年（Parisi S. E. V. P. E. N）132~137页。

② 弗塔多《拉丁美洲的经济发展》（Celsu Furtado, Economic Development of Latin America）。

③ 如果历史学家们说到西方在16到18世纪之间有"再封建化"，……一个类似

于在土耳其（Turkey）发生的现象……布希—赞特纳（Busch-Zantner）开拓性的著作指出……这些自营地（tschifitliks）从他的观点看来，是在产粮地区出现并作为改良过程的一部分而创建的。巴坎（Ömar Lutfi Burkan）和他的学生们……考察到现代财产的这种增长对苏丹们（sultans）和巴夏们（pashas）有利，我们知道他们已专心于粮食的"繁荣景气"……他们为自己保留了出售小麦给西方购买者的权利而禁止"人民"这样做。我们能够推测这种改变的程度。土耳其像西欧一样，在一个价格"革命"和农业革命的时代生存下来了，作为其结果，那里像其他地方一样人口增长了。"布罗代尔"（Braudel）《地中海》（*La Méditeranée*）第1卷，357页。

④ 我们见解的实质艾略特（J. H. Elliott）提到过。他承认，"在欧洲边疆地区（就是东部欧洲）生活的几个特点在俄罗斯的土壤上发现了。"由此他谈到这个事实，在这两个地区在那时都发现了用强制劳动为市场生产高品粮的大领地生产。尽管如此，艾略特说："莫斯科公国（Muscovy）的农奴社会仍保持着一个它自己的世界，威胁它的邻居，因为它的军事力量在增长，但在经济上仍与欧洲世界无关。在另一方面，波兰、西里西亚（Silesia）、勃兰登堡（Brandenbury）和普鲁士（Prussia）无可挽回地被拉入西欧生活圈……"《欧洲被分裂》（*Europe Divided*）47页。见瓦尔纳茨基（George Vernadsky）："从地理政治学上说，俄罗斯的背景不是欧洲的而是欧亚大陆（Eurasian）的。中世纪的俄罗斯不那么属于东欧，而更属于欧亚大陆西部。"《封建主义在俄罗斯》（Feudalism in Russia）《镜刊》（*Speculum*）14卷，306页。

⑤ 克鲁契夫斯基（V. O. Kluchevsky）：《俄罗斯史》（*A History of Russia*），第1卷，（London, Dent, 1911）2页。

⑥ 布卢姆（Jerome Blum），《俄罗斯的领主和农民，从9世纪到19世纪》（*Lord and Peasant in Russia from the Ninth to the Nineteenth Century*）（Princeton, New Jersey, Princenton Univ. Press, 1961）120页。他说："这其中最明显的证据是这个国家面积和人口的增加。俄罗斯像西欧的大西洋沿岸国家，在16世纪从事于殖民扩张的野心勃勃的计划。蒙古人（Mongol）权力的崩溃，在莫斯科（Moscow）领导下统一的俄罗斯国家的出现，提供了一个在莫斯科公国边界之外巨大的欧亚大陆土地上，似乎能够获得无限领土的机会。"

⑦ "对喀山（Kazan）的征服是一个巨大的军事胜利和重要的政治成就。从宗教的观点看，它被理解为基督教对伊斯兰教的胜利。"瓦尔纳茨基（George Varnadsky），《莫斯科公国的沙皇制，1547～1682年》（The Tsardom of Muscorg, 1547~1682）《俄罗斯史》第5卷（Vol V of *A History of Russia*, New Haven, Connecticut, Yale Univ, Press, 1969）第一部分（Part I），58页。

"喀山（Kazan）的陷落突然扫清了斯拉夫人（Slavs）向东方前进的障碍。"波特尔（Roger Portal），《斯拉夫人》（*Les Slaves*, Paris Lib, Armand

Colin，1965）110 页。

⑧ 瓦尔纳茨基（Vernadsky）：《沙皇制》（*Tsardon*），V，I，175 页。

⑨ 布卢姆（Blum），《领主与农民》（*Lord and Presant*），128 页。见费克纳（M. V. Fechner）《俄罗斯国家在 16 世纪对东方地区的贸易》（*Torgovlga russkogo gosudarstva so stranani voctoka UXVI veke*），这为摩拉（M. Mollat）等人引用来述说俄罗斯与东方通过河流和商队的贸易比它与西方贸易"要重要得多"（"总是估计过分了"），《第十届国际历史科学大会的报告》（*Relazionidel X Congresso Internationale di Scienze Storiche*，III）第 3 卷，780 页。摩拉（Mollat）等人自己不愿采取有关著作中"没有数字"的立场。

⑩ 曼科夫（A. G. Mankov）：《俄罗斯国家在十六世纪的价格变动》（*Le monuement des prix l'etat russeau XVIe siècle*）（Paris：S. E. V. P. E. N，1957）28 页。

⑪ 布罗代尔和斯普纳（Braudel and Spooner）《剑桥欧洲经济史》（*Cambridge Economic History of Europe*）第 4 卷，398 页。

⑫ 霍斯佐斯基（Stanislaw Hoszowski）：《中欧在价格革命中：16 和 17 世纪》（*L'Europe centrale dans larévolution des prix：XVIe et XVIIe Siècles*）《年鉴》（*Annales E. S. C. XVI. 3*）14 卷 3 期，1961 年 3 月至 6 月，446 页。

⑬ "然而贵族的经济政策在著名的 1565 年政令法令中得到了最充分的表达，它禁止波兰商人出口波兰产品和进口外国货物，并从官方鼓励外国商人进入波兰。确实这个法律一直无效。尽管如此，它是那时候波兰贵族政治经济政策倾向一个极有说服力的表述，并且我们相信，这也是其他波罗的海（Baltic）国家贵族的倾向，除了瑞典之外。我们可以认为，那个时代这些贵族对待资产阶级工商业态度的特征是一种独特的（suigeneris）反重商主义。"马洛维斯特（Marian Malowist），《15 和 16 世纪东部地方贵族操纵政治问题讨论》（*über die Frage des Handels-politik des Adels in den Ostseelandern im 15, und 16, Jahrhundert*）《汉萨历史文稿》（*Hansische Geschichts blatter*），75Jh.，1957，39 页。

⑭ 波兰各物的出口立即被禁止。阿道夫（Gustavus Adolphus）完全理解这个措施对波兰贵族的重要性。他对加博（Bethlen Gabor）的使节说："占领这条河（维斯杜拉河），就关上了德意志和所有波罗的海地区交往的大门，砍断了支持波兰的神经。"［Occupato hoc flumine（the Vistula），praecluso etiam portu Dantiscano et omni maris Baltici aditu prohibito, ipse iam nervus reigerendea Poloniae in cisus est.］他是正确的。停止出口小麦使得国内的价格下落，影响到贵族和农民这些波兰的主要纳税者。在国家花费增加以支付召集军队的需要时，提高赋税变得更困难。只是由于国王和他的仆从的努力波兰才能参战整整三年，尽管有财政的困难，这场战争是需要如此之大的努力的。沙尔平斯基：《16 和 17 世纪的波罗的海问题》（*Le probléme baltique aux XVIe et XVIIe siècles*）《历史科学国际会议，斯德哥尔摩，1960 年，报告，第四部分，现代史》（*International*

Congress of Historical Sciences, Stockholm, 1960. Rapports, IV Histoire moderne, Göteborg: Almqvist & Wiksell, 1960) 41页。

⑮ 托波尔斯基 (Jerzy Topolski)《波兰的经济退化》(La régression economique en Pologne)《波兰历史年鉴》第七期, 1962 (Acta ploniae historica, VII, 1962) 40页。

⑯ 同上, 47~48页。

⑰ 波尔什涅夫 (Boris Porchnev)《三十年战争时期西欧和东欧的政治报告》(Les repports politiques de l'Europe Occidentale et de l'Europe Oricutale à L'epoque des La Guerre des Treate Ans)《十一届历史科学国际会议, 斯德哥尔摩1960年, 报告第四部分, 现代史》(XTe Congres International des Sciences Historiques, Stockholm, 1960, Rapports IV. Histoire moderne, Göte Borg Almqvist & Wiksell, 1960) 137页。

⑱ 见霍斯佐斯基 (Hoszowski)《年鉴》(Annales E. S. C. XVI) 16卷, 446页。

⑲ 同上, 453页。

⑳ 见帕斯库 (S. Pascu), 马夫罗丁 (V. V. Mavrodin), 鲍里斯, 波尔什涅夫 (Boris Porchnev) 和安特列娃 (I. G. Anteleva)《中欧和东南欧15到20世纪的农民运动》(Mouvements paysans dans le centre et le Sudest de l'Europe du XVe au XXe siècles)《十二届历史科学国际会议, 报告第四部分: 方法论和当代史》(XIIe Congrès International des Sciences Historiques, Rapports, IV: Méthodologie et histoire contemporaine, Wein Verlag Ferdinand Berger & Sohne, 1965) 21~35页。

㉑ 曼科夫 (Mankov)《价格变动》(Lemouvement des prix) 28页。

㉒ 同上, 38页。见38~43页的讨论。

㉓ 布卢姆 (Blum),《领主与农民》(Lord and Peasant) 205页。

㉔ 同上, 128页。

㉕ 见同上, 128~129页。见希尔顿 (K. H. Hilton) 和史密斯 (R. E. F. Smith): "应当注意, 偶然地, 广泛系列货物在16世纪与伊朗、土耳其、诺盖帐汗 (NagaiHorde) 和乌兹别克 (Uzbek) 汗国的地区贸易中的发展是特别重要的。而俄罗斯有时被看作是当时一种半殖民地式的西方原材料供应者, 对于东方俄罗斯既是制成品, 也是原材料的供应者。" 史密斯 (R. E. F. Smith)《俄罗斯农民的农奴化》(The Enserfment of the Russian Peasantny) 一书的引言。(London and New York, Cambridge Univ. Press 1968) 27页。

㉖ 布卢姆 (Blum)《领主与农民》(Lord and Peasant) 129页。

㉗ 同上, 122页。

㉘ "从伊凡大帝 (Ivan the Great) 的时代即15世纪末, 我们能容易地追溯俄罗斯与西欧联系的增长……在这个方面彼得大帝 (Peter the Great) 的统治没有带来突然的改变。但这仍是确实的, 外来人心中的印象 (无疑在他们国内的人也如

此）是俄罗斯从此后非常不同了。"巴拉克勒夫（Geoffrey Barraclough）:《变革世界中的历史》（*History in a Changing World*）（Oxford Blackrell, 1957）192~193 页。

㉙ 布卢姆（Blum），《领主与农民》（*Lord and Peasant*），128 页。

㉚ 马洛维斯特（Malowist）《经济史评论》第 12 卷（*Economic History Review*, XII）180 页。

㉛ 威兰（T. S. Willan）《16 世纪下半叶英国与俄罗斯之间的贸易》（*Trade Between England and Russia in the Second Half of the Sixteenth Century*）《英国历史评论》63 卷，247 号，1945 年 7 月（*English Historical Review*, LXIII No. 247, July, 1945）320 页。

㉜ 引自摩拉等人（Mollat et al）《第十届历史科学国际大会报告，第三部分》（*Relazionidel X Congresso Internationale de Science Storiche*, III）782 页。

㉝ 帕里（Parry）《剑桥欧洲经济史》第 4 卷（*Cambridge Economic History of Europe*, IV）167 页。

㉞〔在 16 世纪捷克（Czech）的领主〕事实上不只利用强迫劳役（corvée），也利用工资劳动和强迫工资劳动……因此存在着工资劳动。但它是一种用封建关系重压下的工资劳动形式："在领主领地上的工资劳动不过成为农奴的又一个义务。"瓦尔加（Josef Válka）《捷克领地制在 16 世纪的经济结构》（*La structure économique de la seignurie tchèque au XVIe siècle*）《第二届国际经济史会议，第二部分，中世纪和现代》（*Deuxieme Conférence Internationale d'Histoire Economique*, II. *Middle Ages and Modern Times*, Parisi Mouton, 1963）214~215 页。

"工资劳动与强迫劳役（Corvée）合并在一起，尽管有这一切，但总是在封建政权之下并受其束缚。因此，16 世纪匈牙利（Hungarian）农业的新倾向是以领主领地靠侵吞农民所有地扩张为特征的，并以领主领地的市场化生产，和使用工资劳动的形成为特征。"帕克（Zs. S. Pach）《年鉴》21 卷（*Annales, E. S. C.* XXI）1229 页。

㉟ 见瓦尔加（Valka）:《经济史第二届国际会议，第二部分》（*Deuxieme Conférence Internationale d'Histoire Economique*, II）212~213 页。

㊱ 帕特拉内（Josef Petráñ）《经济史第二届国际会议，第二部分》（*Deuxième Conférence Internationale d'Histoire Economque* II）222 页。

㊲ 马洛维斯特：《经济史评论》第 12 卷（*Economic History Review*, XII）180 页。

㊳ 同上，188 页。斜体字附言。

㊴ 见例如马洛维斯特（Malowist）："外国制造品的巨大重要性没以同样的方式如在波罗的海（Baltic）国家那样阻碍俄罗斯工业的发展，因为这个国家有巨大的面积，即使这样，首先，俄罗斯的工业几乎没有发展。"《经济史评论》第 12 卷（*Economic History Review*, XII）189 页。

㊵ 雷诺兹（Reynolds），《欧洲的出现》（*Europe Emerges*），450，453 页。

㊶ 见马洛维斯特（Malowist）《过去与现在》13 期（*Past & Present*，No.13），35~36 页。

㊷ 马洛维斯特（Malowist），《经济史评论》第 12 卷，189 页。

㊸ 熊彼得（Joseph. A. Schumpeter）很尖锐地抓住了绝对君主制的内部矛盾："国王，宫廷，军队，教会和官僚阶层靠资本主义进程创造到财富的增长程度生存，甚至纯粹封建来源收入的膨胀也是同时期资本主义发展的结果所致。也是在这个增长的程度上形成了国内外政策和制度的变化，以适应和推动这种发展。就此而言，所谓绝对君主制结构中的封建因素，只有在返祖现象的名义下参与进来，这个事实上是种首先会想到的判断。"

"然而更严密地观察，我们就会认识到这些因素意味着比这更多的东西。这个结构的铁框仍是由封建社会的人才组成的，这种人才仍是按前资本主义的规范行动的。它充斥了国家和军队的官员职位和制定政策——它作为一个领导阶级（classe dirigente）起作用，虽然它考虑到资产阶级的利益，但小心地与资产阶级保持距离。这个中央装饰品国王是上帝惠佑的国王，他地位的根源是封建性的……尽管他尽多地利用了资本主义提供的经济可能性。所有这些不只是返视现象。它是两个社会阶属的一个积极共生现象。其中一个无疑在经济上支持另一个，而反过来得到另一个在政治上的支持。"《资本主义、社会主义和民主》（*Capitalism, Socialism and Democracy*，London，Allen & Unwin，1943）136 页。

㊹（波兰）在 16 世纪缺乏的不是活跃的精神，这方面有许多证据，缺乏的是大规模和活跃的货币经济。如果说波兰国家是如此从根本上是脆弱的，并且国王的存在"更多的是镇压而不是行使权力"，这个解释可以在"共和国"（Republic）的社会与政治秩序中发现，也可以从不可能积累大量的银货源以拥有一支现代化军队中得到说明。布罗代尔（Braudel），*La Méditerranée*，第 1 卷，184 页。

㊺ 宫廷改革（原文如此！）的愿望使得贵族院议员寻求进一步削弱行政当局。王家特权的逐步受限制加上大贵族特权的增长，特别是东乡边疆的大贵族，他们有在其掌握中的自己的军事力量，大量财富，和许多依附的地方乡绅作为其随从。因此，个别的大贵族拥有一切临朝君主被拒绝拥有的东西——充足的财政资源，强大的军队和政治党派的支持……在 17 世纪开始时，个别大贵族家族已经进行相互间的私战，毁灭了这个国家并吞没了它的资源。塔兹比尔（Janusz Tazbir）《波兰史》（*History of Poland*），209 页。

㊻ 同上，224 页。

㊼ 同上，225 页。

㊽ "与教会，特别是修道院地产形成明显对照的是，王室财产在现代时期继续萎缩。亚历山大（Alexander）国王的法令（1504 年）限制了王室给予、出售或

抵押王室领地的权利，但是长期缺乏货币迫使他的继承者西格斯蒙德一世（Sigismund I）（1506~1548 年）继续他哥哥的政策，虽然是在较小的规模上实行。王室领地是城镇的主要安全保障。在西欧货币大部分是由商人和银行家借出的，债权人使用接管王家财政作为担保——关税或税收。但在波兰，贵族债权人和一些富有的商人——银行家一样，利用大部分机会获取王室领地。”马查克（Antoni Maczak）：（从 16 世纪到 18 世纪波兰土地财产的社会分配）（The Social Distribution of Londed Property in Poland from the Sixteenth to the Eighteenth Centuries）《第三届经济史国际会议》（*Third International Conference of Economic History*，Parisi Mouton，1968 I）第 1 卷，456~457 页。

㊾“庄园主地产（Gutsherrschaft）包括逐渐消失的旧庄园租佃地和创建的大量小屋持有地……”赫雷纳（Helleiner）《剑桥欧洲经济史》第 4 卷（*Cambridge Economic History of Europe*，Ⅳ），26 页。

㊿吕特格(Lütge)，《新剑桥现代史》第 2 卷（*New Cambridge Modern History*，Ⅱ），36 页。西蒙斯基（J. Siemenski）用类似的语言说到波兰：“在短期内（在 16 世纪）大地产变成了小国，由其领主和骑士统治，他们决定向农民阶层的征税（以劳役和运用专贵权的形成）和农民自治政府的范围。”《15 和 16 世纪的宪政状况》(Constitutional Conditions in the Fifteenth and Sixteenth Centuries)《剑桥波兰史》第 1 卷（*Cambridge History of Poland*）雷德韦（W. F. Reddaway）等人编辑，《从起源到苏比斯基（到 1696 年）》[*From the Origins to Sobieski*（to 1696）]（London and New York：Cambridge Univ. Press，1950）427 页。

(51) 甚至没收教会土地也没有帮助，除非这个地区的经济性强大到足够提供一个充分的赋税基础：“恰如在英国那样，[在易北河（Elbia）以东] 解散修道院没有使得统治者独立于等级会议（the Estates）给予的信任投票。君主增长的货币需求和迅速上涨的价格迫使他们把许多修道院地产出售或抵押给贵族。……因此，与广泛持有的观点相反，君主们的权力没有为宗教改革所加强，而是继续衰落。”卡斯坦（F. L. Carsten）：《普鲁士的起源》（*Origin of Prussia*）(London and New York：Oxford University Press，Clarendon，1954)，166 页。

(52)“债务的偿付是以土地的方式，特别是领地，明显地对价格革命时代的借贷者最为有利。流行的借贷制度通过以王家地产为抵押，并将其经营权转交给借贷者作为担保而创立，它以契约和货币经济与自然经济相结合偿还借贷为基础。从地主的观点看，对‘公营’借贷的需求开辟了一个机会，通过在土地上进行投机性投资的手段，使资本以格外高的速度增值。借款者收到的现金通常远远低于抵押的物品的实际资本价值。这个利润额趋于加大，因为土地价格和农产品价格持续上扬。因而借贷者得到过高和有伸缩性的经济租金作为偿付。而当将其作为担保而拥有时，能够以更有效地利用和无情的剥削使其进一步增值。只有严重的财政失调的持续和资本市场的受限制特点，它造成了市镇经济衰落的后果，使市镇更多地受到大土地所有者和高级政府官员影响的控制，迫使霍亨索伦王朝（Hohenzollerns）一再地求助依赖于这种方法。”罗森堡（Rosenberg）《美国历史评论》第一部分，49卷（*American Historical Review*, Part I, XLIX,）22页。

君主权力有利于土地贵族的同样衰落，可以在西班牙人的那不勒斯（Naples）王国见到。因而给予出现的经济作用和政治结构之间紧密联系以进一步的证据。在那里地主转向了粮食生产，特别是在17世纪初。他们维护和增加了他们的议会特权，特别是有效地削减了西班牙总督的权力范围，用他们自己人置于高级职位来维持对官僚阶层的控制，只将较小的职位留给人贿赂，并保持了对国家军事组织的绝对最高权威。见维拉里（Villari），《反西班牙人的反抗斗争》（*La rcvolta antispagnala*）3~5页、14页、17页、24~25页、28页。

(53) 泰勒（Taylor），《德国史教程》（*Course of German History*），23页。

(54) 斯普纳（Frank C. Spooner）《新剑桥现代史》第4卷（*New Cambridge Modern History*, IV）97页。

(55) 马洛维斯特（Malowist）《年鉴》18卷（*Annales E. S. C.* XVII），926页。

(56) 马洛维斯特（Malowist），《经济史评论》第12卷（*Economic History Review* XII）189页。

(57) 因此看来北欧（Nordic）国家的情况必须认为是特殊的：“一种太严酷的冬季寒冷对耕作粮食极为有害，一连串严寒的冬天会有严重的后果，而它在法国却实际上无害，甚至是有益的。”拉杜里（Le Roy Ladurie）《气候史》（*Histoire du climat*）281页。

(58) 克鲁契夫斯基（Kluchevshy）《俄罗斯史》第2卷（*A History of Russia* II）233页，241页。

(59) 肖夫特尔（Marc Szeftel）《俄罗斯史中封建主义情况》（Aspects of Feadalism in Russian History），库尔布恩（Rushton Coulbourn）编：《历史上的封建主义》（*Feudalism in History*）（Princeton, New versty: Princeton Univ, Press, 1956），176页。

(60) 格申克龙（Alexander Gershenkron）《评论文：从9到19世纪俄罗斯的领主与农民》（Review Article: Lord and Peasant in Russia from the Ninth to the Nineteenth Century）《经济史杂志》第二十四卷，第1号1964年3月（*Journal of Economic History* XXIV, 1, Mar, 1964）56页。

(61)“这是莫斯科（Moscow）从15世纪中叶起吞并罗斯（Rus）时突然浮现的新现象。首先地方团体开始公开转向莫斯科，不管是出于他们自愿还是出于他们为自己政府的要求，这使得莫斯科公国（Muscovite）统一这个国家获得了一种不同的特征和更快速的进度。这就是说，它不再是一种掠夺活动或私人谈判，而变成一种民族的，宗教的运动。”克鲁契夫斯基（Kluchevshy）《俄罗斯史》第

2 卷（*A History of Russia*，II），8 页。

(62) 同上，第 2 卷，44 页。

(63) 这种转变所需要的不只是缩减世袭的领地（Votchina），还有暂时拥有的土地（pomestye）的出现，它是以拥有者单方面对国家执行服务为依据的。在这个发展过程中大量面积的以前“黑色”（也就是自由的）农民的土地被国家再分配给它的仆人。这个突出的政治发展在一个扩张中的国家的结构和它增长的需求中，是完全不可思议的节约。格申克龙（*Alesander Gerschenkron*），《俄罗斯经济史》（*An Economic History of Russia*）《经济史杂志》第 12 卷，第 2 号，1952 年春（*Journal of Economic History*，XII，2，Spring，1952）131 页。对这个制度的财政根源，参见阿丹特（Ardant）：《捐税》第 2 卷（*Impôt*，II）1089～1097 页。

(64)“修道院获取土地在 16 世纪后期的政治经济危机中达到了顶峰。许多世袭领地持有者（votchinniks），为防止由于经济灾难或王家没收失去他们的土地，把他们的财产给予修道院，换取对他们捐赠的全部或部分土地，或是修道院拥有的一些其他土地的终生租佃权。于是以前的财产所有者能够在修道院保护下平安地度过一生，享有他们财产的收入，避免在恐怖者伊凡（Ivan the Terrible）统治时期包围着世袭领地持有者（votchinnik）阶级的危险。”布卢姆（Blum），《领主与农民》（*Lord and Peasant*），191～192 页。

(65) 同上，247～268 页。希尔顿（Hilton）和史密斯（Smith）把其开始时间定为从 1460 年起〔见《农奴化》（*Enserfment*），18～19 页，42～46 页，73～75 页〕，但同意它在 1649 年变得明确了。（见 25 页，141～152 页）。

(66)“在修道院的世袭领地（votchini）问题和农民阶层的命运之间的联系是一个二重性之事。一方面，事实上从国家财政的财务中，宫廷和服役土地中形成了修道院的世袭领地（votchini），而所有防止这些土地流失到修道院，并将其复归于国库和服役地的尝试，证明都是徒劳的，这迫使政府以农民的劳动（通过增加税收）以抵偿它在修道院所有权上受到的损失，而在另一方面，事实是修道院的租赁土地对国库和服役地产财政生产的可能性构成持久的威胁（由于前者便易的租赁条件诱使农民阶层离开后者），迫使政府试图减轻对农民移居权利强加限制造成的灾难。”克鲁切夫斯基（Kluckevshy），《俄罗斯史》第 2 卷（*A History of Russia* II）197 页。有关农民阶层的总的情况，参见布卢姆（Blum）的《领主与农民》1（*Lord and Peasant*）219～246 页。

(67) 同上，142-143 页。“食邑”（Kormlenie）这个词在史密斯（R. E. F. Smith）在《俄罗斯农民的农奴化》（*The Enserfment of the Russian Peasantvy*）（London and New York，Cambridge Univ. Press，1968）中被翻译为“生计”（living），156 页。

(68) 正是在恐怖者伊凡（Ivan the Terrible）的统治下，俄罗斯第一次由国家建立了直接税制度。见米勒（A. Miller），《16、17 世纪莫斯科公国国家财政机构述评》（Considerations sur les institutions finacièves de l'état moscovite au XVle et XVIIe siècles.）《社会学国际杂志》第12卷，7~8号，1932年6~8月，1932年（*Revue internationale de sociologie*，XI，7~8，juil-aout，1932）374~378页。米勒（Miller）清楚地揭示出这与取消“食邑”（Kormlenic）的联系：“因为这些人口不再必须给‘食邑贵族’（Kormlenshchiki）交付租赋，替代的是此后为中央政府获益而收取的一系列赋税。1378页。”

(69) 见瓦尔纳茨基（Vernadsky），《沙皇制度》第1卷（*Tsardom*，I）84~85页。

(70) 同上，85~86页。

(71) “引入标准化和官僚化的服役关系，来确保它的专门功能就成为必需的了……这种趋向同一性的运动，在将转交给服役领地持有（pomeshchiks）的土地面积的标准化方面特别明显。”布卢姆（Blum）《领主与农民》（*Lord and Peasant*），179页。

(72) 见瓦尔纳茨基（Vernadsky），《沙皇制度》第1卷（*Tsardom*，*I*），87~174页。

(73) “沙皇伊凡四世（Ivan IV）从外国人的观点看被认为是欧洲最富有的封建领主之一……非常有利可图的王家贸易垄断为外国贸易，完全依赖沙皇本人和他的仆从的庄园经济。”拉什琴柯，（Peter. I. Lyashchenko）《到1917年革命的俄罗斯民族经济史》（*History of the National Economy of Russia to the* 1917 *Revolution*，New York：Macmillan，1949）213~214页。

这可以解释为什么伊凡四世（Ivan IV）首先似乎对与英国商业联系的发展如此赞助。确实，鲁比曼科（Inna Lubimenko）证明他比伊丽莎白（Elizabeth）对其需要得多，而是英国的冷漠致使伊凡（Ivan）作出强烈反应。见《彼得大帝之前英国与俄罗斯的商业和政治关系》（*Les relations commercuales et politques de L'Angleterre avec la Russie avant Pierre le Grand*，Parisi Libi Ancienne Honoré Champion，1933）40~53页。

(74) “因此很清楚，海上贸易不只对俄罗斯的资本积累有利，并且加强了那些利益在于国家的统一和国家的强大的力量……（增长着大量和富有的商人）的利益在于国内的自由贸易和海外的商业扩张，因为这种扩张能够使（他们）通过立陶宛（Lithuania）和波罗的海与西方接触，并打开了西伯利亚（Siberia），可能还有中东和远东财富的大门。”马洛维斯（Malowist），《过去与现在》第13期（Past & Present，No. 13）38~39页。

(75) 布卢姆（Blum），《领主与农民》（*Lord and Peasant*）146~147页。布卢姆也说道，“在1570年代和1580年代生产的灾难性下降。”布卢姆《16世纪俄罗斯的价格》（Price in Russia in the Sixteenth Century）《经济史杂志》第16卷，第2号，1956年6月（*Journal of Economic History*，XVI，2，June，1956），196页。见拉什琴柯（Lyashchenko）：“从大规模的，封建的，自足经济的旧形式转变为农奴劳作的领地制（pomestye）的新形式，根植于最大限度剥削劳动力的驱动

第六章 欧洲的世界经济：边缘地区与外部竞争场

力，这不能不在 16 世纪的莫斯科国家整个民族经济中产生一个长期的普遍衰落……"

"通过他们的免税权，世袭领地（votchini）有着如此之多的特权把农民束缚在他们的土地上，使他们能够容易地聚集起大量的劳动力，将农民逐步农奴化……普通的服役领地（pomestye）经济不能由农奴（kholop）〔维兰（villein）——见史密斯（Smith），162 页〕劳动操作，很少有服役领地拥有农奴，更不用说其贫乏的品质了，这特别在货币经济的条件下更是如此。但是它也不能把它的生产建立在完全在经济上依靠农民劳动的基础上，因为服役领地（pomestye）经济的经济力量通常不是很大的。服役领地劳动组织的需要只能够通过超经济强制得到，用将劳工奴隶化把劳动力'束缚'在服役领地上，不只是通过债务、货款、劳役期等等，也通过'认可'服役领地主（pomeshchik）对农民实行强制劳动的'权利'……"

"农民阶层的毁灭和服役领地主（pomeshchik）方面增长着的经济压力，迫使农民减少他们的可耕土地〔已经'在 16 世纪中叶达到 95%以上'它衰落到'在中央省……为 31.6%，在诺夫哥罗德（Novgorod）省只有 6.9%'这是在 1580 年代〕，并从农奴化地区逃到'自由'土地以寻求挽救，结果是衰落的不只是服役领地本身，还有与其联系的农民经济，这在 16 世纪期间变得明显了。"《俄罗斯的民族经济》(*National Economy of Russia*)，191～193 页。

⑦⑥ 见布卢姆（Blum），《领主与农民》(*Lord and Peasant*)，158～159 页。

⑦⑦ 曼科夫（Mankov），《价格波动》(*Lemouvement des prix*)，126 页。法文本中说是 1570～1580 年，但是从上下文看似乎显示出这是一个印刷错误，因此我予以改正。

⑦⑧ "在下一个 10 年〔1580～1590 年〕的过程中，形势突然改变，这与那时著名的经济危机联系在一起。苏联（Soviet）历史文献对这个危机的根本作用作了论述。它的原因，它的性质和它的地理范围都充分展现了。在痛苦的立沃尼亚（Livonian）战争期间，国家经济的所有力量都高度紧张，它的不利结果，农业经济在这之前刚得到充分发展的整个地区被毁灭和放弃，在此时创建的'禁卫军'（Oprichnina）扰乱了旧贵族（boyars）和王公们的土地持有状况，强迫进行土地再分配和'驱散小民'……农业的衰落和生活在保留地上的农民的毁灭导致特别是谷物市场的缩小。由于缺乏谷物需求急速增加，价格上涨。"曼科夫（Mankov），同上，36 页。

曼科夫偶而确信俄罗斯或多或少属于欧洲价格革命的一部分。布卢姆（Jerome Blum）提供了这个警告："这可能会有（在俄罗斯类似的价格上涨了），但是〔曼科夫的〕资料没有予以证实……"《经济史杂志》第 16 卷（*Journal of Economic History*，XVI）185 页。

⑦⑨ 见瓦尔纳茨基（Vernadsky）；《沙皇制》第 1 卷（*Tsardom*，I）94～95 页。

⑧⓪ 同上，156 页。他又说："由于延续了四分之一世纪的立沃尼亚（Livonian）战争的结束，在俄罗斯人民这方面需要忍受许多艰苦和牺牲，与禁卫军（oprichnina）造成的后果一道，使俄罗斯陷入深重的社会经济危机。"

⑧① 波尔什涅夫（Porchnev），《国际历史科学大会》1960 年，第 4 卷（*International Congress of Historical Sciences*, 1960, IV）140 页。

⑧② 同上，142 页。

⑧③ 瓦尔纳茨基（Vernadsky）《沙皇制》第 1 卷（*Tsardom*, I），291 页。

⑧④ 克鲁契夫斯基（Kluchevsky），《俄罗斯史》第 3 卷（*A History of Russia*, III）128 页，斜体字附文。

⑧⑤ "17 世纪的大贵族主要是新人物。在这个世纪中叶 23 个为沙皇服务的最富有的商人，只有 9 个是旧王公家族的后裔。其余的是沙皇非王室的亲戚，他们的家族出自莫斯科旧贵族（boyar）和其他无头衔的服务阶级的成员，包括来自小乡绅的人。"布卢姆（Blum），《领主与农民》（*Lord and Peasant*）212 页。见马洛维斯特（Malowist），《经济史评论》第 12 卷（*Economic History Review*, XII）189 页，卢布林斯卡亚（Lublinskaya），《法国绝对君主制》（*French Absolutism*），60 页。

⑧⑥ "但作为一个阶级，乡绅分享了绝对君主制的胜利。作为沙皇们在反对大贵族斗争中的王家工具，在混乱时代（Time of Troubles）〔17 世纪的头几年〕国家复兴的领袖，和米哈伊尔（Michael）（沙皇）的选举者〔1613 年〕，他们得到的酬报是代替了世袭贵族（Kniazhata）和旧贵族（boyars）作为统治阶级。旧贵族的成员使用他们保留的部分权力徒劳地与占据国家最高职位的乡绅的这种征服斗争。他们试图坚持当时已无希望且过时的'任官等级'（mestnichestvo）制度，但是系谱学的主张不再能抵抗沙皇的意志。任命和擢升由王权作出命令，且是经常基于功绩，可能更经常是按偏爱的根据，而不是按其血统。最后在 1682 年，已长期废弃的任官等级（mestnichestvo）制度被取消了。"布卢姆（Blum），《领主与农民》（*Lord and Peasant*），151 页。

⑧⑦ "在 17 世纪旧贵族（boiar）和服役领地主（pomeshchik）变得几乎不能分辨了，两者的土地都变得可以继承，并不必然与确实进行服役有联系。"福斯特（C. M. Foust）《18 世纪期间俄罗斯向东方的扩张》（*Russian Expansion to the East Through the Eighteenth Century*）《经济史杂志》21 卷，第 4 号，1961 年 9 月（*Journal of Economic History*, XXI, 4, Dec. 1961）470 页。"〔在 1731 年〕另一个沙皇教会（ukase）命令此后服役领地（pomestye）被移作世袭领地（votchina）。"布卢姆（Blum），《领主与农民》（*Lord and Peasant*）185 页。

⑧⑧ 见瓦尔纳茨基（Vernadsky），《沙皇制度》第 1 卷，394～411 页。

⑧⑨ 见瓦尔纳茨基（Vernadsky），《镜刊》第 14 卷（*Speculum*）XIV, 321～322 页。

⑨⓪ 布卢姆（Blum），《领主与农民》（*Lord and Peasant*），151 页。注意布卢姆偶尔

不严谨地使用"乡绅"（gentry）这个词作为"小贵族"的同义语的。见塔兹比尔（Tazbir）论波兰乡绅与君主制的关系："这在1537年引起了'母鸡战争'（Hen's War），乡绅们公开表示反抗，聚集在利沃夫（Lwo'w）附近准备一场武装征讨，迫使国王、王后博纳（Bona）和他们周围的大贵族接受妥协。乡绅们成功的根源也在于他们经济地位的巩固。这是使用农奴工作的地产发展的结果，它增长的幅度是以牺牲农民为代价，将他们从他们持有的土地上迁走，给予他们较小的或产量较少的地块而得来的。"《波兰史》（History of Poland），176页。

⑨ 例如塔兹比尔（Tazbir），论述波兰说"城镇的经济繁荣不能被议会（Seym）的法律所妨碍，这些法律免除了乡绅购买的所有货物和他们地产上那些产品的捐税。同样的法律在其他国家对城镇人民的处境没有任何不利的影响。这在那时的波兰也存在，许多市民与乡绅混合的公司生意做得很好。1565年的法律禁止人民的粮食贸易，并禁止波兰商人出售波兰货物到海外和进口外国货物到波兰，将大城镇置于相当优越的地位，因为他们由此成为这种贸易仅有的媒介。外国商人只允许在那里展示他们的货物。然而，1565年的法律从未发生效力，禁止市民购买土地的禁令由议会（Seym）颁布了几次，也没有能阻止城镇的发展。相反地，它有利于从商业而来的资本投资到制造业中。"《波兰史》（History of Poland），177~178页。

但是他也同样注意到："在16世纪末波兰的城镇开始感受到以农奴劳动为基础的庄园农场经济持续发展的影响……一种不同的城镇在16世纪末出现，建立在大贵族的领地土地上……这些市镇是属于地方领主的财产，自然归他们用于增加剥削。贵族阶层的最高权力的产生也在其他城市中心可以感受到……乡绅的政治霸权和以农奴劳动为基础的农场经济的扩张，对波兰城镇和手工业的不利影响只是在较晚年代变得明显，但是一场经济危机的头一批征兆在17世纪前半期已经表现出来了。〔226~227页〕。"

⑨ "（这种）城市的衰落由于德意志东部（East German），立沃尼亚（Livonian），波兰和波希米亚（Bohemian）贵族推行的反城市政策大大加速了……他们的首要目的之一是打破城市对国内外贸易的垄断。他们也决心终止城市接受逃亡农民的活动……"布卢姆（Jerome Blum），《美国历史评论》第62卷，834页。

⑨ 宗教改革有另一个后果〔在易北河以东（east Elbia）〕："在普鲁士（Prussia）之外，统治者变成了大领地的所有者，因此他们作为地主的利益此后与那些贵族相一致，而与城镇的人在商业事务上相对立。"卡斯坦（Carsten），《普鲁士的起源》（The Origins of Prussia）166页。

⑨ "最重要的是，长期持续的衰落和对东部城镇的压抑消除了对贵族阶层兴起的一切抵抗……"

"这种压抑和城镇的衰落从根本上改变了中世纪的社会平衡，开辟了一个

— 399 —

阶级统治另一个阶级的道路。在普鲁士，同样的结果靠在1466年把所有重要城镇放弃给波兰〔除了柯尼斯堡（Konigsberg）〕而达到了。"同上，116，147页。

⑮ 克鲁契夫斯基（Kluchesky），《俄罗斯史》第2卷（*A History of Russia*，II）145页。

⑯ 布卢姆（Blum）《领主与农民》（*Lord and Peasant*），23页。

⑰ 马洛维斯特（Malowist），《经济史评论》第12卷（*Economic History Review*，XII）186页。见卡斯坦（Carsten）："直到16世纪勃兰登堡（Brandenburg）的谷物出口掌握在城镇手中，它们的市民从这种贸易中大量受益。当贵族对生产在市场出售的谷物更感兴趣时，就开始侵入城市企业的领域。〔170页〕。"

见格斯特里（Ferdo Gestrin）："斯洛文尼亚的（Slovenian）资产阶级以相反的意义卷入了可能是他们希望得到的总进程。比非农业生产它更多地保留与商业的联系，特别是过境贸易，但是他们在这个竞争场中被农民和领主的双重竞争所击败。这就是为什么在整个（16）世纪……他们从未停止慢慢地衰落下去，尽管在他们的境况中有一些一时的改善。"《16世纪斯洛文尼亚的经济与社会》（Economic et scoiètè en Slovénie au XVIe siècle）《年鉴》第17卷（*Annales E. S. C.* XVII）687页。

见霍斯佐斯基（Hoszowski）："〔波兰的乡绅〕不只要他们土地上产品的收入，也要他们产品的贸易而得到的收入。因为这个理由他们通过适当的议会（Seym）立法来设法确保维斯杜拉河（Vistula）上的通行自由（及它的支流），还有农业和林业产品由他们自己的领有地出口到国外的免税自由，以及从国外进口的所有用于他们自己的地产和农场的货物免于必须付税的自由。在实际活动中，封建阶级扩展了这种关税特权，不付由于他们出口粮食、牲畜和其他农场产品而应付的关税，而这是在村庄或农村市场上从农民那里买来的。他们也带着一些外国商品沿着维斯杜拉河（Vistula）不付关税进入国内，然后把这些商品出售给生活在他们地产上的人们。用这种方法，乡绅们把农产品，木材和林业产品的贸易集中在自己手中，把市民从这种贸易驱赶出去，严重地毁掉了城镇商人从进口货物中获利的机会。"《波兰在第十一届国际大会中》（*Poland at the XIth International Congress*）。127页。

⑱ "波罗的海（Baltic）国家贵族的经济政策也在很大程度上促成了城镇的衰落。这个政策包括加强食品和初级产品的出口，在他们自己的领土上给予外国贸易以强有力的支持以利于制造品出口。这个行动的方针是打算确保外国货物的丰富和压低它们的价格。"马洛维斯特（Malowist）《经济史评论》第12卷（*Economic History Review*，XII），188页。马洛维斯特称这种政策为"反重商主义"。

"波兰出口贸易的主要特征是在有关整个国家的范围内为乡绅所控制……而从国外进口大部分掌握在外国商人手里。"霍斯佐斯基，（Hoszowski）《波兰

第六章 欧洲的世界经济：边缘地区与外部竞争场

在第十一届国际大会上》（*Poland at the XIth International Congeess*）129 页。

"对于商业资产阶级和城市繁荣来说，在农村地区比竞争更可怕的是外国资本〔从意大利和南部意志〕的到来。"格斯特里（Gestrin）《年鉴》第 17 卷（*Aunales. E. S. C. XVII*）680 页。

⑨ "格但斯克（Gdańsk）的城镇居民很清楚经济优越性源于与波兰的政治联合，因此，尽管在格但斯克的贵族、商人和手工业者的大多数中是德意志人血统和使用德语，却有着强烈的亲波兰倾向……〔格但斯克的人民〕渴望维持他们与波兰的联合，这是他们繁荣的来源。"霍斯佐斯基（Hoszowski）：《波兰在第十一届国际大会上》（*Poland at the XIth International Congress*）141 页。

⑩ "不像在西欧，那里贸易主要是一种中产阶级的职业，俄罗斯社会所有阶层的人都从事商业……沙皇本人像他古代的祖先基辅（Kiev）的王公，是全帝国唯一最重要的生意人……沙皇们不限于经销他们自己领地的产品，他们维持着对许多物品的垄断……有时沙皇通过他的商业代理人和官员，垄断一种商品的全部产品，提高它的价格，然后迫使商人购买。"布卢姆（Blum）：《领主与农民》（*Lord and Peasant*），129 页。

⑪ "除了为他们自己获利进行贸易之外，客商（gosti）还是沙皇的商务代理人，从国内最成功的商人中被挑选出来担任这个职责。他们也被给予收取某些税的责任，被要求交付由政府规定的一定数目。作为对这些职责的酬报他们被给予一种类似于服役贵族的地位。在商人中斯特罗加诺夫家族（Stroganovs）是最有名的。来自农民出身，他们在 14 世纪后半期在盐贸易上开始兴起。随时间推移他们把活动扩展到其他工商企业。他们成为北方殖民区的大土地所有者，在对西伯利亚财富的商业剥削上起着主导作用。"同上，130~131 页。

⑫ 福斯特（Foust），《经济史杂志》21 卷（*Journal of Economic History*, XXI），475 页。

⑬ "这些与尼德兰（Netherlands）活跃的商业关系，还有与其他西方国家，和波罗的海国家的商业关系，使我们顺便注意到，例如如果波兰贵族的财富与出口小麦到荷兰（Holland）有密切联系，相反地西方商品的自由进口，以较高的质量（特别是荷兰和英国的呢布）和较低的价格出售，促使了民族工业的毁灭。由这同样的途径，荷兰（Dutch）舰队越来越大的垄断倾向逐步导致了波罗的海域镇舰队的毁灭，包括格但斯克（Gdańsk），波兰的主要港口……"

"从他在波罗的海的特权经济地位获得了大量利润，尼德兰、英国，和不久以前的法国对欧洲这个部分发生的事情越来越严重关注。首先，这些国家希望保持他们的贸易不受战争的干扰。这就是为什么人们能注意到在斗争中（在1617，1629，1635 年）进行调停的新努力……"沙尔平斯基（Czalpinski），《历史科学第十一届国际大会报告，第四部分》（*XIe Congrès International des Sciences Historiques, Rapports*, IV），37 页。

— 401 —

⑩④ "从 16 世纪后半期起，在以纽伦堡（Nuremberg）和其他城市的德意志商栈为一方，捷克（Czech）的花边公司为另一方之间就开始缔结集体契约，其中包括这些公司做出的保证，运交规定质量水平特定数量的花边，价格由契约确定。"

"在三十年战争之后看来是这种情况，由公司集体交货给商栈这种形式，在那时的新情况下，不再能确保充足数量或货品供海外出口。人们必须发展生产和商业的新形式，这就是被称为批发制度（Verlagssystem），它的起始在16世纪就可以发现，但是它的充分发展只是发生在 17 世纪后半期和 18 世纪。"克里马（Klima）和马库里克（J. Macurek），《中欧封建主义向资本主义转变问题（16 到 18 世纪）》（La question de la transition du féodalisme am capitalisme en Europe centrale《16e-18e siècles》）《历史科学国际大会，斯德哥尔摩，1960 年，报告，第四部分；现代史》（*International Congress of Historical Sciences*，*Stockholm*，1960，*Rapports*，IV，*Historire moderne*）（Göteborg，Almquist & Wiksell，1960）87 页。

⑩⑤ 一个特有的特征区分开来 16 世纪和 17 世纪早期的捷克大地产。在那里人们也看到粮食生产和初级农业的发展，但是在同时，他们继续加工农业产品，例如从粮食生产啤酒和其他初级工业产品。特别是酿造业给予了捷克的大地产，作为与相邻的德意志、波兰和北部匈牙利（Hungary）（也就是斯洛伐克 Slovakia）大地产的区别，它特有的特点……捷克农业生产另一个杰出的特点是特别在 16 世纪与相邻国家比较，发展了池塘养鱼业……此外，封建大地产在捷克土地上企图也渗透到工业生产中去。在 16 和 17 世纪，他们特别卷入了探寻金属矿、采矿业和产铁业。同上，99~100 页。

⑩⑥ 在本国商人阶级手中资本积累的情况，因而在俄罗斯要比在波兰有利得多，一个优势甚至要更大，因为俄罗斯贵族在 16 世纪和 17 世纪早期经历了严重的，非常严重的危机，没有很多参与大规模的贸易。

"还有，看来当地积累的资本用于生产性目的比起波兰程度要大得多。它的投资加速了俄罗斯经济落后地区和北部与东南部边疆殖民化的步伐。它确实有助于增加对国家的内部需求和它的对外贸易至关重要产品的数量。而且，商人们重点投资于某些工业，例如盐矿业和乌拉尔（Urals）的铁工业，这对俄罗斯军队的装备证明是非常重要的。对国家人口整体而言至关重要的商品数量因而也增长了，甚至大量农民也被卷入商品经济网中。"马洛维斯特（Malowist），《过去与现在》第13期（*Past & Present*，No.13），39 页。

⑩⑦ 因此我们的结论是，在羊毛丝呢中，麻棉毛织品和长袍（svitka）绒布在 16 世纪是最常见的，这为外国访问者巴尔贝里尼（Barberini）提供的证据所证实。他带着一种傲慢强调，俄罗斯人不知道制造毛呢，是从海外进口的。他告诉我们："在俄罗斯乡间，所有地方都同样，他们制造普通的布供下层阶级使用，主要是农村的人们。这些是麻、棉毛织品，他们区分为较好的，中等的和较差

第六章 欧洲的世界经济：边缘地区与外部竞争场

质量的几种，在农村市场上出售。"

"第二类远不那么重要，其中包括质量好的毛呢，由人口中较高的阶级和沙皇宫廷使用。这主要是进口毛呢；来自佛莱米（Flermish）〔从布鲁日（Bruges）、伊普雷（Ypres）、布拉邦（Brabant）〕后来是英国。但是这一类也包括在俄罗斯制造的毛呢。特别是诺夫哥罗德（Novgorod），以其高质量的毛呢闻名。"曼科夫（Mankov），《价格变动》（*Le mouven ent desprix*），102页。

⑱ 讨论16世纪奥斯曼（Ottoman）帝国与欧洲关系的两篇文章是刘易斯（Bernard Lewis）《奥斯曼帝国衰落的某些反映》（Some Reflections of the Decline of Ottoman Empire）《伊斯兰教研究》第11卷，1958（*Studia is Lamica XI*, 1958）111~127页和巴坎（Ömer Lutfi Barkan）的《布罗代尔的'地中海'所见的伊斯坦堡》（La Méditerranée' de Fernand Braudel vue d'Istam boul）《年鉴》第9卷第2号，1954年4月6日（*Annales E. S. C. IX*. 2, avr juin, 1954），189~200页。

布伦纳（Otto Brunner）的评论"在基于政治权力的紧密联系方面，拜占庭（Byzantium）的长途商业和奢侈品贸易无疑比西欧（类型）更为接近俄罗斯类型（的经济）得多。"《欧洲与俄罗斯的市场阶层》（Europäisches und Russisches Bürgertum）《社会经济史季刊》第11卷1号，1953年（Vierteljahr-schrift für Sozial-und Wirtshaftsgeschichte, XI, 1, 1953）15页。

⑲ 莱比尔（A. H. Lybyer）；《奥斯曼土耳其人和东方贸易之路》（The Ottoman Turks and the Reutes of Oriental Trade）《英国历史评论》第120卷，1915年10月（*English Historical Review*, CXX, Oct, 1915）588页。

⑩ 戈丁诺（Godinho）《葡萄牙帝国的经济》（*L'économie de L'empire portugaise*）40~41页。对于一件事，即欧洲似乎通过地中海东部（Levant）得到很好的香料供应（见537页），戈丁诺怀疑在那时葡萄牙人对香料有着比短暂和浪漫的兴趣更多的想法："亨利〔Henry〕或他那时的其他葡萄牙人确实把他们的活动指向这些〔在东方〕有着奇异事物的国家吗？看来很难说如此；为什么葡萄牙商业在那时会有兴趣企图改变对其有利的香料之路呢？"（548页）

⑪ 同上，43页，550~551页。

⑫ 同上，551页。

⑬ 同上，831页。见830页上的图表。

⑭〔开凿炮门〕有着很大重要性。它使较大的船只有大量增加其大炮的可能性。把炮装在主甲板上，不只使其可能装置得多得多，也使得使用大得多的炮、而又不危及船的稳定性成为可能……

"当大西洋沿岸欧洲地区的航行船只到达〔印度洋〕，几乎没有什么能抵抗他们。当1513年阿尔布奎基（Albuquerque）骄傲地写给国王的信说，'谣言说我们来到时，所有（当地的）船只都消失了，甚至鸟儿也不再掠过海面，'它不是夸张的文章。在他们初次来到印度海面后15年内，葡萄牙人完全摧毁了

— 403 —

阿拉伯人的海军力量，国王能够有理由自称为'埃塞俄比亚（Ethiopia）、阿拉伯（Arabia）、波斯（Persia）和印度的征服、航海与商业之主。'"奇波拉（Carlo M. Cipola），《大炮与航海》（Guns and Sails）82，137页。

对这个时代葡萄牙船只的详细描述，见莫罗（Francois Mauro），《16和17世纪葡萄牙在大西洋的船只类型和海军建设》（Types de navires et constructions navales dans L'Atlantique portugais aux XVIe et XVIIe siècles）《现代与当代史杂志》第4卷，1959年7月~8月（Revue d'histoire moderne et contemporaine，VI，juil.-août 1959）185~193页。

⑮ 这被博克塞（Boxer）赞同地引用，他提出了怀疑技术解释是否充分的理由："但这种垄断不像它表现得那样如此包括一切。除了葡萄牙从来没有拥有足够的战船在所有时间和地点强制实行它之外，腐化的殖民地官员很容易贿赂，并且当地的船只经常为葡萄牙商人（或以他们的名义）运货。"《葡萄牙人在东方，1500~1800年》（The Portuguese in the East, 1500~1800）在利弗莫尔（Livermore）编辑的《葡萄牙和巴西，一个介绍》（Portugal and Brazil, an Introduction）（London and New York：Oxford Univ. Press, Clarendon, 1953），193页。

⑯ 戈丁诺（Godinho），《葡萄牙帝国的经济》（L'économie de l'empire portugais）18页。

⑰ 同上，19页。

⑱ 同上，571页。

⑲ 同上，591，595页。

⑳ 同上，594页。

㉑ "当有着相等的海上力量的欧洲竞争者们向葡萄牙人的权利挑战时，保卫巨大的已往赢得的贸易需要有严密的组织，这些驻防要塞需要军队来抵抗欧洲人的攻击，并在缺乏海军支持时能坚持下去。葡萄牙的回答是由他们的总督（Governor）阿尔布奎基（Affonso Albuquerque）以论文的形式精密计划的，他发展出建立一系列独立堡垒的计划，并为了通过果阿（Goa）的货物集散地在马拉巴尔（Malabar）海岸沟通贸易，对欧洲通过唯一的港口里斯本（Lisbon）在欧洲贸易，他将防卫系统集中在波斯湾（Persian Gulf）和亚丁湾（Gulf of Aden）易受攻击的地区，他建设发展混血人口来解决人力问题。"里奇（Rich）《剑桥欧洲经济史》第四卷（Cambridge Economic History of Europe，IV）204~205页。

㉒ "由国家进行的最大规模海外商业是葡萄牙的印度人的贸易，还有在非洲海岸的中介港口——一种完全开辟了新领域的贸易。从最早期直到1577年，这种殖民地贸易一直进行，在这个范围内调整这种贸易的法律制度被保持了下来，它完全为国王的利益进行，由他自己承担风险，用他自己的船，发给私家商人印度贸易的许可证只是例外的情况，虽然在非洲贸易中更为往常一些。"赫克谢尔（Heckscher），《重商主义》第1卷（Mercantilism，I），341页。

㉓ "然而，从16世纪末起，不幸落到了好望角（Cape）航路上，它的交通大幅度衰落了。现在英国人和荷兰人带着大量货船的胡椒，和其他香料和药材到欧洲，这就是为什么从1597年开始，贸易回到国家掌握的根本原因。私人企业家不再敢于冒险组成公司来'收获'退回货品〔'laferme de trazida'〕……荷兰人在进行早期避免不了的战争，以图从贸易和接获葡萄牙船只中获利；他们的船往返旅行不怕攻击，而葡萄牙人不是如此。因而私人企业家不希望投入他们的资本，一共只有少量资本投入。大多数资本是国家投资的，不足以组成一个公司。"戈丁诺（Godinho），《葡萄牙帝国的经济》（*L'économie de l'empire portugais*）696～697页。

㉔ 同上，656页。

㉕ 拉什（Donald F. Lach）《欧洲成长中的亚洲》第1卷《发现的世纪》（*Asia in the Making of Europe*，Vol I：*The Century of Discovery*）（Chicago Illinois Vniv. of Chicago Press，1965）第2本（Book II），827～828页。

㉖ 特雷弗-罗珀（H. R. Trevor-Raper）《历史文集》（*Historical Essays*），120页。

㉗ 关于在印度洋上驱逐穆斯林（Moslems），见戈丁诺（Godinho），《葡萄牙帝国的经济》（*L'économie de L'empire portuguese*）630页。博克塞（Boxer），《葡萄牙海上帝国》（*The Portuguese Seaborne Empire*），45～48页。关于葡萄牙人取代倭寇（Wako）海盗，见特雷弗-罗珀（Trevor-Roper）《历史文集（*Historical Essays*）》120页，它依次根据博克塞（Boxer），《日本的基督教世纪》（*The Christian Century in Japan*）和桑塞姆（Sansom），《日本史》第2卷（*A History of Japan*，II），208页。

㉘ 博克塞（Boxer），《葡萄牙海上帝国》（*Poutuguese Seaborne Empire*），46页。

㉙ "对于葡萄牙人幸运的是，当他们出现在亚洲海面时，埃及（Egypt）、波斯（Persia）和维贾亚纳加尔（Vijayanagar）各帝国在印度洋没有武装船只，如果它们确实拥有任何船只，而中国船只由皇帝诏令官方限制其沿着中国海岸航行的话。"博克塞（Boxer），利弗莫尔（Livermore），《葡萄牙和巴西》（*Portugal and Brazil*）189～190页。

㉚ 见戈丁诺（Godinho），《葡萄牙帝国的经济》（*L'économie de l'empire portugais*）596页。

㉛ 见同上，581～582页。博克塞（Boxer），《葡萄牙海上帝国》（*Portuguese Seaborne Empire*），59页。

㉜ "胡椒是从东方进口的主要商品，而银锭是向'黄金果阿'（Golden Goa）的主要出口……在16世纪后半期的大部分时间中，马拉巴尔（Malabar）的胡椒商人拒绝接受除黄金之外的任何东西作为付款……"博克塞（Boxer）《葡萄牙海上帝国》（*Portuguese Seaborne Empire*），52页，60页。

应当提到，肖努（Chaunu）认为这种贸易对欧洲是个好交易："购买了

120，000 到 150，000 吨香料，却几乎没有什么货品交换。只有 150 吨黄金，主要是从弱小的非洲社会掠夺而来的，香料的数量难于统计，但是绝不能与留在那里作为补货的相当于 6000 吨的银相比。"《新世界的征服与剥削（16 世纪）》["Conqête et exploitation des nouveaux mondes" (XVIe siècle)]，《历史动态集刊》26 号（*Collection Nouvelle Clio* 26 bis）（Paris：Presses Univesitaires de France, 1969）323 页。

㉝ "与美洲的贸易使得欧洲能发展它的亚洲贸易。因为若没有新世界的银的话，香料、胡椒、丝绸、宝石、后来的中国瓷器，所有这些珍贵的奢侈品西方是不能得到的。"肖努（Chaunu），《塞维利亚》第 1 卷（*Séville*, I）13~14 页。

"与西方的贸易在开辟墨西哥—秘鲁（Mexican-Peruvian）的银砂后的时期达到一个转折点，因为它们的出产很大一部分流入中国，以交换丝绸、瓷器和茶。"韦伯（Max Weber）《中国的宗教》（*Religion of China*）5 页。韦伯指出在那时中国银与金的比价贬值，从 1368 年的 4：1 到 1574 年的 8：1，1635 年的 10：1 和 1737 年的 20：1。

"次于中国与葡萄牙进行贸易的主要国家是日本。澳门（Macao）［在 16 世纪］的繁荣在很大程度上是因为从这个国家的金银出口。"张（Chang），《中国—葡萄牙贸易》（*Sino-Portuguese Trade*），117 页。是葡萄牙人的能力控制了中国与日本之间的贸易，给予她用于在东南亚和印度贸易的金银。

"金银产量的突然增加，特别是在 16 世纪之后银的增加，与对外贸易的新发展有紧密联系。"

"葡萄牙船只与日本贸易的发展和由此增长的利润，事实上是用日本的银交换中国的生丝和其他商品构成的中介贸易的结果。"

"这是丰臣秀吉（Hideyoshi）特许贸易以确保在第三国获得中国商品的主要目的。因为明朝的政策禁止外国船只登陆大陆，特别是日本船只。日本对外贸易享受到一个辉煌的发展时期，正是在这个时期日本的贵金属生产达到了它最繁荣的顶峰。"科巴塔（A. Kobata），《16 和 17 世纪日本金银的生产和使用》(The Production and Uses of Gold and Silver in 16th and 17th Century Japan)《经济史评论》第二系列，第 18 卷，2 号，1965 年 10 月（*Economic History Review*, 2nd Ser. XVIII, 2. Oct. 1965）245~246 页。

㉞ 见肖努（Chaunu），《征服》（*Conquête*）316 页。

㉟ 见博克塞（Boxer），《葡萄牙海上帝国》（*Portuguese Seaborne Empire*），60 页。

㊱ 拉什（Lach），《欧洲成长时期的亚洲》第 1 卷（*Asia in the Making of Europe*, Book I）第 Xii 页。见布罗代尔（Braudel）："在 16 世纪和以后的世纪里，在生产香料、药材和丝绸的广大土地上，因此流通着宝贵的金币特别是银币［在地中海地区铸造］……大发现可能使道路和价格变得颠倒混乱；但它们不能改变基本的事实［支付上的赤字］"《地中海》第 1 卷（*La Méditerranée* I）422 页。

⑬⁷ "虽然欧洲人沿着海路到亚洲旅行似乎是容易的,他们深入到主要大陆国家是不经常和困难的。并且在16世纪,他们从未处于把他们的意愿强加给印度或中国的帝国统治者的地位,亚洲大陆大的政治文化中心绝没有受到他们武力的威胁。"拉什(Lach),《欧洲成长时期的亚洲》第1卷(*Asia in the Making of Europe*, Book I)第Xii页。

⑬⁸ 戈丁诺(Godinho)《葡萄牙帝国的经济》(*L'économie de l'empire partugais*),619页。

⑬⁹ 见达伽马(Vasco da Gama)在第一次遇到卡利卡特(Calicut)国王时失礼的奇妙故事,载戈丁诺(Godinho),同上,588~590页。

⑭⁰ 同上,627~629页。

⑭¹ 同上,630~631页。

⑭² 迈林克-罗洛夫茨(Meilink-Roelofsz),《亚洲贸易》(*Asian Trade*),119页。

⑭³ 奇波拉(Cipolla),《大炮与航海》(*Guns and Sails*),136页。

⑭⁴ 见戈丁诺(Godinho),《葡萄牙帝国的经济》(*L'économie de l'empire partugais*)655页。

⑭⁵ 范吕尔(J. C. Van Leur)《贸易与社会》(*Trade and Society*)(The Hague, Hoeve Ltd 1955)118~119页,165页。甚至迈林克-罗洛夫茨(Meilink-Roelofsz),他在总的方面对范吕尔的分析有保留,也看到主要的变化只是在17世纪才发生:"现在的研究其目的只是显示早在17世纪前半期……欧洲的优势地位就开始表现出来——就算可承认它——这并不是在任何地方,任何方面都如此。"《亚洲贸易》(*Asian Trade*)10~11页。

⑭⁶ "如果葡萄牙人不组成公司并超越千年之久的经验,如果他们不能大大加强已经存在的事物,葡萄牙人就不能在十五年中成功地控制印度洋的一半贸易。他们的道路分成一种新的阶层系统;他们转向最重要的贸易趋势。但是从根本上,他们没有能动千年之久的交往和交换。葡萄牙人的革命是迅速的,因为它局限于最高点。"肖努(Chaunu),《征服》(*Conquête*),177页。

"葡萄牙人在印度的出现很少被感受到,除了在少数地方的少数个人之外……可能若是葡萄牙人在16世纪末放弃了他们印度帝国,他们留下的痕迹比希腊人(Greeks)、塞西亚人(Scythians)和帕提亚人(Parthians)还要少,——可能有些钱币,有些在集市语言中残缺不全的词汇,有些萎缩的混血人社团,有些外国武士和教士的流行传说。"桑塞姆(George B. Sansom)《西方世界与日本》(*The Western World and Japan*)(New York Knopf, 1950)87页。

"马六甲(Malacca)做为贸易的中枢连结点,甚至在它被葡萄牙人夺取后,继续进行长期建立的商业活动。"拉什(Lach):《欧洲成长时期的亚洲》第2卷(*Asia in the Making of Europe*, BookII),829页。

"只是由于其海岸葡萄牙人才支持住自己的地位,甚至那时他们的地位也是不稳固的。在陆地战争中，他们的优越装备用处很少，在事实上比当地武器更不适于在热带地方作战。此外，欧洲人对抗的是数量上大大超过他们的本地人，他们熟悉农村和习惯于当地气候。因此在整个 16 世纪期间葡萄牙的影响仍限于海岸定居地周围的小块地区。"迈林克-罗洛夫茨（Meilink-Roelofsz），《亚洲贸易》(Asian Trade)，124 页。

⑭⁷ 戈丁诺（Godinho），《葡萄牙帝国的经济》(L'économie de l'empire portugais) 577 页。

⑭⁸ 同上，578 页。

⑭⁹ 潘尼迦（K. M. Pannikar），《亚洲和西方的统治》(Asia and Western Dominance) 53 页。

⑮⁰ 莱恩（Frederic C. Lane），《威尼斯和历史》(Venice and History) 426~427 页。

⑮¹ 博克塞（Boxer），《葡萄牙海上帝国》(Portuguese Seaborne Empire) 57 页。

⑮² 肖努（Chaunu），《征服》(Conquête) 205 页。见博克塞（Boxer）："旧的葡萄牙殖民帝国本质上是一个海上霸权，一个航海和商业帝国，不管是主要与东方的香料，非洲西部的奴隶，或是与巴西的糖，烟草和黄金有关。然而它是一个以军事和教会模式造就的海上帝国。"《葡萄牙殖民帝国的种族关系，1415-1825 年》(Race Relations in the Portuguese Colonial Empire，1415-1825)［London and New York：Oxford Univ. Press（Clarendon），1963］2 页。

⑮³ "欧洲人的相对优势是在海上。在陆地上，他们在一个长时期内是非常易受攻击的⋯⋯欧洲人直到 1840 年代还不能生产能作战的可移动野战炮⋯⋯"

"欧洲人总体的感觉是，任何将他们的控制扩张到亚洲内地的尝试没有成功的机会⋯⋯"

"晚至 1689 年，东印度公司（East India Company）的势力才完全通过印度的陆地发展。"奇波拉（Cipolla）《大炮与航海》(Guns and Sails)，138，141，145 页。

⑮⁴ "当欧洲大胆地向海外扩张，并侵略性地将她的支配势力强加给亚洲，非洲和南北美洲大陆时，在她的东部边疆在精神上却在土耳其军队的压力下退却。"同上，140 页。

⑮⁵ "欧洲人有效地征服或控制巨大的内陆，后来就成为工业革命的副产品之一。"同上，146 页。

⑮⁶ "今天我们发现很难想象在 16 世纪香料的重要性⋯⋯并且，当全然不知道糖时，当既没有电冰箱也没有冬季牲畜饲料用以供应除了香料调制或盐腌肉之外的任何食物时，当几乎没有蔬菜增加维生素和多种食物用餐时，当香料和其他东方药材构成了主要的药物（materin medica）时，它们在欧洲商业中有着确实重要的地位。"罗伯逊（Robertson）《南非经济期刊》第 18 卷（South African Journal of Economics，XVIII），42 页。然而如我们看到的，说糖在那时完全不为

第六章 欧洲的世界经济：边缘地区与外部竞争场

人所知是不真实的。蔗糖在地中海和大西洋岛屿上广泛生长，并被引入巴西，后来又引入加勒比海地区（Caribbean）。

⑮ 然而应当牢记这种阶层制度的重要性。胡椒相对而言比香料更重要。肖努（Chaunu）观察到："在 16 世纪贸易中胡椒不被视为是一种香料，胡椒是宫廷和肉类保存的卫士，此外没有香料或药材在这词上有狭义的声望。"《征服》（*Conquête*），200 页。

⑯ 同上，316~317 页。

⑰ "非洲的香料贸易对于葡萄牙而言，显示出其交易量明显地高于除胡椒和姜之外的任何亚洲香料，并经常比它们加在一起的总量还大。单独看来，几内亚胡椒（malaguette）几乎总是超过姜的交易量。当然，白豆蔻荚的价格是衡量东方香料价格唯一的可比量，在 1506 年 3 月，每百公斤（guintal）白豆蔻荚价格为 8 克鲁赛多（cruzados），而胡椒为 22 克鲁赛多、肉桂为 32 和 33 克鲁赛多，姜为 18 到 19 克鲁赛多。尽管几内亚胡椒的价格低，它的总价值通常等于，有时大于其他香料各自的总价值，胡椒和姜除外：因为百公斤白豆蔻荚为 8 克鲁赛多（cruzados）时，如 1506 年、1511 年 2000 公斤的价值等于价格为 32 克鲁赛多的 5000 公斤肉桂或价格为 19 克鲁赛多的 8400 公斤的姜。"戈丁诺（Godinho）《葡萄牙帝国的经济》（*L'économie de l'empire portugais*）547 页。西非洲产品植物学上的描述和地理分布见 539~542 页。

⑱ 这个估计可以在同上书 683~709 页见到。例子在 699 页。

⑲ 格拉曼（Glamann），《欧洲贸易》（*European Trade*），52 页。

⑳ 同上，53 页。

㉑ 莱恩（Frederic C. Lane），《国民财富和保护价格》（*National Wealth and Protection Costs*），载《威尼斯和历史》（*Venice and History*）（Baltimore, Marylan：Johns Hopkins Press, 1966），376 页。

㉒ 同上，381 页。

㉓ "葡萄牙人那时所表现的对于其他民族的优势的活动，不是精明的贸易，而是在航海和战争中大胆的冒险。由于葡萄牙人军事和宗教的传统与其阶级结构，在印度推行的传教政策所良好地刺激起来的活力所得到的财富，比葡萄牙人通过较少的战争手段所得到的更多。一个威尼斯人（Venetian）在 1500 年似乎相信，葡萄牙人通过更和平的政策就能得到的更多，因为如果葡萄牙的统治阶级有着类似于 1500 年的威尼斯人的特色的话，就会是这种情况。在那时许多威尼斯贵族已变为投入和平的贸易和经营乡村地产。他们不再像三、四百年前威胁拜占庭（Byzantium）时那样，作商人或海上袭击者同样胜任。"同上，395~396 页。

㉔ 这个故事因为外交密谋是复杂的。见莫里森（Samuel Eliot Morison）。《大洋的海军上将》（*Admiral of the Ocean Sea*）（Boston：Little Brown, 1942）367~374

— 409 —

页；肖努（Chaunu），《征服》（*Conquête*）251~254 页。

⑯⑦ 见肖努（Pierre Chaunu），《马尼拉的大帆船队》（*Le galion de Manille*）《年鉴》第 6 卷 4 号，1951 年 10 月~12 月（*Annales E. S. C. VI4, oct-déc, 1951*）449 页。

⑯⑧ 同上，450~451 页。

⑯⑨ 西班牙最初的打算是在南北美洲建立贸易据点而不是殖民地，只是由于缺乏容许这样一种关系的政治经济条件，使得西班牙开始殖民化。阿兹纳尔（Luis Aznar）描述这种发展说："既不是未发掘的黄金矿床，不是奴隶贸易，也不是人头税……赚到了相当于哥伦布（Columbus）在 15 世纪前三次远航的花费和付给第一批定居者薪金的钱。在小西班牙（Hispaniola）遭到不幸的新闻很快传播开来，并导致了宫廷圈子中的不信任……"

"［宫廷改变了它的政策，并因此］以这种方式，将以封建性事业起步的东西在 16 世纪初变为一种政府的组织系统，作为在现代的头两个世纪的过程中殖民化国家中所建立的系统的原型。"《对印第安人立法的最初阶段》（*Las etapas iniciales de la legislacion sobre indios*）《美洲笔记》第 7 卷，五号，1948 年 9 月~10 月（*Cuadernos americanos, VII, 5, sept-oct. 1948*），177~178 页。

⑰⓪ "在 16 世纪前半期葡萄牙人认为发现巴西（1500 年）是件次等重要的事。事实上，努力加强对现在的巴西的海岸的控制，大约在现在的港口桑托斯（Santos）和累西非（Recife）之间，是一种大部分是自然而然采取的行动，以防止法国和英国从它们所建立竞争海岸地出口巴西产颜料的树木，用于低地国家和英国的毛呢制造业，只是由于害怕竞争导致在这个世纪后半期维持了占领并建立了一种种植园经济。" S. J. 斯坦（Stanley J. Stein）和 B. H. 斯坦（Barbara. H. Stein）《拉丁美洲的殖民遗产》（*The Colonial Heritage of Latin America*）22 页。肖努（Chaunu），《征服》（*Conquête*），222 页。

见葡萄牙对巴西态度的分析："缺乏能够易于惊奇的财富，减少了葡萄牙在较早年代对巴西的兴趣，特别是当她与东印度（East Indies）的贸易那时正处于高峰，为了吸引私人资本到她的美洲殖民地，葡萄牙王室把它分为十二个可继承的捐赠领地（donatários），它们可以接管许多王家特权。除了在引进蔗糖种植的地区外缺乏任何经济基础，导致了这个实验的垮台。王室不得不担负起直接责任，花费费用来保卫长期只有很少经济价值的巨大领土。虽然形式上以葡萄牙封建机构为模式，可继承捐赠领地制度应当看作是在王室引导下，吸引私人资本完成商业扩张的努力，可以与 16 世纪后半期在英国和荷兰建立的贸易公司相比。"弗塔多（Celso Frutado），《拉丁美洲的经济发展》（*Economic Development of Latin America*）9~10 页，注脚 2。

⑰① 哈里森（Harrison），《新剑桥现代史》第 3 卷（*New Cambridge Modern History, III*），554 页。

⑰② "尽管如此，我们对 16 世纪有一个度量等级……如果里斯本（Lisbon）和远东

的值为1，巴西的值在0.5和1之间，塞维利亚（Serville）的值为1.5。在17世纪初，塞维利亚的值或多或少为里斯本的1.5倍。"肖努（Chaunu），《征服》（Conquête），209页。

然而这对于这种贸易对整个欧洲的重要性而言没有说明什么。"衡量塞维利亚和里斯本的份额是困难的，这是这种垄断的份额，伊比利亚（Iberian）半岛西南角的份额，因为这种垄断比起支持它的欧洲世界更易于衡量。对有关估价由塞维利亚控制的美洲贸易和里斯本控制的亚洲贸易的重要性方面，衡量其程度的可能性之不同，不是由于衡量垄断本身的某些不可能性，而是更多得多地由于我们目前不可能衡量其余的部分（也就是不属于垄断的部分）"同上，273页。

[173] "当大部分从海外的进口用出口金银锭和金银币支付时——东印度贸易无疑是一种以满足欧洲人需要为主要目标，而不是为欧洲产品寻找市场的进口贸易——通过地中海东部（Levant）的进口呈现出一种相当不同的表象。阿拉伯半岛（Araby）和东印度群岛（Indies）世界垂涎由地中海国家出产的许多物品。铜是特别需要的金属，从中部欧洲经威尼斯向东运送。珊瑚从突尼斯（Tunisian）海岸外的渔场向东方出口，其中一些由法国珊瑚公司（French Compagnie du Corail），在16世纪后半期从马赛（Marseilles）做交易。纺织品，水银和番红花和鸦片一起，从埃及（Egypt）进入地中海国家，地中海东岸地区（Levant）和东印度群岛（Indies）的货物交易流通。这种情况无疑也解释了为何当葡萄牙人发现了到东印度群岛的海路，并企图重新调整胡椒运输途径时，商队贸易没有趋于停滞。"格拉曼（Glamann），《方坦纳欧洲经济史》（Fontana Economic History of Europe），56~57页。

[174] "马尼拉（Manila）大帆船队最大的敌人无疑是西班牙政府本身。在塞维利亚（Serville）的商人们的抱怨很容易传到国王的枢密院（Council of the King）中，在他们和宫廷的金银通货主义信奉者的眼里，大帆船贸易是所有与远东的贸易中最坏的：它的赤字要由出口贵金属来补偿。"肖努（Chauna），《年鉴》第4卷（Annales E. S. C. VI）458页。

反对这种金银流失的另一个原因是，这种流失逐渐地甚至不经过里斯本和塞维利亚："通过好望角（Cape）航路，（银）里亚尔铸币（reales）流往整个东方地区。正是靠着它们，中国贸易——瓷器、生丝和丝织品、黄金——胜过了其他贸易，导致经常来往的日本，这个丝绸的市场和银的来源的出口。一方面是中国对白银深深的渴求，西班牙属美洲的发展是另一方，共同建立了从阿卡普尔科（Acapulco）到马尼拉的直通航路，这引起了果阿（Goa）和里斯本的敌意，使他们都接近了同样受到其伤害的塞维利亚。"戈丁诺（Godinho），《葡萄牙帝国的经济》（L'économic de l'empire portugais）833页。

西班牙的立场与英国的立场却形成了鲜明的对照。在17世纪早期英国的东印度公司（East India Company）同样处于由于它的贸易带来了银的流失的攻击之下，许多人认为它对那时贸易的萧条负有责任。"对这种攻击通常的回答是，因为公司向欧洲大陆和中东地区的再出口在价值上超过了送往东印度群岛的金银，这整个问题与这个国家整体上的支付平衡是不可分的。"乔杜里，《东印度公司与17世纪早期的金银出口》（*The East India Company and the Export of Treasure in the Early 17th Century*）《经济史评论》第16卷，第1号，1963年8月（*Economic History Review*，XVI，1，Aug 1963）25页。公司当然是完全正确的。"欧洲"丧失了金银，而英国没有。是西班牙没有能力把她自己置于欧洲地区间贸易的联结点上，如英国当时那样，这造成了不同之处。

[175] 见博克塞（Boxer），《葡萄牙海上帝国》（*Portuguese Seaborne Empire*），56~57页，也见戈丁诺（Godinho），《葡萄牙帝国的经济》（*L'économic de l'empire portugais*），673页。

[176] 见肖努（Chaunu），《征服》（*Conquête*）290~296页，300~311页。

[177] 见博克塞（Boxer）对糖在巴西社会结构中的冲击作用的描述。《葡萄牙海上帝国》（*Portuguese Seaborne Empire*）84~105页。对矿业经营，见加拉（Alvaro Jara）："毫无问题，在南北美洲的许多地区，矿业是有着重新组织甚至破坏人们在前殖民时代所具有的结构的巨大力量。当地人口新的集中是由创建矿业中心产生的——我们想到的不只是玻托西（Potosi），还有许多其他银、金和水银生产中心——可能是第一次创造了这种社会现象：那些流动的被剥夺了产业的群众，被夺去了一切东西，没有未来或任何对明天的安全保证，集中在伪城市地带，在那里城市的概念对他们而言没有那样的重要意义，即至少在城市生活的范围内可能使他们比以前的生活水准有所提高。"加拉（Jara），《西班牙属美洲矿业经济的三次实验》（*Tres ensayos sobre economia minera hispano-americano*），28页。

[178] 博拉（Woodrow Borah）指出，发展产丝业最初是因为它"由搬运夫或骡子成捆地容易地搬运，可望其运输费用低廉，在殖民地有肯定的市场，或是在西班牙，还有大量的利润。"《产丝业在殖民地墨西哥》《伊比利亚——美洲》20号。（*Silk-raising in Colonial Mexico*，*Ibero-Americana*，20）（Berkeley：Univ. of California Press，1943）15页。博拉（Borah）提供了这种衰落的三个解释，在印第安人（Indians）中的衰落是因为受虐待，荷重的征税和对印第安人的剥削导致他们退出和毁坏桑树林，利润的丧失是因为从菲律宾（Philippines）向世界市场的补充供应。见他对衰落的这些原因的长篇讨论，在85~101页。

[179] 肖努（Chaunu），《年鉴》第6卷（*Annales*，E. S. C. VI）462页，（注脚1），虽然博拉（Borah）似乎在一点上指出，菲律宾贸易的兴起是墨西哥产丝业衰落的原因之一，在另一点上他论证这种逆转是真实的，由此支持了肖努："形成对照的是，菲律宾贸易的发展与墨西哥产丝业的衰落在时间上相合，中国丝的

大规模进口于1579年开始,而大约在这个时候国内的产丝业开始衰落。"博拉(Borah),《产丝业》(Silk-raising),90页。

⑱ 见肖努(Chaunu),《年鉴》第6卷,(Annales, E. S. C. IV) 460~461页。

⑱ 肖努(Chaunu),《征服》(Conquête),290页。

⑱ 同上,277页,一个关于距离—时间的长篇讨论可以在277~290页找到。

⑱ 莱恩(Lane),《威尼斯和历史》(Venice and History),28页。

⑱ 肖努(Chaunu),《年鉴》第6卷(Annales, E. S. C. VI),455页,(注脚2)。

⑱ 马尔卡里多(Alfredo Margarido)提到:"'异教的'刚果(Congo)拒绝天主教(Catholicism)给其打上印记,并对殖民地经济的迫切需要(贩卖人口经济économie de traite)进行抵抗。葡萄牙人不得不摧毁这个王国,为了创造必不可少的剩余价值,在那里需要推行他们在南美洲的殖民化政策。"《刚果的古代王国》(L'amcien royaume du Congo《年鉴》第25卷,6号,1970年2月12日)(Annales E. S. C. X X V nov-déc, 1970),1725页。

博克塞(Boxer)也说道,他称之为"有希望的实验",在1543年国王阿丰索一世(Dom Affonso I)死后垮台了,"部分是因为葡萄牙在亚洲和南美洲增长的承诺,但主要是由于奴隶贸易的扩散和加强。"《种族关系》(Race Relations)20页。也是博克塞,《葡萄牙海上帝国》(Portuguese Seaborne Empires)97~103页。巴兰迪尔(Georges Balandier),《刚果王国的日常生活》(Daily Life in the Kingdom of the Kongo)(New York, Pantheon, 1968)。

⑱ 布罗代尔(Braudel)《地中海》第1卷(La Méditerranée I),496页。另一个因素是在这种高利润贸易中的腐败:"在1500年之后的几十年中,葡萄牙人在红海(Red Sea)贸易的道路上设置了严重的障碍,迫使在亚历山大里亚(Alexandria)的香料价格涨到15世纪的水平之上。后来葡萄牙官员在印度变得如此无能或是易于腐化,他们不再在经过红海和波斯湾的贸易道路上设置花费很大的障碍。"莱恩(Frederic C. Lane)《威尼斯和历史》(Venice and History)33页。

⑱ 见莱比尔(Lybyer),《英国历史评论》第30卷(English Historical Review,XXX)586页。

⑱ 莱恩(Lane),《威尼斯和历史》(Venice and History),31页。

⑱ 戈丁诺(Godinho)引用一位16世纪威尼斯商人费德里切(Cesare de Fedrici)的话说:"运去里斯本的胡椒不像经过美加(Mecca)海峡(或许是红海)运来的那样好,因为葡萄牙国王的使节在许多年以前,以葡萄牙国王的名义与交趾(科钦)(Cochin)的国王订立了契约,确定了胡椒的价格,结果是这种价格既不能涨也不能落。由于这个价格是很低的使得农民非常不愿意地交付胡椒,造成其品质是不成熟和肮脏的。因为阿拉伯(Arab)商人所支付的价格较高,他所得到更好的胡椒和更好的对待。"《葡萄牙帝国的经济》(L'économie de *l'empire portugais*）638~639 页。

戈丁诺（Godinho）主张在好望角（Cape）航路上的损失不是葡萄牙衰落的一个解释："总之，在136年的过程中，这种损失总计起来在外出航行中少于11%，在回归航行中少于15%。在1558年，当草拟一份香料贸易的预算时，包括有一项每年在五只船中损失一只于归程之中（20%）。这个计算是很有余地的。意大利人萨塞蒂（Sassetti），他熟悉地中海，并有着被迫回到他前一年离开的港口的经验，从交趾（科钦）（Cochin）写信说，从里斯本去印度比从巴塞罗那（Barcelona）到热那亚（Genoa）相对而言的危险性要小。（671页）"

可以如乔辛瑙－诺加里特（Guy Chaussinaud-Nogaret）那样，在评论戈丁诺（Godinho）的书时问道，为什么葡萄牙人在那时从未像后来的英国人和荷兰人那样发展起大的私人公司，这样就可以用更有效的商业手段超过他们的欧洲竞争者（在1628年建立这样一个公司的企图失败了。）"为什么葡萄牙看来是处于一个发现了现代商业资本主义的形成的伟大运动的前哨，却在17世纪初发现其不能遵行北方（欧洲）（那时已存在的）模式？部分的答案难道不是在于里斯本在国际资本主义中所起的作用，如劳（Virginia Rau）所称的'世界性投资交易'（agiotage）？这将我们带回到这个问题，谁是香料贸易的最大受益者。明显地不是掌握这种垄断的国家：'胡椒国王'看着他的财富被所需投资的巨嘴吞没了。"《黄金，胡椒，葡萄牙与世界经济》（L'or, Le poivre, le Portugal et L'économic mondiale）《年鉴》第25卷，6号，1970年11~12月（*Annales, E. S. C*, XXV, 6, nov.-déc.1970）1595页。见对这个评论的观点。弗塔多（Furtado）的观点，已写在注脚⑩中。

葡萄牙人建立这种私人公司的一个尝试完全是由国家发起的。于1628年建立，在1633年解散了。见席尔瓦（Da Silva），《论西班牙》（En Espagne），140~141页。

⑲ 见戈丁诺（Godinho），《葡萄牙帝国的经济》（*L'économie de l'empire portugais*），596~616页。他说，葡萄牙人在印度洋的行动，甚至在他们最为有效的时候，"也没有对药材供应造成冲击（616页）。"

⑲ 同上，771页。因为土耳其人（Turks）禁止西班牙国王的臣民（在1580年以后包括葡萄牙人）在他们的领地中贸易。葡萄牙商人冒充法国人、英国人或威尼斯人的姓名。

⑲ 同上，714页。戈丁诺（Godinho）也说到最初威尼斯人（Venetian）的困难是在1502年："这个危机不是由葡萄牙人的航行引起的，因为它发生在这之前……这就是说东印度（Indies）航路的建立和所进行的反对红海（Red Sea）商业的行动，是用以对准一个有着极为敏感的伤口的躯体的，这比危机爆发的原因更为持久，将其转变为持久的衰退〔729〕页。"

第六章 欧洲的世界经济：边缘地区与外部竞争场

⑲ 见克伦本茨（H. Kellenbenz），《年鉴》第 11 卷（Annales E. S. C. XI），8 页。

⑲ 肖努（Chaunu），《征服》（Conquête），358 页。

⑲ "汉堡（Hamburg）只享受了短暂的在国际香科贸易中的领先地位。1590 年代表殖民地贸易扩张中有很大的重要性。荷兰人和英国人成功地寻求到了扩大他们在世界香料市场中的参与的目的。"克伦本茨（Kellenbenz），《年鉴》第 11 卷（Annales, E. S. C. XI），23 页。

荷兰人在欧洲的网路也被用来在那时涉足巴西的糖贸易："巴西是欧洲消费的糖的主要来源。大多数糖与奴隶在巴西与葡萄牙之间，或西部非洲与巴西之间的贸易，仍掌握在葡萄牙商人和承包商手中，他们中许多人是犹太人（Jewish）血统；但是糖从葡萄牙向欧洲其余地区出口却在荷兰人掌握之中，而荷兰船长也与巴西的港口经常从事秘密贸易。当地的葡萄牙人纵容这种贸易，并抵抗西班牙官僚机构防止它的企图。在葡萄牙的商人们将他们的名义出借给荷兰商业企业，以委托制为根据，而在这个时期荷兰的贸易在伊比利亚（Iberian）的港口是官方所禁止的。"帕里（Parry），《发现的时代》（Age of Reconnaissance），277 页。

⑲ 肖努（Chaunu），《塞维利亚》第 1 卷（Séville, I）13 页。

⑲ 见戈丁诺（Godinho），《葡萄牙帝国的经济》（L'économie de l'empire partugais），696~697 页。但是戈丁诺对这真正因素的重要性如何提出了慎重的警告，至少从一个葡萄牙人的角度而言。见 671 页。

荷兰人和英国人也在那时开始移入南北美洲。当西班牙于 1595 年在伊比利亚（Iberian）半岛开始了对荷兰船只的封锁时，荷兰人遭受了严重的盐短缺，这是一种伊比利亚的出口产品。克伦本茨（Hermann Kellenbenz）强调了这个事实，那盐"对（荷兰的）鲱鱼加工业是很重要的……"《1600 年前后世界经济与政治中的西班牙，北尼德兰与斯堪的纳维亚—波罗的海地区》（Spanien, die nördlichen Niedevlande und die Skandinavisch-baltische Raum in der Weltwirtschaft und Politik um 1600），《社会经济史季刊》第 41 卷，4 号，1954 年（Vieteljahrschrift für die Sozial-und Wirtchaftsgeschichte, XLI, 4, 1954），293 页。

荷兰人发现在南美洲的加勒比（Caribbean）海岸阿拉亚（Araya）半岛的盐可以利用。他们开始对其进行开发，并用运回的船只附带进行走私和抢掠。这个后果对西班牙是严重的？"对西班牙本身，首先它意味着她对盐的限制性政策〔对北尼德兰'叛乱者'的政治压力〕被证明是完全失败的。她失去了以前通过把半岛的盐卖到荷兰所得到的现付批发价格和税收。现在荷兰人免费免税得到了美洲的盐，它们估计一年价值一百万弗罗林（florin）。"《西班牙属美洲历史评论》第 28 卷，2 号，1948 年 5 月（Hispanic American Historical Review, XXXVII, 2, May 1948），181 页。

西班牙人试图驱逐荷兰人，并一时间成功地这样做了，但只是在付出配备

— 415 —

一支大舰队，和于1609年的休战（Truce）后对荷兰重新开放伊比利亚半岛的代价之后。从某方面来说挽回这种破坏为时已晚。"对西班牙而言，荷兰人大规模闯入加勒比海，与他们在远东、西非洲、巴西、圭亚那（Guiana）和半岛本身施加重大的航海—商业压力同时发生，是又一个使得伊比利亚人（Iberian）保卫他们的热带殖民世界复杂化的因素……西班牙暂时在加勒比海地区，并在某个花园内在其他地区修补上了她的筑笆，但付出了多大代价！被荷兰人突然逼得在殖民地世界这里那里到处防守的这个时期，她为了保护其要害的热带地带耗尽了自身的力量，没有剩余精力维护她对在其帝国边缘仍未占领地区的独享权利。只有看到这种关系才能够理解，例如，为什么英国能够建立和保持弗吉尼亚（Virginia），她在美洲第一个微小的前哨站，而没有受到来自西班牙人（Spaniards）方面的干涉，他们在加勒比海和佛罗里达（Florida）有着稳固的基础。"斯鲁伊特（Sluiter），《西班牙属美洲历史评论》第28卷（*Hispanic American Historical Review*，XXVII），195~196页。

⑲ 见戈丁诺（Godinho），《葡萄牙帝国的经济》（*L'économie de l'empire portugais*）814~817页。

⑳ 见博克塞（Boxer），《葡萄牙海上帝国》（*Portuguese Seaborne Empire*），65页。

㉑ 见特雷弗-罗珀（Trevor-Roper），《历史文集》（*Historical Essays*），120~123页。

㉒ "但是对于在16和17世纪好战的基督教（Christicmity）的引入，成长和强有力的镇压，似乎有可能德川时代（Tokugawa）的日本不应退回到孤立主义的外壳中。这也就意味着日本在这个时期的海外扩张不会终究失败。日本人不管是和平地或是用其他方式，会在17世纪开始时在菲律宾（Philippines）、印度支那（Indo-China）和印度尼西亚（Indonesia）部分地方定居；他们就有一切可能能够在欧洲工业革命的果实中分享一份，比他们确实做到的要早几十年。"博克塞（Boxer），《日本的基督教世纪》（*The Christian Century in Japan*），第vii页。讨论"假如"的分析总是困难的。但在我看来，人们可以完全不同地解释后来的结果。人们难道不能论证，只是因为日本如此有效地在那时进入它的外壳中，它才能在19世纪以足够强大的形态，抵抗住在世界体系中只扮演边缘的角色，因而迅速地工业化。

与博克塞类似的对于这种隔绝政策的动机的观点，由本所荣次郎（Eijiro Honjo）表达说："随着罗马天主教（Roman Catholicism）在日本的传播而带来的祸害，使得德川（Tokugawa）幕府采取了隔绝政策……"《明治复兴之前日本海外发展的事实和思想》（*Facts and Ideas of Japan's Oversea Development Prior to the Meiji Restoration*）《京都大学经济评论》第17卷，1号，1942年1月（*Kyoto University Economic Review*，XVII，1，Jan 1942），1页。

㉓ 见哈里森（Harrison），《新剑桥现代史》第3卷（*New Cambridge Modern History*，IV），538~543页。戈丁诺（Godinho）谈到，摩鹿加（Moluccas）总督区在

1570 年左右它"实际上是独立的"。《葡萄牙帝国的经济》(*L'économie de l'empire potugais*),812 页。

⑳ 戈丁诺(Godinho),《葡萄牙帝国的经济》(*L'économie de l'empire potugais*),783 页。

⑳ "在澳门(Macao)受到恐慌打击的葡萄牙居民的第一个步骤(当他们在 1582 年得知葡萄牙与西班牙 1580 年的合并时)是将这个殖民地置于西班牙总督的势力范围之外。因为如果在澳门的葡萄牙人降为西班牙普通臣民的地位,如果澳门港在那时如西班牙人所希望的那样向他们开启,葡萄牙人对中国贸易的'垄断'就会立刻完结,他们的损失将会是无可弥补的。"张(Chang),《中国—葡萄牙贸易》(*Sino-Portuguese Trade*),100 页。

达成了一个妥协。澳门的葡萄牙人被许可有半独立的地位,宣誓对西班牙王室效忠,但悬挂葡萄牙旗帜,并从中国人那里得到一个二品官的地位。张(Chang)清楚西班牙人接受这个妥协的动机:"卡斯提尔(Castiliom)的国王……害怕干涉澳门的内部事务会导致反抗甚至公开叛乱,只好勉强同意它名义上的效忠。"同上,101 页。

第七章插图　"里奇蒙的宫殿"

David Vinckenboons 的油画作品。（1600-1625）
Cambridge：Fitzwilliam Museum.

"里奇蒙的宫殿"（Richmond Palace），或"里奇蒙的泰晤士河"（the Thames at Richmond），一幅17世纪前25年中的油画，文肯彭斯（David Vinkenboons）（1578~1629）所作。他是一位佛兰德的（Flemish）艺术家，他移民到英格兰，在詹姆斯一世（JamesI）和查理一世（CharlesI）时代受王家委托绘画。

第七章 理论的重述

创立理论不是一种与经验资料分析相分离的活动。分析只能靠以理论范型或见解的方式做出。另一方面，事件或过程的分析必须包括以可变事物的特有确定价值的一整套系列作为出发点，在这个基础上人们才能解释最后结果是怎样得到的。为了清晰地表达历史的解释，情况往往是，人们必须假定或是避开对可变事物的形式上相互关系作出说明。

因此，在作结论时更为简短抽象地对资料再做一次考察，通常是合乎情理的。无疑这对读者有用处。但是对作者更为重要的是，在尽力使分析有一定的精确性时，在错综复杂的细节中却会易于将其忽略掉。上述处理的经验性资料当然是都很复杂的——确实远比可能描述的复杂得多。因此，我打算回顾一下我在这本书中的论证。

为了叙述一个世界体系的起源和最初的活动，我必须论证一个世界体系的确定概念。一个世界体系是一个社会体系，有着它的边界、结构、组成成员群体、合法的规则和一致性。它的生命是由冲突的力量用其牵制力聚合在一起的，而当每个群体不停地寻求为其利益重组它时，就会将其分裂瓦解。它有着一个有机体的特点，具有一定的生命期，在其中它的特点在某些方面有变化，而其他方面则保持稳定。人们能够以他的机能的内部逻辑发展判定它的结构在不同时代是强还是弱。

以我的观点而言，成为一个社会体系的特征在于这个事实，它包含的生命力大部分是自立自足的，它发展的动力大部分源于内部。读者可能感到，使用"大部分"这个词是一种学术上故意模棱两可的做法。我承认我不能说得更明确。可能没有人会能够把一个基于违反事实的假说明确化：假如这个体系因为不管什么原因，会与一切外部力量隔绝（这从来没真正发生过），这种明确化就意味着这个体系会持续以实际上相同的方式起作用。再有，当然要把它变为严格可使用的标准实际上是困难的。尽管如此，这点是重要的，并对这本书经验研究的许多部分是关键的。可能我们应当认为自足是一种理论上的绝对化，一种社会真空，很少见到，人为创造更是难以令人置信的。但虽如此，这仍是一条社会真实的渐近线，其间距离虽是可以设法加以衡量的。

使用这样一种标准，所需要辩论明白的是，大多数通常被描述为社会体系的实体——"部分"（tribes）、社团、民族国家——事实上不是完全的体系。确实正相反，我们所论证的唯一真正社会体系，在一方面是那些相对小的、高度自主的生存经济，而且是不属于某些常规的纳贡体系的一部分者，另一方面是世界体系。这后一类确实与前一类有区别，因为它们相对要大，也就是说按通常的说法它们是"世界"。但更确切地说，它们是由这个事实确定的，即它们作为一个经济——物质实体是自立自足的，这基于广泛的劳动分工和它们内部包含的一个多重文化。

这进一步证明，至今只存在两种这样的世界体系：世界帝国，其中有一种单一的政治体系统治着大部分地区，但却减弱了它有效控制的程度；另一种体系中则不存在这样一种单一的政治体系统治着所有的，或真正统治所有的空间。为了方便起见和由于缺少一个更好的名词，我们用"世界经济"这个名词来描述后者。

最后，我们论述了在现代之前，世界经济是高度不稳定的结构，它倾向于转变为帝国或是瓦解。现代世界体系的特点在于，一种世界经济存在了500年，还没有转变成为一个世界帝国——一个在于其力量之奥妙的特点。

这个特点在于被称为资本主义的经济组织形式的政治方面。资本主义能够一直繁荣，正是因为世界经济在其领域内有着不是一个而是一种多重政治体系。

我在这里不是要论证资本主义意识形态的古典理论，即资本主义是一种基于国家在经济事务中实行不干涉政策的体系。完全相反！资本主义是以不断地吸收政治实体的经济损失，而将经济上的所得分配于"私人"手中为基础的。我所论证的不过是，资本主义作为一种经济模式是基于这个事实，经济因素在一个大于任何政治实体能够完全控制的竞争场所中起作用。这给了资本家们一种以结构为基础的策略自由。这使得世界体系的持续经济扩张成为可能，虽然它的酬报的分配是很不均衡的。只有另一种世界体系能够维持高水平的生产率和改变分配体系，并把在政治上和经济上作决定的水平重新统一起来。这构成了世界体系的第三种可能形式，一个社会主义世界政府。这不是一种现在存在的形式，而这在16世纪并非更为遥不可及。

为什么在16世纪欧洲世界经济会产生，并抗拒了将其改变为一个帝国的尝试，其历史原因最终要进行解释。我们不打算在这里考察它们。然而应当注意，一个世界经济的范围大小是与技术状况有密切关系的，特别是在它的疆界内运输和交通的可能性。因为这是一个不断变化的现象，并不是总向好的方面转变，所以一个世界经济的疆界总是流动变化的。

我们将一个世界体系定义为一个有着广泛劳动分工的体系。这种分工不只是功能性的——即是职业性的——而是地理上的。这就是说，经济任务的分布范围不是平均地分配在整个世界体系之中。确实这部分是社会生态学因素造成的结果。但是大部分是劳动社会组织的作用，它扩大和合法化了这个体系中某些群体剥削其他人劳动的能力，也就是能得到剩余物的更大份额。

在一个帝国中，政治结构倾向于将文化与职业联系在一起，而在一个世界经济中政治结构则倾向于将文化与地理位置联系在一起。其原因在于，在一个世界经济中，用于群体的政治压力的首先着重点在当地（民族的）国家结构上。文化同质化倾向于为关键群体的利益服务。并且这种压力对创造文化——民族同一体起到了增强作用。

这是世界经济先进地区特有的情况——我们称之为中心国家。在这些国家里，一个强大国家机器的创造随之而生成一种民族文化，这是一种通常称之为统合的现象，即作为一种保护了世界体系内兴起的不均衡现象的机制，又作为一种维持这种不均衡现象的意识形态掩护和辩护口实。

于是世界经济便划分为中心国家和边缘地区。我不将其称为边缘"国家"，是因为边缘地区的一个特点是本地国家是很弱的，其弱的程度从根本不存在（也就是殖民地状况）到只有低度的自治（也就是新殖民地状况）。

在经济活动的复杂性、国家机器的力量、文化的完整性等一系列层面上，在中心与边缘之间还有半边缘地区。这些地区中有一些是一个既定世界经济较早形态时的中心地区，一些会是边缘地区的后来上升了，这可以说是一个扩展着的世界经济中变化的地理政治学的变化结果。

然而，半边缘地区不是一种统计学上划分点的技巧，也不是一个剩余下来的类别。半边缘地区是一个世界经济必需的结构因素。这些地区起着类似于中间商群体在一个帝国起的作用,当然随着情况不同是不一样的(mutatis matandis)。它们是生存技巧的集合点,这在政治上通常是不得人心的。这些中间地区(像一个帝国内的中间群体)部分倾向于主要位于边缘地区的群体的政治压力,这些群体可能在其他方面是针对中心国家的。这种群体在它们国家机器的内部并通过其起作用。在另一方面,主要处于半边缘地区的势力位于中心国家的政治竞争场之外,并且很难达到寻求在政治上联合的目的,若是它们在同一政治竞争场中,就会有途径这样发展的。

一个世界经济的分工包括有一种职业任务上的等级制度,在其中需要高水平技艺和较大资本额的任务保留给较高等级的地区,因为一个资本主义的世界经济本质上是对积累的资本的酬报,这也包括人的资本,它们要比"未训练"的劳动力得到更高比例的酬报。这些职业技艺在地理上的分配不均造成了一个自给自足的强烈倾向。市场经济的力量加强了而不是削弱了这些情况。世界经济缺乏一个中央政治机制使它很难对报酬的分配不当有着加以制衡的力量。

因而,一个世界经济的进程倾向于使其不同地区在发展过程中扩大经济和社会差距。一个会掩蔽这个事实的因素是,一个世界经济的发展过程带来了技术进步,使得扩展世界经济的疆界成为可能。在这种情况下,世界的特定区域可能会改变它们在世界经济中的结构性角色,尽管世界经济作为一个整体在其不同部分的报酬差别在同时进一步加大。为了清楚地考察这个很重要的现象,我们要强调一个既定的世界经济的边缘地区和世界经济的外部竞争场之间的区别。一个世纪里的外部竞争场经常在下一个世纪变成边缘或半边缘地区。而中心国家可以变为半边缘地区,半边缘地区也可以变为边缘地区。

当中心国家的优势在现代世界体系的整个历史中不停扩展时,在中心地区内的各个国家的能力并非没有受到挑战。总是追逐野兔的猎犬才能成为头等的猎犬。确实,可能已是由于在这种体系中,在结构上没有可能避免在一个长的历史时期中,从统治某个时期的特定国家这个意义上的最杰出者发生流动变化,这样的国家总是或早或晚被另一个国家所取代。

我们已强调了现代世界经济是也只能是资本主义的世界经济。由于这个原因,我们排除用"封建主义"来称呼在世界经济中成长起来的、以强制劳动为基础的资本主义农业的各种形式。此外虽然不在这一卷中进行讨论，由于同样的原因，在以后几卷中我们将以极大的审慎对待这种主张，即20世纪在世界经济的框架内存在着社会主义的民族经济（与此对立的主张是社会主义运动控制着世界经济内某些国家机器。）

如果世界体系是唯一真正的社会体系（与真正孤立的生存经济不同），就必然随之具有阶级和阶层群体的出现、结合和政治作用作为这个世界体系的因素，因而必须予以重视。并且必然其关键因素之一就是，在分析一个阶级或一个阶层群体时，不只要看其自我意识的状况，还要看其自我确定的地理范围。

阶级总是潜在存在的（an sich，就其本质而言是自在的）。问题是在什么情况下，它们成为阶级意识（für sich，自为的），也就是在政治—经济竞争场中作为一个群体起作用，甚至在某种程度上成为一个文化实体。这种自我意识是斗争形势造成的一个机能。但是对于开展斗争的上层阶层，因而公开其意识总是一种不得已的事（faute de mieux）。在这头一种意义上阶级界限不是划得明显的，在另一种意义上它更类似于一种要加以维持的特权。

因为在斗争形势中，许多派别由于组成联盟的作用而倾向于并为两个，从这个定义上说不可能有三个或更多（有意识）的阶级。明显地能够有多种职业利益群体可以自己组织起来在社会结构内起作用。但是这种群体实际上是阶层群体的一个变种，事实上通常与其他种类的阶层群体，如那些由种族、语言或宗教标准划分的群体在很大程度上相重叠。

说到不可能有三个或更多的阶级，并不是说总是有两个阶级。可能一个也没有，虽然这是少见和过渡性的。可能有一个，这是最常有的。可能有两个，这是最具爆炸性的。

我们说可能只有一个阶级，这和我们也说过的阶级实际上只存在于斗争形势中，斗争会将其分为两面，在这里是没有矛盾的。因为一场斗争可以成为一个阶级之间的斗争，这个阶级设想自身是普遍性的阶级，所有其他的都是阶层。这是现代世界体系中事实上普遍存在的形势。资本家阶级（资产阶级，the bourgeoisie）已经被称为一个普遍性的阶级，追求组织达到其目的的政治生活来反对其两个对手。在一方面，有那些为维护传统等级区分说话的人，他们不顾这些等级已经失去了与经济功能原本有的关联这个事实。这类因素宁愿把社会结构确定为一种非阶级结构。为了对抗这种意识形态，资产阶级就变成为一个有自身意识的阶级。

但是资产阶级有另一个对手：工人们。不管在什么时候，工人一旦成为一个有自身意识的阶级，这在16世纪虽不是很经常的，这就会使他们把形势明朗化为一种两极阶级形势。在这种环境中，资产阶级发现自己深陷于一种战术上的困境。在某种程度上他们维持着他们自己的阶级意识，由于这个事实他们煽起了工人的阶级意识，由此冒着削弱他们自己政治地位的危险。在另一种程度上，为了应付这个问题，他们不谈他们的阶级意识，他们就冒着把其地位削弱到相当于传统的高阶层的佃户的危险。

资产阶级的阶级意识具体形成的过程，即将自身看作为一个普遍性的阶级，从所有社会等级中吸收它的成员，这在我们讨论都铎王朝时的英国（Tudor England）乡绅作为一个社会类别出现，或尼德兰（Netherland）北部自治市公民（burghers）的兴起时，会加以论述。他们支持自己宣称是一个普遍性阶级的一个方法是靠民族感情的发展，这给予他们的宣称一层文化上的外衣。

激进派的暴动使资产阶级深深陷入了困境，也就是说，害怕在它的两拨对手之间结成联盟，并采取主张乡土主义的形式，这在我们讨论法国在"第二个"16世纪时曾论述过。那里的资产阶级选择了暂时的退却。他们可能实际上别无选择。但是这种退却会有它的长期后果，它出现在法国大革命后期的社会激进主义中（尽管是暂时），并使法国在经济发展中长期落在英国后面。

我们这里的例子是变得有意识的资产阶级，但这是在民族国家疆界内的意识。这明显不是唯一的选择。他们能够成为一个有自身意识的世界阶级。而有许多群体向这样一个目标推进。在另一方面，在边缘地区有许多资本主义农民派别。

在查理五世（Charles V）的全盛时期，在低地国家（Low Countries）、南部德意志、北部意大利和其他地方有许多群体，把他们的希望系于哈布斯堡王朝（Hapsburgs）的帝国雄心上〔一些群体谨慎地把部分希望同样系于瓦罗亚（Valois）王朝〕。如果这些群体仍是个社会阶层，还没有形成一个有意识的阶级，它们则正向这个方向发展，这似乎只是个时间问题。但是随着帝国的失败，欧洲的资产阶级认识到他们的经济和社会未来系于中心国家。而这些人由于他们种族—宗教的亲密关系的性质，能够转而把民族国家作为他们政治斗争的竞争场，他们也这样做了。

第七章 理论的重述

至于边缘地区的资本主义农民，他们会高兴地认为自己是一个国际乡绅阶级的一部分。他们乐于为了加入"世界"文化牺牲本地文化的根。但是要构成一个国际性阶级，他们需要中心国家资本主义阶层的合作，而这并没有实现。于是逐渐地这些边缘地区的资本主义农民变成了腐朽而势利的西班牙属美洲的庄园主（Chacenderos）或欧洲东部后几个世纪的贵族，从潜在的国际阶级意识后退到本地阶层的结合——这对西欧资产阶级的利益是很适合的。

特定经济活动在地理上的集中对于阶层群体的形成造成了一种持续的压力。当地方统治阶层受到较低阶层任何萌发的阶级意识的威胁时，强调本地文化对于加强本地的内部斗争，创造一种取代本地团结以对抗外部的手段起了很大作用。并且，如果这些本地统治阶层感到自己受到世界体系中较高阶层的压迫时，他们加倍地激发了对创造一个本地同一体的追求。

明显地，构建一个同一体不能没有沉厚的气氛。它要建立在它能寻求到的方式上，如语言、宗教和独特的生活方式。尽管如此很明显，语言和宗教的同质性和感情（更何况对个别生活方式的热爱）是社会的创造物，而不能将其看作传统不变事物的简单继续。它们是在一个充满阵痛的时代，在困难中形成的社会创造物。

16世纪就是这样一个在欧洲大部分地区充满阵痛的时代。这当然是宗教改革与反宗教改革（Counter-Reformation）的时代。这是一个大规模宗教内战的时代。这是一个国际性宗教"党派"的时代。但是最后当尘埃落定，所有这些宗教劫乱的结果是，在国际性放任政策（Laissezfaire）——"教随国定"（Cuius regio eius religio）的框架内，以各个政治实体相对的宗教同一性形式确定下来。

我们在讨论各种特有的发展时，会试图指出，为什么基督教新教（Protestantism）的各种形式会最终成为中心国家的宗教（除了法国，而这又是因为什么），而天主教（Catholicism）则成为边缘地区和半边缘地区的宗教。我们对各种神学的教条是否对此有很大的作用持怀疑态度，虽然它们可能为这个任务提供了便利。更确切地说，这些神学的教条当在实际中向着与它们最初概念相反的方向演化时，反映着并为维持在世界体系中各个地区中的作用服务。

经常听说查理五世（Charles V）由于企图保持在宗教分裂中作一个仲裁者而不是主角的地位，失去了创建一个统一的德意志基督教新教国家的大好机会。但是这种批评忽视了这个事实，查理五世寻求创建的是一个世界帝国，而不是世界经济中的一个中心国家。帝国的兴盛要靠多种宗教来反映多重的作用，而它们极少集中在特定的政治疆域之内。在国际的异质多样性中有着民族的同质性，是一个世界经济的常规状态。

354　　至少这是在最开始时的常规状态。中心国家因为它们复杂的内部劳动分工，反映了这个体系作为一个整体的模式。在16世纪，英格兰已经向着变为不列颠（Britain）的方向前进，它作为一个整体而言，在有着相对异质多样性的国家中具有地区的同质性。

宗教不一定是主要阶层群体的明确文化特点。语言在16世纪确实开始起到了这种作用，它的重要性随着这个世纪的过去而增加了。但是，在一个世界经济中作用的专业化方面，宗教的增强作用要优于语言的增强作用。它较少干涉世界经济内部进行交往的进程，它也较少使自己参与（只是较少而已）孤立主义者的封锁，这是因为世界性宗教基本上是以普世主义为主题的。

16世纪的欧洲世界经济倾向于大体上是个一个阶级的体系。它是从经济扩张和资本主义体系中获益的能动力量。特别是在中心地区，他们倾向于具有阶级意识，也就是在政治竞争场中作为一个首先由在经济中的共同作用确定的群体起作用。这种共同作用从20世纪的角度看来，事实上确定得很宽。它包括农民、商人和工业家这些人。各个企业家经常在无论其中哪一个活动中来回转换，或是将其合并在一起。这些人之间的关键区别，不管他们的职业如何，主要是看一些人趋向于从世界市场中得到利益，其他人则没有这种趋向。

这些"其他人"以他们的阶层特权进行抵抗——那些传统的贵族，那些由封建制度产生的小农，那些由行会垄断产生的人都成为过时的了。在文化相似性的掩盖之下，他们能够结成奇特的联盟。这些奇特的联盟能够采取非常实际主义的方式，迫使政治中心考虑他们。在我们讨论法国时指出过这样的例子。或者，它们可以采取一种政治上消极的方式，这很适合世界体系中统治力量的需要。

这幅图画的细节是以阶层团体多种形式的甲胄、它们的力量和主音调充填的。但是大背景是以阶级形成的过程构成的。就此而言，16世纪不是决定性的。资本家形成了一个阶级，生存下来并取得了公民权（droit de cite），但还没有在政治竞争场中获胜。

国家机器的演变准确地反映了这种不确定状况。强大的国家为某些群体的利益服务而伤害其他人的利益。然而从把世界体系作为一个整体的立场来看，如果有着众多的政治实体（就是说这个体系不是一个世界帝国），那就不会有所有这些实体同等强大的情况。因为如果是那样，它们就处于阻碍位于其他国家的跨国经济实体有效运作的地位，随之而来的是劳动的世界性分工被阻止，世界经济的衰落最终导致世界体系的瓦解。

但是也不能没有强大的国家机器。因为在这样的情况中，资本家阶层就没有机构保护他们的利益，确保他们的财产权利，保证各种垄断，和把损失分担到较多的人口中等等。

于是世界经济就发展出了一个模式，其中中心地区的国家机构相对强大，边缘地区的国家机构则相对弱小。哪个地区起哪种作用在许多方面是偶然性的。必然的情况是在某些地区国家机器要比其他地区强大得多。

一个强大的国家机器意味着什么呢？我们是指其力量相对于世界经济中其他国家，包括其他中心国家强大，相对于国家疆域内地方政治单位强大。实际上，我们是指一种在事实上与在法理上同样的统治权。我们也是指一个国家相对于国内的任何特定社会群体强大。明显地，这类群体在它们能够带给国家的压力程度上是有变化的。也很明显，这些群体的某种联合控制着国家。这并非说国家是一个中立的仲裁者。但国家并非只是现存力量的简单媒介，若这是因为这些力量中有许多是处于一个以上的国家内，或是因为其包括的范围与国家疆域的联系很少就好了。

因而一个强大的国家是一个部分自治的实体，其意义是，它有一个它可以利用的行动余地，在其中反映了多种利益的妥协，即使这种余地的界限是由原生力量的某些群体的存在所确定的。成为一个部分自治的实体，就必然有一群人，他们的直接利益是由这样一个实体提供的，即国家的管理者们和一个国家官僚阶层。

这样的群体出现在一个资本主义世界经济的框架之中，因为一个强大的国家是两个在政治、经济和军事手段上最强大的群体：是正在形成的资本家阶层和旧的贵族等级在两难之间的最好选择。

对于前者，以"绝对君主制"为其形式的强大国家是首要的顾客，是对抗地方上和国际上匪徒的保卫者，是社会合法性的一个模式，是防止在其他地方创建一个强大的国家障碍的先发制人保护措施。对于后者，强大的国家代表对同样强大的资本家阶层的一个刹车器，一个阶层习俗的支持者，秩序的维护者，奢华的促进者。

无疑，贵族和资产阶级都发现国家机器是对财富的一个沉重的消耗负担，还是一个好管闲事的非生产官僚阶层。但是他们有什么选择呢？尽管如此他们总是不安分的，而世界体系的现实政治，就是由这两个群体努力使它们自己与对它们而言是国家机器的负面影响相隔离的反复斗争而构成的。

一个国家机器包括一个倾斜的机制。在某一点上力量创造出更大的力量。赋税收入使国家能够有更大规模、更有效的文职官僚和军队，这反过来又导致更多的税收——这是一个以螺旋形持续的过程。这种倾斜机制也向另一个方向起作用——弱小导致更加弱小。在这两个倾斜点之间就是建立国家的治术所在。就是在这个竞争场中各个管理者群体的技巧产生了差别。而正是因为这两种倾斜机制，在世界体系中某些点上一个小的差距就能够迅速变成大的差距。

在那些国家机器弱小的国家里，国家管理者不能起到协调复杂的工业—商业—农业机制的作用。他们只不过成为其他人中间的一拨地主，对全体人没有什么可以宣称的合法权威。

这些人便被称为传统统治者。政治斗争经常以传统对变革的方式命名。这当然是一个重大的误解和意识形态上的术语。这在事实上可以看作一个总的社会学法则，在任何特定的一个时间上，被认为是传统的事物有着比一般人所想象的更晚近的起源，主要代表着受到衰落的社会地位威胁的某些群体的保守本能。确实，似乎没有什么像"传统"那样，当需要指出它时就出现和发展得那么快。

在一个阶级的体系中，"传统的"是"其他人"与这个具有阶级意识的群体进行斗争的名义。如果他们能够用使其广泛合法的办法把他们的价值护卫起来，甚至更好地将其纳入立法的界限之内，由此他们以有利于他们自己的方法变革了这个体系。

传统主义者们可以在一些国家中获胜，但是如果世界经济生存下来，他们必然在其他地区或多或少遭受损失。进一步说，在一个地区的所得是在另外地区所失的对应之物。

这不完全是一个总和为零的竞赛，但要是在一个资本主义的世界经济中，所有的因素都同时向一个既定方向改变其价值，那也是不可想象的。社会体系是建立在其中具有多重价值的各体系之上，它反映着在世界劳动分工中各群体和地区特有的功能。

我们在这里没有穷尽与一个世界经济中各种机制有关的理论问题。我们只是谈那些世界经济在创建时的早期要论述的问题。也就指 16 世纪的欧洲。许多在较晚阶段出现的其他问题，将在经验上和理论上于后面几卷中处理。

在 16 世纪，欧洲像一匹狂奔的野马。某些群体企图建立一个以特有劳动分工为基础的世界经济，在中心地区创建作为这个体系政治经济担保者的民族国家，和得到不只能付出利益，还能付出维持这个体系的费用的工人，这是不容易的。做到了这些是欧洲的光荣，因为没有 16 世纪的冲击，现代世界就不会诞生，虽然它充满着残酷，但它诞生总比没有诞生要好。

它诞生的不易也是欧洲的光荣，特别是其不易是因为那些付出短期代价的人们，对其不公平毕竟发生了引人注意的呼喊。在波兰、英国、巴西、墨西哥，农民和工人都以他们各自的方式暴乱。正如托尼（R. H. Tawney）对 16 世纪英国的农业骚乱所说的："这些运动是血与肉，高尚和勇敢精神的考验与证明……它的人民没有忘记如何反抗，是这个国家的一件幸事。"[1]

现代世界的标志是它获暴利者的梦想和被压迫者对这种专断的反抗。剥削和拒受剥削作为不可避免之事，恰恰构成现代持续的二律背反现象，它们共同处于一个辩证过程之中，到 20 世纪还远没有达到其顶点。

注释：

[1] 托尼，《农业问题》（Tawney, *Agrarian Problems*），第 340 页。

参考文献

Abel, Wilhelm, *Die Wüstungen des Ausgehenden Mittelalters*, 2d ed. Stuttgart: Fisher Verlag, 1955.
Abrate, Mario, "Creta, colonia veneziana nei secoli XIII–XV," *Economia e storia*, **IV**, 3, lugl.–sett., 1957, 251–277.
Actes du Colloque de la Renaissance. Paris: Lib. Philosophique J. Vrin, 1958.
Ardant, Gabriel, *Théorie sociologique de l'impôt*, 2 vol. Paris: S.E.V.P.E.N., 1965.
Arnold, Stanislaw, "Les idées politiques et sociaules de la Renaissance en Pologne," *La Pologne au Xe Congrès International des Sciences Historiques à Rome*. Warszawa: Académie Polonaise des Sciences, Institut d'Histoire, 1955, 147–165.
Ashton, Robert, "Revenue Farming under the Early Stuarts," *Economic History Review*, 2d ser., **VIII**, 3, 1956, 310–322.
Ashton, Robert, "Charles I and the City," in F. J. Fisher, ed., *Essays in the Economic and Social History of Tudor and Stuart England*. London and New York: Cambridge Univ. Press, 1961, 138–163.
Aspetti e cause della decadenza economica veneziana nel secolo XVII. Atti del Convegno (27 giugno–2 luglio 1957). Venezia-Roma: Istituto per la Collaborazione Culturale, 1961.
Aydelotte, Frank, *Elizabethan Rogues and Vagabonds*, Vol. I of Oxford Historical and Literary Studies. London and New York: Oxford Univ. Press (Clarendon), 1913.
Aylmer, G. E., *The King's Servants*. New York: Columbia Univ. Press, 1961.
Aznar, Luis, "Las etapas iniciales de la legislación sobre indios," *Cuadernos americanos*, **VII**, 5, sept.–oct., 1948, 164–187.
Baehrel, René, "Economie et histoire à propos des prix" in *Eventail de l'histoire vivante: hommage à Lucien Febvre*. Paris: Lib. Armand Colin, 1953, **I**, 287–310.
Baehrel, René, *Une croissance: la Basse-Provence rurale (fin XVIe siècle-1789)*. Paris: S.E.V.P.E.N., 1961.
Bagú, Sergio, "La economía de la sociedad colonial," *Pensamiento crítico*, No. 27, abril 1969, 30–65.
Balandier, Georges, *Daily Life in the Kingdom of the Kongo*. New York: Pantheon, 1968.
Bannon, John F., ed., *Indian Labor in the Spanish Indies: Was There Another Solution?* Boston, Massachusetts: D.C. Heath, 1966.
Barbour, Violet, "Dutch and English Merchant Shipping in the Seventeenth Century," in E. M. Carus-Wilson, ed., *Essays in Economic History*. New York: St. Martin's, 1965, **I**, 227–253. (Originally in *Economic History Review*, **II**, 1930.)
Barbour, Violet, *Capitalism in Amsterdam in the Seventeenth Century*. Ann Arbor, Michigan: Ann Arbor Paperbacks, 1963.
Barkan, Ömer Lutfi, "La 'Méditerranée' de Fernand Braudel vue d'Istamboul," *Annales E.S.C.*, **IX**, 2, avr.–juin 1954, 189–200.
Barley, M. W., "Rural Housing in England," in *The Agrarian History of England and Wales*, **IV**: Joan Thirsk, ed., *1500–1640*. London and New York: Cambridge Univ. Press, 1967. 696–766.
Baron, Salo W., *A Social and Religious History of the Jews*, 2nd ed., **III**: *Heirs of Rome and Persia*. Philadelphia: Jewish Publication Society of America, 1957.
Baron, Salo W., *A Social and Religious History of the Jews*, 2nd ed., **IV**: *Meeting of East and West*. Philadelphia: Jewish Publication Society of America, 1957.
Baron, Salo W., *A Social and Religious History of the Jews*, 2nd ed., **XI**: *Citizen or Alien Conjurer*. New York: Columbia Univ. Press, 1967.
Baron, Salo W., *A Social and Religious History of the Jews*, 2nd ed., **XII**: *Economic Catalyst*. New York: Columbia Univ. Press, 1967.
Barraclough, Geoffrey, *History in a Changing World*. Oxford: Blackwell, 1957.
Barraclough, Geoffrey, *The Origins of Modern Germany*. Oxford: Blackwell, 1962.

Barraclough, Geoffrey, "Universal History," in H. P. R. Finberg, ed., *Approaches to History: A Symposium*. Toronto: Univ. of Toronto Press, 1962, 83–109.

Batho, Gordon, "Landlords in England, A: The Crown," in *The Agrarian History of England and Wales*, **IV**: Joan Thirsk, ed., *1500–1640*. London and New York: Cambridge Univ. Press, 1967, 256–276.

Batho, Gordon, "Landlords in England, B: Noblemen, Gentlemen, and Yeomen," in *The Agrarian History of England and Wales*, **IV**: Joan Thirsk, ed. *1500–1640*, London and New York: Cambridge Univ. Press, 1967, 276–306.

Bauthier, Robert Henri, "The Fairs of Champagne," in Rondo E. Cameron, ed., *Essays in French Economic History*. Homewood, Illinois: Irwin, 1970, 42–63.

Becker, Marvin B., "Economic Change and the Emerging Florentine Territorial State," *Studies in the Renaissance*, **XIII**, 1966, 7–39.

Beloff, Max, *The Age of Absolutism, 1660–1815*. New York: Harper, 1962.

Bennett, M. K., *The World's Food*. New York: Harper, 1954.

Beresford, Maurice W., *The Lost Villages of England*. London: Lutterworth Press, 1954.

Berrill, K., "International Trade and the Rate of Economic Growth," *Economic History Review*, 2nd ser., **XII**, 3, 1960, 350–359.

Betts, Reginald R., "La société dans l'Europe centrale et dans l'Europe occidentale," *Revue d'histoire comparée*, n.s., **VII**, 1948, 167–183.

Bindoff, S. T., *Tudor England*, Vol. V of the Pelican History of England. London: Penguin Books, 1950.

Bindoff, S. T., "Economic Change: The Greatness of Antwerp," *New Cambridge Modern History*, **II**: G. R. Elton, ed., *The Reformation, 1520–1559*. London and New York: Cambridge Univ. Press, 1958, 50–69.

Bishko, Charles Julian, "The Castilian as Plainsman: The Medieval Ranching Frontier in La Mancha and Extremadura," in Archibald R. Lewis and Thomas F. McGann, eds., *The New World Looks at Its History*. Austin: Univ. of Texas Press, 1967, 47–69.

Bitton, Davis, *The French Nobility in Crisis*. Stanford, California: Stanford Univ. Press, 1969.

Blanchard, Ian, "Population Change, Enclosures, and the Early Tudor Economy," *Economic History Review*, 2nd ser., **XXIII**, 3, Dec. 1970, 427–445.

Bloch, Marc, "Medieval 'Inventions'" in *Land and Work in Medieval Europe*. Berkeley: Univ. of California Press, 1967, 169–185. (Translated from *Annales d'histoire économique et sociale*, No. 36, Nov. 1935.)

Bloch, Marc, "Economie-nature ou économie-argent: un pseudo-dilemme," *Annales d'histoire sociale*, **I**, 1939, 7–16.

Bloch, Marc, *Esquisse d'une histoire monétaire de l'Europe*, Cahiers des Annales, **9**, Paris: Lib. Armand Colin, 1954.

Bloch, Marc, *Seigneurie française et manoir anglais*. Paris. Lib. Armand Colin, 1960.

Bloch, Marc, *Feudal Society*. Chicago, Illinois: Univ. of Chicago Press, 1961.

Bloch, Marc, *Les caractères originaux de l'histoire rurale française*, 2 vol. Paris: Lib. Armand Colin, 1964.

Bloch, Marc, "The Rise of Dependent Cultivation and Seigniorial Institutions," *Cambridge Economic History of Europe*, **I**: M. M. Postan, ed., *The Agrarian Life of the Middle Ages*, 2nd ed. London and New York: Cambridge Univ. Press, 235–290.

Blum, Jerome, "Prices in Russia in the Sixteenth Century," *Journal of Economic History*, **XVI**, 2, June 1956, 182–199.

Blum, Jerome, "Rise of Serfdom in Eastern Europe," *American Historical Review*, **LXII**, 4, July 1957, 807–836.

Blum, Jerome, *Lord and Peasant in Russia from the Ninth to the Nineteenth Century*. Princeton, New Jersey: Princeton Univ. Press, 1961.

Borah, Woodrow, *Silk-raising in Colonial Mexico*, Ibero-Americana: **20**. Berkeley: Univ. of California Press, 1943.

Borah, Woodrow, *New Spain's Century of Depression*, Ibero-Americana: **35**. Berkeley: Univ. of California Press, 1951.
Borah, Woodrow, *Early Colonial Trade Between Mexico and Peru*, Ibero-Americana: **38**. Berkeley: Univ. of California Press, 1954.
Boserup, Ester, *The Conditions of Economic Growth*. Chicago, Illinois: Aldine, 1965.
Bouwsma, William J., "Politics in the Age of the Renaissance," in *Chapters in Western Civilization*, 3rd ed. New York: Columbia Univ. Press, 1961, **I**, 199–244.
Bouwsma, William J., *Venice and the Defenses of Republican Liberty*. Berkeley: Univ. of California Press, 1968.
Bowden, P. J., "Wool Supply and the Woollen Industry," *Economic History Review*, 2nd ser., **IX**, 1, 1956, 44–58.
Bowden, P. J., *The Wool Trade in Tudor and Stuart England*. New York: Macmillan, 1962.
Bowden, P. J., "Agricultural Prices, Farm Profits, and Rents," in *The Agrarian History of England and Wales*, **IV**: Joan Thirsk, ed., *1500–1640*. London and New York: Cambridge Univ. Press, 1967, 593–695.
Boxer, C. R., *The Christian Century in Japan*. Berkeley: Univ. of California Press, 1951.
Boxer, C. R., "The Portuguese in the East, 1500–1800," in H. V. Livermore, ed., *Portugal and Brazil, an Introduction*. London and New York: Oxford Univ. Press (Clarendon), 1953, 185–247.
Boxer, C. R., *Four Centuries of Portuguese Expansion, 1415–1825*. Johannesburg: Witswatersrand Univ. Press, 1961.
Boxer, C. R., *Race Relations in the Portuguese Colonial Empire, 1415–1825*. London and New York: Oxford Univ. Press (Clarendon), 1963.
Boxer, C. R., *The Portuguese Seaborne Empire, 1415–1825*. New York: Knopf, 1969.
Braudel, Fernand, "Monnaies et civilization: de l'or du Soudan à l'argent d'Amérique," *Annales E.S.C.*, **I**, 1, janv.–mars 1946, 9–22.
Braudel, Fernand, "La double faillite 'coloniale' de la France aux XVe et XVIe siècles," *Annales E.S.C.*, **IV**, 4, oct.–déc. 1949, 451–456.
Braudel, Fernand, "Qu'est-ce que le XVIe siècle?," *Annales E.S.C.*, **VIII**, 1, janv.–mars 1953, 69–73.
Braudel, Fernand, "L'économie de la Méditerranée au XVIIe siècle," *Les Cahiers de Tunisie*, **IV**, 14, 2e trimestre 1956, 175–196.
Braudel, Fernand, "Le pacte de ricorsa au service du roi d'Espagne et de ses prêteurs à la fin du XVIe siècle," in *Studi in onore di Armando Sapori*. Milano: Istituto Edit. Cisalpino, 1957, **II**, 1115–1125.
Braudel, Fernand, "Les emprunts de Charles-Quint sur la Place d'Anvers," *Charles Quint et son temps*, Colloques internationaux du C.N.R.S., Paris, 30 sept.–3 oct., 1958. Paris: Ed. du C.N.R.S., 1959, 191–201.
Braudel, Fernand, "European Expansion and Capitalism: 1450–1650" in *Chapters in Western Civilization*, 3rd ed. New York: Columbia Univ. Press, 1961, **I**, 245–288.
Braudel, Fernand, *La Méditerranée et le monde méditérranéen à l'époque de Philippe II*, 2e éd. revue et augmentée, 2 vol. Paris: Lib. Armand Colin, 1966.
Braudel, Fernand, *Civilisation matérielle et capitalisme (XVe–XVIIIe siècle)*. Vol. I. Paris: Lib. Armand Colin, 1967.
Braudel, Fernand, and Romano, Ruggiero, *Navires et marchandises à l'entrée du Port de Livourne (1547–1611)*. Paris: Lib. Armand Colin, 1951.
Braudel, Fernand, and Spooner, Frank C., "Les métaux monétaires et l'économie du XVIe siècle," in *Relazioni del X Congresso Internazionale di Scienze Storiche*, **IV**: *Storia moderna*. Firenze: G. B. Sansoni, 1955, 233–264.
Braudel, Fernand, and Spooner, Frank C., "Prices in Europe from 1450 to 1750," in *Cambridge Economic History of Europe*, **IV**: E. E. Rich and C. H. Wilson, eds., *The Economy of Expanding Europe in the 16th and 17th Centuries*. London and New York: Cambridge Univ.

Press, 1967, 374–486.
Brenner, Y. S., "The Inflation of Prices in Early Sixteenth-Century England," *Economic History Review*, 2nd ser., **XIV**, 2, 1961, 225–239.
Brinkmann, Carl, "The Hanseatic League: A Survey of Recent Literature," *Journal of Economic and Business History*, **II**, 4, Aug. 1930, 585–602.
Brulez, Wilfrid, "Les routes commerciales d'Angleterre en Italie au XVIe siècle," in *Studi in onore di Amintore Fanfani*, **IV**: *Evo moderno*. Milano: Dott. A. Giuffrè-Ed. 1962, 121–184.
Brunner, Otto, "Europäisches und Russisches Bürgertum," *Vierteljahrschrift für Sozial- und Wirtschaftsgeschichte*, **XL**, 1, 1953, 1–27.
Brutzkus, J., "Trade with Eastern Europe, 800–1200," *Economic History Review*, **XIII**, 1943, 31–41.
Bücher, Karl, *Industrial Evolution*. New York: Holt, 1901.
Buckatzsch, E. J., "The Geographical Distribution of Wealth in England, 1086–1843," *Economic History Review*, 2nd ser., **III**, 2, 1950, 180–202.
Bulferetti, Luigi, "L'oro, la terra e la società: una interpretazione del nostro Seicento," *Archivio storico lombardo*, 8th ser., **IV**, 1953, 5–66.
Burckhardt, Jacob, *The Civilization of the Renaissance in Italy*. New York: Modern Library, 1954.
Cahen, Claude, "A propos de la discussion sur la féodalité," *La Pensée*, No. 68, juil.–août 1956, 94–96.
Cahen, Claude, "Au seuil de la troisième année: Réflexions sur l'usage du mot 'féodalité,'" *Journal of the Economic and Social History of the Orient*, **III**, Pt. 1, Apr. 1960, 2–20.
Campbell, Mildred, *The English Yeomen Under Elizabeth and the Early Stuarts*. New Haven, Connecticut: Yale Univ. Press, 1942.
Capistrano de Abreu, J., *Capítulos de história colonial (1500–1800)*. Rio de Janeiro, Ed. da Soc. Capistrano de Abreu, Typ. Leuzinger, 1928.
Carande, Ramón, *El crédito de Castilla en el precio de la política imperial*, discurso leído ante la Real Academia de la Historia. Madrid, 1949.
Carande, Ramón, *Carlos V y sus banqueros: La vida económica en Castilla (1516–1556)*, 2a. ed corr. y aum., 2 vol. Madrid: Sociedad de Estudios y Publicaciones, 1965.
Carsten, F. L., *The Origins of Prussia*. London and New York: Oxford Univ. Press (Clarendon), 1954.
Carus-Wilson, E. M., "An Industrial Revolution of the Thirteenth Century," *Economic History Review*, **XI**, 1941, 39–60.
Chabod, F., "Y a-t-il un état de la Renaissance?" in *Actes du Colloque sur la Renaissance*. Paris: Lib. Philosophique J. Vrin, 1958, 57–74.
Chang, T'ien-Tsê, *Sino-Portuguese Trade from 1514 to 1644*. Leiden, Netherlands: Brill, 1934.
Chaudhuri, K. N., "The East India Company and the Export of Treasure in the Early 17th Century," *Economic History Review*, 2nd ser., **XVI**, 1, Aug. 1963, 23–38.
Chaunu, Pierre, "Le galion de Manille," *Annales E.S.C.*, **VI**, 4, oct.–déc. 1951, 447–462.
Chaunu, Huguette & Pierre, "Économie atlantique, économie-monde (1504–1650)," *Cahiers d'histoire mondiale*, **I**, 1, juil. 1953, 91–104.
Chaunu, Huguette & Pierre, *Séville et l'Atlantique (1504–1650)*, **I**: *Introduction méthodologique*. Paris: Lib. Armand Colin, 1955.
Chaunu, Pierre, "Pour une histoire économique de l'Amérique espagnole coloniale," *Revue historique*, **LXXX**, 216, oct.–déc. 1956, 209–218.
Chaunu, Pierre, *Séville et l'Atlantique (1504–1650)*, **VIII** (1): *Les structures géographiques*. Paris: S.E.V.P.E.N., 1959.
Chaunu, Pierre, *Séville et l'Atlantique (1504–1650)*, **VIII** (2): *La conjoncture (1504–1592)*. Paris: S.E.V.P.E.N., 1959.
Chaunu, Pierre, *Séville et l'Atlantique (1504–1650)*, **VIII** (2 bis): *La conjoncture (1593–1650)*. Paris: S.E.V.P.E.N., 1959.

Chaunu, Pierre, "Séville et la 'Belgique,' 1555–1648," *Revue du Nord*, **XLII**, 1960, 259–292.
Chaunu, Pierre, "Minorités et conjoncture: l'expulsion des Morèsques en 1609," *Revue historique*, **CCXXV**, 1, janv.–mars 1961, 81–98.
Chaunu, Pierre, "Le renversement de la tendance majeure des prix et des activités au XVIIe siècle," *Studi in onore di Amintore Fanfani*, **IV**: *Evo moderno*. Milano: Dott. A Giuffrè-Ed., 1962, 219–255.
Chaunu, Pierre, *L'Amérique et les Amériques*. Paris: Lib. Armand Colin, 1964.
Chaunu, Pierre, "Réflexions sur le tournant des années 1630–1650," *Cahiers d'histoire*, **XII**, 3, 1967, 249–268.
Chaunu, Pierre, *L'expansion européenne du XIIIe au XVe siècle*, Collection Nouvelle Clio 26. Paris: Presses Universitaires de France, 1969.
Chaunu, Pierre, *Conquète et exploitation des nouveaux mondes (XVIe siècle)*, Collection Nouvelle Clio 26 bis. Paris: Presses Universitaires de France, 1969.
Chaussinand-Nogaret, Guy, "L'or, le poivre, le Portugal et l'économie mondiale," *Annales E.S.C.*, **XXV**, 6, nov.–déc. 1970, 1591–1596.
Cheung, Steven N. S., *The Theory of Share Tenancy*. Chicago, Illinois: Univ. of Chicago Press, 1969.
Chevalier, François, *Land and Society in Colonial Mexico*. Berkeley: Univ. of California Press, 1963.
Christensen, Aksel E., *Dutch Trade to the Baltic about 1600*. Copenhagen: Munksgaard, 1941.
Ciocca, Pierluigi, "L'ipotesi del 'ritardo' dei salari rispetto ai prezzi in periodi di inflazione: alcune considerazioni generali," *Bancaria*, **XXV**, 4, apr. 1969, 423–437; 5, maio 1969, 572–583.
Cipolla, Carlo M., *Mouvements monétaires dans l'Etat de Milan (1580–1700)*. Paris: Lib. Armand Colin, 1952.
Cipolla, Carlo M., "Note sulla storia del saggio d'interesse—Corso, dividendi, e sconto dei dividendi del Banco de S. Giorgio nel secolo XVI," *Economia internazionale*, **V**, 2, magg. 1952, 255–274.
Cipolla, Carlo M., "La prétendue 'révolution des prix,' " *Annales E.S.C.*, **X**, 4, oct.–déc. 1955, 513–516.
Cipolla, Carlo M., "Four Centuries of Italian Demographic Development" in D. V. Glass & D. E. C. Eversley, eds., *Population in History*. London: Arnold, 1965, 570–587.
Cipolla, Carlo M., *Guns and Sails in the Early Phase of European Expansion, 1400–1700*. London: Collins, 1965.
Cipolla, Carlo M., *Clocks and Culture, 1300–1700*. New York: Walker & Co., 1967.
Cipolla, Carlo M., *Money, Prices, and Civilization in the Mediterranean World: Fifth to Seventeenth Century*. New York: Gordian Press, Inc., 1967.
Cipolla, Carlo M., "The Economic Decline of Italy," in Brian Pullan ed., *Crisis and Change in the Venetian Economy in the Sixteenth and Seventeenth Centuries*. London: Methuen, 1968, 126–145. (Revised and expanded version of "The Decline of Italy: The Case of a Fully-Matured Economy," *Economic History Review*, V, 1952.)
Clark, G. N., *The Seventeenth Century*. London and New York: Oxford Univ. Press (Clarendon), 1929.
Clark, G. N., "The Birth of the Dutch Republic," *Proceedings of the British Academy*, 1946, 189–217.
Clark, G. N., *The Wealth of England from 1496 to 1760*. London: Oxford Univ. Press, 1946.
Coleman, D. C., "An Innovation and its Diffusion: the 'New Draperies,'" *Economic History Review*, 2nd ser., **XXII**, 3, Dec. 1969, 417–429.
Coles, Paul, "The Crisis of Renaissance Society: Genoa, 1448–1507," *Past & Present*, No. 11, April 1957, 17–47.
Colvin, H. M., "Castles and Government in Tudor England," *English Historical Review*, **LXXXIII**, No. 327, Apr. 1968, 225–234.
Cook, Sherburne F., and Simpson, Lesley Boyd, *The Population of Central Mexico in the*

Sixteenth Century, Ibero-Americana: **31**. Berkeley: Univ. of California Press, 1948.
Cooper, J. P., "The Counting of Manors," Economic History Review, 2nd ser., **VIII**, 3, 1956, 376–389.
Cooper, J. P., "Letter to the Editor," Encounter, **XI**, 3, Sept. 1958.
Cooper, J. P., "General Introduction," in New Cambridge Modern History, **IV**: J. P. Cooper, ed., The Decline of Spain and the Thirty Years' War, 1609–48/59. London and New York: Cambridge Univ. Press, 1970, 1–66.
Coornaert, Emile, "La genèse du système capitaliste: grande capitalisme et économie traditionelle au XVIe siècle," Annales d'histoire économique et sociale, **VIII**, 1936, 127–139.
Coornaert, Emile, "Les échanges de la France avec l'Allemagne et les pays du Nord au XVIe siècle," Revue d'histoire économique et sociale, **XXXV**, 3, 1959, 407–427.
Coulbourn, Rushton, ed., Feudalism in History. Princeton, New Jersey: Princeton Univ. Press, 1956.
Coulbourn, Rushton, "A Comparative Study of Feudalism," Part III of Rushton Coulbourn, ed., Feudalism in History. Princeton, New Jersey: Princeton Univ. Press, 1956, 183–395.
Craeybeckx, Jan, "Quelques grands marchés de vins français dans les anciens Pays-Bas et dans le Nord de la France à la fin du Moyen Age et au XVIe siècle: Contribution à l'étude de la notion d'étape," Studi in onore di Armando Sapori. Milano: Istituto Edit. Cisalpino, 1957, **II**, 849–882.
Craeybeckx, Jan, "Les français et Anvers au XVIe siècle," Annales E.S.C., **XVII**, 3, mai–juin 1962, 542–554.
Craeybeckx, Jan, "Les industries d'exportation dans les villes flamandes au XVIIe siècle, particulièrement à Gand et à Bruges," Studi in onore di Amintore Fanfani, **IV**: Evo moderno. Milano: Dott. A. Giuffrè-Ed., 1962, 411–468.
Cromwell, Julian, "The Early Tudor Gentry," Economic History Review, 2nd ser., **XVII**, 3, 1965, 456–471.
Czalpinski, Wladyslaw, "Le problème baltique aux XVIe et XVIIe siècles," International Congress of Historical Sciences, Stockholm, 1960. Rapports, **IV**: Histoire moderne. Göteborg: Almqvist & Wiksell, 1960, 25–47.
Czarnowski, Stefan, "La réaction catholique en Pologne à la fin du XVIe siècle et au début du XVIIe siècle," La Pologne au VIIe Congrès Internationale des Sciences Historiques, Varsovie: Société Polonaise d'Histoire, 1933, **II**, 287–310.
Darby, H. C., "The Clearing of the Woodland in Europe," in William L. Thomas, Jr., ed., Man's Role in Changing the Face of the Earth. Chicago, Illinois: Univ. of Chicago Press, 1956, 183–216.
da Silva, José-Gentil, "Trafics du Nord, marchés du 'Mezziogiorno,' finances génoises: recherches et documents sur la conjoncture à la fin du XVIe siècle," Revue du Nord, **XLI**, 1959, 129–152.
da Silva, José-Gentil, "Villages castillans et types de production au XVIe siècle," Annales E.S.C., **XVIII**, 4, juil.–août 1963, 729–744.
da Silva, José-Gentil, En Espagne: développement économique, subsistence, déclin. Paris: Mouton, 1965.
da Silva, José-Gentil, "L'autoconsommation au Portugal (XIVe–XXe siècles)," Annales E.S.C., **XXIV**, 2, mars–avr. 1969, 250–288.
Davies, C. S. L., "Provisions for Armies, 1509–50: A Study in the Effectiveness of Early Tudor Government," Economic History Review, 2nd ser., **XVII**, 2, 1964, 234–248.
Davies, C. S. L., "Les révoltes populaires en Angleterre (1500–1700)," Annales E.S.C., **XXIV**, 1, janv.–févr. 1969, 24–60.
Davis, Ralph, "England and the Mediterranean, 1570–1670," in F. J. Fisher, ed., Essays in the Economic and Social History of Tudor and Stuart England. London and New York: Cambridge Univ. Press, 1961, 117–137.

de Bary, William Theodore, "Introduction," to William Theodore de Bary, ed., *Self and Society in Ming Thought*. New York: Columbia Univ. Press, 1970, 1-27.
de Bary, William Theodore, "Individualism and Humanitarianism in Late Ming Thought," in William Theodore de Bary, ed., *Self and Society in Ming Thought*. New York: Columbia Univ. Press, 1970, 145-247.
de Falguerolles, G. E., "La décadence de l'économie agricole dans le Consulat de Lempaut aux XVIIe et XVIIIe siècles," *Annales du Midi*, LIII, 1941, 142-168.
de Lagarde, Georges, "Réflexions sur la cristallisation de la notion d'Etat au XVIe siècle," in Enrico Castelli, ed., *Umanesimo e scienza politica*. Milano: Dott. Carlo Marzorati, 1951, 247-256.
Delumeau, Jean, *Vie économique et sociale de Rome dans la seconde moitié du XVIe siècle*, 2 vol. Paris: Boccard, 1957.
de Maddalena, Aldo, "Il mondo rurale italiano nel cinque e nel seicento," *Rivista storica italiana*, LXXVI, 2, giug. 1964, 349-426.
de Oliveira Marques, António H., "Notas para a história da feitoria portuguésa na Flandres no século XV," *Studi in onore di Amintore Fanfani*, II: *Medioevo*. Milano: Dott. A. Giuffrè-Ed., 1962, 437-476.
de Roover, Raymond, "Anvers comme marché monétaire au XVIe siècle," *Revue belge de philologie et d'histoire*, XXXI, 4, 1953, 1003-1047.
de Vries, Jan, "The Role of the Rural Sector in the Development of the Dutch Economy: 1500-1700," *Journal of Economic History*, XXXI, 1, Mar. 1971, 266-268.
de Vries, Philip, "L'animosité anglo-hollandaise au XVIIe siècle," *Annales E.S.C.*, V, 1, janv.-mars 1950, 42-47.
Deyon, Pierre, "A propos des rapports entre la noblesse et la monarchie absolue pendant la première moitié du XVIIe siècle," *Revue historique*, CCXXXI, avr.-juin 1964, 341-356.
Dobb, Maurice, *Studies in the Development of Capitalism*. London: Routledge & Kegan Paul, 1946.
Dobb, Maurice, "Reply," *Science and Society*, XIV, 2, Spring 1950, 157-167.
Dobb, Maurice, *Papers on Capitalism, Development, and Planning*. New York: International Publ., 1967.
Dollinger, Philippe, *La Hanse (XIIe-XVIIe siècles)*. Paris: Montaigne, 1964.
Domar, Evsey D., "The Causes of Slavery or Serfdom: A Hypothesis," *Journal of Economic History*, XXX, 1, Mar. 1970, 18-32.
Dowd, Douglas F., "The Economic Expansion of Lombardy, 1300-1500: A Study in Political Stimuli to Economic Change," *Journal of Economic History*, XXI, 2, June 1961, 143-160.
Duby, Georges, "Le grand domaine de la fin du moyen âge en France," *Première Conférence Internationale d'Histoire Economique*, Stockholm, August 1960: *Contributions*. Paris: Mouton, 1960, 333-342.
Duby, Georges, "The French Countryside at the End of the 13th Century" in Rondo E. Cameron, ed., *Essays in French Economic History*. Homewood, Illinois: Richard D. Irwin, Inc., 1970, 33-41. (Translated from *Bolletino dell'Istituto Storico Italiano per il Medio Evo*, No. 74, 1962.)
Duby, Georges, "Démographie et villages désertés," *Villages désertés et histoire économique, XIe-XVIIIe siècles*. Paris: S.E.V.P.E.N., 1965, 13-24.
Duby, Georges, *Rural Economy and Country Life in the Medieval West*. Columbia: Univ. of South Carolina Press, 1968.
Duby, Georges, and Mandrou, Robert, *Histoire de la civilisation française*, I: *Le Moyen Age et le XVIe siècle*. Paris: Lib. Armand Colin, 1958.
Duby, Georges, and Mandrou, Robert, *Histoire de la civilisation française*, II: *XVIIe-XXe siècle*. Paris: Lib. Armand Colin, 1958.
Eberhard, Wolfram, *Conquerors and Rulers: Social Forces in Medieval China*, 2nd ed. Leiden: Brill, 1965.

Edler, Florence, "The Effects of the Financial Measures of Charles V on the Commerce of Antwerp, 1539-42," *Revue belge de philologie et d'histoire*, **XVI**, 3-4, juil.-déc. 1937, 665-673.
Ehrenberg, Richard, *Capital and Finance in the Age of the Renaissance*. New York: Harcourt, 1928.
Eisenstadt, S. N., "Political Struggle in Bureaucratic Societies," *World Politics*, **IX**, 1, Oct. 1956, 15-36.
Eisenstadt, S. N., "The Causes of Disintegration and Fall of Empires: Sociological and Historical Analyses," *Diogenes*, No. 34, Summer 1961, 82-107.
Eisenstadt, S. N., "Empires," *International Encyclopedia of the Social Sciences*. New York: Macmillan and Free Press, 1968, **V**, 41-49.
Eitzen, Stanley D., "Two Minorities: The Jews of Poland and the Chinese of the Philippines," *Jewish Journal of Sociology*, **X**, 2, Dec. 1968, 221-240.
Elliott, J. H., "The Decline of Spain," *Past & Present*, No. 20, Nov. 1961, 52-75.
Elliott, J. H., *Imperial Spain, 1469-1716*. New York: Mentor, 1966.
Elliott, J. H., *Europe Divided, 1559-1598*. New York: Harper, 1968.
Elliott, J. H., *The Old World and the New, 1492-1650*. London and New York: Cambridge Univ. Press, 1970.
Elliott, J. H., "The Spanish Peninsula, 1598-1648," in *New Cambridge Modern History*, **IV**: J. P. Cooper, ed., *The Decline of Spain and the Thirty Years' War, 1609-48/59*. London and New York: Cambridge Univ. Press, 1970, 435-473.
Elman, P., "The Economic Causes of the Expulsion of the Jews in 1290," *Economic History Review*, **VII**, 1, Nov. 1936, 145-154.
Elton, G. R., *The Tudor Revolution in Government*. London and New York: Cambridge Univ. Press, 1953.
Elton, G. R., "The Tudor Revolution: A Reply," *Past & Present*, No. 29, Dec. 1964, 26-49.
Elton, G. R., "A Revolution in Tudor History?" *Past & Present*, No. 32, Dec. 1965, 103-109.
Emery, Frank, "The Farming Regions of Wales," in *The Agrarian History of England and Wales*, **IV**: Joan Thirsk, ed., *1500-1640*. London and New York: Cambridge Univ. Press, 1967, 113-160.
Engels, Frederick, *Socialism: Utopian and Scientific*. New York: International Publishers, 1935.
Engels, Frederick, *The Origins of the Family, Private Property and the State*. London: Lawrence & Wishart, 1940.
Engels, Frederick, *The Peasant War in Germany*, in *The German Revolutions*. Chicago, Illinois: Univ. of Chicago Press, 1967.
Espeiux, Henri, *Histoire de l'Occitanie*. Nîmes: Le Centre Culturel Occitan, Collection Cap-e-Cap, 1970.
Everitt, Alan, "Social Mobility in Early Modern England," *Past & Present*, No. 33, Apr. 1966, 56-73.
Everitt, Alan, "Farm Labourers," in *The Agrarian History of England and Wales*, **IV**: Joan Thirsk, ed., *1500-1640*. London and New York: Cambridge Univ. Press, 1967, 396-465.
Everitt, Alan, "The Marketing of Agricultural Produce," in *The Agrarian History of England and Wales*, **IV**: Joan Thirsk, ed., *1500-1640*, London and New York: Cambridge Univ. Press, 1967, 466-592.
Falls, Cyril, *Elizabeth's Irish Wars*. London, Methuen, 1950.
Fanfani, Amintore, *Storia del lavoro in Italia della fine del secolo XV agli inizi del XVIII*. Milano: Dott. A. Giuffrè-Ed., 1959.
Fanon, Frantz, *The Wretched of the Earth*. New York: Grove Press, 1966.
Favret, Jeanne, "Le traditionalisme par excès de modernité," *European Journal of Sociology*, **VIII**, 1, 1967, 71-93.
Febvre, Lucien, "Préface" to Huguette & Pierre Chaunu, *Séville et l'Atlantique (1504-1650)*, Paris: Lib. Armand Colin, 1955, **I**. ix-xv.

Felix, David, "Profit Inflation and Industrial Growth: The Historic Record and Contemporary Analogies," *Quarterly Journal of Economics,* **LXX**, 3, Aug. 1956, 441–463.

Ferguson, Wallace, "Toward the Modern State," in Wallace Ferguson, ed., *Renaissance Studies,* No. 2. London, Ont.: University of Western Ontario, 1963, 137–153. (Originally in *The Renaissance: A Symposium,* 1953.)

Fernández Alvarez, Manuel, "La Paz de Cateau-Cambrésis," *Hispania, revista española de historia,* **XIX**, No. 77, oct.–dic. 1959, 530–544.

Fisher, F. J., "The Development of the London Food Market, 1540–1640," in E. M. Carus-Wilson, ed., *Essays in Economic History.* New York: St. Martin's, 1965, I, 135–151. (Originally in *Economic History Review,* V, 1935.)

Fisher, F. J., "The Development of London as a Centre of Conspicuous Consumption in the Sixteenth and Seventeenth Centuries," in E. M. Carus-Wilson, ed., *Essays in Economic History.* New York: St. Martin's, 1966, **II**, 197–207. (Originally in *Transactions of the Royal Historical Society,* 4th ser., XXX, 1948.)

Fisher, F. J., "London's Export Trade in the Early Seventeenth Century," *Economic History Review,* 2nd ser., **III**, 2, 1950, 151–161.

Fisher, F. J., "The Sixteenth and Seventeenth Centuries: The Dark Ages in English Economic History?," *Economica,* n.s., **XXIV**, 93, 1957, 2–18.

Fisher, F. J., "Tawney's Century," in F. J. Fisher, ed., *Essays in the Economic and Social History of Tudor and Stuart England.* New York and London: Cambridge Univ. Press. 1961, 1–14.

Fourastié, Jean, and Gradamy, René, "Remarques sur les prix salariaux des céréales et la productivité du travailleur agricole en Europe du XVe et XVIe siècles," *Third International Conference of Economic History,* Munich, 1965. Paris: Mouton, 1968, 647–656.

Foust, C. M., "Russian Expansion to the East Through the Eighteenth Century," *Journal of Economic History,* **XXI**, 4, Dec. 1961, 469–482.

Fox, P., "The Reformation in Poland," in *The Cambridge History of Poland,* I: W. F. Reddaway et al., eds., *From the Origins to Sobieski (to 1696).* London and New York: Cambridge Univ. Press, 1950, 322–347.

François, Michel, "L'idée d'empire sous Charles-Quint," *Charles Quint et son temps,* Colloques internationaux du C.N.R.S., 30 sept.–3 oct. 1958. Paris: Ed. du C.N.R.S., 1959, 23–35.

Frank, André Gunder, *Capitalism and Underdevelopment in Latin America.* New York: Monthly Review Press, 1967.

Fried, Morton, "On the Concept of 'Tribe' and 'Tribal Society,'" in June Helm, ed., *Essays on the Problem of Tribe,* Proceedings of 1967 Annual Spring Meeting of the American Ethnological Society, 3–20.

Friedrich, Carl J., *The Age of the Baroque.* New York: Harper, 1952.

Friis, Astrid, *Alderman Cockayne's Project and the Cloth Trade.* Copenhagen: Levin and Munksgaard, 1927.

Friis, Astrid, "An Inquiry into the Relations between Economic and Financial Factors in the Sixteenth and Seventeenth Centuries, *Scandinavian Economic History Review,* **I**, 2, 1953, 193–241.

Furtado, Celso, *Economic Development of Latin America.* London and New York: Cambridge Univ. Press, 1970.

Gay, Edwin F., "The Midland Revolt and the Inquisitions of Depopulation of 1607," *Transactions of the Royal Historical Society,* n.s., **XVIII**, 1904, 195–244.

Génicot, Leopold, "Crisis: From the Middle Ages to Modern Times," in *Cambridge Economic History of Europe,* I: M. M. Postan, ed., *The Agrarian Life of the Middle Ages,* 2nd ed. London and New York: Cambridge Univ. Press, 1966, 660–741.

Gerschenkron, Alexander, "An Economic History of Russia," *Journal of Economic History,* **XII**, 2, Spr. 1952, 146–154.

Gerschenkron, Alexander, "Review article: Lord and Peasant in Russia from the Ninth to the Nineteenth Century," *Journal of Economic History,* **XXIV**, 1, Mar. 1964, 53–59.

Gerth, Hans, "Glossary" in Max Weber, *The Religion of China.* New York: Free Press, 1951, 298–308.

Gestrin, Ferdo, "Economie et société en Slovénie au XVIe siècle," *Annales E.S.C.*, **XVII**, 4, juil.–août, 1962, 663–690.

Geyl, Pieter, *The Revolt of the Netherlands (1559–1609).* London: Williams & Norgate, 1932.

Geyl, Pieter, *Debates with Historians.* New York: Meridian, 1958.

Gibson, Charles, *The Aztecs Under Spanish Rule.* Stanford, California: Stanford Univ. Press, 1964.

Glamann, Kristof, "European Trade, 1500–1700," *Fontana Economic History of Europe*, **II**, 6, 1971.

Godinho, Vitorino Magalhães, "Création et dynamisme économique du monde atlantique (1420–1670)," *Annales E.S.C.*, **V**, 1, janv.–mars 1950, 32–36.

Godinho, Vitorino Magalhães, "Le repli vénitien et égyptien et la route du Cap, 1496–1533," in *Eventail de l'histoire vivante: hommage à Lucien Febvre,* Paris: Lib. Armand Colin, 1953, **II**, 283–300.

Godinho, Vitorino Magalhães, *L'économie de l'empire portugais aux XVe et XVIe siècles.* Paris: S.E.V.P.E.N., 1969.

Goldmann, Lucien, *The Hidden God.* New York: Humanities Press, 1964.

Gordon-Walker, P. C., "Capitalism and the Reformation," *Economic History Review*, **VIII**, 1, Nov. 1937, 1–19.

Goubert, Pierre, "Recent Theories and Research in French Population between 1500 and 1700," in D. V. Glass and D. E. C. Eversley, eds., *Population in History.* London: Arnold, 1965, 457–473.

Gould, J. D., "The Trade Depression of the Early 1620's," *Economic History Review*, 2nd ser., **VII**, 1, 1954, 81–90.

Gould, J. D., "The Price Revolution Reconsidered," *Economic History Review*, 2nd ser., **XVII**, 2, 1964, 249–266.

Grabowski, Thadée, "La réforme réligieuse en Occident et en Pologne," *La Pologne au Ve Congrès International des Sciences Historiques*, Bruxelles, 1923. Warsaw: 1924, 67–72.

Gramsci, Antonio, *Il Risorgimento.* Roma: Giulio Einaudi, 1955.

Gras, N. S. B., *The Evolution of the English Corn Market.* Cambridge: Harvard Univ. Press, 1915.

Gray, H. L., "English Foreign Trade from 1446 to 1482," in Eileen E. Power and M. M. Postan, eds., *Studies in English Trade in the Fifteenth Century.* New York: Barnes & Noble, 1966, 1–38.

Griffiths, Gordon, "The Revolutionary Character of the Revolution of the Netherlands," *Comparative Studies in Society and History*, **II**, 4, July 1960, 452–472.

Guillén Martinez, Fernando, *Raíz y futuro de la revolución.* Bogotá: Ed. Tercer Mundo, 1963.

Habakkuk, H. John, "La disparition du paysan anglais," *Annales E.S.C.*, **XX**, 4, juil.–août 1965, 649–663.

Hall, A. Rupert, "Scientific Method and the Progress of Techniques," *Cambridge Economic History of Europe*, **IV**: E. E. Rich and C. H. Wilson, eds., *The Economy of Expanding Europe in the 16th and 17th Centuries.* London and New York: Cambridge Univ. Press, 1967, 96–154.

Hamilton, Earl J., "American Treasure and Andalusian Prices, 1503–1660," *Journal of Economic and Business History*, **I**, 1, Nov. 1928, 1–35.

Hamilton, Earl J., "American Treasure and the Rise of Capitalism," *Economica*, **IX**, 27, Nov. 1929, 338–357.

Hamilton, Earl J., "Origin and Growth of the National Debt in Western Europe," *American Economic Review*, **XXXVII**, 2, May 1947, 118–130.

Hamilton, Earl J., "Prices and Progress: Prices as a Factor in Business Growth," *Journal of Economic History*, **XII**, Fall 1952, 325–349.

Hamilton, Earl J., "The History of Prices Before 1750," in *International Congress of Historical Sciences*, Stockholm, 1960. *Rapports*, I: *Méthodologie, histoire des universités, histoire des prix avant 1750.* Göteborg: Almqvist & Wiksell, 1960, 144–164.

Hammarström, Ingrid, "The 'Price Revolution' of the Sixteenth Century: Some Swedish Evidence," *Scandinavian Economic History Review*, V, 1, 1957, 118–154.

Harrison, J. B., Colonial Development and International Rivalries Outside Europe, II: Asia and Africa," *New Cambridge Modern History*, III: R. B. Wernham, ed., *The Counter-Reformation and the Price Revolution, 1559–1610*. London and New York: Cambridge Univ. Press, 1968, 532–558.

Harriss, G. L., and Williams, Penry, "A Revolution in Tudor History?" *Past & Present*, No. 31, July 1965, 87–96.

Hartung, Fr., and Mousnier, R., "Quelques problèmes concernant la monarchie absolue," in *Relazioni del X Congreso Internazionale di Scienze Storiche*, IV: *Storia moderna*. Firenze: G. B. Sansoni, 1955, 1–55.

Hauser, Henri, "The European Financial Crisis of 1559," *Journal of European Business History*, II, 2, Feb. 1930, 241–255.

Hauser, Henri, "The Characteristic Features of French Economic History from the Middle of the Sixteenth Century to the Middle of the Eighteenth Century," *Economic History Review*, IV, 3, Oct. 1933, 257–272.

Heaton, Herbert, *Economic History of Europe*, rev. ed. New York: Harper, 1948.

Heckscher, Eli F., *An Economic History of Sweden*. Cambridge, Massachusetts: Harvard Univ. Press, 1954.

Heckscher, Eli F., *Mercantilism*, 2 vol., rev. ed. London: Allen & Unwin, 1955.

Heers, Jacques, "Les Génois en Angleterre: la crise de 1458–1466," *Studi in onore di Armando Sapori*. Milano: Istituto Edit. Cisalpino, 1957, II, 809–832.

Heers, Jacques, "Rivalité ou collaboration de la terre et de l'eau? Position générale des problèmes," in *Les grandes voies maritimes dans le monde, XVe–XIXe siècles*, VIIe Colloque, Commission Internationale d'Histoire Maritime. Paris: S.E.V.P.E.N., 1965, 13–63.

Helleiner, Karl, "The Population of Europe from the Black Death to the Eve of the Vital Revolution," in *Cambridge Economic History of Europe*, IV: E. E. Rich and C. H. Wilson, eds., *The Economy of Expanding Europe in the 16th and 17th Centuries*. London and New York: Cambridge Univ. Press, 1967, 1–95.

Hexter, J. H., "Letter to the Editor," *Encounter*, XI, 2, Aug., 1958.

Hexter, J. H., "The Myth of the Middle Class in Tudor England," *Reappraisals in History*. New York: Harper, 1963, 71–116.

Hexter, J. H., "A New Framework for Social History," *Reappraisals in History*. New York: Harper, 1963, 14–25.

Hexter, J. H., "Storm Over the Gentry," *Reappraisals in History*. New York: Harper, 1963, 117–162. (Originally appeared in *Encounter*, X, 5, May 1968.)

Hibbert, A. B., "The Origins of the Medieval Town Patriciate," *Past & Present*, No. 3, Feb. 1953, 15–27.

Hill, Christopher, "The Transition from Feudalism to Capitalism," *Science and Society*, XVII, 4, Fall 1953, 348–351.

Hill, Christopher, "Recent Interpretations of the Civil War," in *Puritanism and Revolution*. New York: Schocken Books, 1958, 3–31.

Hill, Christopher, "Some Social Consequences of the Henrician Revolution," in *Puritanism and Revolution*. New York: Schocken Books, 1958, 32–49.

Hill, Christopher, "Protestantism and the Rise of Capitalism," in F. J. Fisher, ed., *Essays in the Economic and Social History of Tudor and Stuart England*. London and New York: Cambridge Univ. Press, 1960, 15–39.

Hill, Christopher, *Reformation to the Industrial Revolution, 1530–1780*, Vol. II of The Pelican Economic History of Britain. London: Penguin Books, 1967.

Hilton, R. H., "Peasant Movements in England before 1381," in E. M. Carus-Wilson, ed.,

Essays in Economic History: New York: St. Martin's, 1966, **II,** 73–90. (Originally in Economic History Review, II, 1949.)

Hilton, R. H., "Y eut-il une crise générale de la féodalité?" Annales E.S.C., **VI,** 1, janv.–mars 1951, 23–30.

Hilton, R. H., "The Transition from Feudalism to Capitalism," Science and Society, **XVII,** 4, Fall 1953, 340–348.

Hilton, R. H., "A Study in the Pre-History of English Enclosure in the Fifteenth Century," Studi in onore di Armando Sapòri. Milano: Istituto Edit. Cisalpino, 1957, **I,** 673–685.

Hilton, R. H. and Smith, R. E. F., "Introduction" to R. E. F. Smith, The Enserfment of the Russian Peasantry. London and New York: Cambridge Univ. Press, 1968, 1–27.

Hinton, R. W. K., "Dutch Entrepôt Trade at Boston, Lincs., 1600–40," Economic History Review, 2nd ser., **IX,** 3, Apr., 1957, 467–471.

Hinton, R. W. K., "Letter to the Editor," Encounter, **XI,** 1, July 1958.

Hinton, R. W. K., The Eastland Trade and the Common Weal in the Seventeenth Century. London and New York: Cambridge Univ. Press, 1959.

Hobsbawm, E. J., "The Crisis of the Seventeenth Century," in Trevor Aston, ed., Crisis in Europe, 1560–1660. London: Routledge & Kegan Paul, 1965, 5–58.

Honjo, Eijiro, "Facts and Ideas of Japan's Over-sea Development Prior to the Meiji Restoration," Kyoto University Economic Review, **XVII,** 1, Jan. 1942, 1–13.

Hoskins, W. G., "The Rebuilding of Rural England, 1570–1640," Past & Present, No. 4, Nov. 1953, 44–57.

Hoszowski, Stanislaw, "The Polish Baltic Trade in the 15th–18th Centuries," Poland at the XIth International Congress of Historical Sciences in Stockholm. Warsaw: The Polish Academy of Sciences, The Institute of History, 1960, 117–154.

Hoszowski, Stanislaw, "L'Europe centrale dans la révolution des prix: XVIe et XVIIe siècles," Annales E.S.C., **XVI,** 3, mai–juin 1961, 441–456.

Hudson, G. F., Europe and China. London: Arnold, 1931.

Hurstfield, J., "The Profits of Fiscal Feudalism, 1541–1602," Economic History Review, 2nd ser., **VIII,** 1, 1955, 53–61.

Hurstfield, J., "Social Structure, Office-Holding and Politics, Chiefly in Western Europe," New Cambridge Modern History, **III**: R. B. Wernham, ed., The Counter-Reformation and the Price Revolution, 1559–1610. London and New York: Cambridge Univ. Press, 1968, 126–148.

Innis, Harold A., "The Rise and Fall of the Spanish Fishery in Newfoundland," Proceedings and Transactions of the Royal Society of Canada, 3rd ser., **XXV,** Section II, 1931, 51–70.

Innis, Harold A., The Cod Fisheries: The History of an International Economy. New Haven, Connecticut: Yale Univ. Press, 1940.

Jara, Alvaro, "Una investigación sobre los problemas del trabajo en Chile durante el periodo colonial," Hispanic American Historical Review, **XXXIX,** 2, 1959, 239–244.

Jara, Alvaro, Guerre et société au Chili: essai de sociologie coloniale. Paris: Institut des Hautes Etudes de l'Amérique Latine, 1961.

Jara, Alvaro, "La producción de metales preciosos en el Perú en el siglo XVI," Boletín de la Universidad de Chile, No. 44, nov. 1963, 58–64.

Jara, Alvaro, "Estructuras de colonización y modalidades del tráfico en el Pacífico sur hispanoamericano," Les Grandes voies maritimes dans le monde XV–XIXe siècles, VIIe Colloque, Commission Internationale d'Histoire Maritime. Paris: S.E.V.P.E.N., 1965, 247–275.

Jara, Alvaro, "Economía minera e historia económica hispanoamericana," in Tres ensayos sobre economía minera hispanoamericana. Santiago de Chile: Centro de Investigaciones de Historia Americana, 1966, 15–54.

Jara, Alvaro, "Salario en una economía caracterizada por las relaciones de dependencia personal," Third International Conference of Economic History, Munich 1965. Paris: Mouton, 1968, 601–615.

Jeannin, Pierre, "Anvers et la Baltique au XVIe siècle," *Revue du Nord*, **XXXVII**, avr.-juin 1955, 93-113.
Jeannin, Pierre, "Les relations économiques des villes de la Baltique avec Anvers au XVIe siècle," *Vierteljahrschrift für Sozial- und Wirtschaftsgeschichte*, **XLIII**, 3, Sept. 1956, 193-217; 4, Dez. 1956, 323-355.
Jeannin, Pierre, "Les comptes du Sund comme source pour la construction d'indices généraux de l'activité économique en Europe (XVI-XVIIIe siècles)," *Revue historique*, **CCXXXI**, janv.-mars 1964, 55-102; avr.-juin 1964, 307-340.
Johnsen, Oscar Albert, "Les relations commerciales entre la Norvège et l'Espagne dans les temps modernes," *Revue historique*, 55e Année, **CLXV**, 1, sept.-déc. 1930, 77-82.
Jones, E. L., and Woolf, S. J., "The Historic Role of Agrarian Change in Economic Development" in E. L. Jones and S. J. Woolf, eds., *Agrarian Change and Economic Development*. London: Methuen, 1969, 1-21.
Jones, P. J., "Per la storia agraria italiana nel medio evo: lineamenti e problemi," *Rivista storica italiana*, **LXXVI**, 2, giugno 1964, 287-348.
Kellenbenz, Herman, "Spanien, die nördlichen Niederlande und die Skandinavisch-baltische Raum in der Weltwirtschaft und Politik um 1600," *Vierteljahrschrift für Sozial- und Wirtschaftsgeschichte*, **XLI**, 4, 1954, 289-332.
Kellenbenz, Herman, "Autour de 1600: le commerce de poivre des Fuggers et le marché internationale de poivre," *Annales E.S.C.*, **XI**, 1, janv.-mars 1956, 1-28.
Kellenbenz, Herman, "Landverkehr, Fluss- und Seeschiffahrt im Europäischen Handel (Spätmitterlalter-Anfang des 19. Jahrhunderts)," in *Les grandes voies maritimes dans le monde, XVe-XIXe siècles*, VIIe Colloque, Commission Internationale d'Histoire Maritime. Paris: S.E.V.P.E.N., 1965, 65-174.
Kerridge, Eric, "The Movement in Rent, 1540-1640," in E. M. Carus-Wilson, ed., *Essays in Economic History*. New York: St. Martin's, 1966, **II**, 208-226. (Originally in *Economic History Review*, VI, 1953.)
Keynes, J. M., *A Treatise on Money*, 2 vol. New York: Macmillan, 1950.
Kiernan, V. G., "Foreign Mercenaries and Absolute Monarchy," *Past & Present*, No. 11, Apr. 1957, 66-83.
Kiernan, V. G., "State and Nation in Western Europe," *Past & Present*, No. 31, July 1965, 20-38.
Kingdon, Robert M., "The Political Resistance of the Calvinists in France and the Low Countries," *Church History*, **XXVII**, 3, Sept. 1958, 220-233.
Kingdon, Robert M., "Social Welfare in Calvin's Europe," *American Historical Review*, **LXXVI**, 1, Feb. 1971, 50-69.
Klein, Julius, *The Mesta: A Study in Spanish Economic History, 1273-1836*. Cambridge, Massachusetts: Harvard Univ. Press, 1919.
Klíma, A., and Macůrek, J., "La question de la transition du féodalisme au capitalisme en Europe centrale (16e-18e siècles)," *International Congress of Historical Sciences*, Stockholm, 1960. Rapports, **IV**: *Histoire moderne*. Göteborg: Almqvist & Wiksell, 1960, 84-105.
Kluchevsky, V. O., *A History of Russia*, 5 vol. London: J. M. Dent, 1911.
Kobata, A., "The Production and Uses of Gold and Silver in 16th and 17th Century Japan," *Economic History Review*, 2nd ser., **XVIII**, 2, Oct. 1965, 245-266.
Koenigsberger, H. G., *The Government of Sicily Under Philip II of Spain*. London: Staples Press, 1951.
Koenigsberger, H. G., "The Organization of Revolutionary Parties in France and the Netherlands During the Sixteenth Century," *The Journal of Modern History*, **XXVII**, 4, Dec. 1955, 335-351.
Koenigsberger, H. G., "Property and the Price Revolution (Hainault, 1474-1573)," *Economic History Review*, 2nd ser., **IX**, 1, 1956, 1-15.
Koenigsberger, H. G., "The Empire of Charles V in Europe," in *New Cambridge Modern*

History, II: G. R. Elton, ed., *The Reformation, 1520-1559*. London and New York: Cambridge Univ. Press, 1958, 301-333.

Koenigsberger, H. G., "Western Europe and the Power of Spain," *New Cambridge Modern History*, III: R. B. Wernham, ed., *The Counter-Reformation and the Price Revolution, 1559-1610*. London and New York: Cambridge Univ. Press, 1968, 234-318.

Koenigsberger, H. G., "The European Civil War," in *The Habsburgs and Europe, 1516-1660*. Ithaca, New York: Cornell Univ. Press, 1971, 219-285. (Originally in H. R. Trevor-Roper, ed., *The Age of Expansion*.)

Kosminsky, Eugen A. "The Evolution of Feudal Rent in England from the XIth to the XVth Centuries," *Past & Present*, No. 7, Apr. 1955, 12-36.

Kosminsky, Eugen A., "Peut-on considérer le XIVe et le XVe siècles comme l'époque de la décadence de l'économie européenne?" *Studi in onore di Armando Sapori*. Milano: Istituto Edit. Cisalpino, 1957, I, 551-569.

Kovacevic, Desanka, "Dans la Serbie et la Bosnie médiévales: les mines d'or et d'argent," *Annales E.S.C.*, XV, 2, mars-avr. 1960, 248-258.

Kula, Witold, *Théorie économique du système féodal: pour un modèle de l'économie polonaise, 16e-18e siècles*. Paris: Mouton, 1970.

Kuznets, Simon, "The State as the Unit of Study of Economic Growth," *Journal of Economic History*, XI, 1, Winter 1951, 25-41.

Lach, Donald F., *Asia in the Making of Europe*, Vol. I: *The Century of Discovery*, 2 books. Chicago, Illinois: Univ. of Chicago Press, 1965.

Laclau (h), Ernesto, "Feudalism and Capitalism in Latin America," *New Left Review*, No. 67, May-June 1971, 19-38.

Ladero Quesada, Miguel Angel, "Les finances royales de Castille à la veille des temps modernes," *Annales E.S.C.*, XXV, 3, mai-juin 1970, 775-788.

Lane, Frederic C., "The Rope Factory and Hemp Trade in the Fifteenth and Sixteenth Centuries," in *Venice and History*. Baltimore, Maryland: Johns Hopkins Press, 1966, 269-284. (Originally in *Journal of Economic and Business History*, IV, 1932.)

Lane, Frederic C., "Venetian Shipping during the Commercial Revolution," in *Venice and History*. Baltimore, Maryland: Johns Hopkins Press, 1966, 3-24. (Originally in *American Historical Review*, XXXVIII, 1937.)

Lane, Frederic C., "The Mediterranean Spice Trade: Its Revival in the Sixteenth Century," in *Venice and History*. Baltimore, Maryland: Johns Hopkins Press, 1966, 25-34. (Originally in *American Historical Review*, XLV, 1940.)

Lane, Frederic C., "National Wealth and Protection Costs," in *Venice and History*. Baltimore, Maryland: Johns Hopkins Press, 1966, 373-382. (Originally in Jesse Clarkson and Thomas C. Cochran, eds., *War as a Social Institution*, 1941.)

Lane, Frederic C., "The Economic Meaning of War and Protection," *Venice and History*. Baltimore, Maryland: Johns Hopkins Press, 1966, 383-398. (Originally in *Social Philosophy and Jurisprudence*, VII, 1942.)

Lane, Frederic C., "Force and Enterprise in the Creation of Oceanic Commerce," in *Venice and History*. Baltimore, Maryland: Johns Hopkins Press, 1966, 399-411. (Originally in *Journal of Economic History*, Supplement X, 1950.)

Lane, Frederic C., "Economic Consequences of Organized Violence," in *Venice and History*. Baltimore, Maryland: Johns Hopkins Press, 1966, 412-428. (Originally in *Journal of Economic History*, XVIII, 1958.)

Lapeyre, Henri, *Géographie de l'Espagne morisque*. Paris: S.E.V.P.E.N., 1959.

Lapeyre, Henri, *Les monarchies européennes du XVIe siècle*, Collection Nouvelle Clio 39. Paris: Presses Universitaires de France, 1967.

Larraz, José, *La época del mercantilismo en Castilla (1500-1700)*. Madrid: Atlas, 1943.

Laskowski, Otton, "Infantry Tactics and Firing Power in the XVI Century," *Teki Historyczne*, IV, 2, 1950, 106-115.

Laslett, Peter, *The World We Have Lost*. New York: Scribner's, 1965.
Lattimore, Owen, *Inner Asian Frontiers of China*, 2nd edition. Irvington-on-Hudson: Capitol Publishing Co., and New York: American Geographical Society, 1940.
Lattimore, Owen "The Frontier in History," in *Relazioni del X Congresso di Scienze Storiche*, **I**: *Metodologia–Problemi generali–Scienze ausiliare della storia*. Firenze: G. C. Sansoni, 1955, 103–138.
Lattimore, Owen, "La civilisation, mère de Barbarie?," *Annales E.S.C.*, **XVII**, 1, janv.–févr. 1962, 95–108.
Lefebvre, Henri, "Une discussion historique: du féodalisme au capitalisme: observations," *La Pensée*, No. 65, janv.–févr. 1956, 22–25.
Lenin, V. I., *The Development of Capitalism in Russia*. Moscow: Foreign Languages Publishing House, 1956.
Le Roy Ladurie, Emmanuel, *Les paysans du Languedoc*, 2 vol. Paris: S.E.V.P.E.N., 1966.
Le Roy Ladurie, Emmanuel, *Histoire du climat depuis l'an mil*. Paris: Flammarion, 1967.
Levenson, Joseph R., ed., *European Expansion and the Counter-Expansion of Asia, 1300–1600*. Englewood Cliffs, New Jersey: Prentice-Hall, 1967.
Lewis, Archibald R., "The Closing of the European Frontier," *Speculum*, **XXXIII**, 4, Oct. 1958, 475–483.
Lewis, Bernard, "Some Reflections on the Decline of the Ottoman Empire," *Studia islamica*, **IX**, 1958, 111–127.
Livermore, H. V., "Portuguese History," in H. V. Livermore, ed., *Portugal and Brazil, an Introduction*. London and New York: Oxford Univ. Press (Clarendon), 1953, 48–81.
Lockhart, James, "Encomienda and Hacienda: The Evolution of the Great Estate in the Spanish Indies," *Hispanic American Historical Review*, **XLIX**, 3, Aug. 1969, 411–429.
Lockwood, David, "Social Integration and System Integration," in George K. Zollschan and Walter Hirsch, eds., *Explorations in Social Change*. Boston, Massachusetts: Houghton, 1964, 244–257.
Lonchay, H., "Etude sur les emprunts des souverains belges au XVIe et XVIIe siècles," *Académie Royale de Belgique, Bulletins de la Classe des Lettres et des Sciences Morales et Politiques et de la Classe des Beaux-Arts*, 1907, 923–1013.
Lopez, R. S., "The Trade of Medieval Europe: the South," in *Cambridge Economic History of Europe*, **II**: M. M. Postan and E. E. Rich, eds., *Trade and Industry in the Middle Ages*. London and New York: Cambridge Univ. Press, 1952, 257–354.
Lopez, R. S., and Miskimin, H. A., "The Economic Depression of the Renaissance," *Economic History Review*, 2nd ser., **XIV**, 3, 1962, 408–426.
Lopez, R. S., Miskimin, H. A., and Udovitch, Abraham, "England to Egypt, 1350–1500: Long-term Trends and Long-distance Trade," in M. A. Cook, ed., *Studies in the Economic History of the Middle East from the rise of Islam to the present day*. London: Oxford Univ. Press, 1970, 93–128.
Lowmianski, Henryk, "The Russian Peasantry," *Past & Present*, No. 26, Nov. 1963, 102–109.
Lubimenko, Inna, *Les relations commerciales et politiques de l'Angleterre avec la Russie avant Pierre le Grand*. Paris: Lib. Ancienne Honoré Champion, 1933.
Lublinskaya, A. D., "Préface à l'édition russe des *Caractères originaux de l'histoire rurale française*," *Annales E.S.C.*, **XIV**, 1, janv.–mars 1959, 91–105.
Lublinskaya, A. D., *French Absolutism: The Crucial Phase, 1620–1629*. London and New York: Cambridge Univ. Press, 1968.
Ludloff, R., "Industrial Development in 16th–17th Century Germany," *Past & Present*, No. 12, Nov. 1957, 58–75.
Lütge, Friedrich, "Economic Change: Agriculture," *New Cambridge Modern History*, **II**: G. R. Elton, ed., *The Reformation, 1520–1559*. London and New York: Cambridge Univ. Press, 1958, 23–50.
Luttrell, Anthony, "Slavery and Slaving in the Portuguese Atlantic (to about 1500)," in Centre

of African Studies, University of Edinburgh, *The Transatlantic Slave Trade from West Africa* (mimeo, 1965), 61-79.

Luzzatto, Gino, *Storia economica dell'età moderna e contemporanea*, Part I, *L'età moderna*. Padova: CEDAM, 1955.

Lyashchenko, Peter I., *History of the National Economy of Russia to the 1917 Revolution*. New York: Macmillan, 1949.

Lybyer, A. H., "The Ottoman Turks and the Routes of Oriental Trade," *English Historical Review*, **XXX**, Oct. 1915, 577-588.

Lythe, S. G. E., *The Economy of Scotland in Its European Setting, 1550-1625*. Edinburgh: Oliver & Boyd, 1960.

Mączak, Antoni, "The Social Distribution of Landed Property in Poland from the Sixteenth to the Eighteenth Centuries," *Third International Conference of Economic History*, Paris: Mouton, 1968. **I**, 455-469.

Malowist, Marian, "Histoire sociale: époque contemporaine," *IXe Congrès Internationale des Sciences Historiques*, **I**: *Rapports*. Paris: Lib. Armand Colin, 1950, 305-322.

Malowist, Marian, "L'évolution industrielle en Pologne du XIVe au XVIIe siècle: traits généraux," *Studi in onore di Armando Sapori*, Milano: Istituto Edit. Cisalpino, 1957, **I**, 571-603.

Malowist, Marian, "Über die Frage des Handelspolitik des Adels in den Ostseeländern im 15. und 16. Jahrhundert," *Hansische Geschichtsblätter*, **75** Jh., 1957, 29-47.

Malowist, Marian, "Poland, Russia and Western Trade in the 15th and 16th Centuries," *Past & Present*, No. 13, Apr. 1958, 26-39.

Malowist, Marian, "The Economic and Social Development of the Baltic Countries from the 15th to the 17th Centuries," *Economic History Review*, 2nd ser., **XII**, 2, 1959, 177-189.

Malowist, Marian, "A Certain Trade Technique in the Baltic Countries in the Fifteenth to the Seventeenth Centuries," *Poland at the XIth International Congress of Historical Sciences*. Warsaw: Polish Academy of Sciences, The Institute of History, 1960, 103-116.

Malowist, Marian, "Un essai d'histoire comparée: les mouvements d'expansion en Europe au XVe et XVIe siècles," *Annales E.S.C.*, **XVII**, 5, sept.-oct. 1962, 923-929.

Malowist, Marian, "Les aspects sociaux de la première phase de l'expansion coloniale," *Africana Bulletin*, No. 1, 1964, 11-40.

Malowist, Marian, "Le commerce d'or et d'esclaves au Soudan Occidental," *Africana Bulletin*, No. 4, 1966, 49-72.

Malowist, Marian, "The Problem of the Inequality of Economic Development in Europe in the Latter Middle Ages," *Economic History Review*, 2nd ser., **XIX**, 1, Apr. 1966, 15-28.

Malowist, Marian, "The Social and Economic Stability of the Western Sudan in the Middle Ages," *Past & Present*, No. 33, Apr. 1966, 3-15.

Malowist, Marian, "Les débuts du système des plantations dans la période des grandes découvertes," *Africana Bulletin*, No. 10, 1969, 9-30.

Malowist, Marian, "Quelques observations sur le commerce de l'or dans le Soudan occidental au Moyen Age," *Annales E.S.C.*, **XXV**, 6, nov.-déc. 1970, 1630-1636.

Mandrou, Robert, "Les soulèvements populaires et la société française du XVIIe siècle," *Annales E.S.C.*, **XIV**, 4, oct.-déc. 1959, 756-765.

Mankov, A. G., *Le mouvement des prix dans l'état russe au XVIe siècle*. Paris: S.E.V.P.E.N., 1957.

Manning, Brian, "The Nobles, the People, and the Constitution," *Past & Present*, No. 9, Apr. 1956, 42-64.

Maravall, José A., "The Origins of the Modern State," *Cahiers d'histoire mondiale*, **VI**, 4, 1961, 789-808.

Margarido, Alfredo, "L'ancien royaume du Congo," *Annales E.S.C.*, **XXV**, 6, nov.-déc. 1970, 1718-1726.

Marrero, Manuela, "Los italianos en la fundación de Tenerife hispánico," *Studi in onore di*

Amintore Fanfani, **V**: *Evi moderno e contemporaneo*, Milano: Dott. A. Giuffrè-Ed., 1962, 329–337.

Marx, Karl, *The German Ideology*. New York: International Publ., 1947.

Marx, Karl, *Capital*, 3 vol. New York: International Publishers, 1967.

Masefield, G. B., "Crops and Livestock," in *Cambridge Economic History of Europe*, **IV**: E. E. Rich and C. H. Wilson, eds., *The Economy of Expanding Europe in the 16th and 17th Centuries*. London and New York: Cambridge Univ. Press, 1967, 276–301.

Mattingly, Garrett, *Renaissance Diplomacy*. London: Jonathon Cape, 1955.

Mauny, R. A., "The Question of Ghana," *Africa*, **XXIV**, 3, July 1954, 200–213.

Mauro, François, "Types de navires et constructions navales dans l'Atlantique portugais aux XVIe et XVIIe siècles," *Revue d'histoire moderne et contemporaine*, **VI**, juil.–août 1959, 185–193.

Mauro, François, "Toward an 'Intercontinental Model': European Overseas Expansion Between 1500–1800," *Economic History Review*, 2nd ser., **XIV**, 1, 1961, 1–17.

Mauro, François, *Le XVIe siècle européen: aspects économiques*, Collection Nouvelle Clio 32. Paris: Presses Universitaires de France, 1966.

McCracken, Eileen, "The Woodlands of Ireland circa 1600," *Irish Historical Studies*, **XI**, 44, Sept. 1959, 271–296.

Meilink-Roelofsz, M. A., *Asian Trade and European Influence in the Indonesian Archipelago between 1500 and about 1630*. The Hague: Nijhoff, 1962.

Meuvret, Jean, "Monetary Circulation and the Economic Utilization of Money in 16th- and 17th-Century France," in Rondo E. Cameron, ed., *Essays in French Economic History*. Homewood, Illinois: Irwin, Inc., 1970, 140–149. (Translated from *Etudes d'histoire moderne et contemporaine*, **I**, 1947.)

Meuvret, Jean, "Demographic Crisis in France from the Sixteenth to the Eighteenth Century," in D. V. Glass and D. E. C. Eversley, eds., *Population in History*. London: Arnold, 1965, 507–522.

Miller, A., "Considérations sur les institutions financières de l'état moscovite aux XVIe et XVIIe siècles," *Revue internationale de sociologie*, **XL**, 7–8, juil.–août 1932, 369–421.

Miller, Edward, "The Economic Policies of Governments: France and England," in *Cambridge Economic History of Europe*, **III**: M. M. Postan, E. E. Rich and Edward Miller, eds., *Economic Organization and Policies in the Middle Ages*. London and New York: Cambridge Univ. Press, 1963, 290–340.

Miller, Edward, "The Fortunes of the English Textile Industry During the Thirteenth Century," *Economic History Review*, 2nd ser., **XVIII**, 1, Aug. 1965, 39–60.

Miller, Edward, "Government Economic Policies and Public Finance, 900–1500," *Fontana Economic History of Europe*, **I**, 8, 1970.

Minchinton, W. E., "Introduction," *The Growth of English Overseas Trade in the Seventeenth and Eighteenth Centuries*. London: Methuen, 1969, 1–57.

Miranda, José, "La función económica del encomendero en los orígenes del régimen colonial, Nueva España (1525–1531)," *Anales del Instituto Nacional de Antropología e Historia*, **II**, 1941–1946, 421–462.

Miranda, José, *El tributo indigena en la Nueva España durante el siglo XVI*. México: El Colegio de México, 1957.

Miskimin, H. A., "Agenda for Early Modern Economic History," *Journal of Economic History*, **XXXI**, 1, Mar. 1971, 172–183.

Mollat, Michel, "Y a-t-il une économie de la Renaissance?" in *Actes du Colloque sur la Renaissance*. Paris: Lib. Philosophique J. Vrin, 1958, 37–54.

Mollat, Michel, Johansen, Paul M., Postan, M. M., Sapori, Armando, and Verlinden, Charles, "L'économie européenne aux derniers siècles du Moyen-Age," *Relazioni del X Congresso Internazionale di Scienze Storiche*, **III**: *Storia del medioevo*. Firenze: G. B. Sansoni, 1955, 655–811.

Molnar, Erik, "Les fondements économiques et sociaux de l'absolutisme," in *XIIe Congrès International des Sciences Historiques: Rapports*, **IV**: *Méthodologie et histoire contemporaine*. Wien: Verlag Ferdinand Berger & Söhne, 1965, 155–169.

Moore, Jr., Barrington, *Social Origins of Dictatorship and Democracy*. Boston: Beacon Press, 1966.

Morineau, Michel, "D'Amsterdam à Séville: de quelle réalité l'histoire des prix est-elle le miroir?," *Annales E.S.C.*, **XXIII**, 1, janv.–fevr. 1968, 178–205.

Morison, Samuel Eliot, *Admiral of the Ocean Sea*. Boston: Little Brown, 1942.

Mousnier, Roland, *La vénalité des offices sous Henri IV et Louis XIII*. Rouen: Ed. Maugard, n.d., ca. 1945.

Mousnier, Roland, *Les XVIe et XVIIe siècles*, Vol. IV of *Histoire Générale des Civilisations*. Paris: Presses Universitaires de France, 1954.

Mousnier, Roland, "Recherches sur les soulèvements populaires en France avant la Fronde," *Revue d'histoire moderne et contemporaine*, **V**, 1958, 81–113.

Mousnier, Roland, ed., *Lettres et mémoires addressées au Chancelier Séguier (1633–1649)*, 2 vol. Paris: Presses Universitaires de France, 1964.

Mousnier, Roland, *Peasant Uprisings in Seventeenth-Century France, Russia, and China*. New York: Harper, 1970.

Mundy, John H., and Riesenberg, Peter, *The Medieval Town*. Princeton, New Jersey: Van Nostrand, 1958.

Murray, John J., "The Cultural Impact of the Flemish Low Countries on Sixteenth and Seventeenth Century England," *American Historical Review*, **LXII**, 4, July 1957, 837–854.

Myers, A. R., *England in the Late Middle Ages*, Vol. IV of The Pelican History of England, London: Penguin Books, 1952.

Nadal, Jorge, "La revolución de los precios españoles en el siglo XVI: estado actual de la cuestión," *Hispania, revista española de historia*, **XIX**, 77, oct.–dic. 1959, 503–529.

Nadal, Jorge, *La población española: siglos XVI a XX*. Colleción de ciencia económica, **VII**. Barcelona: Ed. Ariel, 1966.

Needham, Joseph, *Science and Civilization in China*, I. London and New York: Cambridge Univ. Press, 1954.

Needham, Joseph, "Les contributions chinoises à l'art de gouverner les navires," *Colloque international d'histoire maritime*, 5e, Lisbonne, 1960 (Paris, 1966) with discussion, 113–134.

Needham, Joseph, "The Chinese Contributions to Vessel Control," *Scientia*, **XCVI**, 98, April 1961, 123–128; 99, May 1961, 163–168.

Needham, Joseph, "Commentary" on Lynn White, Jr., "What Accelerated Technological Change in the Western Middle Ages?" in A. C. Crombie, ed., *Scientific Change*. New York: Basic Books, 1963.

Needham, Joseph, "Poverties and Triumphs of Chinese Scientific Tradition," in A. C. Crombie, ed., *Scientific Change*. New York: Basic Books, 1963, 117–153.

Nef, John U., "Silver Production in Central Europe, 1450–1618," *Journal of Political Economy*, **XLIX**, 4, Aug. 1941, 575–591.

Nef, John U., *Industry and Government in France and England, 1540–1640*. Ithaca: Great Seal Books, 1957. (Originally in *Memoirs of the American Philosophical Society*, XV, 1940.)

Nef, John U., *War and Human Progress*. New York: Norton, 1963.

Nef, John U., "The Progress of Technology and Growth of Large-Scale Industry in Great Britain, 1540–1640," in *The Conquest of the Material World*. Chicago, Illinois: Univ. of Chicago Press, 1964, 121–143. (Originally in *Economic History Review*, V, 1934.)

Nef, John U., "A Comparison of Industrial Growth in France and England from 1540 to 1640," in *The Conquest of the Material World*. Chicago, Illinois: Univ. of Chicago Press, 1964, 144–212. (Originally in *Journal of Political Economy*, XLIV, 1936.)

Nef, John U., "Prices and Industrial Capitalism in France and England," in *The Conquest of the*

Material World. Chicago, Illinois: Univ. of Chicago Press, 1964, 240-267. (Originally in *Economic History Review*, VII, 1937.)

Nef, John U., "Industrial Europe at the Time of the Reformation, c. 1515-c. 1540," in *The Conquest of the Material World*. Chicago, Illinois: Univ. of Chicago Press, 1964, 67-117. (Originally in *Journal of Political Economy*, XLIX, 1941.)

Néré, Jean, "Le développement du capitalisme," *Revue historique*, **CCIII**, janv.-mars 1950, 64-69.

North, Douglas C., and Thomas, Robert Paul, "An Economic Theory of the Growth of the Western World," *Economic History Review*, 2nd ser., **XXIII**, 1, Apr. 1970, 1-17.

Ohlin, Goran, "Entrepreneurial Activities of the Swedish Aristocracy," *Explorations in Entrepreneurial History*, **VI**, 2, Dec. 1953, 147-162.

Oman, Sir Charles, *A History of the Art of War in the Sixteenth Century*. London: Methuen, 1937.

Ots Capdequi, J. M., *El estado español en las Indias*. México: Fondo de Cultura Económica, 1941.

Pach, Zs. P., "Die Abbiegung der Ungarischen Agrarentwicklung von den Westeuropäischen," *XIe Congrès International des Sciences Historiques*, Stockholm, 1960. *Résumés des communications*. Göteborg: Almqvist & Wiksell, 1960, 154-156.

Pach, Zs. P., "The Development of Feudal Rent in Hungary in the Fifteenth Century," *Economic History Review*, 2nd ser., **XIX**, 1, Apr. 1966, 1-14.

Pach, Zs. P., "En Hongrie au XVIe siècle: l'activité commerciale des seigneurs et leur production marchande," *Annales E.S.C.*, **XXI**, 6, nov.-déc. 1966, 1212-1231.

Pagès, G., "Essai sur l'évolution des institutions administratives en France du commencement du XVIe siècle à la fin du XVIIe," *Revue d'histoire moderne*, n.s., No. 1, janv.-févr. 1932, 8-57; No. 2, mars-avr. 1932, 113-151.

Pagès, G., "La vénalité des offices dans l'ancienne France," *Revue historique*, **CLXIX**, 3, 1932, 477-495.

Pannikar, K. M., *Asia and Western Dominance*. London: Allen & Unwin, 1953.

Parry, J. H., *The Age of Reconnaissance*. New York: Mentor Books, 1963.

Parry, J. H., "Transport and Trade Routes," in *Cambridge Economic History of Europe*, **IV**: E. E. Rich and C. H. Wilson, eds., *The Economy of Expanding Europe in the 16th and 17th Centuries*. London and New York: Cambridge Univ. Press, 1967, 155-219.

Parry, J. H., "Colonial Developments and International Rivalry Outside Europe, I. America," *New Cambridge Modern History*, **III**: R. B. Wernham, ed., *The Counter-Reformation and the Price Revolution, 1559-1610*. London and New York: Cambridge Univ. Press, 1968, 507-532.

Parsons, Talcott, *Structure and Process in Modern Societies*. New York: Free Press, 1960.

Pascu, S., Mavrodin, V. V., Porchnev, Boris, and Anteleva, I. G., "Mouvements paysans dans le centre et le Sudest de l'Europe du XVe au XXe siècles," *XIIe Congrès International des Sciences Historiques, Rapports*, **IV**: *Méthodologie et histoire contemporaine*. Wien: Verlag Ferdinand Berger & Söhne, 1965, 21-35.

Penrose, Boies, *Travel and Discovery in the Renaissance, 1420-1620*. Cambridge, Massachusetts: Harvard Univ. Press, 1952.

Perroy, Edouard, "A l'origine d'une économie contractée: les crises du XIVe siècle," *Annales E.S.C.*, **IV**, 2, avr.-juin 1949, 167-182.

Perroy, Edouard, et al., *Le Moyen Age*, Vol. III of *Histoire Générale des Civilisations*. Paris: Presses Universitaires de France, 1955.

Pesez, Jean-Marie, and Le Roy Ladurie, Emmanuel, "Le cas français: vue d'ensemble," *Villages désertés et histoire économique, XIe-XVIIIe siècles*. Paris: S.E.V.P.E.N., 1965, 127-252.

Petráň, Josef, "A propos de la formation des régions de la productivité spécialisée en Europe Centrale," in *Deuxième Conférence Internationale d'Histoire Économique*, Aix-en-Provence,

1962, **II**: *Middle Ages and Modern Times*. Paris: Mouton, 1965, 217-222.

Phelps-Brown, E. H., and Hopkins, Sheila V., "Wage-Rates and Prices: Evidence for Population Pressure in the Sixteenth Century," *Economica*, **XXIV**, No. 96, Nov. 1957, 289-306.

Phelps-Brown, E. H., and Hopkins, Sheila V., "Builders' Wage-Rates, Prices, and Population: Some Further Evidence," *Economica*, **XXVI**, No. 101, Feb. 1959, 18-38.

Phelps-Brown, E. H., and Hopkins, Sheila V., "Seven Centuries of Building Wages," in E. M. Carus-Wilson, ed., *Essays in Economic History*, New York: St. Martin's, 1966, **II**, 168-178. (Originally in *Economica*, XXII, 1955.)

Phelps-Brown, E. H., and Hopkins, Sheila V., "Seven Centuries of the Price of Consumables, Compared with Builders' Wage-Rates," in E. M. Carus-Wilson, ed., *Essays in Economic History*, New York: St. Martin's, 1966, **II**, 179-196. (Originally in *Economica*, XXIII, 1956.)

Pierce, T. Jones, "Landlords in Wales, A.: The Nobility and Gentry," in *The Agrarian History of England and Wales*, **IV**: Joan Thirsk, ed. *1500-1640*. London and New York: Cambridge Univ. Press, 1967, 357-381.

Pike, Ruth, "The Genoese in Seville and the Opening of the New World," *Journal of Economic History*, **XXII**, 3, Sept. 1962, 348-378.

Pirenne, Henri, "The Stages in the Social History of Capitalism," *American Historical Review*, **XIX**, 3, Apr. 1914, 494-515.

Pirenne, Henri, *Economic and Social History of Medieval Europe*. London: Routledge & Kegan Paul, 1936.

Pirenne, Henri, *Early Democracies in the Low Countries*. New York: Norton, 1971.

Pocock, J. G. A., "Letter to the Editor," *Encounter*, **XI**, 4, Oct. 1958.

Polanyi, Karl, *The Great Transformation*. Boston: Beacon Press, 1944.

Porchnev, Boris, "Les rapports politiques de l'Europe Occidentale et de l'Europe Orientale à l'époque de la Guerre des Trente Ans," *International Congress of Historical Sciences*, Stockholm, 1960. *Rapports*, **IV**: *Histoire moderne*. Göteborg: Almqvist & Wiksell, 1960, 136-163.

Porchnev, Boris, *Les soulèvements populaires en France de 1623 à 1648*. Paris: S.E.V.P.E.N., 1963.

Portal, Roger, *Les Slaves*. Paris: Lib. Armand Colin, 1965.

Postan, M. M., "The Chronology of Labour Services," *Transactions of the Royal Historical Society*, 4th ser., **XX**, 1937, 169-193.

Postan, M. M., "The Fifteenth Century," *Economic History Review*, **IX**, 2, May 1939, 160-167.

Postan, M. M., "Some Social Consequences of the Hundred Years' War," *Economic History Review*, **XII**, 1 & 2, 1942, 1-12.

Postan, M. M., "The Rise of a Money Economy," in E. M. Carus-Wilson, ed., *Essays in Economic History*. New York: St. Martin's, 1965, **I**, 1-12. (Originally in *Economic History Review*, XIV, 1944.)

Postan, M. M., "Some Economic Evidence of Declining Population in the Later Middle Ages," *Economic History Review*, 2nd ser., **II**, 3, 1950, 221-246.

Postan, M. M., "Italy and the Economic Development of England in the Middle Ages," *Journal of Economic History*, **XI**, 4, Fall 1951, 339-346.

Postan, M. M., "The Trade of Medieval Europe: The North," in *Cambridge Economic History of Europe*, **II**: M. M. Postan and E. E. Rich, eds., *Trade and Industry in the Middle Ages*. London and New York: Cambridge Univ. Press, 1952, 119-256.

Postan, M. M., "Note" (on article by W. C. Robinson), *Economic History Review*, 2nd ser., **XII**, 1, 1959, 77-82.

Postan, M. M., "The Economic and Political Relations of England and the Hanse (1400 to 1475)," in Eileen E. Power and M. M. Postan, eds., *Studies in English Trade in the Fifteenth Century*. New York: Barnes & Noble, 1966, 91-153.

Pounds, Norman J. G., "Overpopulation in France and the Low Countries in the Later Middle Ages," *Journal of Social History*, **III**, 3, Spring 1970, 225-247.

Power, Eileen E., "The Wool Trade in the Fifteenth Century," in Eileen E. Power and M. M. Postan, eds., *Studies in English Trade in the Fifteenth Century*. New York: Barnes & Noble, 1966, 39–90.

Prawer, Joshua, and Eisenstadt, S. N., "Feudalism," in *International Encyclopedia of the Social Sciences*, New York: Macmillan and Free Press, 1968, **V**, 393–403.

Prestwick, Minna, review of Boris Porchnev in *English Historical Review*, **CCCXX**, July 1966, 565–572.

Pullan, Brian, "Wage-earners and the Venetian Economy, 1500–1630," *Economic History Review*, 2nd ser., **XVI**, 3, 1964, 407–26.

Quinn, D. B. "Ireland and Sixteenth-Century European Expansion," in T. Desmond Williams, ed., *Historical Studies*. London: Bowes & Bowes, 1958, 20–32.

Ramsey, Peter, *Tudor Economic Problems*. London: Gollancz, 1968.

Rau, Virginia, "A Family of Italian Merchants in Portugal in the Fifteenth Century: the Lomellini," *Studi in onore di Armando Sapori*. Milano: Istituto Edit. Cisalpino, 1957, **I**, 715–726.

Redlich, Fritz, "European Aristocracy and Economic Development," *Explorations in Entrepreneurial History*, **VI**, 2, Dec. 1953, 78–91.

Redlich, Fritz, "De Praeda Militari: Looting and Booty, 1500–1815," *Vierteljahrschrift für Sozial- und Wirtschaftsgeschichte*, Supplement No. 39, 1956.

Redlich, Fritz, "Military Entrepreneurship and the Credit System in the 16th and 17th Centuries," *Kyklos*, **X**, 1957, 186–193.

Redlich, Fritz, "The German Military Enterpriser and His Work Force," Vol. I, *Vierteljahrschrift für Sozial- und Wirtschaftsgeschichte*, Suppl. No. 47, 1964.

Reglá, Juan "La cuestión morisca y la conyuntura internacional en tiempos de Felipe II," *Estudios de historia moderna*, **III**, 1953, 219–234.

Reglá, Juan, "La expulsión de los moriscos y sus consecuencias," *Hispania, revista española de historia*, **XIII**, No. 51, 1953, 215–267; No. 52, 1953, 402–479.

Reglá, Juan, "La expulsión de los moriscos y sus consecuencias en la economia valenciana," *Studi in onore di Amintore Fanfani*, **V**: *Evi moderni e contemporaneo*. Milano: Dott. A. Giuffrè-Ed., 1962, 525–545.

Renouard, Yves, "1212–1216: Comment les traits durables de l'Europe occidentale moderne se sont définis au début du XIIIe siècle," *Annales de l'Université de Paris*, **XXVIII**, 1, janv.–mars 1958, 5–21.

Revah, I. S., "L'hérésie marrane dans l'Europe Catholique du 15e au 18e siècle," in Jacques LeGoff, *Hérésies et sociétés dans l'Europe pré-industrielle, 11e–18e siècles*. Paris: Mouton, 1968, 327–337.

Reynolds, Robert L., *Europe Emerges*. Madison: Univ. of Wisconsin Press, 1967.

Rich, E. E., "Expansion as a Concern of All Europe," *New Cambridge Modern History*, **I**: G. R. Potter, ed., *The Renaissance, 1493–1520*. London and New York: Cambridge Univ. Press, 1957, 445–469.

Rich, E. E., "Colonial Settlement and its Labour Problems," in *Cambridge Economic History of Europe*, **IV**: E. E. Rich and C. H. Wilson, eds., *The Economy of Expanding Europe in the 16th and 17th Centuries*. London and New York: Cambridge Univ. Press, 1967, 302–373.

Rich, E. E., "Preface," in *Cambridge Economic History of Europe*, **IV**: E. E. Rich and C. H. Wilson, eds., *The Economy of Expanding Europe in the 16th and 17th Centuries*. London and New York: Cambridge Univ. Press, 1967, xi–xxxii.

Robertson, H. M., "European Economic Developments in the Sixteenth Century," *South African Journal of Economics*, **XVIII**, 1, Mar. 1950, 36–53.

Robinson, W. C., "Money, Population and Economic Change in Late Medieval Europe," *Economic History Review*, 2nd ser., **XII**, 1, 1959, 63–76.

Romano, Ruggiero, "La pace di Cateau-Cambrésis e l'equilibrio europeo a metà del secolo XVI," *Rivista storica italiana*, **LXI**, 3, sett. 1949, 526–550.

Romano, Ruggiero, "A Florence au XVIIe siècle: industries textiles et conjoncture," *Annales E.S.C.*, **VII**, 7, oct.-déc. 1952, 508-512.
Romano, Ruggiero, "A propos du commerce de blé dans la Méditerranée des XIVe et XVe siècles," in *Eventail de l'histoire vivante: Hommage à Lucien Febvre*, Paris: Lib. Armand Colin, 1953, **II**, 149-161.
Romano, Ruggiero, "La marine marchande vénitienne au XVIe siècle," in M. Mollat *et al.*, eds., *Les sources de l'histoire maritime en Europe, du Moyen Age au XVIIIe siècle*, Actes du IVe Colloque International d'Histoire Maritime. Paris: S.E.V.P.E.N., 1962, 33-55.
Romano, Ruggiero, "Tra XVI e XVII secolo. Una crisi economica: 1619-1622," *Rivista storica italiana*, **LXXIV**, 3, sett. 1962, 480-531.
Romano, Ruggiero, "Encore la crise de 1619-22," *Annales E.S.C.*, **XIX**, 1, janv.-févr. 1964, 31-37.
Roorda, D. J., "The Ruling Classes in Holland in the Seventeenth Century," in J. S. Bromley and E. H. Kossman, eds., *Britain and the Netherlands*. Groningen: Wolters, 1964, **II**, 109-132.
Rosenberg, Hans, "The Rise of the Junkers in Brandenburg-Prussia, 1410-1653," *American Historical Review*, Part I, **XLIX**, 1, Oct. 1943, 1-22; Part II, **XLIX**, 2, Jan. 1944, 228-242.
Rosenberg, Hans, *Bureaucracy, Aristocracy and Autocracy: The Prussian Experience, 1660-1815*. Cambridge, Massachusetts: Harvard Univ. Press, 1966.
Roth, Cecil, *The History of the Jews of Italy*. Philadelphia: Jewish Publication Society of America, 1946.
Rowse, A. L., "Tudor Expansion: The Transition from Medieval to Modern History," *William & Mary Quarterly*, 3rd ser., **XIV**, 4, July 1957, 309-316.
Rowse, A. L., *The Elizabethans and America*. New York: Macmillan, 1959.
Ruddock, Alwyn A., *Italian Merchants and Shipping in Southampton, 1270-1600*. Southampton: University College, 1951.
Ruîz Almansa, Javier, "Las ideas y las estadísticas de población en España en el siglo XVI," *Revista internacional de sociología*, **I**, 1947, 89-107.
Rusche, Georg, and Kirchheimer, Otto, *Punishment and Social Structure*. New York: Russell & Russell, 1939.
Salmon, J. H. M., "Venality of Office and Popular Sedition in Seventeenth Century France," *Past & Present*, No. 37, July 1967, 21-43.
Samsonowicz, Henryk, "Salaires et services dans les finances citadines de la Prusse au XVe siècle et dans la première moitié du XVIe siècle," *Third International Conference of Economic History*, Munich 1965. Paris: Mouton, 1968, 533-551.
Sansom, George B., *The Western World and Japan*. New York: Knopf, 1950.
Sansom, George B. A., *A History of Japan*: **II:** *1334-1615*. Stanford, California: Stanford University Press, 1961.
Savine, Alexander, "Bondmen under the Tudors," *Transactions of the Royal Historical Society*, n.s., **XVII**, 1903, 235-289.
Sayous, André-E., "Le rôle d'Amsterdam dans l'histoire du capitalisme commercial et financier," *Revue historique*, **CLXXXIII**, 2, oct.-déc. 1938, 242-280.
Schöffer, I., "The Dutch Revolution Anatomized: Some Comments," *Comparative Studies in Society and History*, **III**, 4, July 1961, 470-477.
Schumpeter, Joseph A., *Business Cycles*, 2 vol. New York: McGraw-Hill, 1939.
Schumpeter, Joseph A., *Capitalism, Socialism and Democracy*. London: Allen & Unwin, 1943.
Schumpeter, Joseph A., *The Sociology of Imperialism*, in *Social Classes, Imperialism*. New York: Meridian Books, 1955.
Schurz, Walter L., "Mexico, Peru, and the Manila Galleon," *Hispanic American Historical Review*, I, 4, Nov. 1918, 389-402.
Sée, Henri, *Modern Capitalism*. New York: Adelphi Co., 1928.
Sella, Domenico, "Les mouvements longs de l'industrie lainière à Venise aux XVIe et XVIIe siècles," *Annales E.S.C.*, **XII**, 1, janv.-mars 1957, 29-45.

Sella, Domenico, "Crisis and Transformation in Venetian Trade," in Brian Pullan, ed., *Crisis and Change in the Venetian Economy in the Sixteenth and Seventeenth Centuries*. London: Methuen, 1968, 88–105.

Sella, Domenico, "European Industries, 1500–1700," *Fontana Economic History of Europe*, **II**, 5, 1970.

Serraïma Cirici, Enrique, "Hugonotes y bandidos en el Pirineo catalán," *Estudios de historia moderna*, **IV**, 1954, 207–223.

Serrão, Joël, "Le blé des îles atlantiques: Madère et Açores aux XVe et XVIe siècles," *Annales E.S.C.*, **IX**, 3, juil.–sept. 1954, 337–341.

Servoise, R., "Les relations entre la Chine et l'Afrique au XVe siècle," *Le mois en Afrique*, No. 6, juin 1966, 30–45.

Shneidman, J. Lee, *The Rise of the Aragonese-Catalan Empire, 1200–1350*, 2 vol. New York: N.Y. Univ. Press, 1970.

Siemenski, J., "Constitutional Conditions in the Fifteenth and Sixteenth Centuries," *Cambridge History of Poland*, **I**: W. F. Reddaway *et al.*, eds., *From the Origins to Sobieski (to 1696)*. London and New York: Cambridge Univ. Press, 1950, 416–440.

Skeel, Caroline, "The Cattle Trade between Wales and England From the Fifteenth to the Nineteenth Centuries," *Transactions of the Royal Historical Society*, 4th ser., **IX**, 1926, 135–158.

Slicher van Bath, B. H., "The Rise of Intensive Husbandry in the Low Countries," in J. S. Bromley and E. H. Kossman, eds., *Britain and the Netherlands*. London: Chatto, 1960, **I**, 130–153.

Slicher van Bath, B. H., *The Agrarian History of Western Europe, A.D. 500–1850*. New York: St. Martin's, 1963.

Slicher van Bath, B. H., "Les problèmes fondamentaux de la société pré-industrielle en Europe occidentale," *Afdeling Agrarische Geschiedenis Bijdragen*, No. 12, 1965, 3–46.

Sluiter, Engel, "Dutch-Spanish Rivalry in the Caribbean Area, 1594–1609," *Hispanic American Historical Review*, **XXVIII**, 2, May 1948, 165–196.

Smit, J. W., "The Present Position of Studies Regarding the Revolt of the Netherlands," in J. S. Bromley and E. H. Kossman, eds., *Britain and the Netherlands*. Groningen: Wolters, 1964, **I**, 11–28.

Smit, J. W., "The Netherlands Revolution," in Robert Forster and Jack P. Greene, eds., *Preconditions of Revolution in Early Modern Europe*. Baltimore, Maryland: The Johns Hopkins Press, 1970, 19–54.

Smith, R. E. F., *The Enserfment of the Russian Peasantry*. London and New York: Cambridge Univ. Press, 1968.

Smith, Robert S., "Indigo Production and Trade in Colonial Guatemala," *Hispanic American Historical Review*, **XXXIX**, 2, May 1959, 181–211.

Smolar, Jr., Frank J., "Resiliency of Enterprise: Economic Causes and Recovery in the Spanish Netherlands in the Early Seventeenth Century," in Charles H. Carter, ed.: *From the Renaissance to the Counter-Reformation*. New York: Random House, 1965, 247–268.

Soldevila, Ferran, "Barcelona demana à l'emperador Carles V l'autorització per a comerciar directament amb America (1522)," *Studi in onore di Amintore Fanfani*, **V**: *Evi moderno e contemporaneo*. Milano: Dott. A Giuffrè-Ed., 1962, 633–641.

Solt, Leo F., "Revolutionary Calvinist Parties in England Under Elizabeth I and Charles I," *Church History*, **XXVII**, 3, Sept. 1958, 234–239.

Spooner, Frank C., "A la côte de Guinée sous pavillon français (1559–1561)," *Studi in onore di Armando Sapori*. Milano: Istituto Edit. Cisalpino, 1957, **II**, 1001–1008.

Spooner, Frank C., "The Habsburg-Valois Struggle," *New Cambridge Modern History*, **II**: G. R. Elton, ed., *The Reformation, 1520–1559*. London and New York: Cambridge Univ. Press, 1958, 334–358.

Spooner, Frank C., "Venice and the Levant: An Aspect of Monetary History (1600–1614)," in *Studi in onore di Amintore Fanfani*, **V**: *Evi moderno e contemporaneo*. Milano: Dott. A.

Giuffrè-Ed., 1962, 643-667.

Spooner, Frank C., "The Economy of Europe, 1559-1609," in *New Cambridge Modern History*, **III**: R. B. Wernham, ed., *The Counter-Reformation and the Price Revolution, 1559-1610*. London and New York: Cambridge Univ. Press, 1968, 14-93.

Spooner, Frank C., "The European Economy, 1609-50," *New Cambridge Modern History*, **IV**: J. P. Cooper, ed., *The Decline of Spain and the Thirty Years' War, 1609-48/59*. London and New York: Cambridge Univ. Press, 1970, 67-103.

Stahl, Henri H., *Les anciennes communautés villageoises roumaines—asservissement et pénétration capitaliste*. Bucarest: Ed. de l'Académie de la République Socialiste de Roumanie, 1969.

Stein, Stanley J. and Barbara H., *The Colonial Heritage of Latin America*. London and New York: Oxford Univ. Press, 1970.

Stephens, W. B., "The Cloth Exports of the Provincial Ports, 1600-1640," *Economic History Review*, 2nd ser., **XXII**, 2, Aug. 1969, 228-243.

Stoianovich, Traian, "Material Foundations of Preindustrial Civilization in the Balkans," *Journal of Social History*, **IV**, 3, Spring 1971, 205-262.

Stone, Lawrence, "State Control in Sixteenth-Century England," *Economic History Review*, **XVII**, 1, 1947, 103-120.

Stone, Lawrence, "The Anatomy of the Elizabethan Aristocracy," *Economic History Review*, **XVIII**, 1 & 2, 1948, 1-53.

Stone, Lawrence, "Elizabethan Overseas Trade," *Economic History Review*, 2nd ser., **II**, 1, 1949, 30-58.

Stone, Lawrence, "The Elizabethan Aristocracy—A Restatement," *Economic History Review*, 2nd ser., **IV**, 1, 2, & 3, 1951-52, 302-321.

Stone, Lawrence, "The Nobility in Business, 1540-1640," *Explorations in Entrepreneurial History*, **X**, 2, Dec. 1957, 54-61.

Stone, Lawrence, "Letter to the Editor," *Encounter*, **XI**, 1, July 1958.

Stone, Lawrence, "Social Mobility in England, 1500-1700," *Past & Present*, No. 33, Apr. 1966, 16-55.

Stone, Lawrence, *The Crisis of the Aristocracy, 1558-1641*, abr. ed. London: Oxford Univ. Press, 1967.

Strauss, Gerald, *Nuremberg in the Sixteenth Century*. New York: Wiley, 1966.

Strayer, Joseph, *On the Medieval Origins of the Modern State*. Princeton, New Jersey: Princeton Univ. Press, 1970.

Streider, Jacob, "Origin and Evolution of Early European Capitalism," *Journal of Economic and Business History*, **II**, 1, Nov. 1929, 1-19.

Supple, Barry, *Commercial Crisis and Change in England, 1600-1642*. London and New York: Cambridge Univ. Press, 1959.

Swart, K. W., *The Sale of Offices in the Seventeenth Century*. The Hague: Nijhoff, 1949.

Sweezy, Paul, "The Transition from Feudalism to Capitalism," *Science and Society*, **XIV**, 2, Spring 1950, 134-157.

Szeftel, Marc, "Aspects of Feudalism in Russian History," in Rushton Colbourn, ed., *Feudalism in History*. Princeton, New Jersey: Princeton Univ. Press, 1956, 167-182.

Takahashi, H. K., "The Transition from Feudalism to Capitalism: A Contribution to the Sweezy-Dobb Controversy," *Science and Society*, **XVI**, 4, Fall 1952, 313-345.

Takahashi, H. K., "On the 'Transition' from Feudalism to the Bourgeois Revolution," *Indian Journal of Economics*, **XXXV**, 140, 1955, 143-151.

Tapié, Victor-L., *La France de Louis XIII et de Richelieu*. Paris: Flammarion, 1952.

Taube, Edward, "German Craftsmen in England During the Tudor Period," *Journal of Economic History*, **IV**, 14, Feb. 1939, 167-178.

Tawney, R. H., *The Agrarian Problem in the Sixteenth Century*. New York: Longmans, 1912.

Tawney, R. H., "Introduction" to Thomas Wilson, *A Discourse Upon Usury*. London: Bell & Sons, 1925, 1-172.

Tawney, R. H., "Harrington's Interpretation of His Age," *Proceedings of the British Academy*, 1941, 199–223.

Tawney, R. H., "The Rise of the Gentry, 1558–1640," in E. M. Carus-Wilson, ed., *Essays in Economic History*. New York: St. Martin's, 1965, **I**, 173–206. (Originally in *Economic History Review*, XI, 1941.)

Tawney, R. H., "Postscript," in E. M. Carus-Wilson, ed., *Essays in Economic History*. New York: St. Martin's, 1965, **I**, 206–214. (Originally in *Economic History Review*, VII, 1954.)

Taylor, A. J. P., *The Course of German History*. London: Hamilton, 1945.

Taylor, K. W., "Some Aspects of Population History," *Canadian Journal of Economics and Political Sciences*, **XVI**, Aug. 1950, 301–313.

Tazbir, Janusz, "The Commonwealth of the Gentry," in Aleksander Gieysztor *et al.*, *History of Poland*. Warszawa: PWN—Polish Scientific Puslishers, 1968, 169–271.

Teall, Elizabeth S., "The Seigneur of Renaissance France," *Journal of Modern History*, **XXXVII**, 2, June 1965, 131–150.

Thiriet, Freddy, *La Romanie vénitienne au Moyen Age*, Bibliothèque des Ecoles Française d'Athènes et de Rome, fasc. 183. Paris: Boccard, 1959.

Thirsk, Joan, "Industries in the Countryside," in F. J. Fisher, ed., *Essays in the Economic and Social History of Tudor and Stuart England*. London and New York: Cambridge Univ. Press, 1961, 70–88.

Thirsk, Joan, "Enclosing and Engrossing," in *The Agrarian History of England and Wales*, **IV**: Joan Thirsk, ed., *1500–1640*. London and New York: Cambridge Univ. Press, 1967, 200–255.

Thirsk, Joan, "The Farming Regions of England," in *The Agrarian History of England and Wales*, **IV**: Joan Thirsk, ed., *1500–1640*. London and New York: Cambridge Univ. Press, 1967, 1–112.

Thirsk Joan "Farming Techniques," in *The Agrarian History of England and Wales*, **IV**: Joan Thirsk, ed., *1500–1640*. London and New York: Cambridge Univ. Press, 1967, 161–199.

Thompson, F. M. L., "The Social Distribution of Landed Property in England Since the Sixteenth Century," *Economic History Review*, 2nd ser., **XIX**, 3, Dec. 1966, 505–517.

Thorner, Daniel, "L'économie paysanne: concept pour l'histoire économique," *Annales E.S.C.*, **XIX**, 3, mai–juin 1964, 417–432.

Thrupp, Sylvia, "Medieval Industry, 1000–1500," *Fontana Economic History of Europe*, I, 6, 1971.

Tilly, Charles, "Food Supply and Public Order in Modern Europe," mimeo, forthcoming in Charles Tilly, ed., *The Building of States in Western Europe*. Princeton, New Jersey: Princeton Univ. Press.

Tilly, Charles, "Reflections on the History of European Statemaking," mimeo., forthcoming in Charles Tilly, ed., *The Building of States in Western Europe*. Princeton, New Jersey: Princeton Univ. Press.

Topolski, Jerzy, "La régression économique en Pologne," *Acta poloniae historica*, **VII**, 1962, 28–49.

Trevor-Roper, H. R., "The Elizabethan Aristocracy: An Anatomy Anatomized," *Economic History Review*, 2nd ser., **III**, 3, 1951, 279–298.

Trevor-Roper, H. R., "The Gentry, 1540–1640," *Economic History Review*, Supplement 1, 1953.

Trevor-Roper, H. R., "Letter to the Editor," *Encounter*, **XI**, 1, July 1958.

Trevor-Roper, H. R., "England's Moderniser: Thomas Cromwell," in *Historical Essays*. New York: Harper, 1966, 74–78.

Trevor-Roper, H. R., "The Jesuits in Japan," in *Historical Essays*. New York: Harper, 1966, 119–124.

Trevor-Roper, H. R., "The General Crisis of the Seventeenth Century," in *The European Witch-Craze of the 16th and 17th Centuries and Other Essays*. New York: Harper, 1969,

46-89.
Trevor-Roper, H. R., "Religion, the Reformation, and Social Change," in *The European Witch-Craze of the Sixteenth and Seventeenth Centuries and other Essays*. New York: Harper, 1969, 1-45. (Previously published as part of *The Crisis of the Seventeenth Century: Religion, the Reformation, and Social Change*.)
Tyminiecki, Kazimierz, "Le servage en Pologne et dans les pays limitrophes au moyen âge," *La Pologne au Xe Congrès International des Sciences Historiques à Rome*. Warszawa: Académie Polonaise des Sciences, Institut d'Histoire, 1955, 5-28.
Ullman, Joan Connelly, "Translator's footnotes," in Jaime Vicens Vives, *Approaches to the History of Spain*, 2nd ed. Berkeley: Univ. of California Press, 1970.
Umiński, J., "The Counter-Reformation in Poland," in *The Cambridge History of Poland*, I: W. F. Reddaway *et al.*, eds., *From the Origins to Sobieski (to 1696)*. London and New York: Cambridge Univ. Press, 1950, 394-415.
Utterström, Gustaf, "Climatic Fluctuations and Population Problems in Early Modern History," *Scandinavian Economic History Review*, III, 1, 1955, 3-47.
Vaccari, Pietro, "I lavatori della terra nell'occidente e nell'oriente dell'Europa nella età moderna," *Studi in onore di Armando Sapori*. Milano: Istituto Edit. Cisalpino, 1957, II, 969-978.
Válka, Josef, "La structure économique de la seigneurie tchèque au XVIe siècle," *Deuxième Conférence Internationale d'Histoire Économique*, II: *Middle Ages and Modern Times*. Paris: Mouton, 1965, 211-215.
van der Sprenkel, Otto B., "Population Statistics of Ming China," *Bulletin of the SOAS*, XV, Part 2, 1953, 289-326.
van der Wee, Herman, *The Growth of the Antwerp Market and the European Economy*, 3 vol. The Hague: Nijhoff, 1963.
van Dillen, J. G., "Amsterdam's Role in Seventeenth-Century Dutch Politics and its Economic Background," in J. S. Bromley and E. H. Kossman, eds.: *Britain and the Netherlands*. Groningen: Wolters, 1964, II, 133-147.
van Houtte, J. A., "Bruges et Anvers: marchés 'nationaux' ou 'internationaux' du XIVe au XVIe siècles," *Revue du Nord*, XXXIV, 1952, 89-108.
van Houtte, J. A., "Anvers aux XVe et XVIe siècles: expansion et apogée," *Annales E.S.C.*, XVI, 2, mars-avr. 1961, 248-278.
van Houtte, J. A., "Déclin et survivance d'Anvers (1550-1700)," *Studi in onore di Amintore Fanfani*, V: *Evi moderno e contemporaneo*. Milano: Dott. A. Giuffrè-Ed., 1962, 703-726.
van Houtte, J. A., "L'approvisionnement des villes dans les Pays-Bas (Moyen Age et Temps Modernes)," *Third International Conference of Economic History*, Munich 1965. Paris: Mouton, 1968, 73-77.
van Leur, J. C., *Indonesian Trade and Society*. The Hague: van Hoeve, Ltd., 1955.
Veblen, Thorstein, *Imperial Germany and the Industrial Revolution*. Ann Arbor, Michigan: Ann Arbor Paperbacks, 1966.
Verlinden, Charles, "The Rise of Spanish Trade in the Middle Ages," *Economic History Review*, X, 1, 1940, 44-59.
Verlinden, Charles, "Deux aspects de l'expansion commerciale du Portugal au moyen âge," *Revista portuguêsa de história*, IV, 1949, 169-209.
Verlinden, Charles, "Italian Influence in Iberian Colonization," *Hispanic American Historical Review*, XXXIII, 2, May 1953, 199-211.
Verlinden, Charles, *L'esclavage dans l'Europe médiévale*, 2 vol. Brugge: De Tempel, 1955.
Verlinden, Charles, "La colonie italienne de Lisbonne et le développement de l'économie métropolitaine et coloniale portugaise," *Studi in onore di Armando Sapori*. Milano: Istituto Edit. Cisalpino, 1957, I, 615-628.
Verlinden, Charles, "Crises économiques et sociales en Belgique à l'époque de Charles Quint," in *Charles Quint et son temps*, Colloques internationaux du C.N.R.S., Paris, 30 sept.-3 oct. 1958. Paris: Ed. du C.N.R.S., 1959, 177-190.

Verlinden, Charles, "L'état et l'administration des communautés indigènes dans l'empire espagnol d'Amérique." *International Congress of Historical Sciences*, Stockholm, 1960, *Résumés des communications*. Göteborg: Almqvist & Wiksell, 1960, 133–134.

Verlinden, Charles, "La Crète, débouché et plaque tournante de la traite des esclaves aux XIVe et XVe siècles," *Studi in onore di Amintore Fanfani*, III: *Medioevo*. Milano: Dott. A. Giuffrè-Ed., 1962, 593–669.

Verlinden, Charles, et al., "Mouvements des prix et des salaires en Belgique au XVIe siècle," *Annales E.S.C.*, **X**, 2, avr.–juin 1955, 173–198.

Vernadsky, George, "Feudalism in Russia," *Speculum*, **XIV**, 3, July 1939, 300–323.

Vernadsky, George, *The Tsardom of Muscovy, 1547–1682*, Vol. **V** of *A History of Russia*, 2 parts. New Haven, Connecticut: Yale Univ. Press, 1969.

Vicens Vives, Jaime, "Discussion" of Charles Verlinden, "Crises économiques et sociales en Belgique à l'époque de Charles-Quint," in *Charles Quint et son temps*, Colloques internationaux du C.N.R.S., 30 sept.–3 oct. 1958. Paris: Ed. du C.N.R.S., 1959.

Vicens Vives, Jaime, *An Economic History of Spain*. Princeton, New Jersey: Princeton Univ. Press, 1969.

Vicens Vives, Jaime, *Approaches to the History of Spain*, 2nd ed. Berkeley: Univ. of California Press, 1970.

Vilar, Pierre, "Le temps de Quichotte," *Europe*, **34**, Nos. 121–122, janv.–févr. 1956, 3–16.

Vilar, Pierre, "Problems on the Formation of Capitalism," *Past & Present*, No. 10, Nov. 1956, 15–38.

Vilar, Pierre, *La Catalogne dans l'Espagne moderne*, 3 vol. Paris: S.E.V.P.E.N., 1962.

Villari, Rosario, *La rivolta anstispagnola a Napoli: le origini (1585–1647)*. Bari: Laterza, 1967.

Vitale, Luis, "Latin America: Feudal or Capitalist?," in James Petras and Maurice Zeitlin, eds., *Latin America: Reform or Revolution?* Greenwich, Conn.: Fawcett, 1968, 32–43.

Vitale, Luis, "España antes y después de la conquista de América," *Pensamiento crítico*, No. 27, abril 1969, 3–28.

Vivante, Corrado, "Le rivolte popolari in Francia prima della Fronde e la crisi del secolo XVII," *Rivista storica italiana*, **LXXVI**, 4, dic. 1964, 957–981.

Warriner, Doreen, "Some Controversial Issues in the History of Agrarian Europe," *Slavonic and East European Review*, **XXXI**, No. 78, Dec. 1953, 168–186.

Watson, Andrew M., "Back to Gold—and Silver," *Economic History Review*, 2nd ser., **XX**, 1, 1967, 1–34.

Webb, Walter Prescott, *The Great Frontier*. Boston, Massachusetts: Houghton Mifflin, 1952.

Weber, Max, *General Economic History*. New York: Free Press, 1950.

Weber, Max, *The Religion of China*. New York: Free Press, 1951.

Weber, Max, *The Religion of India*. New York: Free Press, 1958.

Weber, Max, *Economy and Society*. Totowa, New Jersey: Bedminster Press, 1968.

Wernham, R. B., "English Policy and the Revolt of the Netherlands," in S. Bromley and E. H. Kossman, eds., *Britain and the Netherlands*, Groningen: Wolters, 1964, **I**, 29–40.

Wernham, R. B., "The British Question, 1559–69," *New Cambridge Modern History*, **III**: R. B. Wernham, ed., *The Counter-Reformation and the Price Revolution, 1559–1610*. London and New York: Cambridge Univ. Press, 1968, 209–233.

Wernham, R. B., "Introduction," *New Cambridge Modern History*, **III**: R. B. Wernham, ed., *The Counter-Reformation and the Price Revolution, 1559–1610*. London and New York: Cambridge Univ. Press, 1968, 1–13.

White, Jr., Lynn, "What Accelerated Technological Progress in the Western Middle Ages?," in A. C. Crombie, ed., *Scientific Change*. New York: Basic Books, 1963, 272–291.

Willan, T. S., "Trade Between England and Russia in the Second Half of the Sixteenth Century," *English Historical Review*, **LXIII**, No. 247, July 1948, 307–321.

Willetts, William, "The Maritime Adventures of the Great Eunuch Ho," in Colin Jack-Hinton, ed., *Papers on Early South-East Asian History*. Singapore: Journal of Southeast Asian History, 1964, 25–42.

Williams, Eric, *Capitalism and Slavery*. London: Deutsch, 1964.
Williams, Penry, and Harriss, G. L., "A Revolution in Tudor History?" *Past & Present*, No. 25, July 1963, 3–58.
Wilson, C. H., "Cloth Production and International Competition in the 17th Century," *Economic History Review*, 2nd ser., **XIII**, 2, 1960, 209–221.
Wilson, C. H., "Trade, Society and the State," in *Cambridge Economic History of Europe*, **IV**: E. E. Rich and C. H. Wilson, eds., *The Economy of Expanding Europe in the 16th and 17th Centuries*. London and New York: Cambridge Univ. Press, 1967, 487–575.
Wittman, T., "Quelques problèmes relatifs à la dictature révolutionnaire des grandes villes de Flandres, 1577–1579," *Studia historica*, Academicae Scientarum Hungaricae, No. 40, 1960.
Wolf, Eric, *Sons of the Shaking Earth*. Chicago, Illinois: Univ. of Chicago Press, 1959.
Wolf, Eric, *Peasants*. Englewood Cliffs, New Jersey: Prentice-Hall, 1966.
Wolfe, Martin, "Fiscal and Economic Policy in Renaissance France," *Third International Conference of Economic History*, Munich 1965. Paris: Mouton, 1968, 687–689.
Woolf, S. J., "Venice and the Terraferma: Problems of the Change from Commercial to Landed Activities," in Brian Pullan, ed., *Crisis and Change in the Venetian Economy in the Sixteenth and Seventeenth Centuries*. London: Methuen, 1968, 175–203.
Wright, L. P., "The Military Orders in Sixteenth and Seventeenth-Century Spanish Society," *Past & Present*, No. 43, May 1969, 34–70.
Youings, Joyce, "Landlords in England, C: The Church," in *The Agrarian History of England and Wales*, **IV**: Joan Thirsk, ed., *1500–1640*. London and New York: Cambridge Univ. Press, 1967, 306–356.
Zagorin, Perez, "The Social Interpretation of the English Revolution," *Journal of Economic History*, **XIX**, 3, Sept. 1959, 376–401.
Zavala, Silvio, *La encomienda indiana*. Madrid: Centro de Estudios Históricos, 1935.
Zavala, Silvio, *New Viewpoints on the Spanish Colonization of America*. Philadelphia: Univ. of Pennsylvania Press, 1943.
Zeller, Gaston, "Industry in France Before Colbert," in Rondo E. Cameron, ed., *Essays in French Economic History*. Homewood, Illinois: Irwin, Inc., 1970, 128–139. (Translated from *Revue d'histoire économique et sociale*, XXVIII, 1950.)

索 引

(本索引中的页码系原著页码，检索时请查阅本书正文页边码)

A

Abel, Wilhelm, 艾贝尔 25, 44
Abbeys, 参见 Monasteries 大修道院
Ab legibus solutus, 无法律限制 144
Abrate, Mario, 阿伯雷特 16, 92
Absolute monarchy, 参见 State, absolutism 绝对君主制
Acapulco, 阿卡普尔科 337
Act of Supremacy, 至尊法案 234, 另见 Anglican Church
Aden, 亚丁 327
　Gulf of, 亚丁湾 327
Aegean Islands, 爱琴海诸岛 38, 218
Affonso I, Dom, King of the Kongo, 阿方索一世, 刚果国王 339
Africa, 非洲 4-6, 32, 49, 87-90, 183, 187-188, 262, 276, 296, 325, 329, 332-333
　coast of, 西非海岸, 参见 Africa, West
　East, 东非 54, 327-329
　North (or northern), 北非 17, 39, 41-42, 46, 168, 314
　southeast, 东南非, 参见 Africa, East
　West, 西非 42, 44, 47, 49, 68, 168-169, 188, 326-328, 332-334, 341-342
Agincourt, 阿金库尔 50
Agriculture, 农业 34, 98, 100, 102, 107, 109, 126-127, 198, 216-217, 219, 304, 307, 312, 320, 324
　arable production, 可耕地 22, 27, 35, 101, 106-110, 112, 116, 191, 193-194, 250, 255, 272, 295, 318
　capitalist, 资本家 42, 86, 89, 92, 111, 119, 133, 142, 147, 149, 153, 157, 159-160, 167, 187, 192, 221, 236-237, 240, 243-244, 246, 248, 255-256, 260, 260, 264, 269, 273, 283, 286, 302, 305, 339, 另见 Coerced labor, Farmer, Laborers, Slavery cash-crops, 商业作物, 参见 Agriculture, capitalist
　enclosures, 农业圈地 25, 102, 106, 109-110, 112, 115-117, 142, 191, 193-194, 234, 249-251, 253-256, 279, 295
　expansion of cultivated areas, 耕种区扩张 24, 26, 31, 37-38, 42, 47, 51, 57, 102, 117, 141, 217, 另见

Europe, expansionof

extensive, 疏耕农业 104

fertilizers, use of, 肥料使用 250

horticulture, 园艺 42, 100, 112

improvements in, 农业改进 250-251

innovation in, 农业革新 42, 52, 95

intensive, 密集农业 101, 104, 109

irrigated, 灌溉 43, 85

land consolidation, 土地合并 256

land-markets, 土地市场 236, 239, 246, 248-249

pasturage, 畜牧 22, 27, 35-36, 42, 92, 101-102, 108-110, 112, 115-116, 142, 191, 193-194, 249-250, 252, 255, 279, 另见 Livestock Meat

re-agrarianization, 重新分配地 152

retraction of cultivated areas, 耕地收缩 21, 25, 34, 37

rotation systems, 轮栽制 53, 91, 250

subsistence, 少有剩余的农场经营 17-18, 58, 72, 91, 226, 246, 295, 311

Albuquerque, Affonso, 阿尔布奎基 327, 334

Alcoholic drinks, 含酒精饮料 43, 另见 Beer, Hippocras, Rum, Wine

Alderman Cockayne's Project, 科克因计划 275, 277, 另见 England

Alexander (the Great), 亚历山大（大帝）58

Alexandria, 亚历山大里亚 340

Alfieri, Count Vittorio, 140 阿尔菲里

Algarve, 阿尔加维 43

Algiers, Regency of, 阿尔及尔 32, 218

Alienable land, 可转不良的土地, 参见 Tenure, allodial

Allensbach, 阿伦斯巴赫 19

Allodial tenure, 自主佃农, 参见 Tenure, allodial

Alps, 阿尔卑斯 142, 171, 173

Alsace, 阿尔萨斯 79

Alum, 明矾 231, 260

Alva, Duke of, 阿尔法 186, 205, 215

Ambergris, 龙涎香 78

America (the Americas), 美洲 41, 44, 68, 87, 90, 117, 128, 150, 153, 156, 173, 179-180, 183, 187, 190-192, 201, 211, 215, 217, 264, 270, 274, 301, 305, 326, 329, 332, 336-338, 342

American Indians, 美国印第安人, 参见 Amerindians

discovery of, 发现美洲 169, 183

Hispanic, 西属美洲 47, 82, 90-94, 99-100, 102-103, 112, 120, 126, 129, 168, 170, 178, 189-190, 194, 221, 280, 302, 313, 353, 另见 America, Iberian; Antilles; Chile; Colombia; Cuba; Guatemala; Hispaniola; Mexico; Peru

Iberian, 伊比利亚 328, 335, 另见 America, Hispanic; Brazil "internal Americas", 美洲内, 参见 Agriculture, expansion of cultivated areas

Latin, 拉丁美洲 5-6

Meso-, 中美洲 85

Middle, 中美洲 88, 188

North, 北美洲 35, 88, 261, 281, 308

South, 南美洲 194, 266, 339, 342

Amerindians, 美洲印第安人 87, 89, 92-94, 99-100, 188-191, 270-271, 338

chiefs (caciques), 酋长 94, 180, 187-188, 313

索引

Amsterdam，阿姆斯特丹 32，70，121，129，180，185－186，199，201，205，211－215，217－218，274，276，341，另见 Holland；Netherlands，northern

Andalusia，安达卢西亚 70－71，103，169－170，183，190，192，194，196

Angevin monarchy，安茹王朝 32

Anglican Church，安立甘教 234，另见 Christianity，Protestantism

Anglo-Irish，257 盎格鲁-爱尔兰人

Animals，domestic，动物 90

Annam，安南 54

Anteleva，I. G.，安特列娃 305

Anticlericalism，反教权主义 152

Antilles，安的利斯 68，88，93，261－262，266

Anti-mercantilism，反重商主义 304，323，另见 Open economy

Antiquoía，安蒂奥基亚 99

Antiquity，voque of，古代时尚 145

Anti-Trinitarianism，反三位一体论 155

Antwerp，安特卫普 122－122，129，155，173－177，183－186，196，199，201，205，214－215，226，230－231，263－265，274，341，另见 Flanders

Apennines，亚平宁 142

Apulia，阿普利亚 218

Arbia（Araby），阿拉伯半岛 327，336

Arabs，阿拉伯 39，194，216，327－328，332，339－340，另见 Islam

Aragon，阿拉冈 29，109，150，166，170，179，184，193－196，218，另见 Catalonia

Araucanian Indians，阿劳干印第安人 170，另见 Amerindians

Araya，阿拉亚 342

Ardant，Gabriel，阿丹特 90，101，292，314

Arguin，阿吉因 168

Aristocracy，贵族 41，62，95，100，103，111，119，134，146－147，154－155，157－159，162，190，192－194，200，203，205，236－240，242，245，258，284，286，288－290，295，297，309，311－312，314，317，320，322，354－355，另见 Landlords，Peers，Sgniors

debts，债务 195，237，另见 Seigniors，seigniorial income

decline in feudal，封建贵族，参见 Seigniors

Armada，参见 Spain，Spanish Armada 无敌舰队

Armaments，军备 29，212，305，331，另见 Army；Artillery；Industries，military equipment and ordnance；Munitions

Armenians，亚美尼亚人 155

Army，（standing），军队 29，139－141，233－234，269，292，309－310，316，324，356，另见 Artillery；Cavalry；Industries，military equipment and ordnance；Infantry；War

contractors to，承包商 227，244，另见 Merchants

mercenaries，雇佣军 29，30，139－143，157，250，309，另见 Capitalism，en-trepreneurs，military

private armies，私人军队 310

victualling，供给食物 141，218，另见 Army，contractors to

Arnold，Stanislaw，阿诺德 154－155

Art objects，艺术品 192，306

Artificers，Statute of，发明家，参见 England, Statute of Artificers

Artillery, 炮兵队 29, 53, 332, 另见 Armaments, Army, Cannons

Artisans (artisanal enterprises), 工匠 18, 20-22, 26, 40, 61, 81, 86, 110, 119, 123, 141, 150-151, 185-186, 191, 203, 208, 220, 225-226, 251, 261, 267-268, 290-291, 304, 321, 323

Ashton, Robert, 阿什顿 282

Asia, 亚洲 5-6, 35, 45, 53, 187, 325-326, 328-336, 338-339, 341-344

 Central, 中亚 17, 42, 314

 southern, 南亚 331, 另见 Ceylon, India

 southeast, 东南亚 329

 southwest, 西南亚, 参见 Levant

Assimilation, 同化作用 146

Aston, Trevor, 阿斯顿 219

Astrakhan, 阿斯特拉罕 303

Atlantic 大西洋

 islands, 大西洋群岛 42-43, 47, 49, 68, 88-89, 333, 335

 oceanic currents, 大西洋潮流 49, 52, 169

 south, 南大西洋 327

Atlantic (world), 大西洋世界 42, 44, 48-49, 51-52, 99, 128, 169, 183, 215, 217, 261, 272, 303, 326, 335, 另见 Trade, Atlantic; World-economy

Atlantic economy, 大西洋经济, 参见 Trade, Atlantic

Attman, A., 阿特曼 306

Augsburg, 奥格斯堡 19, 79, 174, 266

 Treaty of, 奥格斯堡和约 178, 197

Austria, 奥地利 96, 170-171, 197, 307, 另见 Germany, southern

Austrian Netherlands, 奥地利尼德兰, 参见 Netherlands, Southern

Austrian Succession, War of the, 奥地利继承权战争 137

Avalon Peninsula, 阿瓦龙半岛 281

Aydelotte, Frank, 艾德洛特 253-254

Aylmer, G. E., 艾尔默 235

Aznar, Luis, 阿兹纳 334

Azov Sea, 亚速海 303

Azores, 亚速尔（群岛）43-44, 301

Aztecs, 阿兹特克人 43, 338

B

Bacon, Sir Francis, 培根 275

Baehrel, René, 贝歇尔 271

Bagú, Sergio, 巴古 88, 92-93

Bahía, 泛神教信徒 89

Bakufu, 室町幕府, 参见 Japan

Balaeric Islands, 巴利阿里群岛 38, 170

Balandier, Georges, 巴兰迪尔 339

Balliol College, Oxford, 巴利奥学院 207

Baltic (region), 波罗的海 42, 45, 68, 75-76, 101, 110-111, 150, 180, 212-214, 217-218, 227, 230, 261, 271, 276-277, 281, 292, 304, 308, 312, 316-317, 322-324

Balts, 波罗的海地区居民 38

Banco della Pizza di Rialto, 存款银行 214, 另见 Banking, deposit

Bandes d'ordonnances, 203, 另见 Cavalry

Banditry, 盗匪之行径 61, 141-143, 196, 198, 355, 另见 Piracy

Bankers, 银行家, 参见 Financiers

Banking, 银行业务 107, 122, 148-150, 155, 169, 184, 218, 221, 另见 Financiers; Merchant-Bankers; Money;

— 464 —

索 引

State, banks
  deposit, 存款 121, 214
Bankruptcy, 破产, 参见 State, bankruptcy
Bannon, John F., 班农 93
Barberini, Raffaelo, 巴尔贝里尼 325
Barbour, Violet, 巴伯 211-214
Barcelona, 巴塞罗那 123, 192, 295, 340
Bardi Peruzzi, 巴迪 148
Barkan, Ömer Lutfi, 巴肯 302, 325
Barley, M.W., 巴莱 251
Baron, Salo W., 巴伦 147-149, 153
Barons, 男爵, 参见 Peers
Barraclough, Geoffrey, 巴拉克勒夫 8, 177, 186, 306
Barrel-stave making, 制桶, 参见 Industries, wood products
Basques, 巴斯克人 45, 139
Bastille, storming of, 巴士底监禁 206
Batho, Gordon, 巴索 235, 243, 251-252
Bauthier, Robert-Henri, 鲍蒂埃 183
Béarn, 贝亚恩 267
Becker, Marvin B., 贝克 138
Beer, 啤酒 324
Belgium, 比利时, 参见 Netherlands, southern
Beloff, Max, 贝洛夫 136
Bennett, M.K., 贝内特 43-44
Berbers, 柏柏尔人 168
Beresford, Maurice W., 贝瑞斯福德 25
Bergen, 卑尔根 121
Berrill, K., 贝瑞尔 127, 265
Berry, 贝里 293
Besançon, 贝桑松 215
Betts, Reginald R., 贝茨 97
Bills of exchange, 交换货币, 参见 Money, Bills of exchange

Bindoff, S.T., 宾多夫 201, 216, 230, 261
Biscay, Bayof, 比斯开（湾）264
Bishko, Charles Julian, 比许科 48
Bitton, Davis, 比滕 283, 285
Black Death, 黑死病 34-36, 40, 148
Blacks, 黑暗 99-100, 另见 Africa
Blanchard, Ian, 布兰查德 78, 103-104
Bloch, Marc, 布洛赫 17, 23, 26, 28-29, 45-46, 87, 104, 108, 114-117, 161, 180, 231, 236, 271, 285
Blum, Jerome, 布鲁姆 95, 303, 305-306, 315, 317-318, 320-322
Bohemia, 波希米亚 41, 94-95, 170, 197, 303, 307-308, 321, 324, 另见 Czehia
Bologna, 波隆那 105
Bona, Queen of Poland, 波娜，波兰皇后 321
Bond-labor, 禁锢劳工, 参见 Serfs
Booty, 战利品, 参见 Plunder
Borah, Woodrow, 博拉 89, 188-190, 337-338
Bordeaux, 波尔多 295
Bboserup, Ester, 博瑟阿波 21
Bosnia, 波斯尼亚 40
Boston (Lincs.), 波士顿 227
Bourbonnais, 布邦内斯 293
Bourgeoisie, 中产阶级 47-48, 61-62, 82, 105, 107, 113, 119, 123-124, 133, 142, 146, 150-151, 154-155, 157-160, 165-167, 186, 192-195, 202-204, 206, 208-211, 221, 244, 258, 264, 269, 284-291, 296-297, 302, 312, 317, 319, 323, 334, 351-353, 355, 另见 Burghers; Capitalism,

entrepreneurs; Farmers, capitalist; Financiers; Gentry; Industrialists; Merchants; Classes, middle; Patriciate; Trade betrayal of, 中产阶级反叛 273, 287

embourgeoisement of power, 权力的资产阶级化 283

feudalization of, 封建制度 283, 296

foreign, 外国中产阶级 20, 51-52, 119, 149, 151, 192-195, 221, 285, 304, 321-323

indigenous, 本地的中产阶级 50-52, 87, 107, 122, 149, 151, 182, 289, 302, 309, 317, 320-324

manufacturing, 制造业的中产阶级, 参见 Industrialists petty, 128, 208

Bouwsma, William J., 鲍斯马 145, 156, 217

Bowden, P. J., 鲍登 108, 228, 239, 260, 279-280

Boxer, C. R., 博克塞 49-50, 55, 327, 329, 332, 337, 339, 342-343

Boyars, 旧贵族（俄）313-314, 318, 320, 另见 Seigniors

Brabant, 布拉邦 81, 123, 211, 325

Brandenburg, 勃兰登堡 27, 119, 302, 307, 322

Brass, 黄铜 260

Braudel, Fernand, 布罗代尔 16-17, 29, 32, 35, 41-42, 44-45, 47-49, 52, 67-68, 70-72, 77, 83, 89, 96-97, 104, 106, 117-118, 124, 128-129, 133, 136, 138-139, 141, 150, 158, 160, 165, 167-169, 172, 176, 179, 183, 185, 192, 194, 198, 211-217, 221, 260-262, 296, 302, 304, 309, 330, 340

Brazil, 巴西 68, 88-89, 93, 272, 301, 332-333, 335-336, 339, 341-342, 357, 另见 America, Iberian

Bread, 面包 44, 另见 Cereals

Breaking of the Images, 圣像破坏运动 205-206, 另见 Revolution, Netherlands

Brenner, Y. S., 布伦纳 72

Brigandage, 劫匪, 参见 Banditry

Brinton, Crane, 布尔顿 206

Brittany, 布列塔尼 43, 106, 139, 180, 268, 295

Broadcloth, 宽布, 参见 Textiles, woollens

Brokers, 经纪人, 参见 Financiers

Bromley, J. S., 布鲁姆林 42, 200, 202

Bruges, 布鲁日 49, 175, 201, 213, 325, 另见 Flanders

Brulez, Wilfrid, 布鲁勒兹 175, 265

Brunner, Otto, 布鲁诺 325

Brutzkus, J., 布鲁茨库斯 147

Bücher, Karl, 比歇尔 19

Buckatzsch, E. J., 布卡契 250

Building materials, 建筑材料, 参见 Wood

Bulferetti, Luigi, 布费尔蒂 92, 221, 160

Bullion, 金银条块 39-41, 45-46, 51, 71-77, 100, 118, 168-170, 176, 183, 187-188, 192, 195, 197-200, 213, 215-217, 231, 265, 271-272, 277-278, 280, 290-291, 305-306, 314, 329-330, 333, 336-337, 另见 Gold, Money, Silver

dehoarding, 73

drain of, 金银流失 40, 337

hoarding, 22, 31, 73, 330, 333

Burckhardt, Jacob, 布克哈特 172

Bureaucratic politics, 官僚政治 135

— 466 —

Bureaucracy,官僚制度,参见 State, bureaucracy

Bureaucratization,官僚制度化,参见 State, bureaucracy

Burgesses,市民,参见 Burghers

Burghers,自治市公民 107, 311, 321-322, 352,另见 Bourgeoisie, Towns, Patriciate

Burgundy 勃艮第(若与"低地国家"有关,请参见 Low Countries;若与"法国省份"有关,则请见下文),50

Burleigh, William Cecil, Lord,布尔莱 241

Busch-Zantner, R.,布什赞特纳 302

Byzantium,拜占庭 16-17, 20, 39, 53, 289, 325, 334

C

Caciques,部族酋长,参见 Amerindians, Chiefs

Cabot, John,卡波特 169

Cadiz,加地斯 193, 213

Caesar, Julius,西泽 326

Cahen, Claude,卡恩 20, 90

Calais,加来港 230

Calicut,卡利卡特 327, 330

Caliphs,哈里发 58

Calvin, John,加尔文,参见 Calvinism

Calvinism,加尔文主义 152-156, 185-186, 202, 205-209, 267, 297,另见 Christianity, Huguenots, Protestantism

Cameron, Rondo E.,卡梅伦 109, 183

Campbell, Mildred,坎贝尔 246, 248-251

Canary Islands,加那利群岛 88-89, 169

Cane-farming,甘蔗农业,参见 Sugar

Cannons,加农炮 28, 53, 161, 260, 326,另见 Armaments; Artillery; Industries, military equipment and ordnance

Cape Cod,科德角 96

Cape of Good Hope,(Cape route),好望角 216, 325, 328, 330, 337, 340

Cape Verde Islands,佛得角群岛 43

Capetian monarchy,卡佩王朝 46, 58, 115

Capitalism,资本主义 16-18, 23, 28-29, 46, 51-52, 59-60, 62-63, 67-68, 74-75, 77-78, 81, 87-88, 92-93, 98, 102, 110, 113, 120-124, 126-129, 133-134, 136, 138, 140-141, 149, 151-155, 157, 161-162, 168, 177, 180, 184, 188, 191-194, 207, 214, 220, 228, 232, 236, 242-244, 247, 252, 254, 256-259, 264, 276, 286, 288-290, 293, 295, 309, 340, 348, 350, 354-355,另见 Agriculture, capitalist; Bourgeoisie; Companies; Industries; Money; Trade; World-economy

accumulation of capital, (primitive),资本积累 69, 75, 77, 83-84, 91, 153, 217, 249, 287, 290-291, 317, 324, 350

availability of capital,可用资本 106, 121, 191, 323

"booty capitalism,"资本市场,参见 Plunder capital market,参见 Money, financial centers

capitalist agriculture,资本农业,参见 Agriculture, capitalist

"colonial capitalism,"殖民地资本主义 92

entrepreneurs,企业家 46, 50-51, 60-61, 106, 116, 119, 123-124, 135,

148，159 - 161，196，201，206，238，244，249，290，316，328，330，334，354，另见 Bourgeoisie

military，军事 140 - 141，160，另见 Army，mercenaries

"feudal capitalism,"封建资本主义 92

investments，资本主义发明 23，36，49，78，83 - 84，92，107，126，128，148，157，160，191 - 193，195，214，217 - 218，220，227，260，297，311，321，328，342

merchants' capital，商业资本 167

monopolies，资本主义独占 15 - 16，74，150，160 - 161，169，180，230，269，273，275，278，280，288，311，316，324，327 - 328，332，336，340，342 - 343，355，另见 State，monopoly

Capitalist，资本家，参见 Bourgeoisie

landed，拥有土地的，参见 Farmers，capitalist

Capitation，资本，参见 Taxes，capitation

Captaincies（capitanias），地主，参见 Estates，donatário

Carande, Ramon，卡拉德 178 - 179，191，193

Carew, Sr George，卡鲁爵士 96

Caribbean，加勒比 178，187，333，342，另见 Antilles，Colombia，Guatemala，Mexico

Carolingian Empire，加洛林帝国，参见 Empire，Carolingian

Carpenters，木匠，参见 Workers

Carsten, F. L.，卡尔斯坦 311，322

Carter, Charles H.，卡特 201

Carus-Wilson, E. M.，卡卢斯 - 威尔森 24，78，81，116，212，229，233，236，242，276

Casa de Contratación de las Indias，印度贸易公司 69，165，200

Casados，已成家者 343

Cash-crops，商业农产品，参见 Agriculture，capitalist

Caspian Sea，里海 303

Castelli, Enrico，卡斯提利 145

Castes，种姓制度 99，245，另见 Status-groups

Castile，卡斯提尔 29，82，103，109，165 - 168，176，179 - 180，185，189，191，193 - 196，221，287，314，343 - 344，另见 Spain

Catalonia，加泰隆尼亚 32，49，82，96，101，180，186，192，196，221，287

Cateau-Cambresis, Treaty of，卡托坎布雷和约 181，184 - 185，197 - 198，203 - 204，225，234，262 - 263，266，280

Catherine, Queen of France，凯瑟琳 207

Catholic Church，天主教教会 30，32，53，113，142，148，151 - 156，160，172，181，186，190，192，197，202，204 - 209，213，217，236，246，259，266 - 268，281，294，309 - 310，319，333，339，343，353 - 354，另见 Christianity

Council of Trent，特伦特会议 204

Counter-Reformation，反宗教改革 151 - 152，156，204，217，266，310，353

divine truce，神圣休战 148

Jesuits，耶稣会士 89，155，342

Papacy，罗马教皇职位 40，143，153，155 - 156，160，172，174，177，192，203，207，268，335，另见 Rome

索引

Catholic League，天主教联盟 268，294-295，另见 France，Wars of Religion

Catholic Monarchs，天主教君主，参见 Ferdinand and Isabella

Cattle，家畜 23，53，56，63，90，96，100-102，108-109，159，188，228，264，322，333，另见 Livestock

cattle-raising，家畜蓄养 109，247，另见 Agriculture，pasturage

ranches，农场 92，187

Cavalry，骑兵 28-29，58，206，281，另见 Army

Celts，凯尔特人 139，257

Cereals，谷类 22-23，26-27，34，36，43-44，56，68，75-76，79，86，90-91，96，101-103，107，109-111，116，141-142，191-192，198，211-213，217-218，227，229，250，264，271，277-278，292，302-306，311，318，321，324，333，另见 Bread，Food，Rye，Wheat shortage of，谷物短缺，参见 Food，shortage of

Ceuta，休达 46-47，50，183

Ceylon，锡兰 54，328

Chabod，F.，查博 30-31，136，207

Champagne，香槟 183

Chang，T'ien-Tsê，张天策 54-55，329，343-344

Charles I. King of England，查理一世（英王）243，245

Charles II，King of England，查理二世（英王）207

Charles V, Holy Roman Emperor，查理五世（神圣罗马皇帝）110，134，165，170-171，173-174，176-181，184-187，192，195，202-203，214，226，263，335，352-353

Charles VII，King of France，查理七世 171

Charles VIII，King of France，查理八世 170

Chartered companies，特许公司，参见 Companies，Chartered

Chaudhuri，K. N.，乔杜里 337，342

Chaunu，Pierre，肖努 36，44，47-49，52，56-57，68-70，121，165，169-170，178-179，189-190，194-196，199-200，270，272-273，329，331-333，335-339，341

Chaunu，Huguette，肖努 170，190，200

Chaussinaud-Nogaret，Guy，乔西诺·诺加里特 340

Cheese，奶酪，参见 Dairy products

Cheng Ho，郑和 54-55，60

Chestnuts，栗子 102

Cheung，Steven N.S.，切昂 105

Chevalier，Francois，谢瓦利埃 112

Chile，智利 68，93-94，100，170，187-190

China，中国 16-17，19，39，52-57，59-63，84-85，136，189，211，249，301，329-330，335-336，338，342，另见 Orient

Bureau of Trading Junks，市舶司 54

Confucian mandarins，儒家官吏 54-55，61-62，另见 State，bureaucracy

China Sea，中国海 327-329

Chocolate，巧克力 43

Christensen，Aksel E.，克利斯腾森 200，211-212

Christianity，基督教 36-38，48，142，147，150，158，166，194-195，197，234，303，314，339，343，另见 Anglican

Church; Calvinism; Catholic Church; Europe, Christian; Protest-anism; Russian Orthodox Church

Christianization，基督教化，参见 Christianity, evangelization

 clergy，僧侣 86，148，154，167，203-204，233，258，268，313，331，另见 Catholic Church Papacy

 evangelization，传福音 48，92，94，180，192，328，334-335，339，343

 Latin，拉丁文，参见 Catholic Church

 new Christians，参见 Marranos

 Western，参见 Catholic Church

Chu Hi，朱熹 62

Church，教会，参见 Catholic Church（若与俄罗斯有关，则请参见 Russian Orthodox Church）Churches，教堂 192，306

Cinnamon，肉桂 344

Ciocca, Pierluigi，西奥卡 77，

Ciocca, Pierluigi，西奥卡 77，79-80

Cipolla, Carlo M.，奇波拉 19，45-46，53，61，76-77，81，198，215-216，219，221，271，327，330，332，342

Cities，城市，参见 Towns

Citizenship，公民 145，148，另见 Status-group

City-states，城市国家，参见 State, city-states; Towns

Civilization（barbarism 之相对词），文明 98

"Civilization," a，文明 18，36

Clandestine trade，秘密交易，参见 Contraband

Clark, G. N.，克拉克 195，228-229，231，236，254，261，274

Classes，阶级 3，67，84，86，118，133，151，162，203，236-237，241，246，251，254，256，258，266，268，274，282，284，289，334，351，354，356

 class-consciousness，阶级意识 351-354，356

 classformation，256 阶级形成

 class-struggle，阶级斗争 3，24，46，148，158，282，284，294，351

 gentry, international，乡绅 352

 landed，地主，参见 Seigniors lower (lowest)，下层阶级 204，325，353，另见 Poor, the; Workers

 middle，中产阶级 153，177-178，187，204，231，234-246，323，另见 Bourgeoisie

 ruling，统治阶级，参见 Classes, upper

 universal，普遍阶级 352

 upper，上层阶级 231，234-235，245，282，309，351，353，另见 Aristocracy, No-bility, Peers

 wretched，不幸，参见 Poor, the

Clearings，土地开垦，参见 Agriculture, expansion of cultivated areas

Climatic changes，气候转变 33-35，106，217，274，312

Closed economy，封闭经济，参见 State, mercantilism

Cloth，布，参见 Textiles

Clothier，布商 156，261

Clothing，布匹，参见 Textiles

Coal，煤 127，260，另见 Fuel

Cochin，交趾 328，340

Coerced labor，强制劳动 100，103，112，127，另见 Slavery cash-crop，商品谷物 82，86-87，90-95，97，99-101，

索 引

103－106，110，113，126，128，155，289，302，304－305，307，313－314，318，321，350，另见 Agriculture, capita-list; Estates; Farmers, capitalist
  forced wage-labor，强制薪资劳工 93－94，307

Coffee，咖啡 100

Coins，钱币，参见 Copper coins, or Money, according to context

Colbert, Jean-Baptiste，柯尔伯 290

Coleman, D.C.，科尔曼 279

Coles, Paul，科尔斯 159，173

Coligny, Gaspard de, Admiral of France，科里尼 266

Cologne，科隆 19

Colombia，哥伦比亚 68，99，187

Colonial pattern，殖民地模式，参见 Colonies, economic

Colonial situation，殖民地状态，参见 Colonies

Colonial vocation，殖民地的职业，参见 Colonies

Colonies, (overseas)，殖民地（海外）4－5，34，43，49－50，57，61，89，93，120，171，180，183，187－188，192，227，233，252，261，272，280，282，290，302－303，308，323－324，330－331，335－337，339，342，349
  economic，殖民地经济 96，120，227－228，305，339
  internal，内部殖民 228
  internal colonization，内部殖民地化，参见 Agriculture, expansion of cultiv-ated areas semi-colonial trade，半殖民地贸易，参见 Colonies, economic
  settlers，殖民地居民 187－188，190，280
  trade，殖民地贸易，参见 Trade, colonial "urban colonialism"，参见 Towns, "urban colonialism"

Colonization，殖民地化，参见 Colonies

Columbus, Christopher，哥伦布 52，169，335

Colvin, H.M.，科尔文 29

Commerce，贸易，参见 Trade

Commercial Crisis，商业危机，参见 Trade, recession of

Commercial crops，商业作物，参见 Agri-culture, capitalist

Commercial houses，商行，参见 Merch-ants, merchant houses

Commissaires，特派员 288－289

Commoners (Peers or Seigniors 之相对词)，平民 182，284

Communities，小区 348

Commutation，交换，参见 Feudalism, feudal dues, commutation of

Compagnie du Corail，珊瑚公司 336，另见 Companies

Companies，公司 278，328，336，340，另见 Merchants, merchant houses
  chartered，特许状 150，276，282
  joint-stock，股份公司 161

Comptoirs，商行，参见 Trading-posts

Confiscation，充公，参见 State, confisca-tion

Confucianism，孔教 61

Congo，刚果，参见 Kongo

Conseillers d'Etat，行政法院法 288－289

Conspicuous consumption，炫耀财富 41

Constantinople，君士坦丁堡 39，43，123，170，215

Contado, 国家, 参见 Country

Contraband, 非法交易 160, 188, 272, 341

Contraction, 紧缩, 参见 Agriculture, retraction of cultivated areas; Population, decline of; Trade, recession of

"Cont-racts," 契约, 参见 Trade, "contracts"

Cook, M. A., 库克 40

Cook, Sherburne F., 库克 89

Cooper, J. P., 库珀 195, 236, 238-240, 243, 259, 270, 296

Coornaert, Emile, 考尔纳特 175, 200, 262-263

Copper, 铜 155, 161

Copper coins, 铜币 40, 45, 336, 另见 Bullion

Copperas, 绿矾 260

Copyholder, 公簿持有农 251, 另见 Tenure, copyhold

Coral, 珊瑚 336

Core-states, 核心国家 38, 63, 82, 84, 86, 97, 100, 102, 107, 116-118, 124, 126-129, 134, 136, 147-148, 153, 156, 162, 181, 191, 196, 219, 221, 247, 349-350, 352-355, 357, 另见 World-economy

Cork, 软木 257

Corn, 谷物, 参见 Wheat

Cornwall, 康沃尔 110-111, 257

Corporations, 公司, 参见 Guilds

Corsairs, 海盗, 参见 Pirates

Corsica, 科西嘉 38, 139

Cortes, 议会, 参见 Spain, Cortes

Cossacks, 哥萨克人 308

Cotswolds, 长毛绵羊（科茨沃尔德）229

Corvée-labor, 无偿劳工, 参见 Feudalism, feudal dues, labor services

Cottagers, 佃农 251-252, 275, 另见 Husbandmen; Laborers, rural

Cotton, 棉 45, 88, 100, 另见 Industries, textile; Textiles, cotton

Coulbourn, Rushton, 库尔布恩 90, 181-182, 313

Council of Trent, 特伦特会议, 参见 Catholic Church, Council of Trent

Counter-Renaissance, 反文艺复兴 156

Counter-Reformation, 反宗教改革, 参见 Catholic Church, Counter-Reformation

Country (Town or Court 之相对词), 乡村 86, 105, 109, 119-120, 123, 142, 242, 257, 267, 292

Cours souverains, members of, 最高法院成员 288

Courtiers, 廷臣, 参见 Airstoc-racy

Cracow, 克拉科夫 155, 196

Craeybeckx, Jan, 克雷拜克斯 175, 186, 200, 264

Crafts, 手工艺者, 参见 Artisans

Credit, 信贷, 参见 Money, credit

Crete, 克里特 38, 88-89, 92

Crimea, 克里米亚 316, 318

Crisis of seventeenth century, 十七世纪危机 260

Crombie, A. C., 克伦比 53

Cromwell, Julian, 克伦威尔 241

Cromwell, Oliver, 克伦威尔 209, 245, 297

Cromwell, Thomas, 克伦威尔 232

Croquants, 农民起义运动 movement of, 268

Crown, the, 王位, 参见 State

Crusades, 十字军 21, 38-39, 333, 另见

Christianity, evangelization

Cuatequil, 夸提奎尔, 参见 Coerced labor, forced wage-labor

Cuius regio eius religio, 教随国定 157, 178, 186, 353, 另见 Augsburg, Treaty of; State, homogenization

Cultivated areas, 屯垦区, 参见 Agriculture

Cumberland, 坎伯兰 111

Curia, 中世纪法庭, 参见 Catholic Church, Papacy

Cyprus, 塞浦路斯 38, 43, 88

Czalpinski, Wladyslaw, 萨平斯基 304, 324

Czarnowski, Stefan, 查尔诺斯基 154-155

Czechia, 捷克 97, 307, 323, 另见 Bohemia, Moravia

D

Da Gama, Vasco, 达伽马 52, 326, 330

Dairy products, 乳制品 108-110, 307

Dalmatia, 达尔马提亚 139

Dalthenus, Petrus, 达瑟努斯 209

Da Noli, Antonio, 达诺里 43

Danzig, 但泽, 参见 Gdánsk

Darby, H. C., 达比 45

Da Silva, Jose-Gentil, 席尔瓦 50, 109, 176, 189, 191-192, 196, 211, 340

Dauphine, 太子妃 267

Davies, C. S. L., 戴维 141, 237, 255

Davis, Ralph, 戴维斯 280

De Anchieta, José, 德安谢塔 89

De Bary, William Theodore, 狄百瑞 61

Debasement of coinage, 币值贬低, 参见 Money, debasement

Debt peonage, 债务劳役制 190 international, 121-122

Decay of trade, 贸易衰退, 参见 Trade, recession of

De Falguerolles, G. E., 德法尔古罗勒 107, 264

De Fedrici, Cesare, 费德利奇 340

Deforestation, 45, 另见 Wood, famine 采伐森林

Delumeau, Jean, 德卢莫 79, 109, 142, 160

De Maddalena, Aldo, 马德莲娜 106 (capitalist)

Denmark, 丹麦 24, 47, 96, 153, 180, 226, 228, 281, 307

Depreciation, 贬值 125

Depression, 不景气, 参见 Trade, recession of Dérogeance, 丧失贵族资格的行为 285, 另见 Aristocracy, France

De Roover, Raymond, 路佛 215

Desmarets de Saint-Sorlin, Jean, 德马雷 291

Devon, 得文 111

De Vries, Jan, 德弗利斯 241

De Vries, Philippe, 德弗利斯 175

Deyon, Pierre, 狄昂 285

Diet, 地方会议, 参见 Poland, seyn

Disease, 疾病, 参见 Epidemics

Diú, 第乌 327

Divine right of kings, 君权, 参见 State, absolutism

Divine truce, 神的休战, 参见 Catholic Church, divine truce

Dnieper, 第聂伯河 303

Dobb, Maurice, 多布 20, 24-26, 36, 41-42, 82, 90-91, 103-104, 109, 111-113, 117, 120-122, 125, 128, 135, 232

Dollinger, Philippe, 多林格 96

Domar, Evsey D., 多马 99

Don, 顿何 303

Dowd, Douglas F., 多德 172

Drake, Sr Francis, 德雷克 56

Druge, 药材 326, 328, 330, 333, 340

Dry goods, 干货 277

Dual economy, 双重经济 18

Dublin, 都柏林 257

Duby, 杜比 Georges, 25-27, 30-31, 34, 103, 105-106, 109, 294

Dutch, 荷兰, 参见 Netherlands, northern

Dvoriane, 宫廷贵族 320, 另见 Nobility, lesser

Dyes (dyestuffs), 染料 43, 45, 191

Dyewood, Brazillian, 产颜料的树 335, 另见 Wood

E

East, the, 东方, 参见 Orient

East Anglia, 东盎格利亚 111, 229

East India Company, 东印度公司 332, 337, 另见 Companies, chartered; England

East Indies, 东印度群岛, 参见 Indies, East

Eastern Hemisphere, 东半球 17, 44

Eberhard, Wolfram, 埃伯哈德 6, 146

Economic regression, 经济侵略, 参见 Trade, recession of

Economies of scale, 经济规模 161

Edler, Florence, 艾德勒 180

Edward III, 爱德华三世 King of England, 229

Egypt, 埃及 40, 89, 168, 215, 218, 325, 327, 329, 336

Ehrenberg, Richard, 埃伦伯格 137, 174-175, 183

Eisenstadt, S.N., 艾森斯塔德 15, 90, 135

Elbia, East, 易北河以东, 参见 Germany, East Elbia

Elizabeth, Queen of England, 伊丽莎白, 英国女皇 32, 56, 207, 215, 226, 240, 253, 258-259, 261, 266, 274, 281, 286, 316

Elizabethan era, 伊丽莎白时期 126, 231, 233, 237-238, 240, 243, 251-254, 274-276, 281

Elizabethan Mines Royal, 伊丽莎白皇家矿场 161

Elliott, J.H., 艾略特 82, 128, 167, 178-179, 190-196, 207, 214, 218-219, 302

Elman, P., 艾尔曼 149-150

Elsas, M.J., 艾尔萨斯 70

Elton, G.R., 埃尔顿 195, 198, 201, 232-234, 293

Emery, Frank, 艾莫利 250

Emigration, 移民, 参见 Migration

Empire 帝国

British, 大英帝国, 参见 Great Britain
Carolingian, 加洛林王朝的 58, 147
Eastern, 东方帝国, 参见 Byzantium
failure of, 帝国的失败 136, 165-221
Hapsburg, 哈布斯堡帝国 75, 150, 155, 165, 169, 171, 174-175, 177-178, 180-182, 193-194, 196-197, 199-200, 203, 207, 226, 234, 258, 266, 272, 312, 314, 319, 352
Holy Roman, 19, 170-172, 197
imperial economy, 帝国经济 326

imperialism, 帝国主义 165, 167, 170-171, 173, 179-180

manqué, 受挫的 33

Moscovite, 莫斯科公国, 参见 Russia

Ottoman, 奥斯曼帝国 32, 57, 68, 155, 170, 194, 215, 218, 280, 289, 301-302, 319, 325, 332, 另见 Levant, Turks political overextension of, 政治的过度扩张 179, 189

subimperialism, 次帝国主义 188-189

within world-economy 世界经济内 33, 57, 67, 252, 326, 332

world-, 世界帝国 16-17, 32, 34, 38, 52, 57, 60-62, 85, 127, 170-171, 173, 179, 184-185, 187, 263, 303, 308, 319, 348-349, 353-354

Employment, 雇佣 123, 141, 198, 253, 278, 另见 Artisans; Coerced Laborers, Rural; Sharecropping; Slavery; Workers

full, 完全雇佣 73, 140

self-, 自己雇佣 87

unemployment, 非雇佣 110, 207, 276, 279

Enclosures, 圈地, 参见 Agriculture, enclosures

Encomienda, 委托监护制, 参见 Estates, encomienda

Engels, Frederick, 恩格斯 123, 159, 177, 209, 293

England, 英格兰 23-26, 29, 32, 34, 38, 40, 43, 45-46, 51, 75, 77-84, 95-97, 100, 104-117, 120, 123-127, 129, 141, 147, 149-150, 153, 155, 159, 165-166, 169, 171-172, 175, 180, 182, 184-185, 187-188, 191-193, 198-199, 201, 207, 209-210, 213-217, 219-220, 225-263, 265-269, 271-284, 286, 289-291, 295-297, 308, 316, 319, 323-325, 328, 335-337, 339-342, 352, 354, 357

Civil War, 内战 235, 237, 242, 245, 254, 257, 280, 282, 297

east, 东英格兰 260

Long Parliament, 长期议会 282, 另见 England, Parliament

north (north-east), 北英 111, 233

Parliament, 议会 236, 242-243, 261, 278, 282, 另见 Parliamentary bodies

Privy Council, 枢密院 232, 278, 另见 State, bureaucracy

Protectorate of Cromwell, 克伦威尔护国公时期 209

Southern (and southwest), 南英 79, 125, 260

Statute of Artificers, 254

English Channel, 英吉利海峡 215, 264

English Company of Staple, 英国土产公司 150

Engrossing, 占地, 参见 Agriculture, enclosures

Entradas, 191, 另见 Colonies; Europe, expansion of

Entrepréneurial ability, 参见 Capitalism, entrepreneurs

Epidemics, 传染病 21, 25, 33-35, 81, 118, 196, 199, 221, 248, 262, 278, 296, 318, 另见 Black Death

Erasmians, 伊拉斯莫派 194

Ernle, Lord, (R. E. Prothero) 厄尔 279

Espieux, Henri, 埃斯皮优克斯 294-295
Esquires, 乡绅, 参见 Squires
Estado da India, 印度水邦 343, 另见 Goa, India
Estates, 三级会议, 另见 Parliamentary bodies (capitalist), 43, 97, 100-102, 106, 121, 151, 190, 194, 237, 243, 252, 270, 302, 304, 307, 310-311, 320-321, 324, 336, 另见 Manors, Tschiftliks
 encomienda, 委托监护制度 90-94, 99-100, 126, 190, 313, 336
 hacienda, 农场 190, 353
 latifundia, 大领地 92, 103, 162, 194
Estates-General, 等级会议, 参见 France; Netherlands, northern
Estonia, 爱沙尼亚 96
Ethiopia, 埃塞俄比亚 327
Ethnic groups, 同文同种的民族 67, 88, 118-119, 146-148, 另见 State, homogenization; Status-groups
Eunuchs, 宦官 54, 61-62
Eurasia, 欧亚大陆 52, 302-303
Europe, 欧洲 4-6, 17, 31-32, 34, 36, 38-39, 41, 44, 47-49, 51-52, 54, 56-57, 60-63, 70, 76-78, 81, 83-91, 97-98, 102, 107, 109, 114, 122, 128, 133, 136, 139-141, 143-144, 147-148, 155-157, 162, 168, 170, 175, 177-178, 183-185, 187, 190-194, 196-198, 200-201, 207, 209, 211, 214, 216, 219, 226-227, 230, 234-236, 244, 247, 257-259, 263-265, 268, 270, 272-274, 292, 296, 301, 303-309, 313-317, 319, 324-330, 332-333, 336-337, 340, 343-344, 349, 352, 357
central, 中欧 25, 27, 34, 40-41, 68, 104, 153, 173, 179, 181, 191, 198, 230, 233, 263, 271, 277, 280, 305, 336
cockpit of, 欧洲古战场 206, 另见 Netherlands, southern
dorsalspine of, 欧洲的背脊, 参见 Europe, old developed areas
east-central, 中东欧, 参见 Europe, eastern
eastern, 东欧 6, 27, 38, 42, 47, 68, 70, 82, 87, 90-92, 94-97, 99-100, 102-104, 106, 108, 110-113, 115, 117, 120-122, 147-149, 151, 153, 156, 181, 186, 211, 227, 230-231, 255-256, 270-271, 276, 280, 289, 302-324, 338, 353
expansion of, 欧洲的扩张 33, 38, 44, 46-49, 51-52, 54, 56, 59, 63, 84-85, 98, 165, 182, 191, 221, 262, 265, 325-326, 332, 另见 Agriculture, expansion of culivated areas
invasions of, 欧洲的侵略 39, 53, 97
northern, 北欧 33-34, 40, 43, 52-53, 70, 150, 156, 190, 220, 226, 231, 263-270, 277, 280, 341
northwest, 西北欧 17, 38, 40, 68, 70, 77, 87, 102-103, 106-107, 111, 116, 118, 121, 153, 156, 226, 263, 271-272, 281, 339, 341
southeastern, 东南欧 48, 89, 99
southern, 南欧 6, 77, 87, 101-102, 106, 122, 148, 153, 156, 231, 263, 270-272, 292

southwestern，西南欧 200

western，西欧 6，18，20-21，24，27，30，32-33，35，42，45，50，56，59，63，75，79，82，87，90，94-95，97，99-100，103，108，110，112，117，120，122，134，139，147-149，151，158，166，171，175，180，195，198，201，215，230，233-234，263，270，292，301-306，308-310，312-313，315，317，320-321，323，325，353，另见 West，the

Everitt，Alan，埃弗里特 141，228，248，252-253

Eversley，D. E. C.，埃弗利 221，262

Expansion，参见 Agriculture，expansion of cultivated areas；Europe，expansion of；Population，expansion of；Traed，expansion of

Export economies，出口经济 188，另见 Colonies，economic；Periphery

External arena，外部竞争场 89，301，307-308，332，334，336-337，339，350

External economies，外部经济 125

Extremadura，埃克斯塔马杜拉 103，192

F

Fabrics，纤维，参见 Textiles

Fâcherie，分成清算制，参见 Sharecropping

Fairs，事务 167，182-184，193，215，218，另见 Trade

Falls，Cyril，佛尔斯 281

Famines，饥荒，参见 Food，shortage of

Fanfani，Amintore，范法尼 171，221

Fanon，Frantz，法农 177

Far East，远东，参见 Orient

Farmers，农夫 141，24，258-259，354，另见 Gentry，Landlords，Peasants

capitalist，122，246，251，255，258-259，289，352-353，另见 Agriculture，capitalist

yeomen，自耕农 83，86-87，107-108，110，115-116，125，128，142，157，177-178，191，195，237，240-241，244，246，248-249，251-253，255-256，295，另见 Husbandmen，Gentry

Feitoria，商站，参见 Tradingposts

Ferdinand and Isabella，King and Queen of Spain，菲迪南和伊莎贝拉 29，166-167，193

Feudal order，封建主义，参见 Feudalism

Feudalism，17-18，20，23-24，28-30，35-38，42，51，57-59，61-63，90-94，101，110，113，124，126，128，136-137，146-147，157，159，166-167，172，181，195，203，220-221，231，247，252，283，286，288，293，303，307，309，315-318，335-336，354，另见 Manor，Seigniors，Serfs

crisis of，封建主义危机 21，23，33，37-38，48，51-52，56，114，127，135，157

feudal-absolutist order，封建秩序 283

feudal lords，封建领主，参见 Seigniors

feudal'rents，封建地租，参见 Feudalism，feudal dues

feudalization of bourgeoisie，中产阶级封建制度，参见 Bourgeoisie，feuda-lization of

Feudatori，土地所有者，参见 Seigniors

Field entrenchments，土地防御工事 29

Financiers，金融业者 28，105，121，129，180，183，192-195，200，214，227，285，295，310-311，314，另见 Banking; Bourgeoisie; Merchants, merchant-bankers; Money

Finberg，H. P. R.，芬伯格 8

Fish，鱼 43-44，281，333，另见 Food

Fish-breeding (in ponds)，养殖鱼业（池塘）324

Fisher，F. J.，费舍尔 110，116，152，227，233，240，261，275，280，282

Fir，枞树 45，另见 Wood

Firearms，枪炮，参见 Armaments

Firewood，柴薪，参见 Fuel

Fiscalism，参见 State，财政主义 fiscalism

Fisher，Irving，费舍尔 71-72

Fisheries，渔场 35，96，192，200，212，281，326，336

Fishermen，渔夫 121，192

Fishing fleets，渔港 264

Flanders，佛兰德 24，42-43，47，49，68，81，96，123-124，141，150，165-166，173-175，177，179，183-187，193，204，206，208，211，213，225，227，229-230，261，325，另见 Europe, old developed areas; Low Countries; Netherlands, southern

Flax，亚麻 200-201，253，306

Fleet，舰队，参见 Navy

Florence，佛罗伦萨 39，129，138，156，172，176，180，183，216，218

Florida，佛罗里达 342

Fluyt，三桅小商船 212，265，另见 Industries, shipbuilding; War, naval technology; Transport, maritime

Flyboat，飞船，参见 Fluyt

Fodder，秣草，参见 Forage

Food，粮食 21，42-44，51，53，75，86，100，118，141，199-200，227，249，267，281，292，322，333，另见 Cereals, Fish, Meat, Staples calories，卡路里 42-43，56

fats，脂肪 35，43

processed food products，食品加工产品 79

proteins，蛋白质 35，44，51，96

shortage of，粮食短缺 21，25，35-36，76，101，107，110，118，142-143，189，199，212，217-218，267，292，318，326

Forage，牛马饲料 23，75，101-102

Foust，C. M.，佛斯特 320，323

Force，(natural) monopoly of，自然地武力独占，参见 State，force

Forced wage-labor，强制薪资劳工，参见 Coerced labor, forced wage-labor

Forest areas，森林区，参见 Woodlands

Forest crafts，木业工会 253

Forest products，森林产品 78，另见 Wood

Forster，Robert，佛斯特 181

Fourastié，Jean，佛瑞斯蒂 79

Fox，P.，福克斯 155

Franche-Comté，弗朗什-孔泰 125，170，226

France，法兰西 6，23-26，29，32，40，46-47，51，75，77-79，81，83-84，95，97，99，105-107，109，113-115，126，129，136-141，147，152-153，169-173，181-184，187，189，191-193，196-199，201，205，207，210，213-214，219-220，225-227，231，233-234，241，254，256-258，

260-269，271-273，276，280-297，308，312，316，324，335-336，340-341，352

central，法国中部 268，293

Estates-General，等级会议 181

French Fury，法国愤怒 209，另见 Revolution, Netherlands

Fronde，投石党 284，287，296

 manufactures royales，皇家工厂 290

 northern（northeast），北法 106，108，113，127，230，263-264，268，294，296

 southern，南法 70，89，103，106-107，113，150，247，264，267-268，287，294，另见 Languedoc, Occitania, Provence

 southwest，西南法 293

 Wars of Religion，宗教战争 184，210，261-263，266-269，285，288，292-294

 Western（northwest），西方 32，262-264，269，293-294，296

Francis I, King of France，弗朗西斯一世 137-138，170-171

Francis II, King of France，弗朗西斯二世 266

François, Michel，弗朗索瓦 171

Frank, André Gunder，弗兰克 98，126，188，190

Frankfurt，法兰克福 19

Free labor，自由劳工，参见 Workers

Free trade，自由贸易，参见 Trade, free

Freeholder，完全地产拥有者 246，251，另见 Farmers, yeomen

Fried, Fercünand，弗雷德 16

Fried, Morton，弗雷德 98

Friedrich, Carl J.，弗雷德里希 197，213

Friis, Astrid，弗里斯 198，274-276，279

Frisia，弗里西亚 24

Fronde，投石党，参见 France, Fronde

Frontiers，边界 21，38，46，98，111，117，128，148，308，314-316，324

 internal，内部边界，参见 Agriculture, expansion of cultivated areas

Fuel，燃料 42，45，127，281，另见 Coal, Wood

Fuggers，福格家族 134，140，173-176，186，193，200，214，341，另见 Merchants, merchant houses

Fulling mills，229，织布工业，另见 Industries, textile

Furs，毛皮 96，201，306，308

Furtado, Celso，富尔塔多 89，94，301，336，340

G

Gabor, Bethlen，加博 304

Galway，高尔韦 257

Galileo，伽利略 53

Garden products, see Agriculture, horticulture

Gascony，加斯科尼 139，196

Gaul,（Roman），高卢 294

Gay, Edwin F.，盖伊 254

Gdańsk，格但斯克 96，121-122，129，180，323-324

Gemblours，赌徒 206

Geneva，日内瓦 206

Génicot, Léopold，热尼科 31，134，141

Genoa，热那亚 39-40，43，49-50，52，121，129，150，165，168-169，172-173，177，180，183，192，195，211，

214-215, 218, 220-221, 231, 271, 295, 340

Gentlemen, 绅士 236, 240, 244, 246, 251, 289, 另见 Gentry

of pen and lak, 笔墨绅士, 参见 State, bureaucracy

Gentry, 乡绅 95, 115, 151, 154, 182, 192, 235-246, 248, 251, 256, 258, 267, 278, 289, 297, 310, 316, 320-323, 352, 另见 Farmers, capitalist; Farmers, yeomen; Landlords

stormover, 乡绅的政治反抗 235-248

Georgraphical expansion, 地理扩展, 参见 Europe, expansion of; Europe, expansion of; Russia, expansion of

Germanies, the, 德意志诸邦, 参见 Germany

Germany, 德国 6, 24-25, 32, 34, 38, 47, 70, 91, 95-96, 99, 118-119, 121, 139, 147-148, 152-155, 170, 172, 174, 177-178, 186-187, 198, 201, 214, 219-220, 227, 231, 233, 261-263, 266, 268-269, 277, 285, 291, 311-312, 323-234, 341, 353

east, 东德, 参见 Germany, East Elbia

East Elbia, 东易北河 68, 91, 94-96, 114, 118, 159, 227, 311-312, 321-323

German Empire, 德意志帝国, 参见 Empire, Holy Roman

northeast, 东北部, 参见 Germany, East Elbia

northern, 北部 37, 另见 Hanse, the

northwestern, 西北部 27

principalities of, 德意志公国 29, 198

southern (south), 南部 83, 123, 125, 155, 165, 170, 173-175, 177, 186, 196, 226, 233, 323, 352, 另见 Europe, old developed areas; Trade, transcontinental

southwest, 西南 186

west (western), 西德 95, 233

Gerschenkron, Alexander, 格申克龙 313-314

Gerth, Hans, 葛思 57

Gestrin, Ferdo, 盖斯特林 95, 322-323

Geyl, Pieter, 盖尔 203-206, 210-211

Ghana, 加纳 39

Ghent, 根特 208-209, 另见 Pacification of Ghent 根特

Gibraltar, 直布罗陀 49

Gibson, Charles, 吉布森 91, 93

Gieysztor, Aleksander, 吉斯特 155

Gilbert, Humphrey, 吉尔伯特 88

Ginger, 333-334 另见 Spices

Glamann, Kristof, 格拉曼 76, 101, 213, 265, 271, 334, 336

Glass, D. V., 格拉斯 221, 262

Glendower, Owen, 格兰道尔 257

GNP, 国民生产毛额, 参见 State, gross national product

Goa, 果亚 200, 327, 329, 337

Godinho, Vitorino Magalhaes, 戈丁诺 41-42, 44-47, 49, 215, 327-331, 334, 337, 340-343

Goethe, Johann Wolfgang von, 歌德 178

Gold, 黄金 39-41, 70-72, 76, 78, 94, 128, 150, 168-169, 180, 183, 188, 195, 198, 200, 262, 271, 281, 301, 326, 329-330, 332, 335, 337, 另见 Bullion

Goldmann, Lucien, 哥德曼 287-288

González de Cellorigo, Martin, 冈萨雷斯 195

Gordon-Walker, P.C., 戈登沃克 98, 153-154

Gosti, 客商 323, 另见 Merchants

Goubert, Pierre, 古伯尔 262

Gould, J.D., 古尔德 125, 277

Grabowski, Thadée, 戈拉鲍斯基 154

Grain, 谷物, 参见 Cereals

Grain Coast, 谷物海岸, 参见 Africa, West

Gramsci, Antonio, 葛兰西 148

Granada, 格拉那达 39

Grandamy, René, 格兰达米 79

Gras, N.S.B., 葛拉斯 228

Gravelines, 格拉夫林 205

Gray, H.L., 格雷 230

Grease, 油脂 306

Great Britain, 大不列颠 6, 88, 140, 192, 233-234, 260, 281, 354, 另见 England, Scotland, Wales

Great Contract, 大契约 235, 另见 England

Great Rebuilding, the, 251, 另见 industries, construction

Great Wall, 长城 55

Greeks, 希腊 92, 331

Greene, Jack P., 181

Greenland, 格陵兰 34

Grenville, Richard, 格伦维尔 88

Gresham, Sir Thomas, 格雷瑟姆 185

Griffiths, Gordon, 格里夫斯 206

Guanches, 关切斯 89

Guatemala, 危地马拉 100, 187-188

Guerilla country, 206

Guiana, 圭亚那 342

Guienne (Guyenne), 基恩 106, 230, 267, 293

Guilds, 行会 123-124, 134, 208, 220, 228, 237, 267, 269, 324, 另见 Workers, organizations
restrictions, 107, 229

Guillén Martinez, Ferdinand, 吉兰 94, 99

Guinea, Gulf of, 几内亚 43, 168

Guicciardini, Francesco, 圭查尔狄尼 184

Gujeratis, 古吉拉特人 328

Gum, 树脂 45

Gunpowder, 火药, 参见 Munitions

Gustavus Adolphus, King of Sweden, 阿道尔夫, 瑞典国王 304, 307

Gutsherrschaft, 庄园主 95, 311, 321, 另见 Estate, (capitalist)

Gutswirtschaft, 领主地产 311, 另见 Manor

H

Habakkuk, H. John, 哈巴库克 140, 247-248, 255

Hainault, 埃诺 123, 208

Hall, A. Rupert, 霍尔 127-128

Hamburg, 汉堡 165, 175, 185, 211, 341

Hamilton, Earl J., 汉密尔顿 70-72, 74, 77-79, 82-84, 185

Hammarström, Ingrid, 哈马斯特罗姆 71-72

Handun, 罗姆手枪 28, 另见 Armaments

Handicrafts, 手工业者, 参见 Artisans

Hanse, the, 汉萨 19-20, 40, 43, 68, 96, 121, 147, 150, 183, 201, 211, 229-230, 275

Hapsburg dynasty (empire), 哈布斯堡王朝, 参见 Empire, Hapsburg

Harrington, James, 哈林顿 242

Harrison, J.B., 哈里逊 216, 336, 343

Harriss, G. L., 哈里斯 232

Hartung, Fr., 哈通 32－33, 96, 133, 137, 144, 161

Harvests, bad, 坏的收成, 参见 Food, shortage of

Hauser, Henri, 豪泽 68, 185, 199, 264, 266

Hawkins, John, 霍金斯 188

Heaton, Herbert, 希顿 212, 226

Heckscher, Eli F., 赫克谢尔 181, 226, 231, 233, 328

Heers, Jacques, 希尔 229, 231, 265

Helleiner, Karl, 赫雷纳 25, 34－36, 96, 117, 311

Helm, June, 赫尔姆 98

Hemp, 亨普 200, 253, 281, 306

Henrician administrative revolution, 亨利行政革命, 参见 State, bureaucracy, administative revolution

Henry II, King of England, 亨利二世（英国国王）231

Henry II, King of France, 亨利二世（法国国王）137, 266-267

Henry III, King of France, 亨利三世 268

Henry IV, King of Castile, 亨利四世（卡斯提尔国王）166

Henry IV, King of France, 亨利四世 32, 137, 268, 288, 290-291, 294

Henry VII, King of England, 亨利七世 29, 253

Henry VIII, King of England, 亨利八世 207, 242

Henry of Navarre, 参见 Henry IV, King of France

Hens War, 母鸡战争 327

Hero, prince as, 英雄式君主 145-146

Herring, 希林 201, 342, 另见 Fish

Hexter, J. H., 赫克斯特 235, 238-240, 242-245, 282-283

Hibbert, A. B., 希伯特 20

Highway robberies, 公路强盗, 参见 Banditry

Hill, Christopher, 希尔 152－153, 157, 161, 207, 232-234, 236, 239, 241-242, 244-245, 257, 283

Hilton, R. H., 希尔顿 23－24, 42, 255, 305, 315

Hinton, R. W. K., 欣顿 259, 276－277, 283

Hippocras, 希波克拉斯 44

Hirsch, Walter, 赫希 29-30

Hispania, 西班牙, 参见 Spain

Hispaniola, 小西班牙 335, 另见 Antilles

Hobsbawm, E. J., 霍布斯鲍姆 219-220

Hohenstaufen dynasty, 霍亨斯陶芬王朝 172, 另见 Empire, Holy Roman

Hohenzollern dynasty, 霍亨索伦王朝 311

Holland 荷兰（若非涉及国家，则请参考 Netherlands, northern）, 180, 204－206, 211, 213, 280

Holstein, 霍尔斯坦 307

Holy Roman Empire, 神圣罗马帝国, 请参见 Empire Holy Roman

Hondschoote, 洪德斯库特 226

Honjo, Eijiro, 所荣次郎 343

Hopkins, Sheila V., 霍普金斯 77, 79, 81-82, 118

Horned beasts, 有角兽 155

Horticulture, 园艺, 参见 Agriculture, horticulture

Horsemen, 骑兵, 参见 Cavalry

Horses, 马匹 45, 47, 75, 305, 另见

索 引

Livestock
Hoskins, W. G., 霍斯金斯 251
Hoszowski, Stanislaw, 霍斯佐斯基 96-97, 304-305, 322-323
Housing, 供给住宅 251
Hudson, G. F., 赫德森 55, 57
Huguenots, 胡格诺派 196, 266-268, 294, 另见 Calvinism
Humanism, 人文主义 156
Hundred Years War, 百年战争 21, 28, 50, 150, 183, 230, 295, 另见 War
Hungary, 匈牙利 41, 94-97, 148, 153, 155, 159, 170, 244, 301, 307
  northern, 北匈, 参见 Slovakia
Hunting and gathering, 狩猎及采集 98
Hurstfield, J., 赫斯特菲尔德 158, 234, 245-246, 266-268
Husbandmen, 农民 246, 251, 253, 另见 Cottagers; Farmers, yeomen
Hydraulic power, 水力 41

I

Iberian peninsula, 伊比利亚半岛 45-50, 68, 96, 117, 121, 151, 166-167, 169, 180, 183, 195, 210, 213, 231, 326, 335, 338, 341-342, 344, 另见 Portugal, Spain
Iceland, 冰岛 34, 281
Ideology, 意识形态 4, 67, 86, 144-145, 147, 283, 288, 356
Ile de France, 法兰西岛, 参见 Paris
Immigration, 移民, 参见 Migration
Imperialism, 帝国主义, 参见 Empire, imperialism
Incas, 印加 170, 338
India, 印度 6, 30, 39-40, 49, 58, 211, 216, 319, 326-327, 329-330, 334, 337, 340, 343, 另见 Orient; Trade, Indian
  Maharadja or Great Moguls, 大莫卧儿大君 58
  western coast of, 印度西岸 327
Indian Ocean (areas), 印度洋 54-55, 68, 274, 302, 327-329, 331-332, 337, 341
Indians (与"西部"有关者), 印第安人, 参考 Amerindians
Indies, 东印度群岛 326, 336, 338, 另见 Orient East, 东印度 30, 337, 342, 另见 Orient
  West, 西印度, 参见 Antilles
Indigo, 靛青 100
Individualism, 个人主义 61-62, 67, 154
Indo-China, 印度支那 343
Indonesian archipelago, 印度尼西亚群岛 56, 343
Industrial Revolution, 工业革命 120, 198, 332, 343
  "first," 102, 226-227, 231, 260, 274, 另见 England
Industrialism, 工业主义, 参见 Industries
Industrialists, 工业家 119, 122-125, 151, 160, 180, 226, 290, 354, 另见 Bourgeoisie, Industries, Manufactured goods
Industrialization, 工业化, 参见 Industries
Industries, 工业 10, 24, 53, 75, 85-86, 92, 98, 102, 110-111, 116-118, 121-123, 126-127, 149, 155, 160, 171, 183, 186, 188, 190-192, 198, 200-201, 217-220, 225, 234, 246-247, 260, 264-265, 269, 274, 278-279, 286, 291, 293, 296-297,

305, 312, 321-322, 324, 另见 Manufactured goods

brewery, 啤酒厂 324

construction, 工业建筑 83, 192, 251, 另见 Wood

cottage, 农舍 269, 324

deindustrialization, 非工业化 275, 279

geographical distribution of, 工业的地理分配 225-226

glassworks, 玻璃工业 123

iron, 铁工业 281, 312, 324, 另见 Iron; Industries, metallurgical

luxury, 奢侈品工业 82, 122-124, 166, 226, 290-292

machinery, 机械工业 83

metallurgical, 冶金工业 102, 123, 226, 238, 260, 281

military equipment and ordnance, 军事装备枪炮工业 83, 161, 260, 另见 Armaments, Army, Munitions

mining, 矿业 40-41, 86, 88, 90, 92, 99-100, 102, 153, 173, 179, 187-188, 190-192, 194, 198, 201, 214, 225-226, 238, 260, 270, 324, 329, 335, 337, 另见 Gold, Salt, Silver

putting-out system, 生产系统 324

rural, 乡村的 124, 220, 228-229, 324

shipbuilding, 造船工业 45, 75, 83, 192, 200, 212, 219-220, 225, 254, 281, 290, 另见 Navy; Tran-sport, maritime; Wood

silk, 丝工业 191, 另见 Silk

steel, 226 钢铁工业

tanning, 制革工业 75, 281, 另见 Leather, leather goods textile（cloth）, 纺织工业 26, 28, 45, 102, 110, 123, 125, 150, 166, 176, 191, 219-220, 228-231, 248, 252, 274, 276-280, 335, 另见 Textiles

wood products, 木材生产 123, 260, 281

Infantry, 步兵团 28, 134, 139, 另见 Army

Inflation, 通货膨胀, 参见 Prices, rise of

Intendants, 总督 288

Inter Coetera, 共存中间线 335

Interest rates, 利率, 参见 Money, interest rates

Interlopers, 私商, 参见 Trade, interlopers

Internal colonization, 国内殖民, 参见 Colonies, internal colonization

Internationalism, 国际主义 184, 225

Internecine warfare among nobility, 贵族间的毁灭性战争, 参见 Seigniors, internecine warfare

Investments, 投资, 参见 Capitalism, investments

Iran, 伊朗, 参见 Persia

Ireland, 爱尔兰 38, 88, 182, 207, 228, 233, 257, 261, 281

Iron, 铁 99, 272, 另见 Industries, iron

Islam, 伊斯兰 20, 43-44, 48-49, 53, 56, 142, 150, 155, 158, 194-195, 197, 303, 314, 328-329, 339, 另见 Mediterranean, Islamic; Moors; Moriscos; Moslem world

Italy, （northern）, 意大利 17, 19, 24, 28, 37, 40, 45-47, 50, 68, 70, 81, 96, 99, 103-107, 122-123, 125, 129, 138-139, 147-150, 153, 155-156, 159-160, 165, 168-175, 177, 179, 183-184, 186-187, 190, 193, 196, 214-221, 226-227, 229-230,

262-263，265，275，280，287，314，323，340-341，352，另见 Europe，old developed areas；Florence；Genoa；Lombardy；Milan；Venice

central，意大利中部 81

decline of，意大利的衰微 216-221，285

southern，南意 38，88，142，221

Ivan III（the Great），Tsar of Russia，伊凡三世（伟大伊凡），俄国沙皇 306，314

Ivan IV（the Terrible），Tsar of Russia，伊凡四世（恐怖伊凡），俄国沙皇 170，315-317，319-320

Ivory，象牙 339

J

Jack-Hinton，Colin，杰克-欣顿 54

Jacobean era，詹姆斯时期 243，另见 James I

Jacobins，詹姆斯宾党人 206

Jacqueries，扎克雷起义 24，268，另见 Peasants，rebellions

James I，King of England，詹姆斯一世 238，243，259，281

Jansenism，约翰逊教徒 288，295，另见 Catholic Church

Japan，日本 55-56，60，301，329，337，342-343

Jara，Alvaro，加拉 89，93-94，99-100，168，170，189，337

Java，爪哇 54，342

Jeannin，Pierre，詹宁 76，101，111，175，201，211，264，272

Jesuits，耶稣会士，参见 Catholic Church，Jesuits

Jewels，珠宝 41，45

Jews，犹太人 92，118，147-151，167，193，195，211，341

expulsion of，驱逐犹太人 47，117，147，149，166，193-194

Portuguese，葡萄牙的犹太人 192，另见 Jews，Sephardic；Marranos

Sephardic，犹太后裔的 211，另见 Marranos

John II，King of Aragon，约翰二世，阿拉冈国王 166

John II，King of Portugal，约翰二世，葡萄牙国王 326

Johnsen，Oscar Albert，约翰逊 211

Joint-stock companies，合股公司，参见 Companies，joint-stock

Jones，E. L.，琼斯 85，118

Jones，P. J.，琼斯 217

Journeymen，旅人 267

Junkers，普鲁士年轻贵族（容克）91，95，160，310-311，另见 Aristocracy；Farmers，capitalist；Seigniors

Junks，中国大帆船，参见 Transport，maritime

K

Kazan，喀山 303

Kellenbenz，Herman，克伦本茨 273，301，341，342

Kent，肯特 111

Kerridge，Eric，柯立芝 78

Keynes，J. M.，凯恩斯 83，280-281

Kholop labor，农奴，参见 Coerced labor，cash-crop

Kiernan，V. G.，基尔南 33，139-140，146，157，196

Kiev，基辅 323

King，Gregory，金 251

King, the, 国王, 参见 State

Kingdon, Robert M., 金顿 208, 254

Kinglets, 小国之王 321, 另见 Aristocracy

King's household, 王室, 参见 State, bureaucracy

Kirchheimer, Otto, 克什海默 143

Klein, Julius, 克莱因 109, 116, 167, 191, 193-194

Klíma, A., 克里马 324

Kluchevsky, V.O., 克鲁契夫斯基 302-303, 313-315, 319, 322

Kniazhata, 贵族 320, 另见 Aristocracy

Knights, 骑士 240, 243, 267, 289

Kobata, A., 科巴塔 329

Königsberg, 柯尼斯堡 154, 322

Koenigsberger, H.G., 柯尼希斯贝格 179-180, 195, 203, 206-209, 215, 221, 267-268, 292, 294

Kongo, 刚果 339

Korea, 朝鲜 55

Kormlenie system, 食邑制度 316, 另见 Taxes, tax-farming

Kosminsky, E., 科斯明斯基 23-24, 27-28, 69, 112

Kossman, E.H., 科斯曼 42, 200, 202

Kovacevic, Desanka, 科夫塞维奇 40

Kula, Witold, 库拉 101

Kulaki, 富农 249, 另见 peasants

Kuznets, Simon, 库兹奈特 162

L

Labor, 劳动

　division of, 劳动分工, 另见 Capitalism, World-economy European or international, 欧洲或国际劳工 63, 67-129, 139, 157, 162, 200, 276, 290, 302, 307, 332, 349, 335-357

　national, 国际劳工 281, 354

　shortage of, 劳工短缺 26, 135, 295

Labor control, modes of, 劳动控制 38, 84, 87, 90, 92, 99-100, 102-103, 116, 127, 162, 另见 Coerced labor; Farmers, tenant, Laborers; Sharecropping; Slavery

Labor force, 劳动力, 参见 Workers

Laborers, (common), 劳动者（一般）251, 268, 275, 307

　migratory, 迁徙 117

　rural, 乡村的 86, 91, 93, 99, 113, 117, 120, 142, 157, 192, 194, 246, 251-253, 另见 Coerced labor, Cottagers, Farmers, Husbandmen, Peasants

　seasonal wage-workers, 季节佣工 256

　urban, 市区劳工, 参见 Workers

Labrador, 拉布拉多 96

Lace, 花边 324

Lach, Donald F., 拉什 328, 330-331

Laclau(h), Ernesto, 拉克洛 126

Ladero Quesada, Miguel Angel, 奎塞达 169

Lake district (England), 湖区 229

Lancaster, House of, 兰开斯特家族 243

Land/labor ratio, 土地劳力比 69, 104, 107, 112

Landlords, 地主 18, 58-59, 62, 78, 83, 93, 95, 99, 101, 107, 115, 122, 124, 157, 234-235, 238-242, 244, 246-248, 255, 258, 302, 305, 313, 321, 356, 另见 Farmers, capitalist; Gentry; Seigniors

Landowners, 地主, 参见 Seigniors; Landlords

Lane, Frederic C., 莱恩 16, 45, 51, 120, 135, 140, 215, 220, 332, 334, 339-340

Language, 语言 353-354

Languedoc, 朗格多克 101-102, 106, 267, 295, 另见 France, southern

Lapeyre, Henri, 拉培瑞 194, 206

Larraz, José, 拉瑞兹 166, 213

Laskowski, Otton, 拉斯考斯基 139

Laslett, Peter, 拉斯莱特 251

Latifundia, 大地产、大庄园, 参见 Estates, latifundia

Latimer, Hugh, Bishop of Worcester, 拉蒂默 251

Latin America, 拉丁美洲, 参见 America, Latin

Latins, 拉丁文 43, 另见 italy, (northern)

Lattimore, Owen, 拉铁摩尔 21, 61, 98, 246

Lawyers, 律师 248, 258, 另见 Professions, members of

Lease, 租佃, 参见 Tenure

Leaseholder, 佃租人, 参见 Farme, tenant

Leather, 皮毛 108-109, 227, 281, 337, 另见 Industries, tanning; leather goods

Leather goods, 皮毛货 305

Lefebvre, Henri, 勒费弗尔 26, 90

Leghorn, 里窝那 217

Legitimacy, 法制, 参见 State, legitimacy

Lenin, V. I., 列宁 120

Le Roy Ladurie, Emmanuel, 拉杜里 25, 35, 101-102, 221, 268, 287, 312

Levant, 利凡特 19, 39-40, 43, 85, 89, 171, 173, 215, 218, 274, 317, 325-326, 336, 339, 另见 Empire, Ottoman; Mediterranean, eastern; Orient; Trade, Levantine Levellers, 平等主义者 209

Levenson, Joseph R., 利文森 59

Lewis, Archibald R., 刘易斯 38, 48, 135

Lewis, Bernard, 刘易斯 325

Liberalism, 自由主义 135, 144, 243

Liège, 列日 83, 206, 226

Lima, 利马 189-190

Liquidity crisis, 动产危机, 参见 Money, liquidity crisis

Lisbon, 里斯本 47, 49-50, 76, 165, 174, 183, 200, 327, 331, 336-337, 340-341

Lithuania, 立陶宛 94, 122, 148, 317, 319

Livermore, H. V., 利弗莫尔 46, 327, 329

Livestock, 家畜 44-45, 106-109, 159, 188-189, 另见 Agriculture, pasturage; Cattle; Dairy products; Horses; Meat; Mules; Sheep

Livonia, 利沃尼亚 307, 321

Livonian War, 利沃尼亚战争 316-319

Locher, T. J. G., 洛赫尔 8

Lockhart, James, 洛克哈特 190

Lockwood, David, 洛克伍德 29-30

Loire, 卢瓦尔 263

Lombardy, 伦巴底 92, 129, 149, 173

Lonchay, H., 朗彻 176, 205, 215

London, 伦敦 111, 116, 205, 226-227, 231, 233, 236, 261, 296

Long bow, 长弓 28

Lopez, R. S., 洛佩兹 40, 72, 171, 173, 221

Lords, 领主, 参见 Seigniors, Aristocracy

Lorraine, 洛林 125

Louis XI, King of France, 路易十一世 29, 139, 182

Louis XII, King of France, 路易十二世 137, 171

Louis XIII, King of France, 路易十三世 137, 269, 294

Louis XIV, King of France, 路易十四世 47, 264, 285, 291

Low Countries, 低地国家 43, 70, 75, 96, 123, 129, 170-172, 175-176, 179-181, 184, 186, 198-205, 285, 210, 213, 215-217, 229-230, 263-265, 267, 335, 352

Lubimenko, Inna, 卢比曼科 316

Lublinskaya, A. D., 卢布林斯卡亚 115, 158, 174, 262, 271-272, 285, 290-291, 294, 320

Ludloff, R., 鲁德路夫 187

Lübeck, 吕贝克 213

Lütge, Friedrich, 吕特格 293, 311

Lumpenproletariat, 流氓无产阶级 139, 208-209, 250, 256, 293

Luther, Martin, 路德, 参见 Lutheranism

Lutheranism, 路德教派 153-156, 177, 186, 197, 271, 另见 Christianity, Protestantism

Luttrell, Anthony, 勒特雷尔 43-44, 89

Luxury goods, 奢侈品 305-306, 329, 333, 另见 Trade, luxury; Industries, luxury

Luzzatto, Gino, 卢札托 172-173, 186, 233

Lwow, 利沃夫 327

Lyahchenko, Peter I., 拉什琴柯 316, 318

Lybyer, A. H., 里拜尔 325, 340

Lyon, 里昂 129, 155, 165, 175-176, 183-184, 262-263, 266

Lythe, S. G. E., 里斯 228, 253, 264, 281

M

Macao, 澳门 329, 343

McCracken, Eileen, 281

McGann, Thomas F., 48

Machiavelli, 马基雅维利 145

Macurek, J., 麦丘里克 324

Maczak, Antoni, 马查克 310

Madeira, 马德拉 43-44, 50, 88

Madrigal, 马德里加尔 166

Maestrazgos, 骑士团成员 193, 另见 Agriculture, pasturage

Magellan, Ferdinand, 麦哲伦 183, 335

Magistrates, 长官, 参见 Notables

Magnates, 大地主 243, 309, 320-321, 另见 Aristocracy

Maidstone, 梅德斯通 248

Maina, 马伊纳 19

Maître des requêtes, 行政法院审查官 284, 288

Majorca, 马略尔卡 24

Malacca, 马六甲海峡 327, 311
Straits of, 327, 339, 342

Malaga, 马拉加 118

Malaguette, 44, 333-334, 另见 Pepper

Malaria, 疟疾 217

Malowist, Marian, 马洛维斯特 39, 43, 47, 95-96, 101, 121-123, 148, 151, 160, 168, 180, 228-229, 262, 306-308, 312, 317, 320, 322, 324

Malta, 马耳他 88

Mameluke sultans, 马木鲁克 325

Manchu dynasty, 清朝 59

Manchuria，东北（中国）61

Mandrou, Robert，芒德鲁 289，293-294

Manila，马尼拉 189，336，338

Manila Galleon，马尼拉大帆船 336-338

Mankov, A. G.，曼科夫 303-305，318，325

Manning, Brian，曼宁 235-276

Manors，领主 20，26-27，58，103，108，112，114，116，120，227-228，236，238，252，255，311

 manorial economy（system），领主经济，参见 Feudalism

 manorial reaction，参见 Seigniors, seigniorial reaction

 tenants，农奴，参见 Serfs

Manufactured goods，手工制品 305-306，308，322

Manumission，解放，参见 Serfs, liberation of

Maravedi，马拉维第 169，参见 Money, money of account（记账货币）

Maravall, José A.，马拉维尔 144-145，166-167

Marché，马尔凯 293

Margaret of Austria, Regent of the Netherlands，玛格丽特 207

Maria of Hungary，匈牙利的马利亚 176

Marian era（England），航海时期 267

Marine insurance，海上保险 212，另见 Transport, maritime

Market-economy，市场经济，参见 Money money-economy

Markets，市场，参见 Trade

Marranos，中世纪被迫改教的犹太人 151，194，另见 Jews, Sephardic

Marrero, Manuela，马列罗 169

Marseilles，马赛 295，336

Marx, Karl，马克思 77，82，106-108，116-118，123，126，129，167，237，247

Marxism，马克思主义 126，135，209 236-237，239，241，243，283

Mary, Queen of Scots，玛丽（苏格兰女王）207

Masefield, G. B.，梅斯菲尔德 43-45，88

Massari，地产管理人 142，另见 Farmers, yeomen

Mattingly, Garrett，马丁利 17，171

Mauro, François，莫罗 86，102，120，125，226，327

Mavrodin, V. V.，马夫罗丁 305

Mazarin, Jules, Cardinal，马札林 284

Meat，肉类 36，43-44，56，101，108-109，250，333，另见 Food, Livestock

Mecca, Straits of,（Red Sea），麦加 340

Mecklenburg，梅克伦堡 119，303，307

Medebach，麦德巴赫 19

Medical practitioners，医药从业者 258，另见 Professions, members of

Medicine，医药 333

Medina del Campo，麦地那坎波 193

Mediterranean（region），地中海（地区）32，39，43，52，57，83，89，129，142，147，156，168-170，179，183，194，201，211，216-218，221，263，272，276，279-280，287，330，333，336，另见 Africa, north, Europe, southern; Levant; Trade, Mediterranean

 Christian，基督教 68，70，100，153，168，221，264，另见 Christianity

 eastern，东方 43，215，218，280，325，339，另见 Levant

 Islamic，伊斯兰 50-51，另见 Islam,

Moslem world island，地中海岛屿 42，45，88-89，333

western，西方 47，218，280

Meilink-Roelofsz, M. A.，迈林克-罗洛夫茨 55-56，330-331

Mercanti di campagna，160，另见 Merchants

Mercantile marine，商船，参见 Transport，Maritime

Mercantilism，重商主义，参见 State，mercantilism

Mercenary armies，佣兵军队，参见 Army，mercenaries

Merchant Adventurers of London, Fellowship of，伦敦商人冒险家同业公会 230，275，另见 Companies

Merchants，商人 19，28，46-47，50，56，100，102，119-122，124-156，129，133，141，147-151，156-157，160-161，167，174-176，182-183，186，188，193-194，200，205，209，211，213-215，221，226-227，229-230，233，236，244-245，248，251，258，267，275-276，285，289-290，296-297，303-305，309-310，312，317，321，323，327-330，332，334，337，340-341，349，354，另见 Bourgeoisie，Trade

capital，资本，参见 Capitalism，merchants'capital

foreign，外来的，参见 Bourgeoisis，foreign

indigenous，本地的，参见 Bourgeoisie，foreign indigenous

merchant-bankers，商业银行员 46，186，218，243，310，另见 Financiers

merchant（-banking）houses，商行 121，134，173，176，184，187，193，197，324，352

shopkeepers，店员 267

Mercury，水银 80，170，188，190，337

Mesta，大牧羊主 102，110，165-167，193-194，另见 Sheep, sheep-farming

Mestizos，梅斯蒂索 87，94，100

Mestnichestvo，任官等级 314，320

Metal（s），金属 200，227，324，另见 Brass；Copper；Industries, metallurgical；Iron；Metal wares

Metal wares，金属器皿 305-306，308

Metallurgists，冶金师 261，另见 Industries，metallurgical

Métayage，土地分成收益者，参见 Sharecropping

Meuse，缪斯 104

Meuvret, Jean，穆夫雷 262，291-292

Mexico，墨西哥 68，89，93，179，187-189，329，336-338，357

Mexico City，墨西哥城 190

Mezzadria，分益耕种制，参见 Sharecropping

Michael, Tsar of Russia，米哈伊尔，俄国沙皇 319-320

Midlands，密德兰 111，251

Middle East，中东，参见 Levant

Migration，移民 109，117-119，189，191，196，206，253，261，281，302，314

Milan，米兰 40，160，170，172，185，216，219-220

Military expenditure，军事经费，参见 War, economic aspects of

Military orders，军事秩序 109，134，160，193

Miller, A., 米勒 316

Miller, Edward, 米勒 31, 135, 150, 182, 229

Minchinton, W. E., 明钦顿 275

Ming dynasty, 明朝 55, 59, 61-62, 329, 342

Mining, 采矿业, 参见 Industries, mining

Minority groups, 小众 147, 另见 State, homogenization

Mints, 造币厂 46, 另见 Bullion; State, finances
 mint farmers, 46

Miranda, José, 米兰达 93-94

Miskimin, H. A., 米斯基敏 40, 72-75

Mita, 米塔, 参见 Coerced labor, forced wage-labor

Mollat, Michel, 莫拉特 17, 49, 220, 303, 306

Molnar, Erik, 穆尔纳 145, 155, 157-159

Moluccas, 摩鹿加群岛 339, 343, 另见 Indonesian archipelago

Monasteries, 修道院 192, 216-217, 306, 310, 314-315, 323, 另见 Catholic Church, Russian Orthodox Church
 dissolution of (confiscation of), 分裂 109, 160, 204, 234, 236, 239, 242, 249, 253, 311, 314-315

Money, 货币金钱 155, 231, 333, 另见 Banking, Bullion, Financiers
 balance of payments, 支出平衡 40, 278, 330
 bills of exchange, 交换货币 121, 214-215, 218
 circulation of, (velocity of), 流通 22, 29-30, 41, 58, 72-74, 77
 credit, 信贷 30, 74, 140, 148, 175-176, 185, 193, 195, 197-198, 212, 214, 218, 221, 231, 249, 274, 286, 311, 另见 Banking, Financiers
 debasement, 贬值 30-31, 45, 74-75
 devaluation, 贬值 271, 另见 Money, debasement
 financial centers, 金融中心 175-177, 183, 199, 212, 214-215, 262, 266
 illusions, 幻影 80
 imaginary, 想象, 参见 Money, money of account
 interest (rates), 利润 75-78, 125, 134, 160, 215, 271
 liquidity crisis, 动产危机 21-23
 manipulation of, 操纵 31
 metallic, 全民的 45, 另见 Bullion, Copper coins, Gold, Silver
 money-economy, 货币经济 18, 63, 120, 309, 311, 318
 money-market, 货币市场, 参见 Money, financial centers
 moneyof account, 计账货币 45-46, 76, 169
 quantity theory of, 计量经济 71-74, 77
 volume of 30, 72-75, 另见 Bullion

Mongols, 蒙古人 17, 39, 55, 61, 97, 303

Monoculture, 单一耕作 43, 102, 另见 Agriculture

Monomotapa, 莫诺莫塔帕 301, 另见 Africa, East

Monopolies, 大都会, 参见 Capitalism, monopolies

Moore, Barrington, Jr., 摩尔 244-245

Moors, 摩尔人 38-39, 48, 195, 另见 Islam Reconquista, Spain

Moravia, 摩拉维亚 95, 另见 Czechia

Morea, the, 摩里亚 88

Morineau, Michel, 莫里诺 76

Morison, Samuel Eliot, 莫里森 335

Morocco, 摩洛哥 32, 47, 49

Moslems, 穆斯林人, 参见 Islam

Mousnier, Roland, 穆斯尼尔 32-33, 61-62, 97, 133-134, 137, 144, 158, 161, 181, 269, 283-284, 286-289, 292-294

Mulattoes, 黑白混血儿 87, 100

Mules, 骡 45, 另见 Livestock

Munitions, 军需品 161, 260, 306, 另见 Armaments; Army; Industries, military equipment and ordnance

Munster, 蒙斯特 79

Murray, John J., 穆瑞 261

Muscovy, province or duchy of（也可参见 Russia）, 莫斯科公国 303, 314, 318

Muslins, 细薄棉布 301, 另见 Textiles, cloth

Myers, A. R., 迈尔斯 227-228

N

Nadal Jorge, 纳达尔 69, 73, 77-78, 185, 189, 192, 195

Nagai Horde, 诺盖帐汗 305

Namier, Sir Lewis, 纳米尔 207

Nanking, 南京 55

Nantes, Edict of, 南特敕令 184, 266

Naples, 那不勒斯 170, 185, 218, 311

Napoleon, 拿破仑 177

Nation-states, 民族国家, 参见 State, nation-states

National debt, 国债, 参见 State, debts

National economy, 国际经济, 参见 Trade, national markets

National society, 国际社会 7, 33, 232, 357

Nationalism, 国家主义 4-5, 61, 67, 145-146, 148, 156, 178, 186, 192, 197, 203, 205, 207-210, 225, 314, 352, 另见 Religion, religious nationalism

Naturale conomy, 自然经济, 参见 Agriculture, subsistence

Naturalism, 自然主义 67

Navy, 海军 45, 211, 278, 306, 327, 329-331, 另见 Industries, shipbuilding; War

Near East, 近东, 参见 Levant

Needham, Joseph, 李约瑟 53-54, 85

Nef, John U., 内夫 79, 83-84, 125, 174, 226-227, 260-261, 264, 267, 291

Negros, 黑人, 参见 Blacks

Nepal, 尼泊尔 140

Netherlands 尼德兰（如果涉及北尼德兰与南尼德兰, 可参见 Low Countries; 若仅指北部, 则可参见 Netherlands, northern）

Austrian, 澳洲, 参见 netherlads, southern

northern, 北尼德兰 32, 35, 45, 75, 81, 83-84, 91, 96, 107, 110-111, 122-123, 125, 153, 156, 181, 184, 190-192, 200-202, 204-214, 216, 218-220, 226, 228-229, 236, 241, 247, 256, 260, 262-263, 265-266, 271-277, 280, 286, 290-291, 294, 319,

323－324，328，331，336，339－342，352

southern，南尼德兰 83，125，152，181，187，199，202，205－206，226

Spanish，西班牙，参见 Netherlands, southern

Netherlands Revolution，尼德兰革命，参见 Revolution, Netherlands

New draperies，新布料，参见 Textiles, new draperies

New England，新英格兰 192，281

Newfoundland，纽芬兰 192，281，327

New Granada，新格拉纳达，参见 Colombia

New Monarchy，新君主政体，参见 Tudor monarchy

New Spain，新西班牙，参见 Mexico

New World，新世界，参见 America

Newcastle，纽加塞尔 226，260

Nobiles minores，小贵族，参见 Nobility, lesser

Nobility，贵族，参见 peers（for early modern period）；Seigniors（for medieval peri-od）；另见 Aristocracy

embourgeoisement of，资产阶级化 286

higher，高等贵族，参见 Aristocracy

younger sons of，旧贵族之子 202，239－240

Noblesse 贵族

de robe，穿袍贵族 58，284，288，292，296，另见 State, bureaucracy

territor-iale，参见 Aristocracy

Nordic 北欧

Norfolk，诺福克 237

Normandy，诺曼底 38，106，147，182，264，267－268，293，295

North, the，北方，参见 England, north

North, Douglass C.，诺思 22，109，112，161

North Sea，北海 183，201，211，217

Northampton，北安普敦 248

Northern Hemisphere，北半球 35

Norway，挪威 110，121，211－212，228

Notables, local，本地显贵 269，288，295，另见 Bourgeoisie；Farmers, capitalist；Peers；Seigniors

Notaries，公证人 248，另见 Professions, members of Nova Scotia，新斯科金 281

Novgorod，诺夫哥罗德 318，322，325

Nubia，努比亚 40

Nuremberg，纽伦堡 174，324

O

Oak，橡木 45，另见 Wood

Oak bark，橡木材 155

Occitania，奥西塔尼亚 32，294－296，另见 France, southern

Offices，官僚，参见 State, bureaucracy

Officiers，官员 284－285，288－289

Ohlin, Goran，欧林 160

Oil,（olive），油 191，218

Olives，橄榄 102

Olkusz，奥尔库什 155

Oman, Sir Charles，欧曼 29，139－140，171，206

Open economy，开放经济 146，151，269，304

Opium，鸦片 336

Oprichnina，禁卫军 317－319，另见 Ivan IV

Order，秩序，参见 State, order, internal

Orient，东方 41，52，68，170，200，

215-216，303，305，317，326，331-334，336，342，另见 China，India，Indies，Levant

Ormuz，霍尔姆兹 327

Ortegay Gasset，Jose，奥尔特加·加塞特 67

Ortel，奥特尔 176

Ots Capdequi，J. M.，欧兹 93-94

Oxen，牛，参见 Gattle

P

Pach，Zs. P.，帕赫 95，97，159，244

Pacific Ocean，太平洋 323

Pacification of Ghent，根特和约 204，206，另见 Revolution，Netherlands

Pagès，G.，佩吉斯 137，284，286，289

Palaces，宫殿 192，306

Palestine，巴勒斯坦 38

Panjab，旁遮普 140

Pannilar，K. M.，潘尼迦 49，332

Papacy，教皇权，参见 Catholic Church，Papacy

Paper mills，纸厂，参见 Industries，wood products

Paris，巴黎 27，118，182，208，262-263，267-268

Pariset，Georges，派瑞西 47

Parisian Basin，巴黎盆地 104

Parliament，members of，议会成员 288-289

Parliamentary bodies，议会团体 31，135，311

Parma，Duke of，帕尔玛公爵 185

Parry，J. H.，帕里 90，102，174，185，187，191，212，216，218，264，280-281，306，341

Parsons，Talcott，帕森斯 127

Parthians，帕提亚人 331

Party，transnational，超越国界的政党派，参见 Revolution，revolutionary movements

Pascu，S.，巴斯古 305

Pastoralism，田园风味，参见 Agriculture，pasturage

Patriciate，贵族阶级 20，86，140，155，209，289，323，另见 Bourgeoisie，Towns

Patrimonialism，世袭主义 29，58-60，92，115，309，315，另见 State，bureaucracy

Patto di ricorsa，背书汇兑票 218，另见 Money，credit

Paul IV，Pope，教皇保罗四世 205

Paulet，Charles，波莱 287

Paulette，官职税 287-288

Pauperization，double，双重贫困化 268

Paupers，贫民，参见 Poor，the

Payments，balance of，支出平衡，参见 Money，balance of payments

Pearl river，珍珠河 55

Peasants，农民 19，22-25，27-28，30，35-36，48，53，59，63，83，90-91，94-95，99，101，104-107，109，111，113，117，120，123-124，128，133，135，142-143，155，159，177，192，194-195，208，227，231，236-237，244，246-249，252-255，259，262，268，284，292-293，295，302，304，311-315，318，322，324，357，另见 Cottagers；Farmers；Husbandmen；Laborers，rural

Peasant economy，农民经济 18

Peasant rebellions（resistance），农民叛乱 23-24，29，35，37，50，86，103-

104，135，141-142，234-235，254-256，267，286，292-293，295，305，357，另见 Peasants' War, Slavery, slave rebellions

Peasants' War, 农民战争 24，140，177

Pedological conditions, 参见 Soil conditions

Peking, 北京 55

Pepper, 胡椒 44，273，326，328-329，331-336，340，另见 Malaguette, Spices

Percy family, Earls of Northumberland, 帕西家族，诺森伯兰伯爵 257

Pérez, Antonio, 佩雷兹 171

Periphery, 边缘 60，63，70，82，84，86，97，100-103，107，111，116，118，127-129，145，147-148，153，156，162，186，196-197，219，269，272，301，306-309，312，315，336，339，343，349-350，352-353，355，另见 World-economy

Perroy, Edouard, 佩罗伊 21-24，32，41，115，136

Persia, 波斯 16，301，305，319，327，329

Persian gulf, 波斯湾 327，340

Peru, 秘鲁 68，89，93，179，187-188，190，195，215，329

Pesez, Jean-Marie, 佩塞茨 25

Peter the Great, Tsar of Russia, 彼得大帝 306，320

Petrograd, 彼得格勒 206

Phelps-Brown, G. H., 费尔普斯-布朗 77，79，81-82，118

Philip II, King of Spain, 菲利普二世，西班牙国王 141，178，181，185，190-191，194-195，203-205，215，266

Philip III, King of Spain, 菲利普三世，西班牙国王 205

Philip IV, King of Spain, 菲利普四世，西班牙国王 205

Philip Augustus, King of France, 菲利普奥古斯都，法国国王 182

Philippines, 菲律宾 68，189，335-336，338，343

Picardy, 皮卡迪 139

Piedmont, 皮埃蒙特 221

Pierce, T. Jones, 皮尔斯 250

Pike, Ruth, 帕克 150，173

Pipe-making, 参见 Industries, metallurgical

Piracy, 海盗 55-56，142，211，218，276，280，334，另见 Banditry; Trade, interlopers

Pirnne, Henri, 皮朗 41，124，172，242

Pisa, 比萨 49，289

Plague, 瘟疫, 参见 Black Death, Epidemics

Plaisance, 普莱桑斯 176

Plantations, 大规模农场, 参见 Estates

Plebeians, 平民 208，286，293，另见 Bourgeoisie, petty; Lumpenproletariat; Workers

Plows, 犁 21，53，250

Plunder, 战利品 21，61，78，102，141，213，227，280，290，330，335-336，339，341

Plymouth, 普利茅斯 215

Pocock, J. G. A., 波卡克 283

Poitou, 普瓦图 106，295

Poland, 波兰 20，27，68，82，94-97，100-101，104，110，122，126，129，147-148，150，153-156，180，207，218，230，247，266，271，301-307，

310-313, 315-317, 319, 321-324, 354, 357
    local diets, 310
    Seym, 154, 310, 321-322, 另见 Parliamentary bodies tatute of King Alexander, 310
Polanyi, Karl, 波拉尼 254
Police, 警察, 参见 State, order
Pomerania, 波美拉尼亚 307
Pomestia, 领地制, 参见 Estates, pomestia
Ponant, 波南特, 参见 France, western
Poor, the, 贫者 118, 134, 141-142, 203, 207, 245, 276, 281-282, 另见 Classes, lower
Poor laws, 济贫法 254, 256, 261, 274
Population, 人口 62
    decline of (depopulation), 人口缩减 21, 25-29, 31, 34, 36-37, 69, 89, 101, 103-104, 107-108, 112, 178, 196, 227, 255, 272, 338
    density, 人口密度 21, 26-27, 100, 104, 109, 112, 198
    expansion of, 人口扩张 21, 24, 29, 34, 36, 37, 42, 48, 53, 56, 68, 98, 101-102, 104, 107, 116-118, 123, 128, 139, 142-143, 196, 198, 216, 227, 260-262, 302
    overpopulation (pressure, saturation), 人口膨胀 21, 34, 47-48, 57, 189, 196, 198, 261-262
Porchney, Boris, 波尔什涅夫 106, 157, 283-284, 286-290, 292-295, 305, 319
Portal, Roger, 波托尔 303
Portugal, 葡萄牙 38-39, 41-44, 47-52, 54, 56, 59-61, 68, 84, 90, 93, 96,

121, 149, 151, 165, 168-169, 173-175, 188, 192-193, 196, 198, 200-201, 215-216, 272-273, 301, 325-344
Postan, M. M., 波斯坦 18, 23, 27, 28, 46, 74-75, 111-112, 150, 160-161, 171, 227-230
Potosi, 波托西 337
Potter, G. R., 波特 201
Pounds, Norman J. G., 庞兹 35
Power, Eileen E., 鲍尔 228-230
Prague, 布拉格 259
Prawer, Joshua, 普劳尔 90
Prebendalism, 俸禄化 57, 60, 63, 314, 316
Preciosities, 参见 Trade, luxury
Precious metals, 贵金属, 参见 Bullion
Precious stones, 宝石 326, 329
Prester John, 普雷斯特约翰 326
Prestwick Minna, 289
Preussische Schlagwirtschaft, 普雷斯特维克·明纳, 参见 Agriculture, rotation systems
Prices, 价格 24, 230
Price Revolution, 价格革命, 参见 Prices, rise of
    rise of, 价格上涨 21-22, 26, 30, 68-80, 82-84, 105, 128-129, 143, 153-154, 179, 190, 193, 198, 203, 217, 220, 241, 255, 262, 264, 270, 272, 295, 302, 305, 311, 318
Primogeniture, 长子继承制, 参见 Tenure, primogeniture
Prince, the 君王（如果是州邑之首领，可参见 State；若是王国王子，则可参

索引

见 Aristocracy）

Private enterprise，私有企业，参见 Capitalism

Privateers，参见 Piracy

Privy Council，枢密院，参见 England, Privy Council

Productivity，22，24，35，38，42，53，75，85，90，101-102，105-106，117-118，161，193，249，272，334

Professions，专业

members of 专业成员 245，258，另见 Lawyers，Notaries，Scriveners

Profits，利益 23，31，34，47，60，73，75-76，78，81，84，94，99，100-102，107，109，111，120，122，125-126，135，169，188，213，216-217，244，248-249，271，273，281，286，290-291，305，312，328-330，334，336-338，341，354，357

windfall，77-78，83，125，170，281

Protection rent，保护租 16，90，135

Protectionism，保护主义，参见 State, mercantilism

Proteins，蛋白质，参见 Food, proteins

Protesantism，新教主义 47，151-156，160，177-178，185，192，194，204，206-207，209，211，233，236，262，266，268，310，353 另见 Christianity

Provence，普罗旺斯 32，103，106，267，295，另见 France, southern

Prussia，普鲁士 70，110，230，302，310，322，另见 Germany, East Elbia

East，东普鲁士 218

Pullan, Brian，普兰 81，216-217，219

Pyrenees，比利牛斯 142，193，196

Q

Quantity theory of money，金钱的量化理伦，参见 Money, quantity theory of

Quicksilver，金银 336

R

Radolfzell，拉道夫泽尔 19

Ragusa，拉古萨 45，218

Raisins，葡萄干 79

Ramsey, Peter，拉姆塞 108，228，251

Rau, Virginia，劳 49-50，340

Recife，勒西菲 335

Reclamation of waste，荒地开垦，参见 Agriculture, expan-sion of cultivated areas

Reconquista，光复运动 46-47，166-167，169，314，另见 Christianity, evangelization；Moors；Spain

Red Sea，红海 17，327

Reddaway, W. F.，雷德韦 155，311

Reddaways of Devon，德文的雷德威家族 251

Redlich, Fritz，雷德里克 78，119，140-141，160

Re-exports，再出口，参见 Trade, re-exports

Reformation，（宗教）改革 142，151，153-154，156，177，236，239，294，310-311，314，322，353，另见 Catholic Church, Counter-Reformation

Reformed party，改革派 206，另见 Calvinism；Revolution Netherlands

Reglá, Juan，雷格拉 150，194-196

Reichenau，赖兴瑙 19

Religion，宗教 47，67，206-208，263，

268，282，294，353-354，另见 Christianity，Jews，Islam
conversions，forced，宗教协议 151
religious enthusiasm，宗教狂热 48，另见 Crusades；Christianity，evangelization
religious nationalism，宗教国家化 155
religious polarization，宗教分裂 206
religious toleration，（lack of），宗教容忍的缺乏 148-149，194-195，204，211，266
religious uniformity，宗教同一化，参见 State，homogenization
theology，神学 152
Renaissance，文艺复兴 53，72，83，120，126，138，156，172，187，258-259，另见 Counter-Renaissance
Renouard，Yves，雷诺阿德 32
Rents，租金 22-23，36，78，81，90，94-95，106-108，114，117，124，133，155，234-235，239，247，249，264，268，273，295，311，另见 Feudalism，feudal dues
 capitalist ground rent，资本家地租 247
 fixed，固定租金 23，26，31，101，103，105，108，114，116，262
 money，租金 27，108-109，112-113，116，120，另见 Farmers，tenant
 rack-renting，244，251
 rentiers，出租人 21，75，95，114，148，160-161，293，另见 Landlords，Seigniors
 rent struggle，租金斗争 42，另见 Classes，class-struggle variable，多种 255
Restoration，复辟 296

Revah，I. S.，雷瓦哈 151
Reval，雷维尔 121
Revolution，革命 6，201-203，282
 bourgeois，中产阶级革命，参见 Revolution，social
 English，英国革命，参见 England，Civil War
 French，法国大革命 6，59，139，206，268，352
 national，国家革命 202，294
 Netherlands，尼德兰革命 181，186，201-211，214
 Puritan，清教革命，参见 England，Civil War
 revolutionary movements（parties），革命运动 205，207-208，268，294，353
 Russian，俄国革命 6
 semi-，亚革命 286
 social，社会革命 47，202，208-209，352
Reynolds，Robert L.，雷诺德 124，213，308
Rhine，莱茵 104
 country，莱茵地区 186，230，263，另见 Germany，west
Rhodes，罗德斯 88
Rice，米 56-57，63，另见 Food
Rich，E. E.，里奇 25，44，48，102，128，150，171，188，201，215，275，280，327
Richelieu，Armand de Wignerod，Cardinal，黎塞留 269，292
Riga，里加 121-122
Rio Cauca，考卡河 99
Risk-minimization（risk-sharing），危机减少化 105

Robertson, H. M., 罗伯森 269, 273, 333

Robinson, W. C., 罗宾逊 73-75

Rodenwaldt, Ernst, 罗登瓦尔特 34

Roman law, 罗马法 145

Roman republic, 罗马共和 154

Romano, Ruggiero, 罗曼诺 43, 76, 171, 216-217, 219, 271, 273

Rome 罗马
 ancient empire of, 古罗马帝国 16-17, 23, 63, 85, 88, 126-127
 Church, 罗马教堂, 参见 Catholic Church, Papacy
 cityof, 罗马城 79, 109, 143, 160, 另见 Italy, cen-tral

Roorda, D. J., 罗达 202, 209

Rope-making, 制绳业 200, 220

Rosenberg, Hans, 罗森伯格 95, 160, 311

Roth, Cecil, 罗斯 149

Roturiers, 平民, 参见 Commoners

Rouen, 鲁昂 176, 296

Rowse, A. L., 罗斯 88, 257, 266

Royal borrowing (debt, loans), 皇家借贷, 参见 State, debt

Royal finance, 皇家财政, 参见 State, finance

Rudder, 舵 54

Ruddock, Alwyn A., 鲁多克 229

Rugs, 皮毡 19

Ruiz Almansa, Javier, 阿曼萨 150

Rum, 朗姆酒 43

Rus, 俄国 314, 另见 Russia

Russia, 俄罗斯 17, 20, 39, 42, 68, 89, 94, 147, 155, 170, 212, 249, 274, 276, 301-325

Assembly Code of 1649 年, 大会法典, 315, 320

Code of, 1497, 1497 年法典 315

expansion of, 俄罗斯扩张 302-303, 308, 315-316, 323

great Russian plain, 大俄罗斯计划 314

northern, 北俄 323-324

southeast (European), 东南俄 313-314, 316, 324

"Time of Troubles," 混乱年代 319-320

Russian Orthodox Church, 俄罗斯东正教教会 155, 313-314, 另见 Christianity

Rye, 裸麦 218, 226, 另见 Cereals

S

Saffron, 番红花 336

Sahara, 撒哈拉 39

Sail, 航行 200

St. Augustine, 圣奥古斯丁 152

Saint-Quentin, 圣昆廷 205, 266-267

Salmon, J. H. M., 萨尔蒙 289, 292

Salt, 盐 96, 226, 264, 306, 323-324, 333, 342

Salt pans, 盐场 125

Salt peter, 硝酸肥料 161, 260

Samsonowicz, Henryk, 山姆森诺维兹 70

Sansom, George B., 桑塞姆 55-56, 326-327, 329

Santos, 桑托斯 335

São Jorge da Mina, 圣豪尔赫达米纳 168

São Tome, 圣多美 121

Sardinia, 撒丁尼亚 38, 70, 139, 170, 289

Savine, Alexander, 萨文 252

Savoy, Duke of, 萨伏依公爵 266

Sawmills, 锯木厂, 参见 Industries, wood

products

Saxony，萨克森 41，307

Sayous, André E.，塞欧斯 212

Scandinavia，斯堪的纳维亚 34，38，227，230，312

Scholliers, E.，斯科利尔斯 76

Schumpeter, Joseph A.，熊彼得 74－75，133－134，157－158，309

Schurz, Walter L.，舒兹 189

Science，科学 53－54，67

Scotland，苏格兰 38，83，111，153，205－206，228，253，264，281

Scottish borders，苏格兰边界 257

Scott, W. R.，斯考特 199

Scriveners，公证人 248，参见 Professions, members of

Scythians，西徐亚人 331

Sea raiders，海盗，参见 Piracy

Securities exchange，证券交易会，参见 Money, financial centers

Security, search for physical，安全 25，另见 State, order, internal

Sée, Henri，塞 120

Seigniors，封建领主 18，20，22，24，26－32，36，46－48，50－51，78，83，86，90－91，93－95，97，101，103－104，110－111，113－115，117，119－120，122，124，134－136，139，141－143，147，149，151，157－161，167，181，187，185－196，200，202，204，208－209，227，236，239－240，243－244，246，248－249，253，259，262－263，267－268，283，287－290，292－293，296－297，304－305，307，309－313，316－318，322－324，334，353，355，另见 Aristocracy, Landlords Statute of King Alexander，310

seigniorial income, decline in，领主收入 23，26，36，46－48，51，135，138，152，157，203，237

seigniorial reaction，领主制反动 95，109，115，142，273，285，287，296，302，313

seigniorial revenues，领主岁收，参见 Feudalism, feudaldues

Seigniory，领主的，参见 Manor

Sella, Domenico，塞拉 81，173，219－220，225－226，292

Semiperiphery，半边缘 63，82，84，101－103，107－108，116，142，148，151，153，156，162，178，190，196－197，221，287，315，349－350，353，另见 World-economy

Semiproletariat，半无产阶级，参见 Workers

Sender, Clemens，森德尔 174

Senegal，塞内加尔 40

Serbia，塞尔维亚 40

Serfs，农奴 20，24，113，117，126，252，311

liberation of，农奴解放 36，108，113－114，252

"second serfdom,"次生农奴制，参见 Coerced labor, cash-crop

"semi-serfs,"半农奴，参见 Sharecropping

Serraima Cirici, Enrique，塞莱马 196

Serrão, Joël，塞洛 43－44

Sesmo，西斯莫 94

Settlers，参见 Colonies, settlers

Seville，塞维利亚 45，69，165，170，173，176，178，183，192－193，199，

索 引

214-215，336-338，另见 Spain，Andalusia

Seym，中央立法机关议会，参见 Poland，Seym

Sharecropping，分成租佃制 103-107，113，264，287

Sheep，羊 106，108-110，112，165，188，279，305，另见 Livestock

sheep-farming，牧场 109-110，247-248，另见 Agriculture，pasturage；Mesta

sheepherders，牧羊人 191，251，另见 Farmers

Shipbuilding，造船业，参见 Industries，shipbuilding

Ships（shipping），船，参见 Transport，maritime

Shneidman，J. Lee，舍耐德曼 150

Shöffer，I.，舍费尔 206

Shortage of foodstuffs，粮食短缺，参见 Foods，shortage of

Siberia，西伯利亚 303，308，317，323

Sicily，西西里 38，43，88，149，170，179-180，185，218，221

Siemenski，J.，西蒙斯基 311

Sigismund I，King of Poland，西格斯蒙德 310

Silesia，西里西亚 94，302，307

Silk 丝

raw，生丝 92，329-330，337-338

textiles，丝织品，参见 Textiles，silk

Silver，白银 23，31，39-41，70-72，76，78，128，150，153，155，170，173，180，183，187，190-191，193，195，198，200，213，215，271，281，301，306，309，329-330，336-338，342，另见 Bullion

amalgam，汞合金 88，170，190

Simpson，Leslie Boyd，辛普森 89

Sxty-day world，六十天世界 16-17，338

Skeel，Caroline，史基尔 228

Skilled labor，技术劳工，参见 Workers

Skins，肤色 155，275

Slavery，奴隶 43-44，86-90，94，99-100，103-104，121，126，187，280，326，332，339，341，另见 Coerced labor

debt，债 313

slave rebellions，奴隶反叛 188

slave-trade，贩奴，参见 Trade，slave-trade

Slavs，斯拉夫人 38，114，119，148，227

Slicher van Bath，B. H.，斯里舍·范·巴特 18，21-24，35，42，44，69，75，79-80，96，108，110

Slovakia，斯洛伐克 324

Slovenia，斯洛文尼亚 95，322-323

Sluiter，Engel，斯鲁伊特 342

Smit，J. W.，斯密特 181，186，202-204，208-209

Smith，Adam，史密斯 279

Smith，R. E. F.，史密斯 305，315-316，318

Smith，Robert S.，史密斯 100

Smolar，Frank J.，Jr.，斯莫勒 201

Social struggle，社会斗争，参见 Classes，class-struggle

Social system，社会制度 7，11，15

Social welfare（legislation），社会福利，参见 Poor laws

Socialism，社会主义 348，351

Soldevila，Ferran，索尔德维拉 180

Soldiers，common，一般士兵 251，310

501

Solt, Leo F., 索特 207

Sombart, Werner, 桑巴特 211

"Sons of boyars," 贵族之子 320, 另见 Nobility, lesser

Sound, the, 桑德海峡 180, 200, 264, 另见 Baltic

South Africa, 南非 152

Sovereign state, 主权国家, 参见 State, nation-states

Spain, 西班牙 29, 32, 38, 43, 45, 47-51, 68-71, 74-75, 77-78, 82, 84, 88-90, 92-93, 100, 102, 108-110, 122-123, 129, 137, 147, 149, 151, 153, 160, 165-174, 177-182, 184-186, 198-207, 209-211, 213-216, 218, 228, 234, 245, 262-263, 270-273, 276, 278, 280-282, 287, 290-291, 294, 310-311, 314-315, 319, 325-326, 335-344, 另见 Castile

 Cortes, 议会 166, 179, 193, 另见 Parliamentary bodies

 decline of, 西班牙的衰微 165, 187, 191-196, 281-282

 Hispanic America, 西属美洲, 参见 America, Hispanic America

Spanish Armada, 西班牙舰队 194, 210, 261, 270

Spanish Empire, 西班牙帝国, 参见 Empire, Hapsburg

Spanish Fury, 西班牙的愤怒 185, 205, 另见 Revolution, Netherlands

Spanish Netherlands, 西属尼德兰, 参见 Netherlands, south-ern

Specie, 钱币, 参见 Bullion

Spice Islands, 香料群岛 169

Spices, 香料 39, 41-42, 44-45, 175, 201, 216, 230, 273, 301, 326, 328-334, 340, 另见 Pepper; Trade, spice

Spooner, Frank C., 斯普内 44, 71, 77, 117-118, 128-129, 198-199, 211, 214-215, 218, 235, 262, 270-272, 304, 312

Squatters, 侵占公地者 253

Squires, 乡绅 240-241, 243, 311

Stuatsvolk, 国民 146, 另见 Ethnic groups

Stagnation, 不景气 22, 24

Stahl, Henri H., 斯达尔 91-92

Standing army, 驻军, 参见 Army

Staple (emporium), 主要贸易中心 175, 212, 另见 Trading-posts

Staple (fiber), 人造纤维, 参见 Wool

Staples (products), 主要物产 42-43, 51, 111, 190, 230, 另见 Agriculture, capitalist

State, 国家 31, 46-47, 50-51, 59-60, 63, 80, 82, 84, 91-93, 99-100, 103-104, 109, 114-115, 117, 121, 133-151, 117, 121, 133-151, 154-155, 157-158, 161-162, 165-167, 173, 176, 178, 180, 182, 185-190, 193-197, 199, 202-209, 214, 227-228, 231-236, 239, 242-243, 246, 252, 254, 256, 258, 261, 263-264, 266-267, 269, 278, 282-297, 302, 307-311, 313-317, 319-323, 328, 330, 334-336, 338-344, 348, 356

 absolutism, 绝对主义 31-33, 115, 133-162, 178, 234, 257, 264, 269, 276, 283, 285, 287-288, 292, 309, 313, 320-321, 355

 aristocratic (*état nobiliaire*), 贵族国家 157

索 引

bankruptcy，破产 148，161，181，183-186，197，203，214，267，341，另见 State，debts，repudiation of banks，国家银行 139，另见 Banking

bureaucracy（civil），国家官僚 15，21，28-31，38，54，58-60，62-63，85-86，93，100，133-134，136-139，141，143-145，147，157，159，167-168，179-180，182，185，187-189，191-192，196-197，202，231-235，237，242-243，254，256-257，259，263，269，278，280，284-285，289，291-292，309-311，314，316-317，320，340-341，351，354-356，另见 China，Confucian mandarins

administrative revolution，行政革命 232-236

hereditary，世袭官僚 145，158

military，军事，参见 Army

sale of offices（venality），卖官 30，58，133，137-139，157，189，234，240，256，259，285-287，294，297，309，311

capital city，首都城市 233

centralization of，国家集权统一，参见 State，strengthening of

city-states，城市国家 15-17，29，57，67，129，138，142，148，165，168，171-173，196，198，214

confiscation，充公 30，133，315，317

court ceremonial，法庭仪式 146

customs（tariffs），关税 54-55，228，233，254，278，307，310，317，322-323

debts，国债 22，30-31，46，133-134，137-141，159，176，191，193，199，214，278，285，290，311

repudiation of，拒付国债 195

domains，royal，王室领地 31，135，151，182，234-235，259，310-311，322

finances（budget），国家财政 28，31，60，62，133，159，168，182，191，195-196，203，227，285，290，317，另见 Mints；State，debts；State，customs；Taxes

financial collapse，财务崩溃，参见 State，bankruptcy

fiscalism，财政主义 137-138，149，182，309，另见 State，finances

force，（monopoly of），武力 120，136，339，另见 Army

gross national product，国民生产毛额（G.N.P）197，274，334

homogenization，同质化 33，92，136，147，157，296，349，353

integration of，国家整合 146

judiciary，司法 114-115，182

legitimacy，合法性 137，143-144，146，356

mercantilism，重商主义 146，149，166，172，193-194，213-214，229，273，277-278，290，309，313

military power，军事力量，参见 Army

monopoly，国家专利 170，316

nation-states，民族国家 9，15，29，32-33，57，67，86，120，127，129，134，142，148，184，197，263，266，348，352

order，internal，国际秩序 28，134-135，141-142

per capita national income，261

revenues，国家岁收，参见 State, finances

state-machinery，国家机器，参见 State bureaucracy

statism，国家主义 67，133-162，197

strengthening of（strong），官僚强化 30，38，50，58，67，114，134，136，140，145-146，151，153，156，162，172，181-182，196，199，209，231，234，258，263-264，269，285，294，297，302，310，312，314-317，353-355

tax base，税基 148-149，176，180，199，309，311，316

weakening of，国家的削弱 17，60，97，197，309-311，317

Static expansion，国家的扩张 85

Statism，国家主义，参见 Dtate, statism

Status-groups，阶层群众 3，145，351，354，另见 Castes, Ethnic groups

formation，形成 353

solidarities，353，另见 Nationalism

Stein, Stanley J. & Barbara H.，斯坦 180，189-190，336

Stephens, W. B.，史蒂芬 278

Stock-farming，畜牧业，参见 Agriculture, pasturage

Stock-feed, winter，冬季畜牧 333

Stoianovich, Traian，斯托亚诺维奇 99

Stone, Lawrence，斯通 160，197，201，231，235，237-239，243-246，251，257-259，261，275-276，282-283

Stratification，阶层，参见 Classes

Strauss, Gerald，斯特劳斯 174，186

Strayer, Joseph，斯特雷耶 134，182，231

Stroganovs，斯特罗加诺夫家族 308，323

Stuart monarchy，斯图亚特王朝 125，235，242-243，245，251，254，257，261，275-276，284，286

Stuffs，毛织物，参见 Textiles, new draperies

Subsistence economy，实质经济，参见 Agriculture, subsistence

Sudan, (Western)，苏丹（西部）39-41，168-169

Sudetenland，苏台德 34

Sugar，糖 43-44，86，88，90，100，121，326，332-333，336-337，341

grinding mill (or ingenio)，磨坊 88

refineries，炼糖厂 121，260

Suleiman the Magnificent，伟大的苏里曼 170

Sumatra，苏门答腊 329

Supple, Barry，萨普勒 219，233，274-279

Surplus，剩余 15-16，18-19，22，36-38，42，58，87，93，95，100，107，113，117，120-121，126，133，138，140-141，247，257，306，338-339，349

Swart, K. W.，斯沃特 137，189，287

Sweden，瑞典 47，83，153，155，159，226，272，304，312，319

Sweezy, Paul，斯威奇 20，41，110-111

Switzerland，瑞士 24，139-140，153，226

Syria，叙利亚 38，43，218

Szeftel, Marc，肖夫特尔 313

Szlachta，小贵族（波兰），参见 Gentry

T

Tagus，塔古斯 200

索 引

Takahashi, H.K., 塔卡哈西 104, 113, 128, 157

Tallow, 牛羊脂肪 108, 188, 275

Tapié, Victor-L., 泰皮 294

Tar, 焦油 45, 200-201

Tartars, 鞑靼 55, 97

　　Tartar yoke, 鞑靼奴役 314

Taube, Edward, 陶伯 261

Tawney, R.H., 托尼 160, 177, 184-185, 198, 236-237, 239-243, 245, 252, 256, 258-259, 282-283, 357

Taxes, 税 15, 22, 24, 28-31, 58, 83, 91, 101, 120, 133, 135, 137-138, 141, 148-151, 159, 176, 182, 193, 220, 227-228, 230-231, 234, 250, 255, 264, 267, 278, 285-287, 291-293, 295, 304, 310-312, 315-318, 321, 323, 356, 另见 State, finances

　　capitation, 人头税 335

　　in kind, 实物税 22

　　tax base, 税基, 参见 State, tax base

　　tax-farming, 包税制 30, 58, 91, 137, 263, 285, 291, 316

　　tithes, 什一税 268

Taylor, A.J.P., 泰勒 177-178, 186-187, 312

Taylor, K.W., 泰勒 260-261

Tazbir, Janusz, 塔兹比尔 155, 310, 321

Tea, 茶 329

Teak, 柚木 337, 另见 Wood

Teall, Elizabeth S., 蒂尔 292

Tenanciers, 佃农, 参见 Farmers, tenant

Tenant farmers, 承租农, 参见 Farmers, tenant

Tenure (system), 承租制 181, 247-248, 250, 另见 Estates; Gutsherrschaft; Guts-wirtschaft; Manors; votchini

　　allodial, 自主承租制 105, 110, 115, 241, 247, 314

　　copyhold, 公簿承租制 109, 115-116, 191, 248

　　cottage holdings, 310-311

　　freehold, 自由地租佃制, 参见 Tenure, allodial

　　life, 佃农生活 247-248, 315

　　limited term, 限期承租制 248, 295

　　perpetual leases, 永久租期 105-106, 114, 295

　　primogeniture, 长子继承权 250

　　villein, 农奴 248, 另见 Feudalism, fiefs

Terraces, 梯形地 102

Terraferma, 特拉法尔玛 Americas, 68, 另见 Colombia

　　Italy, 216, 289, 另见 Venice

Territorial state, 领地国家, 参见 State, nation-states

Teutonic Knights, 条顿骑士 95, 另见 Military orders

Textiles, 纺织业 45, 51, 100, 108, 125, 150, 159, 175, 183, 214, 220, 225, 227-231, 237, 272, 277-280, 305, 324-325, 336, 另见 Industries, textile

　　coarse (inexpensive), 粗糙的（不贵的）96, 124, 220, 279, 325

　　cotton, 棉 305

　　fine (luxury), 精美的（奢华的）96, 220, 279, 308, 323, 325

　　new draperies, 新织物 279

　　old draperies, 旧织物 277, 279

　　semi-manufactured, 半工业 276, 另见 Industries, textile silk, 丝 19, 21,

— 505 —

42, 45, 96, 180, 292, 301, 326, 329, 337-338, 342, 另见 Industries, silk

woolens, 羊毛 252, 279, 324, 335

worsteds, 毛纱 229, 279-280

Thalassocracy, 海权 332, 另见 Navy

Theodor, Tsar of Russia, 提奥多尔俄国沙皇 318

Theology, 神学, 参见 Religion, theology

Third World, 第三世界 5, 226

Thirsk, Joan, 瑟斯克 78, 110-111, 123, 141, 235, 239, 243, 249-250, 252-253

Thirty Years War, 三十年战争 32, 140, 178, 220, 292, 311, 319, 324, 另见 War

Thomas, Robert paul, 托马斯 22, 109, 112, 161

Thomas, William L., Jr., 托马斯 22, 45

Thompson, F. M. L., 汤普森 246

Thorner, Daniel, 索纳 18

Thrupp, Sylvia, 瑟拉普 81, 106

Tilly, Charles, 蒂利 76, 141, 146

Timber, 木材, 参见 Wood

"Time of Troubles," 混乱时代, 参见 Russia, "Time of Troubles"

Tithes, 什一税, 参见 Taxes, tithes

Tobacco, 烟草 100, 332

Tokugawa shgunate, 德川家康 343

Toledo, 托莱多 166

Topolski, Jerzy, 托波尔斯基 304-305

Toulouse, 土鲁斯 121

Tournon, François de, Cardinal, 图尔农 266

Towns, 城镇 18-21, 26, 48, 50-53, 72, 74, 81, 86, 92, 97, 101-104, 107, 109, 111, 113, 116-120, 122-124, 129, 142, 150, 155, 159-160, 165, 172, 175-176, 180-181, 184, 187, 190-191, 193, 200, 203-204, 208-210, 212, 217, 221, 228-230, 232-233, 237, 248, 255, 269, 293, 296, 302, 309-311, 317, 320-322, 另见 Burghers; Patriciate; State, city-states "urban colonialism," 120

Toynbee, Arnold J., 汤因比 53

Trade, (world), 贸易 15-16, 19, 22, 40, 45, 50, 52-55, 61, 75, 77, 83, 91-92, 96, 99, 101-102, 106, 111, 114, 119-124, 126-127, 135, 147, 159-161, 170, 173, 175, 182-186, 188, 190, 192, 198, 201, 211, 214, 216, 219, 227, 231, 246-247, 252, 256, 263, 269, 274-276, 278, 290, 292, 303, 312, 316-317, 320, 322, 324-326, 328-329, 331, 334, 336, 338, 340, 354, 另见 Bourgeoisie, Fairs, Merchants

American, 美洲贸易, 参见 Trade, Atlantic

Asian, 亚洲贸易 272, 325-326, 329, 334, 另见 Trade, Indian Ocean

Atlantic, 大西洋贸易 69, 170, 174, 176-177, 180, 190, 192, 194-195, 198-201, 264, 269-270, 290, 325, 329

balance of, 贸易平衡, 参见 Trade, terms of

Baltic, 波罗的海贸易 17, 96, 101, 175, 198-201, 210-213, 264, 269

bulk, 散装货 20-21, 96, 199, 265

China, 中国贸易 342, 另见 Trade, Asian

colonial，殖民地贸易 120，193，211，328

commercial centers，贸易商业中心 212，214

commercial revolution，贸易商业革命 226

"contracts"（of Asia, of Europe），贸易契约 341

East Indian，东印度，参见 Trade, Indian Ocean

Eastern，东方贸易，参见 Trade, Asian

expansion of，贸易扩张 20，29，31，34，37，41，47，69，73-74，76，98，110，133，135，142，165，170，173，179，185，199，208，214，244，262，270，276，312，354

free，自由贸易 188，213-214，217，269

Hispano-American，西班牙—美洲，参见 Trade, Atlantic

Indian（Ocean），印度（洋）17，56，78，211，216，325-326，328，336

intercolonial，国内殖民化 189

interlopers，私商 190，200，266，280，另见 Piracy

intra-Asian，穿越亚洲 330-331，343，另见 Trade, Indian Ocean

intra-European，欧洲内 201

invisible exports，隐形出口 330

Levantine，利凡特地区 211

long-distance，远途贸易 19，21，46，51，121，171，325，328

luxury，奢侈品贸易 19-21，40-42，45，74，159，188，190，193，196，302，306，325，另见 Luxury goods

Mediterranean，地中海贸易 17，101，174-175，216，218

"mother trade,"200，211，另见 Trade, Baltic

national markets，国家市场 167，175，193，199，227，234-235，263，269，290，303，351

oriental，东方贸易，参见 Trade, Asian

recession of，贸易衰退 22，24-25，28，34，37，165-166，178-179，189，196，199，208，217，229，257，259，262，271，273，277，287，290-292，304

Red Sea，红海 340-341

re-exports，再出口 189，277，280，305，337

slave-trade，奴隶贸易 89，188，193，335，339

spice，香料 44，200，325，339-342，另见 Trade, "contracts"

terms of，贸易观点 16，197，277

trans-Alpine，穿越亚平宁山 174

Trans-continental，穿越大陆 147，175，177，183

trans-Saharan，穿越撒哈拉 39，44，168，另见 Sudan

transit，322

war，贸易战争 213，另见 War, economic aspects of

Trade unions，贸易联盟，参见 Workers, organizations

Trading-posts，贸易站 327，335，另见 Staple

Traditional, the，传统 98，356

Transactions costs，交易花费 22，105，161

Transport，运输 76

costs of，运输费用 19，86，90，118，

169-170，190，212，214，218，231，265，277，337

land，土地运输 45，75，218，263，265-266

maritime，海上的 19，45，47，54-55，76，96，100，121，169，200-201，214，219，231，233，260，263，265-266，277，324，327-328，330-331，337，342，另见 Fluyt；Industries，shipbuilding

shipping centers，海上航运中心 212

truck，货车 167，另见 Transport，land

Treasure，金银珍宝，参见 Bullion

Trevor-Roper，H. R.，特雷弗-罗珀 153，206，232，238，244，247，259，267，282-283，328-329，342

Tribes，部落 348

Tribute，贡赋 15-16，21，37，54-55，60-61，92-93

Truce of 1609，1609年停战，参见 Truce of Twelve Years

Truce of Twelve Years，12年停战 205，211，342，另见 Revolution，Netherlands

Tschiftliks，自营地 302，另见 Estates

Tudor monarchy，都铎王朝 45，125，141，228，232，234，237-238，242-244，251-254，258-259，261，274-276，282，352

Tunisia，突尼西亚 336

Turco-Muslim world，土耳其—伊斯兰世界，参见 Empire，Ottoman

Turkey，土耳其，参见 Empire，Ottoman

Turks，土耳其人 40，48，60，97，171，197，218，325，332，339-340

Tuscany，托斯坎尼 32，123，226

Tyminiecki, Kazimierz，泰米尼基 118-119

U

Udovitch, Abraham，乌多维奇 40

Ukraine，乌克兰 303

Ulman, Joan Connelly，乌尔曼 194

Ulm，乌尔姆 266

Umiński, J.，乌明斯基 155

Unemployment，失业，参见 Employment，unemployment

Unentailed land，自主地，参见 Tenure alodial

United Provinces，联合省，参见 Netherlands，northern

United States of America，美国 6，45

University，大学 134，154

Unskilled labor，非技术劳工，参见 Workers

Urals，乌拉尔 324

Urban centers，市中心，参见 Towns

Utrecht, Union of，乌特勒支联盟，参见 Netherlands，northern

Utterström, Gustaf，乌特斯特罗姆 33-34，217

Uzbek khanates，乌兹别克汗国 305

V

Vaccari, Pietro，瓦萨里 92

Vagabondage，流浪者 117-118，139，143，198，251，253-254，256

Valencia，巴伦西亚 77，79，194-195

Válka, Josef，瓦尔加 307

Valois monarchy，瓦罗亚王朝 171，183，197，234，258，266，352，另见 France

Van der Molen, Pieter，范德·莫伦 176

Van Dillen, J. G.，范·狄伦 200，218，228

Van der Sprenkel, Otto B., 斯普伦克尔 55，57

Van der Wee, Herman, 范·德维 81，175-177，185-186

Van Hembyze, Jan, 范汉比斯 208-209

Van Houtte, J. A., 范胡特 43，175，186

Van Leur, J. C., 范鲁尔 331

Veblen, Thorstein, 维布伦 234

Velocity of circulation, 循环速率，参见 Money, circulation of

Venality of office, 官职买卖制，参见 State, bureaucracy, sale of offices (venality)

Venice, 威尼斯 16，32，40，49，52，70，81-82，87，89，92，96，156，172-173，176，180，183-184，214-221，289，326，334-336，339-341

Verlinden, Charles, 弗林登 49-50，74，81，87，89，177，186，188

Vernadsky, George, 瓦尔纳茨基 90，302-303，316，318-320

Vervins, Treaty of, 维尔文和约 184，280

Vicens Vives, Jaime, 维森斯 68，82，96，101，103，150，165-166，186，191-194

Vienna, 维也纳 48，60，79

Vijayanagar, 维贾亚纳加尔 329

Vilar, Pierre, 维勒 78，82，125，146，167-168，192，195，202

Villari, Rosario, 维拉里 142-143，221，311

Villeins, 维兰（即农奴），参见 Serfs

Virginia, 弗吉尼亚 88，342

Vistula, 维斯杜拉河 304，307，322

Vitale, Luis, 威泰勒 47，92-93，166，193

Viticulture, 参见 Wine

Vivanti, Corrado, 维范迪 285，287，289

Volga, 伏尔加河 303

Votchina, 世袭领地，参见 Manors, votchini

W

Wages, 工资 24，26，40，80-81，108，116，220，251，255，290
　decline in, 工资削减 116，118，268，279，另见 Wages, wage-lag
　fixed, 固定工资 105
　in kind, 实物工资 79，254
　money-wages, 金钱工资 79，100
　rising, 工资提升 20，22，26
　wage-fixing, 工资固定 80
　wage-lag, 工资滞后 77-84，125，128，142
　wage-workers, 资薪工人，参见 Laborers

Wakopirates, 倭寇 55，60，328-329，342

Wales, 威尔士 38，116，139，182，198，228，233，241，250，257，261

Wallachia, 瓦拉几亚 94，96

Wang Yang-ming, 王阳明 61-62

War, 战争 21，25，28-29，47-48，50，78，138，140-142，185，196，198，212，214，218-219，278，281，285，291，312，324，331，334
　civil wars, 内战 148，另见 England, Civil War; Fronde
　economic aspects of, 战争的经济方面 21，75，91，133，140，195，227，292，另见 Trade, war
　military tactics, 军事策略 140，281，另见 Army
　military technology, 军事技术 28，53，61，134，212，另见 Army

naval technology, 海军技术 62, 212, 326, 另见 Navy

religious wars, 148, 234, 286, 353, 另见 France, Wars of Religion

strategic supplies, 战术支持 281, 另见 Navy, naval supplies

War of the Roses, 玫瑰战争 50

Warriner, Doreen, 华勒纳 97

Water Beggars, 水上乞丐 205, 另见 Revolution, Netherlands

Waterford, 沃特福德 257

Waterloo, 滑铁卢 206

Water power, 水力 228-229

Water-wheels, 水车 125

Watson, Andrew M., 沃森 39-40

Wax, 腊 79, 96, 306

Weapons, 武器, 参见 Armaments

Weavers, 织工 229, 另见 Colthiers

Webb, Walter Prescott, 韦布 78, 281

Weber, Max, 韦伯 30, 57-61, 91, 100, 113, 127, 152, 154, 329

Weikman, Georg, 威克曼 266

Welsers, 韦尔塞家族 341, 另见 Merchants, merchant-houses

Weltanschauung, 共同世界观 4, 67

Wernham, R. B., 沃纳姆 158, 197-198, 215-216, 234, 264, 267

West, the, 西方 37, 52-53, 58, 60, 85, 146, 157, 159, 231, 302-303, 329, 333, 另见 Europe, western

West Indies, 西印度, 参见 Antilles

Western Hemisphere, 西半球, 参见 America

Westmoreland, 威斯特摩兰 111

Westphalia, Peace of, 威斯特伐利亚 311

Wheat, 小麦 42, 44, 63, 79, 96, 99- 100, 106, 109-110, 112, 114, 155, 159, 180, 200, 216-218, 227, 244, 264, 304-305, 308, 312, 322-323, 另见 Cereals

Whig (interpretation of history), 辉格 283

White, Lynn, Jr., 怀特 52-53

Willan, T. S., 威兰 306, 308

Willetts, William, 威利茨 54-55

William the Conqueror, 征服者威廉 231

William (the Silent) of Nassau, prince of Orange, （奥兰治的）威廉 209

Williams, Eric, 威廉 88

Williams, Penry, 威廉 232

Wilson, C. H., 威尔逊 25, 44, 102, 128, 156, 172, 201, 280

Wilson, Thomas, 威尔逊 184

Wine, 酒 34, 43, 74, 79, 96, 106, 109, 159, 192, 200, 218, 264, 277

Wine-grapes, 酿酒的葡萄 190

Wittenberg, 维登堡 154

Wittman, T., 魏特曼 208-209

Wolf, Eric, 沃尔夫 58, 88, 92, 188, 249

Wolfe, Martin, 沃尔夫 138

Wood, 木材 43-45, 51, 75, 79, 83, 86, 96, 180, 191, 212, 227, 239, 260, 275, 281, 306, 322, 337, 另见 Forest products; Fuels; Industries, construction; Industries, shipbuilding; Industries, wood products; Woodlands famine, 饥荒 45, 另见 Deforestation

Woodlands, 林地 27, 38, 45, 193, 253, 281

Wool, 羊毛 22, 28, 45, 96, 108-109, 112, 121, 125, 150, 165, 176, 201, 218, 228-230, 244, 247-248, 250,

253, 275, 279-280
Woolf, S. J., 伍尔夫 85, 118, 216
Workers, (urban wage-), 工人 22, 26, 42, 44, 51-52, 77, 79-82, 84, 86-87, 90, 103-104, 108, 112-119, 124, 126-128, 135, 148, 154, 177, 185, 203, 208, 229, 237, 256, 279, 281, 284, 290, 352, 357, 另见 Laborers, rural
organizations, 工人组织 80-81
World-economy, (European), 世界经济（欧洲）10, 15-17, 20, 34, 37-38, 42, 44, 46, 50, 52, 57, 60, 63, 67-69, 74-77, 81, 83-87, 91-92, 95, 97, 100-102, 104, 106-107, 110, 112, 115-116, 119, 122-124, 126-127, 129, 133, 136, 138, 140-141, 143, 147, 153, 155-157, 162, 165, 170, 173, 175, 179-181, 184, 187, 190-191, 196-197, 199-200, 210, 213-214, 218-219, 225, 228, 232, 244, 247, 256-257, 261, 264-266, 269-274, 283-284, 289-291, 285-297, 301-306, 308, 313-315, 319, 324-325, 328, 330-333, 335-338, 343, 348-350, 353-357, 另见 Capitalism; Corestates; Labor, division of; Periphery; Semiperiphery
World-empire, 世界帝国, 参见 Empire, world-empire
World-government, 世界政府 348
World-system, (modern), 世界体系 7-8, 10, 15, 18, 67, 102, 115, 129, 133, 145, 149, 162, 182, 196, 201-202, 210, 260, 302, 316, 343, 347, 349, 353, 355-356
World time, 世界时间 6
World view, 世界观, 参见 Weltanschauung
Wright, L. P., 莱特 160
Wüstungen, 无主荒地 25-27, 36, 39, 103, 253, 另见 Agriculture, retraction of cultivated areas

X

Xiqilite, 靛青染料 100

Y

Yangtz eriver, 扬子江 55
Yeomen, 农民（约曼）, 参见 Farmers, yeomen
York, House of, 约克家族 243
Yorkshire, 约克郡 123
Yoshimitsu, 足利义满 56
Youings, Joyce, 尤因斯 249
Ypres, 伊普雷 325
Yuan dynasty, 元朝 61

Z

Zagorin, Perez, 札戈林 246, 282
Zangmeister brothers, 赞梅斯特 266
Zavala, Silvio, 佐瓦拉 93
Zeeland, 泽兰 204-206, 211, 280
Zeitlin, Maurice, 柴特林 47
Zeller, Gaston, 齐勒 260, 290
Zollschan, George K., 索尔斯坎 29-30

社科文献精品译库书目

阿玛蒂亚·森/让·德雷兹
    《印度：经济发展与社会机会》   35.00元
阿玛蒂亚·森/让·德雷兹
    《饥饿与公共行为》   35.00元
阿玛蒂亚·森
    《论经济不平等/不平等之再考察》   48.00元
阿玛蒂亚·森/玛莎·努斯鲍姆
    《生活质量》   68.00元
曼纽尔·卡斯特
    《网络社会的崛起》   59.00元
曼纽尔·卡斯特
    《认同的力量》（第二版）   59.00元
曼纽尔·卡斯特
    《千年终结》   45.00元
孙伟平　选编
    《罗蒂文选》   53.00元
涂纪亮　编
    《皮尔斯文选》   49.00元
涂纪亮　编
    《杜威文选》   49.00元
万俊人　陈亚军　编
    《詹姆斯文选》   59.00元
李国山　编
    《刘易斯文选》   45.00元
伊曼纽尔·沃勒斯坦

《转型中的世界体系——沃勒斯坦评论集》　　　　　49.00元
费尔南·布罗代尔
　　《地中海考古》　　　　　　　　　　　　　　　　49.00元
山口重克
　　《市场经济：历史·思想·现在》　　　　　　　　35.00元
莱斯特·M. 萨拉蒙等
　　《全球公民社会——非营利部门视界》　　　　　　59.00元
雷蒙·阿隆/丹尼尔·贝尔
　　《托克维尔与民主精神》　　　　　　　　　　　　49.00元
詹姆斯·M. 布坎南/罗杰·D. 康格尔顿
　　《原则政治，而非利益政治》　　　　　　　　　　39.00元
詹姆斯·S. 科尔曼
　　《社会理论的基础》（上、下）　　　　　　　　　125.00元
速水佑次郎/神门善久
　　《发展经济学》（第三版）　　　　　　　　　　　59.00元
理安·艾斯勒
　　《国家的真正财富：创建关怀经济学》　　　　　　39.00元
理安·艾斯勒
　　《圣杯与剑：我们的历史，我们的未来》　　　　　49.00元
理安·艾斯勒
　　《神圣的欢爱：性、神话与女性肉体的政治学》　　68.00元
安东尼·吉登斯
　　《超越左与右——激进政治的未来》　　　　　　　39.00元
露丝·本尼迪克特
　　《文化模式》　　　　　　　　　　　　　　　　　29.00元
涂纪亮　编
　　《莫里斯文选》　　　　　　　　　　　　　　　　58.00元
杜丽燕　余灵灵　编
　　《布里奇曼文选》　　　　　　　　　　　　　　　49.00元
李真　编
　　《普特南文选》　　　　　　　　　　　　　　　　69.00元
丁东红　编
　　《米德文选》　　　　　　　　　　　　　　　　　68.00元
约翰·H. 杰克逊

《国家主权与 WTO——变化中的国际法基础》　　　　59.00 元
卡尔·雅斯贝尔斯
　　《大哲学家》　　　　　　　　　　　　　　　　98.00 元
H. 孟德拉斯
　　《农民的终结》　　　　　　　　　　　　　　　35.00 元
齐格蒙特·鲍曼/蒂姆·梅
　　《社会学之思》（第二版）　　　　　　　　　　29.00 元
汤姆·R. 伯恩斯等
　　《经济与社会变迁的结构化》　　　　　　　　　59.00 元
尤尔根·哈贝马斯
　　《理论与实践》　　　　　　　　　　　　　　　49.00 元
马克斯·韦伯
　　《新教伦理与资本主义精神》（罗克斯伯里第三版）　45.00 元
克里斯托弗·戴尔
　　《转型的时代——中世纪晚期英国的经济与社会》　49.00 元
吉尔贝·李斯特
　　《发展的迷思——一个西方信仰的历史》　　　　59.00 元
佩里·安德森
　　《思想的谱系——西方思潮左与右》　　　　　　59.00 元
尤尔根·哈贝马斯
　　《重建历史唯物主义》　　　　　　　　　　　　59.00 元
何伟亚
　　《英国的课业：19 世纪中国的帝国主义教程》　　69.00 元
唐纳德·萨松
　　《欧洲社会主义百年史——二十世纪的西欧左翼》
　　（上、下册）　　　　　　　　　　　　　　　189.00 元
伊曼纽尔·沃勒斯坦
　　现代世界体系（第一卷）　　　　　　　　　　　98.00 元
伊曼纽尔·沃勒斯坦
　　现代世界体系（第二卷）　　　　　　　　　　　98.00 元
伊曼纽尔·沃勒斯坦
　　现代世界体系（第三卷）　　　　　　　　　　　98.00 元
伊曼纽尔·沃勒斯坦
　　现代世界体系（第四卷）　　　　　　　　　　　98.00 元

图书在版编目(CIP)数据

现代世界体系：四卷本/(美)沃勒斯坦(Wallerstein, I.)著；郭方等译.—北京：社会科学文献出版社，2013.11（2024.12重印）
ISBN 978-7-5097-4929-6

Ⅰ.①现… Ⅱ.①沃… ②郭… Ⅲ.①资本主义经济-经济史-世界 Ⅳ.①F119

中国版本图书馆CIP数据核字（2013）第180068号

现代世界体系（第一卷）
——16世纪的资本主义农业和欧洲世界经济的起源

著　　者 /	〔美〕伊曼纽尔·沃勒斯坦
译　　者 /	郭　方　刘新成　张文刚
校　　者 /	郭　方
出 版 人 /	冀祥德
项目统筹 /	祝得彬
责任编辑 /	赵怀英　段其刚　刘　娟
责任印制 /	王京美
出　　版 /	社会科学文献出版社·文化传媒分社（010）59367004
	地址：北京市北三环中路甲29号院华龙大厦　邮编：100029
	网址：www.ssap.com.cn
发　　行 /	社会科学文献出版社（010）59367028
印　　装 /	三河市东方印刷有限公司
规　　格 /	开　本：787mm×1092mm 1/16
	本卷印张：34.5　本卷字数：617千字
版　　次 /	2013年11月第1版　2024年12月第10次印刷
书　　号 /	ISBN 978-7-5097-4929-6
著作权合同登记号 /	图字01-2012-1282号
定　　价 /	489.00元（四卷本）

读者服务电话：4008918866

▲ 版权所有 翻印必究